DIETRICH SPITTA

Die Staatsidee Wilhelm von Humboldts

Schriften zur Rechtsgeschichte

Heft 114

Die Staatsidee
Wilhelm von Humboldts

Von

Dietrich Spitta

Duncker & Humblot · Berlin

Bibliografische Information Der Deutschen Bibliothek

Die Deutsche Bibliothek verzeichnet diese Publikation in
der Deutschen Nationalbibliografie; detaillierte bibliografische
Daten sind im Internet über <http://dnb.ddb.de> abrufbar.

Alle Rechte vorbehalten
© 2004 Duncker & Humblot GmbH, Berlin
Fremddatenübernahme: Klaus-Dieter Voigt, Berlin
Druck: AZ Druck und Datentechnik GmbH, Kempten (Allgäu)
Printed in Germany

ISSN 0720-7379
ISBN 3-428-11457-4

Gedruckt auf alterungsbeständigem (säurefreiem) Papier
entsprechend ISO 9706 ⊚

Internet: http://www.duncker-humblot.de

Inhalt

I.	Die Bedeutung der staatstheoretischen und der politischen Schriften Wilhelm von Humboldts für die Erkenntnis seiner Staatsidee	9
II.	Die Entstehungsgeschichte der Staatsidee Wilhelm von Humboldts	14
	1. Die Abwendung von der Aufklärung	14
	a) Verhältnis zur Philosophie Kants	18
	b) Verhältnis zur Philosophie Jakobis	19
	c) Humboldts eigene Erkenntnismethode	23
	d) Wandlung der Moral- und Naturrechtsauffassung durch Menschenstudium	24
	2. Die Ausbildung der eigenen Staatsidee	28
	a) Die Auseinandersetzung mit dem Religionsedikt von Wöllner	28
	b) Humboldts Sinn für Gleichberechtigung und Toleranz	33
	c) Humboldts Sinn für Freiheit und freiwilliges Zusammenwirken der Bürger	34
	d) Die Begegnung mit der Sicherheitstheorie	35
	e) Die Auseinandersetzung mit der Französischen Revolution	36
	f) Der Ursprung der Sicherheitsidee	39
	g) Verhältnis zu John Locke und Mirabeau	40
	h) Die Entstehung der Schrift über die Grenzen der Wirksamkeit des Staates	41
	i) Das weitere Schicksal der Schrift	43
	3. Die Erweiterung der Staatsidee	47
	a) Humboldts Begriff von Nation und Nationalverein	47
	b) Mitwirkung der Nation bei Gesetzgebung und Verwaltung	51
	c) Keine Wandlung, sondern Erweiterung der Staatsidee	52
III.	Das Verhältnis Humboldts zu seiner Staatsidee während der Zeit seines politischen Wirkens	55
	1. Humboldts Festhalten an seinen Ideen von den Grenzen des Staates	55
	2. Humboldts Wirken im Sinne seiner „Ideen"	58
IV.	Über das Wesen und die Bedeutung von Humboldts Staatsidee	65
	1. Der Mensch als Ausgangspunkt der Staatsbetrachtung	65
	a) Humboldts Begriff der Menschenbildung	65
	b) Menschenbildung durch Freiheit	68
	c) Humboldts anthropologische Methode der Staatsbetrachtung	70
	d) Der Staat kein Selbstzweck, sondern Mittel zur Menschenbildung	72
	2. Die Grenzen der Wirksamkeit des Staates und die Nationalanstalten	75

a) Begrenzung des staatlichen Wirkens um der freien Entwicklung der
      Menschen willen 75
   b) Kein staatliches Wirken für das physische Wohl seiner Bürger 77
   c) Sorgfalt des Staates für das physische Wohl Hilfsbedürftiger 82
   d) Vertragliche Regelung des Wirtschaftslebens durch Nationalanstalten 83
   e) Humboldts politisches Wirken für Freiheit des Wirtschaftslebens 88
   f) Freiheit und Selbstverwaltung des Bildungswesens 94
   g) Freiheit der Religionsausübung 101
   h) Entwicklung des sittlichen Lebens durch Freiheit 108
   i) Freiheit des wissenschaftlichen und künstlerischen Lebens 109
   j) Gemeinschaftsbildung durch Freiheit 112
3. Die Aufgaben des Staates 114
   a) Sorgfalt des Staates für die äußere Sicherheit 116
   b) Sorgfalt des Staates für die innere Sicherheit 119
   c) Sorgfalt für die Sicherheit durch Polizeigesetze 120
   d) Regelung des Zivilrechts 124
   e) Die Entscheidung von Rechtsstreitigkeiten 128
   f) Regelung des Strafrechts 129
   g) Rechtsprechung nicht Aufgabe des Staates 132
   h) Sorgfalt für die Sicherheit durch Verbrechensverhütung 136
   i) Sorgfalt für die Sicherheit Unmündiger und geistig Behinderter 140
   j) Sorgfalt für Sicherheit im Wirtschaftsleben 142
   k) Sorgfalt für Sicherheit im Geistesleben 146
   l) Die Finanzierung der Staatsaufgaben 148
   m) Die Begrenzung der Staatsmacht 149
4. Das Verhältnis von Humboldts Ideen von den Grenzen der Wirksamkeit
   des Staates zu der Theorie des Rechtsstaats bei Kant und Fichte 153
   a) Humboldts Verhältnis zur Theorie des Rechtsstaats bei Kant 153
   b) Humboldts Verhältnis zur Rechtsstaatstheorie von Fichte 157
5. Die Form des Staates 166
   a) Methodische Gesichtspunkte 167
   b) Humboldts Einstellung zu Monarchie und Demokratie 168
   c) Die Organisation der Stände 170
      aa) Die ständische Repräsentativverfassung 170
      bb) Politische Bürgerkorporationen und Zünfte 173
      cc) Der stufenweise Aufbau der ständischen Einrichtungen 176
      dd) Die Gemeindeselbstverwaltung 177
      ee) Die Kreisverwaltung 178
      ff) Die Provinzialversammlung 178
      gg) Die allgemeinen Stände 181
      hh) Reichsstände 184
      ii) Die Bedeutung der ständischen Verfassung 184
      jj) Das Verhältnis der Staatsbehörden zu den ständischen Behörden 185

d) Die Organisation der Staatsbehörden 186
   aa) Allgemeine Gesichtspunkte 186
   bb) Die Organisation der Regierung 187
   cc) Die Organisation der obersten Staatsverwaltung 198
   dd) Das Verhältnis der Regierung zu den Provinzialbehörden 201
   ee) Die Verwaltung der Regierungsbezirke 216
   ff) Die Stellung der Landräte und Bürgermeister 218
   gg) Die Bedeutung einer richtigen Form der Staatsbehörden 220
   hh) Humboldts Stellung zur Gewaltenteilung 222
   ii) Die Bedeutung von Humboldts Vorstellungen über die Staatsform 227

V. Humboldts Gedanken zum Verhältnis der europäischen Staaten 229
   1. Die Ausgangslage 1810 in Europa 229
   2. Prinzip der Unabhängigkeit der Staaten 230
   3. Prinzip des Gleichgewichts 230
   4. Die Stellung Österreichs und Preußens zwischen Frankreich und Russland 231
   5. Der Allianzvertrag zwischen Russland und Preußen 234
   6. Verschiedene selbständige politische Systeme 235
   7. Der Kriegseintritt Österreichs 235
   8. Macht als Voraussetzung für Unabhängigkeit 236
   9. Berücksichtigung der Interessen anderer Staaten 237
   10. Humboldts Stellung zum Krieg gegen Napoleon 238
   11. Die Friedensverhandlungen mit Frankreich 240
   12. Prinzipien einer europäischen Friedensordnung 241

VI. Humboldts Idee des Deutschen Bundes 243
   1. Überlegungen zur Neuordnung Deutschlands seit 1813 243
   2. Allgemeine Gesichtspunkte Humbolds 244
   3. Humboldts Gründe gegen die Wiederherstellung des österreichischen Kaisertums 246
   4. Humboldts Bedenken gegen eine Aufteilung Deutschlands 247
   5. Humboldts Streben nach einer Verbindung Deutschlands zu einem politischen Ganzen 249
   6. Verfassung oder Staatenverein? 251
   7. Zweck und Charakter des Deutschen Bundes 253
   8. Vorrechte für Österreich und Preußen 254
   9. Die Beilegung von Streitigkeiten unter den deutschen Fürsten 254
   10. Die Errichtung von Ständen und deren Kompetenzen 255
   11. Die Zuständigkeit des Bundesgerichts 256
   12. Die Gerichtsverfassung 257
   13. Sicherung von Grundrechten in allen deutschen Staaten 258
   14. Wirtschaftliches Zusammenwirken der deutschen Staaten 259

Inhalt

VII. Humboldts Mitwirkung bei der Gestaltung des Deutschen Bundes 261
    1. Humboldts Überlegungen zur deutschen Verfassung 261
    2. Humboldts Drängen auf baldigen Beginn der Verfassungsarbeit 266
    3. Hardenbergs und Steins Verfassungsüberlegungen 267
    4. Humboldts Haltung gegenüber diesen Vorschlägen 268
    5. Humboldts Denkschrift über den Geschäftsgang des Wiener Kongresses 270
    6. Humboldts Wirken im Komitee für die deutsche Verfassung 272
    7. Humboldts Reaktionen auf die ablehnende Haltung von Bayern und Württemberg 274
    8. Humboldts Entwürfe zur Bundesverfassung mit und ohne Kreiseinteilung 276
    9. Der österreichische Verfassungsentwurf für einen Deutschen Bund 280
   10. Humboldts Vorschläge einer abweichenden Organisation der Bundesversammlung 281
   11. Humboldts erneute Ablehnung von Steins Kaiserplan 282
   12. Humboldts Beitrag zum Zustandekommen des Deutschen Bundes 283

VIII. Humboldts Stellung zum Deutschen Bund nach dem Wiener Kongress 286
    1. Humboldts Unzufriedenheit mit der Bundesakte 286
    2. Humboldts Denkschrift „Über die Behandlung der Angelegenheiten des Deutschen Bundes durch Preußen" 287
        a) Rechtsnatur des Bundes 288
        b) Begrenzung der Wirksamkeit des Bundes 289
        c) Behandlung der auswärtigen Angelegenheiten durch den Bund 292
        d) Behandlung der militärischen Angelegenheiten durch den Bund 293
        e) Garantie oder Anerkennung des Bundes durch europäische Mächte? 294
    3. Die Erweiterung von Humboldts Staatsidee durch sein politisches Wirken 296

IX. Die Anwendung von Humboldts Staatsidee auf die Wirklichkeit 297
    1. Zum Verhältnis von Theorie und Praxis in Humboldts Staatsdenken 297
    2. Die Berücksichtigung der individuellen Kräfte beim politischen Handeln 298
    3. Hervorgehen der Staatsverfassungen aus den verschiedenen Nationalcharakteren 301
    4. Das Verhältnis von Humboldts Staatsidee zur Wirklichkeit 302
    5. Einwirken auf Geist und Charakter der Menschen 304
    6. Freiheitsgewährung durch den Staat 307
    7. Näherung der Wirklichkeit an das Staatsideal 308
    8. Bestimmung der staatlichen Tätigkeit durch das Prinzip der Notwendigkeit 309
    9. Humboldts politisches Wirken im Sinne seiner praktischen Prinzipien .. 310

Literaturverzeichnis 312
    1. Schriften von Wilhelm von Humboldt 312
    2. Biographien und andere Literatur 314

Namenverzeichnis 320

Sachverzeichnis 323

I. Die Bedeutung der staatstheoretischen und der politischen Schriften Wilhelm von Humboldts für die Erkenntnis seiner Staatsidee

Im Folgenden soll versucht werden, die Staatsidee Wilhelm von Humboldts als eine einheitliche und umfassende darzustellen. Humboldt selbst hat uns keine zusammenhängende Darstellung seiner Staatsidee hinterlassen. Was uns vorliegt, sind zunächst drei staatstheoretische Arbeiten aus den Jahren 1791/92. Hierbei handelt es sich um einen 1791 entstandenen Brief an Gentz, der dann als Aufsatz „Ideen über Staatsverfassung, durch die neue französische Konstitution veranlasst" veröffentlicht wurde;[1] ferner um einen ausführlichen Brief an Gentz, der mit dem 9. 1. 1792 datiert ist;[2] dieser wurde dann die Grundlage seiner berühmten dritten staatstheoretischen Schrift „Ideen zu einem Versuch, die Grenzen der Wirksamkeit des Staates zu bestimmen".[3] Außer diesen staatstheoretischen Arbeiten hat uns Humboldt eine große Anzahl von Denkschriften, Berichten, Briefen usw. hinterlassen, die während seiner Tätigkeit als preußischer Diplomat und Staatsmann in den Jahren 1802 bis 1819 und teilweise danach entstanden sind und die hier zusammenfassend politische Schriften genannt werden sollen.[4] In den Jahren zwischen 1792 und 1802 hat sich Humboldt kaum mit staatstheoretischen und politischen Fragen befasst.

Dem Versuch einer zusammenfassenden Darstellung der Staatsidee Wilhelm von Humboldts steht die von Kaehler vertretene Meinung entgegen, man könne von einer „Politik" Humboldts im Sinne einer abgeschlossenen Staatslehre nicht sprechen, wie man etwa aufgrund des „Principe" über die Politik Machiavellis oder anhand des „Contrat social" über die Staatslehre Rousseaus handeln würde. Denn es liege kein abgeschlossenes System von seiner Hand vor, welches die Grundlagen und Leistungen des Staates als Ganzes darstellt. Wer die politische Gedankenwelt Humboldts erschließen wolle, sei auf die Anhaltspunkte angewiesen, welche die zu verschiedener Frist teils aus theoretischem Bedürfnis, teils aus gegebenem Anlass entstandenen Arbeiten darbieten. Die Jugendschrift von 1792 „Ideen zu einem Versuch, die Grenzen der Wirksamkeit des Staates zu bestimmen" – das „Erzeugnis einer scharfsinnigen Dialektik" –

---

[1] Vgl. Gesammelte Schriften, Bd. 1, S. 77 ff. bzw. Werke, Bd. 1, S. 33 ff.
[2] *An Gentz,* Seite 52 ff.
[3] Vgl. Gesammelte Schriften, Bd. 1, S. 97 ff. bzw. Werke, Bd. 1, S. 56 ff.
[4] Vgl. Gesammelte Schriften, Bd. 10–13, 16, 17; eine Auswahl der politischen Schriften ist abgedruckt in Werke, Bd. 4.

enthalte „zu wenig Erfahrungsgehalt, als dass man Humboldt das Unrecht antun dürfte, sie als den Inbegriff seiner Gedanken über den Staat anzusprechen". Zumal das praktische Verhalten eines langen politischen Lebens in offenkundigem Widerspruch zur Theorie der Jugend gestanden, ihre innere Begründung wiederum von innen heraus widerlegt habe. Es ergebe sich so von selbst, dass die Beziehung ‚Wilhelm von Humboldt und der Staat' weniger ein systematisches als ein biografisches Problem enthalte und nach biografischer Darstellung verlange.[5]

Wer diese Auffassung vertritt, verkennt die Bedeutung, welche den verschiedenen Schriften Wilhelm von Humboldts, die sich auf den Staat beziehen, für die Erkenntnis seiner Staatsidee zukommt. Es ist durchaus richtig, dass die Jugendschrift „Ideen zu einem Versuch, die Grenzen der Wirksamkeit des Staates zu bestimmen" nicht den Inbegriff von Humboldts Gedanken über den Staat enthält. In ihr findet jedoch das Kernstück seiner Staatsidee seinen umfassendsten und schönsten Ausdruck. Dieses Kernstück ist seine aus dem Versuch einer Erkenntnis des Menschenwesens hervorgegangene Idee von den Grenzen der Wirksamkeit des Staates, die Humboldt zuvor bereits in dem erwähnten umfangreichen Brief an Gentz vom 9. 1. 1792 dargestellt hat. In dem Aufsatz „Ideen über Staatsverfassung, durch die neue französische Konstitution veranlasst" kam es Humboldt angesichts des Charakters der französischen Verfassungsbestrebungen darauf an darzulegen, dass eine Staatsverfassung nicht aus bloßen Grundsätzen der Vernunft entwickelt werden kann, dass sie vielmehr aus dem individuellen Charakter eines Volkes hervorgehen muss. Die Idee der Grenzen der Wirksamkeit des Staates ist in dieser ersten staatstheoretischen Arbeit auch schon andeutungsweise ausgesprochen.[6] In den Jahren 1791/92, in denen die drei staatstheoretischen Schriften entstanden sind, war für Humboldt die Frage nach der Form des Staates nebensächlich. In der geistigen Auseinandersetzung mit der Französischen Revolution war ihm klar geworden, dass die Freiheit der Menschen nicht in erster Linie von der Form des Staates, sondern vor allem davon abhängt, welche Grenzen dem jeweiligen Staate in seiner Wirksamkeit gezogen sind. Auch die Frage nach dem Verhältnis der Staaten zueinander beschäftigte ihn zu dieser Zeit noch nicht.

Erst während seiner staatsmännischen und diplomatischen Tätigkeit hatte Humboldt dann Veranlassung, Gedanken zu dem Problem der Form des Staates und zu dem Verhältnis der Staaten zueinander zu entwickeln. Dies geschah in der Auseinandersetzung mit konkreten Aufgaben und Problemen seiner Zeit. Infolgedessen entwickelt er in seinen politischen Schriften keine Staatstheorie, wie in den erwähnten Jugendschriften. Doch lassen sich aus den politischen

---

[5] So *Kaehler* (1922), S. 8.
[6] Vgl. Gesammelte Schriften, Bd. 1, S. 77 ff., 79, 83 bzw. Werke, Bd. 1, S. 33 ff., 35, 39 f. sowie unten S. 39, 69.

I. Die staatstheoretischen und politischen Schriften Humboldts

Schriften die ihnen zugrunde liegenden staatstheoretischen Anschauungen Humboldts durchaus erkennen. In ihnen kommt somit eine wesentliche Erweiterung seiner Staatsidee zum Ausdruck.

Wenn demgegenüber gesagt wird, dass das praktische Verhalten Humboldts während seines langen politischen Lebens in offenkundigem Widerspruch zur Theorie der Jugend gestanden habe, so trifft dies zum Teil zu, kann jedoch nur bei oberflächlicher Betrachtung als Einwand gegen den Versuch einer einheitlichen Darstellung der Staatsidee Wilhelm von Humboldts aufrechterhalten werden. In den folgenden Kapiteln wird im Einzelnen nachgewiesen werden, wie Humboldt auch während seiner Tätigkeit als preußischer Staatsmann an seiner Idee von den Grenzen der Wirksamkeit des Staates festhielt. Es wird ferner gezeigt werden, wie er zu dieser Zeit auch versuchte, im Sinne dieser Ideen zu wirken. Dass dies nicht immer möglich war und er teilweise dieser Idee auch entgegen handeln musste, war in den politischen und gesellschaftlichen Verhältnissen seiner Zeit begründet und ist kein Beweis dafür, dass sie in dieser Zeit nicht mehr zu seinen staatstheoretischen Überzeugungen gehörte. Wenn aber Humboldt auch in der Zeit seiner staatsmännischen Tätigkeit von der in der Jugend entwickelten Staatstheorie durchdrungen war und in ihrem Sinne zu wirken versuchte, so ist damit auch der Versuch einer einheitlichen, systematischen Darstellung seiner Staatsidee gerechtfertigt, die sich sowohl auf seine staatstheoretischen als auch auf seine politischen Schriften gründet.

Allerdings besteht ein wesentlicher Unterschied zwischen den staatstheoretischen und den politischen Schriften Wilhelm von Humboldts. In seinen staatstheoretischen Schriften versucht er seine Auffassung vom Staate rein theoretisch zu entwickeln, während er in den politischen Schriften jeweils zu ganz bestimmten praktischen Problemen konkret Stellung nimmt. So heißt es in der Schrift über die Grenzen der Wirksamkeit des Staates: „Überhaupt sei mir die Bitte erlaubt, bei allem, was diese Blätter Allgemeines enthalten, von Vergleichungen mit der Wirklichkeit gänzlich zu abstrahieren. In dieser findet man selten einen Fall voll und rein …"[7] Gegenüber Schiller äußert er in einem Brief vom 14. Januar 1793 über seine Schrift: „Der Gegenstand ist von allem Bezug auf momentane Zeitumstände frei …"[8], und an Forster schreibt er am 1. Juni 1792: „Ich hatte die Frage, die ich beantworten sollte, völlig rein theoretisch in ihrem ganzen Umfange angeschnitten."[9] Dies bedeutet nicht, dass Humboldt nicht von seinen aus der Betrachtung der Geschichte und der damaligen politischen Gegenwart gewonnenen Erfahrungen ausgeht. Dass er dies tut, wird uns die Entstehungsgeschichte seiner Staatsidee im Einzelnen zeigen. Nur versucht

---

[7] Gesammelte Schriften, Bd. 1, S. 127 bzw. Werke, Bd. 1, S. 87 f.
[8] *An Schiller,* S. 50.
[9] *An Forster,* S. 88, vgl. auch Gesammelte Schriften, Bd. 1, S. 235 bzw. Werke, Bd. 1, S. 211.

er, nicht bei diesen Erfahrungen stehen zu bleiben, sondern aus ihnen allgemeine Ideen zu entwickeln, die nicht nur für die momentanen Zeitumstände Gültigkeit haben, sondern ihre Fruchtbarkeit dadurch erweisen, dass sie auch unter veränderten Umständen eine Anwendung auf die Wirklichkeit erlauben. Wenn Kaehler sagt, dass die Schrift von den Grenzen der Wirksamkeit des Staates „zu wenig Erfahrungsgehalt enthält, als dass man Humboldt das Unrecht antun dürfte, sie als den Inbegriff seiner Gedanken über den Staat anzusprechen", so ist ihm durchaus zuzugeben, dass die Schrift hinsichtlich ihres Erfahrungsgehalts und auch hinsichtlich ihrer Form Mängel und Unvollkommenheiten aufweist, die Humboldt, wie die Entstehungsgeschichte der Schrift zeigen wird, selbst empfunden hat. Es ist auch schon erwähnt worden, dass und warum sie nicht den Inbegriff seiner Gedanken über den Staat darstellt. Das abwertende Urteil Kaehlers zeigt nur, dass er für den ideellen Charakter von Humboldts Jugendschrift und insbesondere für seine Idee von den Grenzen der Wirksamkeit des Staates kein Verständnis hat. Diese Idee beruht, auch wenn sie nicht aus einer reichen Lebenserfahrung heraus entstanden ist, auf einer genialen Inspiration, die von grundlegender und bleibender Bedeutung ist.

In Humboldts politischen Schriften ist der Gegenstand im Gegensatz zu seinen staatstheoretischen Schriften nicht „von allem Bezug auf momentane Zeitumstände frei". Sie waren vielmehr veranlasst durch einzelne äußere Gegebenheiten, auf die sie einzuwirken bestimmt waren. In ihnen kommen seine Ideen in ihrer Anwendung auf die Wirklichkeit zum Ausdruck. Sie treten hier meist nicht in der Form allgemeiner Begriffe und Ideen, sondern in der Form konkreter Vorstellungen auf, die an das Bestehende, geschichtlich Gewordene angeknüpft sind und bei denen Humboldt berücksichtigen musste, was bei den damals herrschenden Anschauungen als realisierbar angesehen werden konnte. Insofern sind die in Humboldts politischen Schriften enthaltenen konkreten Vorschläge bei der heutigen weitgehend veränderten Situation natürlich zum großen Teil überholt. Trotzdem sind diese Schriften auch heute noch von erheblicher Bedeutung, so weit sich aus ihnen zugleich die staatstheoretischen Überzeugungen Humboldts, das heißt die seinen konkreten Vorschlägen zugrunde liegenden allgemeinen Ideen erkennen lassen. Diese sind auch unter veränderten Umständen auf die Wirklichkeit anwendbar und können zu ebenso konkreten neuen Vorschlägen führen.

In den staatstheoretischen Schriften tritt uns Humboldt als *Philosoph* entgegen. Er entwickelt in ihnen Ideen, deren Anwendung auf die Wirklichkeit er dem Leser überlässt. In dem letzten Kapitel seiner Schrift über die Grenzen der Wirksamkeit des Staates zeigt er lediglich, wie er sich die Anwendung seiner Ideen auf die Wirklichkeit vorstellt. In den politischen Schriften spricht sich Humboldt als *Staatsmann* und *Politiker* aus. In ihnen entwickelt er seine durch die damaligen Gegebenheiten bedingten Vorstellungen über eine andere Gestaltung einzelner Einrichtungen, wie sie sich aus seinen allgemeinen Ideen ergeben. Humboldt selbst charakterisiert diesen Unterschied in einem Brief an Brinkmann vom 18. März 1793 mit den Worten: „Das, dünkt mich, ist der große Unterschied zwischen Staatsmännern und Philosophen, dass die Ersteren durch den Zwang der Umstände ihre Ideen beherrschen lassen, die Letzteren mit ihren Ideen die Umstände zu beherrschen versuchen."[10] Allerdings muss man von Humboldt sagen, dass er in diesem Sinne ein philosophischer Staatsmann war, denn er versuchte, so weit wie möglich durch seine Ideen die Umstände zu beherrschen, ohne diesen jedoch Zwang anzutun. So hat er selbst später während seiner staatsmännischen Wirksamkeit ausgesprochen, dass nur der ein großer Staatsmann ist, der von der Überzeugung durchdrungen ist, dass das Ziel nur erreicht ist, wenn der Gedanke der Stempel der Wirklichkeit geworden ist.[11]

Die politischen Schriften Humboldts kommen deshalb neben den staatstheoretischen für eine Darstellung seiner Staatsidee insoweit in Betracht, als sich aus den in ihnen ausgesprochenen Gedanken die ihnen zugrunde liegenden allgemeinen Ideen Humboldts erkennen lassen. Für die Erkenntnis seiner Ideen über die innere Gestaltung des Staates sowie über das Verhältnis der Staaten zueinander ist es unerlässlich, seine politischen Schriften mit heranzuziehen, weil er sich nur in ihnen über diese Fragen näher ausgesprochen hat. Die staatstheoretischen Schriften hingegen, vor allem die Schrift über die Grenzen der Wirksamkeit des Staates, sind insbesondere für die Erkenntnis seiner grundlegenden Idee von den Grenzen der staatlichen Wirksamkeit unentbehrlich. Da Humboldt auch während seiner Tätigkeit als preußischer Staatsmann an dieser Idee festgehalten hat, kann nicht von einer Wandlung, sondern nur von einer Erweiterung seiner staatstheoretischen Anschauungen die Rede sein. Sein Verhältnis zum Staat verlangt somit nicht nur nach biografischer, sondern auch nach einer systematischen Darstellung. In ihr soll versucht werden, die innere Einheit seiner Ideen über den Staat aufzuzeigen und darzustellen.

---

[10] *An Brinkmann*, S. 59.
[11] Vgl. Gesammelte Schriften, Bd. 10, S. 87 f. bzw. Werke, Bd. 4, S. 84.

II. Die Entstehungsgeschichte der Staatsidee Wilhelm von Humboldts

1. Die Abwendung von der Aufklärung

Die in Tegel und Berlin verlebten Kindheits- und Jugendjahre des 1767 geborenen Wilhelm von Humboldt fallen in die Zeit der Hochblüte der stark unter dem Einfluss der Philosophie Christian Wolffs (1679–1754) stehenden Berliner Aufklärung. In den Jahren 1785 und 1786 erhielt Humboldt als Vorbereitung auf sein Universitätsstudium den Unterricht führender Köpfe aus dem Kreise der Berliner Aufklärer. So hatte er Privatvorlesungen von Johann Jakob Engel (1741–1802) über Philosophie, von Ernst Ferdinand Klein (1744–1810) über Naturrecht und von Christian Wilhelm Dohm (1751–1820) über nationalökonomische Fragen.[1] Demgemäß war Humboldts Denken zu dieser Zeit stark von der Aufklärungsphilosophie beeinflusst.

Aber Humboldt übernahm nicht nur das Gehörte, sondern er bildete sich auch selbständig Gedanken darüber. Dies beweist ein Brief seines Lehrers Klein vom 7. April 1785, wo es heißt: „Ich freue mich sehr in Ew. Hochwohlgeboren Aufsätzen nicht nur Beweise, dass Sie das Gehörte wohl durchdacht, sondern auch so viele Spuren eines eignen ungeleiteten Nachdenkens zu finden."[2] Und so zeigt sich schon damals in charakteristischer Weise eine Eigenart seines Denkens, die ihm während seines ganzen Lebens eigen blieb.

Durch seine Lehrer hatte Humboldt gelernt, dass das oberste Prinzip der Moral die Beförderung allgemeiner Glückseligkeit sei. Aus diesem Prinzip wurden die moralischen Pflichten des Menschen abgeleitet. Man unterschied zwei Arten von Pflichten. Einmal die so genannten unvollkommenen, freiwilligen oder Gewissenspflichten. Das waren die Pflichten, die zu erfüllen man den Menschen nicht zwingen kann, die er sich gewissermaßen nur selbst freiwillig auferlegen kann. Sie bildeten den Gegenstand der Ethik. Ihnen wurden gegenübergestellt die so genannten vollkommenen oder Zwangspflichten. Hierunter verstand man diejenigen Pflichten, zu deren Erfüllung der Mensch durch den Staat gezwungen werden kann. Hierbei hatte man nicht im Auge die Pflichten, die sich aus den staatlichen Gesetzen ergeben, sondern man versuchte zu zeigen, dass es

---

[1] Die Ausarbeitung des Gehörten, die Humboldt nach den Vorlesungen selbständig anfertigte, sind unvollständig erhalten und teilweise veröffentlicht in den Gesammelten Schriften, Bd. 7, S. 361 ff.

[2] Gesammelte Schriften, Bd. 7, Anm. S. 481 f.

1. Die Abwendung von der Aufklärung

Pflichten gibt, die sozusagen „von Natur" außerhalb jeder gesetzlichen Festlegung bestehen. Die Wissenschaft, die sich mit diesen Pflichten beschäftigte, wurde Naturrecht genannt. In ihr wurde in einer sehr abstrakten Weise versucht, die „Zwangspflichten" näher zu bestimmen und sie gegenüber den „Gewissenspflichten" abzugrenzen. Da wurde zum Beispiel gesagt: Zwangspflichten sind solche, ohne deren Einhaltung ein Staat unmöglich würde bestehen können;[3] oder es wurden die Zwangspflichten definiert als Pflichten, von denen man gewiss weiß, dass sie der andere einem zu leisten verbunden ist;[4] oder man nannte Zwangspflichten diejenigen Pflichten, deren Nichterfüllung ein größeres Übel hervorbringen würde, als durch Gewalttätigkeit und Strafe entsteht[5] und so weiter.

Auch Humboldt machte den Unterschied zwischen Zwangs- und Gewissenspflichten. Aber in der Art und Weise, wie er diesen Unterschied zu bestimmen versucht, zeigt sich die bereits erwähnte Eigenart seines Denkens. Während man im Allgemeinen versuchte, diesen Unterschied durch außerhalb des Menschen liegende Umstände zu bestimmen, will Humboldt ihn aus der *Natur des Menschen* begründen. Allerdings wird diese „Natur des Menschen" noch ganz im Sinne der Aufklärung aufgefasst. So schreibt er: „... ich glaube, man muss auf die Natur des Menschen sehen, und sich bemühn, aus dieser zu beurteilen, zu welchen Pflichten der Mensch ohne Ausnahme verbunden ist, und zu welchen anderen nicht. Nimmt man nun die Untersuchung auf diesem Wege vor, so findet man nur ein allgemeines Recht eines jeden Menschen, das nämlich: seine Glückseligkeit so sehr zu erhöhen, als es möglich ist. Da aber dieses Recht allen und jeden Menschen zusteht, so kann auch, vermöge desselben, keiner mehr mit Recht von dem andern fordern, und mit Gewalt von ihm erzwingen, als dass er ihn in der Anwendung seiner Kräfte nicht störe. Denn wollte er mehr tun, wollte er den andern zwingen, auch seine eigenen Kräfte für ihn anzuwenden, so würd' er ihn dadurch in der Anwendung seiner Kräfte stören, also Unrecht tun. So finden wir daher auf diesem Wege, dass jemand nur gezwungen werden kann, nichts *wider* den anderen, nicht aber, auch etwas *für* ihn zu tun."[6] Und Humboldt fragt: „Steht nicht einem jeden Menschen die Beurteilung seines Zustandes, und die Anwendung seiner Kräfte völlig frei, solange er sie nicht zum Nachteil andrer verwendet; und kann also wohl irgendjemand befugt sein, ihn zu zwingen, sie gerade auf diese, oder auf jene Art anzuwenden?"[7]

Hier ist Humboldt seinen späteren Gedanken über die Grenzen der Wirksamkeit des Staates, wenn auch auf einem anderen Wege, sehr nahe. Aber er geht

---

[3] Gesammelte Schriften, Bd. 7, S. 469 f.
[4] Gesammelte Schriften, Bd. 7, S. 470 f.
[5] Gesammelte Schriften, Bd. 7, S. 471.
[6] Gesammelte Schriften, Bd. 7, S. 471 f.
[7] Gesammelte Schriften, Bd. 7, S. 473.

diesen Weg nicht folgerichtig weiter, sagt er doch, dass der *Staat* jede unvollkommene Pflicht in eine vollkommene verwandeln kann. Er setzt allerdings einschränkend hinzu, dass „gewisse unvollkommene Pflichten vernünftigerweise gar kein Gegenstand der Gesetze sein können, weil sie zu unbestimmt sind, um von andern beurteilt werden zu können".[8] Wohl berührt er schon die Frage nach den Grenzen der Wirksamkeit des Staates, nämlich die Frage, „ob der Zweck des Staats bloß die Sicherheit, oder außer derselben noch das Wohl der Bürger sein müsse".[9] Aber er beantwortet sie noch dahin, dass der Staat sowohl für die Sicherheit als auch für das Wohl der Bürger sorgen soll. Dies begründet er damit, dass er sagt: „Was die Sicherheit für die Bürger befördert, befördert auch ihr Wohl, und ebenso umgekehrt; beides ist unzertrennlich voneinander."[10] Auch führt er aus, dass die Freiheit der Bürger gerade dadurch gewinne, dass man das Wohl des Staats mit zu den Endzwecken desselben zählt und das auf der anderen Seite Fälle denkbar sind, „wo, wenn der Staat nur die Sicherheit der Bürger allein zur Absicht hätte, die Freiheit derselben noch mehr eingeschränkt werden müsste, als wenn ihr Wohlstand mit ein Teil seines Endzwecks ist".[11] Nicht nur die Sorge für das äußere Wohl, sondern auch für die innere Glückseligkeit rechnet er zu jener Zeit zu den Aufgaben des Staates. So sagt er: „Endlich aber ist es nicht richtig, dass der Staat bloß für die äußerliche Glückseligkeit sorgen soll. Warum will man den Zweck desselben so einschränken? Ist die innere Glückseligkeit etwa weniger wichtig, als die äußere? Ist es weniger wichtig, dass die Bürger tugendhaft und daher ruhig und zufrieden, als dass sie im Wohlstand leben, dass ihr Eigentum gesichert ist u.s.f.? Warum sagt man folglich nicht lieber: Glückseligkeit überhaupt ist der Endzweck des Staats, Glückseligkeit jeder Art, äußere sowohl als innere?"[12] Wohl sieht er, dass die „innere Glückseligkeit" ohne „freie Ausübung der Kräfte" unmöglich ist und also durch staatliche Zwangsmittel nicht unmittelbar herbeigeführt werden kann. Aber mittelbar kann es seiner Meinung nach geschehen: „Also auch die innerliche Glückseligkeit kann der Staat befördern, und zwar durch Zwangsmittel befördern, nur nicht unmittelbar und auf der Stelle, sondern mittelbar und nach und nach."[13] Und als Möglichkeiten, dieses Ziel zu erreichen, gibt er an: „Der Staat kann Anstalten, Einrichtungen machen, durch welche auch der moralische Charakter der Bürger gewinnt. Von dieser Art sind z.E. Schulen und Erziehungsanstalten überhaupt, von dieser Art sind die Einrichtungen, die er auch zur Belehrung der Erwachsenen durch den Gottesdienst macht, von dieser Art

---

[8] Gesammelte Schriften, Bd. 7, S. 474.
[9] Gesammelte Schriften, Bd. 7, S. 479.
[10] Gesammelte Schriften, Bd. 7, S. 480.
[11] Gesammelte Schriften, Bd. 7, S. 480.
[12] Gesammelte Schriften, Bd. 7, S. 478.
[13] Gesammelte Schriften, Bd. 7, S. 479.

1. Die Abwendung von der Aufklärung

sind endlich und ganz vorzüglich die Gesetze, die er gibt, und die Strafen, die er zuerkennt." Auch das gesetzliche Luxusverbot gibt er als Beispiel an.[14]

Humboldt konnte nicht lange bei den abstrakten Gedanken der Aufklärungsphilosophie stehen bleiben. Sie lassen ihn innerlich unbefriedigt, und so bekommt er bald Zweifel, ob die in ihr gehandhabte Methode der rationalen Demonstration geeignet ist, zur Erkenntnis der Wahrheit zu führen. Dies beweist ein Brief an Jakobi vom 17. November 1788, in dem es heißt: „Ich gestehe Ihnen, dass ich in der Zwischenzeit, da ich Wolf nun so ziemlich gefasst hatte, und ehe ich Kant las, beinah einen Widerwillen gegen meine Metaphysik empfand. Es kam mir alles so trocken, so bloßes Gerippe, ohne Geist und Leben, vor, ich demonstrierte und demonstrierte, und nie brachten doch die Resultate eigentlich Überzeugung hervor."[15] Es lag also in Humboldts Wesen selbst etwas, das sich gegen die Denkmethode und die Ergebnisse der Aufklärungsphilosophie auflehnte. Dies führte dazu, dass er sich bereits im Winter 1787/88 mit Kant beschäftigte.[16] Es ist für ein richtiges Verständnis des Einflusses, den Kant in der Folgezeit auf Humboldts Denken ausübte, wichtig zu betonen, dass es nicht das Studium Kants war, das die Zweifel an der Richtigkeit der Methode und der Anschauungen der Aufklärungsphilosophie in ihm erzeugte, sondern dass vielmehr die Zweifel, die ihm durch die Natur seines eigenen Denkens und Empfindens gekommen waren, ihn dazu führten, sich mit den Schriften Kants zu beschäftigen.[17]

Die eigentliche Abwendung Humboldts von der Aufklärungsphilosophie und die Ausbildung seiner eigenen Anschauungen beginnt im Jahre 1788 mit seinem 22. Lebensjahr. Rückblickend bezeichnet er die Zeit vorher als die „nüchternste Periode seines Lebens" und sagt selbst, dass sie mit seinem 21. Jahre endigte.[18] Dreierlei hat bei dieser geistigen Wandlung Humboldts mitgewirkt: erstens das Studium der kritischen Schriften Kants, zweitens das Kennenlernen der Philosophie Jakobis und drittens das persönliche Erleben bedeutender Persönlichkeiten.

---

[14] Gesammelte Schriften, Bd. 7, S. 478.
[15] *An Jakobi,* S. 2.
[16] Vgl. *an Jakobi,* S. 6, 101.
[17] Dasselbe meint wohl *Spranger* (1928), wenn er (S. 118) sagt, dass in der mit dem Kantstudium beginnenden „skeptischen Wendung, die ebenso sehr auf Fülle des Gefühls wie auf Verstandesschärfe zurückweist", die *„ersten Anzeichen"* seines Bruches mit der Aufklärung liegen und dann betont: „Die *letzten Motive* dieses Bruches liegen in einer Innerlichkeit und einem Erleben, für das die Normalformeln und die rationale Selbstgewissheit der Schulphilosophie keinen Ausdruck mehr boten." (Hervorhebungen vom Verfasser).
[18] *An Jakobi,* S. 51.

II. Die Entstehungsgeschichte der Staatsidee

a) Verhältnis zur Philosophie Kants

Es ist das Verdienst Kants gezeigt zu haben, dass die Wahrheit tiefer liegt, als es in der Aufklärungsphilosophie angenommen wurde, die glaubte, mit Hilfe logischer Demonstration die höchsten Fragen des Daseins beantworten zu können. Und so ist es unzweifelhaft dem intensiven Studium von Kants „Kritik der reinen Vernunft" mit zuzuschreiben, womit Humboldt im Sommer 1788 begann[19], wenn er am 9. August 1790 an Brinkmann schreibt: „Schließen und Demonstrieren ist mir nicht mehr Mittel, die kleinste Wahrheit zu finden."[20] Kant verhalf Humboldt dazu, dasjenige klar zu erkennen, was er vorher bereits undeutlich empfunden hatte: dass die Denkmethode der Aufklärungsphilosophie nicht zur Erkenntnis der Wahrheit geeignet ist. Ein bedeutsames Licht auf dieses Verhältnis Humboldts zu Kant wirft ein Brief Kiesewetters an Kant vom 25. November 1798 mit einem Bericht über einen Vortrag Humboldts, den dieser einige Zeit vorher im Institut national in Paris gehalten hatte. In diesem Brief heißt es: „Dieser (Humboldt) ... zeigte, der Nutzen der kritischen Philosophie sei negativ, sie halte die Vernunft ab, im Felde des Übersinnlichen Luftschlösser zu bauen. Die Pariser Gelehrten antworteten, dass sie nicht in Abrede sein wollten, dass Sie auf eine neue und scharfsinnigere Art die Wahrheit dieses Resultats bewiesen hätten, dass aber dadurch so viel eben nicht gewonnen sei, weil dieses Resultat auch schon sonst bekannt gewesen, sie fragten, ob Sie denn bloß eingerissen und nichts aufgebaut hätten, und denken Sie sich, Herr von Humboldt kannte bloß den Schutt der durch die Kritik eingestürzten Systeme."[21]

Kants Wirkung auf Humboldt bestand also vor allem darin, dass er durch ihn die Aufklärungsphilosophie überwand und sein Denken auf eine neue Grundlage stellte. Bei der weiteren Ausgestaltung seiner philosophischen Anschauungen aber geht Humboldt über Kant hinaus.[22] Dies geht aus der Art und Weise hervor, wie er Kants Verdienst in einer 1830 entstandenen Charakteristik Schillers würdigt. Humboldt sagt dort: „Er (Kant) führte im wahrsten Sinne des Wortes die Philosophie in die Tiefen des menschlichen Busens zurück"[23], und: „da er nicht sowohl Philosophie, als zu philosophieren lehrte, weniger Gefundenes mitteilte, als die Fackel des eigenen Suchens anzündete, so veranlasste er mittelbar mehr oder weniger von ihm abweichende Systeme und Schulen, und

---

[19] Vgl. *an Nicolovius*, S. 109 f.
[20] *An Brinkmann*, S. 3.
[21] Kants Briefwechsel, Bd. 3, S. 259.
[22] Über Humboldts Verhältnis zu Kant vergleiche *Spranger* (1928) sowie seinen eingehenden Aufsatz „Wilhelm von Humboldt und Kant" in: Kantstudien (1908), Bd. 13, S. 57 ff.
[23] „Über Schiller und den Gang seiner Geistesentwicklung", Gesammelte Schriften, Bd. 6, S. 509 bzw. Werke, Bd. 2, S. 376.

1. Die Abwendung von der Aufklärung

es charakterisiert die hohe Freiheit seines Geistes, dass er Philosophien, wieder in vollkommener Freiheit und auf selbst geschaffenen Wegen für sich fortwirkend, zu wecken vermochte."[24] Und was Humboldt über das Verhältnis Schillers zu Kant schreibt, gilt dem Sinne nach auch für ihn selbst: „Er (Schiller) nahm nicht von ihm (Kant); von den in ‚Armut und Würde' und den ‚Ästhetischen Briefen' durchgeführten Ideen ruhen die Keime schon in dem, was er vor der Bekanntschaft mit kantischer Philosophie schrieb, sie stellen auch nur die innere, ursprüngliche Anlage seines Geistes dar. Allein dennoch wurde jene Bekanntschaft zu einer neuen Epoche in Schillers philosophischem Streben, die kantische Philosophie gewährte ihm Hilfe und Anregung. Ohne große Divinationsgabe lässt sich ahnden, wie, ohne Kant, Schiller jene ihm ganz eigentümlichen Ideen ausgeführt haben würde."[25] Auch Humboldt stand Kant in dieser selbständigen Weise gegenüber. Auch er bildete seine Ideen so aus, wie es der „inneren, ursprünglichen Anlage seines Geistes" gemäß war.

b) Verhältnis zur Philosophie Jakobis

Das wird noch deutlicher, wenn wir neben seinem Verhältnis zu Kant sein Verhältnis zur Philosophie Friedrich Heinrich Jakobis, und zwar insbesondere zu dessen Auffassung vom Wesen menschlicher Erkenntnis betrachten, das uns hier im Hinblick auf seine Abwendung von der Aufklärung vor allem interessiert. Für Jakobi beruhte alles Erkennen sowohl der sinnlichen als der übersinnlichen Welt auf unmittelbarem Anschauen. Durch die physischen und seelischen Sinne offenbaren sich die Dinge unmittelbar. So sagte er zum Beispiel: „Wir schauen die Dinge außer uns an; diese Dinge sind wirkliche Dinge, und die Gewissheit, die uns die Anschauung gewährt, nennen wir Glauben."[26] Jakobi geht also von dem Satz aus: Die Sinne trügen nicht. Für Kant hingegen gilt der Satz: Die Sinne trügen. Unsere Sinne ermöglichen uns nach ihm nicht eine unmittelbare Erkenntnis der Dinge, des „Ding-an-sich", sondern wir haben von den Dingen immer nur Erscheinungen in unserem Bewusstsein. Wir können nur durch die Wirkung der Dinge auf unsere Sinne und auf unsere Seele mittelbar auf das Dasein und das Wesen der Dinge schließen. Erst recht ist eine Erkenntnis des Übersinnlichen im Sinne Jakobis durch „Anschauung" nach Kants Auffassung nicht möglich. Es kann nur vorausgesetzt oder postuliert werden. Humboldt selbst charakterisiert diesen Unterschied „in der ganzen Art des Erkennens" in einem Brief an Jakobi vom 20. Juni 1790: „Bei Ihnen ist alles Erkennen unmittelbar, Offenbarung des Objekts, Perzeption des Subjekts; bei Kant Annehmen aus einer Art der Notwendigkeit. So nimmt er Dinge außer uns

---

[24] Gesammelte Schriften, Bd. 6, S. 510 f. bzw. Werke, Bd. 2, S. 377.
[25] Gesammelte Schriften, Bd. 6, S. 513 bzw. Werke, Bd. 2, S. 379 f.
[26] Vgl. Gesammelte Schriften, Bd. 14, S. 61.

überhaupt an, weil in unseren Vorstellungen, wenn wir sie entwickeln, doch etwas Materiales liegt, was sich auf etwas Wirkliches außer uns beziehen muss; einen Gott und eine Unsterblichkeit, weil sonst unbefriedigte Bedürfnisse übrig bleiben, nicht zu erklärende Ungerechtigkeiten da sein würden; Willensfreiheit, weil sonst das von ihm festgesetzte Prinzip der Moralität nicht bestehen könnte." Oder er schildert diesen Unterschied, indem er sagt, dass Jakobi etwas, als Tatsache, unmittelbar perzipiert, „was Kant, weil es sich auf eine unmittelbare Tatsache bezieht, voraussetzt, oder schließt".[27]

Die Idee einer auf unmittelbarer Anschauung beruhenden Philosophie war Humboldt im höchsten Maße interessant, und immer wieder bittet er Jakobi um nähere Erläuterung derselben, da er noch Zweifel an der Möglichkeit einer solchen Philosophie hat. So schreibt er am 18. Oktober 1789 an Jakobi: „Wir sehen uns doch immer nach einer Verknüpfung unsrer Ideen mit der Wirklichkeit außer uns. Nun aber ist Wolfs trügerische Syllogismenbrücke eingestürzt, und Kant zieht sich in die eigne Burg zurück. Denn gewiss halten die meisten sein Postulieren mehr für einen frommen Wunsch, ein banges Sehnen nach dem geliebten geahndeten Lande, als für einen wirklichen Übergang. Ich bin unendlich begierig nach einer vollständigen, mit allen Gründen unterstützten Entwicklung Ihres Systems. Denn auf der einen Seite hat es einen so unaussprechlichen Reiz für mich – es ist doch ein unvergleichbar größerer Gehalt, vollerer Genuss in der Empfindung des Seins, als in dem Existieren in Erscheinungen – hängt es mit so vielen mir werten, innigst in mein ganzes Ich verwebten Ideen zusammen. Aber auf der anderen Seite konnte ich mich doch noch nie selbst überzeugen, ist es doch bei mir noch immer Gegenstand der Untersuchung."[28] Er musste von sich selbst sagen, dass ihm der Sinn für eine unmittelbare Anschauung des Übersinnlichen fehlt. Dies zeigt ein Brief an Forster vom 14. März 1789: „Dass Sie es Jakobi ans Herz gelegt haben, dass man vom Übersinnlichen schlechterdings keine Idee haben kann, freut mich sehr. Er ist zwar zu sehr Philosoph, um zu begreifen, erklären zu wollen. Aber er glaubt es doch anschauen zu können. Ich gestehe Ihnen gern, dass ich davon keine Idee habe und dass ich fürchte, es kann leicht zur Schwärmerei führen. Ich habe mich schon in mehreren meiner Briefe an ihn darauf bezogen, allein bis jetzt hat er mir die Antwort immer erst versprochen."[29] Später gibt Humboldt die Möglichkeit einer auf unmittelbarer Anschauung beruhenden Erkenntnis des Übersinnlichen zu, wenn er auch dadurch die Allgemeingültigkeit solcher Erkenntnisse beschränkt sieht. Von sich selbst sagt er jedoch nach wie vor, dass ihm diese Art der Erkenntnis durch eigene Erfahrung nicht bekannt sei. So spricht er in dem Brief an Jakobi vom 20. Juni 1790 von der allgemein verbreiteten Idee,

---

[27] *An Jakobi*, S. 31 f.
[28] *An Jakobi*, S. 27.
[29] *An Forster*, S. 18.

1. Die Abwendung von der Aufklärung

„dass Philosophie nur durch Vernunft demonstrierbar ist, oder dass es sonst schlechterdings keine gibt" und sagt hierüber: „Allein, wie sehr Sie auch wissen, dass auch ich, aus eigener Erfahrung, keine andere Erkenntnis der Wahrheit kenne, und mich also gern in die bescheidenen Schranken zurückziehe, die Kant festsetzt, so sehe ich doch die Unmöglichkeit einer anderen, unmittelbaren, nicht aus dem Entwickeln der Vernunft, sondern aus dem Bewusstsein der Anschauung entspringenden Erkenntnis nicht ein ..." und fährt dann fort: „Wohl fühle ich, dass die Allgemeingültigkeit philosophischer Sätze bei jener Art der Erkenntnis verlieren würde; aber sehr zweifelhaft ist es mir auch, ob diese Allgemeingültigkeit überhaupt ein richtiges und notwendiges Unterscheidungsmerkmal der Wahrheit ist, obgleich etwas Gewisses sich hierüber nicht eher bestimmen lässt, als nicht jene Art der Erkenntnis in ein helleres Licht gesetzt ist."[30]

Nun kann man, auf diese Briefstelle gestützt, annehmen, Humboldt habe sich *für* Kant und *gegen* Jakobi entschieden[31] und meinen, die Philosophie des Letzteren habe keinen Einfluss auf ihn gehabt. Tatsächlich gibt es eine Reihe von Äußerungen Humboldts, in denen er sich gegen Jakobi ausspricht und zu den Auffassungen Kants bekennt. So schreibt er bereits am 3. Juni 1789 an Jakobi: „Wenn Sie ... das Übernatürliche, wie Sie sich ausdrücken, ‚auf eben die Weise annehmen, als es uns gegeben ist, als Tatsache', ... oder wenn Sie auch nur das Dasein anderer Dinge außer uns nicht schließen, nicht nach Wahrscheinlichkeit annehmen, sondern unmittelbar perzipieren und glauben ... – dann gestehe ich gern, muss ich furchtsam zurückbleiben. Ich kann Ihnen also überall folgen, wo das rein logische Vermögen ausreicht, nicht aber dahin, wo an die Stelle desselben unmittelbare Wahrnehmung, Perzeption treten muss."[32] Und weiter schreibt er in dem gleichen Brief: „Wir sind uns körperlicher Sinne bewusst. Wir erhalten Ideen durch sie, aber ob Ideen von wirklich existierenden Dingen ist zweifelhaft. Wenigstens hat das logische Vermögen der Seele den Sinnen selbst, wie mich dünkt, mit Recht das Urteil darüber abgesprochen."[33] F. A. Wolf gegenüber bezeichnet er Kants Philosophie am 30. Mai 1794 als „wahre Philosophie"[34] und Körner schreibt er in seinem Brief vom 27. Oktober 1793: „Ich habe seit meiner Rückkunft alle kantischen kritischen Schriften von neuem von einem Ende bis zum anderen durchgelesen (weil diese Schriften doch einmal der Kodex sind, den man nie in philosophischen Angelegenheiten, so wenig als das Corpus juris in juristischen, aus der Hand legen darf) und ich danke diesem neuen Durchlesen wiederum sehr viel. Alle Zweifel, die ich sonst wohl gegen die Kritik der reinen Vernunft, selbst gegen die beiden moralischen Werke

---

[30] *An Jakobi,* S. 30.
[31] So *Spranger* (1928), S. 129 und *Spranger* (1908), S. 66, 74.
[32] *An Jakobi,* S. 17.
[33] *An Jakobi,* S. 18.
[34] *An Wolf,* S. 112.

hatte, sind mir jetzt rein verschwunden ..."³⁵ Und am 19. November 1793 äußert er gegenüber Körner: „Wir besitzen eine feste, auf streng bewiesenen Grundsätzen mit kritischer Genauigkeit aufgeführte Philosophie (denn wer kann diese Kriterien in der kantischen verkennen?)."³⁶

Sosehr diese Äußerungen zu beweisen scheinen, dass Humboldt sich ganz auf den Boden Kants stellte und zum „Kantianer" wurde, sosehr müssen wir doch betonen, dass Humboldt bei der Ausgestaltung seiner eigenen philosophischen Anschauungen über Kant hinausging und diese der „inneren, ursprünglichen Anlage seines Geistes" gemäß ausbildete.³⁷ Dieser Widerspruch findet seine Erklärung in einem irrationalen Moment. Die Erkenntnistheorie Kants schien Humboldt theoretisch richtig zu sein, aber sie befriedigte nicht seine tiefe Sehnsucht nach einer unmittelbaren Erkenntnis der Wirklichkeit. Jakobis Auffassung vom Wesen menschlicher Erkenntnis hingegen übte, wie wir gesehen haben, einen „unaussprechlichen Reiz" auf Humboldt aus, sie hing „mit so vielen ihm werten, innigst in sein ganzes Ich verwebten Ideen" zusammen, aber sie war ihm theoretisch nicht überzeugend. Im Grunde sehnte er sich nach einer theoretisch überzeugenden Erkenntnistheorie, die den Menschen unmittelbar mit der Wirklichkeit verknüpft. So, wenn er am 3. Juni 1789 an Jakobi schrieb, dass „der wesentlichste Dienst, welcher der Philosophie geleistet werden könnte", der wäre „darzutun, dass das logische Vermögen verbunden mit dem ästhetischen (im kantischen Sinne, wo es sich bloß auf Sensation bezieht) nicht das ganze Seelenvermögen erschöpfe, dass es noch einen Sinn gebe, das wirkliche Dasein der Dinge zu perzipieren".³⁸ Dass dies nicht eine Schmeichelei für Jakobi war, sondern einem wirklichen inneren Bedürfnis Humboldts entsprach, ergibt sich aus einem Brief an Brinkmann vom 9. August 1790, in dem er schreibt: „Schließen und Demonstrieren ist mir nicht mehr Mittel die kleinste Wahrheit zu finden, und auf dies Finden Verzicht tun kann ich doch auch nicht. Das tu ich wohl, wenn ich mit Menschen, die mir fremd sind, sprechen, gar streiten soll, das ist meine exoterische Lehre. Aber in mir werd ich doch so oft von Dingen ergriffen, zu denen keine Demonstration mir reicht. Die sind mir

---

³⁵ *An Körner,* S. 1 f.

³⁶ *An Körner,* S. 6.

³⁷ In seinem Aufsatz „Wilhelm von Humboldt und Kant" zeigt *Spranger* (1908), S. 88, 87, vor allem die Punkte auf, in denen Humboldt mit Kant übereinstimmt, aber auch, inwiefern Humboldt in seinen metaphysischen, ethischen und ästhetischen Anschauungen über Kant hinausging. Er muss zugeben, wie Humboldt „in Wahrheit die von Kant gezogenen Grenzen überschreitet" und seine Metaphysik „nach unserer Kantauffassung mit dem eigentlichen kritischen Standpunkt unvereinbar ist". Es erscheint mir deshalb richtiger, die Eigentümlichkeit der philosophischen Anschauungen Humboldts gegenüber Kant hervorzuheben, als die Punkte, in denen Humboldt mit Kant übereinstimmt, in den Vordergrund zu stellen und zu sagen: „Er (Humboldt) wurde Kantianer, aber er wurde es in seinem eigenen, besonderen Sinne." So *Spranger* (1928), S. 120. Vgl. auch *Haym,* S. 50, 51, 108 f.

³⁸ *An Jakobi,* S. 19.

esoterische Lehren. Das dringt so stark auf mich ein, dass jeder Zweifel weicht, und meine Seele von dieser Wahrheit glüht. Bedenk ich dann aber wieder, unter den Menschen, denen es nie so geht, die dies nicht einmal verstanden, sind doch so viele von größerem Kopf, reiferer Erfahrung, festerem Charakter, dann fällts mir von den Augen wie Schuppen. Die Glut der Wahrheit scheint mir auflodernde Flamme der Phantasie, und ich fühle mich tief, tief unglücklich. Recht verstanden könnt ich alles Unglück, was mich manchmal drückt, allein darauf zurückführen."[39]

c) Humboldts eigene Erkenntnismethode

Obwohl Humboldt eine solche Erkenntnistheorie, die ihn theoretisch überzeugte und zugleich sein Bedürfnis nach einer Verknüpfung mit der Wirklichkeit befriedigte, nicht vorfand, zeigt sich, dass seine *Erkenntnispraxis* ganz in dieser Richtung verlief und er sich nicht an die von Kant dem menschlichen Erkenntnisvermögen gezogenen Grenzen hielt. Für Kant waren alle durch die Sinne vermittelten Erkenntnisse ungewiss. Nur dasjenige war ihm gewiss, was der Mensch a priori, also unabhängig von aller Erfahrung, erkennt. Humboldt schildert diese Eigenart des kantischen Denkens wie folgt: „Kant schneidet mit bewunderungswürdigem Scharfsinn alle unmittelbare Gemeinschaft zwischen uns und den Dingen außer uns ab und entschädigt uns durch die feine Zergliederung unseres eigenen Vorstellungsvermögens für den Verlust fremden Besitzes; was er als wahr annimmt oder als unwahr verwirft ist eigentlich Resultat seiner philosophischen Operationen."[40] Diese Beschränkung des menschlichen Erkennens auf die gedankliche Zergliederung des subjektiven Bewusstseins konnte Humboldt nicht befriedigen. Es zeigt sich vielmehr, dass er – ähnlich wie Goethe bei seinen naturwissenschaftlichen Studien – der Beobachtung der gegebenen Welt eine außerordentliche Bedeutung für die Erkenntnis der Wirklichkeit beimisst. Durch eine genaue Beobachtung des Gegebenen und eine gedankliche Erfassung und Durchdringung desselben glaubte er, zu einer Erkenntnis der Wirklichkeit zu gelangen. Es lag hierbei die metaphysische Anschauung zugrunde, dass in allen Erscheinungen der gegebenen Welt Ideen wirksam sind, dass „die Sinnlichkeit Hülle des Geistigen, und das Geistige belebendes Prinzip der Sinnenwelt ist".[41] Es war im Grunde eine monistische Auffassung der Welt.[42] Sie trat im späteren Leben Humboldts immer mehr in den Vordergrund.[43] Auf ihr beruhen insbesondere seine späteren anthropologischen und sprachwissenschaftlichen Studien. Wenn Humboldt von Jakobi sagt: „Sie gehn

---

[39] *An Brinkmann*, S. 3 f.
[40] *An Jakobi*, S. 33.
[41] Gesammelte Schriften, Bd. 1, S. 169 bzw. Werke, Bd. 1, S. 136. Vgl. auch *an Caroline*, Bd. 1, S. 49 sowie Gesammelte Schriften, Bd. 14, S. 157 f.
[42] Vgl. *an Forster*, S. 38; ferner *Spranger* (1928), S. 124.

also von dem Objekte aus, dies drängt sich Ihnen auf und zwingt Sie zu philosophieren."[44], so kann man dasselbe auch von Humboldt sagen.[45] Denn er versucht auf verschiedenen Wissenschaftsgebieten „aus Faktis Philosophie zu ziehen".[46] Dieselbe Erkenntnishaltung spricht sich in dem 1789 entstandenen Aufsatz „Über Religion" aus, in dem er schreibt: „Ich verstehe unter der Vernunft das ganze intellektuelle Vermögen des Menschen, seine ganze Fähigkeit Ideen aufzufassen, seis durch Beobachtung der Sinne oder durch das Anstrengen der Seele auf der Dinge innere Beschaffenheiten; und die aufgefassten Ideen zu verarbeiten durch Vergleichung, Verknüpfung und Trennung."[47] Sie zeigt sich auch in einem Brief an Forster vom 28. September 1789, in dem er die Notwendigkeit der Naturbeobachtung für die Philosophie betont: „Überhaupt ist es doch sonderbar, wie die Philosophie, die gerade am meisten einer großen Fülle, eines Reichtums an Ideen fähig wäre, noch immer auf eine so unfruchtbare Weise behandelt, zu einem fleisch- und marklosen Gerippe gemacht wird, wie nur die Wissenschaften es sein sollten, die sich bloß mit Analysierung selbst konstruierter Begriffe, also im eigentlichen Verstande mit bloß formellen Ideen beschäftigen. Allein freilich ist die gewöhnliche Philosophie beinah nichts, als eine solche Wissenschaft; freilich ist es leichter, Ähnlichkeiten und Verschiedenheiten der Begriffe zu entdecken, als die Natur zu beobachten und die gemachten Beobachtungen auf eine fruchtbare Art miteinander zu verbinden."[48]

d) Wandlung der Moral- und Naturrechtsauffassung durch Menschenstudium

Zu einem vorzüglichen Gegenstand seiner Beobachtung aber wird ihm der Mensch. Er selbst schildert dies in einem Brief an Charlotte Diede: „Gerade in den Jahren, wo wir uns sahen (Sommer 1788), hatte ich eine Art von Leidenschaft, interessanten Menschen nahe zu kommen, viele zu sehen und diese ge-

---

[43] Auf diese Tatsache weist auch *Spranger* (1908) hin, vgl. Kantstudien, Bd. 13, S. 60, 87 f., 107 f.; vgl. ferner S. 67, 68, 76, 84, 85 und 89.

[44] *An Jakobi*, S. 33.

[45] Wenn *Spranger* (1908), S. 74 f. hervorhebt, dass Humboldt sich auf kantischen Boden stellte, indem er bei der erkenntnistheoretischen Analyse vom *Subjekt* ausgeht, so gilt dies nicht für seine *Erkenntnispraxis*.

[46] *An Körner*, S. 7.

[47] Gesammelte Schriften, Bd. 1, S. 60 bzw. Werke, Bd. 1, S. 14.

[48] *An Forster*, S. 38 f.; vgl. auch S. 59 f. sowie die bedeutsame Stelle in dem Brief *an Brinkmann* vom 22.10.1803, S. 155 ff. – Die erkenntnistheoretische Begründung einer Weltanschauung, die durch Beobachtung und Denken zu einer Erkenntnis des in der Sinnenwelt wirksamen Geistigen zu gelangen strebt, und die Widerlegung der kantischen Erkenntnisvoraussetzung, dass alle durch die Erfahrung vermittelten Erkenntnisse ungewiss seien, unternahm *Steiner* in seinen philosophischen Schriften „Grundlinien einer Erkenntnistheorie der Goethe'schen Weltanschauung", „Wahrheit und Wissenschaft" und „Philosophie der Freiheit".

nau und mir in der Seele ein Bild ihrer Art und Weise zu machen. Ich hatte mir dadurch früh eine Menschenkenntnis verschafft, die andern sonst wohl viel später fehlt. Die Hauptsache lag mir an der Kenntnis. Ich benutzte sie zu allgemeinen Ideen, klassifizierte mir die Menschen, verglich sie, studierte ihre Physiognomien, kurz machte daraus, soviel es gehen wollte, ein eigenes Studium."[49]

Dieses Studium interessanter, bedeutender Persönlichkeiten nun trug am stärksten zu der Wandlung in Humboldts Anschauungen bei. Im Sommer 1788 hatte er in Göttingen Georg Forster und seine Frau Therese kennen gelernt, die beide einen tiefen Eindruck auf ihn machten und denen er bald durch eine enge Freundschaft verbunden war. Durch Forsters Vermittlung lernte er Jakobi kennen, den er Anfang November 1788 für fünf Tage in Pempelfort besuchte. Hatte schon Jakobis Philosophie einen starken Reiz auf Humboldt ausgeübt, so hatte seine liebenswürdige Persönlichkeit eine mindestens ebenso große Wirkung auf ihn. Von dieser Begegnung berichtet er Forster am 10. November 1788: „Ich bin Ihnen in der Tat herzlich für seine Bekanntschaft verbunden. Sein Umgang war mir über alles interessant. Er ist ein so vortrefflicher Kopf, so reich an neuen, großen und tiefen Ideen, die er in einer so lebhaften, schönen Sprache vorträgt; sein Charakter scheint so edel zu sein, und gegen mich war er so gütig und liebreich, dass ich in der Tat nicht entscheiden mag, ob er zuerst mein Herz oder meinen Kopf gewonnen hat."[50] Von großer Bedeutung war für Humboldt auch die Begegnung mit Stieglitz, dem späteren hannoverschen Leibarzt, mit dem er in Göttingen oft zusammen war.[51] Sie waren beide durch eine enge Freundschaft verbunden. Humboldt schreibt über dieses Verhältnis: „Wir hängen mit der ganzen Kraft unsrer Wesen aneinander und bedürfen dabei doch so wenig des gegenwärtigen oder künftigen Genusses. Was wir einander *waren,* ist uns zu viel, ist zu bleibend, als dass wir uns ängstlich nach dem sehnen sollten, was wir uns sein könnten."[52] Von noch größerer Bedeutung aber wurde für Humboldt die Begegnung mit Caroline von Dacheröden, seiner späteren Frau, die er im August 1788 zum ersten Mal sah.[53]

Durch das Erleben dieser Persönlichkeiten wurde ihm der innere Wert des Menschen bewusst. Er erkannte die große Bedeutung der inneren Entwicklung des Menschen, und das äußere Wirken schien ihm nun von untergeordneter Bedeutung. Diese entscheidende Wandlung in Humboldts Anschauungen, die für sein Denken und Handeln in den folgenden Jahren bestimmend wurde, schildert uns ein Brief an seine Braut Caroline vom 22. Dezember 1790: „... wie ich nach Göttingen kam, wie ich Stieglitz, Jakobi, Forster oft sah, wurde ich sehr

---

[49] *An Charlotte Diede,* Bd. 1, S. 178.
[50] *An Forster,* S. 12.
[51] Vgl. Allgemeine Deutsche Biographie, Bd. 36, Leipzig 1893, S. 180.
[52] *An Caroline,* Bd. 1, S. 83 f.
[53] Gesammelte Schriften, Bd. 14, Anmerkung S. 63.

misstrauisch gegen das beschränkte Gute im Geschäftsleben, und wie ich mich tiefer studierte, wie ich große Charaktere in andern näher sah, o! und vor allem wie Dein Anblick mich ewig beschäftigte, da dämmerte es erst so in mir, dass doch eigentlich nur das Wert habe, was der Mensch in sich ist. Je länger ich so fortlebte, je mehr ich einsah, was immer war, was ich aber nicht klar wusste, wie nah mein Geist meinem Herzen war, da wurde es immer und immer gewisser in mir. Nun änderten sich alle meine Ideen über Nützlichkeit. Den Weg zu suchen, der mich, nur mich zum höchsten Ziele führt, schien mir meine Bestimmung."[54]

Wohl legt Humboldt sich die Frage vor, ob dieses Streben nicht egoistisch sei, aber er findet, dass der Mensch allein dann Gutes in der Welt zu bewirken vermag, wenn er in sich gut wird: „Eine Zeit lang, ich erinnere mich sehr wohl der Zeit in Göttingen und auf der Reise, quälte mich noch die Idee, dass doch dieses System sehr eigennützig sei. Aber wie ich tiefer in die Wahrheit der Dinge drang, da fand ich doch, dass das Einwirken der Wesen auf tausendfach andre Weise geschieht, als der gewöhnliche Blick des Menschen entdeckt, ehe ihn ein Gefühl zu der Höhe emporhebt, die Dein Anblick mir gab ...; da fand ich, dass das Gute, auch was man schafft, einen andren Maßstab hat, und fest und unerschütterlich war nun in mir die oft dunkel empfundene, aber selten klar ausgedachte Wahrheit, dass der Mensch immer insoviel Gutes schafft, als er in sich gut wird. Was für die Masse des Guten in der Menschheit dadurch gewonnen ist, stand klar vor mir da ..."[55] Noch deutlicher schildert Humboldt die nunmehr errungene Moralauffassung in einem Brief an Forster vom 16. August 1791: „Die Sätze, dass nichts auf Erden so wichtig ist, als die höchste Kraft und die vielseitigste Bildung der Individuen, und dass daher der wahren Moral erstes Gesetz ist: bilde dich selbst und nur ihr zweites: wirke auf andre durch das, was du bist, diese Maximen sind mir zu eigen, als dass ich mich je von ihnen trennen könnte."[56] Und wir sehen, wie ihn in den folgenden Jahren der Gedanke der inneren Bildung des Menschen so sehr beschäftigt, dass er daran geht, eine „Theorie der Bildung des Menschen" zu schreiben.[57] Mit diesem neuen Moralprinzip aber hatte Humboldt das Moralprinzip der unter dem Einfluss Christian Wolffs stehenden Aufklärungsphilosophie, das die Beförderung der allgemeinen Glückseligkeit zum Inhalt hatte, überwunden.

Humboldts Abwendung von dieser Moralauffassung der Aufklärungsphilosophie bewirkte auch eine Änderung seiner Naturrechts- und Staatsauffassung, die auf diesem Moralprinzip beruht hatten. Bereits Anfang 1789 zeigt sich, dass er

---

[54] *An Caroline,* Bd. 1, S. 344.
[55] *An Caroline,* Bd. 1, S. 345.
[56] *An Forster,* S. 74; vgl. hierzu unten, S. 65 ff.
[57] Gesammelte Schriften, Bd. 1, S. 282 ff. bzw. Werke, Bd. 1, S. 234 ff.; vgl. auch *an Körner,* S. 7.

in seiner Naturrechtsauffassung schwankend wird. Er weiß nicht mehr, welches Moralprinzip er dem Naturrecht zugrunde legen soll. An dem Glückseligkeitsprinzip der Aufklärung hatte er Zweifel bekommen. Kants a priori gebildeter Begriff von allgemein gültigen, rein formellen Moralgrundsätzen befriedigt ihn auch nicht. Stark angezogen fühlt er sich von Jakobis Idee einer unmittelbar aus der menschlichen Natur geschöpften Moral. Aber da er nach allgemein geltenden Moralgrundsätzen strebt, kommen ihm doch Zweifel, ob man solche Grundsätze auf diesem Wege finden kann, zumal Jakobi die Moralität stützt auf ein intimes, inneres Erleben der göttlichen Vollkommenheit. „Sie gestehen selbst ein," schreibt Humboldt am 7. Februar 1789 an Jakobi, „dass dieser Begriff von Vollkommenheit nie deutlich in uns sein würde. Sollte es nun wohl möglich sein *Grundsätze,* und eine im eigentlichen Verstande wissenschaftliche Moral darauf zu bauen?"[58] Zu seiner eigenen Moralauffassung aber hatte Humboldt zu dieser Zeit noch nicht hingefunden. So fährt er in dem Brief an Jakobi fort: „... ich gestehe es Ihnen offenherzig, dass je mehr und anhaltender ich seit einiger Zeit über die ersten Grundsätze der Moralphilosophie lese und nachdenke, desto schwankender und ungewisser meine Ideen darüber werden. Vorzüglich fühl ich das immer, so oft ich sie auf das Naturrecht anwenden will. Im Naturrecht soll bewiesen werden, dass es Unrecht ist, den anderen zu zwingen, ihm Kräfte, oder auch nur Äußerungen davon zu rauben. Leg ich nun das Glückseligkeitssystem zum Grunde, so muss ich 1., zeigen, dass die Glückseligkeit andrer von der meinigen unzertrennlich ist. 2., dass Zwang nie Glückseligkeit hervorbringt, sondern ihr vielmehr schadet. Tu ich auch nun beides im Allgemeinen, so bleiben mir immer noch Fälle übrig, wo dennoch der Zwang offenbar mehr nützt als schadet, die Kollisionsfälle. Die muss ich also ausnehmen. Wo nun das Übergewicht des Nutzens oder Schadens *augenscheinlich* ist, hat dies keine Schwierigkeit. Allein vom *Augenscheinlichen* gehts in unendlichen, oft unmerkbaren Abstufungen zum bloß *Wahrscheinlichen,* von da zum *Ungewissen* herunter. Ich finde also nirgends eine feste Regel, nirgends eine genau abschneidende Grenze. Nicht besser ist es, wenn ich an die Stelle der Glückseligkeit den Begriff der Vollkommenheit setze. Wende ich mich aber ganz von diesem materialen Prinzipien zu Kants formalem hinweg, so find' ich auch da sehr viel Schwierigkeiten, nur von andrer Art, und die ich mir selbst noch nicht genug entwickelt habe, um sie Ihnen vorzutragen."[59]

In einem Brief an Forster vom 28. September 1789 sehen wir bereits den Übergang zu seiner eigenen Moral-, Naturrechts- und Staatsauffassung. Er ist zu der Überzeugung gekommen, dass nur eine genaue Kenntnis der menschlichen Natur zu befriedigenden Ergebnissen auf diesen Erkenntnisgebieten führen kann. So schreibt er, nachdem er zunächst die abstrakte Art der Behandlung der

---

[58] *An Jakobi,* S. 9.
[59] *An Jakobi,* S. 9 f.

Psychologie durch einen Stuttgarter Professor, von dem er eine Vorlesung gehört hatte, kritisiert hat: „Freilich ist es leichter, Ähnlichkeiten und Verschiedenheiten der Begriffe zu entdecken, als die (menschliche) Natur zu beobachten, und die gemachten Beobachtungen auf eine fruchtbare Art miteinander zu verbinden. Darum haben wir so wenig Befriedigendes über alle Teile der praktischen Philosophie, über Moral, Naturrecht, Erziehung, Gesetzgebung."[60]

Bald darauf wendet Humboldt seine durch das Studium der menschlichen Natur gewonnene Moralauffassung auch auf das Naturrecht und auf den Staat an. Hatte er früher das menschliche Streben nach Glückseligkeit zum Ausgangspunkt seiner Betrachtungen gemacht und daraus als ersten Grundsatz des Naturrechts abgeleitet, dass „jemand nur gezwungen werden kann, nichts *wider* den anderen, nicht aber, auch etwas *für* ihn zu tun" und hatte er dem Staat die Aufgabe zugewiesen, außer für die Sicherheit auch für die innere und äußere Glückseligkeit seiner Bürger zu sorgen, so geht er nunmehr von der Ausbildung der menschlichen Individualität und der Achtung vor der Individualität des anderen aus. Auf die staatliche Gesetzgebung angewandt, bedeutet dies aber, dass sich der Staat nicht mehr die Beförderung der Glückseligkeit und des Wohls seiner Bürger zur Aufgabe machen kann, sondern dass er – so wie jeder einzelne Mensch bei seinem Handeln – bei seiner Gesetzgebung die Individualität seiner Bürger und ihre freie Entwicklung achten muss. Dies zeigt ein Brief an Forster vom 8. Februar 1790: „Mir heißt ins Große und Ganze wirken, auf den Charakter der Menschheit wirken, und darauf wirkt jeder, sobald er auf sich und bloß auf sich wirkt. Wäre es allen Menschen völlig eigen, nur ihre Individualität ausbilden zu wollen, nichts mehr so heilig zu ehren, als die Individualität des anderen; wollte jeder nie mehr in andere übertragen, nie mehr aus anderen nehmen, als von selbst aus ihm in andere und aus anderen in ihn übergeht; so wäre die höchste Moral, die konsequenteste Theorie des Naturrechts, der Erziehung und der Gesetzgebung den Herzen der Menschen einverleibt."[61] Damit aber war der Boden bereitet, aus dem sich Humboldts eigene Staatsauffassung herausentwickeln konnte.

2. Die Ausbildung der eigenen Staatsidee

a) Die Auseinandersetzung mit dem Religionsedikt von Wöllner

Im Sommer 1788 wurde in Preußen ein Edikt erlassen, mit dem sich Humboldt stark auseinander gesetzt hat. Es war das „Edikt vom 9. Juli 1788 die Religionsverfassung in den preußischen Staaten betreffend".[62] Während der Regierungszeit Friedrichs des Großen hatte sich die Aufklärung in Preußen stark

---

[60] *An Forster*, S. 38 f.
[61] *An Forster*, S. 70.

2. Die Ausbildung der eigenen Staatsidee

ausgebreitet und selbst unter der protestantischen Geistlichkeit großen Einfluss gewonnen. Sein Nachfolger Friedrich Wilhelm II. und dessen Minister Wöllner wollten nun durch das Edikt diese Entwicklung rückgängig machen, die Aufklärung bekämpfen und die protestantische Religion in Preußen wieder im Volke verbreiten.

Diese Absicht wird in dem Edikt deutlich ausgesprochen, so wenn als Zweck desselben bestimmt wird, „daß in den preussischen Landen die Christliche Religion der Protestantischen Kirche in ihrer alten ursprünglichen Reinigkeit und Echtheit erhalten, und zum Theil wieder hergestellet werde, auch dem Unglauben eben so wie dem Aberglauben, mithin der Verfälschung der Grundwahrheiten des Glaubens der Christen, und der daraus entstehenden Zügellosigkeit der Sitten, so viel an Uns ist, Einhalt geschehe".[63] Und an anderer Stelle wird als Absicht des Ediktes angegeben, „die christliche Religion in Unsern Staaten aufrecht zu erhalten, und soviel in Unserm Vermögen stehet, wahre Gottesfurcht bey dem Volke zu befördern."[64]

Dieser Absicht lag die Auffassung zugrunde, dass alle Moralität im christlichen Glauben wurzelt und dass ein Mensch ohne Religion weder Tugend haben noch ein guter Staatsbürger sein könne. Das ergibt sich schon aus dem oben Angeführten, wo es heißt, dass die „Zügellosigkeit der Sitten" entstehe aus „dem Unglauben eben so wie dem Aberglauben, mithin der Verfälschung der Grundwahrheiten des Glaubens der Christen". Und es geht auch aus einer anderen Stelle des Edikts hervor, wo gesagt wird: „So ermahnen Wir alle Unsere getreuen Unterthanen, sich eines ordentlichen und frommen Wandels zu befleißigen, und werden Wir bey aller Gelegenheit den Mann von Religion und Tugend zu schätzen wissen, weil ein jeder gewissenloser und böser Mensch niemals ein guter Unterthan, und noch weniger ein treuer Diener des Staates weder in Großen, noch in Kleinen seyn kann."

Das Ziel des Edikts, die Erhaltung und Ausbreitung der christlichen und insbesondere der protestantischen Religion, sollte durch zweierlei erreicht werden: einmal durch das allgemeine Verbot, seine Meinung zu äußern und zu versuchen, andere für sie zu gewinnen, und zum anderen durch die christliche Erziehung des Volkes in Schule und Kirche. So heißt es in § 2 des Edikts, dass niemandem der mindeste Gewissenszwang angetan werden soll, „so lange ein jeder ruhig als ein guter Bürger des Staates seine Pflichten erfüllet, seine jedesmalige besondere Meynung aber für sich behält, und sich sorgfältig hütet, solche nicht auszubreiten oder andere dazu zu überreden, und in ihrem Glauben irre oder wankend zu machen. Denn, da jeder Mensch für seine eigene Seele allein zu

---

[62] Novum Corpus Constitutionum Prussico-Brandenburgensium praecipue Marchicarum, Bd. 8, 1786–1790, Berlin 1791, Sp. 2175 ff.
[63] Präambel des Edikts.
[64] § 11 des Edikts.

sorgen hat, so muß er hierin ganz frey handeln können ..." Wohl wird betont, dass niemandem in seinem Gewissen Zwang angetan werden soll und dass jeder das Recht habe, sich seine Meinung frei zu bilden. Aber durch das Verbot, die Meinung frei zu äußern, sollte zugleich verhindert werden, dass vom „wahren Christentum" abweichende Meinungen sich weiter ausbreiten.

Auf der anderen Seite aber sollte dafür gesorgt werden, dass die christliche Religion sich im Volke weiter ausbreitet, indem diesem durch die staatlich angestellten Lehrer und Prediger in der Schule und im Gottesdienst das „wahre Christentum" nahe gebracht wird. Das geht ebenfalls aus § 2 des Edikts hervor, in welchem es heißt: „... nach Unserm Dafürhalten hat ein jeder Christlicher Regent nur dahin zu sehen und dafür zu sorgen, das Volk in dem wahren Christenthum treu und unverfälscht durch Lehrer und Prediger unterrichten zu lassen, und mithin einem jeden die Gelegenheit zu verschaffen, selbiges zu erlernen und anzunehmen."

Das Edikt wollte nicht allein für die Ausbreitung der protestantischen Religion, sondern auch dafür sorgen, dass diese Ausbreitung in der rechten Art und Weise geschieht. Es wollte die durch die Aufklärung gefährdete ursprüngliche Reinheit des protestantischen Glaubens wiederherstellen. So schreibt es in § 8 vor, dass Geistliche, die in Ausübung ihres Amtes oder sonst öffentlich oder privat vom Lehrbegriff der Kirche abweichende Meinungen verbreiten, von ihrem Amte entfernt und bestraft werden sollen. Und selbst in die Ausgestaltung des Gottesdienst greift das Edikt ein, indem es in § 6 anordnet, dass die Sprache der alten Kirchen-Agenden und Liturgien der Reformierten und Lutherischen Kirche dem neueren Sprachgebrauch angepasst und einige „alte unwesentliche Ceremonien und Gebräuche" abgestellt werden sollen.

Es ist nicht verwunderlich, dass dieses Edikt Humboldt außerordentlich stark beschäftigte. Wie sehr es ihn beschäftigte, beweist uns unter anderem sein Tagebuch der im Herbst 1788 unternommenen „Reise nach dem Reich". Auf dieser Reise suchte er eine große Anzahl von Persönlichkeiten auf, und in beinahe jedem Gespräch versuchte er, auf das Religionsedikt zu sprechen zu kommen, um das Urteil der betreffenden Persönlichkeit darüber kennen zu lernen.[65] Und noch im Jahre 1792 interessiert er sich für den Strafprozess gegen den Prediger Schulz vor dem Kammergericht in Berlin, dem vorgeworfen worden war gegen das Edikt verstoßen zu haben, und lässt sich von dem Präsidenten des Kammergerichts die Akten dieses Prozesses geben.[66]

Bei dem Erlass des Edikts im Juli 1788 stand Humboldt noch unter dem Einfluss der Aufklärung. Er erkannte, wie durch das Edikt gerade dasjenige verletzt wird, was wohl das wichtigste Ergebnis der Aufklärung war: der Sinn für geis-

---

[65] Vgl. hierzu Gesammelte Schriften, Bd. 14, S. 3, 6, 9, 10, 11, 19, 20, 22, 23, 26, 35, 37 u. 40.
[66] Vgl. *Stölzel,* S. 350 f.; vgl. auch *Meier,* Bd. 2, S. 168 ff.

2. Die Ausbildung der eigenen Staatsidee

tige Freiheit und Toleranz. So bezeichnet er in einem Brief an Campe vom 11. August 1788 das Edikt als intolerant und wundert sich, wie man über diese Einschränkung der Freiheit Freude empfinden kann: „... dass der sonst so aufgeklärte Bekker dadurch, dass der Verfasser des *intoleranten Edikts* fast in jeder Zeile mit dem Worte Toleranz prangt, sich hat verleiten lassen, dies Edikt in seiner Zeitung zu loben, oder wenigstens zu billigen, das hat Sie gewiss gewundert; und dass der gute Feder, wie ich aus seinem eigenen Munde hörte, sich freut, dass der unter der vorigen Regierung zu weit getriebenen *Freiheit zu denken und zu reden* ein kleiner Damm entgegengesetzt sei, das werden Sie vielleicht kaum glaublich finden."[67]

Angesichts dieser ihm unverständlichen Urteile hielt Humboldt ein öffentliches Auftreten gegen diese Einschränkung der geistigen Freiheit für unbedingt notwendig. Er versuchte deshalb, Campe, der weithin durch sein Eintreten für geistige Freiheit und Toleranz bekannt war, zu einem solchen öffentlichen Stellungnehmen zu bewegen.[68] Nachdem Campe sich anscheinend hierzu nicht entschließen konnte, fasste Humboldt den Entschluss, es selbst zu tun. Er schrieb einen Aufsatz, der dann allerdings nicht gedruckt wurde. Dieser Aufsatz wurde erstmals in den Gesammelten Schriften, Band 1, Seite 45 ff. unter dem nicht ganz treffenden Titel „Über Religion" veröffentlicht. Dass er durch das Religionsedikt veranlasst und gegen dasselbe gerichtet war, ergibt sich aus seinem Inhalt.[69] Er ist in der Zeit zwischen Februar und Juli des Jahres 1789 entstanden.[70]

---

[67] *An Campe,* S. 307.
[68] Dies geht aus dem zitierten Brief *an Campe* hervor, S. 308.
[69] Derselben Auffassung ist auch *Spranger* (1928), S. 49.
[70] *Leitzmann* schreibt in den Gesammelten Schriften, Bd. 1, S. 430 f. zur Entstehungszeit: „Der Aufsatz fällt in die Zeit zwischen August 1788, wo der zitierte Artikel von Hermes und Stolbergs Polemik gegen Schillers Götter Griechenlands erschienen, und Humboldts Mitte Juli 1789 erfolgtem Abschied aus Göttingen, eher wohl gegen Ende als gegen Anfang dieses Zeitraums, wie die Emanzipation von den Berliner aufklärenden und sentimentalen Kreisen und der wachsende Einfluss Forsters beweisen." Die Tatsache, dass Humboldt in dem Aufsatz in Gesammelte Schriften, Bd. 1, S. 76 den Grundsatz, „dass der Zweck des Menschen im Menschen liegt, in seiner inneren moralischen Bildung" als „erstes und höchstes Prinzip alles Naturrechts, aller Erziehung und Gesetzgebung" betrachtet, beweist, dass diese Arbeit nicht vor dem Februar 1789 entstanden sein kann, denn wie bereits dargelegt wurde, weiß er in einem Brief an Jakobi vom 7. Februar 1789 noch nicht, welches Moralprinzip er dem Naturrecht zugrundelegen soll. Die von *Spranger* (1928), S. 49 f. angeführten Briefstellen machen es sehr wahrscheinlich, dass der Aufsatz nicht vor Mitte März 1789 verfasst wurde. So schreibt Humboldt am 14. März 1789 an Forster über einen Aufsatz desselben in *Archenholzers* „Annalen der britischen Geschichte": „Die Stelle vom Religionszustande in England (vgl. *Forster,* Bd. 6. S. 23) ist ganz in dem Sinne geschrieben, in dem ich jetzt recht vieles geschrieben wünschte." (*An Forster,* S. 18). Vielleicht war es Forsters Aufsatz, der ihm den Anstoß zu seiner Arbeit gab. Und wenn er in einem Brief an Karoline von Beulwitz vom 4. Mai 1789 von Arbeiten

In dem Aufsatz „Über Religion" zeigt sich bereits die geschilderte geistige Wandlung Humboldts. Hatte er bisher den Zweck des Staates in der Beförderung der „Glückseligkeit" seiner Bürger gesehen, so betrachtet er ihn jetzt als Mittel zur *Bildung des Menschen*. Dies geht aus folgenden Worten hervor: „Alle Gesetzgebung muss von dem Gesichtspunkte der Bildung des Bürgers, als Menschen, ausgehen. Denn der Staat ist nichts, als ein Mittel, diese Bildung zu befördern, oder vielmehr die Hindernisse wegzuräumen, die ihr im außergesellschaftlichen Zustande im Wege stehen würden."[71]

Eine grundsätzliche Wandlung seiner Staatsauffassung hatte die Auseinandersetzung mit dem Religionsedikt jedoch nicht zur Folge. So wie er früher dem Staate die Aufgabe zugeschrieben hatte, für die „innere Glückseligkeit" zu sorgen, so überträgt er ihm jetzt die Aufgabe, die „moralische Bildung" zu befördern. Und so wie er damals betonte, dass „innere Glückseligkeit" allein bei „freier Ausübung der Kräfte" möglich ist und durch den Staat nur mittelbar herbeigeführt werden kann, so sieht er auch jetzt, dass die innere Bildung des Menschen vom Staate nur veranlasst, nicht hervorgebracht werden kann. Der Staat hat die Aufgabe, die Bildung des Menschen zu fördern und zu unterstützen, er darf dabei jedoch nicht bestimmte Ideen begünstigen. Dies kommt in folgenden Worten Humboldts zum Ausdruck: „Die Mittel, welche der Gesetzgeber anwendet, um die moralische Bildung seiner Bürger zu befördern, sind immer in dem Grade zweckmäßig und nützlich, in dem sie die innere Entwicklung der Fähigkeiten und Neigungen begünstigen. Denn alle Bildung hat ihren Ursprung allein in dem Inneren der Seele, und kann durch äußere Veranstaltungen nur veranlasst, nie hervorgebracht werden. Dass nun die Religion, welche ganz auf Ideen, Empfindungen und innerer Überzeugung beruht, ein solches Mittel sei, ist unleugbar." Und er sagt weiter: „Veranlassung, mit Religionsideen vertraut zu werden, Begünstigung des freien Untersuchungsgeistes, Leitung desselben auf diese Gegenstände sind folglich die einzigen Mittel, deren der Gesetzgeber sich bedienen darf; geht er weiter, nimmt er gewisse bestimmte Ideen in Schutz, fordert er statt wahrer Überzeugung Glauben auf Autorität, so hindert er das Aufstreben des Geistes, die Entwicklung der Seelenkräfte, so bringt er vielleicht durch Gewinnung der Einbildungskraft, durch augenblickliche Rührungen Gesetzmäßigkeit der Handlungen seiner Bürger, aber nie wahre Tugend hervor. Denn wahre Tugend ist unabhängig von aller und unverträglich mit befohlener, und auf Autorität geglaubter Religion."[72]

So kam Humboldt durch das Religionsedikt stark zum Bewusstsein, dass das religiöse und das geistige Leben überhaupt um der inneren Bildung des Men-

---

spricht, die er ebenso sehr andern als sich schuldig sei (*an Beulwitz*, S. 243), so ist es ziemlich gewiss, dass er damit die Arbeit an dem Aufsatz „Über Religion" meint.

[71] Gesammelte Schriften, Bd. 1, S. 69 bzw. Werke, Bd. 1, S. 24.
[72] Gesammelte Schriften, Bd. 1, S. 70 bzw. Werke, Bd. 1, S. 25 f.

schen willen frei vom Staate sein muss. Er hatte jedoch noch keine Bedenken gegen eine mittelbare Förderung dieses Lebens durch den Staat.

Wie sehr Humboldt die Freiheit des religiösen Lebens am Herzen lag, zeigt auch eine Äußerung von ihm aus dem folgenden Jahr. So rühmt er bei einem Besuch in Krefeld im Juli 1789 an dieser Stadt: „Alle Religionsparteien werden geduldet. Katholiken, Lutheraner, Reformierte, Mennoniten, Juden haben da Gottesdienst. Alle leben in Einigkeit ..."[73] Auch Humboldts tätige Anteilnahme bei einem Besuch bei Forster in Mainz im September 1789 an dessen Aufsatz „Über Proselytenmacherei", der für ein freies Nebeneinanderbestehen und Wirken der verschiedenen Religionsparteien eintrat, ist hier zu erwähnen.[74]

b) Humboldts Sinn für Gleichberechtigung und Toleranz

Verschiedene Eindrücke, die Humboldt im Herbst 1788 auf der bereits erwähnten „Reise nach dem Reich" hatte, führten ihn zu der Erkenntnis, dass die Freiheit des geistigen und religiösen Lebens nicht genügt, dass vielmehr auch die *Gleichberechtigung aller Bürger* ohne Rücksicht auf ihre inneren Überzeugungen notwendig ist. So wurde ihm in Frankfurt bekannt, dass es den Juden dort verboten war, die öffentlichen Spaziergänge zu besuchen. In einem Gespräch wurde ihm als Grund hierfür angegeben, der Spaziergang sei zu klein und die Juden in Frankfurt so zahlreich, dass sie bald die Christen davon verdrängen werden. Auch rauchten die Frankfurter Juden beständig Tabak, was die spazierenden Christennasen beleidigen würde. Hierzu schreibt Humboldt am 24. September 1788 in sein Tagebuch: „In der Tat, ein Magistrat, der befürchtet, dass 0000 Juden 0000 Christen verdrängen, und der, um zu hindern, dass man beim Spazierengehn nicht Tabak rauche, das Spazierengehn überhaupt verbietet, verdient wahrlich wohlfürsichtig zu heißen, wie ich ihn auf einem dem Rat dezidierten, und mit allen Wappen der Ratsherrn gezierten Kalender genannt fand. Schämen sollte sich aber doch jeder Frankfurter, solche Gründe zu wiederholen, und nicht sich und seine Mitbürger durch Beschönigung seiner Intoleranz einschläfern."[75] In Mainz hörte Humboldt, dass an der dortigen katholischen Universität gerade ein Jude und ein Protestant promoviert hatten, was ihn am 7. Oktober 1788 zu folgender Eintragung in sein Tagebuch veranlasst: „Über Mangel an Aufklärung in Mainz scheinen doch die Klagen ungerecht. So war gerade ein Jude zum D. Medicinae promoviert worden, zwar noch nicht eigentlich publice, sondern nur im Anatomischen Theater. Doch sagte Sömmering, wird es gewiss bald auch publice geschehn. Auch ein Protestant hatte promo-

---

[73] Gesammelte Schriften, Bd. 14, S. 81.
[74] Vgl. hierzu *Forster*, Bd. 5, S. 191, Bd. 8, S. 90, 101; *an Forster*, S. 35; Gesammelte Schriften, Bd. 14, S. 145 f.
[75] Gesammelte Schriften, Bd. 14, S. 28.

viert."[76] In Aachen erfuhr Humboldt, dass die Protestanten dort von allen Zünften ausgeschlossen waren. Ihren Gottesdienst durften sie nicht im Stadtgebiet von Aachen verrichten. Hierzu mussten sie vielmehr „auf einem höchst schlechten Wege nach einem nicht ganz nah gelegenen holländischen Orte gehen". Hierüber schreibt Humboldt in einer gegen Ende des Jahres 1788 entstandenen Rezension einer Schrift, die sich mit einer Reform der Aachener Verfassung beschäftigt: „Noch vortrefflicher und allgemein wichtiger ist die Stelle, welche den Zustand der Protestanten in Aachen betrifft, die nicht bloß von allen Zünften ausgeschlossen sind, sondern sogar ihren öffentlichen Gottesdienst außer dem Stadtgebiet, und außerhalb des Deutschen Reichs halten müssen. ‚Sonderbar genug', sagt der Verfasser, ‚hat die Religion in Aachen Einfluss auf das Recht zu arbeiten, und Menschen zu ernähren!' Wie sehr passt diese treffliche Bemerkung noch auf die meisten andern Städte Deutschlands, wenngleich nicht eben nur auf Katholiken und Protestanten."[77]

c) Humboldts Sinn für Freiheit und freiwilliges Zusammenwirken der Bürger

Damals zeigte sich auch bereits Humboldts Sinn für Freiheit des wirtschaftlichen Lebens. So schreibt er in der eben erwähnten Rezension: „Wunderbar ist es, dass die Aachner Fabriken bei den vielen Hindernissen, welche ihnen die Verfassung in den Weg legt, sich noch zu dem jetzigen Flor haben emporschwingen können. Überall herrscht der strengste Zunftzwang; nicht genug, dass man nur bei städtischen Meistern arbeiten lassen darf. Diese Meister selbst dürfen auch nur jeder vier Gesellen halten und keiner zugleich Wollweber und Tuchscherer sein. Hierdurch entsteht bei den Meistern sehr natürlich Nachlässigkeit in der Arbeit und Unredlichkeit mit der ihnen anvertrauten Ware, Übel, die umso schwerer auszurotten sind, da die Meister nicht unter einem fremden unparteiischen Gerichte, sondern unter dem Gericht ihrer eigenen Zunft stehen … Die Vorschläge des Verfassers zu Abstellung dieser Missbräuche scheinen reiflich überdacht. So will er das Zunftwesen, weil es zu tief in die ganze Verfassung eingreift, nicht abgeschafft, sondern nur den damit verbundenen Zwang vermindert wissen."[78] Humboldts Sinn für eine freie Ausübung des wirtschaftlichen Lebens kommt noch in anderer Weise in einer Bemerkung zum Ausdruck, die er ein Jahr später am 9. Oktober 1789 bei einem Aufenthalt in der Schweiz in sein Tagebuch schreibt: „Zürchner Untertanen besitzen noch Stücke des Zuger Gebiets, wobei die Verschiedenheit der Religion närrische Verhält-

---

[76] Gesammelte Schriften, Bd. 14, S. 40.
[77] Gesammelte Schriften, Bd. 7, S. 547 f. sowie Anm. 1 zu S. 548. – Man vgl. zu diesem Absatz spätere Äußerungen Humboldts vom 13. und 17. Januar sowie vom 4. Juni 1815 gegenüber seiner Frau (*an Caroline*, Bd. 4, S. 454 f., 458, 567), in welchen die gleiche Gesinnung zum Ausdruck kommt.
[78] Gesammelte Schriften, Bd. 7, S. 547.

nisse hervorbringt. So dürfen die Zürchner an den katholischen Festtagen ihren Acker nicht bauen. Sonderbar, da sie doch dadurch nicht – wie durch Arbeit in der Stadt – Störung verursachen würden."[79]

Um diese Zeit taucht auch erstmals ein Gedanke bei Humboldt auf, der später in seiner Staatsidee eine große Bedeutung erlangt, nämlich der Gedanke, dass das durch staatlichen Zwang herbeigeführte Wirken weitgehend durch ein freiwilliges öffentliches Zusammenwirken der Bürger ersetzt werden kann und muss. Angeregt wurde dieser Gedanke wohl durch Eindrücke, die er im September 1788 in Frankfurt empfing. So lobt er in seinem Tagebuch den guten Zustand von Brücken, Brunnen und allen öffentlichen Gebäuden und stellt dann fest: „Manches tut aber auch die Bürgerschaft für sich freiwillig, nicht der Magistrat."[80] Und in dem bald danach entstandenen Aufsatz „Über Religion" sagt er dann: „Ein Staat ist eine so zusammengesetzte und verwickelte Maschine, dass Gesetze, die immer nur einfach, allgemein, und von geringer Anzahl sein müssen, unmöglich allein darin hinreichen können. Das meiste bleibt immer den freiwilligen einstimmigen Bemühungen der Bürger zu tun übrig."[81]

d) Die Begegnung mit der Sicherheitstheorie

In einem Gespräch mit seinem früheren Lehrer Dohm am 24. Juli 1789 in der Nähe von Aachen tritt Humboldt dann erstmals die Idee entgegen, die später zur Grundidee seiner Staatsauffassung wurde, die Idee nämlich, dass die Aufgabe des Staates allein darin besteht, für die Sicherheit zu sorgen und dass das wirtschaftliche und geistig-sittliche Leben der Menschen sich viel besser ohne als mit staatlicher Einmischung entfaltet. Humboldt hat jedoch, wie wir noch sehen werden, diese Idee nicht unmittelbar von Dohm übernommen. Das Gespräch mit diesem schildert Humboldt mit folgenden Worten: „Den Mittag in Bel Oeil kam das Gespräch auf meine Veranlassung auf Materien des Staatsrechts. Dohm behauptete, der Zweck des Staats müsse allein Sicherheit sein. Ich machte die gewöhnlichen Einwürfe: Die Einschränkung sei unnütz, weil man die Freiheit auf andre Weise schützen könne, schädlich, weil zu besorgen sei, dass sie selbst der Freiheit schade, und weil sie auf einen zu eingeschränkten Gesichtspunkt führe. Das, was der Staat immer vor Augen haben, nie aus dem Gesicht verlieren müsse, sei das Wohl des Bürgers als Menschen. Dieses Wohl aber sei in dieser Rücksicht das, was jeder einzelne dafür halte – folglich die uneingeschränkte Freiheit. Wahl des Zwecks und der Mittel müsse also immer bei jedem einzelnen stehn, der Staat müsse nur die Anwendung der Mittel möglich und noch mehr leicht machen, dies aber schlechterdings auf jede

---

[79] Gesammelte Schriften, Bd. 14, S. 173.
[80] Gesammelte Schriften, Bd. 14, S. 29.
[81] Gesammelte Schriften, Bd. 1, S. 71 bzw. Werke, Bd. 1, S. 26 f.

Weise, nicht bloß durch Verschaffung von Sicherheit, sondern auch durch andre Veranstaltungen und Einrichtungen. Allein ich sah bald, dass ich Dohm anfangs nicht ganz verstanden hatte, dass seine Ideen gar nicht gewöhnlich, vielmehr ganz neu, und vortrefflich – wenigstens höchst interessant waren. Seine Hauptidee war: Alle Mittel, welche die Menschen zur Erreichung ihres physischen, intellektuellen und moralischen Wohls anwenden, gedeihen besser ohne als mit Zumischung des Staats; so Ackerbau, Fabriken, Handel, Aufklärung, Sittlichkeit. Um dies recht einzuprägen, machte er bloß Sicherheit zum Zweck des Staats. Also war auch bei ihm, wie bei mir die höchste Rücksicht immer Wohl des Menschen, in dieser Beziehung ungestörte Freiheit aller Handlungen. Nur weil jene Idee ihm so wichtig war, vergaß er manchmal im Gespräch, diese gehörig anzudeuten. Daher dass ich ihn nicht gleich verstand."[82]

Die Idee, die Humboldt durch Dohm entgegentrat, war wie eine Antwort auf Fragen, die durch die kurz vorher ausgebrochene Französische Revolution aufgeworfen worden waren. Sie war geeignet, dem Freiheitsstreben der Menschen wirkliche Befriedigung zu verschaffen. Aber weder Humboldt noch Dohm waren sich dieser ihrer außerordentlichen Bedeutung sofort bewusst. Erst nach und nach in der Auseinandersetzung mit den Vorgängen der Revolution erkannte Humboldt, wie allein diese Idee den Menschen wirkliche Freiheit zu bringen vermag, während die durch die Revolution angestrebte Änderung der Regierungsform nur scheinbar Freiheit hervorbringt.

e) Die Auseinandersetzung mit der Französischen Revolution

Humboldt hatte ein großes Interesse an den Ereignissen der Revolution und ihrer Wirkung auf den Menschen. So entschließt er sich Mitte Juli 1789, einer Einladung Campes folgend, diesen nach Paris zu begleiten. Zwar interessierte er sich bei seinem dortigen Aufenthalt vom 3. bis 27. August 1789 auch für viele andere Dinge, wie aus seinem Tagebuch hervorgeht.[83] Sein Hauptinteresse galt jedoch den politischen Vorgängen und dem Geiste, der im Volke lebte. So schreibt er am 17. August 1789 – etwas ermüdet durch seinen Begleiter Campe und die vielen neuen Eindrücke – an Jakobi: „Ich bin Paris und Frankreich ziemlich müde. Wäre nicht die politische Lage jetzt gerade so wichtig, die Gärung unter dem Volk, und der Geist, der sie hervorgebracht hat, überall so sichtbar, so hätte ich in der Tat Langeweile."[84] Er verfolgte mit Interesse die Vorgänge in der Nationalversammlung und konnte am 13. August an einer Sitzung derselben teilnehmen.[85] Und auf einer an den Aufenthalt in Paris anschließen-

---

[82] Gesammelte Schriften, Bd. 14, S. 90 f.
[83] Vgl. Gesammelte Schriften, Bd. 14, S. 103 ff.
[84] *An Jakobi,* S. 24.
[85] Vgl. *Campe,* S. 193.

2. Die Ausbildung der eigenen Staatsidee

den Reise durch Süddeutschland und die Schweiz interessierte er sich immer wieder für die Art und Weise, wie die verschiedenen Menschen, mit denen er zusammenkommt, sich zur Französischen Revolution stellen.[86]

Zunächst sieht auch Humboldt in einer Änderung der Regierungsform den richtigen Weg, um zur Freiheit zu gelangen. Seine Sympathien gehören ganz dem Volke. Er bejaht dessen Kampf für seine Freiheit und ist ein Feind aller despotischen Alleinherrschaft des Königs. Diese Einstellung lassen uns verschiedene Tagebucheintragungen aus der in Paris verbrachten Zeit erkennen. So erinnert er sich dort eines Vorfalls in Löwen, wo die Truppen, die nach aufgetretenen Unruhen die Stadt besetzt hielten, einen Fremden unschuldig getötet und gleich in der Stille fortgeschafft hatten und knüpft hieran die Bemerkung: „Allein freilich verbirgt der Despotismus gern die Schlachtopfer seiner Tyrannei."[87] Nach der Besichtigung eines Gebäudes in Paris, in dem Waffen der französischen Könige aufbewahrt wurden, schreibt er: „Als die Bürger für ihre Freiheit die Waffen ergriffen, brachen sie auch in dieses Haus ein und bewaffneten sich daraus. Der größte Teil der Waffen ist also jetzt zerstreut. Es liegt doch etwas Großes in dem Gedanken, dass eben das Schwert, das in Heinrichs IV. Hand gegen Intoleranz und Verfolgungsgeist stritt, jetzt den Despotismus bekämpfte. Der Anblick dieser Waffen selbst muss die Franzosen belebt haben, vor allem der Waffen Heinrichs IV., den die Nation so vorzüglich liebt. An dem Tage der Eroberung der Bastille schmückte man seine Statue mit einem Lorbeerkranz und einer Freiheitskokarde, und einer aus dem herumstehenden Haufen schrie laut: aujourd'hui Henri IV. est ressuscité! Wahrlich der schönste Lobspruch eines Königs, wenn man des Ahnherrn gedenkt, indem man dem Enkel die Alleinherrschaft aus den Händen windet."[88] Der Anblick einer Büste von Lafayette, der in Amerika für die Freiheit gekämpft hatte, führt ihn zu der Bemerkung: „Wie schön, dass dieser edle Mann nicht wieder Europa, ja nicht einmal die Mauern seiner Stadt zu verlassen brauchte, um ein zweites Mal die Freiheit einer Nation zu verteidigen."[89] Anlässlich der Besichtigung der Bastille schreibt er: „So ist denn Linguets Weissagung erfüllt, die Bastille liegt in Trümmern, und an ihre Stelle tritt ein Denkmal der endlich siegenden Freiheit."[90] Er nennt sie ein „Bollwerk des Despotismus" und freut sich über den „herrlichen Ausgang, den jetzt der Mut der Bürger, zuerst von Verzweiflung angefacht, dann von edlem Freiheitssinne genährt, fand", und weiter schreibt er: „Die Menschen sind nie so dankbar auch gegen die kleinste Wohltat, als wenn sie von eben der Hand kommt, die alle Macht ihnen zu schaden hat, von der sie

---

[86] Vgl. Gesammelte Schriften, Bd. 14, S. 140, 144, 148, 152, 156, 162, 163, 174, 221, 222.
[87] Gesammelte Schriften, Bd. 14, S. 117.
[88] Gesammelte Schriften, Bd. 14, S. 111.
[89] Gesammelte Schriften, Bd. 14, S. 118.
[90] Gesammelte Schriften, Bd. 14, S. 119.

nur Stolz, Vernachlässigung, Härte erwarten. Warum würden wir sonst so zufrieden mit unseren Königen sein? Warum von den schwächsten Zeichen ihrer Güte so gerührt werden? Warum sie so willig loben, wenn sie doch wahrlich nichts mehr als erträglich sind?"[91] Und über das Beifallklatschen des Publikums in einem Schauspiel, das eine Anspielung auf das Königtum enthielt, äußert er sich: „Das Beifallklatschen beim ersten Verse war eine rührende Szene. Ein armes, gedrücktes Volk, das mit Gefahr seines Lebens seine Freiheit erkauft, und seinem untätigen König wahrlich nur aus unverdienter Gnade Leben und Krone lässt, eben diesen König noch so gutmütig lieben zu sehen."[92] All diese Äußerungen lassen Humboldts starken Sinn für die Freiheit und seine Abneigung gegen eine despotische Alleinherrschaft des Königs erkennen. Auch noch später in einem Brief an Campe vom 8. Februar 1790 tritt uns dieselbe Gesinnung entgegen: „Ihre Briefe aus Paris haben mir eine herzliche Freude gemacht. Lässt sich überhaupt in Deutschland etwas Großes und Edles erwarten, so kann es nur die Frucht solcher Darstellung und solches Raisonnements sein. Dies allein kann, indem es die Fürsten auf der einen Seite williger macht, die Rechte der Menschheit zu ehren, und auf der anderen unfähiger sie niederzutreten, Deutschland vor der Krise bewahren, zu der der Despotismus allemal früher oder später führt, und an der jetzt Frankreich, wie ein wahres Sühneopfer für die ganze Menschheit, leidet."[93]

Diese Äußerungen Humboldts zeigen noch nichts von seiner späteren Erkenntnis, dass durch eine Änderung der Regierungsform, wie sie in Frankreich geschah, noch keine Freiheit gewonnen ist; dass diese vielmehr nur durch eine Einschränkung des staatlichen Wirkens erlangt werden kann. Und so sehen wir, wie er noch in Paris die Sorgfalt des Staates für das physische Wohl der Bürger für sehr wichtig hält. Am 11. August 1789 schreibt er in sein Tagebuch: „Alle Laster entspringen beinah aus dem Missverhältnis der Armut gegen den Reichtum. In einem Lande, worin durchaus ein allgemeiner Wohlstand herrschte, würde es wenig oder gar keine Verbrechen geben. Darum ist kein Teil der Staatsverwaltung so wichtig, als der, welcher für die physischen Bedürfnisse der Untertanen sorgt."[94] Hieraus geht hervor, dass Humboldt die Idee, dass der Staat sich auf die Erhaltung der Sicherheit beschränken müsse, nicht unmittelbar und sofort von Dohm übernommen hat.

---

[91] Gesammelte Schriften, Bd. 14, S. 120.
[92] Gesammelte Schriften, Bd. 14, S. 123.
[93] *An Campe,* S. 313.
[94] Gesammelte Schriften, Bd. 14, S. 129.

2. Die Ausbildung der eigenen Staatsidee

f) Der Ursprung der Sicherheitsidee

Diese Idee finden wir von Humboldt erstmals als eigene Idee Ende Oktober 1789 ausgesprochen. Nach einem Gespräch mit dem Berner Professor Ith über die Frage, welche Handlungen bestraft werden können, schreibt er nach einer Auseinandersetzung mit dessen Gedanken in sein Tagebuch: „Der Staat kann jede Handlung strafen, die seinem Endzweck zuwider ist, durch eine Strafe, die physisch in seiner Macht steht, verhindert werden kann, und deren Bestrafung seinem Endzweck nicht noch mehr schadet, als sie selbst. *Nun aber ist der Zweck des Staats der, den Bürgern Freiheit zur Erreichung aller ihrer Zwecke zu verschaffen, d. i. recht verstanden: Sicherheit.* Folglich dürfen nur diejenigen Handlungen bestraft werden, die die Sicherheit beleidigen, und unter diesen auch nur die, bei welchen jene Bedingungen eintreffen."[95]

Zwei Jahre später, im August 1791, spricht Humboldt in einem Brief an Gentz die Idee, dass der Staat allein für die Sicherheit zu sorgen habe, erneut aus. Er hat inzwischen erkannt, dass das Wesen des Despotismus nicht in der Herrschaft eines Einzelnen liegt, sondern darin, dass die Regierung, statt sich auf die Erhaltung der Sicherheit zu beschränken, für das physische und moralische Wohl der Untertanen sorgt. So sagt er, dass „das Prinzip, dass die Regierung für das Glück und das Wohl, das physische und moralische, der Nation sorgen muss" gerade „der ärgste und drückendste Despotismus" sei.[96]

Noch deutlicher kommt dann der Gedanke, dass wahre Freiheit nicht durch eine Änderung der Regierungsform allein, sondern nur durch eine Einschränkung der Grenzen der Wirksamkeit des Staates erlangt werden kann, in der 1792 entstandenen Schrift „Ideen zu einem Versuch, die Grenzen der Wirksamkeit des Staates zu bestimmen" zum Ausdruck. Dort sagt Humboldt: „Wenn es nun schon ein schöner, seelenerhebender Anblick ist, ein Volk zu sehen, das im vollen Gefühl seiner Menschen- und Bürgerrechte seine Fesseln zerbricht, so muss – weil, was Neigung oder Achtung für das Gesetz wirkt, schöner und erhebender ist, als was Not und Bedürfnis erpresst – der Anblick eines Fürsten ungleich schöner und erhebender sein, welcher selbst die Fesseln löst und Freiheit gewährt, und dies Geschäft nicht als Frucht seiner wohltätigen Güte, sondern als Erfüllung seiner ersten, unerlässlichen Pflicht betrachtet. Zumal da die Freiheit, nach welcher eine Nation durch Veränderung ihrer Verfassung strebt, sich zu der Freiheit, welche der einmal eingerichtete Staat geben kann, ebenso verhält, als Hoffnung zum Genuss, Anlage zur Vollendung."[97]

Mit diesen Gedanken ist Humboldt einen bedeutsamen Schritt über die der Französischen Revolution zugrunde liegenden Anschauungen hinausgegangen.

---

[95] Gesammelte Schriften, Bd. 14, S. 214 (Hervorhebung vom Verfasser).
[96] Gesammelte Schriften, Bd. 1, S. 83 bzw. Werke, Bd. 1, S. 39 f.
[97] Gesammelte Schriften, Bd. 1, S. 101 f. bzw. Werke, Bd. 1, S. 59.

Er sieht nach wie vor den Kampf des Volkes für seine Freiheit und für seine Rechte als berechtigt an. So schreibt er noch am 9. November 1792: „... die Wahrheiten der Französischen Revolution bleiben ewig Wahrheiten, wenn auch 1200 Narren sie entweihen."[98] Doch hat er erkannt, dass dieser Kampf nicht zum Ziele führen kann, wenn er sich darauf beschränkt, eine Änderung der Regierungsform herbeizuführen. Das Volk kann nur dadurch an Freiheit gewinnen, dass der bestehende Staat – unabhängig davon, von wem er regiert wird – seine Wirksamkeit einschränkt.

g) Verhältnis zu John Locke und Mirabeau

Man hat geglaubt, in dieser Auffassung Humboldts vom Staate Einflüsse von John Locke und den Physiokraten auf dem Wege über Mirabeau den Älteren erblicken zu können.[99] Es ist richtig, dass Humboldt in seiner Schrift über die Grenzen der Wirksamkeit des Staates Mirabeaus „Travail sur l'éducation publique", der 1791 erschienen war, einige Male zitiert und in vielem mit diesem übereinstimmt. Hieraus darf jedoch nicht abgeleitet werden, dass Humboldts Ideen durch Mirabeau von John Locke und den Physiokraten beeinflusst worden sind. Humboldt dürfte mit Mirabeaus Schrift erst während oder kurz vor der Niederschrift seiner „Ideen" bekannt geworden sein. In seinem umfassenden Brief an Gentz, der am 9. Januar 1792 beendet wurde und der bereits den wesentlichen Inhalt seiner „Ideen" enthält, wird Mirabeau jedenfalls mit keinem Wort erwähnt[100], was Humboldt sicher zur Unterstützung seiner Theorie getan hätte, wenn ihm diese Schrift bereits bekannt gewesen wäre. Wahrscheinlich wurde Humboldt erst durch Gentz, der sich in der politischen Literatur viel besser auskannte, auf Mirabeau aufmerksam gemacht. Darüber hinaus hat die bisherige Darstellung der Entstehungsgeschichte von Humboldts Staatsidee gezeigt, dass diese aus eigenen Wurzeln erwachsen ist und in ihren Grundzügen bereits vor dem Erscheinen von Mirabeaus Schrift entwickelt war.

Es soll jedoch nicht übersehen werden, dass Humboldt eine entscheidende Anregung für die Ausgestaltung seiner Staatsidee, wie bereits dargestellt, seinem früheren Lehrer Dohm verdankte, und dass in diesem Gedanken der Physiokraten und von John Locke wirksam gewesen sein mögen. Selbst wenn aber Humboldt auf diesem Wege mittelbar von John Locke und gewissen physiokratischen Anschauungen beeinflusst worden wäre, so muss doch betont werden, dass seine Staatsauffassung trotz einer gewissen äußeren Übereinstimmung doch wesentlich von diesen Anschauungen verschieden ist.[101] John Locke und die von ihm beeinflussten Physiokraten gehen von dem natürlichen Recht des

---

[98] *An Brinkmann*, S. 41.
[99] So *Kuhn*, S. 717 ff.
[100] Vgl. *an Gentz*, S. 52 ff.

Menschen auf Freiheit aus und fordern deshalb, dass der Staat sich auf den Schutz von Freiheit und Eigentum zu beschränken habe. Auch Humboldt fordert Freiheit für das Individuum und schränkt den Zweck des Staates auf die Erhaltung der Sicherheit ein. Der Unterschied zwischen beiden Auffassungen liegt in der Verschiedenheit des Freiheitsbegriffes. Für John Locke und die Physiokraten besteht die Freiheit darin, alles zu tun, was den anderen nicht in seinen Rechten verletzt. Für Humboldt ist Freiheit die Voraussetzung für die innere, individuelle Bildung des Menschen.[102] Humboldt empfand die Freiheit nicht so sehr als ein Recht, sondern vielmehr als eine Aufgabe, als eine innere Verpflichtung. Sie war ihm nicht Selbstzweck, sondern „erste und unerlässliche Bedingung dafür, dass der Mensch seinen wahren und letzten Endzweck erfülle".[103]

h) Die Entstehung der Schrift über die Grenzen der Wirksamkeit des Staates

Betrachten wir nun, wie die Schrift „Ideen zu einem Versuch, die Grenzen der Wirksamkeit des Staates zu bestimmen" entstanden ist. Der erwähnte Brief an Gentz vom August 1791 wurde im Januar 1792 in der Berlinischen Monatsschrift unter dem Titel „Ideen über Staatsverfassung, durch die neue französische Konstitution veranlasst" veröffentlicht. Humboldt schrieb über diese Veröffentlichung am 1. Juni 1792 an Forster: „Es war ein wirklicher, ohne alle

---

[101] Man vgl. hierzu Humboldts Inhaltsangabe und Kritik von *Lockes* „Two treatises of Government", die er erst 1795 oder 1796 gelesen hat, in Gesammelte Schriften, Bd. 7, S. 576 ff., 580.

[102] Diesen wesentlichen Unterschied sieht auch *Kuhn,* versteht jedoch nicht, ihn entsprechend zu würdigen. So schreibt er (S. 723): „War er (Humboldt) in seiner früheren Periode uns als Individualist entgegengetreten, fast in nichts verschieden, soweit die äußere Linie in Frage kam, von den englischen und französischen Individualisten, so zeichnete ihn doch ein Punkt vor ihnen aus, etwas spezifisch Humboldt'sches, vielleicht etwas spezifisch Deutsches, nämlich die Immaterialität seines Individualbegriffes. Für ihn war das Individualrecht nicht wie bei Adam Smith: ‚to persue his own interest in his own way', auch nicht ‚le droit de l'homme aux choses propres a sa jouissance', für ihn war es die Freiheit, ‚die höchste und proportionierlichste Ausbildung seiner innern Kräfte und Fähigkeiten' betreiben zu dürfen. Es war etwas Abstraktes, etwas jenseits der materiellen Wirklichkeit Liegendes."

[103] So drückt *Schaffstein,* S. 79 den Unterschied zwischen den Anschauungen Humboldts und denen der französischen und englischen Aufklärung aus und sagt weiter: „Der bloß negative Freiheitsbegriff des französischen Rationalismus, die Freiheit, alles zu tun, was man will und was dem eigenen Glück dient, wird geläutert und mit positivem Gehalt erfüllt, indem die Freiheit ihren Rang erst als Mittel zur Steigerung der menschlichen Kraft, zur Bildung und Entfaltung der höchsten Persönlichkeitswerte erhält." Man vergleiche hierzu, was Humboldt am 9. Juni 1818 gegenüber seiner Frau über die „Considérations sur la Révolution Française" der Frau von Staël bemerkt: „Durch das ganze Buch geht ein abgöttisches Loben einer freien Konstitution und dem Buche selbst merkt man an, wenn man sie auch nicht selbst gekannt hätte, dass sie gar nichts in sich trug, worauf die wahre Freiheit edel beruht." (*An Caroline,* Bd. 6, S. 218.)

Hinsicht auf den Druck geschriebener Brief, der hernach zufällig, und zum Teil dieser Zufälligkeit wegen, mit schändlichen, allen Sinn entstellenden Druckfehlern ans Licht gekommen ist."[104] Haym nahm deshalb an, der Brief sei ohne Humboldts Wissen abgedruckt worden.[105] Dies ist jedoch unrichtig, denn Humboldt hat den Brief an Gentz eigenhändig für den Druck überarbeitet und mit Titeln versehen.[106] Die Anregung, den Brief zu veröffentlichen, ging wohl von Gentz aus, der Anfang November 1791 acht Tage bei Humboldt zu Gast war.[107] In diesen Tagen werden sich die beiden Freunde, ausgehend von der wenige Wochen vorher fertig gestellten französischen Verfassung, eingehend über politische und staatstheoretische Fragen unterhalten haben. Bald darauf beginnt Humboldt den oben erwähnten umfangreichen Brief an Gentz, der am 9. Januar 1792 beendet wurde. Dieser Brief enthält neben nicht aufgenommenen Gedanken nahezu wörtlich die wichtigsten Erörterungen der ersten sechs sowie des achten und fünfzehnten Kapitels der bald darauf entstandenen Schrift über die Grenzen der Wirksamkeit des Staates.[108] Ende Januar 1792 ging Humboldt zu längerem Aufenthalt nach Erfurt, wo er viel mit Karl von Dalberg, dem Koadjutor und Statthalter des Kurfürsten von Mainz in Erfurt, zusammen war. Dieser hatte Humboldts Aufsatz „Ideen über Staatsverfassung, durch die neue französische Konstitution veranlasst" gelesen und bat ihn bereits wenige Tage nach seiner Ankunft, seine Ideen über die eigentlichen Grenzen der Wirksamkeit des Staates aufzusetzen. Humboldt schreibt hierüber am 1. Juni 1792 an Forster: „Ich fühlte wohl, dass der Gegenstand zu wichtig war, um so schnell bearbeitet zu werden, als ein solcher Auftrag, wenn die Idee nicht wieder alt werden sollte, forderte. Indes hatte ich einiges vorgearbeitet, noch mehr Materialien hatte ich im Kopf, und so fing ich an. Unter den Händen wuchs das Werkchen, und es ist jetzt, da es seit mehreren Wochen fertig ist, ein mäßiges Bändchen geworden."[109] Im April 1792 war Humboldt mit der Ausarbeitung der Schrift über die Grenzen der Wirksamkeit des Staates fertig.[110]

---

[104] *An Forster*, S. 87.

[105] *Haym*, S. 44.

[106] Vgl. Gesammelte Schriften, Bd. 1, S. 431, Anmerkung.

[107] Vgl. *an Brinkmann*, S. 241.

[108] Vgl. *an Gentz*, S. 52 ff.

[109] *An Forster*, S. 87 f.

[110] Vgl. Briefwechsel zwischen *Schiller und Lotte*, 3. Buch, S. 55, 59. – In der Zeitschr. Euphorion, Bd. 14, Leipzig und Wien 1907, S. 374 sowie in den Gesammelten Schriften, Bd. 7, S. 566 spricht Leitzmann die Vermutung aus, dass es sich bei dem in Humboldts Briefwechsel mit seiner Frau (*an Caroline*, Bd. 1, S. 369, 385) erwähnten Aufsatz, der Dalberg Anfang des Jahres 1791 vorgelegen hat, vielleicht um einen ersten Entwurf der die Polizei-, Zivil- und Kriminalgesetze behandelnden Kap. 9 bis 14 der Schrift über die Grenzen der Wirksamkeit des Staates handele. Dies scheint mir jedoch nicht den Tatsachen zu entsprechen. Wäre dies der Fall, dann würde die Schrift mit Ausnahme des Kap. 16, wie Leitzmann selbst sagt, „in ihrem ganzen Bestande auf älteren Niederschriften beruhen". Dem widerspricht jedoch, wenn

Nachdem Dalberg die Schrift für sich gelesen hatte, ging er sie Abschnitt für Abschnitt mit Humboldt durch und erörterte mit ihm Gründe und Gegengründe. Er vertrat die Auffassung, dass der Staat zu einer weit ausgebreiteteren Wirksamkeit berechtigt sei.[111] Trotz dieser Einwendungen sah sich Humboldt nicht veranlasst, von seinen Ideen abzugehen und irgendetwas an seiner Schrift zu ändern. Er erlebt vielmehr sogar die Freude, dass Dalberg sich seinen Anschauungen nähert und in den Fällen, wo es nicht auf Erhaltung der Sicherheit ankommt, eigentlichen Zwang entfernen und den Wunsch der Nation abwarten will, bevor die Sorgfalt des Staates auf irgendeinen Gegenstand ausgedehnt wird. In dem bereits erwähnten Brief an Forster vom 1. Juni 1792 schreibt Humboldt hierüber: „So schwankend auch, vorzüglich in der Ausübung, diese letztere Bestimmung werden muss, so werden Sie doch gewiss mit mir gestehn, dass diese Achtung für die wahre Souveränität in dem Munde eines künftigen Regenten in hohem Grade ehrwürdig ist, und dass die erstere Einschränkung einen großen Teil des Schadens entfernt, welchen das zu viele Regieren sonst unausbleiblich bringt."[112]

i) Das weitere Schicksal der Schrift

Humboldt hatte von Anfang an die Absicht, die Schrift über die Grenzen der Wirksamkeit des Staates drucken zu lassen. So denkt er bereits im März 1792 noch während der Niederschrift daran, sie in Schillers „Thalia" oder in der Zeitschrift „Merkur" zu veröffentlichen.[113] Bald darauf hat er sich dann entschlossen, die Schrift nicht in einer Zeitschrift zu veröffentlichen, sondern sie als selbständige Schrift drucken zu lassen. In Berlin fand sich jedoch zu den von Humboldt gewünschten Bedingungen kein Verleger. Auch bereitete die Zensur dort gewisse Schwierigkeiten. Der Verleger Göschen in Leipzig, an den sich Humboldt über Schiller gewandt hatte, lehnte wegen Überlastung ab. Als dann Schiller im Januar 1793 einen anderen Verleger gefunden hatte, hatte sich Humboldt inzwischen entschlossen, die Herausgabe aufzuschieben, um die Schrift

---

Humboldt in dem bereits zitierten Brief an Forster vom 1. Juni 1792 sagt, dass er „einiges vorgearbeitet", „noch mehr Materialien im Kopf" hatte. Auch wäre dann die Bitte Dalbergs an Humboldt, ihm seine Ideen über die eigentlichen Grenzen der Wirksamkeit des Staates aufzusetzen, unverständlich, denn die Kap. 9 bis 14 stellen ja gerade diese Ideen bis ins Einzelne dar.

[111] Vgl. Briefwechsel zwischen *Schiller und Lotte*, 3. Buch, S. 59. Dalberg hat seine von denen Humboldts abweichenden Ideen in einer anonym erschienenen Schrift „Von den wahren Grenzen der Wirksamkeit des Staates in Beziehung auf seine Mitglieder" niedergelegt; vgl. *Beaulieu-Marconnay*, S. 193.

[112] *An Forster*, S. 92.

[113] Vgl. Briefwechsel zwischen *Schiller und Lotte,* 3. Buch, S. 55. Die Annahme von *Altgeld,* S. 28, Humboldt habe bei der Niederschrift nicht an Drucklegung gedacht und erst das Interesse, dem seine Ausführungen begegneten, habe ihn zur Veröffentlichung bestimmt, ist also irrig.

noch einmal überarbeiten zu können.[114] Es wäre nun falsch zu glauben, Humboldt habe Zweifel an der Richtigkeit seiner Ideen bekommen. An dem Inhaltlichen seines Buches hält er vielmehr nach wie vor fest. So schreibt er am 8. Februar 1793 an Brinkmann: „Ich halte das Buch nicht allein für gut, sondern – warum sollte ich mich zieren? – auch, seinen Hauptgesichtspunkten nach, für neu und tief, und so, dass gerade meine Wendung des Kopfes und Charakters dazu gehörte, um gewisse Dinge zu finden und darzustellen, eine Wendung, die, sie möchte an sich sein, wie sie wollte, doch vielleicht nicht so bald wiederkommt."[115] Was Humboldt an seiner Schrift nunmehr als unvollkommen empfand, war neben ihrem Stil der Mangel einer genügenden Verarbeitung der entsprechenden Literatur. Diese Mängel sind bei der Art und Weise, wie die Schrift entstanden ist, und bei der kurzen Zeit der Niederschrift durchaus verständlich. Außerdem erschien es ihm, um besser verstanden zu werden, notwendig die Gesichtspunkte zu Beginn der Schrift besser auseinander zu setzen. Und schließlich wollte er die Frage noch genauer untersuchen, ob Staaten so bestehen können, wie er es als Ideal gefordert hatte, und ob nicht, wenn sie so wären, andere notwendige Bedingungen zur Bildung des Menschen hinwegfallen.[116]

Die Notwendigkeit seine Schrift zu überarbeiten war Humboldt bei einer nochmaligen Durchsicht Ende Dezember 1792 oder Anfang Januar 1793 bewusst geworden. Schon vorher hatten die Freunde Schiller, Brinkmann, Biester und sein Bruder Alexander gemeint, dass einzelnen Abschnitten Umänderungen wohltätig sein würden". Humboldt selbst hatte bereits früher eine gewisse Unvollkommenheit seiner Schrift empfunden, so wenn er am 14. September 1792 Brinkmann gegenüber äußert, dass er seine Abhandlung „als Schrift nur in der Tat für mittelmäßig" hält. Oder wenn er diesem am 27. Dezember schreibt: „... ein gutes Buch ist es nicht, und das werde ich nie schreiben".[117] Das Bewusstsein der Unvollkommenheit seiner Schrift wurde dann sehr wahrscheinlich durch das Studium von Burkes „Reflections on the Revolution in France" in der Übersetzung von Gentz[118], die ihm dieser im Januar 1793 zugeschickt hatte, noch verstärkt. Aber vorhanden war dieses Bewusstsein schon vorher.

---

[114] Vgl. hierzu Humboldts Briefe *an Schiller* vom 12. Oktober, 9. November, 7. Dezember 1792 und vom 14. und 18. Januar 1793 sowie seine Briefe *an Brinkmann* vom 24. August, 3., 14., 21., 26. September, 11., 26. Oktober, 9. November, 7. Dezember 1792 und 8. Februar 1793.
[115] *An Brinkmann,* S. 54.
[116] Vgl. *an Brinkmann,* S. 53, 54.
[117] Vgl. hierzu *an Schiller,* S. 48, 50, 51; *an Brinkmann,* S. 54, 24, 48.
[118] Über Humboldts Urteil über die Schrift von *Burke* und die ihr beigefügten Abhandlungen von Gentz vgl. seine Briefe *an Brinkmann,* S. 41, 50 f., 56, 58 f. sowie *an Wolf,* S. 34.

2. Die Ausbildung der eigenen Staatsidee

An seinen Ideen aber hält Humboldt unerschütterlich fest. Daran hat auch die Lektüre des Buches von Burke nichts geändert. Dies betont Humboldt in einem Brief an Brinkmann vom 18. März 1793: „Sie scheinen immer noch in dem Wahne zu stehen, dass ich über das grüne Buch jetzt anders urteile als sonst, dass ich manches darin vielleicht gar désavouire, und, was das Sonderbarste von allem ist, dass dazu der Burke beigetragen habe. Von allem diesem ist schlechterdings gar nichts wirklich der Fall. Es würde sonderbar und lächerlich erscheinen, wenn ich meine eigne Arbeit noch einmal loben, vielleicht gar über fremde erheben wollte, allein versichern muss ich Ihnen, dass die Grundsätze, die das grüne Buch enthält, schlechterdings noch unerschütterlich die meinigen sind, und dass ich allein auf Erweiterungen derselben, und neue Beweise bedacht bin."[119] In den Briefen an Brinkmann nennt Humboldt seine Schrift öfter das „grüne Buch"; dies wohl deshalb, weil der Umschlag der Handschrift, die bei Brinkmann war, grün gewesen ist.[120] Humboldt gebraucht den Ausdruck auch scherzhaft, so wenn er von der „grünen Frucht" spricht, die im Preußischen so unverdaulich zu sein scheint.[121] Keineswegs wollte er jedoch damit sagen, dass er selbst von seinen „Ideen" gering dachte, was schon aus der Art und Weise hervorgeht, wie er diesem Ausdruck verwendet. Dass Humboldt nach wie vor zu seinen „Ideen" steht, geht auch daraus hervor, dass er daran denkt, die Schrift in ihrer ursprünglichen Gestalt drucken zu lassen, falls er nie dazu kommen sollte sie umzuarbeiten.[122]

Humboldt war fest entschlossen, seine „Ideen" zu veröffentlichen, sobald er sie überarbeitet haben würde. Dies bringt ein Brief an Brinkmann vom 8. Februar 1793 zum Ausdruck: „Es ist nie mein Wille gewesen, und wird es schwerlich je sein, das grüne Buch gar nicht drucken zu lassen; aber es ist meine ernstliche Meinung es in mehreren Stellen umzuarbeiten, ... und darum den Druck, bis ich dies ganz fertig getan habe, aufzuschieben."[123] Dass es dann zu dieser Umarbeitung nie kam, hat seinen Grund vor allem darin, dass Humboldts Interesse bereits zu dieser Zeit und in den folgenden Jahren ganz anderen Dingen zugewandt war. Es war das Studium des griechischen Altertums, mit dem er bereits Anfang Mai 1792 unmittelbar nach Beendigung der Arbeit an seinen „Ideen" begonnen hatte und dem er sich in der Folgezeit mit hingebendem Fleiß widmete.[124] Und so erklärt er Schiller seine augenblickliche Abneigung, an die Umarbeitung der Schrift zu gehen, in einem Brief vom 18. Januar 1793 mit folgenden Worten: „Für jetzt aber und die nächsten Monate habe ich

---

[119] *An Brinkmann*, S. 58.
[120] Vgl. *an Brinkmann*, S. 198, Anm. 11.
[121] *An Brinkmann*, S. 29.
[122] Vgl. *an Brinkmann*, S. 53, 55.
[123] *An Brinkmann*, S. 53; vgl. auch S. 48.
[124] Vgl. Humboldts Brief *an Schiller* vom 8. Mai 1792 sowie den Briefwechsel mit *Brinkmann* und dem Philologen *Wolf*.

nicht allein ganz heterogene Beschäftigungen, sondern es fehlt mir auch teils an Stimmung, teils sogar an einigen Büchern, um an diese Revision zu gehen."[125] Und am 22. Mai schreibt er an F. A. Wolf über den Druck seines Manuskripts: „So bald möchten Sie es nun wohl nicht gedruckt sehen. Ich hatte schon Buchhändler und alles, aber ein neues Durchlesen hat mich zum Warten bewogen. Bringt dies Warten ein Ändern vieler Stellen hervor, so erreicht es seinen eigentlichen Endzweck, und selbst ohne dies erscheint es besser später, als jetzt. Fast nie sind alle Gesichtspunkte über Politik so verrückt gewesen, als jetzt. Der ruhige Schriftsteller, und vor allem der so bloß theoretische, als ich, darf jetzt auf alles rechnen, nur nicht darauf, verstanden zu werden. Ob ich aber je zur Politik zurückkehre, ist eine andere Frage, die ich nicht bejahen möchte. Die Griechen absorbieren mich ganz, zum mindesten die Alten, damit Sie mich nicht den Römern und dem Tacitus unhold glauben."[126]

Tatsächlich war Humboldts Interesse an politischen Fragen in den folgenden Jahren sehr gering. Wohl erwähnt er in Briefen an Wolf zwischen März und Juli 1794, dass er sich auch der Politik wieder zugewendet habe. So schreibt er am 8. März aus Jena: „Ich habe mir vorgenommen, hier wo ich mannigfaltigern Umgang und Bücher aus mehr Fächern habe, einige ältere Studien mehr wieder aufzunehmen, einige Ideen, die ich lange habe, auszuarbeiten. So komme ich auf Philosophie, Politik, Ästhetik ernsthafter zurück."[127] Auch arbeitet er 1795 oder 1796 drei englische Schriften über Staatslehre durch und macht sich Aus-

---

[125] *An Schiller,* S. 52; vgl. auch S. 50 sowie *an Brinkmann,* S. 54, 55.

[126] *An Wolf,* S. 46. – *Kaehler* (1963), S. 149 meint zu Humboldts Entschluss, die Veröffentlichung aufzuschieben: „An dem Erscheinen des ‚klassischen Buches' von Burke/Gentz nun erhielt er einen Maßstab, aus dessen Vergleich die Aussichtslosigkeit, auf diesem Gebiet mit stärkeren Begabungen in Wettbewerb zu treten, sich ihm von selbst aufdrängen und die von der Kritik der Freunde bewirkte Unsicherheit zum Verzicht werden lassen musste." Hieran ist zweierlei unrichtig: Erstens kann, wie gezeigt wurde, nur von einem Aufschub, nicht von einem Verzicht auf die Veröffentlichung gesprochen werden. Wenn Humboldt sich später nie zu einer Bearbeitung für den Druck entschließen konnte, so lag dies an den ganz anders gearteten Interessen in seinen späteren Jahren. Auch ist dies bei seiner Wesensart, der es mehr auf die Ausbildung der inneren Kraft als auf die äußeren Resultate ankam, nicht verwunderlich. Auch fand er in den folgenden Jahren nicht die Kraft, einmal entwickelte Ideen im Einzelnen auszuarbeiten. Wie viele seiner späteren Arbeiten blieben ungedruckte Fragmente! Schließlich fehlte es ihm auch an schriftstellerischem Ehrgeiz. Das Drucklassen betrachtete er als eine „insipide Sache"; vgl. *an Brinkmann,* S. 27; vgl. auch S. 20 f. sowie *an Wolf,* S. 47. Zweitens ist es irreführend, in dieser allgemeinen Form von einer „Kritik der Freunde" zu sprechen. Lediglich Gentz hatte das Buch als „völlig unverständlich" abgelehnt. Schiller, Brinkmann, Biester und Humboldts Bruder Alexander jedoch hatten sich positiv über seine „Ideen" ausgesprochen, wenn sie auch, wie erwähnt, die Art der Darstellung nicht immer ganz befriedigte; vgl. *an Brinkmann,* S. 24, 53, 54. Ob man bei Gentz und Burke von „stärkeren Begabungen" sprechen kann, möchte ich dahingestellt sein lassen. Humboldt selbst hat es abgelehnt, sein Buch mit dem von Burke/Gentz zu vergleichen, da beide von ganz verschiedenen Gesichtspunkten aus geschrieben seien; vgl. *an Brinkmann,* S. 54, 58, 59.

[127] *An Wolf,* S. 103; vgl. auch Seite 109, 116.

züge daraus. Vielleicht waren diese Studien Vorbereitungen für die geplante Überarbeitung seiner eigenen Schrift.[128] In dieser Zeit liest er auch Kants Schrift über den ewigen Frieden.[129] Aber bald haben ihn offenbar andere Interessen wieder von seinem Vorhaben abgezogen. Auch in den folgenden Jahren sehen wir ihn gelegentlich Schriften staatstheoretischen Inhalts studieren. So las er zum Beispiel 1798 Rousseaus „Contrat social".[130] Aber groß kann sein Interesse an Fragen der Staatstheorie in diesen Jahren nicht gewesen sein, schreibt er doch im Frühjahr 1798 von Paris aus an Goethe: „Um das Politische, wissen Sie, bekümmere ich mich nicht."[131] Und noch am 22. Oktober 1803 schreibt er an Brinkmann: „Die Fächer, die mich interessieren, sind ja gerade eben die, welche Sie lieben, Metaphysik, Poesie, Philologie, von Geschichte, Statistik und Politik nur das, woraus man so recht ungeheuer viel lernt."[132]

So kam es, dass die „Ideen zu einem Versuch, die Grenzen der Wirksamkeit des Staates zu bestimmen" von Humboldt nicht mehr überarbeitet und erst nach seinem Tode im Jahre 1851 erstmals veröffentlicht wurden. Lediglich die Abschnitte „Über die Sorgfalt des Staats für die Sicherheit gegen auswärtige Feinde", „Über die Sittenverbesserung durch Anstalten des Staats" und „Über öffentliche Staatserziehung" sowie der Abschnitt „Wie weit darf sich die Sorgfalt des Staats um das Wohl seiner Bürger erstrecken?" waren 1792 zur Vorbereitung des geplanten Drucks der ganzen Schrift in der von Biester herausgegebenen Berlinischen Monatsschrift beziehungsweise in Schillers Neuer Thalia erschienen.[133]

3. Die Erweiterung der Staatsidee

a) Humboldts Begriff von Nation und Nationalverein

Nachdem Humboldt seine Arbeit an der Schrift über die Grenzen der Wirksamkeit des Staates abgeschlossen hatte, war sein geistiges Streben in den folgenden Jahren vor allem auf eine umfassende Erkenntnis vom Wesen des Menschen und dem Ideal menschlicher Bildung gerichtet. Wie bereits gezeigt wurde, wurzelte Humboldts Staatsauffassung in seiner Anschauung von der

---

[128] Vgl. Gesammelte Schriften, Bd. 7, S. 571 ff., 580, Anm.
[129] Vgl. *an Schiller,* S. 189.
[130] Vgl. Gesammelte Schriften, Bd. 14, S. 593 ff.
[131] *An Goethe,* S. 52; vgl. auch *Neue Briefe an Schiller,* S. 197 sowie *an Brinkmann,* S. 71 f., 111.
[132] *An Brinkmann,* S. 158.
[133] Berlinische Monatsschrift, Bd. 20, S. 346 ff., 419 ff., 597 ff.; Neue Thalia, Bd. 2, S. 131 ff. Es handelt sich bei diesen Abschnitten um das 5., 8. und 6. sowie um das 2. und einen Teil des 3. Kap. der Schrift, Gesammelte Schriften, Bd. 1, S. 136 ff., 164 ff., 140 ff., 106 ff. bzw. Werke, Bd. 1, S. 98 ff., 130 ff., 103 ff., 64 ff.

Wichtigkeit der inneren Bildung des Menschen. Nunmehr suchte er die Gesetze genauer zu erfassen, an denen sich diese Bildung orientieren sollte, und das Ideal menschlicher Bildung überhaupt tiefer zu ergründen. Diesem Ziel dienten das bereits erwähnte Studium des griechischen Altertums sowie die meisten seiner Studien, Arbeiten und Pläne der folgenden Jahre.[134] Auch seine Reisen nach Frankreich, Spanien und Italien wurden zu diesem Zweck unternommen.[135] Es gab nichts was ihn so anzog wie das Studium des Menschen.[136] Was ihn als Hoffnung bei seinen Studien zutiefst erfüllte, war „mit anhaltendem Nachdenken, mit ausgebreitetem Studium, mit emsigem Aufsuchen der verschiedensten Menschen, Länder und Sitten, endlich den Schlüssel zu dem Geheimnis jeder menschlichen Größe zu finden, endlich die Formel zu entdecken, durch die man jeder Eigentümlichkeit ihr Urteil fällen und jeder ihre Richtung vorschreiben kann".[137]

Bei diesem Studium des Menschen ging Humboldt mehr und mehr die Eigenwesenheit der Nationen gegenüber den sie bildenden Individuen auf. Er erkennt immer klarer, dass in den eine Nation bildenden Individuen sich neben ihrer Individualität ein ihnen allen gemeinsamer Geist ausspricht und darlebt.[138] Es wäre jedoch falsch zu glauben, Humboldt habe anfangs die Nation lediglich

---

[134] Vgl. hierzu insbesondere seine Skizze „Über das Studium des Altertums und des griechischen insbesondere" aus dem Jahre 1793, Gesammelte Schriften, Bd. 1, S. 255 ff., *an Brinkmann*, S. 21 f., *an Wolf*, S. 5 f.; das Bruchstück „Theorie der Bildung des Menschen" aus dem gleichen Jahr, Gesammelte Schriften, Bd. 1, S. 282 ff. bzw. Werke, Bd. 1, S. 234 ff., *an Körner*, S. 3, 6 ff.; ferner seine beiden Aufsätze „Über den Geschlechtsunterschied und dessen Einfluss auf die organische Natur" aus dem Jahre 1794 und „Über die männliche und weibliche Form" aus dem Jahre 1795, Gesammelte Schriften, Bd. 1, S. 311 ff., 335 ff. bzw. Werke, Bd. 1, S. 268 ff., 296 ff., *an Körner*, S. 25 f.; dann seinen „Plan einer vergleichenden Anthropologie", ebenfalls von 1795, Gesammelte Schriften, Bd. 1, S. 377 ff. bzw. Werke, Bd. 1, S. 337 ff., *an Wolf*, S. 175 ff.; weiterhin seinen Plan einer „Charakteristik des griechischen Geistes" aus dem gleichen Jahr, der dann allerdings zu einer Charakteristik Pindars zusammenschmolz, Gesammelte Schriften, Bd. 1, S. 411 ff., *an Schiller*, S. 197, 217 ff., 242 f., *an Wolf*, S. 140, *an Körner*, S. 30 f.; ferner seinen Plan einer „Charakteristik des 18. Jahrhunderts" aus dem Jahre 1796, Gesammelte Schriften, Bd. 2, S. 1 ff bzw. Werke, Bd. 1, S. 376 ff., *an Schiller*, S. 277 ff., Neue Briefe an Schiller, S. 76 ff., *an Körner*, S. 39 f., *an Wolf*, S. 169 f., 175 ff.; dann das Fragment von 1797 „Über den Geist der Menschheit", Gesammelte Schriften, Bd. 2, S. 324 ff. bzw. Werke, Bd. 1, S. 506 ff.; weiter die beiden Aufsätze aus dem Jahre 1799 über das „Musée des petits Augustins", Gesammelte Schriften, Bd. 2, S. 345 ff. bzw. Werke, Bd. 1, S. 519 ff. und „Über die gegenwärtige französische tragische Bühne", Gesammelte Schriften, Bd. 2, S. 377 ff.; und schließlich die Fragmente „Über den französischen Nationalcharakter" von 1799 und „Über den Charakter der Griechen, die idealische und historische Ansicht derselben" von 1807, Gesammelte Schriften, Bd. 7, S. 587 ff., 609 ff.; vgl. auch Gesammelte Schriften, Bd. 14, S. 361 f.

[135] Vgl. zum Beispiel *an Schiller*, S. 162; Neue Briefe an Schiller, S. 246 f., 302, 304; *an Goethe*, S. 49 f., 113.

[136] Vgl. *Neue Briefe an Schiller*, S. 321.

[137] *Neue Briefe an Schiller* (12. Juli 1798), S. 227.

3. Die Erweiterung der Staatsidee

als eine Vereinigung einer größeren Anzahl von Individuen angesehen. Dies scheint Friedrich Meinecke anzunehmen, wenn er in seinem Buch „Weltbürgertum und Nationalstaat" schreibt, dass Humboldt in seiner Schrift über die Grenzen der Wirksamkeit des Staates unter Nation „keine den Einzelnen leitende oder erfüllende Lebensmacht" versteht, „sondern Lebensgeist vielmehr, der sich ungesucht entwickelt aus dem zusammenströmenden Hauche der vielen Einzelseelen", oder wenn er sagt, dass Humboldts Nationalbegriff an die Lehre von der Volkssouveränität und die Ideen der Französischen Revolution erinnert „durch die Ignorierung der geschichtlichen Mächte, die bei dem Aufbau der Nationen mit tätig sind, und durch die naturrechtlich gefärbte Auffassung des „Nationalvereins" als des Vereins einer augenblicklich miteinander lebenden Vielzahl von Individuen, ..."[139]

Wenn Humboldt in seiner Schrift über die Grenzen der Wirksamkeit des Staates ausführt: „Die Staatsverfassung und der Nationalverein sollten, wie eng sie auch ineinander verwebt sein mögen, nie miteinander verwechselt werden. Wenn die Staatsverfassung den Bürgern, sei's durch Übermacht und Gewalt oder Gewohnheit und Gesetz, ein bestimmtes Verhältnis anweist; so gibt es außerdem noch ein andres, freiwillig von ihnen gewähltes, unendlich mannigfaltiges und oft wechselndes. Und dies letztere, das freie Wirken der Nation untereinander, ist es eigentlich, welches alle Güter bewahrt, deren Sehnsucht die Menschen in eine Gesellschaft führt"[140], so kann dies nicht als Beweis für diese Ansicht gelten. Man darf nicht „Nationalverein" mit „Nation" gleichsetzen. Unter Nationalverein versteht Humboldt eine bestimmte, auf Vertrag beruhende Vereinigung der Nation. Dies geht aus folgenden Sätzen der Schrift über die Grenzen der Wirksamkeit des Staates hervor: „Jede Erreichung eines großen Endzwecks erfordert Einheit der Anordnung ... Allein diese Einheit lässt sich auch durch Nationalanstalten, nicht bloß durch Staatsanstalten hervorbringen. Einzelnen Teilen der Nation und ihr selbst im Ganzen muss nur Freiheit gegeben werden, sich durch Verträge zu verbinden." Nicht die Nation entsteht durch Vertrag, sondern Teile derselben sollen sich durch Verträge zu einzelnen Nationalanstalten verbinden. Auch der Satz: „Anfangs sind höchstwahrscheinlich alle Staatsverbindungen nichts als dergleichen Nationenvereine gewesen"[141] widerspricht dem nicht, besagt er doch nur, dass die *Staaten*, nicht jedoch, dass die *Nationen* ursprünglich auf Vertrag beruhen. Dass Humboldt bereits zu dieser Zeit die Nationen in gewissem Sinn als Eigenwesen mit einem bestimmten, sich entwickelnden Charakter ansah, ergibt sich aus den „Ideen über Staatsverfassung" vom August 1791, wenn er sagt: „Wie mit dem einzelnen Menschen,

---

[138] Vgl. *an Körner*, S. 33, 59, 61 f.; *Neue Briefe an Schiller*, S. 79 f., 120, 179, 220; *an Wolf*, S. 152, 176 ff.
[139] *Meinecke* (1928), S. 43 f.
[140] Gesammelte Schriften, Bd. 1, S. 236 bzw. Werke, Bd. 1, S. 212.
[141] Gesammelte Schriften, Bd. 1, S. 131 bzw. Werke, Bd. 1, S. 92.

so mit ganzen Nationen. Sie nehmen auf einmal nur *einen* Gang. Daher ihre Verschiedenheit untereinander, daher ihre Verschiedenheiten in ihnen selbst in verschiedenen Epochen."[142] Demgegenüber wird gesagt, Humboldts Nationalbegriff in der Schrift über die Grenzen der Wirksamkeit des Staates bedeute einen Rückschritt gegenüber dem der „Ideen über Staatsverfassung".[143] Dieses Urteil beruht jedoch offensichtlich auf der irrtümlichen Gleichsetzung von „Nationalverein" und „Nation". Humboldt kommt es in dem Versuch über die Grenzen der Wirksamkeit des Staates nicht darauf an, den Begriff „Nation" zu entwickeln, sondern zu zeigen, dass die Nation sich zur Erfüllung bestimmter, bisher vom Staat wahrgenommener Aufgaben zu Nationalanstalten und zu einem Nationalverein verbinden müsse. Dies berührt gar nicht seinen in den „Ideen über Staatsverfassung" zum Ausdruck gekommenen Nationalbegriff. Meinecke, der das eben erwähnte Urteil ausgesprochen hat, muss sogar selbst zugeben, dass Humboldt in der Schrift über die Grenzen der Wirksamkeit des Staates das Wort Nation oft gebraucht, den Begriff jedoch nirgends ausdrücklich definiert.[144]

So erweitert sich für Humboldt das Studium der menschlichen Individualität mehr und mehr zugleich zu einem Studium der Nationen, der Nationalcharaktere.[145] „Mein Zweck ist, Menschen und Nationen kennen zu lernen", schreibt er am 20. Dezember 1799 an Wolf.[146]

All diesen Studien lag als höchstes Ziel eine umfassende Erkenntnis vom Wesen der Menschheit zugrunde. Die einzelnen Individuen und Nationen waren ihm zugleich individuelle Ausprägungen des universellen Menschheitsideals, das in ihnen nur einseitig und unvollkommen zum Ausdruck kommen konnte.[147] Menschheit war ihm somit kein abstrakter Begriff, sondern der Inbegriff alles Menschlichen, dem er sich durch ein konkretes Studium von Menschen und Nationen zu nähern suchte.

Diese Gedanken über das Verhältnis von Individuum, Nation und Menschheit liegen dem staatsmännischen Wirken Humboldts in den Jahren 1809 bis 1819 mitbestimmend zugrunde. So sagt er in seinem Gutachten über die Organisation

---

[142] Gesammelte Schriften, Bd. 1, S. 81 bzw. Werke, Bd. 1, S. 37; vgl. hierzu *Vossler* (1937), S. 111 f., der über Humboldts Auffassung der Nation in dieser Zeit sagt: „Gewiss ist das keine politische, keine Staatsnation in unserem heutigen Sinne – aber es ist doch schon die Nation als überindividuelle Persönlichkeit mit aller Klarheit erkannt."

[143] So *Meinecke* (1928), S. 44, Anm. 1.

[144] *Meinecke* (1928), S. 42. – Über Humboldts Unterscheidung von Volk und Nation vgl. *an Gentz*, S. 56 (9. Januar 1792).

[145] Vgl. *an Körner*, S. 33, 59, 61 f.; *Neue Briefe an Schiller*, S. 79 f., 120, 179, 220; *an Wolf*, S. 152, 176 ff.; vgl. ferner *Siegler*.

[146] An Wolf, S. 212.

[147] Vgl. insbesondere *an Schiller*, S. 277 ff., *an Brinkmann*, S. 154 ff.

der Ober-Examinations-Kommission vom 8. Juli 1809: „Nichts ist so wichtig bei einem höheren Staatsbeamten, als welchen Begriff er eigentlich nach allen Richtungen hin von der Menschheit hat, worin er ihre Würde und ihr Ideal im Ganzen setzt.[148]

b) Mitwirkung der Nation bei Gesetzgebung und Verwaltung

Von besonderer Bedeutung für die weitere Ausbildung seiner Staatsidee wurde für Humboldt das Erleben der Befreiungskriege und der im Zusammenhang damit erhobenen Forderung, für ganz Deutschland und in allen deutschen Ländern eine Verfassung zu schaffen und einzurichten. Hierdurch wurde ihm bewusst, dass es notwendig ist, die Nation bei der Gesetzgebung und Verwaltung mitwirken zu lassen. In der Schrift über die Grenzen der Wirksamkeit des Staates war es ihm vor allem darauf angekommen zu zeigen, dass wahre Freiheit nicht durch eine Änderung der Regierungsform allein, sondern nur durch eine Einschränkung der staatlichen Wirksamkeit erreicht werden kann. Die Frage nach der Regierungsform schien ihm nur von untergeordneter Bedeutung. Er hat sie deshalb zunächst nicht eindeutig beantwortet.[149] Nun kommt er zu der Erkenntnis, dass auch eine Änderung der Regierungsform notwendig ist, dass der Nation ein Mitwirkungsrecht bei der Entstehung der Gesetze eingeräumt werden muss. So tritt er bereits in der an den Freiherrn vom Stein gerichteten „Denkschrift über die deutsche Verfassung" vom Dezember 1813 für die Einrichtung von Ständen in allen deutschen Staaten ein;[150] desgleichen in seinen Entwürfen zur Bundesverfassung vom November 1814, in denen er nicht nur ein Mitberatungs-, sondern auch ein Mitwirkungsrecht der Stände bei der Gesetzgebung, allerdings beschränkt auf das Gebiet des Steuerrechts, vorsieht.[151] Für eine wesentlich weitergehende Mitwirkung der Stände bei der Gesetzgebung tritt Humboldt dann in seiner ebenfalls an den Freiherrn vom Stein gerichteten „Denkschrift über Preußens ständische Verfassung" vom 4. Februar 1819 ein, indem er diese Mitwirkung „auf alle eigentlichen und allgemeinen Gesetze, sowie auf jede Veränderung in der allgemeinen Besteuerung" ausdehnen will.[152]

Wenn Humboldt hier von einer Mitwirkung der Stände bei der Gesetzgebung spricht, so beabsichtigte er nicht, die alten privilegierten Stände wieder einzuführen. Vielmehr wollte er als Minister für ständische Angelegenheiten in Preu-

---

[148] Gesammelte Schriften, Bd. 10, S. 87 bzw. Werke, Bd. 4, S. 83.
[149] Vgl. Gesammelte Schriften, Bd. 1, S. 100 f. bzw. Werke, Bd. 1, S. 58 sowie unten, S. 166 ff.
[150] Vgl. Gesammelte Schriften, Bd. 11, S. 108 bzw. Werke, Bd. 4, S. 316 f.
[151] Vgl. Gesammelte Schriften, Bd. 11, S. 258 ff.
[152] Vgl. Gesammelte Schriften, Bd. 12, S. 239, ferner S. 404 f. bzw. Werke, Bd. 4, S. 447.

ßen die ständische Verfassung zu einer „ständischen Repräsentativverfassung" weiterentwickeln. Was er ablehnte, war eine Repräsentativverfassung, in welcher das Volk als große, unverbundene Masse behandelt wird und seine Vertreter unmittelbar aus der ganzen Volksmasse heraus gewählt werden. Er strebte an, grundsätzlich alle Bürger in überschaubare Korporationen einzuteilen und sie durch diese am politischen Leben zu beteiligen. In diesen Korporationen sollten die Bürger ihre Vertreter aus ihrer Mitte wählen können. Auch sollte sich das politische Leben von unten nach oben aufbauen. Dies ergibt sich aus Humboldts „Denkschrift über ständische Verfassung" vom Oktober 1919, in welcher er ausführliche Vorschläge für eine Verfassung in Preußen machte. Er konnte diese jedoch leider nicht verwirklichen, weil er auf Betreiben von Staatskanzler Hardenberg Ende 1819 entlassen wurde und sich auch im Zusammenhang mit dem Mord an Kotzebue und den Karlsbader Beschlüssen das politische Klima so verändert hatte, dass an die Verwirklichung einer Verfassung mit der Einführung einer konstitutionellen Monarchie in Preußen zu dieser Zeit nicht mehr gedacht werden konnte.[153]

c) Keine Wandlung, sondern Erweiterung der Staatsidee

Man sollte in diesem Eintreten Humboldts für eine Änderung der Staatsform im Sinne einer Mitwirkung der Nation bei der Gesetzgebung keine Wandlung seiner Staatsidee erblicken. Von einer „Wandlung und Entwicklung von dem, was man als seinen (Humboldts) Staatsbegriff ansprechen kann" oder von einer „Wandlung seiner politischen Theorie" spricht Kaehler.[154] Er sieht diese Wandlung in der „Wanderung vom Pol der Staatsverneinung zum Pol der Staatsbejahung".[155] Später hat Kaehler seine Auffassung stark eingeschränkt, indem er nur noch von einer Wanderung „vom Pol *theoretischer* Staatsverneinung zum Gegenpol *praktischer* Staatsbejahung" spricht.[156] Auch diese eingeschränkte Auffassung geht von der falschen Voraussetzung aus, dass Humboldt in der Jugend den Staat verneint habe. In der Tatsache, dass dieser die Funktion des Staates auf die Erhaltung der Sicherheit beschränkt, wird nur derjenige eine Verneinung des Staates erblicken wollen, welcher meint, diesem weitergehende Funktionen zuschreiben zu müssen. In Wirklichkeit bejaht Humboldt auch in der Jugend den Staat innerhalb der ihm gezogenen Grenzen seiner Wirksamkeit, ja, er sieht ihn als unbedingt notwendig an.[157]

---

[153] Vgl. den Abschnitt „Die Organisation der Stände" in dem Kapitel „Die Form des Staates", unten S. 170 ff. sowie Spitta (1981), S. 673 ff.
[154] *Kaehler* (1922), S. 7, 8.
[155] Vgl. *Kaehler* (1922), S. 59.
[156] Vgl. *Kaehler* (1963), S. 419.
[157] Vgl. Gesammelte Schriften, Bd. 1, S. 133 f. bzw. Werke, Bd. 1, S. 94 ff.

3. Die Erweiterung der Staatsidee

Das Problem, welchen Anteil die Nation an der Regierung haben soll, hatte Humboldt schon 1792 bei Abfassung seiner Schrift über die Grenzen der Staatswirksamkeit gesehen. Nur trat sie ihm zurück gegenüber dem anderen Problem, auf welche Gegenstände die einmal eingerichtete Regierung ihre Tätigkeit zugleich ausbreiten und einschränken soll.[158] Dies hatte seinen Grund in Humboldts Achtung vor allem historisch Gewordenen und in seiner Abneigung gegenüber allen revolutionären Umwälzungen.[159] Als er dann sah, dass die Nation während und nach den Befreiungskriegen nicht nach einer revolutionären Veränderung der bestehenden Ordnung wie in Frankreich, sondern nach positiver Mitarbeit im Staate strebte, und dass die Regierung sich einer solchen Mitarbeit zunächst nicht entgegenstellte, gab es für ihn keinen Grund, sich diesem Streben nicht anzuschließen. Nicht eigentlich Humboldt, sondern die Einstellung der Nation zum Staat und bis zu einem gewissen Grade dieser selbst hatten sich gewandelt.[160]

Noch in anderer Hinsicht hat Humboldt seine Staatsidee während der Zeit seines staatsmännischen Wirkens weiterentwickelt. Vor und während des Wiener Kongresses in den Jahren 1813 bis 1815 beschäftigte er sich intensiv mit der Frage, wie die durch die Auflösung des deutschen Kaiserreichs durch Napoleon im Jahre 1806 völlig unabhängig und souverän gewordenen deutschen Staaten wieder zu einer Einheit verbunden werden können, denn er war davon überzeugt, dass die deutschen Volksstämme trotz ihrer Verschiedenheit eine innere Einheit, eine Nation bilden und dass diese Einheit auch in einer gemeinsamen Staatsverfassung zum Ausdruck kommen sollte. Ganz im Sinne seiner Ideen von den Grenzen der Wirksamkeit des Staates sollte die Aufgabe des von Humboldt erstrebten Deutschen Bundes auf die Erhaltung der Sicherheit der einzelnen deutschen Staaten untereinander und ihrer Bürger vor Übergriffen ihrer Landesherren und -regierungen beschränkt werden. Das geistig-kulturelle und das wirtschaftliche Leben sollten sich innerhalb Deutschlands möglichst frei und ungehindert von staatlichen Eingriffen entfalten können. In allen deutschen Staaten sollte eine ständische Verfassung eingerichtet werden. Der Bund sollte nur die Rechte und Einrichtungen erhalten, die zur Erfüllung seiner begrenzten Aufgaben unbedingt erforderlich waren; allerdings wesentlich mehr, als ihm dann während des Wiener Kongresses letztlich zugestanden worden sind. So hielt Humboldt eine gemeinschaftliche Verfassung mit einer Reihe von Grundrechten und einem obersten Bundesgericht für erforderlich, das nicht nur über Streitigkeiten zwischen den einzelnen deutschen Staaten, sondern auch

---

[158] Vgl. Gesammelte Schriften, Bd. 1, S. 99 bzw. Werke, Bd. 1, S. 56 f.
[159] Vgl. Gesammelte Schriften, Bd. 1, S. 100 f. bzw. Werke, Bd. 1, S. 58.
[160] Ähnlich *Howald,* S. 132: „Nicht *er* (Humboldt) hat sich gewandelt, vielmehr ist es der Staat, der ein anderer geworden ist, oder richtiger auf dem Wege zu sein schien, ein anderer zu werden." Vgl. auch *Vossler* (1937), S. 113 sowie *Schaffstein,* S. 179 f.

über Beschwerden der Stände und einzelner Bürger wegen Verletzung ihrer Rechte durch ihre Einzelstaaten entscheiden sollte.[161] Damit hat Humboldt zukunftsweisende föderalistische Ideen entwickelt, die auch für größere Staatsverbindungen z. B. in Europa richtungweisend sein können.

Auch die Frage nach dem Verhältnis der europäischen Staaten zueinander hat Humboldt im Zusammenhang mit dem Wiener Kongress sehr beschäftigt. Er ging noch nicht so weit, entsprechend seinem Vorschlag für einen Deutschen Bund an einen europäischen Staatenbund mit gemeinsamer Verfassung zu denken. Doch sah er nach den Erfahrungen mit der napoleonischen Macht- und Expansionspolitik die Notwendigkeit, einen Gleichgewichtszustand zwischen den europäischen Staaten wiederherzustellen und dadurch für Sicherheit in Europa zu sorgen. Dazu hielt er ein starkes Deutschland in der Mitte Europas für erforderlich, um das Gleichgewicht zwischen Frankreich und Russland, den damaligen Großmächten in Ost und West, aufrechterhalten zu können. Deutschland sollte jedoch nur so stark sein, dass es sich verteidigen konnte, nicht aber in die Lage versetzt werden Angriffskriege zu führen.[162] Hier sehen wir, wie die Idee, dass die Staaten für die Sicherheit zu sorgen haben, in erweiterter Form in Humboldt weiterhin wirksam ist, indem er sie auf die zwischenstaatlichen Beziehungen anwendet.

Es ist somit unzutreffend von einer Wandlung von Humboldts politischer Theorie zu sprechen. Vielmehr sollte man richtiger von einer *Weiterbildung* oder *Erweiterung* seiner Staatsidee sprechen, da er auch noch während der Zeit seines staatsmännischen Wirkens von den Ideen über die Grenzen der Wirksamkeit des Staates durchdrungen war und in ihrem Sinne zu wirken versuchte, was nachstehend im Einzelnen gezeigt werden soll. Ein erstes Anzeichen einer solchen Weiterbildung seiner Staatsidee können wir schon in Humboldts Brief an Schiller vom 13. Februar 1796 erkennen, in welchem er die Politik definiert „als die Auflösung der Aufgabe: wie bestimmt eine Anzahl von Menschen am besten ihre gegenseitigen Pflichten und Rechte, um den Endzweck der bürgerlichen Sicherheit zu erreichen".[163]

---

[161] Vgl. unten, S. 243 ff., insbesondere S. 252 ff.
[162] Vgl. unten, S. 229 ff., insbesondere S. 233, 236 f., 241 f.
[163] *Neue Briefe an Schiller,* S. 35.

III. Das Verhältnis Humboldts zu seiner Staatsidee während der Zeit seines politischen Wirkens

1. Humboldts Festhalten an seinen Ideen von den Grenzen des Staates

Man hat wiederholt auf den Widerspruch hingewiesen, der zwischen Humboldts praktischem Verhalten als Staatsmann und seiner in der Jugend ausgebildeten Theorie besteht und diesen als Beweis für die Meinung angeführt, dass sich seine Staatsidee gewandelt habe. So insbesondere Kaehler, indem er sagt, dass „das praktische Verhalten eines langen politischen Lebens in offenkundigem Widerspruch zur Theorie der Jugend gestanden, ihre innere Begründung wiederum von innen heraus widerlegt hat".[1] Wer so urteilt, übersieht, dass der Hinweis darauf, Humboldts *praktisches* Verhalten als Staatsmann stehe im Widerspruch zur *Theorie* der Jugend, noch kein Beweis dafür ist, dass er sich von dieser Theorie abgewendet hat. Meinecke beschränkt sich deshalb richtiger darauf zu sagen, dass seit 1809, nachdem Humboldt an die Spitze der Sektion für Kultus und Unterricht im preußischen Ministerium des Innern getreten war, „ein Widerspruch zwischen seinem handelnden und seinem denkenden Verhältnis zum Staate" fortan bestand.[2] Bei genauerem Zusehen zeigt sich dann aber, dass Humboldt auch als Staatsmann überzeugt war, dass der Staat sich im Grunde genommen aller positiven Sorgfalt für das physische und geistig-moralische Wohl seiner Bürger enthalten und sich darauf beschränken sollte, bloß negativ für die Erhaltung ihrer Sicherheit zu sorgen. (Humboldt nennt die Sorgfalt des Staates für das physische und moralische Wohl seiner Bürger auch die Sorgfalt für das *positive* Wohl, welcher er die Sorgfalt für die Sicherheit als Sorgfalt für das *negative* Wohl gegenüberstellt.)[3] So schreibt er zum Beispiel in einem amtlichen Bericht vom 19. Mai 1809 an den vorgesetzten Minister über die Tätigkeit der von ihm geleiteten Sektion: „Der (in England freilich, aber aus andern Gründen, zum Verderben aller Schulen ausschlagende) Grundsatz, dass der Staat sich um das Schulwesen gar nicht einzeln bekümmern muss, ist an sich, einer konsequenten Theorie der Staatswissenschaft nach, gewiss der einzig wahre und richtige."[4] Noch deutlicher kommt dies zum Ausdruck in der Denkschrift vom 17. Juli 1809 „Über den Entwurf zu einer neuen Konstitution für die Juden",

---

[1] *Kaehler* (1922), S. 8; vgl. auch oben, S. 9 f.
[2] *Meinecke* (1933), S. 90.
[3] Vgl. Gesammelte Schriften, Bd. 1, S. 246 f. bzw. Werke, Bd. 1, S. 224 f.
[4] Gesammelte Schriften, Bd. 13, S. 219 bzw. Werke, Bd. 4, S. 47.

wo er von einer „längst mit Recht verworfenen Theorie der Gesetzgebung" spricht, nämlich die, „welche die Gesetzgebung zu einer Art Erziehung des Staatsbürgers macht, wo sie nur immer die Mittel in Händen hat, positiv wirken will und, von einem bestimmten Begriff des Charakters und der Kultur der Nation ausgehend, im Stande zu sein wähnt, den Fortschritt und sogar die Richtung zu einer andern Stufe leiten zu können". Dieser Theorie setzt Humboldt seine eigne Auffassung entgegen, nämlich dass „der Staat nur durch Erteilung und Beschränkung der Freiheit und dadurch hervorgebrachtes Gleichgewicht der Rechte die Bürger in Stand setzen muss, sich selbst zu erziehen, nur dahin zu streben hat, bloß negativ zu wirken und das positive Wirken der freien Tätigkeit der Nation zu überlassen und die Menschheit genug achten muss, um zu wissen, dass der moralische Standpunkt einer Nation sich nie genau berechnen, noch weniger aber die Entwicklung derselben sich mechanisch voraussehen lässt, indem sie vielmehr, und ganz aus innerer Kraft, wie die ganze Geschichte lehrt, oft plötzliche Impulse erhält, die, weit entfernt, sich durch die Gesetzgebung leiten zu lassen, dieselbe ihnen zu folgen zwingen, kurz, da der Staat kein Erziehungs-, sondern ein Rechtsinstitut ist".[5] Und als den Endzweck des Staates bezeichnet er die „Bestimmung der Rechte der Bürger und der Grenzen seiner Wirksamkeit".[6]

Auch in späteren Jahren sehen wir, wie die Ideen von den Grenzen der Wirksamkeit des Staates weiterhin in Humboldt wirksam sind. So schreibt er in einer an Hardenberg gerichteten Denkschrift „Über die Behandlung der Angelegenheiten des Deutschen Bundes durch Preußen" vom 30. September 1816: „Überhaupt muss das Bestreben des Bundestages immer dahin gehen, dass er für eine mehr abwehrende, negativ einwirkende, Unrecht verhindernde, als für eine zu vielem positiven Einwirken und aus ihm selbst hervorgehender Tätigkeit bestimmte Behörde gelte."[7]

Es ist nun allerdings richtig, dass Humboldts Tätigkeit als Staatsmann, insbesondere als Leiter der preußischen Kultus- und Unterrichtsangelegenheiten weitgehend im Widerspruch zu seinen Ideen von den Grenzen der Wirksamkeit des Staates stand. So, wenn er an eine Reform des gesamten Schulwesens ging, die Universität Berlin begründete, die Akademien in Berlin reorganisierte oder wenn er die kirchliche Verwaltung neu ordnete.[8]

---

[5] Gesammelte Schriften, Bd. 10, S. 100 bzw. Werke, Bd. 4, S. 97 f.
[6] Gesammelte Schriften, Bd. 10, S. 102 bzw. Werke, Bd. 4, S. 100.
[7] Gesammelte Schriften, Bd. 12, S. 77 bzw. Werke, Bd. 4, S. 375.
[8] Auf die Einzelheiten von Humboldts Wirken als Sektionsleiter kann hier nicht eingegangen werden, da nur sein Verhältnis zu seiner Staatsauffassung während der Zeit dieses Wirkens dargestellt werden soll. Über sein Wirken als Leiter der preußischen Kultus- und Unterrichtsangelegenheiten vgl. man insbesondere *Gebhardt* (1928), Bd. 1, S. 95 ff.; *Spranger* (1965), S. 133 ff.; *Menze* (1975); *Müsebeck*, S. 77 ff.;

1. Humboldts Festhalten an seinen Ideen von den Grenzen des Staates

Man muss sich jedoch klar machen, dass eine solche Tätigkeit, die weitgehend in das Erziehungs- und Bildungswesen und auch in die Kirchenverwaltung hineinwirkte, notwendig mit seiner Stellung verbunden war. Wenn er gegenüber den widerstrebenden bisherigen Verwaltern des kulturellen Lebens, den kirchlichen Behörden, den Provinzen, den gemeindlichen und privaten Schulpatronen, den Universitäten und Akademien und so weiter den Führungsanspruch der Sektion geltend machte und durchsetzte, so tat er nichts anderes, als die Rechte auszuüben, die ihm nach der durch den Freiherrn vom Stein in die Wege geleiteten Neuordnung der gesamten preußischen Verwaltung zustanden. Schon das „Allgemeine Landrecht für die preußischen Staaten" vom 5. Februar 1794 hatte im zwölften Titel des zweiten Teils „Von niedern und höhern Schulen" zahlreiche Bestimmungen für die Schulen und Universitäten aufgestellt und den Grundsatz festgelegt: „Schulen und Universitäten sind Veranstaltungen des Staats, welche den Unterricht der Jugend in nützlichen Kenntnissen und Wissenschaften zur Absicht haben."[9] Auch wurden darin ausdrücklich alle privaten und öffentlichen Schul- und Erziehungsanstalten der Aufsicht des Staates unterworfen.[10] Nach dem „Publikandum" vom 16. Dezember 1808, dem die vom Freiherrn vom Stein entworfene, nicht Gesetz gewordene „Verordnung die veränderte Verfassung der obersten Verwaltungsbehörden in der Preußischen Monarchie betreffend" vom 24. November 1808 zugrunde lag, gehörten zum Geschäftskreis der Abteilung des öffentlichen Unterrichts: alle höheren wissenschaftlichen und Kunstvereine, wie die Akademien der Wissenschaften und Künste sowie die Bauakademie, alle Lehranstalten, Universitäten, Gymnasien, gelehrte, Elementar-, Bürger-, Industrie- und Kunstschulen, ohne Unterschied der Religion. Außerdem war ihr die Aufsicht über die Theater und ähnliche Anstalten, welche Einfluss auf die allgemeine Bildung haben, sowie die Zensur aller nicht politischen Schriften übertragen.[11] Die Abteilung für den Kultus erhielt durch das „Publikandum" alle Rechte der obersten Aufsicht und Fürsorge des Staats in Beziehung auf Religionsausübung (jus circa sacra), wie sie das Allgemeine Landrecht im 11. Titel des 2. Teils, §§ 113 ff., bestimmt hatte, sowie nach Maßgabe der den verschiedenen Religionsparteien zugestandenen Verfassung auch die Konsistorialrechte (jus sacrorum). Auch wurden ihr das Entscheidungsrecht über die Zulassung neuer Religionsgemeinschaften übertragen,

---

Köpke, S. 61 ff.; *Harnack* (1900), Bd. 1, 2. Hälfte, S. 579 ff.; *Scurla,* S. 192 ff., 227 ff., 250 ff.

[9] Allgemeines Landrecht, 2. Teil, 12. Titel, § 1.

[10] Vgl. Allgemeines Landrecht, 2. Teil, 12. Titel, §§ 4, 9, 56.

[11] Vgl. „Publikandum, betreffend die veränderte Verfassung der obersten Staatsbehörden der Preußischen Monarchie, in Beziehung auf die innere Landes- und Finanzverwaltung" vom 16. Dezember 1808, Ziffer 10, in: Novum Corpus Constitutionum Prussico-Brandenburgensium praecipue Marchicarum, 12. Bd., 1806–1810, Berlin 1822, Sp. 533 f. Die Verordnung vom 24. November 1808 ist abgedruckt bei *Pertz,* Bd. 2, S. 689 ff.

die Juden hinsichtlich ihrer Gottesdienste unterstellt und ihr die Aufsicht über den Religionsunterricht zugewiesen.[12]

Es ist deshalb zumindest missverständlich, wenn gesagt wird, das Humboldt dazu beitrug, den staatlichen Bereich auszudehnen auf Gebiete, die ihm bisher sich hatten entziehen können, dass er „trotz mancher mit Nachdruck betonter Vorbehalte die Wirksamkeit des Staates ausdehen helfen musste über die ihm bisher gesteckten Grenzen hinaus"[13] und dass er „den Ausbau eines ganz neuen Flügels der Staatsverwaltung in Angriff nehmen sollte",[14] denn auch vorher hatte es eine staatliche Verwaltung auf dem Gebiet des Kultus und des öffentlichen Unterrichts gegeben, wenn diese auch schlecht organisiert und weitgehend kirchlichen und provinzialen Behörden überlassen war.[15] Erst Humboldt hat dann allerdings eine straffe, einheitliche Organisation der staatlichen Verwaltung auf diesem Gebiet durchgeführt, wobei er jedoch nur das ausführte, was durch die Verordnung vom 24. November und das Publikandum vom 16. Dezember 1808 vorgeschrieben war.

Außerdem muss man berücksichtigen, dass Humboldt keineswegs danach gestrebt hatte, Leiter der Sektion für Kultus und öffentlichen Unterricht zu werden. Er hat sich im Gegenteil lange gesträubt, dieses Amt zu übernehmen.[16] Als er sich schließlich doch gewissermaßen gegen seinen Willen genötigt sah, den ihm angetragenen Posten zu übernehmen,[17] hegte er dabei die Hoffnung, trotz aller in der damaligen Lage Preußens begründeten Schwierigkeiten etwas Eigenes leisten und Gutes wirken zu können.[18] „Man muss auch am Rande des Abgrundes das Gute nicht aufgeben. Ich arbeite mit ununterbrochenem Eifer fort, und wie schlimm auch die Sachen kommen könnten, sehe ich doch den Zeitpunkt nicht, wo uns nicht von irgendeiner Seite ein lebendiges und nützliches Wirken übrig bliebe", schrieb er am 28. Juli 1809 an Wolf.[19]

2. Humboldts Wirken im Sinne seiner „Ideen"

Nachdem Humboldt sich einmal entschlossen hatte, auf seine bisherige, weitgehend noch der Selbstbildung gewidmete Existenz zu verzichten und in dem besiegten und finanziell zerrütteten Preußen die Leitung der Kultus- und Unter-

---

[12] Vgl. Publikandum, Ziffer 12.
[13] So *Kaehler* (1963), S. 227; vgl. auch *Schnabel,* S. 410.
[14] *Kaehler* (1935), S. 521.
[15] Man vgl. hierzu die Darstellungen bei *Gebhardt* (1928), Bd. 1, S. 98 ff.; *Spranger* (1965), S. 69 ff.; *Müsebeck,* S. 1 ff.
[16] Über die Gründe seines Sträubens vgl. man insbesondere *Gebhardt* (1928), Bd. 1, S. 95 ff.; *Spranger* (1965) S. 80 ff.; *Lenz,* Bd. 1, S. 190 ff.; *Menze* (1975), S. 59 ff.
[17] Vgl. an Lichtenberg (7. April 1809), Gesammelte Schriften, Bd. 16, S. 101.
[18] Vgl. *an Caroline,* Bd. 3, S. 10 f., 59.
[19] An Wolf, S. 272.

2. Humboldts Wirken im Sinne seiner „Ideen"

richtsangelegenheiten zu übernehmen, wollte er versuchen, so viel wie möglich im Sinne seiner Ideen von den Grenzen der Wirksamkeit des Staates zu wirken. Seinen Ideen lag, wie wir bereits gezeigt haben, die Anschauung von der Wichtigkeit der inneren Bildung des Menschen zugrunde. In all den Jahren bis zum Beginn seiner staatsmännischen Tätigkeit hatten sich seine Anschauungen über die Gesetze, nach denen sich diese Bildung vollziehen muss, wesentlich erweitert und vertieft. Jetzt versuchte er, das so gewonnene Ideal der freien allseitigen und harmonischen Bildung des Menschen dem preußischen Kulturleben einzupflanzen. Diesem Ziel diente zum Beispiel sein Wirken für die Einführung der Erziehungs- und Unterrichtsmethode Pestalozzis in den Elementarschulen, ihm diente aber vor allem sein Plan, das gesamte Erziehungs- und Bildungswesen nach dem Grundsatz der allgemeinen Menschenbildung einzurichten.[20] So wirkte Humboldt tatkräftig für eine Erneuerung des geistigen Lebens in Preußen, denn es war seine Überzeugung, dass Preußen, dessen politische Macht vernichtet war, vor allem nach einer geistigen Erneuerung streben sollte. In diesem Sinne schrieb er am 4. August 1809 an den Staatsrat von Klewitz, dass Preußen, statt dass es ehemals eine große politische Macht besaß, jetzt eine moralische gewinnen soll".[21] Bei diesem Wirken für eine geistige Erneuerung tat er eigentlich nur das, was er bereits in seiner Schrift über die Grenzen der Wirksamkeit des Staates ausgesprochen hatte, nämlich dass man „so viel möglich jede Reform von den Ideen und den Köpfen der Menschen ausgehen" lassen soll.[22]

Aber noch in anderer Hinsicht versuchte Humboldt, im Sinne einer Verwirklichung seiner Ideen von den Grenzen der Wirksamkeit des Staates zu arbeiten. Sein innerstes Streben ging nämlich dahin, das gesamte Geistesleben allmählich vom Staate zu befreien. Dies ergibt sich aus verschiedenen seiner Äußerungen und Handlungen. So schreibt er am 9. Mai 1809 an seinen Mitarbeiter Uhden: „Man muss so viel Freiheit lassen, als möglich. In Schulsachen muss das Regieren mit der Zeit so viel als möglich ganz eingehen."[23] Und an Goethe schreibt er am 7. September 1812 im Hinblick auf die von ihm begründete Universität Berlin, „dass man nur etwas stiften darf, um es dann mit Sicherheit seiner eig-

---

[20] Man vgl. hierzu besonders seine „Unmaßgeblichen Gedanken über den Plan zur Einrichtung eines Littauischen Stadtschulwesens", Gesammelte Schriften, Bd. 13, S. 276 ff. bzw. Werke, Bd. 4, S. 187 ff. sowie seinen Plan „Über die mit dem Königsbergischen Schulwesen vorzunehmenden Reformen", Gesammelte Schriften, Bd. 13, S. 259 ff. bzw. Werke, Bd. 4, S. 168 ff.; ferner *an Caroline,* Bd. 4, S. 380 f.; man vgl. auch *Spitta* (1961), S. 161 ff.

[21] Gesammelte Schriften, Bd. 10, S. 157 bzw. Werke, Bd. 4, S. 128; man vgl. hierzu das Fragment von 1807 „Geschichte des Verfalls und Unterganges der griechischen Freistaaten", Gesammelte Schriften, Bd. 3, S. 171 ff., insbesondere S. 173 f. sowie *an Staël* (6. August 1808), S. 87 f.; ferner Gesammelte Schriften, Bd. 10, S. 31 f., 149, 277, 287 f., 302 bzw. Werke, Bd. 4, S. 113 f., 291.

[22] Vgl. Gesammelte Schriften, Bd. 1, S. 239 bzw. Werke, Bd. 1, S. 216.

[23] Gesammelte Schriften, Bd. 16, S. 110.

nen lebendigen Kraft zu überlassen."[24] Das Streben Humboldts, das Geistesleben mehr und mehr vom Staate zu befreien, äußert sich ferner in seinem Eintreten für akademische Freizügigkeit.[25] Es zeigt sich darin, dass er sich gegen eine Beförderung der Religiosität durch staatliche Maßnahmen ausspricht[26] und Beschränkungen im freien Wirken katholischer Geistlicher aufhebt.[27] Und es ergibt sich weiter daraus, dass er sich für eine Aufhebung der ihm unterstellten Zensur einsetzt.[28]

Besonders deutlich kommt dieses Streben Humboldts auch zum Ausdruck in seiner Absicht, das Erziehungs- und Bildungswesen wirtschaftlich vom Staate unabhängig zu machen. So schreibt er am 4. März 1809 an seine Gattin: „Ich habe einen großen Plan, die Schulen bloß von der Nation besolden zu lassen. Die ist doch zu kleinen Abgaben noch so arm nicht, und man bekommt so einen Fonds, den selbst ein Feind einmal respektiert. Allein alle bisherigen kleinen Ansichten werden sich dagegensetzen und ich werde viel Widerspruch finden."[29] Im gleichen Sinne schreibt er am 25. März 1809 an seinen Mitarbeiter Nicolovius: „Erziehung ist Sache der Nation, und bereiten wir (was aber nur mit großer Behutsamkeit geschehen muss) vor, dass wir der Kräfte des Staats mehr entraten können und die Nation mehr in unser Interesse ziehen, so können wir, was uns anvertraut ist, auch unter manchen Stürmen erhalten, und brauchen es, selbst im Falle des äußersten Unglücks, nur anderen Händen zu übergeben."[30] Und so versucht er zu erreichen, dass die neu begründete Universität in Berlin, die Akademien der Wissenschaften und der Künste vom Staate ausreichenden Grundbesitz zu Eigentum übertragen bekommen, um sie dadurch vom Staate wirtschaftlich unabhängig zu machen.[31] Gleichzeitig sprach er als Hauptgrundsatz seiner Verwaltung aus, es nach und nach dahin zu bringen, dass das gesamte Schul- und Erziehungswesen nicht mehr der Staatskasse zur Last falle, sondern sich durch eigenes Vermögen und durch die Beiträge der Nation erhal-

---

[24] *An Goethe,* S. 223 f.; vgl. auch Gesammelte Schriften, Bd. 10, S. 132, 200 bzw. Werke, Bd. 4, S. 211; Gesammelte Schriften, Bd. 13, S. 257; Bd. 16, S. 213.

[25] Vgl. Gesammelte Schriften, Bd. 10, S. 220, 237 f. bzw. Werke, Bd. 4, S. 234, 239 f.

[26] Vgl. Gesammelte Schriften, Bd. 10, S. 201 f. bzw. Werke, Bd. 4, S. 213.

[27] Vgl. Gesammelte Schriften, Bd. 13, S. 221 bzw. Werke, Bd. 4, S. 49.

[28] Vgl. Gesammelte Schriften, Bd. 10, S. 221 f. bzw. Werke, Bd. 4, S. 236; ferner Gesammelte Schriften, Bd. 10, S. 54 bzw. Werke, Bd. 4, S. 4 sowie Gesammelte Schriften, Bd. 16, S. 132, 140, 155, 156.

[29] *An Caroline,* Bd. 3, S. 106.

[30] *An Nicolovius,* S. 6; vgl. auch an Natorp (14.3.1809), Gesammelte Schriften, Bd. 16, S. 94.

[31] Vgl. die Anträge auf Errichtung der Universität Berlin vom 12. Mai bzw. 24. Juli 1809, Gesammelte Schriften, Bd. 10, S. 139 ff., 148 ff., insbesondere S. 143 f., 152 f. bzw. Werke, Bd. 4, S. 29 ff., 113 ff., insbesondere S. 33 f., 117 ff.; ferner Gesammelte Schriften, Bd. 10, S. 263 ff., 271 ff. bzw. Werke, Bd. 4, S. 267 ff., 275 ff.: Gesammelte Schriften, Bd. 10, S. 283 f., 285 sowie *Lenz,* S. 171 ff.; *Köpke,* S. 66 ff.

ten.[32] Einen ersten Schritt in dieser Richtung versuchte er bei der Organisation des Königsberger Schulwesens zu tun.[33] So sollte die wirtschaftliche Unabhängigkeit des Bildungswesens vom Staate die Grundlage seiner geistigen Selbständigkeit und Freiheit sein.[34]

Dieses Streben Humboldts, das Bildungswesen vom Staate wirtschaftlich unabhängig zu machen, bedeutet nicht, dass er dieses damit den Einflüssen des Wirtschaftslebens und seinen Interessen ausliefern wollte. Eine solche Möglichkeit bestand zu seiner Zeit noch gar nicht, da die landwirtschaftliche Produktion noch vorherrschte und der Übergang von der Manufaktur zur industriellen Produktion in Deutschland noch ganz am Anfang war. Eine solche Einflussnahme wäre auch nicht im Sinne Humboldts gewesen, dessen Ideal gerade darin bestand, das Bildungswesen wirtschaftlich unabhängig zu machen, damit es sich in völliger Freiheit selbst verwalten und frei entfalten kann.

Man hat eine „Ironie des Schicksals" darin gesehen, dass Humboldt, „der einst dem Staat das Recht auf Jugenderziehung bestritt, mehr als seine Vorgänger und Nachfolger dazu getan hat, die Staatsmacht in diesem Bereich zu verstärken".[35] Ich kann hierin keine „Ironie des Schicksals", sondern nur eine Tragik Humboldts erblicken. Er musste die staatliche Macht zunächst gebrauchen, um das Erziehungs- und Bildungswesen von den bisherigen Autoritäten zu befreien, denn es war bis dahin alles andere als frei.[36] Seine Tragik liegt darin, dass seine Zeit noch kein richtiges Verständnis hatte für seinen großen Plan, ein freies Schul- und Bildungswesen zu begründen, und dass sein bürokratischer Nachfolger Schuckmann genau den entgegengesetzten Weg einschlug und die von Humboldt aufgebaute Verwaltung dazu benutzte, den staatlichen Einfluss auf diesem Gebiet zu verstärken. Schuckmann war es auch, der Humboldts Plan, den höheren wissenschaftlichen Anstalten in Berlin staatlichen Grundbesitz zu übereignen, endgültig zu Fall brachte, indem er es für nicht ratsam erklärte, die Herrschaft über die Mägen aus der Hand zu geben.[37] Bruno Gebhardt urteilt über Humboldts Wirken in dieser Zeit: „Nie ist ein Unterrichtsminister mit einer idealeren und hoheitsvolleren Auffassung der Wissenschaft und

---

[32] Gesammelte Schriften, Bd. 10, S. 143, 152 bzw. Werke, Bd. 4, S. 33, 117.

[33] Vgl. hierzu seinen Königsberger Schulplan, Gesammelte Schriften, Bd. 13, S. 259 ff. bzw. Werke, Bd. 4, S. 168 ff.; ferner Gesammelte Schriften, Bd. 13, S. 218, 239, 248 f. bzw. Werke, Bd. 4, S. 45 f., 134, 164 sowie Gesammelte Schriften, Bd. 16, S. 164.

[34] Vgl. *Köpke*, S. 66, 70 sowie Gesammelte Schriften, Bd. 10, S. 268 bzw. Werke, Bd. 4, S. 271.

[35] So *Schaffstein*, S. 202; ebenso schon vorher *Kaehler* (1963), S. 228 sowie *Kaehler* (1922), S. 24 f.

[36] Auf diese Tatsache weist *Howald*, S. 152 mit den Worten hin: „Es ist die Tragödie jeder liberalen Staatsumwälzung, dass sie die Autorität, von der sie befreien will, zum Befreiungsakt brauchen muss."

[37] Vgl. *Köpke*, S. 225.

einer bescheideneren Auffassung der Staatswirksamkeit für diese an sein Amt getreten."[38]

Auch aus dem politischen Wirken Humboldts in den folgenden Jahren kann man erkennen, wie die Ideen von den Grenzen der Wirksamkeit des Staates weiterhin sein Denken bestimmen. Neben seinem Wirken für die Einrichtung ständischer Verfassungen waren es vor allem zwei große Ziele, die er verfolgte: Die Befreiung Deutschlands von der Beherrschung durch Napoleon und die Schaffung eines vereinten Deutschlands.[39] So schrieb er am 9. November 1813 an Kunth: „Ich wenigstens werde nicht ruhen, bis es durchgesetzt ist, nicht nur ein freies, sondern auch eng verbundenes Deutschland zu schaffen."[40] Dabei schwebte ihm nicht eine äußere politische Machtstellung Deutschlands als Ziel vor, wie es später Bismarck und dann Wilhelm II. sowie Hitler zum Unglück Deutschlands verfolgt haben. Der Zweck einer politischen Verbindung Deutschlands war ihm vielmehr nur, für die Sicherheit der Nation gegen äußere Feinde sowie für Frieden und Gerechtigkeit im Innern zu sorgen, damit sich das geistige Leben in Deutschland frei und ungestört entfalten kann. Letztes Ziel war ihm die freie Entfaltung deutscher Kultur.[41] In diesem Sinne schreibt er am 8. November 1813 an seine Frau: „Es gibt vielleicht kein Land, das so selbständig und frei zu sein verdient als Deutschland, weil keins seine Freiheit so rein und einzig zu innerer, jedem wohltätiger Anstrengung zu benutzen geneigt ist. Der Deutsche hat unter allen Nationen am wenigsten eine zerstörende und am meisten eine immer in sich zurückwirkende Kraft, und wenn der Besitz der Freiheit gerettet ist, wird Deutschland sicher sehr bald in jeder Art der Bildung und der Gesinnung hervorragen."[42] Und in der „Denkschrift über die deutsche Verfassung" vom Dezember 1813 sagt er: „Deutschland muss frei und stark sein, nicht bloß, damit es sich gegen diesen oder jenen Nachbarn oder überhaupt gegen jeden Feind verteidigen könne, sondern deswegen, weil nur eine auch nach außen hin starke Nation den Geist in sich bewahrt, aus dem auch alle Segnungen im Innern strömen; es muss frei und stark sein, um das, auch wenn es nie

---

[38] *Gebhardt* (1928), Bd. 1, S. 124; vgl. auch S. 117.; vgl. auch *Menze* (1975), S. 82 ff., insbesondere S. 133 ff.

[39] Man vgl. hierzu vor allem die Darstellungen bei *Haym*, S. 295 ff.; *Gebhardt*, Bd. 1, S. 412 ff., Bd. 2, S. 1 ff.; *Harnack*, S. 138 ff.; *Schaffstein*, S. 244 ff.

[40] *An Kunth*, S. 30.

[41] Auf diese Tatsache weist mit sehr treffenden Worten *Bellm*, S. 59 f. hin, ohne allerdings den Zusammenhang mit den Ideen von den Grenzen der Wirksamkeit des Staates zu sehen: „Freiheit und Stärke Deutschlands sind nicht Selbstzweck, sie werden nicht so sehr aus politischem, am wenigsten außenpolitischem, sondern hauptsächlich aus kulturellen Gründen erstrebt. Macht ist der äußere Wall, der Sicherheit und Unabhängigkeit verbürgt, aber vor allem ruhige kulturelle Entwicklung gewährleistet"; und S. 57: „Der zu schaffende Staatskörper hat innerpolitisch bewahrenden Charakter; er ist Garant für Ruhe und Sicherheit, die ihrerseits wieder Bürgschaft oder Voraussetzung kultureller und geistiger Entwicklung sind."

[42] *An Caroline*, Bd. 4, S. 165.

2. Humboldts Wirken im Sinne seiner „Ideen" 63

einer Prüfung ausgesetzt würde, notwendige Selbstgefühl zu nähren, seiner Nationalentwicklung ruhig und ungestört nachzugehen und die wohltätige Stelle, die es in der Mitte der europäischen Nationen für dieselben einnimmt, dauernd behaupten zu können."[43]

Die Tatsache, dass Humboldt nach wie vor im Sinne seiner staatstheoretischen Überzeugungen zu wirken versuchte, zeigt sich auch in der Art und Weise, wie er für das Bestehenbleiben der bisherigen deutschen Staaten und für die Gestaltung Deutschlands als Staatenbund eintritt. Das geistige Leben in den einzelnen deutschen Staaten sollte in seiner individuellen Vielfalt nicht durch die Begründung eines zentralistischen Einheitsstaates gefährdet werden. Dies spricht Humboldt in der bereits zitierten Denkschrift vom Dezember 1813 aus, indem er sagt: „Deutschland hat, mehr als jedes andere Reich, offenbar eine doppelte Stelle in Europa eingenommen. Nicht gleich wichtig als politische Macht, ist es von dem wohltätigsten Einfluss durch seine Sprache, Literatur, Sitten und Denkungsart geworden; und man muss jetzt diesen letzteren Vorzug nicht aufopfern, sondern, wenn auch mit Überwindung einiger Schwierigkeit mehr, mit dem Ersteren verbinden. Nun aber dankt man jenen ganz vorzüglich der Mannigfaltigkeit der Bildung, welche durch die große Zerstückelung entstand, und würde ihn, wenn sie ganz aufhörte, großenteils einbüßen. Der Deutsche ist sich nur bewusst, dass er ein Deutscher ist, indem er sich als Bewohner eines besonderen Landes in dem gemeinsamen Vaterlande fühlt, und seine Kraft und sein Streben werden gelähmt, wenn er, mit Aufopferung seiner Provinzialselbständigkeit, einen fremden, ihn durch nichts ansprechenden Ganzen beigeordnet wird. Auch auf den Patriotismus hat dies Einfluss, und sogar die Sicherheit der Staaten, für welche der Geist der Bürger die beste Gewährleistung ist, möchte am besten bei dem Grundsatz gewinnen, jedem seine alten Untertanen zu lassen. Die Nationen haben, wie die Individuen, ihre durch keine Politik abzuändernden Richtungen. Die Richtung Deutschlands ist, ein Staatenverein zu sein ..."[44] Das Gleiche spricht Humboldt in seiner Denkschrift vom 30. September „Über die Behandlung der Angelegenheiten des Deutschen Bundes durch Preußen" aus: „Man muss auf keine Weise den wahren und eigentlichen Zweck des Bundes vergessen, insofern er mit der europäischen Politik zusammenhängt. Dieser Zweck ist Sicherung der Ruhe; das ganze Dasein des Bundes ist mithin auf Erhaltung des Gleichgewichts durch innewohnende Schwerkraft berechnet; diesem würde nun durchaus entgegengearbeitet, wenn in die Reihe der europäischen Staaten, außer den größeren deutschen einzeln genommen, noch ein neuer kollektiver in einer, nicht durch gestörtes Gleichgewicht aufgeregten, sondern gleichsam willkürlichen Tätigkeit eingeführt würde, der bald für sich handelte, bald einer oder der anderen größeren Macht zur Hilfe oder zum

---

[43] Gesammelte Schriften, Bd. 11, S. 97.
[44] Gesammelte Schriften, Bd. 11, S. 101.

Vorwande diente. Niemand könnte dann hindern, dass nicht Deutschland als Deutschland auch ein erobernder Staat würde, was kein echter Deutscher wollen kann; da man bis jetzt wohl weiß, welche bedeutende Vorzüge in geistiger und wissenschaftlicher Bildung die deutsche Nation, solange sie keine politische Richtung nach außen hatte, erreicht hat, aber es noch unausgemacht ist, wie eine solche Richtung auch in dieser Rücksicht wirken würde."[45] Wenn Meinecke in diesen Äußerungen Humboldts „Reste einer unstaatlichen Ansicht vom Staate" erblickt,[46] so stützt er damit indirekt die hier vorgetragene Ansicht, dass diesen Äußerungen die in der Jugend entwickelten Ideen von den Grenzen der Wirksamkeit des Staates zugrunde liegen. Ob die in diesen Ideen entwickelte Ansicht vom Staate „unstaatlicher" ist als diejenige Meineckes, bleibe hier dahingestellt.

Noch in anderer Hinsicht zeigt sich, dass die von Humboldt in seinen staatstheoretischen Schriften entwickelten Gedanken ihn auch später bestimmten. In seinen „Ideen über Staatsverfassung" hatte er betont, dass Staatsverfassungen sich aus den in einer Nation wirksamen Kräften individuell entwickeln müssen. Ganz in diesem Sinne erstrebte er beim Deutschen Bund keine Vereinheitlichung der Verfassungen in den verschiedenen deutschen Ländern. Vielmehr ging es ihm darum, nur bestimmte Grundsätze in ganz Deutschland zu verwirklichen; ihre konkrete Ausgestaltung aber wollte er den einzelnen deutschen Staaten überlassen. Dies kommt zum Beispiel in seiner „Denkschrift über die deutsche Verfassung" vom Dezember 1813 bei Bestimmung der Rechte der Stände zum Ausdruck, wonach er abgesehen von allgemein durch ganz Deutschland geltenden Grundsätzen die Verschiedenheit eintreten lassen wollte, „welche die ehemalige Verfassung der einzelnen Länder mit sich bringt". Worauf es ihm ankam war, „in jedem Lande die Verfassung genau an die Eigentümlichkeit des Nationalcharakters anzuschließen".[47]

Nach dem Gesagten dürfte somit erwiesen sein, dass Humboldt auch während seiner politischen Tätigkeit von den in der Jugend entwickelten staatstheoretischen Ideen durchdrungen war und in ihrem Sinne zu wirken versuchte, so weit es die Umstände zuließen.

---

[45] Gesammelte Schriften, Bd. 12, S. 77.
[46] Vgl. *Meinecke* (1928), S. 205.
[47] Vgl. Gesammelte Schriften, Bd. 11, S. 109 bzw. Werke, Bd. 4, S. 317, sowie unten S. 227 f.

IV. Über das Wesen und die Bedeutung von Humboldts Staatsidee

1. Der Mensch als Ausgangspunkt der Staatsbetrachtung

Humboldts geistiges Streben war, wie uns die Entstehungsgeschichte seiner Ideen von den Grenzen der Wirksamkeit des Staates zeigte, schon früh auf eine Erkenntnis vom Wesen des Menschen gerichtet. Bald schon erkannte er, dass der Wert des Menschen nicht in erster Linie in seinem äußeren Wirken, sondern in der inneren Bildung seines Wesens liegt. Durch viele Jahre hindurch suchte er dann seine Anschauung vom Wesen des Menschen und dem Ideal menschlicher Bildung zu vertiefen.

So kommt es, das Humboldt der Anthropologie als der Wissenschaft vom Wesen des Menschen eine große Bedeutung für alle übrigen Wissenschaften beimisst. Dies geht aus einem Brief an seine Braut Caroline vom 11. Februar 1791 hervor, in dem er schreibt: „Es scheint so simpel, eben dies innere Sein des Menschen überall zum letzten Gesichtspunkt zu nehmen, und doch ist es beinah unbegreiflich, wie fast alle Betrachtungen aller Wissenschaften eine verschiedene Gestalt erhalten, wenn man diesen Gesichtspunkt streng ins Auge fasst. Vorzüglich kommt es wohl daher, weil man in *einem* Studium, und gerade im wichtigsten, noch ganz zurück ist. Dies ist eben dies Studium des Menschen in sich, wie er ist und wie er sein soll."[1] Und so versucht Humboldt erstmals, auf dem Gebiet der Staatsbetrachtung diesen Gesichtspunkt ins Auge zu fassen und bei ihr vom Wesen des Menschen und dem Sinn des menschlichen Daseins auszugehen.

a) Humboldts Begriff der Menschenbildung

Es ist Humboldts innerste Überzeugung, dass jeder Mensch ein ideales, ein geistiges Wesen in sich trägt. Dieses hat er im Auge, wenn er am 29. Juni 1790 schreibt: „Mir ist's, als hätte dem bildenden Geist, der uns schuf, immer bei jedem von uns eine Idee der Vollkommenheit – höhere und geringere – vorgeschwebt, und nach dieser Idee hätte er unser Wesen geformt. Wo nun die Idee groß, die Form schön war, da bleibt das Gepräge in jedem Ausdruck, jeder Handlung, jeder Äußerung des Menschen – sie sei gut oder böse – und der tiefe

---

[1] *An Caroline,* Bd. 1, S. 394.

Späher findet sie überall wieder und freut sich der Hand Gottes im Menschen. Wir selbst fühlen diese unsere ursprüngliche Form manchmal, aber nur in den Augenblicken, wo wir ganz in uns hineingehen. Zu diesen Augenblicken führt kein Nachdenken, oder nicht leicht. Eine Art von Begeisterung zieht den Vorhang uns auf ..."[2]

Trägt nun jeder Mensch eine solche ursprüngliche Form, ein solches geistiges Wesen in sich, so kann der Sinn des menschlichen Daseins nur darin bestehen, in fortwährender harmonischer Entwicklung aller Kräfte – der intellektuellen, ästhetischen und moralischen – dieses sein geistiges Wesen zu immer stärkerer Offenbarung zu bringen. Es spricht auch Humboldts Überzeugung aus, wenn Schiller in seinem vierten Brief über die ästhetische Erziehung des Menschen sagt: „Jeder individuelle Mensch ... trägt, der Anlage und Bestimmung nach, einen reinen, idealischen Menschen in sich, mit dessen unveränderlicher Einheit in allen seinen Abwechslungen übereinzustimmen die große Aufgabe seines Daseins ist."[3] Dasselbe Prinzip spricht Humboldt am Anfang seiner Schrift über die Grenzen der Wirksamkeit des Staates aus: „Der wahre Zweck des Menschen, nicht der, welchen die wechselnde Neigung, sondern welchen die ewig unveränderliche Vernunft ihm vorschreibt – ist die höchste und proportionierlichste Bildung seiner Kräfte zu einem Ganzen."[4] Dieses Ganze, diese Einheit ist aber der höhere, der *idealische Mensch*. So ist Humboldt der Überzeugung, dass der Mensch sich seiner ursprünglichen Form, seinem inneren Urbild immer mehr annähern kann, dass er einer *idealischen Entwicklung* fähig ist.

Damit ist jedoch keineswegs gesagt, dass nun auch tatsächlich jeder Mensch sich in dieser Weise entwickelt. Humboldt huldigt keineswegs einem Glauben an eine sich von selbst vollziehende Fortentwicklung der Menschheit. Er ist vielmehr überzeugt, dass die heutige Menschheit sich nur durch individuelles Bemühen jedes einzelnen Menschen fortentwickeln kann. Die Weiterentwicklung der Menschheit ist in die Aufgabe jedes einzelnen Menschen gestellt. So schreibt er in der Schrift über die Grenzen der Wirksamkeit des Staates: „Endlich steht, dünkt mich, das Menschengeschlecht jetzt auf einer Stufe der Kultur, von welcher es sich nur durch Ausbildung der Individuen höher emporschwingen kann."[5]

Es wäre nun falsch anzunehmen, dass Ausbildung beziehungsweise Bildung für Humboldt lediglich ein intellektuelles und ästhetisches Aufnehmen von Bildungsinhalten bedeutet. Da er eine harmonische Bildung *aller* menschlichen Kräfte einschließlich der moralischen anstrebt, kommt es ihm wesentlich auch auf Tätigkeit an, denn nur im Handeln können die moralischen Kräfte sich ent-

---

[2] *An Caroline,* Bd. 1, S. 188.
[3] Schillers sämtliche Werke, Bd. 12, S. 11.
[4] Gesammelte Schriften, Bd. 1, S. 106 bzw. Werke, Bd. 1, S. 64.
[5] Gesammelte Schriften, Bd. 1, S. 142 f. bzw. Werke, Bd. 1, S. 105.

1. Der Mensch als Ausgangspunkt der Staatsbetrachtung 67

wickeln. Bildung ist deshalb für Humboldt sowohl ein rezeptiver als auch ein produktiver Vorgang. Sie besteht für ihn einerseits in einem intensiven Aufnehmen der mannigfaltigen Erscheinungen der Welt, andererseits im Tätigsein, und zwar sowohl im inneren Verarbeiten der sinnlichen Eindrücke als auch im äußeren Handeln. In diesem Sinne schreibt Humboldt in seiner Schrift über die Grenzen der Wirksamkeit des Staates: „Was der Mensch beabsichtet und beabsichten muss ... ist Mannigfaltigkeit und Tätigkeit. Nur dies gibt vielseitige und kraftvolle Charaktere ..."[6] „... nicht jede Bereicherung durch Kenntnisse ist unmittelbar auch eine Veredlung selbst nur der intellektuellen Kraft ... Überhaupt wird der Verstand des Menschen doch, wie jede andere seiner Kräfte, nur durch eigne Tätigkeit, eigne Erfindsamkeit oder eigne Benutzung fremder Erfindungen gebildet."[7]

Es ist Humboldt durchaus bewusst, dass das einzelne Individuum sich nicht isoliert entwickeln kann, dass es dazu vielmehr die Gemeinschaft mit anderen Individuen braucht. Aber diese Gemeinschaft darf nicht auf Zwang beruhen, sie muss aus dem inneren Wesen der Menschen hervorgehen. Da jeder Mensch immer nur bestimmte Seiten dessen auszubilden vermag, was als das Ideal des Vollmenschlichen, des Menschheitlichen angesehen werden kann, muss der einzelne Mensch durch die Verbindung mit anderen seine eigenen Einseitigkeiten und Unvollkommenheiten ausgleichen und überwinden. So sagt Humboldt in seiner Schrift über die Grenzen der Wirksamkeit des Staates: „... auch durch alle Perioden des Lebens erreicht jeder Mensch dennoch nur *eine* der Vollkommenheiten, welche gleichsam den Charakter des ganzen Menschengeschlechts bilden. Durch Verbindungen also, die aus dem Innern der Wesen entspringen, muss einer den Reichtum des andern sich eigen machen."[8] Und an Forster schreibt er am 1. Juni 1792: „... so schien mir die vorteilhafteste Lage für den Bürger im Staat die, in welcher er zwar durch so viele Bande als möglich mit seinen Mitbürgern verschlungen, aber durch so wenige als möglich von der Regierung gefesselt wäre. Denn der isolierte Mensch vermag sich ebenso wenig zu bilden, als der in seiner Freiheit gewaltsam gehemmte."[9]

Die gleiche Auffassung, dass der Mensch zu seiner Entwicklung auf die Verbindung mit anderen Menschen angewiesen ist, kommt auch in Humboldts Universitätsidee zum Ausdruck. So sagt er in seiner Denkschrift „Über die innere und äußere Organisation der höheren wissenschaftlichen Anstalten in Berlin": „Da ... das geistige Wirken in der Menschheit nur als Zusammenwirken gedeiht, und zwar nicht bloß, damit einer ersetze, was dem anderen mangelt, son-

---

[6] Gesammelte Schriften, Bd. 1, S. 113 bzw. Werke, Bd. 1, S. 72.
[7] Gesammelte Schriften, Bd. 1, S. 114 bzw. Werke, Bd. 1, S. 73.
[8] Gesammelte Schriften, Bd. 1, S. 107; vgl. auch S. 122 f., 85 bzw. Werke, Bd. 1, S. 64 f., 82 f., 41 f.
[9] *An Forster*, S. 90; vgl. auch Gesammelte Schriften, Bd. 1, S. 196, 200 bzw. Werke, Bd. 1, S. 166 f., 171 sowie Gesammelte Schriften, Bd. 14, S. 154 f.

dern damit die gelingende Tätigkeit des einen den anderen begeistere und allen die allgemeine, ursprüngliche, in den Einzelnen nur einzeln oder abgeleitet hervorstrahlende Kraft sichtbar werde, so muss die innere Organisation dieser Anstalten ein ununterbrochenes, sich immer selbst wieder belebendes, aber ungezwungenes und absichtsloses Zusammenwirken hervorbringen und unterhalten.[10] Wenn Helmut Schelsky demgegenüber in seinem Buch „Einsamkeit und Freiheit" sagt, dass niemand so klar wie Wilhelm von Humboldt die soziale Grundformel der ‚Einsamkeit und Freiheit' als das Leitbild und die Grundlage der Universität bezeichnet habe[11], so ist dies zumindest missverständlich. Schelsky stützt sich dabei auf Zitate, die aus dem Zusammenhang gerissen sind. Humboldt sagt zwar in dem zitierten Zusammenhang, dass die höheren wissenschaftlichen Anstalten ihren Zweck nur erreichen können, „wenn jede, so viel als immer möglich, der reinen Idee der Wissenschaft gegenübersteht" und dass somit „Einsamkeit und Freiheit die in ihrem Kreise vorwaltenden Prinzipien" sind. Doch sieht Humboldt diese Prinzipien nur als notwendig an für die Einsicht in die reine Wissenschaft, wie auch aus seinem Litauischen Schulplan hervorgeht: „Der Universität ist vorbehalten, was nur der Mensch durch und in sich selbst finden kann, die Einsicht in die reine Wissenschaft. Zu diesem SelbstActus im eigentlichsten Verstand ist notwendig Freiheit, und hilfreich Einsamkeit ..." Dann aber betont Humboldt anschließend die Bedeutung des Zusammenwirkens mit anderen beim Universitätsstudium: „Das Kollegienhören ist nur Nebensache, das Wesentliche, dass man in enger Gemeinschaft mit Gleichgesinnten und Gleichaltrigen und dem Bewusstsein, dass es am gleichen Ort eine Zahl schon vollendet Gebildeter gebe, die sich nur der Erhöhung und Verbreitung der Wissenschaft widmen, eine Reihe von Jahren sich und der Wissenschaft lebe."[12]

b) Menschenbildung durch Freiheit

Aus dem Gesagten geht bereits hervor, dass die Ausbildung der Individuen und damit die Weiterentwicklung der Menschheit nur in der rechten Weise möglich sein wird, wenn sie sich in Freiheit vollziehen kann. Demgegenüber wurde nun gesagt, dass Humboldt an das Gute im Menschen glaubte, dass er die Macht des Bösen in der Welt und die Notwendigkeit autoritativen Zwanges unterschätzte.[13] Richtig ist, dass Humboldt davon überzeugt war, dass der Mensch in seinem innersten Wesen zum Guten veranlagt ist. Er vertraute auf das Gute im Menschen. So schreibt er in seiner Schrift über die Grenzen der Wirksam-

---

[10] Vgl. Gesammelte Schriften, Bd. 10, S. 251 bzw. Werke, Bd. 4, S. 255 f.
[11] Vgl. *Schelsky,* S. 55 f.
[12] Vgl. Gesammelte Schriften, Bd. 13, S. 279 f. bzw. Werke, Bd. 4, S. 191.
[13] So *Schaumkell,* S. 331.

1. Der Mensch als Ausgangspunkt der Staatsbetrachtung

keit des Staates: „Der Mensch ist an sich mehr zu wohltätigen als eigennützigen Handlungen geneigt."[14] Er unterschätzte aber deswegen nicht die Macht des Bösen in der Welt. Er sah dessen Wirksamkeit, die sich darin äußert, dass einzelne Menschen die Rechte ihrer Mitmenschen bewusst verletzen, und er sah damit auch die Notwendigkeit autoritativen Zwanges. Aber er sah auch, was derartige Kritiker Humboldts übersehen, dass die Entwicklung und Entfaltung des Guten im Menschen gerade dadurch gestört, ja verhindert werden kann, dass durch autoritativen Zwang in die freie Bildung der Individuen eingegriffen wird. Man sollte sich deshalb besser die Frage vorlegen, ob nicht der autoritative Zwang in diesem Falle selbst zu einem Instrument des Bösen in der Welt wird, als sich einem unkritischen Glauben an das durchgängig Gute des autoritativen Zwangs hinzugeben. Für Humboldt hatte sich aus dem Studium des Menschen ergeben, dass diesem die höchstmögliche Freiheit von dem autoritativen Zwang des Staates gegeben werden muss, weil die Kräfte des Guten in ihm sich nur in Freiheit in der rechten Weise entwickeln und entfalten können.

Aus diesem Grund tritt Humboldt 1791 in den „Ideen über Staatsverfassung" für eine Verwirklichung der Freiheit im staatlichen Bereich ein, indem er sich gegen eine Einschränkung der Freiheit dadurch wendet, dass dem Volke eine durch den Verstand ausgedachte Verfassung aufgepfropft wird. Die Verfassung soll sich aus den inneren Impulsen der Nation ergeben und die Vernunft nur ordnend eingreifen.[15] In gleichem Sinne äußert sich Humboldt noch am 26. Oktober 1798 in einem Brief an Jakobi im Hinblick auf die französische Verfassung, indem er von dem Missklang spricht, „der zwischen der Verfassung, wie manche sie sich denken oder träumen, und dem Geiste und dem Charakter der Nation, wie er noch wirklich ist, nur zu sehr bemerkt wird."[16]

Aus dem gleichen Grund, aus dem Humboldt für eine Verwirklichung der Freiheit im staatlichen Bereich eintritt, fordert er auch Freiheit für das geistig-moralische und wirtschaftliche Leben. Der Mensch kann sich nur dann in rechter Weise entwickeln, wenn er sein geistig-moralisches Weisen frei entfalten und sich im Wirtschaftsleben frei betätigen kann. Dies deutet Humboldt in den „Ideen über Staatsverfassung" bereits an, wenn er „das Prinzip, dass die Regierung für das Glück und das Wohl, das physische und moralische, der Nation sorgen muss" als den ärgsten und drückendsten Despotismus bezeichnet.[17] In der Schrift über die Grenzen der Wirksamkeit des Staates führt er dies dann weiter aus und zeigt im Einzelnen, welche nachteiligen Folgen es für die individuelle Entwicklung des Menschen hat, wenn der Staat für das physische und moralische Wohl seiner Bürger sorgt.[18]

---

[14] Gesammelte Schriften, Bd. 1, S. 176 bzw. Werke, Bd. 1, S. 143.
[15] Gesammelte Schriften, Bd. 1, S. 78, 79 bzw. Werke, Bd. 1, S. 34, 35 f.
[16] *An Jakobi*, S. 60 f.
[17] Gesammelte Schriften, Bd. 1, S. 83 bzw. Werke, Bd. 1, S. 39 f.

c) Humboldts anthropologische Methode der Staatsbetrachtung

Man hat geglaubt, in dem Übergang von den „Ideen über Staatsverfassung" zu der Schrift über die Grenzen der Wirksamkeit des Staates einen Rückschritt von einer historischen zu einer naturrechtlichen Betrachtungsweise des Staates erblicken zu können.[19] Wer so urteilt, verkennt jedoch den eigentümlichen Charakter der Staatsbetrachtung Humboldts. Diese kann weder als naturrechtliche noch als historische bezeichnet werden. Die naturrechtliche Betrachtungsweise im Sinne der Aufklärung versucht – ausgehend von gewissen abstrakten Grundsätzen – ein bestimmtes, als allgemein gültig angesehenes Staatsideal zu entwickeln. Wer auf ihrem Boden steht, wird letzten Endes anstreben, allen Völkern ohne wesentliche Rücksicht auf ihre individuelle, historisch gewordene Lage die gleiche Verfassung zu geben. Er unterliegt der Gefahr, um der Verwirklichung einer „Idealverfassung" willen die Wirklichkeit zu vergewaltigen. Die historische Staatsbetrachtung hingegen geht von der geschichtlichen Entwicklung der einzelnen Völker aus. Wer ihren Standpunkt einnimmt, wird bestrebt sein, aus der Betrachtung der geschichtlichen Entwicklung herauszufinden, welche besondere Verfassung jedem einzelnen Volke angemessen ist. Bei ihm besteht die Gefahr, dass er um der historisch gewordenen Formen willen eine Weiterentwicklung des Bestehenden verhindert.

Humboldts Methode der Staatsbetrachtung nun lässt sich mit keiner dieser beiden Betrachtungsweisen gleichsetzen. Sie ist vielmehr als eine eigenständige anzusehen. In den „Ideen über Staatsverfassung" geht Humboldt davon aus, dass die konstituierende Nationalversammlung es unternommen hat, in Frankreich „ein völlig neues Staatsgebäude, nach bloßen Grundsätzen der Vernunft, aufzuführen." Er setzt dabei voraus, dass die Mitglieder der Nationalversammlung „den wirklichen Zustand Frankreichs und seiner Bewohner auf das Anschaulichste vor Augen gehabt" und versucht haben, die nach den reinen Grundsätzen der Vernunft gebildete Verfassung der individuellen Lage Frankreichs anzupassen. Zweck seiner kleinen Schrift ist es darzulegen, dass ein solcher, auf einer naturrechtlichen Denkungsart beruhender Versuch, auch bei der genannten Voraussetzung, notwendig scheitern muss. Worauf es Humboldt ankommt ist, dass bei einer neuen Staatsverfassung die „individuellen Kräfte" eines Volkes nicht nur berücksichtigt werden, sondern dass diese mitgestaltend tätig werden können. Die Verfassung soll nicht nach bloßen Grundsätzen der Vernunft gestaltet werden, sondern gewissermaßen aus den Wesenskräften eines Volkes hervorgehen und die Vernunft dabei nur helfend eingreifen. Indem Hum-

---

[18] Vgl. unten, S. 77 ff., 94 ff.
[19] So *Spranger* (1928), S. 51: „Die ganze Schrift bedeutet in ihrer naturrechtlichen Art einen Rückschritt gegen jenen früheren, von historischem Sinn getragenen Brief an Gentz"; vgl. auch S. 248 ff.; ähnlich *Kaehler* (1922), S. 21; vgl. auch *Meinecke* (1928), S. 43 f.; *Gebhardt* (1928), Bd. 1, S. 9 f. sowie *Dove*, S. 47.

1. Der Mensch als Ausgangspunkt der Staatsbetrachtung

boldt die naturrechtliche Methode des Ableitens einer Staatsverfassung aus allgemeinen Prinzipien der Vernunft ablehnt, stellt er sich dennoch nicht auf den Boden der historischen Methode. Ihm kommt es nicht darauf an, aus der Betrachtung der geschichtlichen Formen und Einrichtungen eines Volkes Anregungen dafür zu bekommen, *welche* Verfassung diesem Volk gegeben werden soll. Humboldt geht vielmehr von der Betrachtung des Menschen, von den „individuellen Kräften" aus. Diese sind zwar auch von der geschichtlichen Entwicklung geprägt und abhängig. Aber sie sind es nicht nur. Vielmehr tauchen in einzelnen Menschen und Menschengruppen im geschichtlichen Strom immer wieder neue Gedanken und Impulse auf, die aus dem historisch Vorangegangenen nicht kausal erklärt werden können. Humboldt hält es deshalb für erforderlich, dass eine Verfassung weder einseitig nach den Prinzipien der Vernunft noch einseitig aus einer Betrachtung der geschichtlichen Entwicklung heraus gestaltet wird, sondern dass sie aus den inneren Impulsen der individuellen Menschen in einer Nation sich bildet und die Vernunft nur lenkend eingreift. So sagt er in den „Ideen über Staatsverfassung": „Was im Menschen gedeihen soll, muss aus seinem Innern entspringen, nicht ihm von außen gegeben werden ... Staatsverfassungen lassen sich nicht auf Menschen wie Schösslinge auf Bäume pfropfen. Wo Zeit und Natur nicht vorgearbeitet haben, da ist's als bindet man Blüten mit Fäden an. Die erste Mittagssonne versengt sie."[20] Und noch am 4. April 1823 schreibt Humboldt an den Freiherrn vom Stein: „... *individuell* muss jede (ständische Verfassung) sein, die im Leben soll lebendig ausdauern können. *Historisch* hat schon einen weniger gewiss zu erfassenden Sinn. Man kann darunter wahre Herstellung des Ehemaligen oder Anknüpfung des Neuen an das Bisherige verstehen."[21] In diesem Sinne hat sich Humboldt während seines politischen Wirkens immer gegen eine bloße Wiederherstellung des Ehemaligen, zum Beispiel des deutschen Kaiserreichs, gewandt und versucht, Neues an das Bisherige unter Berücksichtigung der jeweils wirksamen individuellen Impulse anzuknüpfen.

So wenig also die „Ideen über Staatsverfassung" auf einer historischen Betrachtungsweise beruhen, so wenig kann man sagen, dass die Schrift über die Grenzen der Wirksamkeit des Staates aus einer naturrechtlichen Betrachtungsweise hervorgegangen ist. Es wurde bereits gezeigt, wie sich Humboldt vor der Entstehung seiner staatstheoretischen Schriften über die naturrechtliche Betrachtungsweise der Aufklärungsphilosophie hinausentwickelt hat. In seiner Schrift über die Grenzen der Wirksamkeit des Staates geht er dementsprechend nicht von abstrakten naturrechtlichen Grundsätzen aus, sondern vom inneren Wesen und „Zweck" des Menschen. Von diesem Ausgangspunkt aus versucht er dann zu erkennen, welche Lage im Staate für den Bürger im Hinblick auf die Ent-

---

[20] Gesammelte Schriften, Bd. 1, S. 79 f. bzw. Werke, Bd. 1, S. 36.
[21] Gesammelte Schriften, Bd. 17, S. 361 f.; vgl. auch Gesammelte Schriften, Bd. 10, S. 100 bzw. Werke, Bd. 4, S. 98.

wicklung seines inneren Wesens die günstigste ist. Das so gewonnene Staatsideal könnte nun als ein naturrechtliches angesehen werden. Dies ist es jedoch in Wahrheit nicht. Die allgemeinen theoretischen Grundsätze, die Humboldt in seiner Schrift entwickelt, sind nicht aus Sätzen der Vernunft abgeleitet, sondern aus dem Versuch einer empirischen Erkenntnis des Menschenwesens und seiner Entwicklungsbedingungen gewonnen. Sie beruhen damit auf einer ganz anderen Grundlage als die naturrechtlichen Staatstheorien seiner Zeit.

Da Humboldt in beiden Schriften vom Menschen ausgeht, geht ein einheitlicher Zug durch dieselben. Es besteht allerdings in anderer Hinsicht ein gewisser Unterschied zwischen ihnen. In den „Ideen zur Staatsverfassung" betont Humboldt aus dem besonderen Anlass der Schrift stärker, dass eine Verfassung aus den individuellen Kräften eines Volkes hervorgehen muss. Er erwähnt zwar, dass die Vernunft lenken eingreifen solle, entwickelt jedoch nicht im Einzelnen, nach welchen Grundsätzen sie dabei vorgehen soll. Nur andeutungsweise kommen diese Grundsätze zur Sprache, wenn er, wie wir bereits erwähnt haben, das Prinzip, „dass die Regierung für das Glück und das Wohl, das physische und moralische, der Nation sorgen muss", als den „ärgsten und drückendsten Despotismus" bezeichnet. In der Schrift über die Grenzen der Wirksamkeit des Staates werden dann diese Grundsätze im Einzelnen entwickelt, während das Prinzip, dass eine Verfassung aus den individuellen Kräften eines Volkes hervorgehen muss, erst im Schlusskapitel „Anwendung der vorgetragenen Theorie auf die Wirklichkeit" berücksichtigt wird. Ich kann in diesem Unterschied jedoch keinen Rückschritt, sondern nur einen Fortschritt sehen.

d) Der Staat kein Selbstzweck, sondern Mittel zur Menschenbildung

Die Tatsache, dass Humboldt bei seiner Staatsbetrachtung vom Menschen ausgeht, hat zu dem Missverständnis geführt, dass der eigentliche Gegenstand von Humboldts Schrift über die Grenzen der Wirksamkeit des Staates nicht der Staat und auch nicht seine Begrenzung, sondern der Mensch und sein Bildungsziel sei. So wurde von Kaehler gesagt, sie handle in der Hauptsache nicht von dem Bedürfnis und von den Lebensgesetzen des Staates, sondern von dem Bedürfnis und von den Lebenswünschen des Individuums. Ein Zweck des Staates an und für sich werde nicht anerkannt, und darum werde der Staat auch nicht aus seinen eigenen Zwecken und Gesetzen heraus beurteilt. Auf diesem Wege werde der Staat zur Funktion im Leben des selbsttätigen Einzelnen, während in der Wirklichkeit der geschichtliche Mensch stets nur nach und in dem Staate sich vorfinde. Humboldts Abhandlung sei eine Utopie, weil ihr eigentlicher Gegenstand nicht der Staat und auch nicht seine Begrenzung, sondern der Mensch, „der interessante Mensch" und sein Bildungsziel sei. Da nicht die Polis, nicht die Gemeinschaft Gegenstand von Humboldts Schrift sei, sondern der Einzelne und sein Wohl, könne man sie nicht als eine politische Schrift gelten lassen.[22]

1. Der Mensch als Ausgangspunkt der Staatsbetrachtung

Diesem Missverständnis gegenüber ist klarzustellen, dass Humboldt bei seiner Staatsbetrachtung zwar vom Menschen und dem Sinn seines Daseins ausgeht, dass er aber nicht bei der Betrachtung des Menschen stehenbleibt. Von dieser Betrachtung ausgehend untersucht er vielmehr, welche Grenzen dem Staate bei seiner Wirksamkeit gezogen werden müssen und welche Aufgaben er unbedingt zu erfüllen hat. Wenn man den Aufbau und den Inhalt der Schrift über die Grenzen der Wirksamkeit des Staates unbefangen betrachtet, wird man zugeben müssen, dass sie in der Hauptsache vom Staate und weniger vom Menschen handelt. Allerdings wird die von Humboldt in dieser Schrift entwickelte Auffassung vom Staate bestimmt von seiner Auffassung vom Menschen.

Wenn gesagt wird, dass Humboldt einen Zweck des Staates an und für sich nicht anerkenne, so ist dies unzutreffend. Humboldt zeigt in seiner Schrift im Einzelnen, welche Aufgaben der Staat zu erfüllen hat. Er fasst diese zusammen, indem er den Grundsatz aufstellt, „dass die Erhaltung der Sicherheit sowohl gegen auswärtige Feinde, als innerliche Zwistigkeiten den Zweck des Staats ausmachen und seine Wirksamkeit beschäftigen muss".[23] Allerdings ist dieser Zweck des Staates nicht Selbstzweck, er ergibt sich vielmehr aus dem „Zweck" des Menschen, das heißt aus dem Sinn seines Daseins. So schreibt Humboldt in seiner Schrift über die Grenzen der Wirksamkeit des Staates: „Denn die Staatsvereinigung ist bloß ein untergeordnetes Mittel, welchem der wahre Zweck, der Mensch, nicht aufgeopfert werden darf ..."[24] Die gleiche Einstellung kommt auch in der ursprünglichen Fassung seines „Gutachtens über die Organisation der Ober-Examinations-Kommission" vom 8. Juli 1809 zum Ausdruck, wo er von der Gesetzgebung sagt, dass sie sich von den Vorschriften desjenigen Teils der allgemeinen praktischen Philosophie, welcher ihr selbst zugrunde liegt, nicht entfernen kann, „ohne auf eine durchaus widersinnige Art den Staat, der nur Mittel zur Ausbildung der Menschheit ist, zum Selbstzweck zu machen".[25]

Dieser Auffassung des Staates gegenüber kann nicht als begründeter Einwand gelten, dass „in der Wirklichkeit der geschichtliche Mensch stets nur nach und in dem Staate sich vorfindet".[26] Es ist zwar richtig, dass der Staat unabhängig

---

[22] Vgl. *Kaehler* (1922), S. 22 f. sowie *Kaehler* (1963), S. 138 f.; vgl. auch S. 28, 31.

[23] Gesammelte Schriften, Bd. 1, S. 134 bzw. Werke, Bd. 1, S. 96.

[24] Gesammelte Schriften, Bd. 1, S. 180 bzw. Werke, Bd. 1, S. 148; vgl. dazu auch Humboldts Aufsatz „Über Religion", Gesammelte Schriften, Bd. 1, S. 69 bzw. Werke, Bd. 1, S. 24.

[25] Gesammelte Schriften, Bd. 10, S. 87 Anm. – In der endgültigen Fassung seines Gutachtens hat Humboldt diese Stelle allerdings abgeschwächt, indem er vom „Zweck der Menschheit" spricht, „welcher den Zweck des Staats zwar nicht geradezu bestimmt, aber doch modifiziert ..."; vgl. Gesammelte Schriften, Bd. 10, S. 86 f. bzw. Werke, Bd. 4, S. 83; m.E. ist in der ursprünglichen Fassung Humboldts eigentliche Überzeugung zu erblicken. Die Abschwächung erfolgte wahrscheinlich mit Rücksicht auf die herrschenden Anschauungen seiner Zeit.

[26] So *Kaehler,* vgl. oben, S. 72.

von den ihn jeweils bildenden Menschen existiert, was sich darin zeigt, dass er weiterbesteht, auch wenn alle Menschen, die ihn zu einem bestimmten Zeitpunkt bildeten, zu einem späteren Zeitpunkt nicht mehr leben und an ihre Stelle ihre Nachkommen getreten sind. Daraus kann jedoch nicht abgeleitet werden, dass der Staat Selbstzweck ist, das heißt, dass er eigene Zwecke hat, die unabhängig sind von dem „Zweck" der ihn bildenden Menschen. Der Staat ist eine Verbindung von Menschen. Einen Staat ohne Menschen, die ihn bilden, gibt es nicht. Was eine Verbindung von Menschen zum Staate macht, ist die besondere Form ihrer rechtlichen Beziehungen, die Verfassung. Diese beruht grundsätzlich auf dem Willen des Volkes, das diesen Staat bildet. Es hat die Möglichkeit, die Verfassung nach seinem Willen zu verändern. Auch der einzelne Mensch, der in eine bereits bestehende Verfassung hineingeboren wird, kann, sobald er mündig geworden ist, bei der Weiterbildung der Verfassung mitwirken. Der Staat ist somit eine von Menschen geschaffene Form menschlichen Zusammenlebens. Er ist notwendig, um dieses Zusammenleben zu ermöglichen. Sieht man von den Menschen, die ihn bilden, ab, so ist er eine leere Form. Erst durch die Menschen, die ihn bilden, bekommt er Inhalt und Sinn. Der Staat ist also nicht Selbstzweck, sondern sein Zweck wird bestimmt vom Sinn und Zweck des Daseins der Menschen, die ihn bilden.

Es gibt allerdings Staaten, in denen die mündigen Glieder eines Volkes keine Möglichkeit haben, ihren Willen bei der Gestaltung der Verfassung zur Geltung zu bringen. In solchen Staaten sind es einige wenige, die ihren Willen durch die ihnen zur Verfügung stehende Macht der Gesamtheit des Volkes aufzwingen. Auch in solchen Fällen kann nicht von Eigenzwecken des Staates gesprochen werden. Vielmehr handelt es sich um willkürlich gesetzte Zwecke einzelner Menschen, die sich des Staates als Mittel zur Durchsetzung ihrer Zwecke bedienen.

Dass Humboldt den Staat in dem hier geschilderten Sinne auffasst, geht aus seinen „Ideen über Staatsverfassung" hervor, indem er fragt: „… was ist ein Staat, als eine Summe menschlicher, wirkender und leidender Kräfte?"[27] Die gleiche Auffassung lässt sich in der Schrift über die Grenzen der Wirksamkeit des Staates erkennen, wo er, das Altertum mit der neueren Zeit vergleichend, sagt: „Der Mensch und zwar seine Kraft und seine Bildung war es, welche jede Tätigkeit rege machte; bei uns ist es nur zu oft ein ideelles Ganze, bei dem man die Individuen beinah zu vergessen scheint, oder wenigstens nicht ihr inneres Wesen, sondern ihre Ruhe, ihr Wohlstand, ihre Glückseligkeit."[28] Da der Staat nichts ist als eine nur ideell zu erfassende Form menschlichen Zusammenlebens, sollte man besser vom staatlichen Leben oder vom Staatsleben der Menschen als von dem Abstraktum „Staat" sprechen.[29]

---

[27] Gesammelte Schriften, Bd. 1, S. 80 bzw. Werke, Bd. 1, S. 36.
[28] Gesammelte Schriften, Bd. 1, S. 104 bzw. Werke, Bd. 1, S. 62.

2. Die Grenzen der Wirksamkeit des Staates und die Nationalanstalten

Dass die „Ideen zu einem Versuch, die Grenzen der Wirksamkeit des Staates zu bestimmen" als Staatsschrift aufzufassen sind, auch wenn Humboldt bei seiner Staatsbetrachtung vom Menschen ausgeht, geht auch daraus hervor, dass er sich von seiner Schrift eine politische Wirkung erhoffte. So hoffte er, durch sie auf die Regierungsgrundsätze Dalbergs, des künftigen Regenten des Erzbistums Mainz, einzuwirken. Dieser war es gewesen, der die Veranlassung zur Abfassung der Schrift gegeben hatte, und ihn hatte Humboldt im Auge, wenn er am 1. Juni 1792 an Forster schreibt: „Ich habe nämlich – und ich hielt dies der nächsten Veranlassung wegen, die mich zum Schreiben bewog, für umso nötiger – der Sucht zu regieren entgegenzuarbeiten versucht ..."[30]

Darüber hinaus erhoffte sich Humboldt auch eine allgemeine politische Wirkung seiner Schrift. Er wollte, dass seine Ideen auf die politische Wirklichkeit angewendet werden. Das geht aus dem bereits erwähnten Kapitel seiner Schrift „Anwendung der vorgetragenen Theorie auf die Wirklichkeit" hervor, und es ergibt sich auch aus seinem Brief an Wolf vom 22. Mai 1793, wo er sagt: „Fast nie sind alle Gesichtspunkte über Politik so verrückt gewesen, als jetzt. Der ruhige Schriftsteller, und vor allem der so bloß theoretische, als ich, darf jetzt auf alles rechnen, nur nicht darauf, verstanden zu werden."[31] Humboldt wollte also, dass seine Ideen verstanden werden und dadurch eine Wirkung auf die Politik ausüben.

Da Humboldt bei der Staatsbetrachtung vom Menschen, seinem inneren Wesen und den Gesetzen seiner inneren Bildung und Entwicklung ausgeht, kann seine Staatsauffassung eine anthropologische genannt werden. Dass dies durchaus im Sinne des von Humboldt Gemeinten liegt, geht aus seinem Brief an Brinkmann vom 8. Februar 1793 hervor, wo er schreibt: „Nun aber habe ich dies allgemeine, im Grunde rein anthropologische Raisonnement auf Staaten angewendet, und denen eine Norm, wenngleich nur als Ideal vorschreiben wollen."[32]

2. Die Grenzen der Wirksamkeit des Staates und die Nationalanstalten

a) Begrenzung des staatlichen Wirkens um der freien Entwicklung der Menschen willen

Das Bedeutsame der Staatsauffassung Wilhelm von Humboldts haben wir bisher darin gefunden, dass er bei der Betrachtung des Staates vom Menschen, vom Sinn und „Zweck" seines Daseins ausgeht. Wir haben ferner gesehen, dass

---

[29] Diesen Gesichtspunkt verdanke ich Rudolf Steiners sozialwissenschaftlichen Arbeiten, insbesondere seiner Schrift „Die Kernpunkte der sozialen Frage".
[30] *An Forster*, S. 88; vgl. auch *Haym*, S. 46, 47, 48.
[31] *An Wolf*, S. 46.
[32] *An Brinkmann*, S. 54.

Humboldt den Sinn des menschlichen Daseins erblickt in der höchstmöglichen und harmonischen Entwicklung und Entfaltung aller im Menschen liegenden Anlagen, Fähigkeiten und Kräfte. Hier erhebt sich nun die Frage: Welche Folgerung ergibt sich für die Betrachtung des Staates aus dem, was als Sinn des menschlichen Daseins erkannt wurde?

Der Mensch bedarf zur Entwicklung und Entfaltung seiner Persönlichkeit der Freiheit sowie einer Mannigfaltigkeit von Erlebnissen und Erfahrungen. In Unfreiheit oder in einförmige Lebenslagen versetzt, kann er sich nur schlecht entwickeln. Nun bringt aber jede staatliche Wirksamkeit Zwang und zumeist eine gewisse Einförmigkeit mit sich. Dieser Gegensatz ist es, der die Grundfrage aller Staatsbetrachtungen, nämlich die Frage nach dem Verhältnis von Mensch und Staat, hervorruft.

Diese Frage kann nun in einer zweifachen Weise gestellt werden. Es kann einmal gefragt werden: *Welchen Einfluss soll der einzelne Mensch auf die Regierung des Staates haben?* Wird die Frage so gestellt, so handelt es sich lediglich darum zu entscheiden, *wem* die Macht im Staate zukommt. Es wird dadurch noch nichts entschieden über die Grenzen der staatlichen Machtausübung. Die Frage nach dem Verhältnis von Mensch und Staat kann aber auch in anderer Weise gestellt werden, nämlich: *Wo liegen die Grenzen der Wirksamkeit des Staates? Auf welchen Gebieten hat er sich einer Wirksamkeit zu enthalten?*

Wie bereits gezeigt wurde, hat Humboldt in der Auseinandersetzung mit den Ideen der Französischen Revolution bald erkannt, dass der Mensch dadurch allein noch keine Freiheit erlangt, dass er Einfluss auf die Regierung des Staates gewinnt, sondern nur dadurch, dass der Staat die Grenzen seiner Wirksamkeit einschränkt. Infolgedessen hat für ihn die Frage nach den Grenzen der Wirksamkeit des Staates Vorrang vor der Frage, welchen Einfluss der Einzelne auf die Regierung haben soll. Dies kommt in seiner Schrift über die Grenzen der Wirksamkeit des Staates wie folgt zum Ausdruck: „Wenn man die merkwürdigsten Staatsverfassungen miteinander, und mit ihnen die Meinungen der bewährtesten Philosophen und Politiker vergleicht, so wundert man sich vielleicht nicht mit Unrecht, eine Frage so wenig vollständig behandelt und so wenig genau beantwortet zu finden, welche doch zuerst die Aufmerksamkeit an sich zu ziehen scheint, die Frage nämlich: zu welchem Zweck die ganze Staatseinrichtung hinarbeiten und welche Schranken sie ihrer Wirksamkeit setzen soll. Den verschiedenen Anteil, welcher der Nation oder einzelnen ihrer Teile an der Regierung gebührt, zu bestimmen, die mannigfaltigen Zweige der Staatsverwaltung gehörig zu verteilen, und die nötigen Vorkehrungen zu treffen, dass nicht ein Teil die Rechte des andern an sich reiße, damit allein haben sich fast alle beschäftigt, welche selbst Staaten umgeformt oder Vorschläge zu politischen Reformationen gemacht haben. Dennoch müsste man, dünkt mich, bei jeder neuen Staatseinrichtung zwei Gegenstände vor Augen haben, von welchen beiden kei-

2. Die Grenzen der Wirksamkeit des Staates und die Nationalanstalten 77

ner ohne großen Nachteil übersehen werden dürfte: einmal die Bestimmung des herrschenden und dienenden Teils der Nation und alles dessen, was zur wirklichen Einrichtung der Regierung gehört, dann die Bestimmung der Gegenstände, auf welche die einmal eingerichtete Regierung ihre Tätigkeit zugleich ausbreiten und einschränken muss. *Dies Letztere, welches eigentlich in das Privatleben der Bürger eingreift und das Maß ihrer freien ungehemmten Wirksamkeit bestimmt, ist in der Tat das wahre, letzte Ziel, das Erstere nur ein notwendiges Mittel, dies zu erreichen.*"[33]

Hier entsteht nun die Frage: Wie können die Grenzen der Wirksamkeit des Staates bestimmt werden? Bei der Beantwortung dieser Frage geht Humboldt – wie bei seiner Staatsbetrachtung überhaupt – vom Menschen aus. Er bestimmt diese Grenzen danach, welche Bedeutung die einzelnen Zweige staatlicher Wirksamkeit für die Entwicklung und Entfaltung der menschlichen Persönlichkeit haben, ob sie für diese Entwicklung notwendig sind oder nicht, ob sie fördernd oder hemmend auf sie wirken.

In seiner Schrift über die Grenzen der Wirksamkeit des Staates unterscheidet Humboldt drei Arten staatlicher Wirksamkeit, nämlich die Sorgfalt für das physische Wohl, für das moralische Wohl und für die Sicherheit seiner Bürger. Betrachten wir zunächst Humboldts Anschauung von der Sorgfalt des Staates für das physische Wohl in ihrer Wirkung auf den Menschen.

b) Kein staatliches Wirken für das physische Wohl seiner Bürger

Was Humboldt unter der Sorgfalt des Staates für das physische Wohl seiner Bürger versteht, geht aus folgenden Sätzen hervor: „Ich rede daher hier von dem ganzen Bemühen des Staats, den positiven Wohlstand der Nation zu erhöhen, von aller Sorgfalt für die Bevölkerung des Landes, den Unterhalt der Einwohner, teils geradezu durch Armenanstalten, teils mittelbar durch Beförderung des Ackerbaues, der Industrie und des Handels, von allen Finanz- und Münzoperationen, Ein- und Ausfuhrverboten u.s.f. (insofern sie diesen Zweck haben), endlich allen Veranstaltungen zur Verhütung oder Herstellung von Beschädigungen durch die Natur, kurz von jeder Einrichtung des Staats, welche das physische Wohl der Nation zu erhalten oder zu befördern die Absicht hat."[34]

Humboldt ist nun der Auffassung, dass solche Einrichtungen in der Weise schädlich auf den Menschen wirken, dass sie Einförmigkeit und eine fremde Handlungsweise, d.h. Unselbständigkeit hervorbringen. So sagt er: „Der Geist der Regierung herrscht in einer jeden solchen Einrichtung, und wie weise und

---

[33] Gesammelte Schriften, Bd. 1, S. 99 bzw. Werke, Bd. 1, S. 56 f. (Hervorhebung vom Verfasser).
[34] Gesammelte Schriften, Bd. 1, S. 112 f. bzw. Werke, Bd. 1, S. 71.

heilsam auch dieser Geist sei, so bringt er Einförmigkeit und eine fremde Handlungsweise in der Nation hervor. Statt dass die Menschen in Gesellschaft treten, um ihre Kräfte zu schärfen, sollten sie auch dadurch an ausschließendem Besitz und Genuss verlieren, so erlangen sie *Güter* auf Kosten ihrer *Kräfte*. Gerade die aus der Vereinigung mehrerer entstehende Mannigfaltigkeit ist das höchste Gut, welches die Gesellschaft gibt, und diese Mannigfaltigkeit geht gewiss immer in dem Grade der Einmischung des Staats verloren. Es sind nicht mehr eigentlich die Mitglieder einer Nation, die mit sich in Gemeinschaft leben, sondern einzelne Untertanen, welche mit dem Staat, d. h. dem Geiste, welcher in seiner Regierung herrscht, in Verhältnis kommen, und zwar in ein Verhältnis, in welchem schon die überlegene Macht des Staats das freie Spiel der Kräfte hemmt. Gleichförmige Ursachen haben gleichförmige Wirkungen. Je mehr also der Staat mitwirkt, desto ähnlicher ist nicht bloß alles Wirkende, sondern auch alles Gewirkte. Auch ist dies gerade die Absicht der Staaten. Sie wollen Wohlstand und Ruhe. Beide aber erhält man immer in eben dem Grade leicht, in welchem das Einzelne weniger miteinander streitet. Allein was der Mensch beabsichtet und beabsichten muss, ist ganz etwas anderes, es ist Mannigfaltigkeit und Tätigkeit. Nur dies gibt vielseitige und kraftvolle Charaktere, und gewiss ist noch kein Mensch tief genug gesunken, um für sich selbst Wohlstand und Glück der Größe vorzuziehen. Wer aber für andere so raisonniert, den hat man, und nicht mit Unrecht, in Verdacht, dass er die Menschheit misskennt und aus Menschen Maschinen machen will."[35]

Eine weitere schädliche Folge staatlicher Einrichtungen, die das physische Wohl der Bürger bezwecken, ist, dass durch sie die innere Kraft der Menschen geschwächt wird. Humboldt weist auf diese Tatsache mit folgenden Worten hin: „Überhaupt wird der Verstand des Menschen doch, wie jede andre seiner Kräfte, nur durch eigne Tätigkeit, eigne Erfindsamkeit oder eigne Benutzung fremder Erfindungen gebildet. Anordnungen des Staats aber führen immer, mehr oder minder, Zwang mit sich, und selbst, wenn dies der Fall nicht ist, so gewöhnen sie den Menschen zu sehr, mehr fremde Belehrung, fremde Leitung, fremde Hilfe zu erwarten, als selbst auf Auswege zu denken."[36] Durch die Sorgfalt des Staates für das physische Wohl seiner Bürger leidet somit die Energie ihres Handelns. Darüber hinaus leidet aber auch ihre Moralität. Je weitgehender dem Menschen sein Handeln vorgeschrieben wird, umso mehr wird er die Freude an eigenem verantwortlichen Handeln verlieren. Und je mehr der Staat dem Einzelnen die Sorge für seinen Lebensunterhalt abnimmt, desto weniger wird dieser geneigt sein, selbst etwas zur Verbesserung seiner Lage zu tun. Humboldt spricht dies folgendermaßen aus: „Wer oft und viel geleitet wird, kommt leicht dahin, den Überrest seiner Selbsttätigkeit gleichsam freiwillig zu

---

[35] Gesammelte Schriften, Bd. 1, S. 113 f. bzw. Werke, Bd. 1, S. 71 f.
[36] Gesammelte Schriften, Bd. 1, S. 114 bzw. Werke, Bd. 1, S. 73.

2. Die Grenzen der Wirksamkeit des Staates und die Nationalanstalten 79

opfern. Er glaubt sich der Sorge überhoben, die er in fremden Händen sieht, und genug zu tun, wenn er ihre Leitung erwartet und ihr folgt ... Kommt nun noch dazu, dass er die Absichten des Staats nicht für völlig rein hält, daß er nicht seinen Vorteil allein, sondern wenigstens zugleich einen fremdartigen Nebenzweck beabsichtet glaubt, so leidet nicht allein die Kraft, sondern auch die Güte des moralischen Willens. Er glaubt sich nun nicht bloß von jeder Pflicht frei, welche der Staat nicht ausdrücklich auflegt, sondern sogar jeder Verbesserung seines eigenen Zustandes überhoben, die er manchmal sogar als neue Gelegenheit, welche der Staat benutzen möchte, fürchten kann. Und den Gesetzen des Staats selbst sucht er, so viel er vermag, zu entgehen und hält jedes Entwischen für Gewinn."[37]

Einen weiteren Nachteil der Sorgfalt des Staates für das physische Wohl seiner Bürger sieht Humboldt darin, dass sie „die Rückwirkung der äußeren, auch bloß körperlichen Beschäftigungen, und der äußeren Verhältnisse überhaupt auf den Geist und den Charakter der Menschen" stört und verhindert.[38] Dies begründet Humboldt folgendermaßen: „Jede Beschäftigung vermag den Menschen zu adeln, ihm eine bestimmte, seiner würdige Gestalt zu geben. Nur auf die Art, wie sie betrieben wird, kommt es an; und hier lässt sich wohl als allgemeine Regel annehmen, dass sie heilsame Wirkungen äußert, solange sie selbst und die darauf verwandte Energie vorzüglich die Seele füllt, minder wohltätige, oft nachteilige hingegen, wenn man mehr auf das Resultat sieht, zu dem sie führt, und sie selbst nur als Mittel betrachtet. Denn alles, was in sich selbst reizend ist, erweckt Achtung und Liebe, was nur als Mittel Nutzen verspricht, bloß Interesse; und nun wird der Mensch durch Achtung und Liebe ebenso sehr geadelt, als er durch Interesse in Gefahr ist, entehrt zu werden. Wenn nun der Staat eine solche positive Sorgfalt übt, als die, von der ich hier rede, so kann er seinen Gesichtspunkt nur auf die *Resultate* richten, und nun die Regeln feststellen, deren Befolgung der Vervollkommnung dieser am zuträglichsten ist."[39]

Weitere Nachteile der staatlichen Wirksamkeit für das physische Wohl seiner Bürger sieht Humboldt darin, dass sie dem Einzelnen schadet, weil ihre Maßregeln dem Einzelfall nie voll gerecht werden können, und dass sie die Entwicklung der Individualität und Eigentümlichkeit des Menschen hindert.[40] Die Ausführung und Begründung dieser beiden Gesichtspunkte durch Humboldt ist leider, abgesehen von einem kleinen Fragment, nicht bekannt, da der betreffende Teil seiner Schrift bisher nicht aufgefunden worden ist.[41]

---

[37] Gesammelte Schriften, Bd. 1, S. 115 f. bzw. Werke, Bd. 1, S. 74.
[38] Vgl. Gesammelte Schriften, Bd. 1, S. 246 f. bzw. Werke, Bd. 1, S. 225.
[39] Gesammelte Schriften, Bd. 1, S. 118 f. bzw. Werke, Bd. 1, S. 78.
[40] Vgl. Gesammelte Schriften, Bd. 1, S. 247 bzw. Werke, Bd. 1, S. 225.
[41] Vgl. Gesammelte Schriften, Bd. 1, S. 122 sowie die Anmerkung S. 97 bzw. Werke, Bd. 1, S. 82.

IV. Über das Wesen und die Bedeutung von Humboldts Staatsidee

Ein großer Nachteil der Sorgfalt des Staates für das physische Wohl seiner Bürger besteht ferner darin, dass sie eine erhebliche Ausdehnung der Verwaltungsbehörden erfordert. Die hieraus entstehenden Schäden staatlicher Bürokratie schildert Humboldt in der folgenden Weise: „Vorzüglich ist hierbei ein Schade nicht zu übersehen, weil er den Menschen und seine Bildung so nahe betrifft, nämlich dass die eigentliche Verwaltung der Staatsgeschäfte dadurch eine Verflechtung erhält, welche, um nicht Verwirrung zu werden, eine unglaubliche Menge detaillierter Einrichtungen bedarf und ebenso viele Personen beschäftigt. Von diesen haben indes doch die meisten nur mit Zeichen und Formeln der Dinge zu tun. Dadurch werden nun nicht bloß viele, vielleicht treffliche Köpfe dem Denken, viele, sonst nützlicher beschäftigte Hände der reellen Arbeit entzogen, sondern ihre Geisteskräfte selbst leiden durch diese zum Teil leere, zum Teil zu einseitige Beschäftigung. Es entsteht nun ein neuer und gewöhnlicher Erwerb, Besorgung von Staatsgeschäften, und dieser macht die Diener des Staats so viel mehr von dem regierenden Teile des Staats, der sie besoldet, als eigentlich von der Nation abhängig. Welche ferneren Nachteile aber noch hieraus erwachsen, welches Warten auf die Hilfe des Staats, welcher Mangel der Selbständigkeit, welche falsche Eitelkeit, welche Untätigkeit sogar und Dürftigkeit, beweist die Erfahrung am unwidersprechlichsten. Dasselbe Übel, aus welchem dieser Nachteil entspringt, wird wieder von demselben wechselweis hervorgebracht. Die, welche einmal die Staatsgeschäfte auf diese Weise verwalten, sehen immer mehr und mehr von der Sache hinweg und nur auf die Form hin, bringen immerfort bei dieser vielleicht wahre, aber immer mit nicht hinreichender Hinsicht auf die Sache selbst und daher oft zum Nachteil dieser ausschlagende Verbesserungen an, und so entstehen neue Formen, neue Weitläufigkeiten, oft neue einschränkende Anordnungen, aus welchen wiederum sehr natürlich eine neue Vermehrung der Geschäftsmänner erwächst. Daher nimmt in den meisten Staaten von Jahrzehnt zu Jahrzehnt das Personal der Staatsdiener und der Umfang der Registraturen zu und die Freiheit der Untertanen ab. Bei einer solchen Verwaltung kommt freilich alles auf die genaueste Aufsicht, auf die pünktlichste und ehrlichste Besorgung an, da der Gelegenheiten, in beiden zu fehlen, so viel mehr sind. Daher sucht man insofern nicht mit Unrecht, alles durch so viel Hände als möglich gehen zu lassen und selbst die Möglichkeit von Irrtümern oder Unterschleifen zu entfernen. Dadurch aber werden die Geschäfte beinah völlig mechanisch und die Menschen Maschinen; und die wahre Geschicklichkeit und Redlichkeit nehmen immer mit dem Zutrauen zugleich ab."[42]

Als letzte schädliche Folge der Sorgfalt des Staates für das physische Wohl seiner Bürger betrachtet Humboldt schließlich, dass durch sie „die richtigen und natürlichen Gesichtspunkte der Menschen bei den wichtigsten Gegenständen"

---

[42] Gesammelte Schriften, Bd. 1, S. 124 f. bzw. Werke, Bd. 1, S. 85 f.

2. Die Grenzen der Wirksamkeit des Staates und die Nationalanstalten

verrückt werden.[43] So sagt er: „Die Menschen … werden um der Sachen, die Kräfte um der Resultate willen vernachlässigt. Ein Staat gleicht nach diesem System mehr einer aufgehäuften Menge von leblosen und lebendigen Werkzeugen der Wirksamkeit und des Genusses, als einer Menge tätiger und genießender Kräfte. Bei der Vernachlässigung der Selbsttätigkeit der handelnden Wesen scheint nur auf Glückseligkeit und Genuss gearbeitet zu sein … Allein wenn das Gefühl des Höchsten im Menschen nur Glück zu heißen verdient, so gewinnt auch Schmerz und Leiden eine veränderte Gestalt. Der Mensch in seinem Inneren wird der Sitz des Glücks und Unglücks, und er wechselt ja nicht mit der wallenden Flut, die ihn trägt. Jenes System führt, meiner Empfindung nach, auf ein fruchtloses Streben, dem Schmerz zu entrinnen. Wer sich wahrhaft auf Genuss versteht, erduldet den Schmerz, der doch den Flüchtigen ereilt, und freuet sich unaufhörlich am ruhigen Gange des Schicksals."[44]

Es könnte nun sein, dass jemand die aufgezählten schädlichen Folgen einer Wirksamkeit des Staates für das physische Wohl seiner Bürger übertrieben findet. Auch Humboldt wendet sich vorsorglich gegen diesen Einwand. Ihm kam es darauf an, die „volle Wirkung des Einmischens des Staats" zu schildern. Selbstverständlich sieht auch er, dass die geschilderten Nachteile „je nach dem Grade und der Art dieses Einmischens selbst sehr verschieden sind".[45]

Die Erfahrungen, die im 20. Jahrhundert in den sozialistischen Ländern mit der staatlichen Planwirtschaft hinsichtlich ihrer Auswirkungen auf Geist und Charakter der Menschen gemacht wurden, dürften die von Humboldt aufgezeigten negativen Folgen einer staatlichen Sorgfalt für das physische Wohl seiner Bürger voll bestätigen. Unübersehbar waren die triste, graue Einförmigkeit in den Städten und Fabriken, die dadurch bewirkte Vermassung und Entindividualisierung der Menschen, die Lähmung ihrer Tatkraft und Initiative durch staatliche Gängelung, die ungeheure Zunahme staatlicher Bürokratisierung und die Überbewertung materieller Versorgung gegenüber inneren geistigen und moralischen Werten des Menschen. Dabei soll nicht übersehen werden, dass auch in den kapitalistischen Ländern die dort herrschende Wettbewerbswirtschaft erhebliche negative Auswirkungen auf Geist und Charakter der Menschen hat. Zwar wird in ihr Initiative und Tatkraft durch die Freiheit der wirtschaftlichen Betätigung und durch die Konkurrenz erheblich gefördert und durch individuelle Leistungen ein vielfältiges, reichhaltiges Waren- und Dienstleistungsangebot erzeugt. Doch führt sie zu einem egoistischen, materiellen Wohlstandsstreben, zu einem Verlust sittlicher Werte und zu einem Verfall des moralischen Charakters der Menschen. Auch diese negativen Auswirkungen auf das innere Wesen des Menschen hängen mit einer – allerdings völlig andersartigen – Sorgfalt des

---

[43] Vgl. Gesammelte Schriften, Bd. 1, S. 247 bzw. Werke, Bd. 1, S. 225.
[44] Gesammelte Schriften, Bd. 1, S. 126 bzw. Werke, Bd. 1, S. 86 f.
[45] Vgl. Gesammelte Schriften, Bd. 1, S. 127, 129 f. bzw. Werke, Bd. 1, S. 87, 90.

Staates für das physische Wohl seiner Bürger, nämlich mit der durch staatliche Gesetze verbotenen Zusammenarbeit im Wirtschaftsleben und der dadurch erzwungenen Konkurrenz, zusammen.

Da die Sorgfalt des Staates für das physische Wohl sich somit in der geschilderten Weise schädlich auf die Entwicklung und Entfaltung des inneren Wesens der Menschen auswirkt, missbilligt Humboldt grundsätzlich jede Tätigkeit des Staates in dieser Richtung. Dies bedeutet jedoch nicht, dass der Staat keine Rechtsvorschriften erlassen soll, die sich innerhalb des wirtschaftlichen Lebens auswirken. Da es Aufgabe des Staates ist, für die Sicherheit zu sorgen, hat er auch für Sicherheit im wirtschaftlichen Leben zu sorgen, was noch im Einzelnen gezeigt werden soll. Der Staat soll nicht selbst für das physische Wohl seiner Bürger sorgen, wohl aber für ihre Sicherheit, wenn diese für ihr physisches Wohl tätig sind. Dies kommt in folgendem Grundsatz, in welchem Humboldt das Ergebnis seiner Untersuchung über die Sorgfalt für das physische Wohl seiner Bürger zusammenfasst, zum Ausdruck: „Der Staat enthalte sich aller Sorgfalt für den physischen Wohlstand der Bürger und gehe keinen Schritt weiter, als zu ihrer Sicherstellung gegen sich selbst ... notwendig ist."[46]

c) Sorgfalt des Staates für das physische Wohl Hilfsbedürftiger

Der von Humboldt aufgestellte Grundsatz, dass sich der Staat aller Sorgfalt für das physische Wohl seiner Bürger zu enthalten hat, muss nun allerdings insoweit hinterfragt werden, als es sich um die Sorgfalt für das physische Wohl *Hilfsbedürftiger* handelt. Humboldt weist zwar mit Recht darauf hin, dass durch eine solche Sorgfalt die gegenseitige Hilfsbereitschaft der Menschen abgeschwächt wird, indem er sagt: „Wie jeder sich selbst auf die sorgende Hilfe des Staats verlässt, so und noch weit mehr übergibt er ihr das Schicksal seines Mitbürgers. Dies aber schwächt die Teilnahme und macht zu gegenseitiger Hilfsleistung träger. Wenigstens muss die gemeinschaftliche Hilfe da am tätigsten sein, wo das Gefühl am lebendigsten ist, dass auf ihm allein alles beruhe, und die Erfahrung zeigt auch, dass gedrückte, gleichsam von der Regierung verlassene Teile eines Volks immer doppelt fest untereinander verbunden sind.[47] Andererseits ist es jedoch so, dass eine nicht ausreichende Sorge für das physische Wohl Hilfsbedürftiger ihre Gesundheit und ihr Leben bedroht, sodass in Wahrheit eine Sicherheitsaufgabe vorliegt. Man wird deshalb sagen müssen, dass der Staat subsidiär für das physische Wohl Hilfsbedürftiger sorgen muss, so weit nicht durch Nationalanstalten ausreichend für dieses gesorgt wird.

---

[46] Gesammelte Schriften, Bd. 1, S. 129 bzw. Werke, Bd. 1, S. 90.
[47] Gesammelte Schriften, Bd. 1, S. 116 bzw. Werke, Bd. 1, S. 75; vgl. auch Gesammelte Schriften, Bd. 1, S. 132 bzw. Werke, Bd. 1, S. 93 f

2. Die Grenzen der Wirksamkeit des Staates und die Nationalanstalten

Humboldt hat später in seinen Verfassungsdenkschriften von 1819 zum Ausdruck gebracht, dass es sich bei der „Armenpflege" um eine Angelegenheit handle, die mehr Sache des ganzen Staates sei. Doch setzte er sich gleichzeitig dafür ein, diese so viel als möglich in die Verwaltung der Gemeindebehörden als ständischen Behörden des Volkes übergehen zu lassen.[48] Man kann hieraus ersehen, dass er an der in seiner Jugendschrift vertretenen Auffassung festhält, wonach die Sorgfalt für das physische Wohl Hilfsbedürftiger grundsätzlich nicht zu den Aufgaben des Staates gehört, sondern so weit wie möglich der gemeinschaftlichen Hilfe durch „Nationalanstalten" überlassen bzw. übertragen werden sollte. Man muss hierbei berücksichtigen, dass Humboldt während seines politischen Wirkens die „ständischen Behörden" der Gemeinden, Kreise und Provinzen nicht als staatliche Behörden, sondern als Selbstverwaltungsbehörden der Nation auffasste.[49]

d) Vertragliche Regelung des Wirtschaftslebens durch Nationalanstalten

Es wäre nun falsch zu glauben, Humboldt rede einem wirtschaftlichen Liberalismus das Wort.[50] Was Humboldt mit dem Liberalismus gemein hat, ist die Überzeugung, dass das wirtschaftliche Leben sich frei von staatlichen Einflüssen entfalten können muss. Aber während nach der Auffassung des Liberalismus das wirtschaftliche Leben am besten gedeiht, wenn jeder unabhängig vom anderen seine Interessen verfolgt, sieht Humboldt, dass in der Wirtschaft Planung oder, wie er es ausdrückt, „Einheit der Anordnung" notwendig ist. Diese Planung soll jedoch nicht vom Staate ausgehen. Um einen planmäßigen und geordneten Verlauf der wirtschaftlichen Vorgänge zu erreichen, schlägt Humboldt vielmehr die Bildung von „Nationalanstalten" vor, die er den „Staatsanstalten" gegenüberstellt. Er strebt also an, dass dieselben Menschen, die einerseits den Staat bilden, sich daneben als im Wirtschaftsleben Tätige zu Nationalanstalten zusammenschließen und somit unabhängig vom Staat aus einer unmittelbaren Kenntnis der wirtschaftlichen Notwendigkeiten durch Absprachen und Verträge das Wirtschaftsleben zweckmäßig gestalten und ordnen. Man kann die „Nationalanstalten" auf dem Gebiet des Wirtschaftslebens mit Rudolf Steiner Assoziationen nennen.[51] Humboldt gebraucht diesen Begriff später selbst in seinem „Votum, den Magdeburgischen Elb-Schiffahrts-Assecuranz-Verein betreffend" vom 30. August 1819.[52] Was die Assoziationen von Staatsanstalten unterscheidet ist, dass ihre Entstehung nicht auf einem Gesetz und damit auf

---

[48] Vgl. unten, S. 93 f.
[49] Vgl. unten, S. 93 f.
[50] Dies nimmt zum Beispiel *Schaffstein,* S. 85 f. an.
[51] Vgl. *Steiner* (1961), S. 15 ff., 73 f.
[52] Vgl. Gesammelte Schriften, Bd. 12, S. 348.

Zwang, sondern auf der Einsicht der beteiligten Menschen in ihre Notwendigkeit beruht. Da sie vom Staat unabhängig sind, werden sie rein wirtschaftlichen Gesichtspunkten folgen, während dieser bei seinen Eingriffen in das Wirtschaftsleben sehr oft neben wirtschaftlichen Zwecken auch außerwirtschaftliche verfolgt, so insbesondere den in seiner Wesenheit begründeten Zweck der Sicherheit sowie den der Erhöhung seiner Steuereinnahmen, was leicht dazu führt, dass die wirtschaftlichen Notwendigkeiten außer Acht gelassen werden. Die Nationalanstalten ermöglichen also, die im Wirtschaftsleben notwendige Ordnung zu gewährleisten, ohne die freie Entfaltung der menschlichen Persönlichkeit zu beeinträchtigen. Humboldt spricht dies mit folgenden Worten aus: „Jede Erreichung eines großen Endzwecks erfordert Einheit der Anordnung. Das ist gewiss. Ebenso auch jede Verhütung oder Abwehrung großer Unglücksfälle, Hungersnot, Überschwemmungen u. s. f. Allein diese Einsicht lässt sich auch durch Nationalanstalten, nicht bloß durch Staatsanstalten hervorbringen. Einzelnen Teilen der Nation und ihr selbst im Ganzen muss nur Freiheit gegeben werden, sich durch Verträge zu verbinden. Es bleibt immer ein unleugbar wichtiger Unterschied zwischen einer Nationalanstalt und einer Staatseinrichtung. Jene hat nur eine mittelbare, diese eine unmittelbare Gewalt. Bei jener ist daher mehr Freiheit im Eingehen, Trennen und Modifizieren der Verbindung. Anfangs sind höchstwahrscheinlich alle Staatsverbindungen nichts als dergleichen Nationalvereine gewesen. Allein hier zeigt eben die Erfahrung die verderblichen Folgen, wenn die Absicht, Sicherheit zu erhalten und andre Endzwecke zu erreichen, miteinander verbunden wird. Wer dieses Geschäft besorgen soll, muss, um der Sicherheit willen, absolute Gewalt besitzen. Diese aber dehnt er nun auch auf das Übrige aus, und je mehr sich die Einrichtung von ihrer Entstehung entfernt, desto mehr wächst die Macht und desto mehr verschwindet die Erinnerung des Grundvertrags."[53]

Innerhalb der Nationalanstalten will Humboldt eine Entscheidung nach der Stimmenmehrheit ausgeschlossen sehen. Da sie eine auf Freiheit begründete Ordnung ermöglichen sollen, ist die Einwilligung jedes Einzelnen erforderlich. Der Nicht-Einwilligende muss die Möglichkeit haben, eigene Wege zu gehen und aus der betreffenden Nationalanstalt auszuscheiden. Sonst würde die Minderheit durch die Mehrheit vergewaltigt und damit in ihrer Freiheit beeinträchtigt werden. Auch eine Repräsentation hält Humboldt innerhalb der Nationalanstalten für ungeeignet, weil ein Repräsentant den Willen mehrerer Repräsentierter nie einheitlich zur Geltung bringen kann. Zwar werden auch innerhalb der Nationalanstalten einzelne Vertreter größerer Gruppen Verhandlungen führen

---

[53] Gesammelte Schriften, Bd. 1, S. 138 bzw. Werke, Bd. 1, S. 92 f. – Auf Humboldts Auffassung von der Entstehung des Staates, wie sie in diesem Zitat zum Ausdruck kommt, soll hier nicht eingegangen werden, da die grundsätzliche Unterscheidung Humboldts zwischen Staatseinrichtung und Nationalanstalt durch sie nicht berührt wird. Wir kommen auf sie unten, S. 155 zu sprechen.

2. Die Grenzen der Wirksamkeit des Staates und die Nationalanstalten 85

und Entscheidungen treffen müssen. Doch werden diese weitgehend an Weisungen gebunden sein, und ihre Entscheidungen werden grundsätzlich nicht wie bei einer echten Repräsentation für die durch sie Vertretenen verbindlich sein, sondern vielmehr ihrer Zustimmung bedürfen. Diese Ablehnung der Repräsentation und der Mehrheitsentscheidungen innerhalb der Nationalanstalten geht aus folgenden Worten Humboldts hervor[54]: „Eine Anstalt *im* Staat hingegen hat nur Gewalt, insofern sie diesen Vertrag und sein Ansehen erhält. Schon dieser Grund allein könnte hinreichend scheinen. Allein dann, wenn auch der Grundvertrag genau bewahrt würde und die Staatsverbindung im engsten Verstande eine Nationalverbindung wäre, so könnte dennoch der Wille der einzelnen Individuen sich nur durch Repräsentation erklären, und ein Repräsentant mehrerer kann unmöglich ein so treues Organ der Meinung der einzelnen Repräsentierten sein. Nun aber führen alle im Vorigen entwickelten Gründe auf die Notwendigkeit der Einwilligung jedes Einzelnen. Eben diese schließt auch die Entscheidung nach der Stimmenmehrheit aus, und doch ließe sich keine andere in einer solchen Staatsverbindung, welche sich auf diese das positive Wohl der Bürger betreffende Gegenstände verbreitete, denken. Den nicht Einwilligenden bliebe also nichts übrig, die aus der Gesellschaft zu treten, und dadurch ihrer Gerichtsbarkeit zu entgehen und die Stimmenmehrheit nicht mehr für sich geltend zu machen. Allein dies ist beinah bis zur Unmöglichkeit erschwert, wenn aus dieser Gesellschaft gehen zugleich aus dem Staate gehen heißt."[55]

Man hat diese Äußerungen Humboldts vielfach insofern missverstanden, als man glaubte, Humboldt lehne *überhaupt* eine Repräsentation und eine Entscheidung nach der Stimmenmehrheit ab.[56] Dies trifft jedoch nicht zu. Gerade weil innerhalb des Staates Repräsentation und Entscheidung nach der Stimmenmehrheit notwendig sind, will Humboldt neben dem Staat von diesem unabhängige Nationalanstalten, damit bei den das positive Wohl der Bürger betreffenden Gegenständen, also den Gegenständen, die sich auf das physische und moralische Wohl beziehen, Entscheidungen auf andere Weise als durch Repräsentation und Mehrheitsabstimmung zustande kommen können. Dass Humboldt das Repräsentativsystem innerhalb des Staates nicht ablehnt, geht auch daraus hervor, dass er in einer Tagebucheintragung vom 21. August 1798 nach der Lektüre von Rousseaus „Contrat social" zu dessen Gedanken, es sei ein Missbrauch, dass das Volk sich durch Deputierte vertreten lässt; die Souveränität könne nicht repräsentiert werden; die Volksdeputierten könnten nicht ihre Repräsentanten sein, nur ihre Commissarien; jedes vom Volk nicht in Person ratifizierte Gesetz sei keines, bemerkt; „Durchaus irrig. Wen das Volk Gesetze zu machen bestellt hat, durch den macht es dieselben selbst."[57]

---

[54] Das folgende Zitat schließt unmittelbar an das oben S. 84 wiedergegebene an.
[55] Gesammelte Schriften, Bd. 1, S. 131 f. bzw. Werke, Bd. 1, S. 93.
[56] So zum Beispiel *Haym*, S. 58; *Gebhardt* (1928), Bd. 1, S. 22; *Kaehler* (1963), S. 141; *Schaffstein*, S. 81; *Altgeld*, S. 127.

Die von Humboldt angeregten Nationalanstalten dürfen nicht mit dem verwechselt werden, was sich unter dem Einfluss des Kapitalismus während der Zeit des Liberalismus an wirtschaftlichen Interessenverbänden (Gewerkschaften und Arbeitgeberverbänden) gebildet hat. Diese dienen immer nur den einseitigen wirtschaftlichen Interessen einzelner Menschen und Menschengruppen. Die von Humboldt vorgeschlagenen Nationalanstalten hingegen sollen dem wirtschaftlichen Gesamtinteresse und dem Gemeinwohl dienen, sie sollen „Einheit der Anordnung", das heißt einen geordneten Ablauf innerhalb des gesamten Wirtschaftslebens gewährleisten. Die Kritik, „dass die strenge Beschränkung des Staats auf den Schutz der bürgerlichen Individualsphäre nicht die erträumte Freiheit, sondern Unterdrückung der Schwachen durch die Starken zur Folge haben würde"[58], trifft deshalb Humboldt gar nicht, da der Staat auch innerhalb des Wirtschaftslebens für Sicherheit und somit auch für Sicherheit vor Unterdrückung zu sorgen hat.

Die von Humboldt für die Ordnung des Wirtschaftslebens vorgeschlagenen „Nationalanstalten" dürfen auch nicht mit den früheren Zünften verwechselt werden. Bei diesen handelte es sich um auf Zwang beruhende Zusammenschlüsse der verschiedenen Handwerkergruppen, durch welche die Ausübung der einzelnen Berufe geregelt wurde. Die von Humboldt gemeinten „Nationalanstalten" hingegen sollen gerade nicht auf Zwang beruhen, sondern freiwillige Zusammenschlüsse sein. Auch darf man sich unter ihnen nicht nur Handwerker- oder überhaupt Produzentenvereinigungen vorstellen. Humboldt selbst hat zwar nicht ausgeführt, wie sich die Nationalanstalten zusammensetzen sollen. Aber da sie dazu bestimmt sind, eine vertragliche Ordnung des gesamten Wirtschaftslebens herbeizuführen, darf man annehmen, dass in ihnen alle am Wirtschaftsleben beteiligten Gruppen vertreten sein sollten. Man wird sich deshalb einerseits Nationalanstalten vorzustellen haben, in welchen Vertreter der Produzenten, der Händler und der Verbraucher *innerhalb* der einzelnen Wirtschaftszweige ihre wechselseitigen Interessen vertraglich ausgleichen, andererseits solche, in welchen Vertreter der verschiedenen Wirtschaftszweige die *zwischen* diesen erforderlichen Regelungen treffen.[59] Hierbei ist zu berücksichtigen, dass schon heute alle Wirtschaftszweige in Verbänden organisiert sind. Auch streben die im Wirtschaftsleben Tätigen an sich nach Zusammenarbeit. Die heute bestehende Konkurrenz widerspricht dem nicht, denn diese wird vom Staat aufgrund der Ideologie der Marktwirtschaft durch das gesetzliche Kartellverbot erzwungen. Die Zusammenarbeit der Verbände der Produzenten, Händler und Verbraucher in „Nationalanstalten" darf jedoch nicht mit Kartellen verwechselt werden. Die Zusammenarbeit in Kartellen verfolgt meistens einseitig die Inte-

---

[57] Gesammelte Schriften, Bd. 14, S. 595.
[58] So *Schaffstein,* S. 85.
[59] Vgl. hierzu *Steiner* (1961), S. 15 ff., 73 f.

2. Die Grenzen der Wirksamkeit des Staates und die Nationalanstalten

ressen der Produzenten bzw. Dienstleister oder des Handels innerhalb eines bestimmten Wirtschaftszweigs, während eine Zusammenarbeit in „Nationalanstalten" alle Marktbeteiligten innerhalb einer Branche umfassen und nach einem Ausgleich der entgegengesetzten Interessen streben würde.

Die von Humboldt gebrauchten Ausdrücke „Nationalanstalt" und „Nationalverein" sind insbesondere heute, wo sich das Wirtschaftsleben im Zeitalter der Globalisierung über die Grenzen der Staaten und Nationen hinaus entfaltet, für eine solche Zusammenarbeit innerhalb des Wirtschaftslebens eigentlich in keiner Weise mehr passend. Viel zutreffender ist der von Steiner gebrauchte Begriff „Assoziationen", denn in diesen werden die im Wirtschaftsleben Tätigen ohne Rücksicht auf ihre Nationalität lediglich aus wirtschaftlichen Notwendigkeiten heraus zusammenarbeiten. Der Begriff „Nationalanstalt" ist allenfalls anwendbar auf Vereinigungen, die der Zusammenarbeit auf geistig-kulturellem Gebiet dienen, obwohl auch solche heute vielfach Menschen verschiedener Nationalitäten umfassen.

Es könnte nun allerdings bezweifelt werden, ob eine Zusammenarbeit der Wirtschaftsverbände in „Assoziationen" überhaupt zustande kommt. Es könnte die Idee einer Ordnung des Wirtschaftslebens durch eine solche Zusammenarbeit für utopisch gehalten werden. Wer so denkt übersieht, dass es einzig und allein darauf ankommt, ob sie notwendig sind oder nicht. Sind sie aber notwendig, wie hier zu zeigen versucht wird, dann wird sich mit der Zeit durch eine entsprechende Aufklärung bei einer genügend großen Anzahl von Menschen auch die Einsicht in die Notwendigkeit und damit das Streben ergeben, sie zu bilden und das Wirtschaftsleben durch sie zu gestalten und zu regeln. Man sage auch nicht, dass ein solches Zusammenwirken in Assoziationen nicht von Dauer sein werde.[60] Wenn es erst einmal zustande gekommen ist, wird es sich als zweckmäßig und notwendig erweisen und dementsprechend fortgesetzt werden, auch wenn es nicht auf Zwang beruht.

Es könnte nun sein, dass jemand geneigt ist, den von Humboldt geschilderten Staat als „Nachtwächterstaat" zu bezeichnen, wie dies Ferdinand von Lassalle in seinem Arbeiterprogramm von 1862 gegenüber dem Staat des Liberalismus tat.[61] Gegenüber dem Staat des Liberalismus war diese spöttische Bezeichnung voll und ganz berechtigt, denn während der Zeit des Liberalismus kümmerte

---

[60] So *Dove*, S. 48: „Was so dem Staat entzogen wird, teilt er der Gesellschaft zu, der freien Vereinigung der Individuen zu bestimmten Zwecken in selbstgewählten Formen; diesen Assoziationen aber spricht er doch wieder jede Spur von corporativer Festigkeit ab und damit jede Dauer über das momentane Belieben des Einzelnen hinaus, sodass der Gefahr einer atomistischen Zersplitterung solches individuellen Gemeinlebens nirgend ernstlich vorgebaut wird"; ebenso *Schaffstein*, S. 81: „Seine ‚Verbindungen der Nation' haben noch das Aussehen eines losen Vereins mit jederzeitigem Austrittsrecht der Mitglieder, sodass ihnen weder Festigkeit noch Dauer zukommt."

[61] Vgl. *Lassalle*, Bd. 2, S. 195 f.

sich der Staat wenig oder gar nicht um die Sicherheit innerhalb des wirtschaftlichen Lebens. Vor allem sorgte er in keiner Weise für Sicherheit vor Unterdrückung und Ausbeutung. Auch war das Wirtschaftsleben nicht in sich durch „Nationalanstalten" geordnet, sondern ganz der Machtpolitik einseitiger wirtschaftlicher Gruppen überlassen. Humboldt hingegen wollte, dass der Staat auch innerhalb des Wirtschaftslebens für Sicherheit sorgt, und nicht zuletzt auch für Sicherheit vor Unterdrückung und Ausbeutung. Dies geht daraus hervor, dass er sich auf dem Wiener Kongress in seinen „Entwürfen zur Bundesverfassung mit und ohne Kreiseinteilung" vom 9. Dezember 1814 für die gesetzliche Aufhebung der Leibeigenschaft in allen deutschen Bundesstaaten einsetzt.[62] Auch wollte Humboldt das Wirtschaftsleben nicht der Machtpolitik einseitiger wirtschaftlicher Gruppen überlassen, sondern zu einer vertraglichen Ordnung desselben durch alle Gruppen umfassende „Nationalanstalten" anregen. Der spöttische Vorwurf „Nachtwächterstaat" kann deshalb gegenüber dem Staate, wie er von Humboldt aufgefasst wird, nicht berechtigterweise erhoben werden. Wer dies trotzdem tut, beweist damit nur, dass er keinen Sinn hat für Humboldts grundlegende Idee, „dass der wichtigste Gesichtspunkt des Staats immer die Entwicklung der Kräfte der einzelnen Bürger in ihrer Individualität sein muss, dass er daher nie etwas anderes zu einem Gegenstand seiner Wirksamkeit machen darf, als das. was sie allein nicht selbst sich zu verschaffen vermögen, die Beförderung der Sicherheit".[63] Es verbleiben dem Staat, der diesen Gesichtspunkt streng einnimmt, noch genügend wichtige Aufgaben, die über die Funktionen eines „Nachtwächters" weit hinausgehen, wie im Kapitel über die Aufgaben des Staates gezeigt werden soll.

e) Humboldts politisches Wirken für Freiheit des Wirtschaftslebens

Werfen wir nun nach dieser Betrachtung der Ideen Wilhelm von Humboldts über die Grenzen der Wirksamkeit des Staates bei der Sorgfalt für das physische Wohl seiner Bürger, wie er sie in seiner Jugendschrift entwickelt hat, noch einen Blick auf sein praktisches Wirken als preußischer Staatsmann, so zeigt sich, dass er auch zu dieser Zeit, so weit es die Umstände erlaubten, für Freiheit des wirtschaftlichen Lebens von Eingriffen durch den Staat und für Freiheit innerhalb des Wirtschaftslebens selbst im Sinne eines freiwilligen Zusammenwirkens in entsprechenden Einrichtungen eintrat. So setzte er sich für freie Schifffahrt auf dem Rhein und für die Abschaffung des Stapelrechts ein, wie aus seinem „Mémoire préparatoire sur le travail de la Commission de navigation" vom 3. Februar 1815 hervorgeht.[64] Auch hält er es für höchst wichtig und

---

[62] Vgl. Gesammelte Schriften, Bd. 11, S. 261.
[63] Vgl. Gesammelte Schriften, Bd. 1, S. 232 bzw. Werke, Bd. 1, S. 207.
[64] Vgl. Gesammelte Schriften, Bd. 11, S. 318 f. sowie *Gebhardt* (1928), Bd. 2, S. 164 ff.

2. Die Grenzen der Wirksamkeit des Staates und die Nationalanstalten 89

wohltätig, „das Gewerbe und den Handel im inneren und äußeren Verkehr von allen Hemmungen und Fesseln zu befreien", wie es in seinem „Gutachten beim Schluss der Beratungen der Steuer-Kommission" vom 20. Juni 1817 heißt.[65] Im gleichen Sinne spricht er sich in seinem „Schema zum Vortrag über die Arbeiten der Steuer-Kommission für die Sitzung des Staatsrats am 2. Julius 1817" gegen Schutzzölle und für grundsätzliche Freiheit des Handels aus, indem er sagt, „dass die Freiheit natürlicherweise die Regel ist, dass nicht die ganze Nation wegen einer einzelnen Klasse indirekt besteuert werden kann, und dass dies umso weniger möglich ist, als dadurch die Fabrikation selbst immer teurer und mittelmäßiger zu werden Gefahr läuft, dass Freiheit und Zugänglichkeit des Marktes wieder auf die Fabrikation zurückwirkendes Leben hervorbringen ..."[66] Er tritt für ein „Zugeständnis des aus ehemaliger Treibhauskultur der Fabrikation entstehenden Übels" ein und will lieber einzelne Not Leidende unterstützen, als dasjenige als Abhilfe gebrauchen, „woraus das Übel gerade wieder hervorgegangen ist".[67] Dass Humboldt trotzdem gemeinsam mit den übrigen Mitgliedern der Steuerkommission mäßige Außenzölle empfiehlt, berührt nicht seine grundsätzliche Einstellung, ebenso wenig wie die Tatsache, dass er bereits in seiner „Denkschrift über die deutsche Verfassung" vom Dezember 1813 einen „allen ihren gegenseitigen Verkehr umfassenden Handelsvertrag" zwischen den deutschen Staaten vorschlug, „in welchem wenigstens das Maximum aller Eingangs- und Ausgangszölle im Innern von einem deutschen Staat in den anderen bestimmt wird".[68] Er will gerade durch die Begrenzung der Zollhöhe eine größere Freiheit des Handels und Gewerbes erreichen.

Humboldts Eintreten für Freiheit innerhalb des wirtschaftlichen Lebens zeigt sich auch darin, dass er sich gegen den Zunftzwang ausspricht und Gewerbefreiheit fordert. Er wendet sich allerdings auch dagegen, dass die Zünfte völlig aufgehoben werden und die Ausübung der Berufe an die Erteilung von Patenten geknüpft wird. So schreibt er in seiner „Denkschrift über ständische Verfassung" vom Oktober 1819: „Da hier der Gewerbefreiheit und der Zünfte erwähnt ist, so muss ich noch bemerken, dass dieser ganze Zweig der Gesetzgebung wohl sehr wesentlich einer Verbesserung bedürfte, da man von dem einen Extreme geschlossener Zünfte plötzlich und ohne alle Vorbereitung zu dem entgegengesetzten des Patentwesens übergegangen ist."[69] Worauf es Humboldt ankommt ist, dass die Menschen, insofern sie im Wirtschaftsleben tätig sind, nicht wie in der Ideologie des Wirtschaftsliberalismus als isolierte, nur auf Erwerb ausgehende Einzelwesen, sondern als sittliche Glieder wirtschaftlicher Gemein-

---

[65] Vgl. Gesammelte Schriften, Bd. 12, S. 177 f. sowie *Gebhardt* (1928), Bd. 2, S. 249 f.
[66] Gesammelte Schriften, Bd. 12, S. 183.
[67] Vgl. Gesammelte Schriften, Bd. 12, S. 184 f.
[68] Gesammelte Schriften, Bd. 11, S. 112 bzw. Werke, Bd. 4, S. 321.
[69] Gesammelte Schriften, Bd. 12, S. 418; vgl. auch S. 411.

schaften angesehen werden. Dies spricht er in der genannten Denkschrift folgendermaßen aus: „Bei dieser Materie der Gewerbefreiheit und einigen anderen Lieblingstheorien der neuesten Zeit scheint man auf die Menschen bloß als isolierte, erwerbende, hervorbringende und genießende Wesen zu sehen, nicht aber als auf sittliche Elemente der größeren und kleineren Gemeinheiten im Staat und des Staats selbst. Von dem ersteren auf Produktion und Fabrikation gehenden Gesichtspunkt aus die Sache betrachtet ist allerdings Gewinn bei einer ganz rücksichtslosen Freiheit und Beweglichkeit; allein Gesinnung und Charakter gedeihen nur im stillen Fortführen stetiger, angeerbter Verhältnisse."[70] Aus diesem Grunde setzt sich Humboldt in diesem Zusammenhang dafür ein, der Teilbarkeit und Veräußerbarkeit der Bauerngüter Grenzen zu setzen, worauf später noch im Einzelnen eingegangen werden soll.[71] Aus dem gleichen Grunde tritt Humboldt zunächst dafür ein, die Zünfte beizubehalten, aber sie wesentlich freiheitlicher zu gestalten: „In die Zünfte muss man, wenn man nicht die Freiheit der Gewerbe vernichten will, jeden, der hinreichende Geschicklichkeit, den nötigen Vorschuss, wo dieser schlechterdings erforderlich ist, und einen nicht offenbar anstößigen Charakter besitzt, aufnehmen."[72] Allerdings hat sich Humboldt vier Jahre später in einem Brief vom 4. April 1823 an den Freiherrn vom Stein gegen die Wiederherstellung von Zünften ausgesprochen, indem er schreibt: „In der Herstellung des Gewerbzwanges oder doch der Zunfteinrichtung kann ich Ihnen, beste Excellenz, gegen meine alten Lehren nicht beistimmen."[73] Dies bedeutet jedoch nicht, dass er seine Überzeugung geändert hat, dass ein freiwilliges Zusammenwirken und Sich-Verbinden der Bürger notwendig ist. Denn diese Überzeugung hängt unmittelbar mit seiner Anschauung zusammen, dass eine echte Bildung des Menschen nicht möglich ist in der Isolierung, sondern nur durch die Begegnung und das Zusammenwirken mit seinen Mitmenschen. Humboldts Abneigung, Zünfte wiederherzustellen, ist vielmehr darin begründet, dass er diese Form als durch die Entwicklung überholt ansah angesichts der „Erweiterung und Vervielfachung, welche die ganze industrielle und kommerzielle Tätigkeit in der Welt erfahren hat, daher dass man das rohe Material, das sich von jeher zur Benutzung darbot, auf ganz andere Weise zu bearbeiten, in Umlauf zu bringen und daraus neue Mittel zu schaffen gelernt hat und gewohnt geworden ist". Dementsprechend bemerkt er zu dieser beginnenden Entwicklung des modernen Wirtschaftslebens: „So wie dies nicht ohne intellektuelle Tätigkeit möglich war, so wirkt es auf dieselbe zurück, und die Ansicht wird auch freier und lässt sich auch weniger in gewisse Formen bin-

---

[70] Gesammelte Schriften, Bd. 12, S. 421.
[71] Vgl. unten, S. 142 ff.
[72] Gesammelte Schriften, Bd. 12, S. 417; ebenso in der „Denkschrift über Preußens ständische Verfassung" vom 4. Februar 1819, Gesammelte Schriften, Bd. 12, S. 251 bzw. Werke, Bd. 4, S. 457.
[73] Gesammelte Schriften, Bd. 17, S. 363.

2. Die Grenzen der Wirksamkeit des Staates und die Nationalanstalten 91

den. Forderte nun die individuelle historische Ansicht, dass man dies ganze regere Leben, das allerdings, aus einem anderen Gesichtspunkt betrachtet, viel weniger wert sein mag, als das einfachere und schlichtere, aber gediegenere von ehemals, wieder in ein engeres Geleis zurückdrängte, das Eigentum vinkulierte, das Gewerbe schlösse und in gleichem Sinn überall verführe, so gestehe ich, halte ich das für unmöglich. Die Schranken würden, meines Erachtens, auf eine oder andere Weise durchbrochen werden, oder, wenn man dies verhindern könnte, würde ein Starren eintreten, man würde wohl Tod dessen hervorgebracht haben, was jetzt da war, aber nicht Leben erweckt, was man aus der Vergangenheit hervorrufen wollte."[74] Was Humboldt als notwendig ansah, waren neue Formen des Zusammenarbeitens, die der Entwicklung des modernen Wirtschaftslebens entsprechen und sich ihr anpassen können. So schreibt er in dem bereits zitierten Brief an Stein weiter: „Ich kann daher die Sache nicht anders ansehen, als dass man sich über etwas Vermittelndes verstehen muss, nicht gerade herstellen, was war, sondern das, was ist, in eine an Recht und Billigkeit gebundene Form, allein in eine solche gießen, die ferneren Vervollkommnungen nicht sich starr entgegensetzt."[75]

Ablehnend stand Humboldt allen monopolistischen Tendenzen gegenüber. Bereits in seiner Jugendschrift über die Grenzen der Wirksamkeit des Staates hatte er grundsätzliche Bedenken dagegen geäußert, „dass der Landesherr selbst der beträchtlichste Eigentümer ist und dass er einzelnen Bürgern überwiegende Rechte, Monopolien u.s.f. einräumt..."[76] Die gleiche Einstellung geht aus einem Votum „Über den Zoll auf Salz" vom 23. August 1819 hervor, wo er sagte, dass es „nicht in dem Begriff des Staats in sich selbst liegt, dass er ein Monopol mit dem Handel von fremdem Salze treibe..."[77] Und bei der Besprechung der nachteiligen Folgen des damaligen zentralen landschaftlichen Kreditsystems in Schlesien bemerkt Humboldt in einem darauf bezüglichen Brief vom Juni 1826: „Alles dies spricht gegen die Theorie, allgemeine Anstalten an die Stelle des einzelnen, sich selbst überlassenen Verkehrs zu setzen, oder zeigt wenigstens, welcher Vorsicht die Gründung solcher Anstalten bedarf, und wie gefährlich das Versäumen dieser Vorsichten werden kann."[78] Dass Humboldt an die Stelle von monopolistischen Einrichtungen nicht eine Wirtschaftsordnung setzen wollte, bei der „die Menschen bloß als isolierte, erwerbende, hervorbringende und genießende Wesen" betrachtet werden, sondern dass der „einzelne, sich selbst überlassene Verkehr" ein freiwilliges Zusammenwirken der Bürger in Assoziationen in sich schließt, geht aus seinem „Votum, den Magdeburgischen Elb-

---

[74] Gesammelte Schriften, Bd. 17, S. 362 f.
[75] Gesammelte Schriften, Bd. 17, S. 363.
[76] Vgl. Gesammelte Schriften, Bd. 1, S. 129 f. bzw. Werke, Bd. 1, S. 90.
[77] Gesammelte Schriften, Bd. 12, S. 343.
[78] Gesammelte Schriften, Bd. 12, S. 517 f.

Schiffahrts-Assecuranz-Verein betreffend" vom 30. August 1819 hervor.[79] In diesem Verein hatten sich Kaufleute und Schiffer von Magdeburg zusammengeschlossen und waren „die gegenseitige Verbindlichkeit eingegangen, weder sich anderer Schiffer, durch künftige Aufnahme neuer in den Verein, zu bedienen, noch andere Waren, als solche, welche den Mitgliedern des Vereins gehören, zu verladen". Humboldt sah deutlich die „monopolistische Tendenz" dieses Vereins der magdeburgischen Kaufleute und Schiffer, die er folgendermaßen charakterisiert: „Insofern sie ... einen solchen Verein gestiftet haben, schließen sie diejenigen Kaufleute und Schiffer, die nicht zu demselben gehören, aus, erschweren diesen die Betreibung ihres Gewerbes, und die Kaufleute namentlich entziehen die ausschließlich für sie in Beschlag genommenen Schiffer der allgemeinen Konkurrenz."[80] Andererseits sah er aber auch, dass ein solcher Vertrag trotz der bestehenden Gewerbefreiheit durchaus berechtigt sein kann, „da es von jedem Gewerbetreibenden abhängt, für wen er zu arbeiten und wen er in Dienst zu nehmen gesonnen ist".[81] „Was aber *einem* hierin erlaubt ist, muss es auch zweien und mehreren, ja endlich allen Mitgliedern einer bestimmten Korporation sein." Das entscheidende Merkmal dafür, ob der Verein als berechtigt anzusehen ist oder nicht, war für Humboldt, ob seine Bedingungen aus dem freien Willen der Beteiligten hervorgehen, oder ob sie in irgendeiner Weise auf Zwang beruhen. So sagt er: „Das Einzige, was einen Unterschied machen würde, ist bloß, wenn die Korporation als moralische Person nach Stimmenmehrheit und durch ihre Vorsteher handelte. Denn da alsdann keiner in der Korporation sein könnte, ohne sich zugleich in diesen Verein zu begeben, so träte ein indirekter Zwang ein und die Bedingungen des Vereins hörten auf, aus dem freien Willen der Einzelnen hervorzugehen."[82] Humboldt hält deshalb den Verein dann für berechtigt, wenn er als *Assoziation* gebildet ist und lehnt ihn als die Freiheit beschränkend ab, wenn er als *Korporation* auftritt. Als Assoziation ist er anzusehen, wenn „die aus den Bedingungen des Vereins entspringenden Einschränkungen der Freiheit aus dem immer wechselnden Willen und den oft wechselnden Umständen der Einzelnen hervorgehen" und er „bloß als eine Vereinigung so vieler Individuen, als *namentlich* in demselben zusammengetreten sind" handelt. Als Korporation hingegen wäre er zu betrachten, wenn er so handelte, „dass der Wille des einen den Willen des anderen binden" könnte oder dass jeder in Magdeburg Handel Treibende genötigt wäre, dem Verein beizutreten.[83]

---

[79] Vgl. Gesammelte Schriften, Bd. 12, S. 344 ff.
[80] Gesammelte Schriften, Bd. 12, S. 344 f.
[81] Gesammelte Schriften, Bd. 12, S. 344. – Die Einführung der Gewerbefreiheit in Preußen erfolgte durch die §§ 16 ff. des „Edikts über die Einführung einer allgemeinen Gewerbe-Steuer" vom 2. November 1810, Preußische Gesetzsammlung 1810, S. 79 ff.; vgl. auch die „Allerhöchste Kabinettsordre vom 19ten April 1813, betreffend die zwischen verschiedenen Kontrahenten bestehenden Verträge, welche die gesetzlich gegebene Gewerbefreiheit beschränken", Preußische Gesetzsammlung 1813, S. 69.
[82] Gesammelte Schriften, Bd. 12, S. 346.

2. Die Grenzen der Wirksamkeit des Staates und die Nationalanstalten

Um die Freiheit der Vertragschließenden auch für die Zukunft zu sichern, hält Humboldt es für erforderlich, dem Verein zu verbieten, „seinen Vertrag anders als jedes Mal auf kurze Zeit zu schließen, ... sodass er fortwährender Erneuerung bedürfen wird".[84] Weitergehende Auflagen und insbesondere ein Verbot der vertraglichen Bindungen hält Humboldt mit der gesetzlich festgelegten Gewerbefreiheit für unvereinbar und auch nicht für durchführbar. So sagt er: „Jede andere Beschränkung des Vereins schien mir gesetzwidrig und zugleich, wie ich glaube, unausführbar. Die Kaufleute zu nötigen, mehr Schiffer zuzulassen, und die Schiffer, andere Ware aufzunehmen, ist, solange beide Teile zusammenhalten, nicht möglich, ohne solche Maßregeln zu ergreifen, welche das Königl. Handelsministerium in Hamburg versucht hat, die aber, wie ich freimütig gestehen muss, mir ein wahrer Zwang zu sein und die Grenzen der Behörden zu überschreiten scheinen."[85] Humboldt war also gegen ein staatlich erzwungenes Kartellverbot eingestellt.

So sehen wir, wie Humboldt auch während der Zeit seines staatsmännischen Wirkens und danach sich für Freiheit des wirtschaftlichen Lebens von Eingriffen durch den Staat einsetzt und somit seine Ideen von den Grenzen der Wirksamkeit des Staates hinsichtlich einer Sorgfalt für das physische Wohl seiner Bürger in ihm fortwirken. So weit er Beschränkungen der Vertragsfreiheit durch den Staat für erforderlich ansieht, beruht dies auf seiner bereits in der Schrift über die Grenzen der Wirksamkeit des Staates enthaltenen Erkenntnis, dass es Aufgabe des Staates ist, für die Sicherheit auch innerhalb des Wirtschaftslebens zu sorgen. Der Staat greift nicht selbst in das Wirtschaftsleben ein, sondern sorgt nur für die Sicherheit und Freiheit der Bürger, wenn sie selbst innerhalb des Wirtschaftslebens tätig sind.[86]

Schließlich sei noch erwähnt, dass Humboldt in seinen beiden Verfassungsdenkschriften aus dem Jahre 1819 vorsieht, den ständischen Behörden der Gemeinden, Kreise und Provinzen so weit wie möglich u. a. den Bau und die Unterhaltung der Wege und Straßen sowie die Armenpflege zu übertragen.[87] Dies hängt mit Humboldts Bestreben zusammen, diejenigen Angelegenheiten, die nach seiner Überzeugung außerhalb der Grenzen der Wirksamkeit des Staates liegen, möglichst auf Vereinigungen der Nation zu übertragen. So wendet er sich in den beiden Verfassungsdenkschriften gegen „das Ansichreißen und Umsichgreifen der Staatsbehörden" und gegen „das bloße Regieren durch den Staat" und spricht sich für das „Abgeben von bestimmten Verwaltungszweigen" an die „ständischen Behörden" der Nation aus.[88] Über das bloße Regieren durch

---

[83] Gesammelte Schriften, Bd. 12, S. 348 f.
[84] Gesammelte Schriften, Bd. 12, S. 349.
[85] Gesammelte Schriften, Bd. 12, S. 350.
[86] Vgl. oben, S. 82 sowie unten, S. 142 ff.
[87] Vgl. Gesammelte Schriften, Bd. 12, S. 247, 403 f., 426; Bd. 13, S. 289.

den Staat sagt er mit deutlichem Anklang an Motive seiner Schrift über die Grenzen der Wirksamkeit des Staates, dass es, „da es durch Häufung der Kontrolle Geschäfte aus Geschäften erzeugt, sich mit der Zeit in sich selbst zerstören, in den Mitteln immer unbestreitbarer, in seinen Formen immer hohler, in seiner Beziehung auf die Wirklichkeit, den eigentlichen Bedürfnissen und Gesinnungen der Nation minder entsprechend werden" muss.[89] Indem Humboldt allerdings Aufgaben, die er früher besonderen, auf freien Verträgen beruhenden Nationalanstalten übertragen sehen wollte, jetzt den Gebietskörperschaften übertragen will, weicht er – zumindest scheinbar – in einem wesentlichen Punkt von seinen früheren Anschauungen ab. Dies wird damit zusammenhängen, dass besondere Nationalanstalten sich erst hätten bilden müssen, während die Gebietskörperschaften bereits vorhanden waren. Auch fasste Humboldt die Gebietskörperschaften in erster Linie als Selbstverwaltungskörperschaften der Nation und damit in gewissem Sinne als „Nationalanstalten" auf, was daraus hervorgeht, dass er von einer Verwaltung durch „ständische Behörden" der Gemeinden, Kreise und Provinzen spricht. Und schließlich versprach er sich von einer Verwaltung bestimmter Angelegenheiten durch diese eine ebensolche Wirkung auf den Bürgersinn, wie von einer Verwaltung durch besondere Nationalanstalten; so, wenn er in seiner „Denkschrift über Preußens ständische Verfassung" vom 4. Februar 1819 schreibt, „dass der Bürger durch die Teilnahme an der Gesetzgebung, Beaufsichtigung und Verwaltung mehr Bürgersinn und mehr Bürgergeschick erhält, dadurch für sich selbst sittlicher wird, und seinem Gewerbe und individuellen Leben, indem er beide näher an das Wohl seiner Mitbürger knüpft, eine höhere Geltung gibt".[90] Schließlich wird mitbestimmend gewesen sein, dass es schwierig gewesen wäre, gerade für die Aufgaben des Straßenbaus und der Armenpflege, die erhebliche finanzielle Mittel erfordern, selbst bei Zuschüssen des Staates genügend Mittel durch Nationalanstalten, das heißt durch Bürgervereinigungen, die auf Freiwilligkeit beruhen, aufzubringen.

f) Freiheit und Selbstverwaltung des Bildungswesens

Betrachten wir nun Humboldts Auffassung von der Sorgfalt des Staates für das moralische Wohl seiner Bürger, wie sie in seiner Schrift über die Grenzen der Wirksamkeit des Staates enthalten ist. Humboldt unterscheidet in dieser Schrift insbesondere dreierlei Mittel, deren sich der Staat bedient, um auf den Charakter und die Sitten der Nation einzuwirken: die öffentliche Erziehung, die Religion und einzelne Gesetze und Verordnungen, die solche Handlungen

---

[88] Vgl. Gesammelte Schriften, Bd. 12, S. 227, 229 f. bzw. Werke, Bd. 4, S. 434 f., 437; Gesammelte Schriften, Bd. 12, S. 397 f.

[89] Vgl. Gesammelte Schriften, Bd. 12, S. 397 sowie oben, S. 80.

[90] Gesammelte Schriften, Bd. 12, S. 227 bzw. Werke, Bd. 4, S. 434; vgl. auch Gesammelte Schriften, Bd. 12, S. 398.

2. Die Grenzen der Wirksamkeit des Staates und die Nationalanstalten 95

verbieten, die entweder an sich unsittlich sind, oder leicht zur Unsittlichkeit führen.

Es ist einleuchtend, dass jede Sorgfalt des Staates für das moralische Wohl viel stärker auf das innere Wesen des Menschen einwirkt als die Sorgfalt für das physische Wohl. Während durch die Sorgfalt des Staates für das physische Wohl der Menschen diese nur mittelbar in ihrer Entwicklung beeinträchtigt werden, indem die Möglichkeit einer freien Entfaltung mehr oder weniger beschränkt wird, wird durch die Sorgfalt des Staates für das moralische Wohl unmittelbar die innere Entwicklung des Menschen beeinflusst. Humboldt sagt deshalb, „dass jede Einschränkung verderblicher wird, wenn sie sich auf den moralischen Menschen bezieht".[91]

Am stärksten wird die innere Entwicklung des Menschen zweifellos beeinflusst durch die Einwirkung des Staates auf das Erziehungs- und Bildungswesen. Dieses Einwirken erfolgt unmittelbar, indem der Staat auf die Gestaltung des Unterrichts selbst Einfluss nimmt und mittelbar, indem er Lehrer ausbildet, auswählt und besoldet.

Nun kommt es dem Staat aber nie so sehr auf die Ausbildung des Menschen als *Menschen* an. Ihm ist vielmehr vor allem daran gelegen, brauchbare, gesetzestreue *Bürger* heranzubilden. Er wird bestrebt sein, eine möglichst große Einheitlichkeit in das Erziehungs- und Bildungswesen hineinzubringen. Für Humboldt kann aber die Aufgabe der Erziehung nur darin bestehen, die in jedem Menschen liegenden individuellen Anlagen und Fähigkeiten so weit wie möglich zu entwickeln. Der Mensch darf nicht so gebildet werden, dass er in die bestehende Staatsverfassung hineinpasst, sondern umgekehrt sollen die frei gebildeten Menschen die Verfassung in ihrem Sinne gestalten. Nur so ist eine lebendige Entwicklung möglich. Diese Gedanken drückt Humboldt folgendermaßen aus: „Schon diesen wenigen Bemerkungen zufolge erscheint, um zuerst von demjenigen moralischen Mittel zu reden, was am weitesten gleichsam ausgreift, öffentliche, d. i. vom Staat angeordnete oder geleitete Erziehung wenigstens von vielen Seiten bedenklich. Nach dem ganzen vorigen Raisonnement kommt schlechterdings alles auf die Ausbildung des Menschen in der höchsten Mannigfaltigkeit an; öffentliche Erziehung aber muss, selbst wenn sie diesen Fehler vermeiden, wenn sie sich bloß darauf beschränken wollte, Erzieher anzustellen und zu unterhalten, immer eine bestimmte Form begünstigen. Es treten daher alle die Nachteile bei derselben ein, welche der erste Teil dieser Untersuchung hinlänglich dargestellt hat ..."[91] Und er fährt fort: „Daher müsste, meiner Meinung zufolge, die freieste, so wenig als möglich schon auf die bürgerlichen Verhältnisse gerichtete Bildung des Menschen überall vorangehen. Der so gebildete Mensch müsste dann in den Staat treten und die Verfassung des Staats sich

---

[91] Gesammelte Schriften, Bd. 1, S. 143 bzw. Werke, Bd. 1, S. 105.

gleichsam an ihm prüfen. Nur bei einem solchen Kampfe würde ich wahre Verbesserung der Verfassung durch die Nation mit Gewissheit hoffen und nur bei einem solchen schädlichen Einfluss der bürgerlichen Einrichtung auf den Menschen nicht besorgen."[92]

Gegen diese Forderung Humboldts nach einem freien, vom Staate unabhängigen Erziehungs- und Bildungswesen kann man einwenden, dass bei einer solchen Freiheit innerhalb des Schulwesens infolge der Verschiedenartigkeit des Unterrichts ein Wechsel von einer Schule zur anderen sehr erschwert, wenn nicht unmöglich gemacht würde. Dieser Einwand hat jedoch nur für den Gewicht, der Bildung mit Wissensvermittlung verwechselt. Schon Humboldt sah die Gefahr dieser Verwechslung, wenn er schreibt: „Vielleicht scheint es sogar, als diente vielmehr die Erweiterung vieler Wissenschaften, welche wir diesen und ähnlichen Einrichtungen des Staats, welcher allein Versuche im Großen anzustellen vermag, vorzüglich danken, zur Erhöhung der intellektuellen Kräfte und dadurch der Kultur und des Charakters überhaupt. Allein nicht jede Bereicherung durch Kenntnisse ist unmittelbar auch eine Veredlung selbst nur der intellektuellen Kraft …"[93] Wenn der Staat nicht mehr einen bestimmten Wissensstoff vorschreibt, der am Ende der Schulzeit im Gedächtnis der Schüler gegenwärtig sein soll, sondern wenn vielmehr eine freie Menschenbildung den Stoff der einzelnen Wissenschaftsgebiete als Mittel benutzt, den Menschen in all seinen Kräften harmonisch zu entwickeln, dann ist ein Schulwechsel auch innerhalb eines freien und unabhängigen Erziehungs- und Bildungswesens ohne Schwierigkeit möglich. Auch wird ein solcher Wechsel dadurch ermöglicht werden, dass sich bestimmte Schulformen über die Ländergrenzen hinweg bilden werden, wie schon heute insbesondere das Beispiel der Waldorfschulen zeigt.

Humboldt ist auch davon überzeugt, dass in einem freien Erziehungs- und Bildungswesen bessere Erzieher tätig sein werden. So schreibt er in den Ideen über die Grenzen der Wirksamkeit des Staates: „Bei freien Menschen entsteht Nacheiferung, und es bilden sich besser Erzieher, wo ihr Schicksal von dem Erfolg ihrer Arbeiten, als wo es von der Beförderung abhängt, die sie vom Staate zu erwarten haben."[94] Auch wird in einem freien Schulwesen bei der Wahl des Erzieherberufs nicht, wie innerhalb des staatlichen Schulwesens in vielen Fällen, die Aussicht auf eine pensionsberechtigte Beamtenstellung, sondern allein die Liebe zum Lehrberuf bestimmend sein. Und schließlich wird mit der Freiheit auch die Freude am Menschenbilden und Erziehen wiederkehren, die bei einer staatlichen Verwaltung des Schulwesens nur zu oft unter einem Wust von Anweisungen erstickt wird.

---

[92] Gesammelte Schriften, Bd. 1, S. 144 bzw. Werke, Bd. 1, S. 106.
[93] Gesammelte Schriften, Bd. 1, S. 114 bzw. Werke, Bd. 1, S. 73.
[94] Gesammelte Schriften, Bd. 1, S. 145 bzw. Werke, Bd. 1, S. 108.

2. Die Grenzen der Wirksamkeit des Staates und die Nationalanstalten 97

Auch mit dem Einwand, dass nur der Staat in der Lage sei, das Schulwesen einzurichten und zu unterhalten, setzt sich Humboldt auseinander. Nach seiner Überzeugung wird die Freiheit des wirtschaftlichen Lebens einen größeren Wohlstand zur Folge haben, die Eltern werden deshalb besser in der Lage und auch willens sein, das Schulwesen wirtschaftlich zu tragen, wenn es in seinem Bestand von ihnen abhängt. So sagt Humboldt: „Überhaupt soll die Erziehung nur, ohne Rücksicht auf bestimmte, den Menschen zu erteilende bürgerliche Formen, Menschen bilden, so bedarf es des Staats nicht. Unter freien Menschen gewinnen alle Gewerbe besseren Fortgang, blühen alle Künste schöner auf, erweitern sich alle Wissenschaften. Unter ihnen sind auch alle Familienbande enger, die Eltern eifriger bestrebt, für ihre Kinder zu sorgen, und, bei höherem Wohlstand, auch vermögender, ihrem Wunsche hierin zu folgen ... Es wird daher weder an sorgfältiger Familienerziehung, noch an Anstalten so nützlicher und notwendiger gemeinschaftlicher Erziehung fehlen."[95] Über die Finanzierung einer vom Staate unabhängigen gemeinschaftlichen Erziehung hat sich Humboldt in seiner Schrift über die Grenzen der Wirksamkeit des Staates nicht ausdrücklich geäußert. Da er davon spricht, dass die Eltern bei höherem Wohlstand vermögender sind, für ihre Kinder zu sorgen, ist jedoch anzunehmen, dass er an eine Finanzierung durch das Schulgeld der Eltern denkt. Die von den Bürgern selbst ohne staatliche Mitwirkung eingerichteten und unterhaltenen Anstalten können ebenfalls Nationalanstalten genannt werden, auch wenn Humboldt dies in diesem Zusammenhang nicht ausdrücklich tut.

Wir sehen somit, dass die öffentliche Erziehung nach der Überzeugung Humboldts nicht Aufgabe des Staates, sondern vielmehr Aufgabe der Nation ist. Von dieser Überzeugung ist er, wie wir bereits gezeigt haben, auch noch in den Jahren 1809/10 während seines Wirkens als Leiter der preußischen Kultus- und Unterrichtsangelegenheiten durchdrungen.[96] In der Schrift über die Grenzen der Wirksamkeit des Staates ist Humboldt nun nicht darauf eingegangen, wie die Verwaltung des Schulwesens durch die Nation im Einzelnen vorgestellt werden kann. Es ist jedoch anzunehmen, dass er an die Bildung von Nationalanstalten in Form von Schulvereinen dachte, durch welche die verschiedenen Schulen wirtschaftlich getragen werden. In den Jahren 1809/10, als er die Absicht hatte, das Schulwesen allmählich der Nation zu übertragen, hatte Humboldt dann in erster Linie die Gebietskörperschaften der Nation, die Stadt- und Landgemeinden sowie die Provinzen im Auge.[97] Er dachte hierbei vor allem an die Aufbringung der finanziellen Mittel durch diese Korporationen. So wenn er in einem Bericht vom 1. Dezember 1809 davon spricht, dass seine Sektion die Unterhaltung und Verbesserung des städtischen Schulwesens vorzüglich den

---

[95] Gesammelte Schriften, Bd. 1, S. 145 f. bzw. Werke, Bd. 1, S. 108.
[96] Vgl. oben, S. 55 ff.
[97] Vgl. Gesammelte Schriften, Bd. 13, S. 218 f. bzw. Werke, Bd. 4, S. 46 und Gesammelte Schriften, Bd. 16, S. 94.

städtischen Kommunen zu übertragen wünscht[98], oder wenn er in einem Bericht vom 12. Mai 1810 sagt, dass die notwendige Verbesserung der Landschulen größtenteils durch die Gemeinden geschehen könnte und sollte.[99] Wie aus seinen Berichten vom 16. August 1809 und 12. Mai 1810 hervorgeht, stellte er sich eine allgemeine Bürgerabgabe vor, die nicht in die Regierungskassen, sondern in besondere kommunale Kassen fließen sollte.[100] Hierzu bemerkt Humboldt in dem letztgenannten Bericht: „Die Vorteile einer solchen Einrichtung, die größere Selbständigkeit dieser Kasse, das höhere Interesse der Nation an Instituten, die nun sichtlicher ihr Werk wären, liegen am Tage. Ja, es entstände vielleicht dann, wenn es solche, nicht mit den Regierungs-Kassen vermischte, sondern von den Administratoren der Kommunen selbst verwaltete Kassen gäbe, wieder der alte fromme Gemeingeist, der sich in zu oft und ungerecht geschwächten Schenkungen und Vermächtnissen tätig erwiese."[101] Bei seinen Überlegungen über die Art der Erhebung dieser allgemeinen Bürgerabgabe macht er unter anderem den Vorschlag, dass „jeder Teil der Nation ... unmittelbar die für ihn besonders bestimmten Anstalten und Personen" erhält. Hierbei denkt er nicht nur an die Gebietskörperschaften der Nation, sondern an zu bildende besondere Schulsozietäten bzw. -korporationen, wenn er sagt: „Inwiefern aber die Unterhaltung der Land- und niederen Stadtschulen durch Einrichtung von Schul-Sozietäten im ganzen Lande, durch Zuschüsse aus den Stadt-Kassen und durch Bildung von Provinzial-Kassen zu bewirken sein möchte, würde näher ausgemittelt werden müssen."[102] In diesem Gedanken, besondere Schul-Sozietäten im ganzen Lande einzurichten, sehen wir die Idee der auf Verträgen beruhenden Nationalanstalten in Humboldt weiterwirken. Man wird sich diese Schulsozietäten so vorzustellen haben, dass sich in ihnen jeweils die an einer bestimmten Schule interessierten Eltern, Lehrer und Freunde zu einer diese Schule tragenden Vereinigung verbinden. Wegen seines bald darauf erfolgenden Ausscheidens aus der Leitung der Kultus- und Unterrichtsangelegenheiten in Preußen konnte Humboldt diesen Gedanken nicht weiterverfolgen. Später hat er ihn auch nicht wieder aufgegriffen, als Verfassungsentwürfe und andere Arbeiten ihm Gelegenheit gaben, zu Fragen der Schulverwaltung Stellung zu nehmen. Er beschränkte sich vielmehr darauf zu versuchen, das Schulwesen mehr und mehr zu einer Angelegenheit der Gebietskörperschaften der Nation, also der Kommunen und Provinzen zu machen. Dem widerspricht nicht, wenn es in seinen Entwürfen zur Bundesverfassung vom November 1814 heißt, dass die

---

[98] Vgl. Gesammelte Schriften, Bd. 10, S. 208 bzw. Werke, Bd. 4, S. 220 f.
[99] Vgl. Gesammelte Schriften, Bd. 13, S. 284 bzw. Werke, Bd. 4, S. 279; vgl. auch Gesammelte Schriften, Bd. 13, S. 239, 249, 299 bzw. Werke, Bd. 4, S. 134, 164.
[100] Vgl. Gesammelte Schriften, Bd. 13, S. 239, 288 bzw. Werke, Bd. 4, S. 134, 283 f.
[101] Gesammelte Schriften, Bd. 13, S. 288 bzw. Werke, Bd. 4, S. 284.
[102] Gesammelte Schriften, Bd. 13, S. 288 f. bzw. Werke, Bd. 4, S. 284.

2. Die Grenzen der Wirksamkeit des Staates und die Nationalanstalten 99

mittelbar gewordenen ehemaligen Reichsstände das Recht der Besetzung der Pfarr- und Schulstellen, der Aufsicht über ihr Kirchen- und Schulwesen und die Verwaltung des Vermögens ihrer Kirchen und milden Stiftungen durch eigene Behörden unter Befolgung der Landesgesetze und unter der Leitung der obersten Kirchen- und Schulbehörden behalten sollen.[103] Durch diese Bestimmung sollten nur die alten Rechte der mediatisierten Reichsstände erhalten oder wiederhergestellt werden, nicht jedoch eine neue Entwicklung eingeleitet werden, was während des Wiener Kongresses kaum möglich war. Neue Entwicklungen konnten mit Aussicht auf Erfolg nur innerhalb Preußens angestrebt werden. Dies versuchte Humboldt dann in seinem Entwurf einer „Gemeindeordnung für das platte Land" vom Frühjahr 1817, in welchem er vorsieht, dass die Schulen einen eigenen Vorstand erhalten, welchen der Gemeinderat entweder aus seinen oder den übrigen Mitgliedern der Gemeinde mit Zustimmung des Schulzenamts wählt. Dieser Vorstand sollte in der Ausführung seiner Geschäfte dem Schulzenamt unterstehen, aber dem Gemeinderat unmittelbar Vortrag über den Zustand der Schule halten und Vorschläge zur Verbesserung machen können.[104] Die gleiche Tendenz, das Schulwesen so weit möglich den Gebietskörperschaften der Nation zu übertragen, kommt auch in Humboldts Verfassungsdenkschriften aus dem Jahr 1819 zum Ausdruck, wenn auch meist in vorsichtiger Weise. So zählt er in seiner „Denkschrift über Preußens ständische Verfassung" vom 4. Februar 1819 zu den Gegenständen, welche der Verwaltung ständischer Behörden übergeben werden können, „Angelegenheiten, die einen Charakter an sich tragen, der sie mehr zur Sache des ganzen Staats macht, wie Kirchen und Schulen, Armen-, Straf-, Kranken-Anstalten" und bemerkt dazu – nur in scheinbarem Widerspruch zu seiner Jugendschrift über die Grenzen der Wirksamkeit des Staates –: „Hier muss der Staat auch positiv hinzutreten; es muss gänzlich von ihm abhängen, wie viel oder wenig er die Besorgung hier aus den Händen geben will; und es muss nach der Ortsbeschaffenheit modifizierte Verwaltungsmaxime sein, die ständischen Behörden hierfür so viel, als nur immer möglich, zu interessieren."[105] Deutlicher drückt Humboldt die gleiche Tendenz in seiner „Denkschrift über ständische Verfassung" vom Oktober 1819 aus, wenn er sagt, dass es Maxime sein muss, „von denjenigen Gegenständen, die wirklich zugleich Gemeindeangelegenheiten sind, wie Schulen, Wege u. s. f., so viel in die Verwaltung der Gemeindebehörde unter ihrer Verantwortung übergehen zu lassen, als nur immer ratsam oder zulässig erscheinen kann. Denn dadurch wird die Tätigkeit der Regierung vereinfacht und der Gemeingeist angeregt und unterhalten."[106] Allerdings will Humboldt den Gemeinden nur die Verwaltung und Unterhaltung der Land- und niederen Stadtschulen, nicht jedoch der gelehrten

---

[103] Vgl. Gesammelte Schriften, Bd. 11, S. 254.
[104] Vgl. Gesammelte Schriften, Bd. 12, S. 151.
[105] Vgl. Gesammelte Schriften, Bd. 12, S. 247 bzw. Werke, Bd. 4, S. 453.
[106] Gesammelte Schriften, Bd. 12, S. 404; vgl. ferner S. 173, 383, 403, 426.

Schulen und der Universitäten übertragen, wie aus seinem Bericht an Altenstein vom 12. Mai 1810 und aus seiner „Denkschrift über ständische Verfassung" vom Oktober 1819 hervorgeht.[107] Die Universitäten wollte Humboldt, wie wir bereits gezeigt haben, als Selbstverwaltungskörperschaften durch die Übertragung staatlicher Domänen vom Staat wirtschaftlich unabhängig machen.[108]

Die Tatsache, dass Humboldt die Verwaltung der Land- und niederen Stadtschulen den Gemeinden übertragen wollte und den Gedanken an besondere Schulsozietäten als Träger solcher Schulen nicht weiterverfolgt hat, mag vor allem damit zusammenhängen, dass solche Schulsozietäten erst hätten gebildet werden müssen, was mit vielen Schwierigkeiten verbunden gewesen wäre, während die Gebietskörperschaften der Nation bereits vorhanden waren. Auch hoffte er wohl, das Schulwesen dem kirchlichen Einfluss stärker zu entziehen, wenn er es durch die Gebietskörperschaften verwalten ließ. Schrieb er doch einmal in einem Brief an seinen Mitarbeiter Uhden vom 16. Juni 1809: „In einem Staat, wie er sein sollte, müssten alle Schulen Unternehmungen der Gemeinen, aber der Bürger-, nicht der Kirchengemeinen sein."[109] Es kommt hinzu, dass Humboldt sich von einer Verwaltung und Unterhaltung der Schulen durch die Gebietskörperschaften die gleiche heilsame Wirkung auf den Bürgersinn erhoffte, wie sie von einer Verwaltung durch besondere, erst zu bildende Schulkorporationen zu erwarten gewesen wäre. So schrieb er in einem Bericht vom 1. Dezember 1809, dass die Unterhaltung und Verbesserung des städtischen Schulwesens durch die städtischen Kommunen den Bürgern heilsam ist, „die mehr Bürgersinn gewinnen, wenn sie Schulverbesserung als ihr Werk ansehen, mehr Interesse am Unterricht selbst nehmen, die gewiss bessere öffentliche Erziehung der Privat-Erziehung vorziehen, wenn ihre öffentlichen Schulen ihnen selbst einige, wenngleich mäßige, Kosten machen, und endlich moralischer werden, wenn sie für die Moralität ihrer Kinder mit einiger Aufopferung Sorge tragen".[110]

Zu Humboldts Bestreben, die Unterhaltung und Verwaltung des Schulwesens den Gebietskörperschaften der Nation zu übertragen, muss nun aber bemerkt werden, dass diese ebenso wie der Staat auf Zwang beruhen und aufgrund von Mehrheitsentscheidungen handeln und somit keine echten Nationalanstalten im Sinne seiner Schrift über die Grenzen der Wirksamkeit des Staates darstellen, die auf Freiwilligkeit beruhen und einstimmig handeln sollen.[111] Echte Nationalanstalten in diesem Sinne wären hingegen die von ihm ins Auge gefassten

---

[107] Vgl. Gesammelte Schriften, Bd. 13, S. 288 bzw. Werke, Bd. 4, S. 282; Gesammelte Schriften, Bd. 12, S. 404.
[108] Vgl. oben, S. 60 f.
[109] Gesammelte Schriften, Bd. 16, S. 141.
[110] Gesammelte Schriften, Bd. 10, S. 208 bzw. Werke, Bd. 4, S. 220 f.; vgl. auch Humboldts Brief an Natorp vom 14. März 1809, Gesammelte Schriften, Bd. 16, S. 94.
[111] Vgl. oben, S. 83 ff.

Schulsozietäten gewesen. Es ist deshalb sehr zu bedauern, dass es Humboldt infolge seines Ausscheidens aus der Leitung der preußischen Kultus- und Unterrichtsangelegenheiten nicht mehr möglich war, für die Bildung solcher Schulsozietäten zu wirken. Da diese frei gebildet worden wären und in ihnen Minderheiten nicht durch Mehrheiten hätten unterdrückt werden können, hätte durch sie ein freies und mannigfaltiges Schulwesen im Sinne seiner Ideen von den Grenzen der Wirksamkeit des Staates entstehen können.

g) Freiheit der Religionsausübung

Gehen wir nun über zu der Betrachtung von Humboldts Anschauung der Religion als eines staatlichen Mittels, „auf den Charakter und die Sitten der Nation zu wirken", wie sie sich aus seiner Schrift über die Grenzen der Wirksamkeit des Staates ergibt. Diese Anschauung ist nur aus der damaligen Zeitsituation heraus zu verstehen. Es wurde bereits darauf hingewiesen, dass in Preußen im Jahre 1788 ein Religionsedikt erlassen wurde, und gezeigt, in welcher Weise der preußische Staat durch dieses Edikt auf die Sittlichkeit der Nation einzuwirken hoffte.[112] Wie bereits dargestellt wurde, hat Humboldt in der Auseinandersetzung mit diesem Edikt einen Aufsatz „Über Religion" verfasst[113], der von ihm dann in überarbeiteter Form in die Schrift über die Grenzen der Wirksamkeit des Staates übernommen wurde.[114]

In diesem von der Religion handelnden Kapitel seiner Schrift spricht Humboldt die Überzeugung aus, dass wahre Tugend nur gedeihen kann, wenn der Mensch sich seine inneren Überzeugungen selbst frei bilden kann. Durch eine staatliche Förderung bestimmter Religionsanschauungen oder der Religiosität überhaupt kann keine wahre Tugend hervorgebracht werden. Deshalb fordert Humboldt gegenüber dem in dem Religionsedikt ausgesprochenen Verbot der freien Meinungsäußerung Geistesfreiheit und Achtung vor der Denkungs- und Empfindungsweise des anderen Menschen.[115] Der Staat hat lediglich sicherzustellen, dass sich jedermann mit Religionsideen vertraut machen und frei nach der Wahrheit forschen kann. So schreibt Humboldt: „Wegräumung der Hindernisse, mit Religionsideen vertraut zu werden, und Begünstigung des freien Untersuchungsgeistes sind folglich die einzigen Mittel, deren der Gesetzgeber sich bedienen darf; geht er weiter, sucht er die Religiosität direkt zu befördern oder zu leiten, oder nimmt er gar gewisse bestimmte Ideen in Schutz, fordert er, statt wahrer Überzeugung, Glauben auf Autorität, so hindert er das Aufstreben des

---

[112] Vgl. oben, S. 28 ff.
[113] Vgl. oben, S. 31.
[114] Vgl. Gesammelte Schriften, Bd. 1, S. 45 ff., 147 ff. bzw. Werke, Bd. 1, S. 1 ff., 110 ff.
[115] Vgl. Gesammelte Schriften, Bd. 1, S. 161, 152 bzw. Werke, Bd. 1, S. 127, 116.

Geistes, die Entwicklung der Seelenkräfte; so bringt er vielleicht durch Gewinnung der Einbildungskraft, durch augenblickliche Rührungen Gesetzmäßigkeit der Handlungen seiner Bürger, aber nie wahre Tugend hervor. Denn wahre Tugend ist unabhängig von aller, und unverträglich mit befohlener und auf Autorität geglaubter Religion."[116] Nach Humboldts Überzeugung hat deshalb die Religion außerhalb der Grenzen der Wirksamkeit des Staates zu liegen.

Betrachten wir nun noch Humboldts Einstellung zu dem Verhältnis von Staat und Religion, wie sie sich aus seinem späteren Wirken als preußischer Diplomat und Staatsmann ergibt. Hier kommt vor allem sein Wirken als Resident Preußens am Hofe des Papstes in Rom in Betracht, das in die Jahre 1802 bis 1808 fällt.[117] Humboldts Tätigkeit in Rom lag eine längere Instruktion vom 22. August 1802 zugrunde, in welcher die Grundsätze für seine Tätigkeit aufgestellt und seine Hauptaufgaben umrissen waren. Als leitender Gesichtspunkt wurde auf der einen Seite das Streben nach Toleranz, auf der anderen Seite das Festhalten an allen Majestätsrechten in geistlichen und weltlichen Angelegenheiten bezeichnet. Wörtlich hieß es in der Instruktion: „Als ein protestantischer Souverän kennen Wir den vollen Umfang Unserer Majestätsrechte circa sacra und aller Unserer Gerechtsame in geistlichen Angelegenheiten und halten solche unwandelbar aufrecht wieder alle und jede Angriffe und Anmaßungen, üben jene Rechte stets aus und haben ein wachsames Auge auf Alles, was sich darauf beziehet. Als König und Souverän sovieler tausend, Unserem landesväterlichen Herzen theurer katholischer Unterthanen lassen Wir dieselben die Früchte einer wohlverstandenen Toleranz genießen und geben nicht zu, dass ihre Gewissensfreiheit gekränkt werde."[118] Weiter wurden in der Instruktion unter anderem noch folgende Grundsätze aufgestellt: Nie darf bei den Unterhandlungen, die im Auftrage des Königs oder unter seiner Zustimmung geführt werden, die Form eines Konkordats oder überhaupt eines bilateralen Aktus angewendet werden, da diese Form eine für einen protestantischen Souverän ungehörige Art des gegenseitigen Bewilligens von Vor- und Nachteilen bedingt. Keine päpstliche Verordnung und dergleichen oder solche eines auswärtigen Oberen darf ohne königliche Genehmigung bekannt gemacht oder zur Ausführung gebracht werden. Ferner muss alles, was Untertanen in Rom zu verhandeln haben, durch das Kabinettsministerium und den Residenten in Rom gehen. Abzuweisen sind alle Versuche der Kurie, einen päpstlichen Legaten oder Nuntius abzusenden, einen Vicarius apostolicus generalis für die preußischen Katholiken zu ernennen oder auswärtigen Prälaten Aufträge für die preußischen Untertanen zu erteilen. Schließlich stellte die Instruktion das Prinzip auf, dass eine Einmischung der Kurie, selbst in geistlichen Angelegenheiten, nur zuzulassen ist, so weit die kö-

---

[116] Gesammelte Schriften, Bd. 1, S. 157 bzw. Werke, Bd. 1, S. 121 f.
[117] Über die Einzelheiten dieses Wirkens vgl. insbesondere *Gebhardt* (1928), Bd. 1, S. 35 ff.; ferner *Menze* (1991), S. 1014 ff.
[118] Zitiert nach *Gebhardt* (1928), Bd. 1, S. 37.

2. Die Grenzen der Wirksamkeit des Staates und die Nationalanstalten 103

niglichen Rechte dies gestatten, und dass die Auswahl dessen, was an die Kurie zu bringen ist, der preußischen Regierung vorbehalten bleibt.[119]

Unzweifelhaft stand Humboldt ganz auf dem Boden seiner Instruktion und wirkte gemäß den darin aufgestellten Grundsätzen. So sprach er sich zum Beispiel in Bemerkungen zu Konkordatsverhandlungen, die der Kurfürst Erzkanzler Dalberg mit päpstlichen Kardinälen 1804/05 in Paris führte, gegen die Dotierung des Klerus auf liegende Güter, gegen einen freien Verkehr der Katholiken mit Rom, gegen einen Einfluss der Bischöfe auf den öffentlichen Unterricht, gegen einen päpstlichen Nuntius am kaiserlichen Hof in Regensburg und gegen Verhandlungen des Reichstags mit dem Papst aus.[120] Dies hatte seinen Grund nicht bloß in der Tatsache, dass Humboldt als Beamter die Interessen seines Staates wahrzunehmen hatte, sondern entsprach durchaus seiner eigenen Einstellung.[121]

Hier erhebt sich nun die Frage, wie diese Einstellung mit seiner früher entwickelten Idee von dem Verhältnis des Staates zur Religion vereinbar ist. In seiner Schrift über die Grenzen der Wirksamkeit des Staates hatte sich Humboldt, wie wir gesehen haben, für Geistesfreiheit und Achtung vor der Denkungs- und Empfindungsweise des anderen Menschen, also Toleranz, eingesetzt. Humboldt sah nun beides nicht nur durch Eingriffe des Staates, sondern auch durch Eingriffe der römischen Kurie gefährdet. Er sah in der Macht, die diese über die katholischen Gläubigen ausübt, einen Eingriff in die Gewissensfreiheit des einzelnen Menschen. Demgegenüber musste es ihm gerechtfertigt erscheinen, dass der Staat seine zu Humboldts Zeit noch sehr weitgehenden Rechte, die sich aus seiner Kirchenhoheit (jus circa sacra) ergaben und die auch von den katholischen Landesherren in Anspruch genommen wurden, gegenüber den Ansprüchen der Kurie behauptet, um dadurch die Gewissensfreiheit seiner Bürger sichern zu können. So spricht er sich in einem Brief vom 29. August 1802 über seine Instruktion dahin gehend aus, dass die strenge Befolgung der darin entwickelten Grundsätze schneller, als sonst möglich sein dürfte, auch in dem katholischen Teil der königlichen Staaten *Aufklärung* und *Gewissensfreiheit* verbreiten wird. „Wie der preußische Staat lange dem protestantischen Deutschland ein Vorbild gewesen ist, so wird er dies jetzt auch für das katholische werden und in der Verwaltung der neu erworbenen Provinzen zeigen, wie man zugleich die *uneingeschränkteste Gewissensfreiheit* gestatten und die landesherrlichen Rechte mit unerschütterlicher Festigkeit gegen *fremde Eingriffe* behaupten kann."[122] In einem Bericht vom 25. Dezember 1802 spricht Hum-

---

[119] Vgl. *Gebhardt* (1928), Bd. 1, S. 38.
[120] Vgl. *Gebhardt* (1928), Bd. 1, S. 63 ff.
[121] Dieser Auffassung ist auch *Gebhardt* (1928), Bd. 1, S. 41.
[122] Gesammelte Schriften, Bd. 16, S. 5 (Hervorhebungen vom Verfasser); der Empfänger des Briefes dürfte wohl Haugwitz sein, wie *Gebhardt* (1928), Bd. 1, S. 40,

boldt davon, dass sich keines der katholischen Länder einer ebenso großen *Gewissensfreiheit* und einer so absoluten *Unabhängigkeit vom römischen Hofe* erfreut als diejenigen, die sich unter der Herrschaft des preußischen Königs befinden, dank der Festigkeit, mit der dieser seine Souveränitätsrechte aufrechtzuerhalten wusste und dank des *gleichen Schutzes,* den er allen seinen Untertanen ohne Unterschied ihrer Religion zuteil werden ließ.[123] In Briefen an Körner vom 18. Juni 1802 und an Schiller vom 22. Oktober 1803 spricht er sich dahin gehend aus, das Band zwischen dem Papst und den katholischen Untertanen des Königs immer loser zu machen und „dem Zwang, den man von Rom aus sogar auch in den entferntesten Gegenden noch ausüben möchte, so viel es angeht zu steuern".[124] In einem Bericht vom Anfang des Jahres 1805 spricht er von der „eingewurzelten Überhebung" und dem „usurpatorischen System" der Kurie.[125] im Mai 1808 berichtet er, dass Napoleon seinen Bischöfen verboten haben soll, mit Rom in Verbindung zu treten. Wenn dies der Fall ist, meint er, werden auch die anderen Regierungen gut tun, ihren Bischöfen die Rechte wiederzugeben, die die Urkirche ihnen verliehen, die Päpste ihnen ungerechterweise entrissen haben. Allerdings bemerkt er dazu, dass selbst wirkliche Vorurteile eine gewisse Schonung verdienen, wenn sie die Religion betreffen, und dass es immer besser sei, fehlerhafte Einrichtungen nicht früher zu zerstören, als bis man die irrigen Ideen, die sie entstehen ließen, untergraben habe.[126] In seinem Bericht vom 18. Juni 1808 urteilt er über die geheimen Instruktionen, die der Papst nach Auflösung des Kirchenstaates den Bischöfen der bisher päpstlichen Gebiete erteilt hatte, dass diese „der Aufklärung und den liberalen Ideen des Jahrhunderts widersprechen, indem darin direkt gesagt wird, dass die weltliche Souveränität des Papstes so heilig sei, dass keine andere mit ihr verglichen werden könne, indem jeder Angriff gegen sie mit dem Namen Sakrileg bezeichnet wird und indem der Schutz, den die französische Regierung allen Kulten und Religionen bewilligt, zu einem unverzeihlichen Verbrechen gemacht und in den schwärzesten Farben geschildert wird".[127]

Auch in späteren Jahren sehen wir, wie die gleiche Einstellung im Humboldt wirksam ist. So schreibt er am 13. September 1815 an seine Gattin, dass er gar sehr dagegen sein müsse, „dass man dem Papst, den man nicht mit der Katholizität verwechseln müsse, eine direkte Einmischung bei uns erlaube oder sich vonseiten der Bischöfe Widerspenstigkeiten aussetze ..."[128] In einem Schreiben

---

annimmt. Der Herausgeber von Humboldts Briefen, Richter, glaubt dagegen, dass eher Alvensleben in Frage komme, vgl. Gesammelte Schriften, Bd. 16, S. 1, Anm. 1.

[123] Gesammelte Schriften, Bd. 10, S. 7 f.
[124] *An Körner,* S. 67; *an Schiller,* S. 314.
[125] Vgl. *Gebhardt* (1928), Bd. 1, S. 66.
[126] Vgl. *Gebhardt* (1928), Bd. 1, S. 85.
[127] Gesammelte Schriften, Bd. 10, S. 14.
[128] *An Caroline,* Bd. 5, S. 68.

2. Die Grenzen der Wirksamkeit des Staates und die Nationalanstalten 105

an Hardenberg vom 6. Januar 1816, in welchem er auf die Probleme der katholischen Kirche in Preußen eingeht, bemerkt er, dass die preußische Regierung sich durch die Teilnahme an festen gemeinschaftlichen Einrichtungen des Deutschen Bundes keine Beschränkungen gefallen lassen kann, „die, wie z. B. der Einfluss eines fremden Metropoliten, sie einer fremden Einwirkung unterwürfe".[129] Aus der gleichen Einstellung heraus wendet er sich in seiner Denkschrift „Über die Behandlung der Angelegenheiten des Deutschen Bundes durch Preußen" vom 30. September 1816 gegen einen päpstlichen Nuntius am Bunde: „Die deutschen protestantischen Höfe können auf keine Weise geschehen lassen, dass der Papst den Bund darum, weil der Hof, dessen Gesandter den Vorsitz hat, katholischer Religion ist, als einen katholischen Staat behandelte. Der päpstliche Gesandte müsste daher ein bloßer Gesandter, kein Nuntius oder Legat sein, oder, wenn der Papst einen solchen absendete, so könnte ihm der Bund wenigstens nicht die Vorrechte einräumen, die sonst mit Nuntiaturen verbunden sind."[130] Auch spricht er sich in der gleichen Denkschrift dagegen aus, dass der Papst, der „sich berufen glaubt, diejenigen, welche seiner Kirche angehören, in allen Ländern zu beschützen", „die Verteidigung der Rechte der katholischen Untertanen eines einzelnen Bundesstaats zur Angelegenheit des ganzen Bundes" macht: „Dies würde aber in die eigenen Landeshoheits-Rechte auf eine Weise eingreifen, die nicht geduldet werden könnte. Was die Fürsten sehr gut tun würden, dem Bunde, d. h. sich untereinander zu gestatten, das können sie nicht einem fremden einräumen, und man würde dem ersten Versuche dazu auf das Bestimmteste widerstehen müssen."[131]

Sosehr Humboldt in diesen Äußerungen die Hoheitsrechte der Landesherren gegenüber den Ansprüchen des Papstes und der römischen Kurie verteidigt, so zeigen sie zugleich, dass er dabei nicht die Absicht hatte, die Religionsausübung der Katholiken, sei es in Preußen, sei es in anderen Ländern des Deutschen Bundes zu hindern oder zu beeinträchtigen. Vielmehr geht aus ihnen deutlich hervor, dass er sich für Gewissensfreiheit und Toleranz und damit für eine freie Ausübung *aller* Religionen einsetzt. Ganz in diesem Sinne setzt er sich für größere Freiheit der katholischen Kirche als Landeskirche in Preußen ein und denkt sogar daran, geistliche Institute mit liegenden Gründen zu dotieren. Dies geht aus seiner Denkschrift „Über die Organisation der katholischen Kirche in Deutschland" vom 15. November 1816 hervor, wo er sagt: „Je mehr dem Staate daran gelegen sein muss, auf den katholischen Teil der Untertanen durch ihre Geistlichkeit wohltätig einzuwirken, desto notwendiger wird es, dieselbe zwar in ein Gleis zu bringen, in dem sie mit Ernst diesem Ziele entgegengeht, allein sie auch diesen Weg mit mehr Freiheit verfolgen zu lassen. Selbst

---

[129] Vgl. Gesammelte Schriften, Bd. 12, S. 35.
[130] Gesammelte Schriften, Bd. 12, S. 96 bzw. Werke, Bd. 4, S. 395.
[131] Gesammelte Schriften, Bd. 12, S. 102 bzw. Werke, Bd. 4, S. 402.

die geistlichen Institute, wenigstens zum Teil, mit liegenden Gründen zu dotieren, hat, wenn auch viele Schwierigkeiten damit verbunden sein mögen, gewiss seine ungemein nützliche Seite."[132] Bereits im Jahr 1809 hatte Humboldt als Leiter der preußischen Kultus- und Unterrichtsangelegenheiten Beschränkungen im freien Wirken katholischer Geistlicher aufgehoben.[133] Auch schlägt er in der genannten Denkschrift vom 15. November 1816 vor, dass Preußen sich erbietet, „über die katholische Kirche in seinen Staaten feste, gerechte und gegen alle Eingriffe gesicherte Grundsätze auszusprechen und unter die Garantie des Bundes zu stellen, wenn die katholischen Staaten dasselbe tun wollten."[134] Humboldt will also die freie Ausübung der katholischen Religion in Preußen nicht nur nicht hindern, sondern sogar rechtlich schützen und sichern. In diesem Sinne schreibt er am 21. April 1817 an Schlosser, „dass, besonders in Religionssachen, ein wahrhaft rechtlicher Zustand jede Willkür ausschließen muss ..."[135] Aus dieser Einstellung heraus hatte er sich schon früher in seinem „Mémoire préparatoire pour les conférences des cabinets alliés sur les affaires de l'Allemagne" von Anfang April 1814, das zur Vorbereitung der Verhandlungen über die deutsche Verfassung in Wien dienen sollte, dafür eingesetzt, dass eine völlige Gleichberechtigung aller Kulte in der Verfassung niedergelegt wird.[136] In einem Verfassungsentwurf vom 22. April 1815 sieht er vor, dass die drei christlichen Religionsparteien gleiche Rechte und die Juden gegen Leistung aller Bürgerpflichten die entsprechenden Rechte genießen sollten.[137] Ferner soll die katholische Kirche in Deutschland unter der Garantie des Bundes „eine so viel als möglich gleichförmige, zusammenhängende und die zur Bestreitung ihrer Bedürfnisse notwendigen Mittel sichernde Verfassung erhalten". Die Rechte der evangelischen Kirche sollen in jedem Staate zur Landesverfassung gehören und als ein Teil dieser am Bunde, wo es nötig ist, vertreten werden.[138] Und in der bereits zitierten Denkschrift „Über die Organisation der katholischen Kirche in Deutschland" vom 15. November 1816 sagt er: „Es muss entweder am Bunde gar nicht von Religion, oder mit völliger Gleichheit von katholischer und protestantischer die Rede sein."[139] Bei der rechtlichen Sicherung der freien Ausübung der katholischen Religion in Preußen und innerhalb des Deutschen Bundes dachte Humboldt, wie bereits aus dem Gesagten hervorgeht, nicht an

---

[132] Gesammelte Schriften, Bd. 12, S. 36.
[133] Vgl. Gesammelte Schriften, Bd. 13, S. 221 bzw. Werke, Bd. 4, S. 49 sowie oben, S. 60.
[134] Vgl. Gesammelte Schriften, Bd. 12, S. 38.
[135] Vgl. Gesammelte Schriften, Bd. 17, S. 190.
[136] Vgl. Gesammelte Schriften, Bd. 11, S. 209.
[137] Vgl. *Gebhardt* (1928), Bd. 2, S. 159 f.; *Schmidt*, S. 449; vgl. auch Humboldts „Gutachten über den Entwurf zu einer neuen Constitution für die Juden" vom 17. Juli 1809, Gesammelte Schriften, Bd. 10, S. 97 ff., 102 bzw. Werke, Bd. 4, S. 95 f., 100 f.
[138] Vgl. *Schmidt,* S. 447 f., 449, 450 sowie *Gebhardt* (1928), Bd. 2, S. 159, 219 f.
[139] Gesammelte Schriften, Bd. 12, S. 38.

2. Die Grenzen der Wirksamkeit des Staates und die Nationalanstalten

Verträge zwischen Preußen beziehungsweise dem Bund einerseits und der katholischen Kirche andererseits, sondern an entsprechende Bestimmungen in der Bundesverfassung beziehungsweise an eine gesetzliche Regelung. Dabei sollten die Rechte der katholischen Kirche nicht in allen Einzelheiten festgelegt, sondern, wie bereits gezeigt wurde, nur Grundsätze ausgesprochen werden. In diesem Sinne warnt Humboldt in dem bereits erwähnten Brief an Schlosser vom 21. April 1817 davor, „zu ängstlich auf rechtliche Sicherung in allen Punkten her zu dringen. Dies schließt das Vertrauen aus, und bewirkt Trennung, wo man nur politische Vereinigung der religiös sich Trennenden wünschen kann."[140]

Neben der rechtlichen Sicherung der freien Ausübung aller Religionen strebte Humboldt auch an, der protestantischen Landeskirche selbst, die bei dem damals bestehenden Staatskirchentum weitgehend vom Staat verwaltet wurde, größere Freiheit zu verschaffen, indem er anregte, ihre Verwaltung stärker in die Hände der Nation zu legen. Hierbei dachte er, ähnlich wie bei der Verwaltung des Schulwesens, an die ständischen Selbstverwaltungsbehörden der Gebietskörperschaften.[141] Wie er sich diese Verwaltung konkret vorstellte, geht aus seinem Entwurf einer „Gemeindeordnung für das platte Land" vom Frühjahr 1817 hervor. Danach sollte die Kirche ebenso wie die Schule einen eigenen Vorstand erhalten, der vom Gemeinderat aus seinen oder den übrigen Mitgliedern der Gemeinde mit Zustimmung des Schulzenamts gewählt wird. Dieser Vorstand sollte zwar in der Ausführung seines Geschäfts dem Schulzenamt unterstehen, aber dem Gemeinderat unmittelbar Vortrag über den Zustand der Kirche machen und Vorschläge zur Verbesserung anbringen können.[142] Auch hielt Humboldt es für zweckmäßig, die für das Kirchenwesen bestimmten Gelder ebenso wie die für das Schulwesen bestimmten „unmittelbar aus dem Vermögen der Nation in eine abgesonderte Geistliche Kasse, von welcher die schon vorhandenen Schul- und Kirchenfonds den Hauptbestandteil ausmachten, fließen zu lassen" und sie nicht, „wie jetzt geschieht, mit den übrigen Staatsausgaben zu vermischen".[143]

So sehen wir, wie Humboldt auch während seiner Tätigkeit als preußischer Diplomat und Staatsmann sich für eine möglichst weitgehende Befreiung des religiösen Lebens einsetzt und somit im Sinne seiner Ideen von den Grenzen der Wirksamkeit des Staates tätig ist.

---

[140] Vgl. Gesammelte Schriften, Bd. 17, S. 190.
[141] Vgl. Gesammelte Schriften, Bd. 12, S. 247, 383, 403 f. bzw. Werke, Bd. 4, S. 453.
[142] Vgl. Gesammelte Schriften, Bd. 12, S. 151.
[143] Vgl. Gesammelte Schriften, Bd. 13, S. 288 bzw. Werke, Bd. 4, S. 283 f.

h) Entwicklung des sittlichen Lebens durch Freiheit

Betrachten wir nun, wie Humboldt das dritte Mittel des Staates, auf die Sittlichkeit der Nation einzuwirken, nämlich einzelne Gesetze und Verordnungen, in seiner Schrift über die Grenzen der Wirksamkeit des Staates beurteilt. Als ein Beispiel nennt Humboldt alle den Luxus einschränkenden Gesetze. Er geht davon aus, dass durch dieses Mittel „Sittlichkeit und Tugend nicht unmittelbar befördert werden kann", und dass deshalb Einrichtungen dieser Art sich darauf beschränken müssen, „einzelne Handlungen der Bürger zu verbieten oder zu bestimmen, die teils an sich, jedoch ohne fremde Rechte zu kränken, unsittlich sind, teils leicht zur Unsittlichkeit führen".[144]

Humboldt untersucht zunächst, welchen Einfluss die Sinnlichkeit (Sinnesempfindung) auf das Leben, die Bildung, die Tätigkeit und die Glückseligkeit des Menschen hat und kommt zu dem Ergebnis, dass sie „mit ihren heilsamen Folgen durch das ganze Leben und alle Beschäftigungen des Menschen verflochten ist" und deshalb der Freiheit und Achtung bedarf. Er sieht allerdings auch, dass sie die Quelle einer großen Menge physischer und moralischer Übel ist".[145] Trotzdem hält Humboldt es nicht für richtig, der damit gegebenen Gefahr der Sittenverderbnis durch Gesetze und Staatseinrichtungen entgegenzuwirken. Abgesehen davon, dass er ihre Wirksamkeit anzweifelt, hält er sie auch für schädlich: „Ein Staat, in welchem die Bürger durch solche Mittel genötigt oder bewogen würden, auch den besten Gesetzen zu folgen, könnte ein ruhiger, friedliebender, wohlhabender Staat sein; allein er würde mir immer ein Haufe ernährter Sklaven, nicht eine Vereinigung freier, nur, wo sie die Grenze des Rechts übertreten, gebundener Menschen scheinen."[146] Durch staatliche Einwirkungen kann nie wahre moralische Vollkommenheit hervorgebracht werden. Der Mensch wird wohl zu tugendhaften Handlungen, gewissermaßen auch zu tugendhaften Gesinnungen geleitet. „Allein die Kraft seiner Seele wird dadurch nicht erhöht; weder seine Ideen über seine Bestimmung und seinen Wert erhalten dadurch mehr Aufklärung, noch sein Wille mehr Kraft, die herrschende Neigung zu besiegen; an wahrer, eigentlicher Vollkommenheit gewinnt er folglich nichts. Wer also Menschen bilden, nicht zu äußeren Zwecken ziehen will, wird sich dieser Mittel nie bedienen. Denn abgerechnet, dass Zwang und Leitung nie Tugend hervorbringen, so schwächen sie auch noch immer die Kraft. Was sind aber Sitten ohne moralische Stärke und Tugend."[147] Darüber hinaus ist Humboldt der Auffassung, dass selbst eine Sittenverderbnis heilsame Folgen haben kann, indem die Menschen gerade dadurch den Wert der Sittlichkeit schätzen

---

[144] Vgl. Gesammelte Schriften, Bd. 1, S. 164 bzw. Werke, Bd. 1, S. 130 f.
[145] Vgl. Gesammelte Schriften, Bd. 1, S. 165 ff., 174 bzw. Werke, Bd. 1, S. 131 ff., 141.
[146] Gesammelte Schriften, Bd. 1, S. 175 bzw. Werke, Bd. 1, S. 142.
[147] Gesammelte Schriften, Bd. 1, S. 175 bzw. Werke, Bd. 1, S. 142 f.

2. Die Grenzen der Wirksamkeit des Staates und die Nationalanstalten   109

lernen. Sie werden am Bösen zum Guten erwachen. So schreibt er: „Und wie groß auch das Übel des Sittenverderbnisses sein mag, es ermangelt selbst der heilsamen Folgen nicht. Durch die Extreme müssen die Menschen zu der Weisheit und Tugend mittlerem Pfad gelangen."[148] Schließlich hält Humboldt die Gefahr der Sittenverderbnis auch nicht für so groß und dringend. Wie wir bereits früher erwähnt haben, ist der Mensch nach seiner Überzeugung an sich mehr zu wohltätigen als eigennützigen Handlungen geneigt. Freiheit erhöht seine Kraft, während gerade der Zwang die Kraft erstickt und zu allen eigennützigen Wünschen und allen niedrigen Kunstgriffen der Schwäche führt. Auch kommt der sich selbst überlassene Mensch zwar schwerer auf richtige Grundsätze, aber sie zeigen sich dafür unaustilgbar in seiner Handlungsweise, während der absichtlich geleitete sie wohl leichter empfängt, aber sie seiner doch geschwächten Energie weichen. Schließlich meint Humboldt, dass „strenge Aufsuchung der wirklich begangenen Verbrechen, gerechte und wohl abgemessene, aber unerlässliche Strafe, folglich seltene Straflosigkeit" viel vermag, während alle Staatseinrichtungen, die ein mannigfaltiges und sehr verschiedenes Interesse in eine Einheit bringen sollen, vielerlei Kollisionen verursachen, aus denen Missverhältnisse zwischen dem Verlangen und dem Vermögen der Menschen entstehen, die dann zu Vergehungen führen. Aus all diesen Gründen hält Humboldt jedes Bemühen des Staates, irgendeiner nicht unmittelbar fremdes Recht kränkenden Ausschweifung der Sitten entgegenzuwirken oder gar zuvorzukommen, für bedenklich und stellt deshalb den Grundsatz auf, „dass der Staat sich schlechterdings alles Bestrebens, direkt oder indirekt auf die Sitten und den Charakter der Nation anders zu wirken, als insofern dies als eine natürliche, von selbst entstehende Folge seiner übrigen schlechterdings notwendigen Maßregeln unvermeidlich ist, gänzlich enthalten müsse, und dass alles, was diese Absicht befördern kann, vorzüglich alle besondere Aufsicht auf Erziehung, Religionsanstalten, Luxusgesetze u. s. f. schlechterdings außerhalb der Schranken seiner Wirksamkeit liege".[149]

i) Freiheit des wissenschaftlichen und künstlerischen Lebens

In seiner Schrift über die Grenzen der Wirksamkeit des Staates hat Humboldt sich nicht ausdrücklich über das Verhältnis des Staates zu dem wissenschaftlichen und künstlerischen Leben, wie es sich in den Universitäten und Hochschulen, in den Akademien, in der Literatur usw. darlebt, ausgesprochen. Es ist jedoch mit seiner bisher betrachteten Anschauung von der Sorgfalt des Staates für das moralische Wohl seiner Bürger durchaus im Einklang, wenn wir sagen, dass auch das gesamte wissenschaftliche und künstlerische Leben ebenso wie das

---

[148] Gesammelte Schriften, Bd. 1, S. 175 bzw. Werke, Bd. 1, S. 143.
[149] Vgl. Gesammelte Schriften, Bd. 1, S. 176 f. bzw. Werke, Bd. 1, S. 143 ff.

IV. Über das Wesen und die Bedeutung von Humboldts Staatsidee

religiöse außerhalb der Grenzen der Wirksamkeit des Staates liegt. Dies finden wir bestätigt, wenn wir spätere Äußerungen Humboldts mit berücksichtigen. Wir haben bereits gesehen, wie Humboldt als Leiter der preußischen Kultus- und Unterrichtsangelegenheiten danach strebte, die Universität sowie die Akademien der Wissenschaften und Künste in Berlin in eine solche Lage zu versetzen, dass sie frei und wirtschaftlich unabhängig vom Staate sind.[150] Auch in späteren Jahren setzte sich Humboldt für möglichste Freiheit der Universitäten ein. So schreibt er in seiner „Denkschrift über Preußens ständische Verfassung" vom 4. Februar 1819: „... die Wissenschaften und die Nationalbildung würden offenbar verlieren, wenn die Universitäten aufhörten, wirkliche und gewissermaßen selbständige bürgerliche Institute auszumachen".[151] Und in seiner „Denkschrift über ständische Verfassung" vom Oktober 1819 sagt er über die Universitäten: „Sie sind, ihrem ursprünglichen Zweck nach, Institute, auf welchen der Stand der Gelehrten für sich und mit unabhängigem Urteil prüft und entscheidet, wer tüchtig ist, zu ihm zu gehören und die Meisterschaft in ihm auszuüben, und die in solcher verfassungsmäßigen Verbindung untereinander standen, dass das Urteil jeder einzelnen für alle gültig war. So bildete durch sie die Wissenschaft ein eigenes, für sich bestehendes Reich, welches, solange man sich im Gebiet der Ideen hielt, niemanden beeinträchtigen konnte, aber sich selbst auch frei bewahrte von ihr fremden, aus wechselnden Verhältnissen entspringenden Einflüssen. Die Form, in welche dies gegossen war, war allerdings die altertümliche der Zunftverfassung, und die neuere Zeit musste notwendig in derselben Veränderungen hervorbringen. Allein wenn nicht die drei Stücke erhalten werden, dass man die Universitäten, als ganz geschieden von den eigentlichen Schulanstalten, wie Institute betrachtet, auf welchen Lehrer und Lernende sich zwanglos und aus eigenem Trieb mit der Wissenschaft beschäftigen, dass man verfassungsmäßig in ihnen und in ihrem bloß wissenschaftlichen Bemühen Geltung über die einzelnen Landesgrenzen hinaus anerkennt, und dass *der Beschäftigung mit Ideen die möglichste Unabhängigkeit bewahrt wird,* so wird die Wissenschaft und die edle und gesetzmäßige Freiheit des Denkens darum noch keine Fesseln tragen, allein des freudigen Aufschwunges entbehren, in dem sie unter der Begünstigung glücklicherer Zeiten in Deutschland emporgewachsen ist und geblüht hat."[152]

Auch für das künstlerische Leben, so weit es vom Staate verwaltet wurde, strebte Humboldt möglichste Freiheit und Selbstverwaltung an. So setzte er sich in seinen „Bemerkungen über die Einrichtung des königlichen Museums" vom 25. Dezember 1830 dafür ein, dass dieses von ihm eingerichtete Museum in Berlin durch den König eine Verfassung erhält, in welcher bestimmt wird, dass

---

[150] Vgl. oben S. 59 f.
[151] Gesammelte Schriften, Bd. 12, S. 259 bzw. Werke, Bd. 4, S. 465.
[152] Gesammelte Schriften, Bd. 12, S. 439 (Hervorhebung vom Verfasser); vgl. auch S. 379 ff. bzw. Werke, Bd. 4, S. 518 ff.

2. Die Grenzen der Wirksamkeit des Staates und die Nationalanstalten 111

über rein künstlerische Fragen eine Kommission von Künstlern in gemeinschaftlicher Beratung unter dem Vorsitz des Generalintendanten nach Stimmenmehrheit entscheidet.[153] Auch später, nachdem das Museum eine diesen Vorschlägen entsprechende Verfassung erhalten hatte, setzte er sich mit Schreiben vom 14. Juni 1833 entgegen einer beantragten Änderung des Museumsstatuts dafür ein, die Kommission beizubehalten und bemerkt dazu: „Die Stimmenmehrheit in dieser ist entscheidend, weil es natürlich und gerecht ist, dass über Gegenstände der Kunst Künstler das definitive Urteil fällen."[154] Und in einem Schreiben an den Kronprinzen vom 2. April 1834 schlägt er vor, die Kabinettsorder vom 11. Januar 1831 noch einmal dahin zu wiederholen, „dass überall kein auf eine neue Erwerbung für die Königlichen Museen gerichteter Antrag anders als von dem schriftlichen Gutachten der artistischen Kommission begleitet an Se. Königliche Majestät gelangen dürfe".[155] In Bezug auf die Literatur erstrebte Humboldt eine Aufhebung der staatlichen Zensur. In dieser Richtung war er vor allem während seiner Tätigkeit als Leiter der preußischen Kultus- und Unterrichtsangelegenheiten in den Jahren 1809/10 tätig.[156] Aber auch in späteren Jahren setzte er sich für das gleiche Ziel ein. So benutzte er die Gelegenheit, die ihm eine Aufforderung Hardenbergs gab, diesem seine Gedanken über die Aufhebung der Zensur mitzuteilen, um in einer Denkschrift „Über Pressefreiheit" vom 9. Januar 1816 dafür einzutreten, „Verantwortlichkeit vor Gericht an Stelle der Zensur zu setzen".[157] Er hält es dabei für erforderlich, gesetzlich festzulegen, was als Missbrauch der Pressefreiheit gelten soll, ferner die Prozessform und die Strafe zu bestimmen.[158] Als obersten Grundsatz für die Pressefreiheit gibt Humboldt in der genannten Denkschrift an: „Gestattung großer Freiheit, aber unverbrüchliche Wachsamkeit über diejenige Grenze, welche zum Wohl aller und nicht am wenigsten zur Erhaltung der Würde des Schriftstelleramts selbst gezogen werden muss, sind gewiss das zuverlässigste Mittel, die Rechte des Staats und der Bürger von dieser Seite sicherzustellen."[159] Aus dieser Einstellung heraus sprach er sich auch in einem Schreiben an Hardenberg vom 29. Januar 1816 gegen das so genannte Schweigeedikt, nämlich die „Verordnung wegen der angeblichen geheimen Gesellschaften" vom 6. Januar 1816 aus, durch welche der öffentliche Streit über das Bestehen geheimer Verbindungen, der durch eine Schrift von Schmalz entstanden war, beendet wurde, indem

---

[153] Vgl. Gesammelte Schriften, Bd. 12, S. 567 ff.
[154] Vgl. Gesammelte Schriften, Bd. 12, S. 572 ff., 577.
[155] Gesammelte Schriften, Bd. 12, S. 589; vgl. auch S. 593.
[156] Vgl. oben S. 60.
[157] Vgl. Gesammelte Schriften, Bd. 12, S. 40 f. bzw. Werke, Bd. 1, S. 338; Gesammelte Schriften, Bd. 17, S. 99; an Caroline, Bd. 5, S. 169.
[158] Auf Humboldts Vorschläge hierzu wird im folgenden Kapitel eingegangen; vgl. unten S. 146 ff.
[159] Gesammelte Schriften, Bd. 12, S. 44 bzw. Werke, Bd. 4, S. 343.

112   IV. Über das Wesen und die Bedeutung von Humboldts Staatsidee

verordnet wurde, dass von niemandem mehr etwas darüber gedruckt oder verlegt werden darf.[160] Einige Jahre später, als für die Abschaffung der Zensur keine Aussicht mehr bestand, trat Humboldt wenigstens für die Freiheit der Meinungsäußerung insbesondere der Beamten ein. So sprach er sich in der Antwort vom 26. August 1819 auf die Kabinettsorder vom 11. Januar 1819 gegen das vom König beabsichtigte Verbot, „dass niemand unter den Beamten an der Redaktion von Zeitungen und öffentlichen Blättern Anteil nehmen pp. soll", aus und äußerte Bedenken dagegen, dass es keinem Beamten gestattet sein sollte, ohne ausdrückliche Genehmigung des Departements der auswärtigen Angelegenheiten über einen politischen Gegenstand zu schreiben.[161]

So zeigt sich, dass Humboldt nicht nur in seiner Jugend, sondern auch als preußischer Staatsmann für größtmögliche Freiheit des gesamten geistigen Lebens eintrat.

j) Gemeinschaftsbildung durch Freiheit

Gegen die dargelegte Auffassung Humboldts, dass der Staat sich aller Wirksamkeit auf den Gebieten des wirtschaftlichen und des geistig-moralischen Lebens zu enthalten hat und dass diese Lebensgebiete sich in Freiheit ihre eigene soziale Gestaltung geben sollen, wurde nun eingewendet, dass eine solche Ordnung des sozialen Lebens nur in einer Gemeinschaft geistig und sittlich hochstehender Menschen möglich sei und dass der Versuch einer solchen Gestaltung zu einer Auflösung der Gesellschaft führen würde. So schreibt G.P. Gooch in seiner Schrift „Germany and the French Revolution" über Humboldts Staatsauffassung: „His State is only possible in a community of Humboldts."[162] Und Gebhardt meint in seinem Buch „Wilhelm von Humboldt als Staatsmann", dass Humboldt „das Recht der individuellen Freiheit übertrieb; dass er sie auf Kosten des Bestandes der Gesamtheit forderte".[163]

Humboldt hat sich einen solchen Einwand bereits selbst gemacht. Er schreibt hierüber in seiner Schrift über die Grenzen der Wirksamkeit des Staates: „Was ich vielleicht allein hier noch fürchten darf, ist der Vorwurf, in allem, was ich sagte, nur den sehr von der Natur und den Umständen begünstigten, interessanten, und eben darum seltenen Menschen vor Augen gehabt zu haben. Allein die Folge wird, hoffe ich, zeigen, dass ich den freilich größeren Haufen keineswegs

---

[160] Vgl. Gesammelte Schriften, Bd. 17, S. 105 sowie *an Caroline,* Bd. 5, S. 169, 179, 188 f.; über die Vorgänge, die zu der Verordnung führten, vgl. man *Treitschke* (1928), Bd. 2, S. 113 ff. sowie Bd. 3, S. 733 ff. Die Verordnung ist abgedruckt in der Preußischen Gesetzsammlung 1816, S. 5 f.
[161] Vgl. Gesammelte Schriften, Bd. 12, S. 336, 338 f.
[162] Gesammelte Schriften, Bd. 12, S. 112.
[163] Gesammelte Schriften, Bd. 1, S. 17.

2. Die Grenzen der Wirksamkeit des Staates und die Nationalanstalten

übersehe, und es scheint mir unedel, überall da, wo es der Mensch ist, welcher die Untersuchung beschäftigt, nicht aus den höchsten Gesichtspunkten auszugehen."[164] Humboldt hält auch den einfachsten Menschen für bildungsfähig und ist davon überzeugt, dass gerade durch die Freiheit des geistigen Lebens die Geistes- und Charakterbildung des gesamten Volkes gefördert wird. Dies spricht er in folgenden Worten aus: „Man glaube auch nicht, dass jene Geistesfreiheit und Aufklärung nur für einige wenige des Volkes sei, dass für den größeren Teil desselben, dessen Geschäftigkeit freilich durch die Sorge für die physischen Bedürfnisse des Lebens erschöpft wird, sie unnütz bleibe oder gar nachteilig werde, dass man auf ihn nur durch Verbreitung bestimmter Sätze, durch Einschränkung der Denkfreiheit wirken könne. Es liegt schon an sich etwas die Menschheit Herabwürdigendes in dem Gedanken, irgendeinem Menschen das Recht abzusprechen, ein Mensch zu sein. Keiner steht auf einer so niedrigen Stufe der Kultur, dass er zu Erreichung einer höheren unfähig wäre; und sollten auch die aufgeklärteren religiösen und philosophischen Ideen auf einen großen Teil der Bürger nicht unmittelbar übergehen können, sollte man dieser Klasse von Menschen, um sich an ihre Ideen anzuschmiegen, die Wahrheit in einem anderen Kleide vortragen müssen, als man sonst wählen würde, sollte man genötigt sein, mehr zu ihrer Einbildungskraft und zu ihrem Herzen, als zu ihrer kalten Vernunft zu reden, so verbreitet sich doch die Erweiterung, welche alle wissenschaftliche Erkenntnis durch Freiheit und Aufklärung erhält, auch bis auf sie herunter, so dehnen sich doch die wohltätigen Folgen der freien, uneingeschränkten Untersuchung auf den Geist und den Charakter der ganzen Nation bis in ihre geringsten Individua hin aus."[165]

Wie wir bereits gesehen haben, ist Humboldt davon überzeugt, dass der Mensch nicht nur ein eigennütziges, sondern seiner inneren Natur nach ein sozial veranlagtes Wesen ist. Der Hauptgesichtspunkt eines freien geistigen Lebens und insbesondere eines freien Erziehungs- und Bildungswesens im Sinne Humboldts wird nun gerade die Entwicklung und Entfaltung dieser inneren Natur des Menschen werden, sodass sich aus der Freiheit ein zunehmendes Interesse am anderen Menschen und die Bereitschaft zur Zusammenarbeit und gegenseitigen Hilfe ergeben wird. – Außerdem sind die Menschen zur Befriedigung ihrer Bedürfnisse gegenseitig auf die Arbeit ihrer Mitmenschen angewiesen. Diese Abhängigkeit voneinander, die in der Natur des neuzeitlichen arbeitsteiligen Wirtschaftslebens liegt, bringt die Notwendigkeit wirtschaftlicher Zusammenarbeit mit sich. Die Menschen werden also gerade dann, wenn sie in Freiheit für ihr physisches Wohl sorgen können, nach einer Zusammenarbeit trachten. Dies kommt in folgenden Worten Humboldts zum Ausdruck: „Das höchste Ideal des Zusammenexistierens menschlicher Wesen wäre mir dasje-

---

[164] Gesammelte Schriften, Bd. 1, S. 156 bzw. Werke, Bd. 1, S. 120 f., vgl. auch Gesammelte Schriften, Bd. 12, S. 472 bzw. Werke, Bd. 4, S. 524.
[165] Gesammelte Schriften, Bd. 1, S. 162 bzw. Werke, Bd. 1, S. 127 f.

nige, in dem jedes nur aus sich selbst und um seiner selbst willen sich entwickelte. Physische und moralische Natur würden diese Menschen schon noch aneinander führen ..."[166] Gerade durch die von Humboldt geforderte individuelle Freiheit wird also wahre Gemeinschaft erst ermöglicht und hervorgebracht.

3. Die Aufgaben des Staates

Humboldts „Ideen zu einem Versuch, die Grenzen der Wirksamkeit des Staates zu bestimmen" sind vielfach insofern missverstanden worden, als man sie *gegen den Staat* gerichtet ansah. So nannte man sie direkt eine „Schrift gegen den Staat", glaubte in ihnen eine „Missachtung gegen den Staat" erblicken zu können und verstieg sich sogar dazu, von einer „Staatsfeindschaft" des jugendlichen Humboldt zu sprechen und in seinem „Freiheitsziel" eine „anarchistische Reaktion gegen den Absolutismus" zu sehen.[167] Von all dem kann jedoch keine Rede sein.

Humboldt hat, wie wir gesehen haben, erkannt, dass eine Sorgfalt des Staates für das physische und moralische Wohl seiner Bürger schädliche Folgen für diese hat. Er hält es deshalb für besser, dass dieser sich aller Tätigkeit in dieser Richtung enthält und seinen Bürgern die Möglichkeit gibt, in Freiheit selbst für ihr physisches und moralisches Wohl zu sorgen. Darin liegt gar keine „Missachtung gegen den Staat" oder gar eine „Staatsfeindschaft". Humboldt wendet sich nur dagegen, dass der Staat in Lebensgebiete eingreift, in denen er hemmend und schädigend wirkt und die sich ohne sein Einwirken viel besser entfalten können. Was Humboldts Gedanken bestimmt, ist nicht das negative Motiv einer „Abneigung gegen den Staat", sondern das positive höchster Achtung für die innere Würde und Freiheit des Menschen. Auch fordert er nicht die Abschaffung des Staates, wie die Anarchisten. Vielmehr weiß er, dass der Staat unbedingt notwendig ist. Das Ideal, das Humboldt in seiner Schrift über die Grenzen der Wirksamkeit des Staates vorschwebt, ist der *reine Staat,* der Staat, der sich auf seine eigentlichen, in den Entwicklungsbedingungen des Menschen begründeten Aufgaben beschränkt.[168]

Zu den Entwicklungsbedingungen des Menschen gehört nun außer der Freiheit Sicherheit, denn ohne Sicherheit ist eine freie Entwicklung und Entfaltung des Menschen nicht möglich. Humboldt spricht dies mit folgenden Worten aus: „Ohne Sicherheit vermag der Mensch weder seine Kräfte auszubilden, noch die Früchte derselben zu genießen; denn ohne Sicherheit ist keine Freiheit."[169]

---

[166] Gesammelte Schriften, Bd. 1, S. 109 bzw. Werke, Bd. 1, S. 67.
[167] „Schrift gegen den Staat" wird sie von *Kaehler* (1963), S. 146 genannt; von einer „Missachtung gegen den Staat" spricht *Gebhardt* (1928), Bd. 1, S. 28; von einer „Staatsfeindschaft" des jugendlichen Humboldt *Kaehler* (1959), S. 519; von „anarchistischer Reaktion gegen den Absolutismus" *Schaumkell*, S. 315.
[168] Vgl. *Wolzendorff,* S. 199 ff.

3. Die Aufgaben des Staates

Nun ist aber Sicherheit etwas, was sich der Mensch allein nicht zu verschaffen vermag. Es kommt immer wieder vor, dass Menschen widerrechtlich in die Rechtssphäre ihrer Mitmenschen eingreifen. Wird es nun dem Verletzten oder seinen Angehörigen überlassen, den Rechtszustand wiederherzustellen und den Verletzer zu bestrafen, so besteht die Gefahr neuen Unrechts und neuer Streitigkeiten. Darunter leidet aber die allgemeine Sicherheit, und es kann nie der Zustand des Rechtsfriedens eintreten. Es bedarf deshalb einer Einrichtung, die allen Bürgern übergeordnet ist und dafür sorgt, dass die Rechte der Menschen geachtet und bei Verletzungen wiederhergestellt werden. Dies nun ist der eigentliche Zweck der staatlichen Vereinigung der Menschen: Sie hat für die Aufrechterhaltung und Wiederherstellung des Rechts und damit für die Sicherheit der Menschen zu sorgen. Dies spricht Humboldt in seiner Schrift über die Grenzen der Wirksamkeit des Staates mit folgenden Worten aus: „Wäre es mit dem Übel, welches die Begierde der Menschen, immer über die ihnen rechtmäßig gezogenen Schranken in das Gebiet anderer einzugreifen, und die daraus entspringende Zwietracht stiftet, wie mit den physischen Übeln der Natur, und denjenigen, diesen hierin wenigstens gleichkommenden moralischen, welche durch Übermaß des Genießens oder Entbehrens oder durch andere, mit den notwendigen Bedingungen der Erhaltung nicht übereinstimmenden Handlungen auf eigene Zerstörung hinauslaufen, so wäre schlechterdings keine Staatsvereinigung notwendig. Jenen würde der Mut, die Klugheit und Vorsicht der Menschen, diesen die durch Erfahrung belehrte Weisheit von selbst steuern, und wenigstens ist in beiden mit dem gehobenen Übel immer *ein* Kampf beendigt. Es ist daher keine letzte, widerspruchslose Macht notwendig, welche doch im eigentlichsten Verstande den Begriff des Staats ausmacht. Ganz anders aber verhält es sich mit den Uneinigkeiten der Menschen, und sie erfordern allemal schlechterdings eine solche eben beschriebene Gewalt. Denn bei der Zwietracht entstehen Kämpfe aus Kämpfen. Die Beleidigung fordert Rache, und die Rache ist eine neue Beleidigung. Hier muss man also auf eine Rache zurückkommen, welche keine neue Rache erlaubt – und diese ist die Strafe des Staates – oder auf eine Entscheidung, welche die Parteien sich zu beruhigen nötigt, die Entscheidung des Richters. Auch bedarf nichts so eines zwingenden Befehls und eines unbedingten Gehorsams, als die Unternehmungen der Menschen gegen den Menschen ... Wenn ich daher in dem Vorigen die Sorgfalt des Staats darum von vielen Dingen entfernt habe, weil die Nation sich selbst diese Dinge gleich gut und ohne die bei der Besorgung des Staats mit einfließenden Nachteile verschaffen kann, so muss ich dieselbe aus gleichem Grunde jetzt auf die Sicherheit richten, als das Einzige, welches der einzelne Mensch mit seinen Kräften allein nicht zu erlangen vermag."[170]

---

[169] Gesammelte Schriften, Bd. 1, S. 134 bzw. Werke, Bd. 1, S. 95.
[170] Gesammelte Schriften, Bd. 1, S. 133 f. bzw. Werke, Bd. 1, S. 94 ff.

IV. Über das Wesen und die Bedeutung von Humboldts Staatsidee

a) Sorgfalt des Staates für die äußere Sicherheit

Der Staat hat nun in zweifacher Weise für die Sicherheit zu sorgen. Er hat einmal zu sorgen für die äußere Sicherheit oder, wie Humboldt sich ausdrückt, für die Sicherheit gegen auswärtige Feinde, und er hat zum anderen zu sorgen für die innere Sicherheit, für die Sicherheit der Bürger untereinander sowie für seine eigene Sicherheit.

Für die äußere Sicherheit des Staates zu sorgen ist Aufgabe des Militärs. Humboldt ist jedoch gegen die Einrichtung stehender Heere eingestellt. Wohl sieht er, dass diese Einrichtung in gewisser Hinsicht von Nutzen ist.[171] Er hat diesen Nutzen viele Jahre später in seiner „Beilage zum Bericht des in der zur Bestimmung des Staatsbedarfs niedergesetzten Kommission angeordneten Ausschusses" von Mitte Juni 1817 sogar ziemlich betont, indem er sagt, dass der Nutzen eines kraftvollen, schlagfertigen Heeres nicht erst mit dem Tage der Kriegserklärung beginnt, sondern sich die ganze Zeit des Friedens hindurch bewährt durch die Sicherheit, welche dasselbe dem Frieden selbst verleiht, durch das Gewicht, das der Staat dadurch in allen politischen Beziehungen mit fremden Mächten erhält, durch den Einfluss auf den Charakter der Nation".[172] Allein er sieht auf der anderen Seite auch die großen Nachteile, die die Einrichtung stehender Heere für die innere Bildung des Menschen hat. Denn durch die soldatische Erziehung mitten im Frieden leiden sehr leicht die friedlichen Tugenden des Menschen, und der Einförmigkeit hervorbringende Drill schadet seiner individuellen Bildung. Humboldt äußert diese Bedenken in seiner Schrift über die Grenzen der Wirksamkeit des Staates folgendermaßen: „Allein unsere stehenden Armeen bringen, wenn ich so sagen darf, den Krieg mitten in den Schoß des Friedens. Kriegsmut ist nur in Verbindung mit den schönsten friedlichen Tugenden, Kriegszucht nur in Verbindung mit dem höchsten Freiheitsgefühle ehrwürdig. Beides getrennt – und wie sehr wird eine solche Trennung durch den im Frieden bewaffneten Krieger begünstigt – artet diese sehr leicht in Sklaverei, jener in Wildheit und Zügellosigkeit aus.[171] Und weiter sagt er von den stehenden Armeen: „Überdies sind sie und die neuere Art des Krieges überhaupt freilich weit von dem Ideale entfernt, das für die Bildung des Menschen das nützlichste wäre. Wenn schon überhaupt der Krieger mit Aufopferung seiner Freiheit, gleichsam Maschine werden muss, so muss er es noch in weit höherem Grade bei unserer Art der Kriegführung, bei welcher so viel weniger auf die Stärke, Tapferkeit und Geschicklichkeit des Einzelnen ankommt. Wie verderblich muss es nun sein, wenn beträchtliche Teile der Nationen nicht bloß einzelne Jahre, sondern oft ihr Leben hindurch im Frieden, nur zum Behuf des möglichen Krieges, in diesem maschinenmäßigen Leben erhalten werden?"[173]

---

[171] Vgl. Gesammelte Schriften, Bd. 1, S. 139 bzw. Werke, Bd. 1, S. 101.
[172] Vgl. Gesammelte Schriften, Bd. 12, S. 170.

Noch in einem Brief an den Freiherrn vom Stein vom 18. Oktober 1810 spricht sich Humboldt grundsätzlich gegen die stehenden Heere aus: „Denn wenn irgendetwas aus der Zeitgeschichte und den Umständen klar ist, so ist es, dass das System der stehenden Heere mit dem gut geordneter Milizen, wenn nicht ganz vertauscht, wenigstens verbunden werden muss."[174]

Sosehr Humboldt die Nachteile der stehenden Heere hervorhebt, sosehr betont er andererseits die sittlich bildende Wirkung des Krieges, wobei er allerdings die frühere Form des Krieges vor Augen hat und zum Beispiel an den Kampf der Spartaner bei Termopylä denkt. Allein diesen Wert des Krieges sieht er nur bei Menschen, die den Frieden lieben und den Krieg um der Verteidigung einer gerechten Sache willen führen. So wäre es ihm am liebsten, wenn der Staat von allen Einrichtungen absähe, die dazu dienen, die Menschen für einen Krieg vorzubereiten. Humboldt fasst seine Gedanken hierüber folgendermaßen zusammen: „So muss der Staat den Krieg auf keinerlei Weise befördern, allein auch ebenso wenig, wenn die Notwendigkeit ihn fordert, gewaltsam verhindern; dem Einflusse desselben auf Geist und Charakter sich durch die ganze Nation zu ergießen völlige Freiheit verstatten; und vorzüglich sich aller positiven Einrichtungen enthalten, die Nation zum Kriege zu bilden, oder ihnen, wenn sie denn, wie z. B. Waffenübungen der Bürger, schlechterdings notwendig sind, eine solche Richtung geben, dass sie derselben nicht bloß die Tapferkeit, Fertigkeit und Subordination eines Soldaten beibringen, sondern den Geist wahrer Krieger oder vielmehr edler Bürger einhauchen, welche für ihr Vaterland zu fechten immer bereit sind."[175]

Man hat in der Tatsache, dass Humboldt die sittliche bildende Wirkung des Krieges betont und ihn sogar „eine der heilsamsten Erscheinungen zur Bildung des Menschengeschlechts" nennt[176], einen „Gegensatz zu seinen sonstigen idealen Anschauungen" über die Grenzen der Wirksamkeit des Staates gesehen.[177] Ein solcher Gegensatz liegt jedoch in Wirklichkeit nicht vor. Der Gesichtspunkt, von welchem aus Humboldt seine Betrachtungen anstellt, ist allein „die Wirkung des Krieges auf den Charakter der Nation". Das ist aber, wie wir gesehen haben, der Gesichtspunkt, von welchem aus er die gesamten Wirksamkeit des Staates betrachtet.

---

[173] Gesammelte Schriften, Bd. 1, S. 138 bzw. Werke, Bd. 1, S. 100.
[174] Gesammelte Schriften, Bd. 16, S. 298; vgl. auch Gesammelte Schriften, Bd. 12, S. 107 sowie Bd. 17, S. 342 f., 344. – In den Gesammelten Schriften, Bd. 16, S. 298 heißt es „mit den gutgeordneten Milizen", was jedoch offensichtlich ein Druck- bzw. Lesefehler ist; vgl. dazu *Stein*, Bd. 3, S. 336.
[175] Gesammelte Schriften, Bd. 1, S. 140 bzw. Werke, Bd. 1, S. 102.
[176] Gesammelte Schriften, Bd. 1, S. 136 bzw. Werke, Bd. 1, S. 98.
[177] So *Gebhardt* (1928), Bd. 1, S. 22 f.; vgl. auch *Kaehler* (1963), S. 144.

Man hat auch darin einen Widerspruch zu seinen Ideen von den Grenzen der Wirksamkeit des Staates gesehen, dass Humboldt sagt, der Staat soll seinen Bürgern „den Geist wahrer Krieger oder vielmehr edler Bürger einhauchen, welche für ihr Vaterland zu fechten immer bereit sind".[178] Wenn der Staat für die äußere Sicherheit zu sorgen hat, dann ist er im Falle eines Krieges darauf angewiesen, dass seine Bürger bereit sind, als Soldaten ihren Staat gegen einen feindlichen Angriff zu verteidigen. Es ist deshalb kein Widerspruch zu den Ideen von den Grenzen der Wirksamkeit des Staates, wenn Humboldt dem Staat das Recht zuerkennt, schon in Friedenszeiten seine Soldaten so zu bilden, dass sie zu einer solchen Verteidigung nicht nur fähig, sondern auch dazu motiviert sind. Außerdem geht aus dem Zusammenhang hervor, dass Humboldt eigentlich die Nation überhaupt nicht zum Kriege bilden möchte, sodass seiner Äußerung, dass der Staat seinen Bürgern „den Geist wahrer Krieger ..." einhauchen soll, kein allzu großes Gewicht beigemessen werden sollte. Hierbei ist auch zu berücksichtigen, dass Humboldt selbst seine Gedanken über den Krieg als nicht so wesentlich angesehen hat, indem er überlegte, bei der geplanten Veröffentlichung der Schrift diesen Abschnitt wegzulassen. Dies ergibt sich aus seinem Brief an Schiller vom 9. November 1792, in welchem er schreibt, dass er gesonnen wäre, „das Stück des Krieges, das so mehr Episode ist, herauszulassen".[179] Außerdem geht aus dem Zusammenhang hervor, dass Humboldts Ideal nicht der Krieg, sondern ein auf innerer Friedlichkeit beruhendes friedliches Zusammenleben freier Menschen und Völker ist, was folgende Worte zeigen: „Auch müsste ich sehr unglücklich in Auseinandersetzung meiner Ideen gewesen sein, wenn man glauben könnte, der Staat sollte, meiner Meinung nach, von Zeit zu Zeit Krieg erregen. Er gebe Freiheit und dieselbe Freiheit genieße ein benachbarter Staat. Die Menschen sind in jedem Zeitalter Menschen und verlieren nie ihre ursprünglichen Leidenschaften. Es wird Krieg von selbst entstehen; und entsteht er nicht, nun, so ist man wenigstens gewiss, dass der Friede weder durch Gewalt erzwungen, noch durch künstliche Lähmung hervorgebracht ist; und dann wird der Friede den Nationen freilich ein ebenso wohltätigeres Geschenk sein, wie der friedliche Pflüger ein holderes Bild ist als der blutige Krieger. Und gewiss ist es, denkt man sich ein Fortschreiten der ganzen Menschheit von Generation zu Generation, so müssten die folgenden Zeitalter immer die friedlicheren sein. Aber dann ist der Friede aus den inneren Kräften der Wesen hervorgegangen, dann sind die Menschen, und zwar die freien Menschen friedlich geworden. Jetzt – das beweist *ein* Jahr europäischer Geschichte – genießen wir die Früchte des Friedens, aber nicht die der Friedlichkeit."[180]

---

[178] Vgl. *Altgeld*, S. 126.
[179] *An Schiller*, S. 47.
[180] Gesammelte Schriften, Bd. 1, S. 139 f. bzw. Werke, Bd. 1, S. 101 f.

3. Die Aufgaben des Staates

b) Sorgfalt des Staates für die innere Sicherheit

Neben der Sorgfalt für die äußere Sicherheit obliegt dem Staate die Aufgabe, für die innere Sicherheit zu sorgen. Humboldt unterscheidet hierbei in seiner Schrift über die Grenzen der Wirksamkeit des Staates die Sorge für die Sicherheit seiner Bürger und für die Sorge für seine eigene Sicherheit. Die Sicherheit, die der Staat für sich beanspruchen kann, hängt ab von seinen Rechten, wie sie sich aus seinen Aufgaben ergeben. Hierzu bemerkt Humboldt: „Diejenigen, deren Sicherheit erhalten werden muss, sind auf der einen Seite alle Bürger, in völliger Gleichheit, auf der anderen der Staat selbst. Die Sicherheit des Staates selbst hat ein Objekt von größerem oder geringerem Umfange, je weiter man seine Rechte ausdehnt, oder je enger man sie beschränkt, und daher hängt hier die Bestimmung von der Bestimmung des Zwecks derselben ab. Wie ich nun diese bis hier jetzt versucht habe, dürfte er für nichts anderes Sicherheit fordern können, als für die Gewalt, welche ihm eingeräumt, und das Vermögen, welches ihm zugestanden worden ist."[181] Für die Sicherheit des Staates selbst soll dadurch gesorgt werden, dass diejenigen Straftaten am härtesten bestraft werden, „welche unmittelbar und geradezu die Rechte des Staates selbst angreifen, da, wer die Rechte des Staates nicht achtet, auch die seiner Mitbürger nicht zu ehren vermag, deren Sicherheit allein von jenen abhängig ist".[182]

Für die Sicherheit der Bürger hat der Staat in der Hinsicht zu sorgen, dass der Einzelne vor rechtswidrigen Eingriffen in seine Rechte geschützt wird. Hierzu sagt Humboldt: „*Sicher* nenne ich die Bürger in einem Staat, wenn sie in der Ausübung der ihnen zustehenden Rechte, dieselben mögen nun ihre Person oder ihr Eigentum betreffen, nicht durch fremde Eingriffe gestört werden; *Sicherheit* folglich – wenn der Ausdruck nicht zu kurz und vielleicht dadurch undeutlich scheint – *Gewissheit der gesetzmäßigen Freiheit*. Diese Sicherheit wird nun nicht durch diejenigen Handlungen gestört, welche den Menschen an irgendeiner Tätigkeit seiner Kräfte oder irgendeinem Genuss seines Vermögens hindern, sondern nur durch solche, welche dies *widerrechtlich* tun."[183]

Aus dem Grundsatz, dass der Staat für die innere Sicherheit zu sorgen hat, ergeben sich für diesen eine Reihe von Aufgaben. Auch hier ist es notwendig, die Grenzen zu bestimmen, die dem Staate mit Rücksicht auf die freie Entfaltung der menschlichen Persönlichkeit gezogen werden müssen. Es muss einmal der Umfang des Begriffs der Sicherheit bestimmt werden, „indem man darunter Sicherheit vor einem solchen oder solchen Grade des Zwanges oder einer so nah oder so fern das Recht kränkenden Handlung verstehen kann." Und es müssen zum anderen die Mittel, deren sich der Staat zur Erhaltung der Sicherheit

---

[181] Gesammelte Schriften, Bd. 1, S. 180 bzw. Werke, Bd. 1, S. 148.
[182] Vgl. Gesammelte Schriften, Bd. 1, S. 213 bzw. Werke, Bd. 1, S. 186.
[183] Gesammelte Schriften, Bd. 1, S. 179 bzw. Werke, Bd. 1, S. 147.

bedienen darf, untersucht und zum Beispiel die Frage erörtert werden, „wie weit die einschränkenden Gesetze des Staates sich von der unmittelbar das Recht anderer beleidigenden Handlung entfernen, inwiefern derselbe wirkliche Verbrechen durch Verstopfung ihrer Quellen, nicht in dem Charakter der Bürger, aber in den Gelegenheiten der Ausübung verhüten darf".[184] Werden hier die Grenzen zu weit gezogen, so leidet die Freiheit der Menschen, werden sie zu eng gezogen, so leidet ihre Sicherheit.

Humboldt unterscheidet nun in seiner Schrift über die Grenzen der Wirksamkeit des Staates folgende Aufgaben, die sich für den Staat aus seiner allgemeinen Aufgabe, für die Sicherheit zu sorgen, ergeben: die Bestimmung derjenigen Handlungen, die zwar nur den Handelnden selbst betreffen, von deren Folgen aber eine Verletzung fremden Rechts zu besorgen ist (die hierauf bezüglichen Gesetze nennt Humboldt Polizeigesetze, bei denen es sich im heutigen Sinne um Verwaltungsrecht handelt[185]); die Bestimmung derjenigen Handlungen, die sich unmittelbar auf andere beziehen (die hierher gehörigen Gesetze nennt er Zivilgesetze); die Entscheidung der Rechtsstreitigkeiten der Bürger; dann die Bestrafung derjenigen, die fremdes Recht verletzt haben; und schließlich die Aufstellung besonderer Bestimmungen zum Schutze Unmündiger und „des Verstandes Beraubter".

c) Sorgfalt für die Sicherheit durch Polizeigesetze

Bei Handlungen der Bürger, die sich „unmittelbar und geradezu nur auf den Handelnden selbst beziehen", leidet die Sicherheit nur dann, wenn ihre Folgen dem fremden Recht gefährlich werden können oder wenn sie gewöhnlich zu Übertretungen der Gesetze führen: „Nirgends also, wo der Vorteil oder der Schade nur den Eigentümer allein trifft, darf der Staat sich Einschränkungen durch Prohibitivgesetze erlauben." Solche Einschränkungen sind auch dann nicht gerechtfertigt, wenn durch solche Handlungen einem anderen nur Abbruch getan wird, ohne dass eine Schmälerung seines Rechts eintritt oder eine solche zu besorgen ist. Eine Schmälerung des Rechts liegt nur dann vor, wenn „jemandem ohne seine Einwilligung oder gegen dieselbe ein Teil seines Eigentums oder seiner persönlichen Freiheit entzogen wird". Eine Schmälerung des Rechts ist allerdings auch zu sehen in einer Beeinträchtigung des Eigentums z. B. durch übermäßige Lärmbelästigung oder schädliche Immissionen. Besteht die Gefahr einer solchen Schmälerung des Rechts nicht, so kann der Nachteil, der dem anderen entstehen könnte, noch so groß sein, er rechtfertigt nicht, dass

---

[184] Vgl. Gesammelte Schriften, Bd. 1, S. 178 bzw. Werke, Bd. 1, S. 146.
[185] Zu Humboldts Zeit bezeichnete der Begriff „Polizei" das, was man heute unter „Verwaltung" versteht, vgl. *Krüger,* S. 7. Es handelt sich somit bei „Polizeigesetzen" im heutigen Sinne um Verwaltungsrecht.

der Staat eine solche Handlung verbietet. Ebenso wenig darf der Staat solche Handlungen verbieten, bei denen ein Nachteil nicht eher entsteht, „als bis der, welcher ihn leidet, auch seinerseits tätig wird, die Handlung auffasst, oder wenigstens der Wirkung derselben nicht wie er könnte entgegenarbeitet".[186] So will Humboldt zum Beispiel alle „Ärgernis erregenden Handlungen in Absicht auf Religion und Sittlichkeit" nicht von Staats wegen verboten sehen. Denn „wer Dinge äußert oder Handlungen vornimmt, welche das Gewissen und die Sittlichkeit des anderen beleidigen, mag allerdings unmoralisch handeln, allein, sofern er sich keine Zudringlichkeit zuschulden kommen lässt, kränkt er kein Recht".[187] Eine Einschränkung wird nur zu gelten haben, wenn solche Handlungen gegenüber Unmündigen und „des Verstandes Beraubten" vorgenommen werden, wobei bei den Unmündigen eine bestimmte Altersgrenze durch den Staat festgelegt werden müsste.[188] Ebenso wenig will Humboldt die Wahl von Berufen, die bestimmte Kenntnisse voraussetzen und deren fehlerhafte Ausübung anderen schaden kann, durch staatliche Vorschriften eingeschränkt sehen. Dies soll vor allem für die Wahl des Arzt- und Anwaltsberufs gelten. Um die Sicherheit auf diesem Gebiet zu gewährleisten sieht Humboldt es nicht bloß als ratsam, sondern als notwendig an, „dass der Staat diejenigen, welche sich zu solchen Geschäften bestimmen – insofern sie sich einer Prüfung unterwerfen wollen – prüfe, und, wenn die Prüfung gut ausfällt, mit einem Zeichen der Geschicklichkeit versehe und nun den Bürgern bekannt mache, dass sie ihr Vertrauen nur denjenigen gewiss schenken können, welche auf diese Weise bewährt gefunden worden sind." Denen aber, welche entweder die Prüfung ausgeschlagen haben oder in derselben unterlegen sind, soll der Staat weder „die Übung ihres Geschäfts, noch der Nation den Gebrauch derselben untersagen". Zu der bei einer solchen Freiheit der Berufswahl gegebenen Möglichkeit des Betrugs meint Humboldt, dass diese die Wachsamkeit und Klugheit der Bürger schärfen werde. Ganz wegfallen lassen möchte Humboldt eine solche staatliche Prüfung bei denjenigen Berufen, durch die nicht auf das Äußere, sondern vielmehr auf das Innere der Menschen gewirkt wird, wie zum Beispiel bei den Religionslehrern und, wie man hinzufügen kann, bei den Lehrern überhaupt.[189] Allerdings hat Humboldt sich später als Leiter der Sektion für Kultus und öffentlichen Unterricht in einem Entwurf „Über Prüfungen für das höhere Schulfach" vom 11. April 1810 für die Einführung einer staatlichen Prüfung für Gymnasiallehrer an staatlichen Schulen eingesetzt. Dadurch sollte der bis dahin hauptsächlich durch Theologen stattfindende Unterricht an Gymnasien durch besonders auf den Beruf des Gymnasiallehrers Ausgebildete ersetzt werden. Sinn der Prüfung sollte sein, dem in das Lehramt Eintretenden eine allgemeine

---

[186] Vgl. Gesammelte Schriften, Bd. 1, S. 182 bzw. Werke, Bd. 1, S. 150 f.
[187] Gesammelte Schriften, Bd. 1, S. 183 bzw. Werke, Bd. 1, S. 151.
[188] Vgl. Gesammelte Schriften, Bd. 1, S. 228 bzw. Werke, Bd. 1, S. 203.
[189] Vgl. Gesammelte Schriften, Bd. 1, S. 183 ff. bzw. Werke, Bd. 1, S. 152 ff.

Wahlfähigkeit zu attestieren und ihn von den Ungeprüften qualitativ abzusetzen. Es sollten also auch ungeprüfte Lehrer weiterhin an Gymnasien angestellt werden können. Auch brauchten sich Hauslehrer und Lehrer an Privatschulen einer solchen Prüfung nicht zu unterziehen.[190] Insofern hat sich Humboldts Einstellung hinsichtlich der Begrenzung staatlicher Prüfungen nicht grundlegend geändert.

Handlungen, die sich nur auf den Handelnden selbst beziehen, wollte Humboldt durch den Staat nur dann eingeschränkt sehen, wenn mit diesen eine Schmälerung der Rechte anderer notwendig verbunden oder mit Wahrscheinlichkeit zu besorgen ist. Wann dies vorliegt und wo die Grenze zu ziehen ist, kann nach Humboldt nur im Einzelfall entschieden werden, wobei „die Beratschlagung über einen Fall dieser Art durch die Betrachtung des Schadens, der Wahrscheinlichkeit des Erfolgs und der Einschränkung der Freiheit in Fall eines gegebenen Gesetzes zugleich geleitet werden" müsste.[191]

Da die Gefahr, die mit solchen Handlungen verbunden ist, immer nur die innerhalb eines bestimmten Bezirks wohnenden Menschen betrifft, so will Humboldt die Einschränkung solcher Handlungen durch den Staat wegfallen lassen, wenn die in diesem Bezirk wohnenden Bürger ihre Aufhebung ausdrücklich und einstimmig verlangen. „Der Staat müsste alsdann zurücktreten und sich begnügen, die mit vorsätzlicher oder schuldbarer Kränkung der Rechte vorgefallenen Beschädigungen zu bestrafen."[192]

Ferner ist Humboldt davon überzeugt, dass unter „aufgeklärten, von ihrem wahren Vorteil unterrichteten und daher gegenseitig wohlwollenden Menschen", die in enger Verbindung miteinander leben, leicht von selbst „freiwillige, auf ihre Sicherheit abzweckende Verträge" entstehen werden, durch die sie zum Beispiel festlegen, dass „dieses oder jenes gefahrvolle Geschäft nur an bestimmten Orten oder zu gewissen Zeiten betrieben werden oder auch ganz unterbleiben soll".[193] Verträge dieser Art zieht Humboldt Verordnungen des Staates vor, weil sie nur entstehen, wenn sie wirklich notwendig sind, weil sie ferner, indem sie freiwillig eingegangen werden, besser und strenger befolgt werden und weil sie endlich als Folgen der Selbsttätigkeit selbst bei beträchtlicher Einschränkung der Freiheit dennoch dem Charakter minder schaden, vielmehr so, wie sie nur bei einem gewissen Maße der Aufklärung und des Wohlwollens entstehen, wiederum dazu beitragen, beide zu erhöhen. „Das wahre Bestreben des Staates muss daher dahin gerichtet sein, die Menschen durch

---

[190] Gesammelte Schriften, Bd. 10, S. 239 ff. bzw. Werke, Bd. 4, S. 241 ff.; *Menze* (1975), S. 270 ff.
[191] Gesammelte Schriften, Bd. 1, S. 186 bzw. Werke, Bd. 1, S. 155.
[192] Gesammelte Schriften, Bd. 1, S. 187 bzw. Werke, Bd. 1, S. 156 f.
[193] Man kann hier auf die schon seit längerem bestehenden technischen Überwachungsvereine hinweisen.

3. Die Aufgaben des Staates 123

Freiheit dahin zu führen, dass leichter Gemeinheiten entstehen, deren Wirksamkeit in diesen und vielfältigen ähnlichen Fällen an die Stelle des Staates treten könne."[194] Ein Beispiel hierfür aus unserer Zeit sind die Technischen Überwachungsvereine.

In diesem den „Polizeigesetzen" gewidmeten Zusammenhang untersucht Humboldt noch diejengen Gesetze, „welche den Bürgern positive Pflichten, dieses oder jenes für den Staat oder füreinander aufzuopfern oder zu tun", auferlegen. Hier ist zum Beispiel an Enteignungen zu denken, die aber nur für öffentliche, nicht aber für private oder wirtschaftliche Zwecke zulässig sind. So sieht Humboldt durchaus, dass es Fälle gibt, wo jeder Bürger dem Staate die Anwendung seiner Kräfte schuldig ist. Allein grundsätzlich hält Humboldt es nicht für gut, „wenn der Staat einen Bürger zwingt, zum Besten des anderen irgendetwas gegen seinen Willen zu tun, möchte er auch auf die vollständigste Weise dafür entschädigt werden". Denn die Entscheidung, welches Gut des einen welchem des anderen vorzuziehen sei, führe „immer etwas Hartes, über die Empfindung und Individualität des anderen Absprechendes mit sich". Auch sei „wahre Entschädigung oft ganz unmöglich und fast nie allgemein bestimmbar". Zu diesen Nachteilen komme noch die Leichtigkeit des möglichen Missbrauchs. Andererseits mache die Sicherheit Veranstaltungen dieser Art überhaupt nicht notwendig, wenn es auch Ausnahmefälle gebe, wo dies zutrifft.[195] Außerdem „werden die Menschen wohlwollender gegeneinander und zu gegenseitiger Hilfsleistung bereitwilliger, je weniger sich ihre Eigenliebe und ihr Freiheitssinn durch ein eigentliches Zwangsrecht des anderen gekränkt fühlt; und selbst, wenn die Laune und der völlig grundlose Eigensinn eines Menschen ein gutes Unternehmen hindert, so ist diese Erscheinung nicht gleich von der Art, dass die Macht des Staates sich ins Mittel schlagen muss. Sprengt sie doch nicht in der physischen Natur jeden Fels, der dem Wanderer in dem Wege steht! Hindernisse beleben die Energie und schärfen die Klugheit; nur diejenigen, welche die Ungerechtigkeiten der Menschen hervorbringen, hemmen ohne zu nützen; ein solches aber ist jener Eigensinn nicht, der zwar durch Gesetze für den einzelnen Fall gebeugt, aber nur durch Freiheit gebessert werden kann." Humboldt will deshalb dem Staate nur im Falle „eherner Notwendigkeit" das Recht zuerkennen, die Bürger zu positiven Handlungen zu zwingen.[196]

Als letzte Gruppe der „Polizeigesetze" betrachtet Humboldt noch diejenigen Gesetze, die sich auf solche Handlungen beziehen, „welche innerhalb der Grenzen des eigenen, aber nicht alleinigen, sondern gemeinschaftlichen Rechts vorgenommen werden". Beispiele für ein solches Recht sieht Humboldt in dem „gemeinschaftlichen Eigentum" an Wegen, Flüssen, die mehrere Besitzungen

---

[194] Vgl. Gesammelte Schriften, Bd. 1, S. 188 bzw. Werke, Bd. 1, S. 157.
[195] Vgl. Gesammelte Schriften, Bd. 1, S. 188 f. bzw. Werke, Bd. 1, S. 157 f.
[196] Gesammelte Schriften, Bd. 1, S. 189 bzw. Werke, Bd. 1, S. 158 f.

berühren, Plätzen und Straßen in Städten. In diesen Fällen hält Humboldt Freiheitsbeschränkungen durch den Staat für minder bedenklich, „da in dem gemeinschaftlichen Eigentum jeder Miteigentümer ein Recht zu widersprechen hat".[197]

Zusammenfassend stellt Humboldt für die Polizeigesetze folgenden Grundsatz auf: „Um für die Sicherheit der Bürger Sorge zu tragen, muss der Staat diejenigen, sich unmittelbar allein auf den Handelnden beziehenden Handlungen verbieten oder einschränken, deren Folgen die Rechte anderer kränken, d.i. ohne oder gegen die Einwilligung derselben ihre Freiheit oder ihren Besitz schmälern, oder von denen dies wahrscheinlich zu besorgen ist, eine Wahrscheinlichkeit, bei welcher allemal auf die Größe des zu besorgenden Schadens und die Wichtigkeit der durch ein Prohibitivgesetz entstehenden Freiheitseinschränkung zugleich Rücksicht genommen werden muss. Jede weitere oder aus anderen Gesichtspunkten gemachte Beschränkung der Privatfreiheit aber liegt außerhalb der Grenzen der Wirksamkeit des Staates."[198]

d) Regelung des Zivilrechts

Eine weitere Aufgabe des Staates auf dem Gebiet der inneren Sicherheit sieht Humboldt darin, durch Zivilgesetze diejenigen Handlungen zu bestimmen, „welche sich unmittelbar und geradezu auf andere beziehen". Hier unterscheidet er folgende Gruppen von Handlungen: einmal solche, die ohne oder gegen die Einwilligung des Betroffenen geschehen; dann solche, die mit Einwilligung vorgenommen werden, wobei er diese wieder aufteilt in solche, die „gleich und auf einmal vollendet werden" und solche, die „sich auf die Folge erstrecken"; weiter die Verfügungen von Todes wegen und schließlich die Gründung und Gestaltung juristischer Personen.

Handlungen, die ohne oder gegen die Einwilligung des Betroffenen erfolgen und durch die dieser in seinen Rechten verletzt wird, hat der Staat zu verbieten und die Handelnden zum Ersatz des zugefügten Schadens zu zwingen. Wir nennen dies heute das Recht der unerlaubten Handlungen. Die zu seiner Zeit noch übliche Einsperrung unvermögender Schuldner will Humboldt nur in den Fällen zulassen, wo die Gefahr besteht, „mit der Person des Verpflichteten seinen künftigen Erwerb zu verlieren".

Handlungen, die mit gegenseitiger Einwilligung vorgenommen werden, setzt Humboldt denjenigen gleich, „welche ein Mensch für sich, ohne unmittelbare Beziehung auf andere ausübt". Bei ihnen hat der Staat deshalb dafür zu sorgen, dass keine schädlichen Folgen eintreten.[199] Anders jedoch, wenn diese Hand-

---

[197] Gesammelte Schriften, Bd. 1, S. 189 bzw. Werke, Bd. 1, S. 159.
[198] Gesammelte Schriften, Bd. 1, S. 187 bzw. Werke, Bd. 1, S. 156.

3. Die Aufgaben des Staates

lungen „nicht gleich und auf einmal vollendet werden, sondern sich auf die Folge erstrecken". Dies ist der Fall bei einseitigen Willenserklärungen und Verträgen, die rechtliche Verpflichtungen für die Zukunft begründen. Hier hat der Staat sicherzustellen, dass diese Verpflichtungen erfüllt werden, da die Sicherheit durch die Nichterfüllung gestört würde. Dies gilt jedoch nur bei solchen Willenserklärungen, die rechtswirksam zustande gekommen sind und deren Inhalt weder rechts- noch sittenwidrig ist. Es darf folglich durch die Willenserklärung bloß der Erklärende verpflichtet werden, und dieser muss „mit gehöriger Fähigkeit der Überlegung" und „mit freier Beschließung" gehandelt haben. Die Willenserklärung darf nicht zum Inhalt haben, dass der Erklärende sich „bloß zu einem Mittel der Absichten des anderen herabwürdigt", was zum Beispiel bei einem auf Sklaverei hinauslaufenden Vertrag zutreffen würde; sie darf ferner nicht „Gegenstände der Empfindung und des Glaubens" betreffen und sie darf schließlich weder an sich noch in ihren Folgen den Rechten anderer entgegen oder gefährlich sein. Bei Willenserklärungen, die in diesem Sinne nicht rechtswirksam zustande gekommen sind oder deren Inhalt rechts- beziehungsweise sittenwidrig ist, hat der Staat deshalb „das Zwangsrecht der Gesetze" zu versagen. Rechts- und sittenwidrige Willenserklärungen soll der Staat im Übrigen nicht verbieten, ausgenommen den Fall, dass sie die Rechte Dritter gefährden.[200]

Innerhalb der Handlungen, die mit gegenseitiger Einwilligung vorgenommen werden, bedürfen diejenigen noch einer besonderen Regelung, „welche persönliche Leistungen zur Pflicht machen", wie Dienst- und Arbeitsverträge, sowie diejenigen, welche „eigentliche persönliche Verhältnisse hervorbringen", wie die Ehe. Bei Dienst- und Arbeitsverträgen sieht Humboldt die Notwendigkeit, eine Trennung der durch den Vertrag eingegangenen Verbindung zu erleichtern, damit nicht „der zu einer Zeit gefasste Entschluss auf einen zu großen Teil des Lebens hinaus die Willkür beschränke". Denn bei ihnen ist der Zwang „den edelsten Kräften des Menschen nachteilig". Außerdem ist bei ihnen die Möglichkeit einer Trennung nicht so schädlich, weil das Gelingen der Geschäfte, die durch sie bewirkt werden, mehr oder minder „von der fortdauernden Einwilligung der Parteien abhängt". Der Staat muss deshalb bei solchen Verträgen, die persönliche Leistungen zur Pflicht machen und dadurch die persönliche Freiheit eng beschränken, eine Zeit festsetzen, „binnen welcher zwar keiner beider Teile einseitig abgehen dürfte, nach Verlauf welcher aber der Vertrag ohne Erneuerung kein Zwangsrecht nach sich ziehen könnte". Die Länge dieser Zeit müsste einerseits „nach der Wichtigkeit der Beschränkung", andererseits „nach der Natur des Geschäfts" bestimmt werden. Bei der Ehe hingegen, durch die „ein solches persönliches Verhältnis entsteht, das nicht bloß einzelne Hand-

---

[199] Vgl. Gesammelte Schriften, Bd. 1, S. 190 bzw. Werke, Bd. 1, S. 159 f.
[200] Gesammelte Schriften, Bd. 1, S. 191 f. bzw. Werke, Bd. 1, S. 160 ff.

lungen fordert, sondern im eigentlichsten Sinn die Person und die ganze Lebensweise betrifft, wo dasjenige, was geleistet, oder dasjenige, dem entsagt wird, in dem genauesten Zusammenhange mit inneren Empfindungen steht", will Humboldt eine Trennung jederzeit und ohne Anführung von Gründen erlaubt sehen.[201] – Man hat geglaubt, dass Humboldt damit allen Verpflichtungen der Ehe, so weit sie „als zivilrechtlicher Vertrag unter die Kompetenz staatlichen Tätigwerdens fällt", die Zwangsgewalt des Staates versagt.[202] Diese Ansicht scheint mir jedoch irrtümlich zu sein. Humboldt will meines Erachtens nur verhindern, dass der eine Ehepartner auf den anderen gegen dessen Willen einen Zwang zur Aufrechterhaltung des mit der Ehe verbundenen *persönlichen* Verhältnisses, der ehelichen Lebensgemeinschaft, ausüben kann. Nicht jedoch will er einem Ehepartner die Möglichkeit schaffen, sich der mit der Ehe verbundenen *sachlichen* Verpflichtungen, wie zum Beispiel der Unterhaltspflicht, zu entledigen, wie er überhaupt bei allen Verträgen, die auf die Übertragung von Sachen gerichtet sind, die Möglichkeit einer einseitigen Aufhebung ausgeschlossen sehen will.[203] Sowohl bei den Verträgen, die persönliche Leistungen zur Pflicht machen, wie bei denen, die ein eigentliches persönliches Verhältnis hervorbringen, hält Humboldt eine gesetzliche Bestimmung des Inhalts, dass ein Verzicht auf die Möglichkeit der Trennung unwirksam ist, für notwendig. Dadurch wird niemandem „die Befugnis genommen, auch das ganze Leben hindurch dauernde Verhältnisse einzugehen, sondern bloß dem einen das Recht, den anderen da zu zwingen, wo der Zwang den höchsten Zwecken desselben hinderlich sein würde".[204]

Als dritte Gruppe der Handlungen, die sich „unmittelbar und geradezu auf andere beziehen", kommen die Verfügungen von Todes wegen in Betracht. In Bezug auf sie sollte der Staat dem Erblasser nur gestatten „zu bestimmen, wer sein Vermögen nach seinem Tode besitzen solle", im Übrigen aber „jeder weitergehenden Willenserklärung des Erblassers seine Unterstützung versagen". So will Humboldt insbesondere verhindert sehen, dass der Erblasser bestimmen kann, wie der Erbe mit dem Nachlass „schalten, wem er ihn wiederum hinterlassen und wie es überhaupt in der Folge damit gehalten werden soll". Denn solche Bestimmungen hemmen die Freiheit, deren der Mensch zu seiner Ausbildung notwendig bedarf. Durch sie schreibt eine Generation der anderen Gesetze vor, werden Missbräuche und Vorurteile von Jahrhunderten zu Jahrhunderten fortgeerbt und unterwerfen die Dinge den Menschen ihrem Joch, statt dass dieser die Dinge gestaltet.[205]

---

[201] Vgl. Gesammelte Schriften, Bd. 1, S. 192 f. bzw. Werke, Bd. 1, S. 162 ff.
[202] So *Burchard*, S. 31.
[203] Vgl. Gesammelte Schriften, Bd. 1, S. 192 bzw. Werke, Bd. 1, S. 162.
[204] Gesammelte Schriften, Bd. 1, S. 193 bzw. Werke, Bd. 1, S. 163.
[205] Vgl. Gesammelte Schriften, Bd. 1, S. 194 ff. bzw. Werke, Bd. 1, S. 164 ff.

3. Die Aufgaben des Staates

Sosehr es den Anschein hat, als ob Humboldt lediglich der Bestimmung des Erben staatlichen Schutz angedeihen lassen wollte, so wird man doch annehmen dürfen, dass er diesen Schutz einer Anordnung von Vermächtnissen auch nicht entziehen wollte. Denn ihm kam es vor allem darauf an zu verhindern, dass der Erbe in seiner Verfügungsfreiheit über den Nachlass beschränkt wird. Durch die Anordnung, dass dieser oder jener Gegenstand des Nachlasses einem Dritten zufallen soll, wird der Erbe jedoch in seiner Verfügungsfreiheit ebenso wenig beschränkt wie durch die Anordnung einer Miterbschaft, die Humboldt ausdrücklich zulässt.[206]

Für die Fälle, in denen der Erblasser keinen Erben bestimmt hat, muss der Staat gesetzliche Bestimmungen über die Erbfolge erlassen, da die Ruhe und Ordnung gestört würden, wenn solche Bestimmungen nicht vorhanden wären und jedermann sich den Nachlass aneignen könnte. Außerdem schreibt Humboldt dem Staat die Aufgabe zu, einen Pflichtteil zu bestimmen, damit „kein Erblasser eine wahre Unbilligkeit oder Ungerechtigkeit begehen kann".[207] Man hat mit Recht darauf hingewiesen, dass dies einer der Fälle ist, „wo Humboldt innerhalb gewisser Grenzen eine ausgesprochene Fürsorgepflicht des Staates durchaus in die Sicherheitsaufgabe mit einbezieht".[208]

Ein weiteres Problem, das Humboldt in diesem Zusammenhang untersucht, ist die Frage, inwiefern Verträge unter Lebenden auf die Erben übergehen müssen. Hier geht er von dem Grundsatz aus, dass jeder Mensch bei seinem Leben „seine Handlungen beschränken und sein Vermögen veräußern" darf wie er will, dass er aber für die Zeit nach seinem Tode weder die Handlungen seines Erben bestimmen noch auch über sein Vermögen irgendeine Anordnung außer der Erbeinsetzung treffen darf. Hieraus folgt, dass alle diejenigen Verbindlichkeiten auf den Erben übergehen oder gegen ihn erfüllt werden müssen, „welche wirklich die Übertragung eines Teils des Eigentums in sich schließen, folglich das Vermögen des Erblassers entweder verringert oder vergrößert haben; hingegen keine von denjenigen, welche entweder in Handlungen des Erblassers bestanden oder sich nur auf die Person desselben bezogen". In den Fällen, in denen der Erblasser Teile seines Vermögens mit fremden Rechten belastet hat, wie zum Beispiel bei Belastung einer Sache mit einem Pfandrecht oder einem Nießbrauch, hält Humboldt es für ratsam, dass der Staat „entweder untersagte, Verträge dieser Art anders als auf die Lebenszeit zu machen, oder wenigstens die Mittel erleichterte, eine wirkliche Trennung des Eigentums da zu bewirken, wo ein solches Verhältnis einmal entstanden wäre".[209] Dies deshalb, weil „der ge-

---

[206] Vgl. Gesammelte Schriften, Bd. 1, S. 197 bzw. Werke, Bd. 1, S. 168.
[207] Vgl. Gesammelte Schriften, Bd. 1, S. 195 ff. bzw. Werke, Bd. 1, S. 166 ff.
[208] So *Burchard*, S. 31; vgl. hierzu auch oben, S. 82 f.
[209] Humboldt versteht hier wohl unter „Trennung des Eigentums" die Möglichkeit, dass der Erbe sich von Rechten Dritter, mit denen der Erblasser Gegenstände des Nachlasses belastet hat, „trennen", d. h. befreien kann.

teilte Besitz mehrerer Rechte auf eine und die nämliche Sache allemal zwingende persönliche Verhältnisse mit sich führt".[210] Nach heutigem Recht endet ein Nießbrauch mit dem Tode des Berechtigten und ein Pfandrecht kann vom Erben durch Befriedigung des Pfandgläubigers beendet werden.

Als Letztes betrachtet Humboldt bei seiner Untersuchung der staatlichen Zivilgesetzgebung die juristischen Personen. Im Hinblick auf diese sollte der Staat anordnen, „dass jede moralische Person oder Gesellschaft für nichts weiter, als für die Vereinigung der jedesmaligen Mitglieder anzusehen sei und daher nichts diese hindern könne, über die Verwendung der gemeinschaftlichen Kräfte und Mittel durch Stimmenmehrheit nach Gefallen zu beschließen". Satzungen, die die Mitglieder gegen ihren Willen zu dieser oder jener Anwendung der gemeinschaftlichen Mittel zwingen oder die die Mehrheit durch das Erfordernis der Einstimmigkeit bei Beschlüssen an den Willen einer Minderheit binden, müsste der Staat Anerkennung und Schutz versagen, denn sie sind in gleicher Weise schädlich wie die über die Erbenbestimmung hinausgehenden Verfügungen von Todes wegen. Worauf es ankommt ist, dass der Mensch so wenig als möglich „anders zu handeln vermocht wird, als sein Wille verlangt oder seine Kraft ihm erlaubt".[211]

e) Die Entscheidung von Rechtsstreitigkeiten

Eine dritte umfassende Aufgabe des Staates auf dem Gebiet der inneren Sicherheit sieht Humboldt in der Entscheidung der Rechtsstreitigkeiten der Bürger. Er hat hierbei „auf der einen Seite gegen ungerechte Forderungen zu beschützen, auf der anderen gerechten denjenigen Nachdruck zu geben, welchen sie von den Bürgern selbst nur auf eine die öffentliche Ruhe störende Weise erhalten könnten". Denn „dasjenige, worauf die Sicherheit der Bürger in der Gesellschaft vorzüglich beruht, ist die Übertragung aller eigenmächtigen Verfolgung des Rechtes an den Staat. Aus dieser Übertragung entspringt aber auch für diesen die Pflicht, den Bürgern nunmehr zu leisten, was sie selbst sich nicht mehr verschaffen dürfen, und folglich das Recht, wenn es unter ihnen streitig ist, zu entscheiden, und den, auf dessen Seite es sich finde, in dem Besitze desselben zu schützen." Da der Staat hier gewissermaßen an die Stelle der Bürger tritt, darf er nur so weit gehen, als ihn der Wille der Parteien führt. Erster Grundsatz jeder Zivilprozessordnung muss deshalb sein „niemals die Wahrheit an sich und schlechterdings, sondern immer nur insofern aufzusuchen, als diejenige Partei es fordert, welche deren Aufsuchung überhaupt zu verlangen berechtigt ist." Der Staat darf jedoch nur einem solchen Verlangen der Parteien nachkommen, das zur Aufklärung des streitigen Rechts dienen kann. Als äußerstes

---

[210] Vgl. Gesammelte Schriften, Bd. 1, S. 198 f. bzw. Werke, Bd. 1, S. 169 f.
[211] Vgl. Gesammelte Schriften, Bd. 1, S. 199 f. bzw. Werke, Bd. 1, S. 170 f.

Mittel zur Erforschung der Wahrheit darf er nur den Eid zulassen. Auch muss er durch entsprechende Bestimmungen in der Prozessordnung dafür sorgen, dass das Verfahren straff geleitet und die Möglichkeit von Prozessverschleppungen ausgeschlossen wird. Um die Gültigkeit der Geschäfte zu sichern, Betrügereien zu verhindern und um den Parteien für den Fall des Prozesses Beweismittel an die Hand zu geben, muss der Staat bei bestimmten Rechtsgeschäften, bei denen es den Umständen nach notwendig ist, Formvorschriften erlassen. Diese müssen jedoch so sein, dass ihre Befolgung nicht mit großen Schwierigkeiten verbunden ist. Je vollkommener allerdings eine Gerichtsverfassung ist, desto weniger werden solche Vorschriften notwendig sein. Sie bedeuten zwar eine Einschränkung der Freiheit, aber alle Einschränkungen dieser Art aufzuheben dürfte schwerlich ratsam sein, weil dadurch „die Prozesse vervielfältigt" und „die Gelegenheiten, durch erregte unnütze Streitigkeiten die Ruhe anderer zu stören", zu mannigfaltig würden. „Nun aber ist gerade die Streitsucht, welche sich durch Prozesse äußert, diejenige, welche – den Schaden noch abgerechnet, den sie dem Vermögen, der Zeit und der Gemütsruhe der Bürger zufügt – auch auf den Charakter den nachteiligsten Einfluss hat und gerade durch gar keine nützlichen Folgen für diese Nachteile entschädigt."[212]

f) Regelung des Strafrechts

Als weitere umfassende Aufgabe des Staates im Rahmen seiner Sorgfalt für die innere Sicherheit kommt in Betracht die Bestrafung derjenigen, die fremdes Recht verletzt haben. Hier ergibt sich als erstes die Aufgabe zu bestimmen, welche Handlungen strafbar sein sollen. Da der Staat lediglich die Aufgabe hat für die Sicherheit zu sorgen, darf er auch nur solche Handlungen für strafbar erklären, die die Sicherheit beeinträchtigen. Handlungen, die sich nur auf den Handelnden selbst beziehen oder die mit Einwilligung des Betroffenen geschehen, dürfen deshalb nicht strafbar sein. So ist Humboldt der Auffassung, dass alle so genannten Sittlichkeitsverbrechen mit Ausnahme der Notzucht (Vergewaltigung) ebenso wenig bestraft werden sollten wie zum Beispiel der Selbstmordversuch, und selbst die Tötung auf Verlangen müsste nach seiner Überzeugung straflos bleiben, wenn nicht die zu große Gefahr eines Missbrauchs ein Strafgesetz notwendig machte. Außer solchen Handlungen, die unmittelbar die Rechte Dritter verletzen, kann der Staat auch solche für strafbar erklären, die gesetzlich verboten sind. Es ist dies auch deshalb notwendig, „als es sonst hier gänzlich an einem Zwangsmittel fehlen würde, dem Gesetze Gehorsam zu verschaffen".[213]

---

[212] Vgl. Gesammelte Schriften, Bd. 1, S. 202 ff. bzw. Werke, Bd. 1, S. 173 ff.
[213] Vgl. Gesammelte Schriften, Bd. 1, S. 206 f. bzw. Werke, Bd. 1, S. 178 f.

Neben der Bestimmung der strafbaren Handlungen ist es für Humboldt Aufgabe des Staates zu bestimmen, welche Strafarten anwendbar sein sollen. Dabei sollten solche Strafen ausgeschlossen sein, die mit großen körperlichen Leiden verbunden sind. Denn je minder die Strafen „physisch schmerzhaft und schrecklich sind, desto mehr sind sie es moralisch". Die Strafarten sollten also so sein, dass sie vor allem moralisch wirken. Ganz allgemein stellt Humboldt fest, „dass die Vollkommenheit der Strafen immer – versteht sich jedoch bei gleicher Wirksamkeit – mit dem Grade ihrer Gelindigkeit wächst". Gänzlich ausgeschlossen sehen will Humboldt die Strafe der Ehrlosigkeit oder Infamie. „Denn die Ehre eines Menschen, die gute Meinung seiner Mitbürger von ihm, ist keineswegs etwas, das der Staat in seiner Gewalt hat." Anderseits hat der Staat jedoch die Pflicht, „die Bürger gegen verdächtige Personen zu sichern". Er muss deshalb durch Gesetz diejenigen, die gewisse strafbare Handlungen begangen haben, für unfähig erklären im Staatsdienst tätig zu sein, als Zeuge aufzutreten, Vormund zu sein und so weiter. Humboldt will also die Strafe der Ehrlosigkeit darauf beschränkt sehen, „dass der Staat dem Verbrecher die Merkmale *seiner* Achtung und *seines* Vertrauens" entzieht, im Übrigen sich aber „aller weiteren, allgemeinen Erklärung des Misstrauens oder gar des Verlustes der Ehre" gänzlich enthält. Zugestehen will er dem Staat jedoch das Recht, „durch beschimpfende Strafen auf das Ehrgefühl zu wirken". Bei der Strafe der Ehrlosigkeit muss eine Zeit bestimmt werden, nach deren Ablauf diese hinfällig wird. Von der Todesstrafe nimmt Humboldt an, dass diese „manchmal und unter gewissen Lokalumständen offenbar notwendig" ist. Diese Annahme steht jedoch in einem gewissen Gegensatz zu seiner Auffassung von dem Sinn des menschlichen Daseins. Denn durch die Vollstreckung der Todesstrafe wird dem damit Bestraften jede Möglichkeit einer inneren Umkehr und Besserung durch Reue und wenigstens teilweise Wiedergutmachung des angerichteten Schadens genommen. Ausgeschlossen will Humboldt jede Strafe sehen, die sich nicht gegen denjenigen, der eine strafbare Handlung begangen hat, sondern gegen einen seiner Angehörigen richtet.[214]

Als dritte Aufgabe des Staates auf dem Gebiet des Strafrechts sieht Humboldt die gesetzliche Bestimmung des Strafmaßes für die einzelnen strafbaren Handlungen an. Den Zweck der Strafe sieht er in der „Verhinderung der Beleidigungen für die Zukunft", das heißt darin, künftigen Verbrechen entgegenzuwirken. Humboldt lehnt jedoch eine Generalprävention ab, das heißt die Strafe soll nicht so bemessen werden, dass andere durch ihre Strenge vor der betreffenden strafbaren Handlung zurückgeschreckt werden. Dies geht daraus hervor, dass er es für ungerecht und schädlich zugleich hält, wenn man meint, „es müssten den Verbrechen immer in dem Grade große Strafen entgegengesetzt werden, in welchem gerade Lokal- oder Zeitverhältnisse sie häufiger machen,

---

[214] Vgl. Gesammelte Schriften, Bd. 1, S. 207 ff. bzw. Werke, Bd. 1, S. 179 ff.

oder gar, ihrer Natur nach (wie es bei so manchen Polizeiverbrechen der Fall ist), moralische Gründe sich ihnen weniger eindringend widersetzen". Stattdessen tritt Humboldt für eine Spezialprävention ein, das heißt die Strafe soll so bemessen werden, dass der jeweilige Täter durch sie davon abgehalten wird, künftig weitere strafbare Handlungen zu begehen. Maßstab für die gesetzliche Bestimmung der Strafen für die verschiedenen Arten strafbarer Handlungen soll deshalb allein „der Grad der Nichtachtung des fremden Rechts in dem Verbrechen" sein. Denn jeder muss sich nur gefallen lassen, „seine Rechte von dem anderen insoweit verletzt zu sehen, als er selbst die Rechte desselben gekränkt hat". Wird dieser Grundsatz bei der Gesetzgebung nicht beachtet, so wird die Moralität, die „die festeste Stütze der Sicherheit der Bürger in einem Staate ist", untergraben, indem ein „Streit zwischen der Behandlung, welche der Verbrecher erfährt, und der eigenen Empfindung seiner Schuld" veranlasst wird. Humboldt fordert also die „Gleichheit zwischen Verbrechen und Strafe". Diese kann jedoch mit Rücksicht auf die großen örtlichen und zeitlichen Verschiedenheiten nicht in einer absoluten, das heißt in einer allgemein und für immer gültigen Weise bestimmt werden, „es kann nicht allgemein gesagt werden, dieses oder jenes Verbrechen verdient nur eine solche oder solche Strafe". Diese Gleichheit kann vielmehr nur relativ, das heißt insofern verwirklicht werden, als der jeweilige Gesetzgeber das Strafmaß bei verschiedenen Arten von strafbaren Handlungen nach dem Grade der mit ihnen verbundenen Missachtung des fremden Rechts abstuft. Es müssten als diejenigen Straftaten, „welche wirklich in den Kreis des fremden Rechts eingreifen", härter bestraft werden, als die Übertretung von Gesetzen, welche jene nur zu verhindern bestimmt sind".[215] Bei der Anwendung des Strafgesetzes auf einzelne Verbrechen durch den Richter darf die Strafe den Täter nur nach dem Grade des Vorsatzes oder der Schuld treffen, mit welchem er die Handlung beging. Dem Richter muss deshalb durch das Gesetz die Möglichkeit gegeben werden, die allgemeine Strafe dem individuellen Grade, in dem der Täter das fremde Recht missachtete, anzupassen.[216]

Während des Untersuchungsverfahrens darf der Richter nur gesetzmäßige Mittel anwenden, um die Wahrheit zu erforschen. Er darf sich deshalb keiner Täuschungsmittel oder gar der Folter bedienen, denn diese sind „der Würde des Staates, welchen der Richter vorstellt, allemal unangemessen". Stattdessen empfiehlt Humboldt ein „offenes und gerades Betragen, auch gegen Verbrecher", weil dies heilsame Folgen auf den Charakter der Nation haben würde. Auch in demjenigen, der ein Verbrechen begangen hat, muss der Staat die Menschen- und Bürgerrechte ehren. Den bloß verdächtigen Bürger muss der Richter sorgfältig von dem überführten Verbrecher unterscheiden und nie beide gleich be-

---

[215] Vgl. Gesammelte Schriften, Bd. 1, S. 210 ff. bzw. Werke, Bd. 1, S. 182 ff.
[216] Vgl. Gesammelte Schriften, Bd. 1, S. 213 f. bzw. Werke, Bd. 1, S. 186 f.

handeln.[217] – Daraus ergibt sich, dass Humboldt auch die Regelung des Strafprozessrechts als Aufgabe des Staates ansieht.

g) Rechtsprechung nicht Aufgabe des Staates

Wie aus dem Gesagten hervorgeht, ist Humboldt der Auffassung, dass nicht nur die Bestimmung der strafbaren Handlungen, sondern auch die der Strafarten und des Strafmaßes beziehungsweise des Strafrahmens für die einzelnen Arten strafbarer Handlungen Aufgabe der Gesetzgebung des Staates ist, und dass der Richter bei der Festsetzung der Strafe an die gesetzlich vorgeschriebenen Strafarten und den Strafrahmen gebunden ist. Hier hat Humboldt meines Erachtens die Grenzen zwischen der Gesetzgebung des Staates und der Rechtsprechung nicht richtig gezogen. Dieser Auffassung liegt nämlich der auch heute noch weit verbreitete Irrtum zugrunde, dass die Gerechtigkeit auf dem Gebiet des Strafrechts auf der Gleichheit von Verbrechen und Strafe beruhe. In Wirklichkeit ist eine Strafe nur dann gerecht, wenn sie dem individuellen Menschen, der eine Straftat begangen hat, gerecht wird, das heißt wenn sie geeignet ist, ihn wieder dazu zu bringen, die Rechte seiner Mitbürger bzw. die des Staates zu achten. Was aber in diesem Sinne eine richtige und gerechte Strafe ist, lässt sich niemals allgemein gültig durch Gesetz bestimmen, sondern kann nur in jedem einzelnen Fall durch den Richter entschieden werden. Dieser muss deshalb nicht nur in Bezug auf die Strafhöhe, sondern auch auf die Strafart, die er anwenden will, eine ebensolche Freiheit haben wie jeder Lehrer hinsichtlich seiner pädagogischen Maßnahmen.[218] Dazu wird er allerdings wie dieser Phantasiekräfte brauchen, für deren Entwicklung bisher leider wenig getan wird. Durch die Gesetzgebung sollte lediglich bestimmt werden, welche Handlungen strafbar und welche Strafarten zulässig bzw. unzulässig sind, wie z.B. die Prügel- oder die Todesstrafe. Humboldt selbst hat bereits die wichtige Erkenntnis ausgesprochen, dass „die Wirksamkeit der Strafen ganz und gar von dem Eindruck abhängt, welchen dieselben auf das Gemüt des Verbrechers machen".[219] Zu beurteilen, welche Strafart und -höhe im konkreten Fall geeignet ist, einen wirksamen Eindruck auf den individuellen Täter zu machen, vermag jedoch nur der Richter, der diesem gegenübersteht. Humboldt gibt deshalb meines Erachtens dem Richter noch nicht genügend Freiheit. Allerdings setzt eine so weitgehende Freiheit des Richters eine reiche Lebenserfahrung und umfassendere

---

[217] Vgl. Gesammelte Schriften, Bd. 1, S. 214, 224 bzw. Werke, Bd. 1, S. 187, 198 f.

[218] Dies meint m.E. Steiner, wenn er das Strafrecht definiert als dasjenige, „was Recht ist gegenüber einer Rechtsverletzung" und gleichzeitig sagt, dass das Strafrecht dem geistigen Gliede des sozialen Organismus zugezählt werden muss, vgl. *Steiner* (1977), S. 39; vgl. auch S. 92.

[219] Vgl. Gesammelte Schriften, Bd. 1, S. 208 bzw. Werke, Bd. 1, S. 180.

Kenntnisse auf dem Gebiet der Kriminologie, der Psychologie und der Erwachsenenpädagogik voraus, als sie heute in der Regel vorhanden sind.

In diesem Zusammenhang ist interessant, dass Humboldt später während seiner politischen Tätigkeit die Nation stärker an der Rechtsprechung beteiligen wollte. So stand er dem Grundsatz der Öffentlichkeit des Gerichtsverfahrens und einer Rechtsprechung durch Geschworene zustimmend gegenüber, wie aus einem Brief an seine Frau vom 21. Juli 1818 hervorgeht: „Im Staatsrat soll jetzt viel von der Justizverwaltung in den Rheinprovinzen die Rede sein, beinah alle, selbst die ganz alten Preußen sollen für die öffentliche Gerichtspflege und das Gericht durch Geschworene stimmen. Es ist, alles Urteil über die Sache beiseite gesetzt, wunderbar, wie der Sinn, der sich im Wechsel der Zeiten entwickelt, die Gemüter mit sich fortreißt. Indes ist es nicht zu leugnen, dass diese in den Rheinprovinzen bestehende Gerichtsform dem Volke eine gewisse Mündigkeit zugesteht und sie zugleich wieder in ihm bildet, und dass daher es allerdings bedenklich und hart ist, sie Provinzen, die es einmal haben, wieder zu entreißen."[220] Und in seiner „Denkschrift über ständische Verfassung" vom Oktober 1819 schlägt Humboldt vor, die Patrimonialgerichtsbarkeit in eine Dorfgerichtsbarkeit umzuwandeln und dieser die Entscheidung einer Reihe von einfacheren Rechtsangelegenheiten zu übertragen. Im Einzelnen schreibt er hierzu: „Wenn man den Umfang der Rechte betrachtet, welche, als zur Patrimonial-Gerichtsbarkeit gehörend, durch die Gutsherren ausgeübt werden, so bestehen sie in der polizeilichen und richterlichen Gewalt. Die erste müsste in der Hand des Gutsbesitzers bleiben, allein durch den von ihm ernannten Schulzen geübt werden, und die Gemeinde müsste Teil daran haben, indem sie Schöppen, die unter dem Schulzen und mit ihm zusammen die Behörde bildeten, ernannte. Von der Gerichtsbarkeit ist die kriminelle schon jetzt zum Teil getrennt. Aber es ließe sich wohl der ganze Teil davon absondern, welcher eines gelehrten Juristen bedarf. Dagegen würde die Bestrafung von Feld- und Forstfreveln, der Gesinde- und Polizeivergehungen, die Schlichtung von Injuriensachen, Zänkereien und solchen Schlägereien, die keinen verbrecherischen Charakter hätten, die Vormundschaft in den Fällen, in welchen das Vermögen nicht eine gewisse Summe überstiege u.s.f. wohl am besten den Dorfgerichten überlassen, die dann auf die erwähnte Weise von Vorständen aus der Mitte der Gemeinde, unter Vorsitz des vom Gutsherrn ernannten Schulzen besorgt würden."[221] Als Gründe, die für die Dorfgerichtsbarkeit sprechen, gibt Humboldt an: „Diese kleinen Sachen, die der schlichte und rechtliche Sinn des Landmanns leicht ordnet und entscheidet, sind nicht für eigentliche, oft entfernte Gerichte, welche Kollegien bilden, geeignet. Da, wo die Land- und Stadtgerichte eingerichtet sind, ist es zum Teil dahin gekommen, dass Felddiebstähle und ähnliche Vergehungen gar nicht mehr ange-

---

[220] *An Caroline,* Bd. 6, S. 256.
[221] Gesammelte Schriften, Bd. 12, S. 420.

zeigt werden und mithin straflos bleiben. Dagegen sind einzelne stehende Patrimonial-Richter, welche doch zum Teil wichtige Sachen behandeln, auch sehr schädlich."[222] Allerdings betont Humboldt, dass die Dorfgerichtsbarkeit nur als ein Ausfluss der staatlichen aufzufassen sei, indem er sagt: „Auf keinen Fall kann die Gerichtsbarkeit anders, als wie ein Ausfluss der Souveränitätsrechte angesehen werden, und wo sie auch eine Kommune oder ein Privatmann übte, muss es nur als ihm übertragen sein und er im Grunde, wie auch bei uns der Fall ist, kein anderes Recht besitzen, als das der Ernennung der Richter."[223] Humboldt dachte auch – allerdings nur in eingeschränkter Form – an eine Beteiligung der Richter an der Richterwahl. Dies ergibt sich aus seinen beiden Entwürfen zur Bundesverfassung vom 9. Dezember 1814, wo er für das Bundesgericht vorgesehen hatte, dass bei der Besetzung frei werdender Richterstellen die zur Richterwahl berechtigten Bundesglieder mit dem Bundesgericht in der Weise abwechseln, dass einmal die betreffenden Bundesglieder den neuen Richter ernennen und das andere Mal das Bundesgericht aus zwei ihm von den Bundesmitgliedern vorgeschlagenen Personen den neuen Richter wählt. Darüber hinaus sollte das Bundesgericht in beiden Fällen das Recht haben, die ernannten bzw. vorgeschlagenen Richter einer Prüfung zu unterwerfen und sie gegebenenfalls wegen Untauglichkeit abzuweisen.[224]

Wesentlich an diesen Vorschlägen Humboldts ist das in ihnen – wenn auch eingeschränkt – zum Ausdruck kommende Prinzip, dass die Richter nicht vom Staat ernannt, sondern von Korporationen, die vom Staat unabhängig sind, gewählt werden sollten. Hierbei ist zu berücksichtigen, dass Humboldt während seines politischen Wirkens die Kommunen nicht als Staatseinrichtungen, sondern als „Nationalanstalten" betrachtete.[225]

Die Freiheit und Unabhängigkeit der Richter wollte Humboldt durch entsprechende Verfassungsbestimmungen in der Deutschen Bundesakte und später in der vorgesehenen preußischen Verfassung sichern, indem er in seinem „Exposé des droits de tout sujet Allemand ..." vom April 1814 die Bestimmung vorsah, dass die Rechtsprechung nicht durch irgendwelche Autoritäten beeinflusst werden darf und dass die Gerichte weder Anordnungen des Königs noch des Kabinetts folgen dürfen[226], und indem er in seinen beiden Entwürfen zur Bundesverfassung und in seinen beiden Denkschriften zur ständischen Verfassung in Preußen aus dem Jahre 1819 die Regelung vorschlug, dass die Richter ihre Stellen nur durch richterlichen Ausspruch verlieren dürfen.[227] Diese absolute Sonderstellung der Richter wollte Humboldt nicht den Staatsbeamten einräumen. So

---
[222] Gesammelte Schriften, Bd. 12, S. 420 f.
[223] Gesammelte Schriften, Bd. 12, S. 421.
[224] Vgl. Gesammelte Schriften, Bd. 11, S. 262.
[225] Vgl. unten, S. 176 ff., 182, 185.
[226] Vgl. Gesammelte Schriften, Bd. 12, S. 217 bzw. Werke, Bd. 4, S. 335.

3. Die Aufgaben des Staates 135

schreibt er in seiner „Denkschrift über ständische Verfassung" vom Oktober 1819: „Es kann hier die Frage zur Sprache kommen, ob den Staatsbeamten das Recht eingeräumt werden soll, ihre Stellen nur durch richterlichen Ausspruch verlieren zu können, und ob dasselbe in die Verfassungsurkunde eingerückt werden soll. Die Stellen der Richter müssen schlechterdings auf diese Weise gesichert sein und diese Unabhängigkeit der Gerichtshöfe gehört schon zu der ausgesprochenen Sicherung der Person und des Eigentums. Diese Unabhängigkeit auf alle Staatsdiener auszudehnen, bringt die mannigfaltigsten Nachteile mit sich, unter welchen nicht die die geringsten sind, dass es dazu beiträgt, die Staatsämter wie Pfründen anzusehen, und die Staatsbeamten zu einer eigenen Klasse in der Nation werden zu lassen, da es viel natürlicher und für die Nation und den Staat besser wäre, wenn die Beschäftigung in Staatsangelegenheiten sich noch freier, als jetzt, mit dem Privatleben verbände. Kein anderes, als ein richterliches Amt, dürfte daher verfassungsmäßig inamovibel sein."[228]

Aus den angeführten Äußerungen Humboldts geht hervor, dass ihm die Notwendigkeit bewusst war, die Freiheit und Unabhängigkeit der Richter gegenüber dem Staat zu sichern. Hier kann man sich nun allerdings fragen, ob Humboldt in diesem wichtigen Punkt den Umkreis der staatlichen Aufgaben völlig richtig gesehen hat. Wenn er es auch nicht unmittelbar ausspricht, so geht er doch wie Montesquieu davon aus, dass der Staat drei Funktionen hat, nämlich die der Gesetzgebung, der Verwaltung und der Rechtsprechung. Die Rechtsprechung gehört jedoch nicht notwendig zu den Aufgaben des Staates.[229] Aufgabe des Staates ist es, durch Gesetze die Rechtsverhältnisse der Bürger im Hinblick auf ihre Sicherheit zu regeln. Es ist ferner seine Aufgabe, Verbrechen zu verhüten, begangene Verbrechen aufzuklären und die Täter anzuklagen. Auch hat er die Aufgabe, für die Vollstreckung bzw. Ausführung der richterlichen Entscheidungen zu sorgen. Diese Aufgaben sind um der Sicherheit willen notwendig und können nur von ihm erfüllt werden, da zu ihnen die Zwangsgewalt des Staates, „eine letzte, widerspruchslose Macht", notwendig ist.[230] Anders verhält es sich jedoch mit der Rechtsprechung. Bei ihr wäre es – ähnlich wie im Erziehungs- und Bildungswesen – äußerst bedenklich, wenn der Staat irgendeinen Einfluss auf sie nehmen wollte, und sei es nur dadurch, dass er die Richter bestellt, befördert und beaufsichtigt oder ihre Ausbildung vorschreibt. Man hat dies schon länger erkannt und deshalb seit Montesquieu die Unabhängigkeit der Richter gefordert. Diese Unabhängigkeit ist jedoch erst dann wirklich gegeben, wenn

---

[227] Vgl. Gesammelte Schriften, Bd. 11, S. 263, Gesammelte Schriften, Bd. 12, S. 229, 400 f. bzw. Werke, Bd. 4, S. 436 f.
[228] Gesammelte Schriften, Bd. 12, S. 400 f.; vgl. auch S. 229 bzw. Werke, Bd. 4, S. 436 f.
[229] Vgl. oben, S. 132 f.
[230] So umschreibt Humboldt einmal den Begriff des Staates, vgl. Gesammelte Schriften, Bd. 1, S. 133 bzw. Werke, Bd. 1, S. 95.

eingesehen wird, dass die Rechtsprechung überhaupt nicht zu den Aufgaben des Staates gehört und Nationalanstalten die Aufgabe übernehmen sollten, die Richter zu bestellen und zu beaufsichtigen.[231]

h) Sorgfalt für die Sicherheit durch Verbrechensverhütung

Eine weitere Aufgabe des Staates, die Humboldt im Zusammenhang mit dem Strafrecht betrachtet, besteht darin, „Verbrechen, noch ehe dieselben begangen werden, zuvorzukommen". Hier muss sich der Staat darauf beschränken, „die strengste Wachsamkeit auf jedes gesetzwidrige Vorhaben auszuüben, um dasselbe vor seiner Ausführung zu verhindern." Um diese Aufgabe erfüllen zu können, kann der Staat für öffentliche Straßen und Plätze „Aufseher" bestellen. Viele Jahre später hat sich Humboldt in dem von ihm entworfenen Antwortschreiben vom 26. August 1819 auf eine Kabinettsorder vom 11. Januar 1819 dagegen ausgesprochen, die abgeschaffte Geheimpolizei wiederherzustellen. „Es kommt vielmehr bei diesem Teile der Polizei nur darauf an, die öffentliche Meinung zu beobachten, um zu erfahren, was derselben zusagt und wohin sie gerichtet ist. Alsdann kann sie auf Berichtigung der Irrtümer in derselben mit hinwirken, und was zur Befriedigung derselben zulässig sein dürfte, zur Sprache bringen. Diese höhere Polizei hat zu keiner Zeit das Licht zu scheuen, ihr hierin beizustehen, kann der würdige Beruf der achtbarsten Staatsbeamten und Bürger sein."[232] Anders ist es „mit dem ganz einheitlichen Berufe der Polizei, Verbrechen so viel wie möglich zu verhüten und die Täter begangener Verbrechen auszuforschen". Hierzu führt Humboldt in dem genannten Schreiben vom 26. August 1819 aus: „In dieser Hinsicht können auch in politischer Beziehung Fälle eintreten, wo z. B. das Auswärtige oder das Kriegs-Ministerium für Zeit und Ort besondere Beobachtungen verdächtiger Personen und Handlungen oder aller Fremden von der Polizei fordern. Solche Forschungen und Beobachtungen aber müssen *meistens geheim sein,* wenn sie nicht ganz zweckwidrig und lächerlich erscheinen sollen. Aber die darauf zu gründenden Folgen, Wirkungen und Strafen dürfen nie geheim sein, sondern immer nur im gesetzlichen Wege erfolgen. Auch da muss die Polizei in dem, was *sie getan hat,* das Licht nicht scheuen und darf nicht geheim sein, es müssten denn auswärtige Staatenverhältnisse es gebieten. Zwar kann, auch auf diesem Wege, die Möglichkeit des Missbrauchs gegen die persönliche Freiheit und Sicherheit der Staatsbürger durch zu weit getriebenen Diensteifer der unteren Polizeibehörden nicht ganz vermieden werden. Doch liegt in dem, dass solche geheime Nachforschungen nicht systematisch und fortlaufend, sondern nur bei besonderen Veranlassungen besonders anzuordnen sind, schon eine ziemlich sichere Bürgschaft, die der liberale Geist

---

[231] Für eine solche vom Staate unabhängige Rechtsprechung hat sich *Steiner* (1961), S. 138 f. ausgesprochen.
[232] Vgl. Gesammelte Schriften, Bd. 12, S. 340.

der Regierung und ihr Sinn für Gerechtigkeit noch mehr verstärkt."[233] Ende September oder Anfang Oktober 1819 erwähnt Humboldt in seinem zweiten Entwurf einer Antwort auf die Kabinettsorder vom 16. September 1819, in welchem er zu den Karlsbader Beschlüssen Stellung nimmt, dass die Prüfung der Strafbarkeit insbesondere bei hochverräterischen Umtrieben nicht „auf den unbestimmten Gesichtspunkt verdächtiger Gesinnungen, Grundsätze, Pläne" gestellt sein darf, sondern „in Rücksicht auf bestimmte Fragen, ob sie diese oder jene Tat beabsichtigt haben, wie weit sie von bloßer Gesinnung zum Vorsatz, zu Handlungen und zur Vorbereitung der Ausführung vorgeschritten sind u.s.f." erfolgen muss.[234]

In seiner Schrift über die Grenzen der Wirksamkeit des Staates lehnt Humboldt alle weitergehenden Maßnahmen des Staates zur Verhütung von Verbrechen, die in einer Bekämpfung der Ursachen der Verbrechen bestehen, ab. Hier käme einerseits die Verbesserung der zu Verbrechen nötigenden wirtschaftlichen Lage, andererseits eine Einwirkung auf den Charakter, d.h. auf die Neigungen und Leidenschaften der Menschen in Betracht. Die Verbesserung der wirtschaftlichen Lage gefährdeter Einzelner durch den Staat lehnt Humboldt aus denselben Gründen ab, aus denen er gegen jede Sorgfalt des Staates für das physische Wohl seiner Bürger ist. Zwar handelte es sich hier nur um eine Fürsorge für einen kleineren Personenkreis. Aber gerade dies macht „ein Bekümmern des Staates um die individuelle Lage der Bürger" notwendig. Auch wird dadurch „der Kampf der inneren Moralität mit der äußeren Lage" aufgehoben und damit „seine heilsame Wirkung auf die Festigkeit des Charakters des Handelnden und auf das gegenseitig sich unterstützende Wohlwollen der Bürger. „Aber solche Maßnahmen des Staates sind nicht nur der Ausbildung des Menschen schädlich; sie ist nach Humboldts Auffassung auch nicht notwendig. Denn „in einem Staate, dessen Verfassung den Bürger nicht selbst in dringende Lagen versetzt, welcher demselben vielmehr eine solche Freiheit sichert, als diese Blätter zu empfehlen versuchen, ist es kaum möglich, dass Lagen der beschriebenen Art überhaupt entstehen und nicht in der freiwilligen Hilfsleistung der Bürger selbst, ohne Hinzukommen des Staats, Heilmittel finden sollten."[235] Diese Gedanken Humboldt werden in schöner Weise von Otto Burchard erläutert: „Will man seine (Humboldts) Argumente nicht als reinste idealistische Utopie ansehen, so muss man sie aus dem heraus verstehen, was Humboldt als Ergebnis und Wirkung eines staatsfreien Erziehungs- und sozialen Lebens ansieht. Die sozial ungenügende Einstellung der Menschen zueinander, die Verkümmerung vollmenschlicher Anlagen, der Hang, Gesetze zu übertreten, die man als Zwang empfindet, die Trägheit, sich noch um Dinge zu kümmern, für die bereits ein

---

[233] Gesammelte Schriften, Bd. 12, S. 340.
[234] Vgl. Gesammelte Schriften, Bd. 12, S. 378.
[235] Vgl. Gesammelte Schriften, Bd. 1, S. 214 ff. bzw. Werke, Bd. 1, S. 187 ff.

Beamter eingesetzt ist – alle diese die Kriminalität fördernden Übelstände im sozialen Organismus haben nach Humboldt ihre Wurzel darin, dass der Staat sich auf Gebieten betätigt, die seiner Eigenart nicht entsprechen. In konsequenter Verfolgung dieses Gedankens kommt Humboldt zu dem Ergebnis, dass die sozialen Verhältnisse selbst sich von Grund auf ändern werden, wenn einmal an die Stelle der staatlichen Bevormundung die freie schöpferische Initiative richtig erzogener *Menschen* getreten ist." Die oben zitierten Worte Humboldts sind „auf dies ferne, aber doch nicht unerreichbar erscheinende Zukunftsziel, nicht auf die unmittelbare Gegenwart" bezogen.[236]

Auch ein Einwirken des Staates auf den Charakter der Bürger als Mittel zur Verhütung von Verbrechen lehnt Humboldt ab. Zwar handelt es sich hier nicht darum, die allgemeine Sittlichkeit zu verbessern, sondern nur darum, „auf das der Befolgung der Gesetze Gefahr drohende Betragen Einzelner" zu wirken. Aber gegen ein solches Wirken sprechen die gleichen Gründe wie gegen jede andere Sorgfalt des Staates für das geistig-moralische Wohl seiner Bürger. Darüber hinaus bringt es eine Einmischung in die Privatangelegenheiten der Bürger mit sich, die dadurch schädlich wirkt, dass sie auf der einen Seite indiskrete Neugier, einseitige Intoleranz, auf der anderen Verstellung und Heuchelei mit sich bringt. Humboldt vertritt deshalb die Auffassung: „Jeder Bürger muss ungestört handeln können, wie er will, solange er nicht das Gesetz überschreitet." Und selbst, wenn die Gefahr besteht, wie zum Beispiel bei Trunksüchtigen, dass ihr Verhalten gesetzwidrige Handlungen zur Folge hat, will Humboldt ein Eingreifen des Staates ausgeschlossen sehen. Dies begründet er damit, dass er sagt, es sei für den Betreffenden selbst besser, „er empfinde einmal den Schaden der Strafe und erhalte die reine Lehre der Erfahrung, als dass er zwar diesem einen Nachteil entgehe, aber für seine Ideen keine Berichtigung, für sein moralisches Gefühl keine Übung empfange; doch besser für die Gesellschaft, *eine* Gesetzesübertretung mehr störe die Ruhe, aber die nachfolgende Strafe diene zur Belehrung und Warnung, als dass zwar die Ruhe diesmal nicht leide, aber darum das, worauf alle Ruhe und Sicherheit der Bürger sich gründet, die Achtung des fremden Rechts, weder an sich wirklich größer sei, noch auch jetzt vermehrt und befördert werde". Außerdem ist es zweifelhaft, ob solche Maßnahmen des Staates überhaupt die gewünschte Wirkung haben. Selbstverständlich ist es wünschenswert, dass Menschen „durch wirkendes Beispiel und überzeugenden Rat" auf die Moralität ihrer Mitbürger im günstigen Sinn einwirken. Aber ein solches Wirken kann nicht durch Gesetze vorgeschrieben werden. Denn diese sind „nicht der Ort, Tugenden zu empfehlen, sondern nur erzwingbare Pflichten vorzuschreiben".[237]

---

[236] *Burchard*, S. 37. – Man vgl. dazu aber die Ausführungen oben, S. 82 f. zu der Frage, ob eine Sorgfalt des Staates für das physische Wohl Hilfsbedürftiger nicht doch wenigstens subsidiär zu seinen Aufgaben gehört.

[237] Vgl. Gesammelte Schriften, Bd. 1, S. 217 ff. bzw. Werke, Bd. 1, S. 190 ff.

3. Die Aufgaben des Staates

Bei denen, die bereits eine strafbare Handlung begangen haben und von denen in Zukunft weitere zu erwarten sind, hält Humboldt ein Einwirken auf den Charakter für wünschenswert. Aber dieses Einwirken darf nicht darin bestehen, dass ihnen Belehrungen aufgedrungen werden, sondern nur darin, dass ihnen alle Mittel frei zur Verfügung gestellt werden, durch die sie ihre Ideen berichtigen und ihre Gefühle verbessern können. Man wird hier an Vorträge und Aussprachen, künstlerische Veranstaltungen und Kurse, an die Einrichtung von Büchereien und dergleichen zu denken haben, wobei allerdings die Beteiligung und Benutzung jedem völlig freistehen müsste, denn jeder, der eine strafbare Handlung begangen hat, ist nur dazu verbunden, „die gesetzmäßige Strafe zu leiden".[238] Da die Sorgfalt für das moralische Wohl seiner Bürger grundsätzlich nicht zu den Aufgaben des Staates gehört und er nicht einseitig „gewisse bestimmte Ideen" in Schutz nehmen darf[239], kann ein solches Einwirken auf die Strafgefangenen während des Strafvollzugs nicht Aufgabe des Staates selbst sein. Seine Aufgabe kann vielmehr nur darin bestehen sicherzustellen, dass alle, die sich im Strafvollzug in der angedeuteten Weise betätigen wollen, dies in Freiheit tun können. Humboldt selbst bringt dies zum Ausdruck, indem er sagt, dass denjenigen, die eine Straftat begangen haben, „jedes Mittel, das nur übrigens nicht dem Endzweck der Strafe zuwider ist, freistehen muss, ihre Ideen zu berichtigen und ihre Gefühle zu verbessern".[240] Bei denen, die mangels Beweises freigesprochen werden müssen, hält Humboldt eine fortdauernde Aufsicht über das künftige Betragen für notwendig. Doch will er hier der freiwillig übernommenen Aufsicht der Bürger vor einer Aufsicht des Staates den Vorzug geben und schlägt deshalb vor, solche verdächtigen Personen in erster Linie einen sicheren Bürgen stellen zu lassen und dem Staate die Aufsicht nur zu übertragen, falls sich ein solcher Bürge nicht findet.[241]

Eine weitere mögliche Maßnahme des Staates, Verbrechen zu verhüten, ist die, solche an sich unschädlichen Handlungen zu untersagen, „bei welchen leicht Verbrechen entweder nur ausgeführt oder auch beschlossen zu werden pflegen". Auch eine solche Maßnahme des Staates wird von Humboldt missbilligt, weil sie in die Freiheit der Bürger eingreift, weil sie ferner durch das in ihr liegende Misstrauen nachteilige Folgen auf den Charakter der von ihr Betroffenen hat und dadurch letzten Endes dem beabsichtigten Zweck schadet.[242]

Das hauptsächlichste Mittel, dessen der Staat sich bedienen darf, Verbrechen zu verhüten, sieht Humboldt darin, „kein begangenes Verbrechen unentdeckt, kein entdecktes unbestraft" zu lassen. „Denn die durch eine ununterbrochene

---

[238] Vgl. Gesammelte Schriften, Bd. 1, S. 220 bzw. Werke, Bd. 1, S. 194.
[239] Vgl. oben, S. 101 f.
[240] Vgl. Gesammelte Schriften, Bd. 1, S. 220 bzw. Werke, Bd. 1, S. 194.
[241] Vgl. Gesammelte Schriften, Bd. 1, S. 220 f. bzw. Werke, Bd. 1, S. 194 f.
[242] Vgl. Gesammelte Schriften, Bd. 1, S. 221 bzw. Werke, Bd. 1, S. 195.

Erfahrung bestätigte Überzeugung der Bürger, dass es ihnen nicht möglich ist, in fremdes Recht einzugreifen, ohne eine gerade verhältnismäßige Schmälerung des eigenen zu erdulden, scheint mir zugleich die einzige Schutzmauer der Sicherheit der Bürger und das einzige untrügliche Mittel, unverletzliche Achtung des fremden Rechts zu begründen." Zugleich hält Humboldt dieses Mittel für das einzige, durch das auf eine mit der Würde des Menschen vereinbare Weise auf seinen Charakter eingewirkt werden kann, „da man den Menschen nicht zu Handlungen unmittelbar zwingen oder leiten, sondern allein durch die Folgen ziehen muss, welche der Natur der Dinge nach aus seinem Betragen fließen müssen". Humboldt gesteht deshalb dem Staat das Recht zu, seine Bürger gesetzlich zu verpflichten, nicht nur geplante Verbrechen, sondern auch bereits verübte und ihre Täter anzuzeigen, wovon jedoch die nächsten Verwandten ausgenommen sein sollen. Und andererseits fordert er, dass das Recht des Staates, die durch einen Richter ausgesprochene Strafe zu erlassen oder zu mildern, entfällt. Bei der Aufklärung begangener Verbrechen und der Verhinderung der Ausführung beschlossener Verbrechen soll der Staat keine Maßregeln ergreifen, die „der Freiheit und der häuslichen Sicherheit der Bürger überhaupt" entgegenlaufen.[243] Bei Einschaltung des zuständigen Richters hingegen hat Humboldt gegen solche Maßregeln, die zur Aufklärung oder Verhinderung von Verbrechen notwendig sind, wie z.B. Verhaftungen oder Hausdurchsuchungen, nichts einzuwenden.[244]

Schließlich weist Humboldt noch auf die Notwendigkeit hin, alle Strafgesetze und Strafverfahrensgesetze öffentlich bekannt zu machen.[245]

i) Sorgfalt für die Sicherheit Unmündiger und geistig Behinderter

Als weitere Aufgabe des Staates im Rahmen seiner Aufgabe, für die Sicherheit zu sorgen, betrachtet Humboldt in seiner Schrift über die Grenzen der Wirksamkeit des Staates noch diejenige, besondere Bestimmungen zum Schutz Unmündiger und „des Verstandes Beraubter", das heißt geistig Behinderter aufzustellen. Da diese nicht selbstverantwortlich handeln können und andere weitgehend für sie sorgen müssen, sind sie besonderen Gefahren ausgesetzt, weswegen der Staat eigene Bestimmungen zu ihrem Schutz erlassen muss.

Hinsichtlich der Unmündigen ergibt sich für den Staat zunächst die Aufgabe, den Eintritt der Volljährigkeit und damit die Dauer der elterlichen Gewalt zu bestimmen. Weiter hat er die Aufgabe, die Grenzen der elterlichen Gewalt zu bestimmen. Die Eltern haben die Pflicht, für das physische und moralische

---

[243] Vgl. Gesammelte Schriften, Bd. 1, S. 221 f. bzw. Werke, Bd. 1, S. 195 ff., vgl. auch Gesammelte Schriften, Bd. 1, S. 176 f. bzw. Werke, Bd. 1, S. 144.
[244] Vgl. unten, S. 151.
[245] Vgl. Gesammelte Schriften, Bd. 1, S. 223 bzw. Werke, Bd. 1, S. 197 f.

3. Die Aufgaben des Staates

Wohl ihrer Kinder zu sorgen. Sie haben dabei jedoch die Rechte ihrer Kinder auf Leben, Gesundheit und gegebenenfalls ihr Vermögen zu achten. Selbst die Freiheit der Kinder darf nur insoweit beschränkt werden, als dies zu ihrer Bildung und zur Erhaltung des Familienverhältnisses notwendig ist. Jeder Zwang zu Handlungen, die die Kinder über die Zeit der Unmündigkeit hinaus in bindende Verhältnisse bringen, wie zum Beispiel die Berufswahl oder die Wahl des Ehegatten, muss ausgeschlossen sein. Hieraus erwächst als Aufgabe für den Staat, dafür zu sorgen, dass die Eltern ihre Pflichten gegenüber den Kindern erfüllen und die Grenzen der elterlichen Gewalt nicht überschreiten. Er muss hierbei allerdings das Vertrauen zu den Eltern haben, „dass sie eine Pflicht nicht verabsäumen werden, welche ihrem Herzen so nah liegt", und deshalb nur dann eingreifen, wenn eine Pflichtverletzung entweder bereits begangen wurde oder dringend zu befürchten ist. Nicht jedoch darf er allgemein Rechenschaft von den Eltern fordern oder ihnen gar Vorschriften über die Sorgfalt für das Wohl ihrer Kinder, wie zum Beispiel ihre Bildung und Erziehung, machen.[246]

Eine weitere Aufgabe des Staates hinsichtlich der Unmündigen besteht darin, dafür zu sorgen, dass diese im Falle des Todes ihrer Eltern einen Vormund bekommen. Er muss deshalb festlegen, wann eine Vormundschaft eintreten muss, wer zum Vormund bestellt werden kann und wem die Befugnis, einen Vormund zu bestimmen, zusteht. Die Befugnis, einen Vormund zu bestimmen, soll in erster Linie den Eltern, dann den Verwandten und schließlich der Gemeinde, der die unmündigen Kinder angehören, zustehen. Für die Fälle, in denen auf diesem Wege eine Vormundschaft nicht zustande kommt, muss der Staat eine gesetzliche Vormundschaft anordnen und festsetzen, „wer von den Verwandten die Vormundschaft übernehmen oder, wenn von diesen keiner dazu imstande ist, wie einer der übrigen Bürger dazu gewählt werden soll". Der Vormund hat dieselben Rechte und Pflichten wie die Eltern. Da dieser jedoch nicht in dem gleichen engen Verhältnis zu seinem Mündel steht wie die Eltern zu ihrem Kind, kann er, wie Humboldt zu Recht meint, nicht das gleiche Vertrauen beanspruchen wie diese. Es soll deshalb durch den Staat angeordnet werden, dass der Vormund laufend Rechenschaft über seine Tätigkeit abzulegen hat. Um sicherzustellen, dass ein Vormund wirklich bestellt wird und dieser seine Pflichten gegenüber dem Mündel nicht vernachlässigt, muss der Staat ein Aufsichtsorgan bestimmen. Für besonders geeignet hierfür hält Humboldt die Gemeinden, denn „ihre Maßregeln werden immer nicht nur der individuellen Lage der Pflegebefohlenen angemessener, sondern auch mannigfaltiger, minder einförmig sein". Der Staat hingegen soll nur die „Oberaufsicht" ausüben.[247]

Eine weitere Aufgabe des Staates zum Schutz der Unmündigen besteht darin, die Geschäftsfähigkeit gesetzlich zu regeln, das heißt zu bestimmen, von wel-

---

[246] Vgl. Gesammelte Schriften, Bd. 1, S. 225 ff. bzw. Werke, Bd. 1, S. 199 ff.
[247] Vgl. Gesammelte Schriften, Bd. 1, S. 227 bzw. Werke, Bd. 1, S. 201 f.

cher Altersstufe ab Rechtshandlungen wirksam vorgenommen werden können. Hierbei hält Humboldt es für gut, „verschiedene Epochen und Stufen der Unmündigkeit" zu bestimmen, da der „Grad der Beurteilungskraft" nach und nach zunimmt. – Ferner muss der Staat zum Schutz der Unmündigen Handlungen gegenüber diesen, „deren Folgen ihnen schädlich sein würden", die aber sonst nicht strafbar sind, für strafbar erklären. Als Beispiel nennt Humboldt den unehelichen Beischlaf mit Minderjährigen. Solche Handlungen können jedoch wegen der zunehmenden Reife der Unmündigen nur bis zu einer bestimmten Altersstufe strafbar sein.[248]

Neben den Unmündigen bedürfen noch die Menschen eines besonderen Schutzes durch den Staat, die nicht im vollen Besitz ihrer Geisteskräfte sind. Bei ihnen hat der Staat ebenso wie bei den Unmündigen sicherzustellen, dass die Eltern ihre Pflichten ihnen gegenüber erfüllen und ihre Rechte nicht verletzen. Außerdem hat er erforderlichenfalls dafür zu sorgen, dass ein Pfleger bestellt wird. Für dessen Bestellung, seine Rechte und Pflichten und so weiter soll dasselbe wie für den Vormund gelten.

Den Unterschied zwischen den Unmündigen und solchen Menschen, die geistig behindert sind, sieht Humboldt darin, dass diese nicht der Erziehung und Bildung, sondern abgesehen von einer Heilbehandlung nur der Sorgfalt und Aufsicht bedürfen. Zahlreiche heilpädagogische Einrichtungen unserer Zeit zeigen allerdings, dass auch geistig Behinderte durchaus bildungsfähig und sogar in der Lage sind, in beschützten Werkstätten berufstätig zu sein. Bei ihnen muss der Staat allerdings zu ihrem Schutz bestimmen, unter welchen Voraussetzungen sie entmündigt werden können und somit Rechtshandlungen von ihnen nicht mehr wirksam vorgenommen werden können. Eine Entmündigung darf allerdings erst „nach einer unter Aufsicht des Richters durch Ärzte vorgenommenen Prüfung" ausgesprochen werden und nur darin bestehen, dass ihnen die „temporelle Ausübung ihrer Rechte", nicht jedoch diese Rechte selbst genommen werden, da eine Heilung oder Besserung immer möglich ist. Auch muss der Staat bei solchen Menschen wie bei den Unmündigen Handlungen, die an sich nicht strafbar sind, deren Folgen ihnen jedoch schaden könnten, ihnen gegenüber für strafbar erklären. Hinzu kommt, dass nicht nur für die Sicherheit solcher Menschen, sondern auch dafür gesorgt werden muss, dass andere vor ihnen sicher sind.[249]

j) Sorgfalt für Sicherheit im Wirtschaftsleben

Humboldt hatte bei der Abfassung seiner Schrift über die Grenzen der Wirksamkeit des Staates nicht die Absicht, eine vollständige Theorie der Gesetz-

---

[248] Vgl. Gesammelte Schriften, Bd. 1, S. 227 f. bzw. Werke, Bd. 1, S. 202 f.
[249] Vgl. Gesammelte Schriften, Bd. 1, S. 228, 230 bzw. Werke, Bd. 1, S. 203, 205.

3. Die Aufgaben des Staates

gebung aufzustellen; das heißt, er wollte nicht bis in alle Einzelheiten die Aufgaben, die der Gesetzgebung des Staates obliegen, angeben. Worauf es ihm ankam, war vielmehr, „den Gesichtspunkt herauszuheben, inwiefern die Gesetzgebung in ihren verschiedenen Zweigen die Wirksamkeit des Staates ausdehnen dürfe oder einschränken müsse".[250] So ist es nicht verwunderlich und stellt keine Änderung seiner Ideen von den Grenzen der Wirksamkeit des Staates dar, wenn Humboldt in späteren Jahren der staatlichen Gesetzgebung Aufgaben zuweist, die er in seiner Jugendschrift nicht ausdrücklich erwähnt hat. Hierbei handelt es sich um Aufgaben, die einerseits der Sicherheit der wirtschaftlichen Betätigung, andererseits der Sicherheit im Geistesleben dienen sollen. Zur Sicherung der Betätigung im Wirtschaftsleben sah Humboldt vor, die Teilbarkeit und Veräußerbarkeit von landwirtschaftlichen Gütern und Bauernhöfen zu beschränken. Dazu heißt es in seiner „Denkschrift über ständische Verfassung" vom Oktober 1819: „Bei den Landgemeinden verdient die Frage, ob nicht, obgleich, wie es gewiss ungemein wohltätig ist, die Bauern nunmehr Eigentümer teils geworden sind, teils noch werden sollen, dennoch der Teilbarkeit und Veräußerbarkeit der Bauerngüter Grenzen gesetzt werden sollten. Es scheint die Erhaltung des Bauernstandes in seiner Einfachheit, Tüchtigkeit und Wohlhabenheit in der Tat mit dem Gegenteile unvereinbar ... Das ewige Teilen der Bauernhöfe muss die Familie an den Bettelstab bringen, die Freiheit der Veräußerung das Zusammenkaufen halber Ortschaften begünstigen. Es ist möglich und sogar anzunehmen, dass sich das von selbst auch wieder ins Gleiche setzt, und dass nach 100 Jahren die Bauerngüter doch um nichts im Ganzen kleiner und größer sind als jetzt. Aber rechnet man die in der Zwischenzeit herumgeworfenen, bewegten, verarmten und wieder emporgekommenen Generationen, oder wenn auch die Individuen gar nichts gelten sollen, dies Herumwerfen, Bewegen, Verarmen und Emporkommen, das zu seiner Zeit nachteilig wirkt und sich noch der Nachkommenschaft mitteilt, für nichts?"[251] Um diesem Übel zu steuern, will Humboldt nicht „den Verkehr bis zur Stockung lähmen". „Man kann alle wohltätigen Folgen, die er, als den Verbesserungsgeist begünstigend und den bloßen Erhaltungsgeist verhindernd, in Schläfrigkeit auszuarten, hervorbringt, bewahren, ohne in das entgegengesetzte Extrem zu verfallen."[252] Die Aufgabe der Gesetzgebung des Staates sieht Humboldt deshalb darin, „dem beweglichen Sinn der Menschen Haltung zu geben, ohne ihm Ketten anzulegen". Im Einzelnen muss sie „nicht nötigen, die Teilbarkeit des Erbes, auch wenn man sie nicht wollte, zuzulassen". Für noch besser sieht es Humboldt an, wenn sie „den heilsamen Fall, die Vererbung des Bauerngutes auf einen der Söhne, als Regel enthielte". Schließlich kann die Gesetzgebung „in gewissen Fällen, wo der Nachteil zu wesentlich wäre, auch verbietend einwirken".[253] – Ebenso wie bei den

---

[250] Vgl. Gesammelte Schriften, Bd. 1, S. 230 bzw. Werke, Bd. 1, S. 205.
[251] Gesammelte Schriften, Bd. 12, S. 421 f.
[252] Gesammelte Schriften, Bd. 12, S. 422.

Bauernhöfen will Humboldt die Teilbarkeit und Veräußerbarkeit auch bei den landwirtschaftlichen Gütern des Adels eingeschränkt sehen. Er schreibt hierüber in der genannten Denkschrift vom Oktober 1819: „Wenn der Adel nicht nach und nach durch ewige Teilungen verarmen soll, so bedarf er, wie, nach dem oben Gesagten, der bäuerliche Stand, einer Erhaltung durch die Gesetzgebung, welche ihm am einfachsten durch Erlaubnis, Fideikommisse zu stiften, gewährt werden könnte."[254] Allerdings sah Humboldt auch bereits, wie aus seinem Brief an den Freiherrn vom Stein vom 14. Mai 1819 hervorgeht, dass eine zu große Häufigkeit der Familienfideikommisse „eine zu große Masse von Gütern zu eisern, dem Einflusse der Industrie zu wenig zugänglich" macht, was nach seiner Überzeugung auch nicht ohne moralisch nachteilige Folgen ist.[255] Er will deshalb die Errichtung von Majoraten grundsätzlich nur in Verbindung mit der Berechtigung zur Landstandschaft betrachtet sehen. In Rücksicht auf diese hält Humboldt es für notwendig, dass es eine der Größe des Staates angemessene Anzahl von Familien gibt, in welchen ein reich begüterter Zustand erhalten wird, was nach seiner Ansicht nur durch Majorate geschehen kann. Wenn es außerhalb der namentlich und erblich zur Landstandschaft berechtigten Familien Majorate geben soll, will Humboldt ihre Errichtung nie als Vorrecht des Adels ansehen, sondern sie „nach der Größe des Vermögens bedingen und mehr erschweren, als das Landrecht tut".[256] Um zu verhüten, dass adlige Familien nicht zu oft das väterliche Gut verkaufen müssen, hält Humboldt es für notwendig, dass durch die Gesetzgebung dem testierenden Vater erlaubt wird, „den Sohn, welcher es annimmt, durch eigene ihm vorteilhafte Schätzung in die Möglichkeit zu setzen, es zu erhalten; die Neigung dieses zu tun muss durch die daran haftende Landstandschaft und das Interesse, das man für diese Zwecke erweckt, genährt werden".[257]

Sosehr Humboldts Vorschläge zur Einschränkung der Teilbarkeit und Veräußerbarkeit der Bauernhöfe und Adelsgüter in den Einzelheiten auch zeitgebunden sind, so liegen ihnen doch Prinzipien zugrunde, die auch heute noch bedeutsam und im Anerbenrecht in einer der Gegenwart entsprechenden Form verwirklicht sind.[258] Diese Prinzipien sind, dass ein Hof nach dem Tode seines Eigentümers nicht unter seinen Erben aufgeteilt, sondern als Wirtschaftseinheit

---

[253] Vgl. Gesammelte Schriften, Bd. 12, S. 422; vgl. hierzu ferner Humboldts „Denkschrift über Preußens ständische Verfassung" vom 4. Februar 1819, Gesammelte Schriften, Bd. 12, S. 255 bzw. Werke, Bd. 4, S. 460 f. sowie seinen Brief an den Freiherrn vom Stein vom 4. April 1823, Gesammelte Schriften, Bd. 17, S. 363 f.
[254] Gesammelte Schriften, Bd. 12, S. 441.
[255] Vgl. Gesammelte Schriften, Bd. 17, S. 302.
[256] Vgl. Gesammelte Schriften, Bd. 17, S. 302 f. sowie Gesammelte Schriften, Bd. 12, S. 441. – Die Bestimmungen des Allgemeinen Landrechts über die Fideikommisse sind enthalten im 2. Teil, Titel 4, Abschnitt 3 bis 5.
[257] Vgl. Gesammelte Schriften, Bd. 17, S. 303.
[258] Man vgl. hierzu *Lange/Wulff/Lüdtke-Handjery,* S. XVII ff.

3. Die Aufgaben des Staates

erhalten wird, indem er an *einen* der Erben fällt und dieser die übrigen in einer angemessenen, aber den Hof erhaltenden Weise entschädigt. Wichtig scheint mir hierbei zu sein, dass der Erblasser in der Wahl seines Hoferbens frei ist und, wenn sich unter seinen gesetzlichen Erben keine für die Bewirtschaftung des Hofes geeignete Persönlichkeit findet, auch einen Dritten bestimmen kann, ohne dadurch den Fortbestand des Hofes durch Belastung mit Pflichtteilsansprüchen und hohen Steuern zu gefährden. Auch sollte möglichst nur derjenige Eigentümer eines Hofes werden, der diesen selbst bewirtschaftet. Humboldt sagt hierzu in seinem Brief an Niebuhr vom 22. April 1819: „Was ich erst die moralische Seite des Adels nannte, verstehe ich so, dass er sich als eine Klasse von Menschen ansehen muss, deren äußere Existenz auf ein (nicht zwar gerade fideikommissarisch vinculiertes, aber doch *in der Regel* und seiner gewöhnlichen Bestimmung nach) *auf seine Nachkommen übergehendes Grundeigentum,* und wieder *der Regel nach auf das Leben auf demselben gegründet* ist, woraus dann von selbst entspringt, dass diese Klasse auch vorzüglich fest am Bestehen des Staates und an Vermeidung von Gefahren, die Neuerungen bringen, hängt. Alle diese Eigenschaften finden sich nun auch bei den Bauern, wo nämlich der Bauer ein *freier Eigentümer* ist, und wenn die Gesetze die Verstückelungen und Veräußerungen seines Grundeigentums verhindern, oder wenigstens nicht befördern."[259] Eine weitere Aufgabe des Staates zur Sicherung bzw. Ermöglichung der freien wirtschaftlichen Betätigung, für die sich Humboldt in späteren Jahren eingesetzt hat, ist die gesetzliche Aufhebung der Leibeigenschaft, wie aus seinen „Entwürfen zur Bundesverfassung …" vom 9. Dezember 1814 hervorgeht.[260]

Man ersieht aus diesen Vorschlägen, dass Humboldt als wichtige Sicherheitsaufgabe des Staates ansah, den Bauern- und Adelsstand in seiner Selbständigkeit zu erhalten und die freie wirtschaftliche Betätigung der Bauern zu sichern bzw. überhaupt erst zu ermöglichen. Diese von Humboldt für die Landwirtschaft entwickelten Prinzipien wären heute auch auf die industriellen Produktionsmittel anzuwenden, die zu seiner Zeit im Beginn der Industrialisierung noch keine große Rolle spielten. Auch bei diesen wäre es Aufgabe des Staates, die Teilbarkeit und Veräußerbarkeit gesetzlich einzuschränken und dafür zu sorgen, dass Eigentümer nur Personen sein können, die mit den Produktionsmitteln produktiv für die Allgemeinheit tätig sind. Auch hätte der Staat durch gesetzliche Regelungen dafür zu sorgen, dass die heute noch bestehende teilweise „Leib-

---

[259] Gesammelte Schriften, Bd. 17, S. 295 (Hervorhebung vom Verfasser).
[260] Vgl. Gesammelte Schriften, Bd. 11, S. 261; vgl. auch *an Caroline,* Bd. 5, S. 315 f. – Die genannten Entwürfe sind in den Gesammelten Schriften mit November 1814 datiert. Sie sind jedoch in der Zeit vom 7. bis 9. Dezember entstanden, wie aus Humboldts Brief *an Caroline* (8. Dezember 1814) Bd. 4, S. 434 f. in Verbindung mit Humboldts Gutachten zu den beiden Entwürfen, das mit dem 9. Dezember 1814 datiert ist, hervorgeht.

eigenschaft" der Arbeiter und Angestellten, das heißt ihre Abhängigkeit von den Besitzern der Produktionsmittel durch das Lohnverhältnis, bei welchem die Arbeitskraft als Ware verkauft wird, durch ein freies vertragliches Teilungsverhältnis abgelöst wird, bei welchem der Anteil festgelegt wird, der *allen* Mitarbeitern eines Unternehmens an dem gemeinsam Erwirtschafteten zustehen soll.[261]

k) Sorgfalt für Sicherheit im Geistesleben

Außer für die Sicherheit im Wirtschaftsleben hat sich Humboldt während seines politischen Wirkens auch für die Sicherung der freien Betätigung des geistigen Lebens und zugleich für den Schutz vor Beeinträchtigungen innerhalb dieses Lebens eingesetzt. So trat er für die Sicherung des geistigen Eigentums der Schriftsteller und Verleger gegen den Nachdruck ein.[262] Hierzu sah Humboldt in den genannten Entwürfen zur Bundesverfassung vor, dass „keine mit dem Privilegium eines deutschen Bundesstaats gedruckte Schrift soll während der Lebenszeit des Verfassers und während dreißig Jahren nach seinem Tode innerhalb der Grenzen Deutschlands nachgedruckt werden können".[263]

Eine weitere Aufgabe des Staates, auf die Humboldt später eingegangen ist, ist die des gesetzlichen Schutzes vor einem Missbrauch der Pressefreiheit. Hierzu hat Humboldt in einer für Hardenberg bestimmen Denkschrift „Über Pressfreiheit" vom 9. Januar 1816 eingehende Gedanken entwickelt. Er hält einen solchen gesetzlichen Schutz für notwendig, weil die für Privatbeleidigungen und für den Versuch, die öffentliche Sicherheit zu stören, geltenden Grundsätze als nicht ausreichend anzusehen sind. Die gesetzliche Regelung des Missbrauchs der Pressefreiheit muss „sehr einfach und ja nicht, weder in der Sache selbst, noch in der Ausführlichkeit der Bestimmung, zu ängstlich gemacht werden. Es ist hier, wie überall sonst, unmöglich, die Richter zu Maschinen zu verwandeln, und es wäre furchtbar, wenn man ungerechte Beschränkungen der Pressfreiheit, die bei Zensurbehörden wenigstens noch durch Persönlichkeit und Zufall gemildert werden, zu gesetzlichem Zwange machen und sich des ehrwürdigen Namens der Gesetze und Gerichte bedienen wollte, ihnen ein geheiligtes Ansehen zu geben."[264] Deshalb will Humboldt „die Mitteilung wahrer Tatsachen, welcher Art sie auch sein möchten, die Erwähnung selbst von Gerüchten, wenn nur die Absicht klar ist, dadurch der Wahrheit näher zu kommen, ruhige, mit Gründen belegte, wenn übrigens auch ganz bestimmte Kritik von vollendeten Maßregeln der Regierung oder einzelner Staatsbeamter, Äußerung von

---

[261] Dies hat *Steiner* (1961) vorgeschlagen; vgl. darin das Kapitel „Kapitalismus und soziale Ideen (Kapital, Menschenarbeit)", S. 91 ff.
[262] Vgl. Gesammelte Schriften, Bd. 11, S. 260 f., *Klüber*, Bd. 1, Heft 4, S. 110; *Schmidt*, S. 447.
[263] Gesammelte Schriften, Bd. 11, S. 261.
[264] Gesammelte Schriften, Bd. 12, S. 43 bzw. Werke, Bd. 4, S. 341 f.

Wünschen, Rat und Warnung bei noch nicht vollendeten" nicht erschwert und die Schriftsteller dafür nie verantwortlich gemacht sehen. Die Verantwortlichkeit des Schriftstellers soll erst angehen, „wenn er gegen besseres Wissen die Tatsachen entstellt oder die Mittel, sich zu unterrichten, versäumt oder sich Tatsachen zu erzählen unterfängt, deren Erforschung ihm nicht möglich ist und deren Verbreitung, wenn sie unrichtig wäre, gefährlich sein würde; wenn er das Unerwiesene, ohne es als solches zu bezeichnen, hinstellt und sich bei erfolgender Widerlegung noch rühmt, zur Ausmittelung der Wahrheit beigetragen zu haben; wenn er die Maske des Gerüchts nur gebraucht, um etwas Verunglimpfendes sagen zu dürfen; wenn Urteil, Rat und Warnung dem Ton und Vortrag nach die Absicht verraten, auch durch etwas anderes als ihren inneren Gehalt wirken zu sollen und sich daher als eine Art unrechtmäßiger Macht herandrängen".[265]

Klageberechtigt soll sein, wer über eine Schrift oder eine Stelle derselben Beschwerde führen zu müssen glaubt. Auswärtige Höfe sollen in dem Verfahren wegen Missbrauchs der Pressefreiheit wie Privatleute behandelt und auf die Freiheit zu klagen hingewiesen werden. Im Namen der Regierung sollen die Fiskale (Vertreter der Staatskasse) klagen. Allerdings hält Humboldt es für erforderlich, dass die Regierung eine gewisse Behutsamkeit anwendet. Sie wird seiner Meinung nach „immer gut tun, diese Fälle vorzüglich da, wo ihre eignen Rechte oder Maßregeln oder die ihrer Beamten in Frage kommen, so selten als möglich eintreten zu lassen". Ein besseres Mittel, den nachteiligen Eindruck zu verhindern, welchen Druckschriften machen können, sieht Humboldt darin, dass die Regierung ein öffentliches Blatt zum offiziellen erklärt. „Alsdann aber müsste das Blatt von Raisonnements, Widerlegungen anderer u.s.f. ganz frei bleiben. Dagegen könnte es wichtige, in anderen Blättern entstellte Tatsachen einfach nach ihrem wahren Hergang erzählen und würde dadurch am besten gegen solche Blätter, die sich oft Entstellungen erlaubten, beim Publikum Misstrauen erregen." Im Klagewege eingreifen sollte die Regierung nur da, „wo es zu weit geht und wo, was sie in keinem Fall dulden darf, der öffentliche Anstand verletzt wird, übrigens aber sich darüber hinwegsetzen." Humboldt ist überzeugt, dass die Regierung „bei einem gerechten und konsequenten Benehmen, bei einer sichtbaren Aufmerksamkeit auf die öffentliche Meinung, einer aufrichtigen Bereitwilligkeit, auch leise Äußerungen derselben da, wo sie Beifall verdienen, zu benutzen, aber der größten Festigkeit, im entgegengesetzten Fall auch der lautesten nie nachzugeben," unfehlbar den öffentlichen Beifall aller Vernünftigen und Gutgesinnten und sogar den heimlichen der andern gewinnt. Humboldt wollte deshalb, dass die Fiskale genau angewiesen werden, in welchen Fällen sie allein ohne Anfrage sollten vorgehen können, dass sie aber in den meisten Fällen an eine Anfrage gebunden werden sollten. Auch einem

---

[265] Vgl. Gesammelte Schriften, Bd. 12, S. 44 bzw. Werke, Bd. 4, S. 342 f.

einzelnen Ministerium wollte er nicht gestattet sehen, selbst nicht in den dasselbe ausschließlich betreffenden Fällen, selbständig Klage zu erheben.

Zuständig für Klagen wegen Missbrauchs der Pressefreiheit sollten die Obergerichte der Provinzen, und zwar das ganze Gericht, nicht nur eine aus einigen Mitgliedern bestehende Kommission, sein. Das Verfahren sollte summarisch sein und in einer Instanz entschieden werden. Verantwortlich sollten sowohl der Verfasser als auch der Verleger und der Drucker sein. Den letzteren will Humboldt allerdings von der Verantwortung befreit sehen, wenn der Verleger angegeben ist. Als Strafen schlägt er vor: Verwarnung vor dem Gericht, öffentlich bekannt gemachten Verweis und Geldbußen, ferner die Unterwerfung des Schriftstellers, Verlegers oder Druckers unter wirkliche Zensur, die bei Schriftstellern nicht länger als drei, bei Verlegern und Druckern, bei denen sie für alle bei ihnen erscheinenden Schriften gelten soll, nicht länger als ein Jahr dauern sollte. Als Begründung hierfür gibt Humboldt an: „Es kann nicht unbillig scheinen, die Schriften desjenigen, der die Freiheit, selbst zu beurteilen, was dem Gesetz angemessen ist, gemissbraucht hat, künftig der Beurteilung andrer zu übergeben." Dies soll natürlich nur der äußerste Grad der Strafe sein. – Das Verbot des Verkaufs und die Vernichtung eines Werks sowie die Unterdrückung eines Journals will Humboldt nur durch richterlichen Spruch verhängt sehen. Die Regierung und ihre Behörden sollen jedoch das Recht haben, den Verkauf einer Schrift oder die Fortsetzung eines Journals augenblicklich zu suspendieren, allerdings dann auch verbunden sein, unmittelbar Klage zu erheben und im Falle eines Freispruchs oder im Falle das Gericht die Schrift nicht zur Unterdrückung geeignet fände, den verursachten Schaden zu ersetzen. Auch das Gericht soll interimistisch auf die Suspension einer Schrift erkennen können, aber dann verbunden sein, in einer gesetzlich zu bestimmenden möglichst kurzen Frist sein Endurteil abzugeben."[266]

Aus den angeführten Beispielen für Aufgaben, die Humboldt dem Staate während seiner politischen Tätigkeit zuerkannt hat, geht hervor, dass er auch zu dieser Zeit die Aufgabe des Staates allgemein betrachtet darin sieht, für die Sicherheit zu sorgen, indem dieser im wirtschaftlichen Leben das Eigentum sichert und zugleich vor Ausbeutung schützt und im geistigen Leben die Freiheit sichert und zugleich zum Schutze anderer begrenzt.

l) Die Finanzierung der Staatsaufgaben

Um die dargestellten Aufgaben erfüllen zu können, benötigt der Staat auch wirtschaftliche Mittel. Er darf jedoch nur so viel für sich beanspruchen, als er braucht, um für die Erhaltung der Sicherheit sorgen zu können. Ein Staat, der

---

[266] Vgl. Gesammelte Schriften, Bd. 12, S. 44 ff. bzw. Werke, Bd. 4, S. 343 ff.

sich darauf beschränkt, für die Sicherheit zu sorgen, braucht selbstverständlich wesentlich weniger Mittel als ein solcher, der außerdem für das physische und moralische Wohl seiner Bürger sorgt. Humboldt glaubt deshalb, dass das System direkter Abgaben genügt, die vom Staate benötigten Mittel aufzubringen. Er räumt allerdings ein, dass das System direkter Abgaben „nicht mit Unrecht das schlechteste und unschicklichste aller Finanzsysteme" genannt wird. Unter den möglichen Systemen direkter Abgaben hält er das physiokratische für das einfachste. Dieses besteht darin, dass der Staat seine Mittel allein durch eine Besteuerung der Reinerträge der Landwirtschaft bezieht, da diese nach Auffassung der Physiokraten allein einen Reinertrag abwirft. Humboldt will dieses System allerdings ergänzt sehen durch eine Besteuerung des Arbeitseinkommens, indem er zu dem physiokratischen System bemerkt, dass in ihm eines der natürlichsten Produkte aufzuzählen vergessen worden ist, nämlich „die Kraft des Menschen, welche, da sie in ihren Wirkungen, ihren Arbeiten, bei unseren Einrichtungen mit zur Ware wird, gleichfalls der Abgabe unterworfen sein muss". Er meint damit aber wohl nicht nur das Arbeitseinkommen der Arbeiter und Angestellten, sondern auch das der Unternehmer. Die indirekten Abgaben lehnt Humboldt ab, weil ihre Anordnung und ihre Hebung vielfache Einrichtungen notwendig machen, die er nach seinen Grundsätzen nicht billigen kann. Allerdings spricht er selbst von seiner Unwissenheit in allem, was Finanzen heißt. Ein Eigentum des Staates, aus dem er Einkünfte beziehen könnte, lehnt Humboldt ab, weil er dann viele private Rechtsverhältnisse eingehen müsse und als Staat aufgrund seiner Macht immer ein Übergewicht besitze. Da ein Staat, der nur für die Erhaltung der Sicherheit sorgt, „so gar kein eigenes, von dem der Bürger geteiltes Interesse hat", ist Humboldt überzeugt, dass dieser „der Hilfe einer freien, d. i. nach der Erfahrung aller Zeitalter wohlhabenden Nation gewisser versichert sein kann", also wohl neben den Steuern auch mit freiwilligen Abgaben, Schenkungen und Vermächtnissen, rechnen kann.[267]

m) Die Begrenzung der Staatsmacht

Wenn nun gesagt wird, dass nach Humboldts Auffassung der Staat nicht möglichst stark, sondern möglichst schwach sein sollte[268], so ist dies im Prinzip richtig. Für Humboldt ist der Staat nicht Selbstzweck. Er will ihm nicht so viel Macht als möglich einräumen, weil er für die Freiheit der Menschen fürchtet. Für ihn ist der Staat ein notwendiges Mittel, ja in gewisser Weise, weil er Einschränkungen der Freiheit mit sich bringt, ein notwendiges Übel.[269] Er will deshalb dem Staat nur so viel Macht zugestehen, wie er braucht, um die Sicherheit

---

[267] Vgl. Gesammelte Schriften, Bd. 1, S. 232 f. bzw. Werke, Bd. 1, S. 208 f. sowie oben S. 98.
[268] So *Meinecke* (1928), S. 42.
[269] Vgl. Gesammelte Schriften, Bd. 1, S. 236 bzw. Werke, Bd. 1, S. 212.

IV. Über das Wesen und die Bedeutung von Humboldts Staatsidee

sowohl nach außen wie im Inneren zu gewährleisten. So schreibt er am 9. Januar 1792 an Gentz: „Sobald man das Band zwischen dem Staat und der Nation fest knüpfen will, sind zwei Klippen zu vermeiden, dem Staat nicht zu wenig Gewalt zu verleihen, damit er sicher wirken könne, und nicht zu viel einzuräumen, damit er die Grenzen nicht überschreite. Daher ist es nie weise, ein wirkliches Übergewicht physischer Macht zu veranlassen, wie es in allen despotischen und selbst – durch die stehenden Armeen – in unseren monarchischen Staaten ist."[270] Und in seiner Schrift über die Grenzen der Wirksamkeit des Staates sagt er, „dass der Staat, der weniger wirken soll, auch eine geringere Macht, und die geringere Macht eine geringere Wehr braucht".[271] Auch soll die Macht des Staates nicht nur auf äußeren Machtmitteln, sondern auf der inneren Zustimmung der Nation beruhen, von welcher dieser getragen wird. So schreibt er in dem Brief an Gentz weiter: „Weniger schlimme Folgen hat es schon, wenn die Macht nicht unmittelbare, sondern mittelbare durch Gewinnung der Nation oder eines Teils derselben ist."[272]

In späteren Jahren hat sich Humboldt dann dafür eingesetzt, die äußere Macht des Staates verfassungsmäßig festzulegen und damit zugleich ihrem Missbrauch entgegenzuwirken. In diesem Sinne schreibt er in seinem Gutachten vom 9. Dezember 1814 zu seinen „Entwürfen zur Bundesverfassung mit und ohne Kreiseinteilung": „Man sagt wohl, dass man der schon beträchtlichen physischen Macht nicht noch durch die Verfassung ein Gewicht zulegen muss; allein dies ist ganz falsch ausgedrückt. Gerade dadurch, dass man bei Staaten, wo die physische Macht, richtig geleitet, eine Wohltat für den Schwächeren wird, derselben auch ihren Platz in der Verfassung einräumt und sie zu einer verfassungsmäßigen macht, verwandelt man sie in eine moralische, bildet Gesetzmäßigkeit und Verantwortlichkeit, und mindert auf diese Weise den Nachteil des bloß physischen Übergewichts. Dem immer möglichen Missbrauch muss allerdings vorgebeugt werden."[273] In seinen verschiedenen Verfassungsarbeiten und -entwürfen hat Humboldt dann angestrebt, dem möglichen Missbrauch staatlicher Macht durch entsprechende Verfassungsbestimmungen zu begegnen. Hierbei können zwei Gruppen von Bestimmungen unterschieden werden: durch die eine soll die *Freiheit* der Bürger bei ihrer Tätigkeit für ihr physisches und moralisches Wohl, also die Freiheit des wirtschaftlichen und geistigen Lebens, durch die andere die *Sicherheit* der Bürger vor willkürlichen Eingriffen des Staates in ihre persönliche Sphäre garantiert werden. Zu der ersten Gruppe gehören zum Beispiel die bereits dargestellten, in Humboldts Entwürfen zur preußischen Verfassung enthaltenen Vorschläge, das Schulwesen Korporationen der

---

[270] *An Gentz*, S. 54.
[271] Gesammelte Schriften, Bd. 1, S. 234 bzw. Werke, Bd. 1, S. 210.
[272] *An Gentz*, S. 54.
[273] Gesammelte Schriften, Bd. 11, S. 272.

3. Die Aufgaben des Staates

Nation zu übertragen.²⁷⁴ Zur ihr gehören ferner die Bestimmungen über die Freiheit der Auswanderung von einem deutschen Staat in einen anderen und über die Freiheit, auf fremden deutschen Universitäten zu studieren, wie sie erstmals in Humboldt „Denkschrift über die deutsche Verfassung" vom Dezember 1813 enthalten sind.²⁷⁵ Weiter gehören zu ihr Bestimmungen über die Freiheit, in fremde deutsche und ausländische Zivil- und Militärdienste einzutreten sowie über die Pressefreiheit, wie sie Humboldt in seinem „Exposé des droits de tout sujet Allemand en général et des Princes et Comtes ‚médiatisés' en particulier" vom April 1814 zum ersten Mal vorsah.²⁷⁶ Schließlich gehören dazu Bestimmungen über die Freiheit der Religionsausübung, wie sie Humboldt in seinem „Entwurf eines Bundesvertrags ..." von Anfang April 1815, und Bestimmungen über die Freiheit des Gewissens, wie sie Humboldt in seiner „Denkschrift über Preußens ständische Verfassung" vom 4. Februar 1819 vorschlug.²⁷⁷ – Zu der anderen Gruppe gehören die Bestimmungen, die „die Person, das Eigentum und den ungestörten Lauf der Gerechtigkeit sichern", wie Humboldt sie in der genannten Denkschrift zusammenfasst.²⁷⁸ Im Einzelnen versteht er darunter Bestimmungen, die sicherstellen, dass niemand ohne Entscheidung des zuständigen Gerichts verhaftet oder enteignet werden darf, und dass jeder Verhaftung innerhalb von 24 Stunden ein Verfahren vor dem zuständigen Richter folgen muss, wie aus seinem „Exposé des droits de tout sujet Allemand ..." hervorgeht.²⁷⁹ Ferner versteht Humboldt darunter Bestimmungen, die sicherstellen, „Beeinträchtigungen der persönlichen oder Eigentumsrechte gegen jedermann nach den Gesetzen vor dem ordentlichen Richter verfolgen und wegen verweigerter, verzögerter oder gesetzwidrig geübter Rechtspflege Beschwerden ... führen zu können", wie es in seinen „Entwürfen zur Bundesverfassung mit und ohne Kreiseinteilung" vom 9. Dezember 1814 heißt.²⁸⁰ Hierzu gehört auch die in Humboldt Denkschrift über ständische Verfassung vom Oktober 1819 enthaltene Bestimmung, dass niemand seinem natürlichen Richter entzogen werden darf.²⁸¹

---

²⁷⁴ Vgl. oben, S. 97 ff.
²⁷⁵ Vgl. Gesammelte Schriften, Bd. 11, S. 111 f. bzw. Werke, Bd. 4, S. 320 f.; vgl. ferner Gesammelte Schriften, Bd. 11, S. 218, 259 f. bzw. Werke, Bd. 4, S. 336; Gesammelte Schriften, Bd. 12, S. 149; *Klüber*, Bd. 1, Heft 4, S. 110; *Schmidt*, S. 447.
²⁷⁶ Vgl. Gesammelte Schriften, Bd. 11, S. 218 bzw. Werke, Bd. 4, S. 335 f., vgl. ferner S. 209, 259, 261; Gesammelte Schriften, Bd. 12, S. 40 ff., 229, 294, 400 bzw. Werke, Bd. 4, S. 338 ff., 436, 497 f.; *Klüber*, S. 110; *Schmidt*, S. 447, 449.
²⁷⁷ Vgl. *Klüber*, S. 110; *Schmidt*, S. 447; Gesammelte Schriften, Bd. 12, S. 229 bzw. Werke, Bd. 4, S. 436; vgl. ferner *Schmidt*, S. 449; Gesammelte Schriften, Bd. 12, S. 399, 400.
²⁷⁸ Vgl. Gesammelte Schriften, Bd. 12, S. 294 bzw. Werke, Bd. 4, S. 497.
²⁷⁹ Vgl. Gesammelte Schriften, Bd. 11, S. 217 bzw. Werke, Bd. 4, S. 335; vgl. ferner Gesammelte Schriften, Bd. 11, S. 260; Bd. 12, S. 228 f., 361, 375, 399 f.
²⁸⁰ Vgl. Gesammelte Schriften, Bd. 12, S. 261; vgl. auch S. 266 f.
²⁸¹ Vgl. Gesammelte Schriften, Bd. 12, S. 400; vgl. auch S. 375.

Neben der Sicherung der freien Entfaltung des geistigen und wirtschaftlichen Lebens und der Sicherung der Person und des Eigentums vor willkürlichen Verletzungen seitens des Staates durch entsprechende Verfassungsbestimmungen sah Humboldt einen weiteren wesentlichen Schutz in der Einführung landständischer Verfassungen. So hatte er sich vor und während des Wiener Kongresses dafür eingesetzt, dass in allen deutschen Staaten Landstände eingerichtet werden.[282] Und als im Jahre 1819 in Preußen eine ständische Verfassung eingeführt werden sollte, schrieb er in seiner „Denkschrift über Preußens ständische Verfassung" vom 4. Februar 1819: „Die Sicherung, welche das Volk durch eine Verfassung erhält, ist eine doppelte, die aus der Existenz und der Wirksamkeit der Landstände mittelbar hervorgehende, und diejenige, welche als Teil der Konstitution unmittelbar mit ihr ausgesprochen wird."[283] Auf Humboldts Gedanken über die Landstände wird in dem Kapitel über die Form des Staates im Einzelnen eingegangen werden.

Bei dem dargestellten Versuch Humboldts, die Aufgaben des Staates zu bestimmen und zu begrenzen, sind das Wesentliche nicht die konkreten, ins Einzelne gehenden Vorschläge, die er macht. Wesentlich sind vielmehr die Grundsätze, die seinen Vorschlägen zugrunde liegen. Humboldt räumt allerdings selbst ein, dass seine Grundsätze im Ganzen gesehen vielleicht nicht ganz vollständig oder nicht genügend bestimmt sind. So sagt er in seiner Schrift über die Grenzen der Wirksamkeit des Staates: „Vielleicht leidet die Richtigkeit der aufgestellten Grundsätze im Ganzen weniger Einwürfe, aber an der notwendigen Vollständigkeit, an der genauen Bestimmung mangelt es ihnen gewiss. Auch um die höchsten Prinzipien festzusetzen, und gerade vorzüglich zu diesem Zweck, ist es notwendig, in das genaueste Detail einzugehen. Dies aber war mir hier, meiner Absicht nach, nicht erlaubt ..."[284]

Humboldt hat jedoch bei seinem Versuch den Gesichtspunkt angegeben, von welchem aus seine Grundsätze gewonnen wurden und den der Staat bei jeder Aufgabe, die an ihn herantritt, einnehmen kann und einnehmen sollte. So bezeichnet er als seine eigentliche Absicht, deutlich zu machen, „dass der wichtigste Gesichtspunkt des Staats immer die Entwicklung der Kräfte der einzelnen Bürger in ihrer Individualität sein muss, dass er daher nie etwas anderes zu einem Gegenstand seiner Wirksamkeit machen darf, als das, was sie allein nicht selbst sich zu verschaffen vermögen, die Beförderung der Sicherheit, und dass dies das einzige wahre und untrügliche Mittel ist, scheinbar widersprechende Dinge, den Zweck des Staats im Ganzen und die Summe aller Zwecke der einzelnen Bürger durch ein festes und dauerndes Band freundlich miteinan-

---

[282] Vgl. unten, S. 181.
[283] Gesammelte Schriften, Bd. 12, S. 228.
[284] Gesammelte Schriften, Bd. 1, S. 231 bzw. Werke, Bd. 1, S. 207.

der zu verbinden.".²⁸⁵ Dieser Gesichtspunkt ermöglicht es dann, bei jeder einzelnen Aufgabe zu entscheiden, ob es sich um eine notwendig vom Staate oder um eine von Nationalanstalten zu erfüllende handelt. Er ermöglicht ferner, bei den Aufgaben des Staates die Grundsätze zu finden, welche die Ausführung bestimmen und begrenzen sollen. Schließlich macht er es auch möglich, Humboldts Grundsätze bei der Bestimmung der Aufgaben des Staates selbst in Einzelheiten zu berichtigen.

4. Das Verhältnis von Humboldts Ideen von den Grenzen der Wirksamkeit des Staates zu der Theorie des Rechststaats bei Kant und Fichte

Man hat Humboldts Auffassung, dass sich der Staat auf die Erhaltung der Sicherheit zu beschränken habe, gleichgesetzt mit der Theorie vom Rechtsstaat, wie sie in den 1797 erschienenen „Metaphysischen Anfangsgründen der Rechtslehre" von Kant und der 1796 erschienenen „Grundlage des Naturrechts nach Prinzipien der Wissenschaftslehre" von Fichte zum Ausdruck kommt.²⁸⁶ Bei genauerem Zusehen zeigt sich jedoch, das wesentliche Unterschiede zwischen der Sicherheitstheorie Humboldts und der Theorie vom Rechtsstaat, wie sie bei Kant oder wie sie bei Fichte auftritt, bestehen und dass man deshalb diese Theorien nicht einander gleichsetzen kann.

a) Humboldts Verhältnis zur Theorie des Rechtsstaats bei Kant

Kant geht aus von der reinen Vernunft. Er will in seinen „Metaphysischen Anfangsgründen der Rechtslehre" nicht eine aus der äußeren Erfahrung gewonnene, empirische, sondern eine a priori, d.h. außerhalb aller äußeren Erfahrung rein aus der Vernunft entwickelte Rechtslehre, eine Metaphysik des Rechts geben. Daher sagt er auch ausdrücklich, dass eine Metaphysik der Sitten und damit auch eine Metaphysik des Rechts nicht auf Anthropologie gegründet werden kann.²⁸⁷

Humboldt hingegen geht, wie wir gesehen haben, von der Beobachtung des Menschen aus. Er will nicht durch reine Vernunfterkenntnis unabhängig von aller äußeren Erfahrung zu einer „Metaphysik des Rechts" gelangen. Ihm kommt es vielmehr darauf an, durch eine Erkenntnis des Menschen und der Gesetze seiner inneren Bildung zu Ideen von den Grenzen der Wirksamkeit des Staates zu gelangen, weswegen wir seine Staatsauffassung eine anthropologische nennen konnten.²⁸⁸

---

²⁸⁵ Gesammelte Schriften, Bd. 1, S. 232 bzw. Werke, Bd. 1, S. 207.
²⁸⁶ Vgl. *Gebhardt* (1928), Bd. 1, S. 13, 20.
²⁸⁷ Vgl. *Kant* (1907), S. 217.

Von dem Gesichtspunkt der reinen Vernunft aus ergibt sich für Kant ein a priori gedachter Naturzustand. Dabei wird der Naturzustand von ihm keineswegs als ein solcher angesehen, in dem keine Rechtsprinzipien gelten. Für Kant gilt in ihm vielmehr das auf lauter Prinzipien a priori beruhende natürliche Recht, das er auch das Privatrecht nennt.[289] Die einzelnen Rechte, die sich aus diesem natürlichen Recht ergeben, sind jedoch nur provisorische, da sie nicht die Sanktion öffentlicher Gesetze für sich haben und da kein kompetenter Richter da ist, der im Streitfall rechtskräftige Entscheidungen zu treffen vermag. Insofern nennt Kant den Naturzustand auch einen Zustand der Rechtlosigkeit.[290] Dem Naturzustand stellt Kant den bürgerlichen Zustand gegenüber. Dieser ist der „durch öffentliche Gesetze das Mein und Dein sichernde" Zustand. Das in ihm geltende Recht ist das öffentliche Recht.[291] Dieses beruht einerseits auf natürlichen Gesetzen, „zu denen die Verbindlichkeit auch ohne äußere Gesetzgebung a priori durch die Vernunft erkannt werden kann", und andererseits auf positiven Gesetzen, „die ohne wirkliche äußere Gesetzgebung gar nicht verbinden, also ohne die letztere nicht Gesetze sein würden".[292] Der bürgerliche Zustand und damit der Staat beruht für Kant nicht auf einem als historische Tatsache angenommenen Grundvertrag (er nimmt vielmehr sogar an, dass die erste Unterwerfung unter das Gesetz faktisch durch Gewalt erfolgte), sondern auf einem a priori als Idee gedachten ursprünglichen Kontrakt, „nach welchem alle im Volk ihre äußere Freiheit aufgeben, um sie als Glieder eines gemeinen Wesens, d.i. des Volks als Staat betrachtet, sofort wieder aufzunehmen".[293] Grundlage des Staates ist für Kant somit die Idee eines ursprünglich und a priori als vereinigt gedachten kollektiv-allgemeinen und machthabenden Willens aller.[294] Von seinem metaphysischen, naturrechtlichen Gesichtspunkt aus kommt Kant zu einem einheitlichen, bleibenden Staatsideal. So sagt er in seinen „Metaphysischen Anfangsgründen der Rechtslehre": „Ein Staat (civitas) ist die Vereinigung einer Menge von Menschen unter Rechtsgesetzen. Sofern diese als Gesetze a priori notwendig, d.i. aus Begriffen des äußeren Rechts überhaupt von selbst folgend (nicht statutarisch) sind, ist seine Form die Form eines Staats überhaupt, d.i. der Staat *in der Idee,* wie er nach reinen Rechtsprinzipien sein soll, welche jeder wirklichen Vereinigung zu einem gemeinen Wesen (also im Inneren) zur Richtschnur (norma) dient."[295] Das „Heil des Staats" besteht deshalb für Kant nicht in dem *Wohl* der Staatsbürger und ihrer *Glückseligkeit,* „denn die

---

[288] Vgl. oben, S. 18 ff., 24 ff., 65 ff.
[289] Vgl. *Kant* (1907), S. 242, 237, 306.
[290] *Kant* (1907), S. 312.
[291] *Kant* (1907), S. 242, 311.
[292] *Kant* (1907), S. 224.
[293] *Kant* (1907), S. 339, 315, 372.
[294] *Kant* (1907), S. 264, 267, 268, 274, 256; vgl. auch S. 257, 259, 294.
[295] *Kant* (1907), S. 131; vgl. auch S. 341.

4. Humboldts Verhältnis zur Theorie des Rechtsstaats bei Kant und Fichte

kann vielleicht (wie auch Rousseau behauptet) im Naturzustande oder auch unter einer despotischen Regierung viel behaglicher und erwünschter ausfallen", sondern in dem „Zustand der größten Übereinstimmung der Verfassung mit Rechtsprinzipien".[296]

Bei Humboldt spielt im Gegensatz zu Kant das Problem der Staatsentstehung kaum eine Rolle. Er nimmt zwar auch an, dass die Menschen ursprünglich in einem Naturzustand lebten und dass sie sich dann durch Grundverträge zu Staaten in Form von Nationenvereinen verbanden. Für Humboldt ist die Annahme eines Grundvertrages jedoch nicht wir für Kant ein Postulat der praktischen Vernunft, das zu gelten hat, auch wenn die Erfahrung ihm widerspricht, sondern für ihn ist sie eine Hypothese, die er bereit ist jederzeit durch die Erfahrung zu korrigieren. Dies geht aus seiner Schrift über die Grenzen der Wirksamkeit des Staates hervor, wenn er sagt: „Anfangs sind *höchstwahrscheinlich* alle Staatsverbindungen nichts als dergleichen Nationenvereine gewesen."[297] Humboldt sucht auch nicht wie Kant nach einem a priori zu erkennenden natürlichen Recht. Das Naturrecht ist für ihn vielmehr etwas, was sich aus der Betrachtung des Menschen ergibt.[298] Von seinem anthropologischen Gesichtspunkt aus kommt Humboldt ferner nicht wie Kant zu einem einheitlichen und bleibenden, für alle Völker und Zeiten in gleicher Weise verbindlichen Staatsideal, das heißt zu der Vorstellung eines Idealstaats, sondern er findet eine Staatsidee, die zwar jederzeit auf alle Völker angewendet werden kann, aber je nach den vorliegenden Verhältnissen zu sehr unterschiedlichen konkreten Formen führen wird, die trotzdem alle Verwirklichungen der Idee darstellen. Ein Beispiel dafür ist, dass Humboldts Idee von den Grenzen der Wirksamkeit des Staates in monarchischen, in aristokratischen und in demokratischen Staaten verwirklicht werden kann.[299] Insofern Humboldt diese Idee möglichst weitgehend verwirklicht sehen möchte, kann man sagen dass auch er einen „Zustand der größten Übereinstimmung der Verfassung mit Rechtsprinzipien" anstrebt, wobei es ihm allerdings weniger auf das „Heil des Staates" als vielmehr auf das „Heil des Menschen", das heißt seine innere Bildung und Entwicklung ankommt. Betrachtet man jedoch die von Kant in seinen „Metaphysischen Anfangsgründen der Rechtslehre" dargelegten Rechtsprinzipien näher, so zeigt sich, dass ein erheblicher Unterschied zu den von Humboldt entwickelten Prinzipien besteht. Zwar gehen

---

[296] *Kant* (1907), S. 318.
[297] Gesammelte Schriften, Bd. 1, S. 131 bzw. Werke, Bd. 1, S. 92 (Hervorhebung vom Verfasser). – *Burchard,* S. 56 meint deshalb, dass man Humboldt, wenn man ihn irgendwie geistig einordnen wolle, in seiner Auffassung von der Entstehung des Staates als einen Vorläufer der historischen Schule werde ansehen müssen.
[298] Vgl. oben, S. 28 f.; eine Humboldt entsprechende Auffassung des Naturrechts findet sich bei *Steiner* (1991) in einem Vortrag vom 18.5.1919, S. 104, indem er von diesem sagt, „dass mit der Existenz des Menschen als einzelnem menschlichen Individuum selbst etwas da ist, was als solches das Recht begründet".
[299] Vgl. Gesammelte Schriften, Bd. 1, S. 101 bzw. Werke, Bd. 1, S. 58.

beide von der Notwendigkeit äußerer gesetzlicher Freiheit aus, aber während Humboldt dieses Problem in erster Linie durch Prinzipien lösen will, die eine Einschränkung der Grenzen der Wirksamkeit des Staates beinhalten, will Kant es im Wesentlichen durch Prinzipien lösen, die sich auf die Form des Staates beziehen. So geht Kant aus von dem Prinzip der Teilung der Gewalten im Staate in die Herrschergewalt oder gesetzgebende Gewalt, in die vollziehende Gewalt und in die rechtsprechende Gewalt[300] und stellt für die gesetzgebende Gewalt das Prinzip einer repräsentativen Demokratie auf.[301] Allerdings könnte man einen Anklang an Humboldts Sicherheitstheorie darin erblicken, dass Kant den bürgerlichen Zustand definiert als denjenigen, „worin jedermann das Seine gegen jeden anderen gesichert sein kann".[302] Aber Kant kommt es dabei auf etwas ganz anderes an als Humboldt. Während es Humboldts Anliegen ist, die Aufgaben des Staates um der freien Entwicklung und Entfaltung des Einzelnen willen *inhaltlich* zu bestimmen und er sie auf die Erhaltung der Sicherheit begrenzt, ist Kant bestrebt, einen *formalen,* apriorischen Begriff des bürgerlichen Zustandes zu geben, ohne dass er die Aufgaben des Staates und damit die Grenzen seiner Wirksamkeit inhaltlich festlegt. Dieser wesentliche Unterschied zeigt sich vor allem darin, wie beide die Freiheit innerhalb des Staates bestimmen. Während Humboldt die Freiheit der Bürger *inhaltlich* bestimmt als die Freiheit, ohne Einmischung des Staates für ihr physisches und moralisches Wohl zu sorgen, gibt Kant eine rein *formale* Definition der Freiheit des Bürgers, indem er sie definiert als „gesetzliche Freiheit, keinem anderen Gesetz zu gehorchen, als zu welchem er seine Beistimmung gegeben hat".[303] Von einer inhaltlichen Sicherung der Freiheit kann bei diesem Rechtsstaatsprinzip keine Rede sein, zumal die Beistimmung des einzelnen Staatsbürgers bei dem von Kant geforderten Repräsentativsystem auch nur eine formale ist. Die Folgerung, die sich für Kant aus seiner bloß formalen Bestimmung der Freiheit innerhalb des Staates sowie aus dem von ihm postulierten Grundvertrag notwendig ergibt, ist, dass das Volk selbst einem despotischen Monarchen keinen rechtmäßigen Widerstand entgegensetzen kann, weil die Beistimmung der Staatsbürger zu seiner Herrschaft postuliert wird und damit alle von ihm ausgehenden Gesetze rechtmäßig sind.[304] So sagt er in seinen „Metaphysischen Anfangsgründen der Rechtslehre": „Wider das gesetzgebende Oberhaupt des Staats gibt es also keinen rechtmäßigen Widerstand des Volks; denn nur durch Unterwerfung unter seinen allgemein gesetzgebenden Willen ist ein rechtlicher Zustand möglich ... Der Grund der Pflicht des Volks, einen, selbst den für unerträglich ausgegebenen Missbrauch der obersten Gewalt dennoch zu ertragen, liegt darin: dass sein

---

[300] Vgl. *Kant* (1907), S. 313.
[301] Vgl. *Kant* (1907), S. 313 f., 341.
[302] Vgl. *Kant* (1907), S. 327; vgl. auch S. 256, 307 f., 312.
[303] Vgl. *Kant* (1907), S. 314.
[304] Vgl. *Kant* (1907), S. 318 ff., 339 f.

Widerstand wider die höchste Gesetzgebung selbst niemals anders als gesetzwidrig, ja als die ganze gesetzliche Verfassung zernichtend gedacht werden muss."[305] Eine Veränderung der Staatsverfassung kann deshalb nur vom Souverän durch Reform, nicht vom Volk durch Revolution verrichtet werden und auch nur die ausübende Gewalt, nicht jedoch die gesetzgebende treffen.[306]

Humboldt hingegen kommt durch seine inhaltliche Bestimmung der Freiheit dazu, bei einem despotischen Herrscher auch eine revolutionäre Veränderung der Verfassung einschließlich der gesetzgebenden Gewalt durch das Volk für rechtmäßig anzusehen, wenn er auch den Weg einer freiwilligen Reform durch den Herrscher selbst vorzieht.[307]

Es zeigt sich somit, dass Humboldts Idee von den Grenzen der Wirksamkeit des Staates sich wesentlich von der Theorie des Rechtsstaats bei Kant unterscheidet und mit dieser nicht gleichgesetzt werden kann.

b) Humboldts Verhältnis zur Rechtsstaatstheorie von Fichte

Fichte geht ebenso wie Kant von der reinen Vernunft aus. Er will in seiner „Grundlage des Naturrechts nach Prinzipien der Wissenschaftslehre" den Begriff des Rechts als einen „ursprünglichen Begriff der reinen Vernunft" entwickeln.[308] Das Wesen der Vernunft sieht Fichte durch die Ichheit charakterisiert. Das Ich als vernünftiges Wesen setzt sich selbst; es ist „nichts anderes, als ein Handeln auf sich selbst".[309] Fichte betrachtet nun diese innere Tätigkeit des Ich und leitet aus ihr die Welt der Objekte ab, deren Verschiedenheit für ihn in verschiedenen notwendigen Handlungsweisen des Ich begründet ist.[310] In dieser Welt der Objekte wird das Ich notwendig dazu geführt, andere endliche Vernunftwesen außer sich anzunehmen und diesen wie sich selbst eine freie Wirksamkeit zuzuschreiben.[311] So kommt Fichte zum Begriff des Menschen als einem Gattungswesen, das heißt zum Begriff der Menschheit als einem Begriff von demjenigen, was allen Menschen gemeinsam ist und sie überhaupt zum Menschen macht. Dies geht aus folgenden Sätzen hervor: „Der Begriff des Menschen ist sonach gar nicht Begriff eines Einzelnen, denn ein solcher ist undenkbar, sondern der einer Gattung." „Nur freie Wechselwirkung durch Begriffe, und nach Begriffen, nur Geben und Empfangen von Erkenntnissen, ist der eigentümliche Charakter der Menschheit, durch welchen allein jede Person

---

[305] *Kant* (1907), S. 320.
[306] *Kant* (1907), S. 321 f., 340.
[307] Vgl. Gesammelte Schriften, Bd. 1, S. 100 ff. bzw. Werke, Bd. 1, S. 58 f.
[308] Vgl. *Fichte,* S. 8.
[309] Vgl. *Fichte,* S. 1.
[310] Vgl. *Fichte,* S. 2 ff.
[311] Vgl. *Fichte,* S. 29 ff.

158   IV. Über das Wesen und die Bedeutung von Humboldts Staatsidee

sich als Menschen unwidersprechlich erhärtet."[312] Fichte gewinnt somit den Begriff der Menschheit nicht aus einer Betrachtung der Menschen in ihren individuellen und nationalen Eigentümlichkeiten, sondern er leitet ihn ab aus der Beobachtung der inneren Tätigkeit seines Ich. Die Anthropologie hat für ihn deshalb auch nur die Aufgabe zu beweisen, dass der menschliche Leib nicht begriffen werden kann, außer durch die Annahme, dass er der Leib eines vernünftigen Wesens sei.[313]

Humboldt hingegen strebte nach einer Erkenntnis der einzelnen menschlichen Persönlichkeiten in ihren individuellen und nationalen Eigentümlichkeiten. Er ging davon aus, dass sich in der empirisch erfahrbaren Leiblichkeit und ihren Äußerungen die Individualität in ihrer jeweiligen Eigenart ausprägt und diese somit durch denkendes Erfassen und Durchdringen ihrer äußeren Erscheinung und ihrer Äußerungen überhaupt begriffen werden kann. Auf diesem Wege hoffte er, mit der Zeit zu einem Bild der Menschheit oder, wie wir auch sagen können, zu der Idee der Menschheit als dem Inbegriff der im einzelnen Menschen immer nur einseitig und unvollkommen zum Ausdruck kommenden menschlichen Kräfte und Fähigkeiten zu gelangen. Die Anthropologie hat deshalb für Humboldt die Aufgabe, durch ein Studium der menschlichen Leiblichkeit und der durch sie vermittelten Äußerungen zu einer Erkenntnis des individuellen Wesens der einzelnen menschlichen Persönlichkeiten sowie zu einer Erkenntnis des Wesens der verschiedenen Nationen und schließlich zu der Idee der Menschheit zu führen.[314] Die Menschheit ist für Humboldt also nicht wie für Fichte ein abstrakter Gattungsbegriff, sondern eine aus den Begriffen von möglichst vielen verschiedenen Einzelpersönlichkeiten und Nationen sich allmählich bildende inhaltvolle Idee.

Fichte geht ebenso wie Kant von einem Naturzustand der Menschen aus, den er den Naturstand nennt.[315] Dieser Naturstand ist für Fichte ein Zustand der Unsicherheit sowie des Krieges und der Gewalttätigkeiten aller gegen alle. In ihm ist jeder immerfort vom guten Willen anderer abhängig.[316] Er wird somit von Fichte ebenso wie von Kant als ein Zustand der Rechtlosigkeit angesehen. Ein Rechtsverhältnis zwischen Menschen ist nur möglich, indem jeder Einzelne seine Freiheit durch den Begriff der Möglichkeit der Freiheit des anderen beschränkt. Dieser Begriff des Rechts ist für Fichte zwar ein a priori, aus der reinen Form der Vernunft, dem Ich deduzierter Begriff.[317] Aber er ist außerhalb

---

[312] *Fichte,* S. 39, 40.
[313] Vgl. *Fichte,* S. 77.
[314] Vgl. oben, S. 23 ff., 47 ff. und 65 ff. sowie *an Schiller,* S. 277 ff.; *an Brinkmann,* S. 154 ff.
[315] Vgl. *Fichte,* S. 300, 372.
[316] Vgl. *Fichte,* S. 153 f., 158, 300.
[317] Vgl. *Fichte,* S. 52 f.

4. Humboldts Verhältnis zur Theorie des Rechtsstaats bei Kant und Fichte 159

eines gemeinen Wesens, das heißt außerhalb des Staates, nicht anwendbar, denn er ist bloß formal und daher ohne eine positive Bestimmung innerhalb eines gemeinen Wesens keiner Anwendung fähig. „Denn wie weit soll denn für jeden die Sphäre gehen, innerhalb welcher ihn keiner stören darf, über welche er aber auch, von seiner Seite, nicht hinausgehen darf, ohne für einen Störer der Freiheit anderer angesehen zu werden?"[318] Außerdem hängt die Anwendung des Rechtsbegriffs im Naturstande von der Freiheit des Willens jedes Einzelnen ab.[319] Da die Anwendung des Rechtsbegriffs somit nicht vorausgesetzt werden kann, ist seine Verwirklichung nur möglich, wenn ein Zwangsgesetz und eine zwingende Macht errichtet werden, das heißt wenn „eine mit mechanischer Notwendigkeit wirkende Veranstaltung" getroffen wird, „durch welche aus jeder rechtswidrigen Handlung das Gegenteil ihres Zwecks erfolgt".[320] Für Fichte gibt es somit im Gegensatz zu Kant im Naturstand kein Naturrecht als ein unabhängig von staatlicher Gesetzgebung geltendes Recht. Dies geht aus folgendem Satz hervor: „Es ist sonach, in dem Sinne, wie man das Wort oft genommen hat, gar kein *Naturrecht,* d.h. es ist kein rechtliches Verhältnis zwischen Menschen möglich, außer in einem gemeinen Wesen, und unter positiven Gesetzen." Wenn Fichte trotzdem von Naturrecht spricht, so meint er damit den im Staate *verwirklichten* Rechtsbegriff, welchen er das *realisierte Naturrecht* nennt.[321] Die positiven Gesetze dürfen also keine willkürlichen sein, sondern müssen notwendig aus dem Rechtsbegriff hervorgehen. „Sie müssen so sein, dass jeder Verständige und Unterrichtete dieselben Gesetze notwendig geben müsste."[322]

Für Fichte beruht der Staat wie für Kant auf einem Vertrag, welchen er den Staatsbürgervertrag nennt. Aber während Kant die Zustimmung zu diesem Vertrag einfach postuliert, muss für Fichte der auf diesen Vertrag gerichtete Wille jedes Einzelnen ausdrücklich und einstimmig erklärt werden.[323] Damit ist jedoch nicht gesagt, dass der Staatsbürgervertrag für Fichte ebenso wie für Humboldt eine Hypothese über die Staatsentstehung ist, die er bereit wäre, jederzeit durch die Erfahrung zu berichtigen. Für ihn ist der Staatsbürgervertrag vielmehr eine notwendige Voraussetzung dafür, dass ein rechtsgemäßer Zustand unter den Menschen überhaupt gestiftet werden kann und insofern wie für Kant ein a priori gültiges Postulat. Da Fichte nicht wie Kant ein unabhängig von aller Staatsverbindung geltendes natürliches Recht annimmt, kommt er auch nicht in gleicher Weise wie dieser zu einem für alle Völker und Zeiten gültigen Staats-

---

[318] *Fichte,* S. 15; vgl. ferner S. 93 f., 120 ff., 126 f., 129 ff., 131 ff., 135 f.
[319] Vgl. *Fichte,* S. 86 ff.
[320] *Fichte,* S. 142; vgl. ferner S. 15, 94 ff., 128, 137 ff., 146, 148.
[321] Vgl. *Fichte,* S. 148 f.; ferner S. 96, 99 f., 139, 219, 278, 356, 357, 358, 359, 360 f., 361 f., 363 f., 374, 383 f.
[322] Vgl. *Fichte,* S. 103; ferner S. 107, 161.
[323] Vgl. *Fichte,* S. 152, 153 f.; ferner S. 13 f., 160 f., 178.

ideal. Vielmehr ist es für ihn weitgehend eine Frage der Zweckmäßigkeit und des freien Willens einer jeden Gemeine, welche Konstitution sie sich geben will. Allerdings muss *ein* bestimmtes Prinzip in der Konstitution verwirklicht sein, wenn sie überhaupt eine rechtsgemäße sein soll. Die Gemeine darf nämlich nicht unmittelbar die öffentliche Gewalt in Händen haben, weil sonst der Einzelne „nicht nur, wie außer dem Staate, immerfort die Gewalttätigkeit aller, sondern von Zeit zu Zeit auch die blinde Wut eines gereizten Haufens, der im Namen des Gesetzes ungerecht verführe, zu fürchten hätte" und weil dann kein Richter da wäre, der die Verwalter der öffentlichen Gewalt zur Rechenschaft ziehen kann. Die Gemeine muss deshalb die öffentliche Macht auf eine oder mehrere Personen übertragen, die ihr aber über die Verwaltung derselben verantwortlich bleiben. Das der Gemeine verbleibende Recht der Aufsicht und Beurteilung, wie die öffentliche Macht verwaltet wird, nennt Fichte das Ephorat. Dieses kann auch, vor allem in größeren Staaten, auf eine besondere Gewalt, die Ephoren, übertragen werden. Die endgültige Entscheidung über die Rechtmäßigkeit der Verwaltung der öffentlichen Macht verbleibt jedoch auch in diesem Falle bei der gesamten Gemeine. Eine Teilung der öffentlichen Macht in drei voneinander unabhängige Gewalten hält Fichte hingegen nicht für erforderlich, und ob die von ihm als einheitlich aufgefasste öffentliche Gewalt, der die Gesetzgebung, Rechtsprechung und Exekutive obliegt, von einem (monokratisch) oder von mehreren (aristokratisch) verwaltet wird, ob diese Verwalter gewählt werden oder ihr Amt durch Erbfolge erhalten sollen usw., ist für ihn lediglich eine Frage der Zweckmäßigkeit. Alle derartigen Formen des Staates „werden rechtskräftig durch das Gesetz, d. i. durch den ursprünglichen Willen der Gemeine, die sich eine Konstitution gibt. Alle sind, wenn nur ein Ephorat vorhanden ist, rechtsgemäß, und können, wenn nur dieses gehörig organisiert, und wirksam ist, allgemeines Recht im Staate hervorbringen und erhalten."[324]

Das Prinzip des Ephorats, zu welchem Fichte von seinem Gesichtspunkt aus kommt, ist ein rein *formales* Prinzip, dazu bestimmt, die Freiheit des Individuums zu sichern. Fichte bleibt jedoch nicht wie Kant bei formalen Prinzipien stehen. Er stellt vielmehr auch Prinzipien auf, die die Freiheit *inhaltlich* bestimmen und sichern sollen. Insofern kommt Fichte Humboldt näher als Kant. Aber Fichte zieht die Grenzen der Wirksamkeit des Staates viel weiter als Humboldt, sodass die Freiheitssphäre des Individuums bei ihm wesentlich enger ist. Zwar spricht Fichte anklingend an Humboldts Sicherheitstheorie davon, dass zufolge des Rechtsgesetzes gegenseitige rechtliche Freiheit und Sicherheit herrschen sollen und dass das Objekt des gemeinsamen Willens die gegenseitige Sicherheit, die Sicherheit der Rechte aller sei.[325] Aber diese gewisse Übereinstimmung in den *Worten,* die darin besteht, dass beide die Aufgabe des Staates

---

[324] Vgl. *Fichte,* S. 158 ff., 163, 286 f.
[325] Vgl. *Fichte,* S. 142, 150, 151 f.

4. Humboldts Verhältnis zur Theorie des Rechtsstaats bei Kant und Fichte

darin sehen, für die Sicherheit der Rechte zu sorgen, darf nicht über die wesentlichen Unterschiede in den *Begriffen* hinwegtäuschen, die beide mit diesen Worten verbinden. Humboldt geht zwar wie Fichte von der freien Wirksamkeit des Individuums aus. Er untersucht dann aber nicht wie dieser in erster Linie das Problem, wie nun die freie Wirksamkeit des *Individuums* durch die des anderen begrenzt werden muss. Ihm kommt es vielmehr vor allem darauf an, die Grenzen der Wirksamkeit des *Staates* im Hinblick auf die freie Wirksamkeit der Individuen zu bestimmen. Während Fichte auf seinem Wege den *Begriff der Rechte des Individuums* inhaltlich zu bestimmen sucht und die Aufgabe des Staates darin sieht, diese *Rechte* gesetzlich festzulegen und zu sichern[326], will Humboldt den *Begriff der Sicherheit* inhaltlich bestimmen, wobei sich der Umfang der Rechte des Individuums mittelbar ergibt, sodass für ihn die Aufgabe des Staates darin besteht, für die *Sicherheit* zu sorgen.[327] Auf dieser unterschiedlichen Zielsetzung beruht die Verschiedenheit der Begriffe, die von beiden mit den Worten „Sicherheit der Rechte" verbunden werden, und damit der erhebliche Unterschied in der Bestimmung des Umfangs der Grenzen der Wirksamkeit des Staates.

Humboldt geht von den bestehenden Rechten der Bürger hinsichtlich ihrer Person und ihres Eigentums aus. Diese werden mittelbar bestimmt, indem er den Begriff der Sicherheit bestimmt. Unter Sicherheit versteht Humboldt die „Sicherheit vor auswärtigen Feinden und vor Beeinträchtigungen der Mitbürger selbst". Diesen Begriff der Sicherheit sucht er dann in seinem Umfang näher zu bestimmen.[328] Der Sorge für die Sicherheit, welche Aufgabe des Staates ist, stellt er die Sorgfalt für das physische und moralische Wohl gegenüber, die dem freien Wirken der Bürger vorbehalten sein soll. Fichte setzt den Begriff der Sicherheit als bekannt voraus. Ihm kommt es darauf an, den Begriff der Rechte des Individuums inhaltlich zu bestimmen und durch den Begriff der Rechte der anderen Individuen zu begrenzen. Zu diesem Zweck geht er von einem fiktiven Urrecht aus, das dem als isoliert gedachten Individuum absolut zukommen soll. Inhalt dieses Urrechts ist „1. das Recht auf die Fortdauer der absoluten Freiheit und Unantastbarkeit des Leibes (d.i., dass auf ihn unmittelbar nicht eingewirkt würde.) 2. das Recht auf die Fortdauer unseres freien Einflusses in die gesamte Sinnenwelt."[329] Da nun aber das Individuum nicht isoliert, sondern mit anderen Individuen zusammenlebt, muss das Urrecht durch das Rechtsgesetz begrenzt werden. Diese Begrenzung ergibt sich daraus, dass das Individuum den anderen Individuen ebenfalls ein Recht auf Freiheit und Unantastbarkeit des Leibes und auf eine freie Einwirkung auf bestimmte Ob-

---

[326] Vgl. *Fichte,* S. 103.
[327] Vgl. Gesammelte Schriften, Bd. 1, S. 177 ff. bzw. Werke, Bd. 1, S. 145 ff.
[328] Vgl. Gesammelte Schriften, Bd. 1, S. 178 bzw. Werke, Bd. 1, S. 145 f. sowie oben S. 114 ff.
[329] Vgl. *Fichte,* S. 11 ff., 119.

jekte der Sinnenwelt einräumen muss. Das Individuum hat deshalb neben seinem Recht auf Freiheit und Unantastbarkeit des Leibes nur ein Recht auf ein bestimmtes Quantum der Sinnenwelt. Welches bestimmte Quantum aber jeder wählt, hängt von seiner Freiheit ab und muss äußerlich erklärt werden. Stehen die erklärten Ansprüche mehrerer Individuen miteinander in Widerstreit, so müssen diese, falls sie sich nicht vergleichen können, die Entscheidung ihres Streites einem Dritten übergeben, d.h. sich miteinander an ein gemeines Wesen anschließen, weil sonst kein rechtliches Verhältnis zwischen ihnen entstehen würde.[330] Der jedem Einzelnen durch den im Staatsbürgervertrag enthaltenen Eigentumsvertrag zugeeignete Teil der Sinnenwelt ist die Sphäre seiner freien Wirksamkeit. Nun dient aber alles Eigentumsrecht bestimmten Zwecken. Den höchsten und allgemeinsten Zweck aller freien Tätigkeit, welchem alle anderen sich unterordnen lassen, sieht Fichte darin, leben zu können, und „das Bedürfnis der Nahrung" ist für ihn „die ursprüngliche Triebfeder sowohl, als seine Befriedigung der letzte Endzweck des Staates, und alles menschlichen Lebens und Triebes", wenn er auch einschränkend hinzufügt, dass dies sich versteht, „solange der Mensch bloß unter der Leitung der Natur bleibt, und nicht durch Freiheit sich zu einer höheren Existenz erhebt". Leben zu können ist somit das absolute unveräußerliche Eigentum aller Menschen, und es ist deshalb Grundsatz jeder vernünftigen Staatsverfassung: „Jedermann soll von seiner Arbeit leben können." Für Fichte ergibt sich damit, dass jeder Anspruch auf einen bestimmten Teil der Sinnenwelt als Sphäre für seine freie Wirksamkeit hat, wobei dieser Teil so bemessen sein muss, dass er davon leben kann.[331]

Durch diese inhaltliche Bestimmung des Begriffs der Rechte der Individuen kommt Fichte nun dazu, dem Staat im Gegensatz zu Humboldt weitgehend die Aufgabe zu übertragen, für das physische Wohl seiner Bürger zu sorgen. Das erste, wozu Fichte geführt wird, ist ein „absolutes Zwangsrecht auf Unterstützung". Er begründet dieses wie folgt: „Alles Eigentumsrecht gründet sich auf den Vertrag aller mit allen, der so lautet: wir alle behalten dies, auf die Bedingung, dass wir dir das Deinige lassen. Sobald also jemand von seiner Arbeit nicht leben kann, ist ihm das, was schlechthin das Seinige ist, nicht gelassen, der Vertrag ist also in Absicht auf ihn völlig aufgehoben, und er ist von diesem Augenblicke an nicht mehr rechtlich verbunden, irgendeines Menschen Eigentum anzuerkennen. Damit nun diese Unsicherheit des Eigentums durch ihn nicht eintrete, müssen alle von Rechts wegen, und zufolge des Bürgervertrages, abgeben von dem Ihrigen, bis er leben kann."[332] Die Höhe des Beitrags zu bestimmen, der von jedem zur Unterstützung der Not Leidenden zu leisten ist, ist Aufgabe der Staatsgewalt.

---

[330] Vgl. *Fichte* 120 ff., 191 ff.
[331] Vgl. *Fichte,* S. 210 ff.
[332] *Fichte,* S. 213.

4. Humboldts Verhältnis zur Theorie des Rechtsstaats bei Kant und Fichte   163

Im Gegensatz zu dieser Auffassung Fichtes wollte Humboldt, wie wir früher gesehen haben, die Unterstützung Not Leidender der freiwilligen Hilfsleistung der Bürger überlassen. Wir mussten demgegenüber jedoch darauf hinweisen, dass hier doch eine dem Staat jedenfalls subsidiär obliegende Sicherheitsaufgabe vorliegt, weil eine nicht ausreichende Sorgfalt für das physische Wohl Not Leidender ihre Gesundheit und ihr Leben bedroht.[333]

Über diese Sorgfalt für das physische Wohl *Not Leidender* hinaus schreibt Fichte nun aber dem Staat auch eine Fülle von Aufgaben zu, die sich auf das physische Wohl *aller Bürger* beziehen und praktisch auf eine Lenkung des gesamten Wirtschaftslebens durch den Staat hinauslaufen. So soll jeder seinen Erwerb ausdrücklich angeben und zur Ausübung seines Berufes einer Erlaubnis des Staates bedürfen.[334] Niemand wird bloßer Staatsbürger überhaupt, sondern jeder tritt zugleich in eine gewisse Klasse der Bürger ein.[335] Der Landbauer muss so viel Grund und Boden besitzen, dass er von seiner Arbeit leben kann. Ist dies nicht der Fall, muss eine neue Verteilung vorgenommen werden.[336] Der Staat kann durch Gesetz bestimmen, dass immer ein gewisser Viehbestand erhalten werden muss und unter ihn herunter nicht geschlachtet werden darf, wie er andererseits auch eine Vermehrung der Herden auf eine gewisse Anzahl beschränken kann. Gleichzeitig muss der Staat auch Anstalten treffen, dass die nötige Fütterung erzeugt wird.[337] Der Bergbau soll dem Staate allein vorbehalten bleiben.[338] Diejenigen, die die Rohprodukte weiterverarbeiten, sollen in Zünften zusammengeschlossen sein, wobei der Staat oder die Zünfte in seinem Namen berechnen sollen, „wie viele Personen von jeder Hantierung leben können, aber auch wie viele nötig sind, um die Bedürfnisse des Publikums zu befriedigen". Arbeit und Absatz der Waren sind vom Staat zu garantieren.[339] Der Staat hat die Gewinnung von rohen Produkten und die Herstellung von Fabrikaten so zu regulieren, dass ein vollkommenes Gleichgewicht zwischen ihnen besteht. Von dem auswärtigen Handel sollten sich die Staaten möglichst unabhängig machen, weil auf die gleichmäßige Fortdauer desselben nicht zu rechnen sei[340], ein Gedanke, den Fichte später in seiner Schrift „Der geschlossene Handelsstaat" näher ausgeführt hat. Der Handel soll unter der Aufsicht des Staates stehen. Für Lebensmittel, für die gangbarsten Rohprodukte für die Fabrikation sowie für notwendige Fabrikate hat der Staat Höchstpreise festzulegen. Damit diese Waren auch zu den festgesetzten Preisen abgegeben werden, soll der

---

[333] Vgl. oben, S. 82 f.
[334] Vgl. *Fichte,* S. 212 f., 217, 218, 222, 227, 232 f., 234 f., 293.
[335] Vgl. *Fichte,* S. 214.
[336] Vgl. *Fichte,* S. 218.
[337] Vgl. *Fichte,* S. 227.
[338] Vgl. *Fichte,* S. 221 f.
[339] Vgl. *Fichte,* S. 232 f.
[340] Vgl. *Fichte,* S. 234.

Staat eigene Magazine einrichten, aus denen er diese Waren verkauft. Auch Maurer und Zimmerleute soll er in seine Dienste nehmen, damit er durch diese allenfalls Häuser bauen lassen kann. Bei entbehrlichen Waren, besonders solchen, die nur durch auswärtigen Handel herbeizuführen sind, soll der Staat durch sehr starke Auflagen dafür sorgen, dass sie nicht zu unentbehrlich werden.[341] Das Geldwesen ist vom Staate einzurichten, und nur ihm kommt das Recht des Geldschlagens zu.[342] Der Staat hat ferner für den Straßenbau sowie für den Wasserbau zu sorgen.[343] Die Tatsache, dass Fichte dem Staate so weitgehende Aufgaben im Bereich des Wirtschaftslebens einräumt, beruht auf seiner sozialen Gesinnung, die sichergestellt sehen möchte, dass jeder von seiner Arbeit leben kann. Er übersieht dabei jedoch, dass für die ihm Wirtschaftsleben erforderliche Ordnung auch durch freiwilliges Zusammenwirken der Bürger in „Nationalanstalten" gesorgt werden kann, und dass bei einer staatlichen Lenkung des Wirtschaftslebens die individuellen Initiativen gelähmt werden, was zur Folge hat, dass jeder von seiner Arbeit schlechter lebt als bei einer freiheitlichen Ordnung des wirtschaftlichen Lebens.[344]

Während Fichte im Gegensatz zu Humboldt eine außerordentlich weitgehende Sorgfalt des Staates für das physische Wohl seiner Bürger vorsieht, will er die Sorgfalt für das geistig-moralische Wohl ebenso wie Humboldt dem freien Wirken der Bürger selbst überlassen. So gesteht Fichte dem Staat zum Beispiel kein Zwangsrecht zu, wenn jemand einen anderen in den ihn beruhigenden Überzeugungen stört oder sein unmoralisches Betragen ein Ärgernis gibt.[345] Auch darf der Staat keinen Eingriff in Sachen des Gewissens tun. Er darf sich deshalb auch nicht in die Erziehung mischen, die Gewissenssache der Eltern ist. Allerdings räumt Fichte anders als Humboldt dem Staat das Recht ein, öffentliche Erziehungsanstalten zu machen. Dieser soll jedoch nicht das Recht haben, die Eltern zu ihrem Gebrauch zu zwingen. Es muss ihnen freistehen, ob sie sich derselben bedienen wollen oder nicht.[346]

Fichte wird also bei seinem Versuch, die Rechte des Individuums im Verhältnis zu anderen Individuen inhaltlich zu bestimmen, dazu geführt, die Grenzen der Wirksamkeit des Staates viel weiter auszudehnen als Humboldt, indem er dem Staat die Aufgabe zuerkennt, das Wirtschaftsleben weitgehend zu regeln und teilweise auch selbst zu betreiben und indem er ihm auch innerhalb des Erziehungswesens ein Betätigungsfeld zugesteht.

---

[341] Vgl. *Fichte,* S. 235 f.
[342] Vgl. *Fichte,* S. 238 f.
[343] Vgl. *Fichte,* S. 293.
[344] Vgl. oben, S. 83 ff.
[345] Vgl. *Fichte,* S. 112.
[346] Vgl. *Fichte,* S. 363.

4. Humboldts Verhältnis zur Theorie des Rechtsstaats bei Kant und Fichte 165

Dadurch, dass Fichte über Kant hinausgehend sich nicht mit einer bloß formalen Bestimmung der Freiheit begnügt, sondern wie Humboldt eine inhaltliche Begrenzung der Aufgaben des Staates versucht, sowie dadurch, dass er dem gesamten Volke durch die Verfassung die Entscheidung über die Rechtmäßigkeit der Verwaltung der Staatsgewalt eingeräumt sehen will, kann er im Gegensatz zu Kant das Problem lösen, wie ein rechtmäßiger Widerstand des Volkes gegen eine ungerechte, despotische Handhabung der Staatsgewalt durch eine formal rechtmäßige Regierung möglich sein kann. Indem das Volk durch die Verfassung dazu berufen ist, über die Rechtmäßigkeit der Ausübung der Staatsgewalt zu entscheiden, hat es auch das Recht, sich einer unrechtmäßigen Ausübung notfalls mit Gewalt zu widersetzen.[347] Wenn Humboldt eine Revolution des Volkes gegen einen despotischen Herrscher ebenfalls für rechtmäßig hält, so nicht, weil das Volk aufgrund seiner verfassungsmäßigen Stellung dazu berechtigt wäre, sondern weil ein Überschreiten der der Staatsgewalt gezogenen Grenzen durch den Herrscher rechtswidrig ist. Humboldt kommt es eben vor allem auf eine inhaltliche Begrenzung der Macht des Staates, Fichte hingegen sehr auf eine wirksame Kontrolle dieser Macht an. Humboldt hat diesem Gesichtspunkt zunächst nicht die gleiche Aufmerksamkeit zugewandt wie Fichte. Er denkt zwar auch an eine Sicherung der Freiheit des Individuums vor Übergriffen durch die Staatsgewalt, sieht diese jedoch nicht wie Fichte in einem Ephorat, sondern in einer Teilung der Staatsgewalt in verschiedene einander gegenüberstehende Gewalten.[348]

Später hat Humboldt in seinen Verfassungsdenkschriften von 1813 und 1819 den Gewaltenteilungsgedanken dahin gehend modifiziert, dass er in Bezug auf das Verhältnis zwischen der Regierung und den Ständen weniger die Unabhängigkeit und das Gleichgewicht der Gewalten als vielmehr die Notwendigkeit einer engen, vertrauensvollen Zusammenarbeit zwischen diesen betonte.[349] Im Hinblick auf die Kontrolle der Staatsgewalt hat er sich in seinen Ideen über den Deutschen Bund für die Bildung eines obersten Bundesgerichts eingesetzt, das nicht nur die Entscheidung von Streitigkeiten zwischen den deutschen Bundesstaaten zuständig sein, sondern auch über Beschwerden der Staatsbürger gegen ihre Regierungen entscheiden sollte.[350] Mit diesem Gedanken hat Humboldt die fichtesche Idee eines Ephorats in Gestalt einer besonderen Gewalt, welche die öffentliche Gewalt, das heißt die Regierung und Verwaltung beaufsichtigen und beurteilen soll, sehr wahrscheinlich ohne Kenntnis derselben aufgegriffen und weiterentwickelt, indem er dem Bundesgericht eine Entscheidungskompetenz über Beschwerden der Bürger zugestehen wollte.

---

[347] Vgl. *Fichte,* S. 181 ff.
[348] Vgl. *an Gentz,* S. 56 ff., 87; Gesammelte Schriften, Bd. 11, S. 234; Bd. 14, S. 559 f.
[349] Vgl. unten, S. 224 ff.
[350] Vgl. unten, S. 256, 270.

Nach dem Dargelegten können Humboldts Ideen von den Grenzen der Wirksamkeit des Staates auch nicht mit der Theorie des Rechtsstaats, wie sie von Fichte entwickelt wurde, gleichgesetzt werden. Sie werden vielmehr nur dann richtig verstanden, wenn sie als ganz individuelle, im Wesentlichen nur ihm eigentümliche Gedanken angesehen werden. Humboldt selbst war sich dieser Eigenart seiner „Ideen" voll bewusst. So schrieb er über sie am 8. Februar 1793 an Brinkmann: „Ich halte das Buch nicht allein für gut, sondern – warum sollte ich mich zieren? – auch, seinen Hauptgesichtspunkten nach, für neu und tief, und so , dass gerade meine Wendung des Kopfes und Charakters dazu gehörte, um gewisse Dinge zu finden und darzustellen, eine Wendung, die, sie möchte an sich sein, wie sie wollte, doch vielleicht so bald nicht wiederkommt."[351] Wenn Humboldt sagt, dass jedes Wort seiner „Ideen" aus seiner tiefsten Individualität geschrieben ist und dass er auf jeder Seite seiner Schrift lebt und webt[352], so ist damit keineswegs gesagt, dass diese nur von psychologischem Interesse zur Erkenntnis seiner subjektiven Persönlichkeit ist. Er will damit vielmehr die Eigenart seiner „Ideen" und den Wert betonen, die er ihnen beimisst. Gerade darauf, dass seine „Ideen" aus seinem innersten geistigen Wesen hervorgegangen sind, beruht ihre objektive Bedeutung, weil damit ideelle Notwendigkeiten und Gesetzmäßigkeiten in ihnen zum Ausdruck kommen, die darin bestehen, dass der Staat sich um der freien Entwicklung und Entfaltung seiner Bürger aller Sorgfalt für ihr positives Wohl zu enthalten hat.

5. Die Form des Staates

Wenn hier von Form des Staates gesprochen wird, so soll darunter ganz allgemein die formale Gliederung der staatlichen Institutionen verstanden werden. Der Begriff der Staatsform in dem hier gemeinten Sinne umfasst somit über den Begriff der Staatsform hinaus, wie er in der allgemeinen Staatslehre üblich ist, den Begriff der horizontalen und der vertikalen Gliederung der Institutionen des Staates, das heißt die Frage nach der Gewaltenteilung und nach der zentralen oder föderalen Gliederung des Staates. Dieser Begriff der Staatsform ist nicht gleichzusetzen mit dem Begriff der Staatsverfassung. Dieser umfasst außer der Bestimmung der Staatsform auch die Bestimmung der Grenzen der Wirksamkeit des Staates sowie der Aufgaben des Staates, ist also weiter als der Begriff der Form des Staates.

---

[351] *An Brinkmann*, S. 54.
[352] *An Brinkmann* (14.9.1792), S. 24 und (27.12.1792), S. 48.

5. Die Form des Staates

a) Methodische Gesichtspunkte

Die Frage nach den Grenzen der Wirksamkeit des Staates war es vor allem, die Humboldt bei seinen staatstheoretischen Betrachtungen wesentlich war. Dies geht schon aus dem Titel seiner wichtigsten staatstheoretischen Schrift „Ideen zu einem Versuch, die Grenzen der Wirksamkeit des Staates zu bestimmen" hervor. In dieser Schrift versuchte er herauszuarbeiten, in welchen Grenzen die staatliche Tätigkeit um der freien Entwicklung und Entfaltung der menschlichen Persönlichkeit willen gehalten werden muss und kann. Die Frage nach der Form, in welcher sich diese Tätigkeit abspielen soll, trat ihm demgegenüber in den Hintergrund. Allerdings hatte sich Humboldt in seiner ersten staatstheoretischen Schrift „Ideen über Staatsverfassung, durch die neue französische Konstitution veranlasst" auch mit dem Problem der Staatsverfassung befasst. Es geschah dies jedoch nicht aus dem Bestreben heraus, sich inhaltlich mit der französischen Konstitution auseinander zu setzen und eine allgemein gültige, ideale Form des Staates zu entwickeln. Sein Anliegen war vielmehr ein methodisches, nämlich ausgehend von der Französischen Revolution zu betonen, dass eine „nach bloßen Grundsätzen der Vernunft systematisch entwickelte Staatsverfassung" nicht gedeihen kann. Er spricht zwar, ohne diese im Einzelnen anzuführen, von „Vorzügen, die das Ideal eines Staates alle vereinen müsste", wendet sich jedoch gegen den Versuch, ein solches Ideal unmittelbar in die Wirklichkeit umzusetzen. Nach seiner Überzeugung muss eine Staatsverfassung aus den individuellen Kräften und der individuellen Beschaffenheit des jeweiligen Volkes hervorgehen. Der weise Gesetzgeber studiert die Richtung, in welche eine Nation strebt, „dann, je nachdem er sie findet, befördert er sie, oder strebt ihr entgegen; ... so begnügt er sich, sie dem Ziele der Vollkommenheit zu nähern".[353]

Insoweit dieses Ideal einer Staatsverfassung sich auf die Grenzen der staatlichen Tätigkeit bezieht, entwickelt Humboldt um der freien Entfaltung der menschlichen Individualiäten willen bestimmte Vorstellungen; insoweit es sich auf die Form des Staates bezieht, lässt er es um der freien Gestaltung der individuellen Formen willen im Unbestimmten. So ist ihm nicht entscheidend, ob ein Staat demokratisch, aristokratisch oder monarchisch regiert wird, wenn nur dieser Staat seine Tätigkeit in den erforderlichen Grenzen hält. In der Schrift über die Grenzen der Wirksamkeit des Staates spricht er dies im Hinblick auf die Französische Revolution mit folgenden Worten aus: „Eigentliche Staatsrevolutionen, andere Einrichtungen der Regierung sind nie ohne die Konkurrenz vieler, oft sehr zufälliger Umstände möglich und führen immer mannigfaltig nachteilige Folgen mit sich. Hingegen die Grenzen der Wirksamkeit mehr ausdehnen

---

[353] Vgl. Gesammelte Schriften, Bd. 1, S. 77 ff., insbesondere S. 80, 81 bzw. Werke, Bd. 1, S. 33 ff., 36, 37; ferner *an Gentz* (9.1.1792), S. 88.

oder einschränken kann jeder Regent – sei es in demokratischen, aristokratischen oder monarchischen Staaten – still und unbemerkt."[354]

b) Humboldts Einstellung zu Monarchie und Demokratie

Entsprechend dieser Einstellung hat sich Humboldt in den staatstheoretischen Betrachtungen seiner Jugend für keine Staatsform klar entschieden. Man findet bei ihm einerseits Äußerungen, aus denen hervorgeht, dass er in einem Staate, dessen Funktion auf die Erhaltung der Sicherheit eingeschränkt ist, die Monarchie für die beste Staatsform hält. Andererseits äußert er Gedanken, die eine demokratische Einstellung erkennen lassen. Seine positive Einstellung zur Monarchie ergibt sich aus der Schrift über die Grenzen der Wirksamkeit des Staates, wenn er schreibt, „dass gerade die Wahl einer Monarchie ein Beweis der höchsten Freiheit der Wählenden ist. Der Gedanke eines Befehlshabers entsteht ... nur durch das Gefühl der Notwendigkeit eines Anführers oder eines Schiedsrichters. Nun ist *ein* Führer oder Entscheider unstreitig das Zweckmäßigste. Die Besorgnis, dass der *eine* aus einem Führer und Schiedsrichter ein Herrscher werden möchte, kennt der wahrhaft freie Mann, die Möglichkeit selbst ahnet er nicht; er traut keinem Menschen die Macht, seine Freiheit unterjochen zu können und keinem Freien den Willen zu, Herrscher zu sein ..."[355]

Indem Humboldt in diesem Zusammenhang von „Wahl einer Monarchie" spricht, schimmert seine demokratische Gesinnung durch. Diese zeigte sich schon in seinen ersten Äußerungen über die Französische Revolution.[356] Ihr lag zugrunde seine in den „Ideen über Staatsverfassung" ausgesprochene Überzeugung: „Was im Menschen gedeihen soll, muss aus seinem Innern entspringen, nicht ihm von außen gegeben werden ..."[357] Humboldts demokratische Einstellung ergibt sich auch aus der Tatsache, dass er der Annahme eines Grundvertrages als Entstehungsgrund der Staaten nicht ablehnend gegenübersteht, indem er schreibt: „Anfangs sind höchstwahrscheinlich alle Staatsverbindungen nichts als dergleichen Nationenvereine gewesen."[358] Auch bekennt er sich in einem Brief an Forster vom 1. Juni 1792 zu der Auffassung, dass die wahre Souveränität beim Volke liegt.[359] Und in der Schrift über die Grenzen der Wirksamkeit des Staates definiert er den Staat einmal als den „gemeinsamen Willen der Gesell-

---

[354] Gesammelte Schriften, Bd. 1, S. 10 f. bzw. Werke, Bd. 1, S. 58.

[355] Gesammelte Schriften, Bd. 1, S. 135 bzw. Werke, Bd. 1, S. 97; vgl. auch Gesammelte Schriften, Bd. 1, S. 81 bzw. Werke, Bd. 1, S. 38.

[356] Vgl. oben, S. 36 ff.

[357] Gesammelte Schriften, Bd. 1, S. 79 f. bzw. Werke, Bd. 1, S. 36.

[358] Gesammelte Schriften, Bd. 1, S. 131 bzw. Werke, Bd. 1, S. 92; vgl. ferner Gesammelte Schriften, Bd. 7, S. 572, 575, 579 sowie Gesammelte Schriften, Bd. 14, S. 212, 214 f., 595.

[359] Vgl. *an Forster,* S. 92; vgl. ferner Gesammelte Schriften, Bd. 14, S. 463.

5. Die Form des Staates

schaft".[360] Am deutlichsten aber zeigt sich Humboldts demokratische Einstellung in einem Brief an Schiller vom 7. Dezember 1792, wo er schreibt: „An sich scheinen mir freie Konstitutionen und ihre Vorteile ganz und gar nicht so wichtig und wohltätig. Eine gemäßigte Monarchie legt vielmehr der Ausbildung des Einzelnen meist weniger einengende Fesseln an. Aber sie spannen die Kräfte zu einem so hohen Grade und erheben den ganzen Menschen und wirken doch so im eigentlichsten Verstande das einzig wahre Gute."[361] In einem späteren Brief an Schiller vom 30. Oktober 1795 finden wir hingegen, wie Humboldt sich gegen die Staatsform der Demokratie ausspricht, indem er über Kants Schrift „Zum ewigen Frieden" äußert, dass „ein manchmal wirklich zu grell durchblickender Demokratismus" seinem Geschmack nicht recht gemäß ist.[362] Interessant ist in diesem Zusammenhang auch Humboldts Brief an Brinkmann vom 5. Dezember 1799 aus Madrid, in welchem er zu der durch den Staatsstreich Napoleons am 9. November 1799 eingeleiteten neuen Epoche der Französischen Revolution Stellung nimmt: „Was machen Sie, liebster Freund, dass Sie uns gerade in der merkwürdigsten Epoche der Französischen Revolution ganz und gar nicht schreiben? ... Mich freut sie, das kann ich nicht leugnen. Einige Leute behaupten zwar hier, dass es mit der Freiheit dabei nicht gut stehe. Aber da mir die lebenden Menschen und ihre Ruhe immer lieber sind, als die bloß metaphysischen Wesen, so ist meine Partei genommen. Ich freue mich einmal und will mich freuen. Es sind doch endlich Leute von Kopf und Talent in den Ämtern, man wird Ordnung und Ruhe wollen, und Macht haben, sie herzustellen."[363]

Im Zusammenschauen dieser verschiedenen Äußerungen Humboldts können wir erkennen, wie er nach einem Mittelweg zwischen den damaligen Extremen der absoluten Monarchie und der republikanischen Demokratie sucht. An sich ist er der Staatsform der Demokratie zugeneigt, hält jedoch ein unvermitteltes Übergehen zu ihr von der absoluten Monarchie für verderblich und nicht dauerhaft. So schrieb er im Hinblick auf Frankreich bereits in seinen „Ideen über Staatsverfassung": „Gerade in dem Lande nun, in welchem Aufklärung die Nation zur furchtbarsten für den Despotismus gemacht hatte, vernachlässigte sich die Regierung am meisten und gab die gefährlichsten Blößen. Hier musste also auch die Revolution zuerst entstehen, und nun konnte kein anderes System folgen, als das System einer gemäßigten, aber doch völligen und unumschränkten

---

[360] Gesammelte Schriften, Bd. 1, S. 193 bzw. Werke, Bd. 1, S. 163; vgl. auch Gesammelte Schriften, Bd. 1, S. 194 bzw. Werke, Bd. 1, S. 165, wo Humboldt davon spricht, dass „der *ganzen Gesellschaft* die Befugnis nicht bestritten werden kann, letztwilligen Erklärungen die ihnen sonst mangelnde Gültigkeit positiv beizulegen". (Hervorhebung vom Verfasser).

[361] *An Schiller*, S. 49; vgl. auch *an Brinkmann* (30.11.1792), S. 44.

[362] *An Schiller*, S. 189.

[363] *An Brinkmann*, S. 115 f.; vgl. auch S. 120.

Freiheit, das System der Vernunft, das Ideal der Staatsverfassung. *Die Menschheit hatte an einem Extrem gelitten, in einem Extrem musste sie ihre Rettung suchen.* Ob diese Staatsverfassung Fortgang haben wird? Der Analogie der Geschichte nach, nein! Aber sie wird die Ideen aufs Neue aufklären, aufs Neue jede tätige Tugend anfachen und so ihren Segen weit über Frankreichs Grenzen verbreiten."[364]

Dieser Suche nach einem Mittelweg zwischen den Extremen ist Humboldt auch später treu geblieben, indem er als preußischer Staatsmann versuchte, das monarchische Prinzip und das demokratische Prinzip in der konkreten Situation Deutschlands und Preußens miteinander zu verbinden. Den Weg hierzu sah er in der Form einer ständischen Monarchie.[365]

c) Die Organisation der Stände

aa) Die ständische Repräsentativverfassung

Es ist interessant, dass Humboldt sich für eine ständische Verfassung und nicht für eine Repräsentativverfassung nach französischem Muster einsetzte. Dies hatte seinen Grund zunächst in seinem Bestreben, an die geschichtliche Entwicklung in Deutschland anzuknüpfen. Dies geht aus seiner Denkschrift „Über die Behandlung der Angelegenheiten des Deutschen Bundes durch Preußen" vom 30. September 1816 hervor, in der er schreibt: „Es ist ein sehr wichtiger Unterschied zwischen Ständen in dem Sinne, wie es in Deutschland welche gab und zum Teil noch gibt und den Repräsentativ-Systemen, die man seit der Französischen Revolution hat nacheinander entstehen und untergehen sehen. Diese nachahmen zu wollen wäre das Undeutscheste, was man in Deutschland beginnen könnte."[366] Und am 19. Juni 1818 schreibt er an seine Gattin: „Diese Art der Volkswahlen (in England) ist wirklich das Einzige in jetziger Zeit, was noch den Einrichtungen derselben Art bei den Alten gleichkommt, und man kann sich danach einen anschaulichen Begriff davon bilden. Man kann sich aber auch nicht erwehren, dabei zu denken, wie wirklich kindisch es ist, wenn Menschen sich einbilden, dass man so etwas nach Deutschland oder irgendwohin verpflanzen kann. Der Geist, aus dem es entspringt, der es in seinen rohesten Ausartungen selbst noch immer mäßigt und in seine Schranken zurück-

---

[364] Gesammelte Schriften, Bd. 1, S. 83 f. bzw. Werke, Bd. 1, S. 40 (Hervorhebung vom Verfasser).

[365] Vgl. hierzu insbesondere Humboldts „Denkschrift über Preußens ständische Verfassung" vom 4. Februar 1819, Gesammelte Schriften, Bd. 12, S. 236–239 bzw. Werke, Bd. 4, S. 443–447 sowie seine „Denkschrift über ständische Verfassung" vom Oktober 1819, Gesammelte Schriften, Bd. 12, S. 389–399.

[366] Gesammelte Schriften, Bd. 12, S. 112 bzw. Werke, Bd. 4, S. 413; vgl. auch Gesammelte Schriften, Bd. 11, S. 99 bzw. Werke, Bd. 4, S. 306.

bringt, ist der Nation eigen, wie Nationen, ohne dass man einzelne bestimmte Rechenschaft davon geben kann, verschiedene Eigentümlichkeiten haben, und in keiner Zeit würden ganz dieselben Einrichtungen anderwärts zu derselben Sache werden. Eine andere Nation würde mit ihrer Eigentümlichkeit notwendig selbst etwas anderes daraus machen. ... Daher werden in Deutschland Stände nur immer dann gedeihen, wenn man sich so genau als möglich an altdeutsche Einrichtungen hält und nicht anders."[367] In dieser Gesinnung stimmte Humboldt weitgehend mit dem Freiherrn vom Stein überein, schreibt er doch am 5. Februar 1819 an seine Gattin: „In den Grundideen, nämlich dem Hängen an wahren Ständen als Korporationen, und in dem Abscheu gegen die neuen französischen Verfassungen war ich immer einerlei Meinung mit Stein, und selbst ohne mit ihm darüber zu sprechen. Er geht nur manchmal auf diesem Wege und überhaupt historisch zu weit."[368]

Aus dieser letzten Äußerung geht bereits hervor, dass Humboldt zwar an die geschichtliche Entwicklung anknüpfen, jedoch die alte landständische Verfassung nicht einfach wiederherstellen will. Worauf es ihm ankommt, ist, die landständische Verfassung in der Weise weiterzubilden, dass sie letztlich dem Repräsentationsprinzip nicht widerspricht. Dies geht aus seiner „Denkschrift über ständische Verfassung" vom Oktober 1819 hervor, in der er schreibt: „Wenn man sich die Stände mit einander entgegenstehenden Rechten sich gegenseitig angreifend und verwehrend denkt, so gehören sie einer Zeit an, aus welcher die hellere Einsicht über politische Einrichtungen zu etwas Besserem übergegangen ist. In dem Sinne kann man sie nicht erhalten und noch weniger wieder aufleben lassen. Allein als natürliche und in der Wirklichkeit gegebene Einteilungen und als Einteilungen, die auf keine Weise willkürlich, auf die Gesinnungen, das häusliche und öffentliche Leben einwirken, müssen sie in der Verfassung benutzt und als ihre Grundlage angesehen werden. In diesem Sinne genommen stehen die Stände nicht, wie in dem oben angegebenen, einer Repräsentativ-Verfassung entgegen, sondern sind vielmehr die heilsamste, am meisten Ruhe und Erhaltung des Ganzen verbürgende und zugleich Interesse und Tätigkeit für das öffentliche Wohl und das Bürgerleben erweckende Art derselben. Sie unterscheiden sich nur von demjenigen Repräsentativsystem, in welchem die ganze Nation als *eine* Masse behandelt wird, der Einzelne bloß durch sich selbst, gleichsam als numerische Einheit gilt und wo man, um einen Maßstab zu erhalten, der an jede noch so verschiedenartige Menge von Personen angelegt werden kann, die Ausübung politischer Rechte bloß nach dem Geldvermögen erteilt. Hält man diesen letzteren Zustand, was meiner Meinung nach nicht ist, für den vorzüglichsten und für das eigentliche Ideal, so kann man die hier vorge-

---

[367] *An Caroline*, Bd. 6, S. 228 f.
[368] *An Caroline*, Bd. 6, S. 463; vgl. auch S. 46 f., ferner Humboldts Brief an Sommer vom 31. März 1819, Gesammelte Schriften, Bd. 17, S. 228 sowie seinen Brief an Niebuhr vom 22. April 1819, Gesammelte Schriften, Bd. 17, S. 293.

schlagene Behandlung der Stände als einen Übergang dazu ansehen. Erklärt man dagegen ein so allgemeines Repräsentativsystem ebenso gut für ein Extrem, als auf der entgegengesetzten Seite eine Verfassung privilegierter Stände, so ist die hier aufgestellte ein weiser Mittelweg und das Korrektiv beider."[369] Worauf es ihm ankommt, ist „zu zeigen, wie die Stände bei uns behandelt werden müssen, um ein Repräsentativsystem zu bilden und nicht demselben, wie es auch ihre Tendenz sein kann, entgegenzuarbeiten. Denn ein Repräsentativsystem muss doch am Ende jede gute, weise, den Bedürfnissen der Nation und den Forderungen der Zeit entsprechende Verfassung sein, und wenn man ein solches System und ständische Verfassungen als einen notwendigen Gegensatz darstellt, so nimmt man beide Ausdrücke in einem Sinne, der nicht der ursprüngliche und natürliche ist und von dem man sie vielmehr sorgfältig reinigen und läutern muss."[370] Humboldt war also weder Anhänger einer Repräsentativverfassung noch Anhänger einer landständischen Verfassung in dem Sinne, wie diese seit Gentz' Karlsbader Denkschrift vom 19. August 1819 „Über landständische und Repräsentativverfassungen" einander gegenübergestellt wurden.[371] Was ihm als Verfassung für Preußen vorschwebte, lässt sich nicht in einen dieser beiden Begriffe einordnen, ist vielmehr ein Versuch, beide miteinander zu verbinden.[372]

Humboldt strebte an, grundsätzlich alle Bürger am staatlichen Leben zu beteiligen und bevorrechtete (privilegierte) Stände abzuschaffen beziehungsweise nicht wiederherzustellen. Insoweit war er Anhänger einer Repräsentativverfassung.[373] Er wandte sich jedoch dagegen, das Volk lediglich als *eine* Masse zu behandeln und die Volksvertretung unmittelbar aus der ganzen Volksmasse hervorgehen zu lassen. Ihm ging es darum, dass die Bürger Gemeinschaften bilden, die aus ihrer Mitte heraus Vertreter wählen; ferner, dass das politische Leben stufenweise von unten nach oben aufgebaut wird. Insofern war Humboldt Anhänger einer ständischen Verfassung. Deutlich zeigt sich diese seine Einstellung in der „Denkschrift über ständische Verfassung" vom Oktober 1819: „Stände dieser Art werden sich wesentlich von den Repräsentativverfassungen unterscheiden, welche wir in den neuesten Zeiten haben entstehen sehen. Alle diese organisierten die Einrichtung von oben herab oder gründeten die Ständeversammlung unmittelbar auf der Basis der ganzen Volksmasse, anstatt die ständischen Einrichtungen sich von der Verwaltung der einfachsten Bürgervereine durch Mittelglieder zur Beratung über das Ganze erheben zu lassen."[374]

---

[369] Gesammelte Schriften, Bd. 12, S. 434 f.
[370] Gesammelte Schriften, Bd. 12, S. 436.
[371] Vgl. *Klüber-Welcker,* S. 220 ff.
[372] Vgl. hierzu *Gebhardt* (1928), Bd. 2, S. 328 ff. und *Kaehler* (1914), S. 49, 55.
[373] Vgl. hierzu Humboldts Bemerkungen vom 22. Januar 1815 über die Verfassung von Bern, Gesammelte Schriften, Bd. 11, S. 140 ff., insbesondere S. 143; ferner Gesammelte Schriften, Bd. 17, S. 72 f.

Diese Gemeinschaften oder Bürgervereine, in welchen und durch welche die Bürger ihre *politischen* Rechte ausüben sollten, nennt Humboldt Korporationen oder Genossenschaften.[375] Bei ihrer Bildung wollte er zunächst an gewisse berufliche Gliederungen der Bürger anknüpfen, wobei er jedoch die politischen Korporationen deutlich von den wirtschaftlichen der Zünfte unterschieden wissen wollte. So sah Humboldt für die Landgemeinden grundsätzlich nur eine politische Korporation vor, nämlich die der Landeigentümer, da nur bei diesen mit einer Stetigkeit des Aufenthalts zu rechnen sei, welche die Voraussetzung für die Stimm- und Wahlfähigkeit bildet.[376] Nur für den Fall, dass in einer Provinz die nicht Landeigentum besitzenden Einwohner von Landgemeinden die Mehrheit ausmachen, wollte er diese durch eine noch festzusetzende „bestimmte Art der Einbürgerung" an den Korporationen der Landgemeinden teilnehmen lassen. Im Übrigen soll es ihnen überlassen bleiben, „zur Erwerbung landständischer Rechte das Bürgerrecht in einer benachbarten Stadt zu gewinnen".[377]

Für die Stadtgemeinden schlug Humboldt vor, vier verschiedene Korporationen zu bilden, und zwar solche der Landbauer, der Handwerker, der Handel Treibenden sowie der übrigen Bürger. Die letztere sollte sowohl die Gelehrten und die Künstler als auch den Adel und die Staatsbeamten umfassen. In größeren Städten hielt er es für zweckmäßig, besondere Korporationen für den Klein- und den Großhandel zu bilden. Auch denkt er an die Bildung einer eigenen Korporation für Fabrikanten, wo dies nach den örtlichen Verhältnissen möglich und notwendig ist. Die Aufnahme in die Korporationen soll abhängen „von dem Vermögen oder erweislichen Erwerbe, dem unbescholtenen Ruf, der Herkunft aus dem Ort oder einem vom Augenblick der gemachten Erklärung, dass man zu ihr gehören wolle, ununterbrochen fortgesetzten Aufenthalte".[378]

bb) Politische Bürgerkorporationen und Zünfte

Humboldt will diese Korporationen als politische Einrichtung von den Zünften als Einrichtungen des Wirtschaftslebens unterschieden wissen: „Die Korporationen sollen ein politisches Mittel sein, die städtische Gemeinde in Klassen von Individuen abzuteilen, welche sich in ihrer Hantierung und den Resultaten derselben in ähnlichen Verhältnissen befinden. Diese Abteilung soll zum Behuf der Besorgung des städtischen Interesses und nach dem Grundsatz geschehen,

---

[374] Gesammelte Schriften, Bd. 12, S. 394; vgl. auch S. 111 f., 230, 231, 235 sowie Gesammelte Schriften, Bd. 17, S. 288.
[375] Vgl. Gesammelte Schriften, Bd. 12, S. 417.
[376] Vgl. Gesammelte Schriften, Bd. 12, S. 410; ferner Gesammelte Schriften, Bd. 17, S. 293, 294.
[377] Vgl. Gesammelte Schriften, Bd. 12, S. 416 f.
[378] Vgl. Gesammelte Schriften, Bd. 12, S. 418; ferner Gesammelte Schriften, Bd. 17, S. 294.

dass Teilnahme an einem kleinen, bestimmt abgeschiedenen Körper den Bürgersinn und die Moralität mehr als einzelnes Handeln in einer größeren Masse erhöht. Die Zünfte sollen die Güte und Ehrlichkeit des Gewerbes sichern und bekunden. Aus diesem ganz verschiedenen Zweck folgen natürlich auch verschiedene Grundsätze über die Regeln der Zusammensetzung dieser beiden Arten von Genossenschaften und die Zulassung zu denselben. In die Zünfte muss man, wenn man nicht die Freiheit der Gewerbe vernichten will, jeden, der hinreichende Geschicklichkeit, den nötigen Vorschuss, wo dieser schlechterdings erforderlich ist, und einen nicht offenbar anstößigen Charakter besitzt, aufnehmen; zur Zulassung zu den Bürger-Korporationen kann dies natürlich nicht genügen. Ebenso müssen die Zünfte sich in sehr viele Zweige teilen, weil der Einteilungsgrund die Verschiedenheit der Gewerbe ist; bei den Bürger-Korporationen wäre dagegen die einfachste Einteilung die beste."[379]

Obwohl Humboldt in dieser Weise die Korporationen als *politische* Einrichtung den Zünften als Einrichtung des *wirtschaftlichen* Lebens gegenüberstellt, ist doch die Einteilung der Bürger in „Klassen von Individuen", „welche sich in ihrer Hantierung und den Resultaten derselben in ähnlichen Verhältnissen befinden", in Korporationen der Ackerbauer, der Handwerker, der Fabrikanten, der Handel Treibenden und der sonstigen Berufe eine *beruflich-wirtschaftliche*. Solche von wirtschaftlichen Gesichtspunkten aus gebildeten Korporationen würden ihre notwendig gegensätzlichen Wirtschaftsinteressen in das politische Leben hineintragen, was Humboldt sicher nicht wollte.[380]

Der Grund dafür, dass Humboldt die politischen Korporationen auf der Grundlage einer beruflich-wirtschaftlichen Gliederung der Bürger aufbauen wollte, dürfte darin bestehen, dass er an die frühere ständische Verfassung anknüpfen wollte und eine tiefe Abneigung gegen eine Repräsentation auf der Grundlage einer rein zahlenmäßigen Aufteilung der Bürger in örtliche Bezirke hatte. Bereits am 21. August 1798 hatte er nach dem Studium von Rousseaus „Contrât social" in sein Tagebuch geschrieben: „Das Raisonnement ist zu häufig mathematisch. Immer von Verhältnissen, immer Vergleichungen mit Proportionalgrößen, manchmal selbst Beweise daraus. Zu einseitige Aufmerksamkeit auf die bloße Zahl der Einwohner, der Mitglieder der Regierung."[381] Und in der „Denkschrift über Preußens ständische Verfassung" vom 4. Februar 1819 schreibt er: „Die Gründung volksvertretender Versammlungen nach bloß numerischen Verhältnissen setzt offenbar eine völlige Vernichtung alles Unterschieds der einzelnen Genossenschaften voraus und würde, wo ein solcher noch vorhanden wäre, ihn nach und nach zerstören."[382] Aus diesem Grund wendet er sich in

---

[379] Gesammelte Schriften, Bd. 12, S. 417.
[380] Vgl. oben, S. 83 ff., insbesondere S. 86 f.
[381] Gesammelte Schriften, Bd. 14, S. 596.
[382] Gesammelte Schriften, Bd. 12, S. 256 bzw. Werke, Bd. 4, S. 462.

5. Die Form des Staates

der „Denkschrift über ständische Verfassung" vom Oktober 1819 gegen die in der steinschen Städteordnung enthaltene Einteilung der Bürger nach örtlichen Bezirken, indem er schreibt: „In den Städten wäre es wünschenswert, die Bürger nicht, wie nach der Städteordnung geschieht, bloß nach Quartieren, sondern nach Genossenschaften abgeteilt ihre politischen Rechte ausüben zu lassen."[383] Humboldts Abneigung, die er zuerst dagegen hatte, die politische Organisation auf einer ausschließlich örtlichen Aufteilung der Bürger aufzubauen, dürfte darauf beruhen, dass dabei die Bürger sich untereinander wenig kennen und Wahlen leicht unpersönlich werden, während bei der Bildung von Korporationen anknüpfend an gewisse berufliche Gliederungen die Bürger sich mehr oder weniger kennen und aus ihrem Kreise einen ihnen bekannten Vertreter wählen und mit diesem zusammenarbeiten können. Außerdem erwartete Humboldt von einer korporativen Einteilung der Bürger eine positive geistig-moralische Wirkung auf ihre Gesinnung, wie aus seiner Verfassungsdenkschrift vom Oktober 1819 hervorgeht: „Das Zusammenwirken der Leute nach Quartieren hat etwas Totes und Erfolgloses für Gesinnung und Charakter; dagegen gibt die Bildung von Genossenschaften dem Geist und Gefühl die heilsame Richtung, seine eigenen Ehre an die Ehre der Genossenschaft zu knüpfen, wodurch alle wechselseitig kräftiger aufeinander wirken." Er ist überzeugt, „dass Teilnahme an einem kleinen, bestimmt abgeschiedenen Körper den Bürgersinn und die Moralität mehr als einzelnes Handeln in einer größeren Masse erhöht."[384]

Später erkannte Humboldt, dass das von ihm angestrebte korporative Zusammenwirken der Bürger auf politischem Felde richtiger auf der Grundlage einer örtlichen als auf einer beruflich-wirtschaftlichen Gliederung der Bürger erfolgt, indem alle Bürger, die in einem bestimmten Bezirk wohnen, zusammen eine Korporation bilden. Dann können sie unabhängig von ihrer beruflichen Tätigkeit zu regelmäßigen Bürgerversammlungen zusammenkommen, über die anstehenden politischen Fragen gemeinsam beraten und entscheiden und ihnen bekannte Vertreter wählen. Dies ergibt sich aus einer Denkschrift vom Januar 1831 „Über die in Absicht der Städteordnung zu nehmenden Maßregeln", wo er zum § 73 der Städteordnung bemerkt: „Das bisherige Gesetz ordnet alle von den Bürgern zu machenden Wahlen nach Bezirken an und verbietet die nach Zünften und Korporationen. Der Grund des Letzteren ist leicht einzusehen; das Erstere sagt eigentlich nichts anderes, als dass die große Stadt, weil die Bürger sich nicht alle auf einmal versammeln können, in mehrere kleinere geteilt wird. Außerdem aber liegt in diesen beiden Bestimmungen zusammengenommen der

---

[383] Gesammelte Schriften, Bd. 12, S. 417. – § 11 der Städteordnung besagt: „Jede Stadt, welche über 800 Seelen enthält, soll geographisch nach Maßgabe ihres Umfanges in mehrere Teile geteilt werden, wovon jedoch in großen Städten keiner über 1500, keiner unter 1000 – in mittleren und kleinen aber keiner über 1000 und unter 400 Seelen enthalten darf." Zitiert nach Gesammelte Schriften, Bd. 12, S. 417, Anm.
[384] Gesammelte Schriften, Bd. 12, S. 417.

richtige Grundsatz, dass bei den Wahlen jede andere Qualifikation des Wählenden als die, dass er Bürger ist, aus dem Spiele bleiben soll, und dass sich *alle Bürger* bei den Wahlen, *ohne Unterschied der Beschäftigung zusammenfinden* sollen. Hiervon dürfte auch, meines Erachtens, schlechterdings nicht abgegangen werden, und die Wahl nach Bezirken müsste immer die hauptsächliche bleiben."[385] Außerdem geht Humboldt davon aus, das ein solches Zusammenkommen und Zusammenwirken „aller Bürger ohne Unterschied" in überschaubaren politischen Korporationen, das heißt in regelmäßigen Bezirksversammlungen, das Gemeinschaftsbewusstsein weckt und damit auf politischem Felde gemeinschaftsbildend wirkt. So sagt er in der genannten Denkschrift von 1831 weiter: „Endlich wird der Bürgersinn im Allgemeinen, der, wie man offenherzig gestehen muss, mehr bei den höheren als bei den geringeren Klassen einer Erweckung bedarf, immer mehr geschwächt, je sparsamer man die Gelegenheiten des *Zusammenkommens aller Bürger ohne Unterschied* macht."[386]

In neuerer Zeit hat Erich Fromm mit seinem Buch „Wege aus einer kranken Gesellschaft" ähnliche Gedanken vertreten, um einen Fortschritt im demokratischen System zu erzielen. Er wies darauf hin, „dass echte Entscheidungen nicht in einer Atmosphäre von Massenwahlen zustande kommen können, sondern nur in relativ kleinen Gruppen, die etwa den alten Gemeindeversammlungen entsprechen und zu denen nicht mehr als etwa fünfhundert Personen gehören sollten." Er geht davon aus, dass die Menschen durch den persönlichen Kontakt und das gründliche Erörtern der zur Entscheidung anstehenden Fragen demagogischen und irrationalen Einflüssen weniger leicht zugänglich sind und dass sie durch das Diskutieren und Entscheiden über lebenswichtige Fragen besser Bescheid wissen. „Ohne das würde der Bürger politisch genauso dumm bleiben, wie er heute ist."[387]

cc) Der stufenweise Aufbau der ständischen Einrichtungen

Neben der Bildung von überschaubaren politischen Korporationen auf der Gemeinde-Ebene legt Humboldt in seinen Verfassungsdenkschriften großen Wert auf einen stufenweisen Aufbau der ganzen ständischen Einrichtungen von unten nach oben. Durch beides soll das Interesse und die selbsttätige Teilnahme

---

[385] Gesammelte Schriften, Bd. 12, S. 533. – § 73 der Städteordnung lautet: „Die Wahl der Stadtverordneten nach Ordnungen, Zünften und Korporationen in den Bürgerschaften wird dagegen hierdurch völlig aufgehoben. Es nehmen an den Wahlen alle stimmfähigen Bürger Anteil und wirkt jeder lediglich als Mitglied der Stadtgemeinde ohne alle Beziehung auf Zünfte, Stand, Korporation und Sekte." Zitiert nach Gesammelte Schriften, Bd. 12, S. 533, Anm.
[386] Gesammelte Schriften, Bd. 12, S. 534 (Hervorhebungen vom Verfasser); vgl. auch Gesammelte Schriften, Bd. 12, S. 230 ff., 233, 471 bzw. Werke, Bd. 4, S. 437 ff., 440 f.
[387] Vgl. *Fromm,* S. 319; vgl. auch S. 178 ff.

des Volkes am politischen Leben geweckt werden, aber nicht in einer solchen Weise, dass es „mit Überspringung aller Mittelglieder der unmittelbaren Teilnahme an den höchsten und allgemeinsten Regierungsmaßregeln" zufliegt. Denn das würde „nur zu oft von gelingender, mehr beschränkter Tätigkeit zu unglücklichen Versuchen in höheren Sphären" führen. Worauf es ihm ankommt, ist, dass der Anteil am politischen Leben „beim Nächsten, dass er da anfange, wo unmittelbares Berühren der Verhältnisse wirkliche Einsicht und gelingendes Einwirken möglich macht; ein Punkt, von dem er sich hernach, sofern er nur nicht notwendige Stufen überspringen will, zum Höchsten und Allgemeinsten erheben kann".[388]

dd) Die Gemeindeselbstverwaltung

Die unterste Stufe der ständischen Einrichtungen sollen die geschilderten Korporationen der Stadt- und Landgemeinden bilden. Darüber sollen sich Kreisstände, Provinzialstände und Allgemeine Stände erheben. Die Korporationen wählen die Vorsteher ihrer jeweiligen Gemeinde. Die Wahl soll allerdings nur wirksam sein, wenn sie von den Staatsbehörden bestätigt wird. Eine Ernennung der Vorsteher durch die staatlichen Behörden lehnt Humboldt ab. Eine lebenslängliche Wahl namentlich der Bürgermeister und Oberbürgermeister von Städten soll ausgeschlossen sein, nicht jedoch der Vorsteher von Landgemeinden. Die Veräußerung von Gemeindegütern soll an die Genehmigung der Regierung geknüpft und das Kontrahieren von Gemeindeschulden beschränkt werden. Die Vorsteher haben das Recht, die Gemeindeangelegenheiten und das Gemeindevermögen nach den Gesetzen des Landes unter der Aufsicht des Staates zu verwalten. In seinem Entwurf einer „Gemeindeordnung für das platte Land" vom Frühjahr 1817 sah Humboldt vor, dass die Entscheidung über alle Angelegenheiten der Gemeinde bei den stimmberechtigten Mitgliedern derselben oder deren Stellvertretern, die den Gemeinderat bilden, liegen soll, während die Ausführung der auf diese Weise gewonnenen Beschlüsse sowie die Besorgung aller Geschäfte, die einmal in einen festen Gang gewiesen sind, den Gemeindevorstehern obliegen soll.[389] Die Verwaltung der Gemeindeangelegenheiten soll möglichst unentgeltlich geschehen, nicht allein „um Aufwand zu vermeiden, sondern ganz vorzüglich, um den Geist der Einrichtung in seiner Reinheit zu erhalten".[390]

---

[388] Vgl. Gesammelte Schriften, Bd. 12, S. 230, 231, 398 bzw. Werke, Bd. 4, S. 437 f., 439 sowie Gesammelte Schriften, Bd. 17, S. 288, Bd. 16, S. 312.
[389] Gesammelte Schriften, Bd. 12, S. 150.
[390] Vgl. Gesammelte Schriften, Bd. 12, S. 255 bzw. Werke, Bd. 4, S. 461 sowie zum Ganzen die Verfassungsdenkschrift vom Oktober 1819, Gesammelte Schriften, Bd. 12, S. 402–404 und 408–422 sowie Humboldts Konzept hierzu, Gesammelte Schriften, Bd. 12, S. 383 f., ferner die Verfassungsdenkschrift vom 4. Februar 1819, Gesammelte Schriften, Bd. 12, S. 243–255 bzw. Werke, Bd. 4, S. 451 ff.; weiter Humboldts „Entwurf einer Gemeindeordnung für das platte Land" sowie seine „Disposition

ee) Die Kreisverwaltung

Der Gemeindeverwaltung ist die Kreisverwaltung als eine „zweite Stufe der Gemeindeverwaltung" übergeordnet. Sie soll von einem Kreistag ausgeübt werden, der sich einmal im Jahr unter dem Vorsitz des Landrats versammelt. Dem Landrat soll jedoch ein ständiger kleiner Ausschuss zur Seite stehen bleiben. Die Mitglieder des Kreistags werden „aus den schon bestehenden Gemeindevorstehern und durch diese selbst, nicht durch das Volk gewählt". Die Wahl des Landrats soll durch die Regierung aus drei vom Kreistag vorgeschlagenen Individuen erfolgen. Er ist Beamter und steht unter der unmittelbaren Leitung der Regierung. Als Mitglied und Vorsitzender des Kreistags nimmt er an der ständischen Selbstverwaltung des Kreises teil; als Beamter des Staates übt er zugleich die Aufsicht über diese Selbstverwaltung aus. So vereinigt er in sich „die zwiefache Eigenschaft einer Staats- und einer ständischen Behörde".[391]

ff) Die Provinzialversammlung

Über dem Kreistag erhebt sich als nächste Stufe der ständischen Einrichtungen die Provinzialversammlung. Diese kann und muss in den verschiedenen Provinzen verschieden zusammengesetzt sein. Humboldt arbeitet jedoch eine Reihe von Grundsätzen heraus, die für alle Provinzen in gleicher Weise maßgebend sein sollen. So sollen die Mitglieder der Provinzialversammlung „nicht aus den Mitgliedern der Kreisversammlungen noch ausschließlich aus den Gemeindevorstehern genommen, sondern aus den Einsassen der Provinz durch dieselben frei gewählt" werden. Humboldt will also eine unmittelbare Wahl, keine Wahl durch Wahlherren, und zwar deshalb, weil „das Interesse der Nation an der Verfassung viel mehr durch unmittelbare Wahlen erhalten wird, die allein imstande sind, ein eigentliches Band der Teilnahme zwischen dem Wähler und Gewählten anzuknüpfen".

Auch sah Humboldt vor, dass der zu Wählende nur aus dem Provinzialbezirk genommen werden kann, in welchem die Wahl geschieht. Es kommt ihm darauf an, dass den Wählenden der zu Wählende im Privatleben und in den örtlichen Verhältnissen bekannt ist, so dass sie seinen Charakter, seine Verbindungen und seine persönlichen Interessen kennen und beurteilen können, ob diese vernünftig handeln und sprechen werden.

---

zur Communalordnung" vom Frühjahr 1817, Gesammelte Schriften, Bd. 12, S. 149 ff., 153 f.; außerdem seine Denkschrift „Über die periodische Wiederwahl der Magistratsbeamten" vom 21. November 1819, Gesammelte Schriften, Bd. 12, S. 468 ff. bzw. Werke, Bd. 4, S. 521 ff. sowie die Denkschrift „Über die in Absicht der Städteordnung zu nehmenden Maßregeln" vom Januar 1831, Gesammelte Schriften, Bd. 12, S. 527 ff. sowie oben, S. 219 f.

[391] Vgl. hierzu Gesammelte Schriften, Bd. 12, S. 422 ff., 244 f., 249, 254, 383 bzw. Werke, Bd. 4, S. 452, 455 f., 459 f.; ferner unten, S. 218 f.

5. Die Form des Staates

Die Wahl soll nicht nach Distrikten oder numerischen Volksmassen, sondern nach Ständen erfolgen, wobei Humboldt drei Stände vorsieht, nämlich den Land besitzenden Adel, die übrigen Landbesitzer aller Art und die Städter. Die Wähler sollen jedoch nicht verpflichtet sein, die Deputierten nur aus ihrem eigenen Stande zu wählen. Zu der Zahl der Deputierten jedes Standes sagt Humboldt nur, dass diese nach einem angemessenen Verhältnis bestimmt werden müssten und dieses vermutlich auch nicht in allen Provinzen dasselbe würde sein können. Um zu verhindern, dass die Wahlversammlungen bei den Wahlen zu den Provinzialständen und zu den allgemeinen Ständen zu groß werden, soll das Wahlrecht von einem bestimmten Steuersatz abhängen. Ferner schlägt Humboldt vor, kleinere Distrikte zu bilden, die doppelte Anzahl von Abgeordneten zu wählen und hernach das Los entscheiden zu lassen, wer Abgeordneter und wer Ersatzmann sein soll. Um die Unbequemlichkeiten zu großer Wahlversammlungen zu vermeiden, will Humboldt ferner die Möglichkeit vorsehen, Register zu eröffnen, in der jeder Wähler seine Stimme einschreiben kann. Es geht ihm aber nicht nur um die Stimmabgabe, sondern vor allem um Versammlungen, in denen mit den zu Wählenden diskutiert werden kann.

Die durch die drei genannten Stände gewählten Deputierten sollen zusammen mit den noch vorhandenen Erbständen, die Humboldt beibehalten will, die Provinzialversammlung bilden. Auch die obersten Vertreter der Geistlichkeit und der Universitäten sollen Mitglieder der Provinzialversammlung sein. Die Einteilung in Landbauer und Städter, von der Humboldt ausgeht, ist keine beruflich-wirtschaftliche, sondern eine örtlich-geografische, wie daraus hervorgeht, dass er die Handwerker und Kaufleute unter gewissen Umständen mit den Landbauern zusammen nur eine Art von Ständen bilden lassen will: „In der Tat würde, wenn es einen selbständigen Distrikt gäbe, in welchem Landbauer, Handwerker und Kaufleute alle nur in Dörfern zerstreut wohnten, man Unrecht haben, nach Verschiedenheit dieser Gewerbe diejenigen, welche sonst gewöhnlich städtisch genannte betreiben, von den übrigen abzusondern. Man würde vielleicht nur *eine* Art der Stände, *eine* Art der Gemeinheiten annehmen müssen. Nur so wie die Bürger eines Staates zusammenwohnen, wie sie als Nachbarn einen, vom andern abgesonderten Bezirk ausmachen, wie sie als Teilhaber an diesem Eigentum, Rechte und Pflichten besitzen, nur nach diesen festen, unveränderlichen, räumlichen Verhältnissen können sie das unmittelbare partielle Interesse in ein allgemeines vereinigen ..."[392] Wenn Humboldt den Land besitzenden Adel neben den sonstigen Landbesitzern als eigenen Stand vorsieht, so deshalb, weil dieser damals in der Mehrzahl der preußischen Provinzen noch durch Korporationen verbunden war und „eine zahlreiche Klasse von Staatsbürgern im Besitz von großem Grundeigentum" und „von vielen bedeutenden Stellen im

---

[392] Gesammelte Schriften, Bd. 12, S. 437; vgl. auch S. 287 bzw. Werke, Bd. 4, S. 491.

Staat" bildete, die „in ihren Rechten verletzt, gekränkt und zum Unwillen gereizt" würde, wenn ihr die Selbständigkeit als für sich handelnder Stand genommen würde. Auch würde, „sowie man den Adel eigentlich niederdrückt, der Geldreichtum und das Beamtenansehen ein unverhältnismäßiges Übergewicht bekommen". Die Mitgliedschaft in der Adelskorporation soll jedoch keine Vorrechte, sondern nur das Recht geben, zu den ständischen Versammlungen zu wählen und gewählt zu werden. Auch ist es Humboldts Ansicht, dass man ein Institut wie den Adel, „was nur historisch, nicht nach Begriffen erklärt und hergeleitet werden kann, nur so lange und nur insofern erhalten muss, als es selbst Lebenskraft besitzt".

Die Provinzialversammlung kann entweder aus einer oder aber auch aus zwei Kammern bestehen. Besteht sie aus zwei Kammern, dann soll sich die erste Kammer aus den in der Provinz ansässigen Erbständen, nach ausdrücklicher, königlicher Bestimmung aus den am meisten begüterten sonstigen Grundeigentümern, die zu Erbständen der Provinz würden, sowie aus den Häuptern der Geistlichkeit zusammensetzen. Die Provinzialversammlung soll einmal jährlich zusammentreten und nicht von einem königlichen Kommissar, sondern von einem aus ihrer Mitte gewählten Präsidenten geleitet werden. Die zuständige Behörde der Regierung soll das Recht haben, bei allen Sitzungen zugegen zu sein, in die Diskussionen einzugreifen, sobald das Interesse der Regierung darin zur Sprache kommt, und durch den Präsidenten die Versammlung oder einzelne Mitglieder in ihre Schranken zurückzuweisen, wenn sie dieselben verlassen sollten. Die Provinzialversammlung entscheidet über Provinzialgesetze und Provinzialsteuern. Die Initiative zu solchen Gesetzen soll jedoch nur von der Regierung ausgehen. Da kein Provinzialgesetz für den Staat und die allgemeine Gesetzgebung gleichgültig sein kann, erwägt Humboldt außerdem, jeder allgemeinen Ständeversammlung die in der Zwischenzeit erlassenen Provinzialgesetze vortragen und von dieser bestätigen zu lassen, wobei jedoch die Notwendigkeit der Bestätigung die provisorische Ausführung dieser Gesetze nicht hindern soll. Ferner hat die Provinzialversammlung die Aufgabe, auf den bestimmten Auftrag der Regierung allgemeine Gesetze vorzuerörtern oder über ihre Ausführung zu beraten. Die Provinzialversammlung soll über diese gesetzgebende und beratende Tätigkeit hinaus auch verwaltend tätig sein, indem ihr das Recht zustehen soll, die Provinzialangelegenheiten unter der Aufsicht des Staates selbst zu verwalten. Für diejenigen Verwaltungsgegenstände, welche dessen bedürfen, soll ein ständiger Ausschuss gebildet werden. Als verwaltende Behörde soll die Provinzialversammlung bloß über das verfügen können, was Gemeingut der Provinz oder auf ihr ruhende Gesamtlast oder ihrer Gesamtadministration anvertraute Einrichtung ist. Geldausschreibungen zu gemeinschaftlichen Zwecken soll sie nur mit Genehmigung der Regierung machen können. In die eigenen Angelegenheiten der Kreise und Gemeinden darf sie nicht störend eingreifen. Sie soll jedoch kontrollierend sowohl auf die Staatsbehörden als auch auf die ständischen Kreis- und Ortsbehörden einwirken. Sie hat das Recht, Mängel der Verwaltung anzuzeigen und auf deren Abhilfe anzutragen.[393]

gg) Die allgemeinen Stände

Über den Provinzialständen sollen sich schließlich allgemeine Stände als oberste Stufe der ständischen Einrichtungen erheben. In seinen Arbeiten über die deutsche Verfassung aus den Jahren 1813 und 1814 setzt sich Humboldt dafür ein, dass in allen deutschen Ländern Stände errichtet oder wiederhergestellt werden. Bei Bestimmung ihrer Rechte sollen gewisse allgemeine, durch ganz Deutschland geltende Grundsätze angenommen werden, während im Übrigen die Verschiedenheit eintreten soll, welche die ehemalige Verfassung der einzelnen Länder mit sich bringt.[394] – Für Preußen schlägt Humboldt in seinen Denkschriften zur preußischen Verfassung vor, die allgemeine ständische Versammlung aus zwei Kammern, einer erblichen und einer Wahlkammer, zu bilden. Die Bildung von zwei Kammern soll nur „zum Zweck reiferer Überlegung, nur zu einer Stufenfolge der Beratung" dienen. Die erbliche Kammer soll aus den königlichen Prinzen, den ehemals unmittelbar gewesenen deutschen Reichsständen (Mediatisierten), den Standesherren, den vom König zu Erbständen erhobenen Persönlichkeiten, den Häuptern der katholischen und protestantischen Geistlichkeit sowie ausnahmsweise vom König auf Lebenszeit ernannten Mitgliedern bestehen. Die Wahlkammer soll sich ebenso wie die Provinzialversammlungen aus Abgeordneten der adligen Grundeigentümer, der übrigen Grundeigentümer und der Städte zusammensetzen. Die Mitglieder der Wahlkammer sollen ebenso wie die Mitglieder der Provinzialstände nicht durch Wahlherren, sondern unmittelbar vom Volk gewählt werden, und zwar für die Dauer von 7 bis 8 Jahren. Sie aus den Mitgliedern der Provinzialversammlun-

---

[393] Vgl. hierzu die „Denkschrift über ständische Verfassung" vom Oktober 1819, Gesammelte Schriften, Bd. 12, S. 402–408, 425–449; ferner das dazugehörende „Concept meines Entwurfs" vom gleichen Monat, Gesammelte Schriften, Bd. 12, S. 383, 384 f.; die „Denkschrift über Preußens ständische Verfassung vom 4. Februar 1819, Gesammelte Schriften, Bd. 12, S. 236, 244, 245, 247 f., 255–279 bzw. Werke, Bd. 4, S. 443 f., 451 f., 453 f., 461–483; Humboldts Brief an Niebuhr vom 22. April 1819, Gesammelte Schriften, Bd. 17, S. 292 ff.; an Stein vom 4. Juli 1819, Gesammelte Schriften, Bd. 17, S. 312; vgl. auch Gesammelte Schriften, Bd. 12, S. 163 f., 179 f.

[394] Vgl. hierzu Humboldts „Denkschrift über die Deutsche Verfassung" vom Dezember 1813, Gesammelte Schriften, Bd. 11, S. 108 bzw. Werke, Bd. 4, S. 316 f.; ferner seine „Bases qui pourraient servir de norme au Comité qui sera chargé de la rédaction de la Constitution Germanique" von Anfang April 1814, Gesammelte Schriften, Bd. 11, S. 216 bzw. Werke, Bd. 4, S. 332 f. sowie seine Entwürfe zur Bundesverfassung mit und ohne Kreiseinteilung vom 9. Dezember 1814, Gesammelte Schriften, Bd. 11, S. 258 f. Wegen der Datierung der beiden Entwürfe vgl. Gesammelte Schriften, Bd. 11, S. 268 sowie *an Caroline*, Bd. 4, S. 434 f. Zur Zeitbestimmung der „Bases" vgl. Gesammelte Schriften, Bd. 11, S. 223 und *an Caroline*, Bd. 4, S. 300.

gen durch diese bestimmen zu lassen, hält Humboldt für bedenklich, weil sie „zu leicht bloß Organe dieser Versammlungen" werden, „anstatt rein ihre eigene Meinung oder die öffentliche ihrer Provinz auszusprechen, da es nicht fehlen kann, dass eine Versammlung, nach einiger Zeit, einen gewissen Charakter und gewisse Maximen annimmt".[395] Um die Wahlversammlungen in den Korporationen nicht zu groß werden zu lassen, schlägt Humboldt vor, das Wahlrecht zu den allgemeinen Ständen von einem höheren Steuersatz abhängig zu machen als das Wahlrecht zu den Provinzialständen. Er sagt hierzu, dass es eher möglich sei, „aus dem Kreise beschränkter Verhältnisse die Angelegenheiten der Provinz, als die des ganzen Landes mit Richtigkeit zu beurteilen". Die Versammlungen, auf denen die Wahlen stattfinden, sollen nicht öffentlich sein. Die allgemeinen Stände ebenso wie die Provinzialstände hält Humboldt für richtig, auf einmal und nicht teilweise zu erneuern. Damit die Wahlen nicht nur alle 7 bis 8 Jahre vorkommen, die dann „wie außerordentliche Energien des Volks" erscheinen und mit wiederkehrenden Fiebern verglichen werden können, will Humboldt die Wahlen zu den Provinzialständen und die Wahlen zu den allgemeinen Ständen zu verschiedenen Zeiten stattfinden lassen. Die Abgeordneten in den Provinzialversammlungen und der allgemeinen ständischen Versammlung sollen sich nicht als Mandatare der Distrikte oder Stände ansehen, welche sie gewählt haben, sondern sollen ihrer eigenen freien Überzeugung folgen. Unter den damals bestehenden Umständen hält Humboldt es für erforderlich, dass die allgemeine ständische Versammlung in ähnlicher Weise wie die Provinzialversammlungen von der zuständigen staatlichen Behörde beaufsichtigt und zum Teil gelenkt wird. Auch soll den ständischen Versammlungen „ein möglichst bestimmtes, jedoch nicht ängstlich jede mögliche Inkonvenienz zu beseitigen bezweckendes Reglement" vorgeschrieben werden. Die Minister sollen das Recht haben, allen Versammlungen beider Kammern beizuwohnen. Die Versammlungen sollen nicht geheim sein, weil „das ernste Bestreben, von den öffentlichen Angelegenheiten unterrichtet zu sein und das Bemühen junger Leute, sich zu künftiger Geschäftätigkeit tüchtig zu machen, nicht unbefriedigt bleiben darf". Andererseits sollen sie auch nicht völlig öffentlich sein, damit nicht „ernsthafte Geschäftsberatungen zu einem Spiel der Eitelkeit oder Parteisucht herabgewürdigt werden".

Während Humboldt nicht nur den Gemeinden, sondern auch den Kreisen und Provinzen als „Teilen der Nation" das Recht der ständischen Selbstverwaltung geben will, sollen die allgemeinen Stände nicht an der Verwaltung beteiligt werden, weil die Angelegenheiten der ganzen Nation nicht mehr besondere sind, sondern ihrer Natur nach zu Staatsangelegenheiten werden. Doch können die allgemeinen Stände bei der Verwaltung da, wo es die Natur des Gegenstands

---

[395] Gesammelte Schriften, Bd. 12, S. 283, 452 bzw. Werke, Bd. 4, S. 487; vgl. auch Gesammelte Schriften, Bd. 17, S. 293.

erlaubt, verwahrend eintreten, und so hält Humboldt es für gut, Delegierte der Stände den für das Schuldenwesen des Staates eingesetzten Behörden beizuordnen. Den allgemeinen Ständen soll bei ihrer jedesmaligen Zusammenberufung, die wenigstens alle vier Jahre stattfinden soll, die Lage des Staatshaushalts und des Schuldenwesens genau vorgelegt werden, wobei es ihnen freisteht, Bemerkungen über mögliche Ersparungen zu machen und Beschwerden über vorkommende Unregelmäßigkeiten zu führen. Die Minister sollen gehalten sein, hierauf augenblicklich zu antworten. Außer bei neuen Steuern, bei Veräußerungen oder Anleihen steht es jedoch bei der Regierung, die vorgeschlagene Anordnung zu machen oder nicht, da den Ständen kein Recht zustehen kann, sich in die Verwaltung einzumischen. Vorgesehene Veränderungen in der Besteuerung, Veräußerungen oder Anleihen müssen den allgemeinen Ständen zur Entscheidung vorgelegt werden. Auch bei der Gesetzgebung sollen die Stände nicht nur beratend, sondern entscheidend mit wirken. So sollen sie über alle Gesetze entscheiden, „welche den Rechtszustand aller Bürger oder einzelner Klassen derselben wesentlich und dauernd zu bestimmen bezwecken". Alle wenn auch allgemeinen Vorschriften, „welche unmittelbar zur Ausübung der Verwaltungspflichten der Regierung gehören", sollen hingegen nicht als Gesetze betrachtet werden, die der Beratung und Entscheidung der Stände unterliegen. Allerdings sieht Humboldt es als schwierig an, durch eine allgemeine Definition die Grenze zu bestimmen zwischen demjenigen, „was bloßer Befehl der Regierung ist, in dem sie, um gehörig verwalten zu können, unabhängig sein muss, und dem eigentlichen, die Zustimmung der Stände erfordernden Gesetz".[396] Das Recht der Gesetzesinitiative soll nur der Regierung zustehen. Die Stände sollen sich jedoch beschweren können, wenn die Regierung es unterlässt, ihnen einen Gesetzentwurf vorzulegen, der ihrer Beratung und Entscheidung unterliegen müsste. Auf diese Weise können sie die einseitig entschiedene Angelegenheit nachträglich zur Beratung und Entscheidung in ihrer Versammlung bringen. Auch sollen sie an Stelle der Gesetzesinitiative wenigstens das Recht haben, Gesetzesvorschläge in der Art zu machen, „dass dieselben immer an die Regierung gerichtete, sich hierauf beziehende Bitten wären". Selbstverständlich soll den Ständen ganz allgemein das Recht der Beschwerdeführung zustehen. Auch tritt Humboldt dafür ein, dass sie die Minister zur Verantwortung ziehen und in den Anklagezustand versetzen können, denn die Stände müssen dafür einstehen, dass die verfassungsmäßigen Rechte nicht verletzt und die Gesetze streng beobachtet werden. Weiter aber sollen die Stände nicht gehen dürfen, weil sie sich sonst indirekt in die Verwaltung einmischten. Insbesondere soll es allein dem König vorbehalten bleiben, die Minister zu ernennen und zu entlassen. Nach Humboldts Überzeugung kann das Ministerium nur kollektiv und als ein unzertrennlicher Körper den Ständen gegenüberstehen.[397]

---

[396] Vgl. Gesammelte Schriften, Bd. 12, S. 405, 239 f. bzw. Werke, Bd. 4, S. 446 ff.

184   IV. Über das Wesen und die Bedeutung von Humboldts Staatsidee

hh) Reichsstände

In seinen Arbeiten über die deutsche Verfassung hat Humboldt nicht vorgesehen, dass den allgemeinen Ständen der einzelnen deutschen Länder Reichsstände übergeordnet werden. Nur für den Fall, dass man dem deutschen Reich ein wahres Oberhaupt wiedergeben könnte, was er jedoch in der damaligen Lage für unmöglich ansah, hielt Humboldt es für notwendig, dass dem Oberhaupt „wahre Reichsstände mit größeren, sich auch auf die äußeren politischen Verhältnisse beziehenden Rechten gegenüberstehen".[398]

ii) Die Bedeutung der ständischen Verfassung

Von der Verwirklichung einer ständischen Repräsentativverfassung in dem von ihm gemeinten Sinne erhoffte sich Humboldt, dass durch sie die Bürger zu einer stärkeren Teilnahme an den öffentlichen Angelegenheiten geführt werden, was einerseits eine erzieherische Bedeutung für den einzelnen Bürger hat und andererseits dem Staat und seiner Verfassung eine größere Stärke und Sicherheit verleiht. Dies kommt in verschiedenen seiner Äußerungen zum Ausdruck. So gibt er in seiner „Denkschrift über Preußens ständische Verfassung" vom 4. Februar 1819 als Hauptzweck für die Einrichtung einer landständischen Verfassung an, „dass der Bürger durch die Teilnahme an der Gesetzgebung, Beaufsichtigung und Verwaltung mehr Bürgersinn und mehr Bürgergeschick erhält, dadurch für sich selbst sittlicher wird, und seinem Gewerbe und individuellen Leben, indem er beide näher an das Wohl seiner Mitbürger knüpft, eine höhere Geltung gibt".[399] Und an anderer Stelle der gleichen Denkschrift bringt er seine Überzeugung zum Ausdruck, dass eine ständische Verfassung dahin führen wird, „dem Staate in der erhöhten sittlichen Kraft der Nation, und ihren belebten und zweckmäßig geleiteten Anteil an ihren Angelegenheiten, eine größere Stütze und dadurch eine sicherere Bürgschaft seiner Erhaltung nach außen und seiner inneren fortschreitenden Entwicklung zu verschaffen".[400] Von der erzieherischen Bedeutung, die eine landständische Verfassung haben kann, spricht

---

[397] Vgl. hierzu die „Denkschrift über ständische Verfassung" vom Oktober 1819, Gesammelte Schriften, Bd. 12, S. 401, 404–408, 449–455 und das zu dieser Denkschrift gehörende „Concept meines Entwurfs" vom gleichen Monat, Gesammelte Schriften, Bd. 12, S. 383 f.; ferner die „Denkschrift über Preußens ständische Verfassung" vom 4. Februar 1819, Gesammelte Schriften, Bd. 12, S. 236–244, 279–292 bzw. Werke, Bd. 4, S. 443–451, 483–495.

[398] Vgl. hierzu seine „Denkschrift über die deutsche Verfassung" vom Dezember 1813, Gesammelte Schriften, Bd. 11, S. 112 bzw. Werke, Bd. 4, S. 321 f.

[399] Gesammelte Schriften, Bd. 12, S. 227 bzw. Werke, Bd. 4, S. 434; vgl. auch Gesammelte Schriften, Bd. 12, S. 197, 378, 389 f., 530 bzw. Werke, Bd. 4, S. 427, 517.

[400] Gesammelte Schriften, Bd. 12, S. 233 bzw. Werke, Bd. 4, S. 440 f.; vgl. auch Gesammelte Schriften, Bd. 12, S. 399; ferner Bd. 11, S. 101, 114, 288 bzw. Werke, Bd. 4, S. 308, 324, 491.

5. Die Form des Staates   185

Humboldt bereits in seinem Brief an Nicolovius vom 26. Februar 1811. Darin kritisiert er, dass in Preußen „Landstände auf eine Weise versammelt sind, dass sie weder Vermittler zwischen Regierung und Volk, noch Leiter der ersteren, noch *Beförderer eines selbsttätigen Geistes in der Nation* sein können ..."[401] In anderer Weise kommt er auf die erzieherische Bedeutung in seinem Schreiben an Sommer vom 31. März 1819 zu sprechen. Darin sagt er, „dass der wesentliche Nutzen landständischer Einrichtungen in der Erweckung und Erhaltung seines wahrhaft staatsbürgerlichen Sinns in der Nation gesucht werden muss, in der Gewöhnung der Bürger, an dem gemeinen Wesen einen, von isolierender Selbstsucht abziehenden Anteil zu nehmen, zu dem Wohle desselben von einem durch die Verfassung selbst bestimmten Standpunkte aus mitzuwirken, und sich auf diesen, mit Vermeidung alles vagen und zwecklos aufs Allgemeine gerichteten Strebens zu bescheiden".[402]

jj) Das Verhältnis der Staatsbehörden zu den ständischen Behörden

Den geschilderten ständischen Behörden der Gemeinden, Kreise und Provinzen soll die Verwaltung der „Angelegenheiten der Nation", „welche Staatsbehörden nur uneigentlich zukommt", anvertraut werden. Sie soll von der Verwaltung der Staatsangelegenheiten sorgfältig abgesondert werden.[403] Dadurch würde die Verwaltung vonseiten der Regierung einfacher und minder kostspielig.[404] Unter „Angelegenheiten der Nation" versteht Humboldt, was seiner Natur nach Angelegenheit der Städte und Dörfer, der Kreise und der Provinzen ist oder zweckmäßig so behandelt werden kann.[405]

Die ständischen Selbstverwaltungsbehörden der Gemeinden, Kreise und Provinzen sollen unter der Aufsicht der Staatsbehörden stehen. Die Aufsicht soll jedoch nicht über die Verhütung von Unredlichkeit, Unordnung und strafbarer Saumseligkeit hinausgehen. In der Verwaltung ihrer eigenen Angelegenheiten soll die Freiheit der ständischen Behörden nicht beschränkt werden.[406] Über den Charakter, den die Aufsicht über die Verwaltung der ständischen Behörden haben sollte, schreibt Humboldt in der „Denkschrift über Preußens ständische

---

[401] Gesammelte Schriften, Bd. 16, S. 312 (Hervorhebung vom Verfasser).

[402] Gesammelte Schriften, Bd. 17, S. 288; vgl. auch Bd. 12, S. 230 f. bzw. Werke, Bd. 4, S. 437 f.

[403] Vgl. Gesammelte Schriften, Bd. 12, S. 390, 173; vgl. ferner oben, S. 93 ff., 97 ff. sowie unten, S. 225 f.

[404] Vgl. Gesammelte Schriften, Bd. 12, S. 226 f., 229 f., 397 bzw. Werke, Bd. 4, S. 434, 437.

[405] Vgl. Gesammelte Schriften, Bd. 12, S. 173; über das, was Humboldt im Einzelnen unter „Angelegenheiten der Nation" versteht, vgl. man das Kapitel über „Die Grenzen der Wirksamkeit des Staates und die Nationalanstalten", oben S. 75 ff. sowie Gesammelte Schriften, Bd. 12, S. 246 f., 402 ff. bzw. Werke, Bd. 4, S. 453.

[406] Vgl. Gesammelte Schriften, Bd. 12, S. 402; ferner S. 391, 152 f.

Verfassung" vom 4. Februar 1819: „... diese muss nicht in Bevormundung bei jedem Schritte des Geschäfts, sondern in Einführung strenger Verantwortlichkeit bestehen. Sind diese Behörden dem beständigen Berichterfordern, Vorschreiben und Verweisen der Regierung ausgesetzt, so will niemand, der sich ein wenig fühlt, mit dem Geschäfte zu tun haben, und der Geist und Sinn der Einrichtung geht verloren ... Da es auch jedem Einwohner freisteht, bei der höhern Behörde über die untere Beschwerde anzubringen und diese Beschwerden immer mehr werden angebracht werden, je mehr der Gemeinsinn erwachen wird, da jetzt viele lieber Unrecht geschehen lassen, als sich die Mühe geben, es zu rügen, so wird die Kontrolle, wie die Verwaltung, mehr von dem Bürger selbst geübt und das Geschäft der Regierung entbehrlicher werden."[407] Grundsätzlich soll die Aufsicht des Staates über die landständischen Behörden „nach ihren verschiedenen Abstufungen durch die ihr gegenüberstehende Abstufung der Regierungsbehörden ausgeübt" werden. Humboldt hält es jedoch ebenso gut für möglich, dass die Regierung sich lediglich an die höchste Stufe der ständischen Behörden, also an die Provinzialbehörde hält, und die ständischen Behörden sich durcheinander beaufsichtigen lässt, also die Kreisbehörden durch die Provinzialbehörden und die Stadtbehörden durch die Kreisbehörden.[408]

d) Die Organisation der Staatsbehörden

aa) Allgemeine Gesichtspunkte

In seinen Gedanken über die Organisation der Staatsbehörden geht Humboldt von dem Prinzip aus, dass durch die gesamte Staatsverwaltung ein einheitlicher Zug hindurchgehen, zugleich aber jede Behörde in dem ihr bestimmten Wirkungskreis selbständig wirken soll. Er schreibt hierüber in einer Denkschrift vom Juni 1810 „Vorschläge zur Organisation der Behörden": „Es kommt daher darauf an, einen inneren Verwaltungsplan zu entwerfen, der jeder einzelnen Behörde einen fest abgesteckten und leicht übersehbaren Wirkungskreis anweist, und alle unter *eine* oberste Einheit zusammenstellt. Nur aus einem solchen kann reine Verantwortlichkeit (die jetzt, da jeder für *alles* unter ihm Geschehende verantwortlich sein soll, nicht existiert), klare Übersicht und Muße zu freiem Nachdenken über die gesamte Partie (da jetzt jeder sich in Detail verliert) hervorgehen."[409] Die gleiche Einstellung geht aus einer an Schön gerichteten

---

[407] Gesammelte Schriften, Bd. 12, S. 248 bzw. Werke, Bd. 4, S. 455.

[408] Vgl. Gesammelte Schriften, Bd. 12, S. 248 f., 383 f. bzw. Werke, Bd. 4, S. 455; vgl. ferner Gesammelte Schriften, Bd. 12, S. 152 f. – Der Gedanke, Aufsichtsfunktionen auf politische Selbstverwaltungskörperschaften zu übertragen und dem Staat nur die Oberaufsicht zu belassen, findet sich bereits in der Schrift über die Grenzen der Wirksamkeit des Staates, Gesammelte Schriften, Bd. 1, S. 227 bzw. Werke, Bd. 1, S. 202.

[409] Gesammelte Schriften, Bd. 10, S. 191.

Denkschrift über Verwaltungsreformen vom 1. Februar 1825 hervor, wo Humboldt schreibt: „Von den Ministerien bis zu den untersten Behörden muss die Verwaltung in einer langen Kette gehen, in welcher das Ministerium das oberste Glied ist. Es muss zwischen Leitung der Verwaltung und Verwaltung, zwischen Aufstellung der Normen und Handeln, nirgend eine störende Unterbrechung sein, die Ausführung muss frei zurückwirken auf die Aufstellung der Normen, wie diese herunterwirkt. Jede Behörde muss in ihrem Wirkungskreise frei sein, und diese Selbständigkeit muss gehörig nach den einzelnen Geschäften und Fällen ausgesprochen sein. Allein niemals wird man hierin durch Formeln die Sache erschöpfen. Das Verwaltung ist einmal eine Kunst, bei welcher dem Talent und dem Takt dessen, der sie ausübt, immer vieles überlassen bleibt.[410]

bb) Die Organisation der Regierung

Die oberste Einheit der Staatsverwaltung sollte nach Humboldts Überzeugung nicht durch eine Einzelpersönlichkeit, sondern durch ein Kollegium repräsentiert und gewährleistet werden. Diese Überzeugung war tief begründet in seiner Anschauung von der notwendigen Einseitigkeit und Unvollkommenheit des einzelnen menschlichen Individuums.[411] Diese zeigt sich auch in der kollegialischen Art und Weise, wie er die Sektion für Kultus und öffentlichen Unterricht im preußischen Ministerium des Innern leitete: „Es muss Einheit in den Bestrebungen und ein guter lebendiger Geist herrschen; es müssen Grundsätze festgestellt, ausgeführt und durch die Ausführung selbst wieder berichtigt werden, und darum kommt es erstaunlich darauf an, nicht die krummen und einseitigen Ansichten eines Einzelnen, sondern das gemeinschaftliche Nachdenken Mehrerer an die Spitze zu stellen. Darum behandle ich mit jedem Tage die Sektion mehr als Sektion, räume, ohne es auszusprechen, der gemeinschaftlichen Meinung den Vorzug vor der einzelnen, selbst der meinigen, ein, und vertilge, so viel ich kann, das fatale ehemalige Ministerwesen, wo man nur den Einzelnen als allmächtig für sein Fach ansah, und seine Räte höchstens als Leute betrachtete, die das Recht hatten, in den Wind zu reden."[412] Humboldts Überzeugung von der Notwendigkeit einer kollegialischen Zusammenarbeit in der Verwaltung spricht sich auch in einem Schreiben an Motz vom 18. März 1819 aus, wo er schreibt: „Ich leugne nicht, dass ich schon an sich mehr für das kollegialische Behandeln der Geschäfte, als für das entgegengesetzte System bin. Es ist, außer seinen unleugbaren, inneren Vorzügen auch den älteren deutschen Instituten gemäßer."[413]

---

[410] Gesammelte Schriften, Bd. 12, S. 510 f. bzw. Werke, Bd. 4, S. 569; vgl. auch Gesammelte Schriften, Bd. 12, S. 498 f. bzw. Werke, Bd. 4, S. 555 f. sowie Gesammelte Schriften, Bd. 13, S. 312 ff.
[411] Vgl. oben, S. 67.
[412] An Wolf, Gesammelte Schriften, Bd. 16, S. 188.

IV. Über das Wesen und die Bedeutung von Humboldts Staatsidee

Aus dieser Einstellung heraus setzte sich Humboldt während der Zeit seines staatsmännischen Wirkens wiederholt für eine kollegialische Organisation der Regierung ein. In seiner Überzeugung von der Notwendigkeit einer solchen kollegialischen Organisation stimmte Humboldt mit den Anschauungen des Freiherrn vom Stein überein. Dieser hatte bereits in einer Denkschrift vom 15. Oktober 1807 zu der Frage, ob es ratsam sei, „die oberste Leitung der Staatsverwaltung einem Ersten Minister oder einem Staatsrat anzuvertrauen", geschrieben: „Durch das Erste wird mehr Kraft und Einheit erhalten, aber eine Folge der Beschränktheit menschlicher Kräfte ist, dass die Fehler des Individuums einen zu überwiegenden Einfluss auf die Geschäfte erhalten, und die kollegialische Behandlung sichert einen steteren Gang, der frei von Übereilungen ist, und bewirkt eine größere Mannigfaltigkeit in den Ansichten." Er schlug deshalb vor: „Einem Mann übertrage man die Umformung der Regierungsverfassung; ist dieses bewirkt, so übertrage man die Verwaltung der öffentlichen Angelegenheiten einem Staatsrat, der unter dem überwiegenden Einfluss eines Präsidenten steht ..."[414] In der „Verordnung, die veränderte Verfassung der obersten Verwaltungs-Behörden in der preußischen Monarchie betreffend" vom 24. November 1808[415] hatte Stein dann dementsprechend vorgesehen, dass die oberste Leitung sämtlicher Regierungsgeschäfte von einem Staatsrat unter dem Vorsitz des Königs oder eines dazu ernannten Stellvertreters besorgt werden soll. Dem Staatsrat sollten auch die Sektionsleiter angehören. Da Stein jedoch am gleichen Tag aus der preußischen Regierung ausscheiden musste, wurde dieser Staatsrat nicht eingerichtet. Nachdem Humboldt am 28. Februar 1809 die Leitung der Sektion für Kultus und öffentlichen Unterricht im Ministerium des Innern übernommen hatte, setzte er sich bis zu seinem Ausscheiden aus diesem Amt am 23. Juni 1810 wiederholt energisch für die Einrichtung des in der Verordnung vom 24. November 1808 vorgesehenen und durch das „Publikandum, betreffend die veränderte Verfassung der obersten Staatsbehörden der preußischen Monarchie, in Beziehung auf die innere Landes- und Finanzverwaltung" vom 16. Dezember 1808[416] nur suspendierten Staatsrats ein.[417] Wenn Humboldt in dieser Zeit auch

---

[413] Gesammelte Schriften, Bd. 12, S. 311; vgl. auch Gesammelte Schriften, Bd. 17, S. 328.
[414] *Pertz*, Bd. 2, S. 31; vgl. auch S. 498 f.
[415] Abgedruckt bei *Pertz*, Bd. 2, S. 689 ff.
[416] Vgl. Novum Corpus Constitutionum Prussico-Brandenburgensium praecipue Marchicarum, Bd. 12, Berlin 1822, Sp. 527 ff.
[417] Über die Einzelheiten vgl. man insbesondere den Generalverwaltungsbericht vom 2. Juli 1809 mit Aufsatz über den Staatsrat, Gesammelte Schriften, Bd. 13, S. 227 ff. bzw. Werke, Bd. 4, S. 68 ff.; *an Caroline*, Bd. 3, S. 240 f.; Generalverwaltungsbericht vom 1. Dezember 1809, Gesammelte Schriften, Bd. 10, S. 223 f. bzw. Werke, Bd. 4, S. 237 f.; an Frau von Berg, Gesammelte Schriften, Bd. 16, S. 264 ff.; *an Caroline*, Bd. 3, S. 374 ff.; an die Königin Luise, Gesammelte Schriften, Bd. 16, S. 267 ff.; an Frau von Berg, Gesammelte Schriften, Bd. 16, S. 271; Entlassungsgesuch vom 29.4.1810, Gesammelte Schriften, Bd. 10, S. 244 ff. bzw. Werke, Bd. 4,

dafür eintrat, seine Sektion zum Ministerium zu erheben, so geschah dies, weil er erkannt hatte, dass die Minister einen solchen Staatsrat gar nicht wollten.[418]

Seine Gedanken über den von Stein vorgeschlagenen Staatsrat hat Humboldt erstmals in einem ursprünglich für seinen vorgesetzten Minister Dohna persönlich geschriebenen Aufsatz niedergelegt, den er dann dem Generalverwaltungsbericht vom 2. Juli 1809 als offizielle Anlage beifügte. Der Grund, warum Humboldt sich so sehr für die Einrichtung des von Stein vorgesehenen Staatsrats einsetzte, lag in dem besonderen Verhältnis der Minister zu den Leitern der Sektionen in den Ministerien. Er schreibt über dieses Verhältnis: „Der Punkt, um welchen sich der ganze steinische Geschäftsplan, wie um seine Angel dreht, ist das Verhältnis der Minister zu den Sektionschefs. Die Sektionen und ihre Chefs sind, nach diesem Plan, die einzigen administrativen Behörden im Staat; sie sollen, als solche, und innerhalb der ihnen gesetzten Schranken durchaus selbständig, aber auch vollkommen verantwortlich sein. Die Minister, insofern sie nicht selbst Sektionschefs sind (da der Plan ihnen eine zwiefache Rolle zuteilt), sollen die Resultate der Administration der Sektionen zu der Einheit ihres ganzen Ministeriums verbinden, die Sektionen in den ihnen bei ihrer Administration angewiesenen Schranken erhalten, dieselben kontrollieren, allein schlechterdings nicht sich in die Administration selbst mischen. Sie sollen nur leiten, nicht ausführen. Daher können die Sektionen von den Entscheidungen der Minister an den Staatsrat oder den König appellieren und miteinander, auch aus einem Ministerio ins andere hinüber, ohne Dazwischenkunft der Minister in Korrespondenz treten. Denn sie, und nicht die Ministerien allein, sind die wahren Departements."[419] Wenn die Minister sich „in die Administration mischen", steigen sie „von ihrem höheren Standpunkt herab, verlieren sich im Detail und bringen sich um die Übersicht des Ganzen ihres Ministerii, ohne doch je recht in die einzelnen Sektionen eindringen zu können"[420]. Ein solches Verhältnis der Minister zu den Leitern der Sektionen ist nun aber nur dann möglich, wenn beide gleichberechtigt in einem Staatsrat vertreten sind, der die „oberste Leitung sämtlicher Regierungsgeschäfte" besorgt, wie Stein dies in der Verordnung vom 24. November 1808 vorgesehen hatte, weil nur dadurch Einheit in die ganze Administration kommen kann. Ohne Staatsrat müssen die Sektionschefs isoliert administrieren, und „jede isolierte Administration ist eine schlechte Administration". Um eine einheitliche Administration zu gewährleisten, muss der Staatsrat folgende drei Bedingungen erfüllen:

S. 247 ff.; an den König, Gesammelte Schriften, Bd. 16, S. 274 f.; Vorschläge zur Organisation der Behörden vom Juni 1810, Gesammelte Schriften, Bd. 10, S. 289 ff.

[418] Vgl. an Schön, Gesammelte Schriften, Bd. 16, S. 231 ff. sowie *an Caroline*, Bd. 3, S. 262 ff.

[419] Gesammelte Schriften, Bd. 13, S. 229 bzw. Werke, Bd. 4, S. 70; vgl. auch Gesammelte Schriften, Bd. 13, S. 246 bzw. Werke, Bd. 4, S. 160 f.

[420] Gesammelte Schriften, Bd. 13, S. 230 bzw. Werke, Bd. 4, S. 70.

IV. Über das Wesen und die Bedeutung von Humboldts Staatsidee

1. „Es müssen alle innere Zivil-Landesangelegenheiten, ohne Ausnahme, an ihn und niemals, mit Vorbeigehung seiner, unmittelbar an das Kabinett gebracht werden;
2. die Sektionschefs müssen mit den Ministern durchaus gleiche Stimme haben, und es muss jedes Mal ein wahres Konklusum nach der Stimmenmehrheit abgefasst werden;
3. es muss hinter dem Staatsrat her entweder gar keine Kabinettsvorträge mehr geben, oder es müssen in denselben nicht mehr die bloßen Anträge einzelner Sektionschefs und Minister, sondern zugleich die Konklusa des Staatsrats der Person des Königs zur Vollziehung oder Verwerfung vorgelegt werden."[421]

Will man einen solchen Staatsrat nicht, so bleibt nach Humboldts Überzeugung nichts übrig, als „Vernichtung des steinischen Plans, Vervielfältigung der Ministeria, Aufhebung der Sektionschefs und Organisierung eines Staatsrats aus bloßen Ministern, denen man aber notwendig einige gar nicht administrierende Mitglieder zuordnen müsste".[422] Die Minister müssten dann selbst die Sektionen dirigieren, den Sektionschefs müsste ihre Selbständigkeit genommen und die müssten zu bloßen vortragenden Räten gemacht werden.[423] Würde dies nicht gemacht und würde auch kein Staatsrat in dem von Stein vorgesehenen Sinne eingeführt, so würde dies dahin führen, dass „die Selbständigkeit der Sektionschefs nach und nach aufhört, ohne dass dieselben doch die Verantwortlichkeit verlieren und ohne dass die Minister wahrhaft dirigieren".[424] Als deshalb Humboldt am 17. April 1810 die Kabinettsorder vom 31. März 1810 offiziell zugestellt wurde, durch die ein interimistischer Staatsrat angeordnet wurde, in dem nur die Minister eine entscheidende Stimme hatten, während die Sektionsleiter, abgesehen von den Angelegenheiten ihres Ressorts, nur beratend mitwirken sollten, nahm er dies zum Anlass, seine Entlassung zu fordern.[425] Am Ende seines Aufsatzes über den Staatsrat betont Humboldt dann noch, „dass hier nur von der leichtesten Abhelfung der gröbsten Mängel der jetzigen Verfassung gesprochen werden sollte, und man auf Ausführung, nicht Kritik des steinischen Planes ausging. Denn unstreitig ist es ein sehr wesentlicher Mangel in diesem Plan, dass ... der Begriff eines eigentlichen Staatsrats und eigentlicher Staatsräte gänzlich verfehlt ist." Ein echter Staatsrat müsste zum größten Teil aus solchen Mitgliedern bestehen, die nicht selbst administrieren, und die Minister „müssten nur nebenher ein Recht darin zu sitzen" erhalten.[426] Humboldt denkt also abweichend von dem Staatsrat im Sinne Steins eigentlich an einen Staatsrat

---

[421] Gesammelte Schriften, Bd. 13, S. 232 f. bzw. Werke, Bd. 4, S. 74.
[422] Gesammelte Schriften, Bd. 13, S. 233 f.
[423] Vgl. Gesammelte Schriften, Bd. 13, S. 232.
[424] Gesammelte Schriften, Bd. 13, S. 233.
[425] Vgl. *Menze* (1975), S. 338 ff.
[426] Gesammelte Schriften, Bd. 13, S. 234.

5. Die Form des Staates

aus Räten, die nicht in der Staatsverwaltung unmittelbar tätig sind und das Kabinett nur beraten.

Diese Auffassung von der Organisation der Regierung hat Humboldt dann in seiner Denkschrift „Vorschläge zur Organisation von Behörden" vom Juni 1810[427] vertreten, die offensichtlich für Hardenberg bestimmt war, der am 5. Juni zum preußischen Staatskanzler ernannt worden war.[428] Darin schlägt Humboldt vor, die Regierung dem Kabinett zu übertragen, dem ein Staatsrat zur Seite steht. Das Kabinett sollte bloß aus den Ministern mit abwechselndem Vorsitz bestehen, abgesondert vom König für sich beratschlagen und dann seine Beschlüsse dem König zur Entscheidung vorlegen. Es sollte dem König als Kollegium für die gesamte äußere und innere Regierung verantwortlich sein und die Fragen behandeln, „von denen nicht das Gedeihen dieses oder jenes Verwaltungszweiges, sondern die Erhaltung des ganzen Staates abhängt". Es müsste dauernd als Aufgabe vor Augen haben: „Was muss geschehen, um den Staat nach außen sicher und im Innern blühend zu erhalten?" Jeder Minister sollte den allgemeinen Plan seines Departements ausarbeiten und ihn zur gemeinschaftlichen Beratschlagung bringen, wobei der Gesichtspunkt die Beziehung der verschiedenen Partien auf die Erhaltung und das Wohl des Ganzen sein sollte. Auch Einwendungen gegen die einzelne Administration sollten möglich sein, doch sollte immer der Grundsatz aufrechterhalten werden, „dass die Administration, so gut es auch ist, einzelne Einwendungen zu hören, nicht auf Beratschlagungen Mehrerer beruhen darf". Vortrag beim König sollte nur das Kabinett als Ganzes sowie der Kabinettssekretär haben, nicht jedoch einzelne Minister oder Kabinettsräte. Die Minister sollten als Chefs ihres Departements nie selbst unmittelbar administrieren, das heißt sich mit keiner Art von Detail befassen, und somit auch aufhören, Sektionschefs zu sein. Jeder Minister sollte Staatsräte zu Departementsräten haben, wobei Humboldt einen Staatsrat für jedes Ministerium für ausreichend hält. Die Staatsräte sollten keine Kenntnis von den Vorgängen im Kabinett erhalten.

Der Staatsrat sollte aus so vielen Abteilungen bestehen, wie es Ministerien gibt. Jede Abteilung sollte aus den Sektionschefs des betreffenden Ministeriums und mindestens einem nirgends bei der Administration angestellten Geheimen Staatsrat gebildet werden, der zugleich ihr Direktor sein sollte. Einer dieser Direktoren sollte zugleich Präsident des ganzen Staatsrats sein. Die Minister sollten im Staatsrat und seinen Abteilungen keine Stimme haben und nicht verpflichtet sein, an den Sitzungen teilzunehmen. Eine genaue Ausgrenzung der Zuständigkeit von Kabinett und Staatsrat hält Humboldt der Natur der Sache nach nicht für möglich. Die Notwendigkeit, Kabinett und Staatsrat zu unterscheiden, sieht Humboldt darin, „dass die wahre Administration das freie Schal-

---

[427] Gesammelte Schriften, Bd. 10, S. 289 ff.
[428] Vgl. *an Caroline*, Bd. 3, S. 411.

ten *eines* Kopfes fordert, die Gesetzgebung aber, sowie ferner die Beurteilung der Zweckmäßigkeit der Administrationsmittel im Allgemeinen (und abgesehen von dem bestimmten einzelnen, manchmal momentanen Zweck) durch Beratung unter Vielen gewinnt, und dass die Administration oft ein Geheimnis und eine Schnelligkeit fordert, die viele Personen zuzulassen verbieten."[429] Humboldt hält es jedoch nicht für möglich, alle Verwaltungsmaßregeln von der Zuständigkeit des Staatsrats auszuschließen. So will er zum Beispiel bei Anordnung neuer Steuern „die Art der Erhebung, vorzüglich wenn dieselbe irgend bedenklich scheinen könnte", zum Gegenstand der Beratung im Staatsrat machen. Nicht jedoch soll der Staatsrat mitreden dürfen bei der Frage, ob neue Steuern erhoben werden sollen und in welcher Höhe.[430] Ganz allgemein schlägt er vor, dass in die Zuständigkeit des Staatsrats alle Angelegenheiten fallen sollen, „deren Beurteilung nicht von einzelnen vorübergehenden oder lokalen Umständen, sondern von allgemeinen Verhältnissen des Staats, der Rechte seiner Bürger und der Sachen selbst abhängt". – Der Staatsrat sollte nur über Gegenstände beraten, die ihm vom Kabinett vorgelegt werden. In vierteljährlichen Berichten an den König, die aus den Berichten der einzelnen Abteilungen zusammengesetzt sind, sollte der Staatsrat jedoch sowohl innerhalb seiner Zuständigkeit unaufgefordert Vorschläge und Bemerkungen über Verwaltungsangelegenheiten machen als auch die Maßregeln anzeigen können, über die er hätte gehört werden müssen. Die Beschlüsse des Staatsrats sollen dem Kabinett, und wenn dieses ihnen nicht beitritt, dem König vorgelegt werden. Der Präsident des Staatsrates soll das Recht haben, jeden Beschluss zusammen mit dem Direktor der zuständigen Abteilung persönlich im Kabinett zu vertreten und den Bericht an den König im Falle der Nicht-Einigung nach den Umständen mit Genehmigung des Staatsrats zu modifizieren. Die Gesetzgebungssektion soll mit der Einrichtung des Staatsrats aufhören zu bestehen.[431]

In einem Gutachten über die Einrichtung des Staatsrats von Anfang März 1817[432] spricht sich Humboldt grundsätzlich gegen einen größeren, neben dem Kabinett bestehenden Staatsrat aus. Er begründet dies damit, dass ihm „immer die ganze Idee eines so ausgedehnten Staatsrats, der vom Ministerio fast ganz abgesondert ist, zu groß, zu verwickelt und der Schnelligkeit und Zweckmäßigkeit der Verwaltungsmaßregeln leicht nachteilig geschienen hat". Er selbst würde „ein bloßes, sich selbst aber regelmäßig und oft versammelndes und über alle wichtigen Gegenstände gemeinschaftliches Ministerialkonseil unter dem Vorsitz des Staatskanzlers, zu dem wenige, aber sehr tüchtige, in keiner Verwaltung teilnehmende Räte zugezogen worden wären, für vorzüglicher erachtet haben".[433] Wenn aber neben dem Gesamtministerium (Kabinett) ein Staatsrat

---

[429] Gesammelte Schriften, Bd. 10, S. 293.
[430] Vgl. hierzu auch Gesammelte Schriften, Bd. 12, S. 161.
[431] Vgl. Gesammelte Schriften, Bd. 10, S. 291 ff.
[432] Gesammelte Schriften, Bd. 12, S. 141 ff.

besteht, so soll dieser nur zuständig sein, „die *Grundsätze* der Verwaltung und die *allgemeinen* Normen und Einrichtungen" zu beurteilen. Die „ganz spezielle Verwaltung selbst" soll dem Kabinett zustehen. Damit ist natürlich nicht gemeint, dass das Kabinett sich mit den Details der Verwaltung befassen soll. Humboldt will nur zum Ausdruck bringen, dass die Regierung und damit die oberste Leitung der Verwaltung Aufgabe des Kabinetts ist und dem Staatsrat kein Recht zustehen kann, sich in die Verwaltung unmittelbar einzumischen. Darum betont Humboldt auch, dass der Staatsrat keine Kontrolle über die Verwaltung selbst führen soll.[434] Allerdings sollen Beschwerden über Entscheidungen der Provinzialbehörden oder der Ministerien vor den Staatsrat gehören.[435] Wenn der Staatsrat als „beratende Behörde" bei Gesetzesvorlagen bisweilen Änderungen vorschlagen muss, so soll dies seine Grenze darin finden, „dass das Wesentlichste und Hauptsächlichste" stehen bleibt. Keineswegs soll er an die Stelle der vorschlagenden Behörde treten.[436] Falls bei „gemeinschaftlich zu verabredenden Gegenständen" zwischen Kabinett und Staatsrat keine Vereinigung zu erzielen ist, soll dem Staatskanzler die Entscheidung gebühren.[437]

Bei seiner geschilderten Überzeugung von der Notwendigkeit einer kollegialischen Führung der Regierungsgeschäfte war Humboldt allerdings der Institution eines Staatskanzlers als Regierungschef, wie sie mit der Berufung Hardenbergs im Juni 1810 geschaffen wurde, ebenso wie Stein innerlichst abgeneigt. Es gibt zwar Äußerungen von ihm, aus denen hervorgeht, dass er die Leitung der Regierung durch einen starken Staatskanzler als wünschenswert ansieht. So schreibt er am 8. Juli 1813 an seine Gattin: „Der Staatskanzler ist in Gesinnung immer edel und fest, angenehm in Form und von Kopf hell und nicht kleinsehend ... Aber der Schwierigkeiten im Lande sind unendliche, es müsste weit mehr *ein* Kopf alles leiten und dieser doch von den besten Köpfen umgeben sein, kurz, fast nichts müsste sein, wie es ist, wenn die Sachen Vertrauen einflößen sollten."[438] Und am 22. August 1815 schreibt er ihr von Paris aus: „An eine Änderung in den sächsischen Verhältnissen ist hier nicht zu denken. Überhaupt kommt es gewiss zu keiner Abtretung von Provinzen, ich bin froh genug, wenn man eine von festen Plätzen erlangt. Darin, hoffe ich noch immer, geschieht einiges. Aber die Lage ist, wie Du ganz richtig voraussiehst, sehr schlimm und meine gar nicht liebenswürdig ... Das Übel liegt freilich sehr stark in unsern Alliierten, aber es liegt auch in uns. Es fehlt eigentlich die *starke leitende Hand,* ohne die nichts geht. Indes nimmt die Gesundheit des

---

[433] Gesammelte Schriften, Bd. 12, S. 141.
[434] Gesammelte Schriften, Bd. 12, S. 142.
[435] Gesammelte Schriften, Bd. 12, S. 143.
[436] Vgl. Humboldts „Gutachten beim Schluss der Beratungen der Steuer-Kommission" vom 20. Juni 1817, Gesammelte Schriften, Bd. 12, S. 181.
[437] Gesammelte Schriften, Bd. 12, S. 142.
[438] *An Caroline,* Bd. 4, S. 53.

Kanzlers wieder zu, und insofern hebt sich auch meine Hoffnung."[439] Beide Äußerungen sind jedoch offensichtlich in Zeiten von Krisen erfolgt und geben deshalb nicht Humboldts grundsätzliche Einstellung wieder. Auch geht er bei ihnen von dem Vorhandensein eines Staatskanzlers aus. Seine eigentliche Einstellung, dass nicht ein Einzelner die Regierung leiten, sondern dass sie als Kollegium gebildet sein sollte, geht aus seinem Brief an Nicolovius vom 18. Juni 1816 hervor: „Ein Staatskanzler konnte nur eine transitorische Sache bei uns sein, und es ist keine Stellung, die der, welcher die Geschäfte in ihrem Wesen auffasst, je annehmen würde. Wir müssen ein Ministerium haben, ein gut organisiertes Ministerium, ein einiges, aber in dem einer dem König so nahe wie der andere steht. Nur so können die Sachen gehen."[440] Aus dieser Einstellung heraus hat sich Humboldt wiederholt gegen die Stellung des Staatskanzlers ausgesprochen, wie sie in der „Verordnung über die veränderte Verfassung aller obersten Staatsbehörden in der preußischen Monarchie" vom 27. Oktober 1810 zum Ausdruck kam.[441] So kritisierte er an Hardenberg, „dass er zu viel allein und selbst tun will, dass er dadurch, wie er getan hat, den Geschäftsgang und die vernünftige Verantwortlichkeit zerstört, und sehr in den Fall kommt, dass sein Vertrauen gemissbraucht wird".[442] Als seinen großen Fehler, „der alles Schlimme, alles Halbe hervorgebracht hat", sah Humboldt an, „dass er nicht Sinn und Charakter dazu hat, ein großes Geschäft frei mit anderen gleich Freien zu führen. Statt sich Leute zu suchen, die neben ihm an der ersten Stelle stehen konnten, raffte er immer neue Untergeordnete auf, behandelte noch die andern wie Werkzeuge und entfernte sie, wenn es nicht ging."[443] Insbesondere wandte sich Humboldt gegen das Recht des Staatskanzlers, Anordnungen der Minister zum Zwecke der Entscheidung des Königs oder des Staatsrats zu suspendieren und in außerordentlichen und dringenden Fällen oder bei Aufträgen des Königs auch unmittelbar zu verfügen; ferner wandte er sich gegen die Praxis des Staatskanzlers, in Angelegenheiten eines Ministeriums allein beim König Vortrag zu halten.[444] Die Minister sollten nach Humboldts Überzeugung in ihrem Wirkungskreis unabhängig und frei von Eingriffen des Staatskanzlers sein, weil nur so wahre Verantwortlichkeit möglich ist.[445] Er trat deshalb, so weit es die Verhältnisse zuließen, für eine Änderung der Stellung Hardenbergs als Staatskanzler ein. Was er erstrebte war, mit Einwilligung Hardenbergs „eine

---

[439] *An Caroline,* Bd. 5, S. 36.
[440] Gesammelte Schriften, Bd. 17, S. 135; vgl. auch *an Caroline,* Bd. 4, S. 187.
[441] Vgl. Preußische Gesetzsammlung 1810, S. 3 ff.
[442] *An Caroline,* Bd. 5, S. 246; vgl. auch S. 203 sowie *an Caroline,* Bd. 4, S. 77, 78 f.; ferner Gesammelte Schriften, Bd. 17, S. 135.
[443] *An Caroline,* Bd. 6, S. 457; vgl. auch *an Caroline,* Bd. 4, S. 186 f.
[444] Vgl. Gesammelte Schriften, Bd. 17, S. 279, 284; *an Caroline,* Bd. 6, S. 435, 442.
[445] Vgl. *an Caroline,* Bd. 4, S. 187, *an Caroline,* Bd. 6, S. 54, 349, 387, 442; Gesammelte Schriften, Bd. 17, S. 233, 284; Bd. 12, S. 301, 314.

ordentliche Minister-Regierung unter seinem Präsidio" herzustellen.[446] Der Staatskanzler sollte keine vom Gesamtministerium abgesonderte Behörde ausmachen, sondern sich mit diesem als ein und dieselbe Behörde betrachten.[447] Ein wesentlicher Grund hierfür war, dass der Geschäftsgang des Gesamtministeriums mehr Schnelligkeit gewinnen sollte.[448] Dem Staatskanzler sollte als Präsident des Gesamtministeriums und oberster Chef der Verwaltung sein Recht der Oberaufsicht und Kontrolle der gesamten Verwaltung unangetastet bleiben. Er sollte Auskunft und Rechenschaft über jeden Gegenstand fordern können. Auch war Humboldt bereit, als Minister dem Staatskanzler jede Maßregel vorher anzuzeigen, jeden von ihm kommenden Vorschlag mit ihm zu beraten und in allen Fällen, in denen sie uneinig sind, die Entscheidung des Königs einzuholen.[449] Hingegen sollte der Staatskanzler „weder in Absicht von Gesetzvorschlägen, noch Verwaltungsmaßregeln, noch Staatsausgaben, noch Stellenbesetzungen in den Provinzen und bei den Ministerien" Vorschläge beim König machen dürfen, ohne das betreffende Ministerium beziehungsweise das Gesamtministerium zuzuziehen. Im Grunde genommen wollte Humboldt diese Rechte sogar den Ministern vorbehalten sehen. In Fällen einer außerordentlichen Einwirkung in den Verwaltungsbereich eines einzelnen Ministeriums sollte der Staatskanzler verpflichtet sein, dies dem betreffenden Minister beziehungsweise dem Gesamtministerium unverzüglich mitzuteilen.[450] Es sollten jedoch möglichst alle Geschäfte, auf welchen das Wohl des Staates im Ganzen beruht, im Gesamtministerium beraten und entschieden werden.[451] So sollten die Etats der General-Staats-Kasse und der Haupt-Schatz-Kasse, nachdem die General-Kontrolle sie mit ihren Bemerkungen versehen hat, vom Gesamtministerium geprüft werden. Auch sollten die Abschlüsse dieser Kassen demselben zu bestimmten Zeitpunkten vorgelegt werden. Überhaupt sollte es von allem genau und ausführlich unterrichtet werden, dessen es bedarf, um „für die Bewahrung des gehörigen Gleichgewichts zwischen den Staatseinnahmen und den Staatsausgaben solidarisch verantwortlich" sein zu können. Aus diesem Grunde sollte auch jeder im Laufe des Jahres vorkommende Antrag auf eine Etatüberschreitung der beiden genannten Kassen nur nach vorhergegangener Beratung im Gesamtministerium an den König gelangen.[452] Außerdem sollten die Minister verpflichtet sein,

---

[446] *An Caroline*, Bd. 4, S. 122; vgl. auch Gesammelte Schriften, Bd. 12, S. 141, 195, 199 bzw. Werke, Bd. 4, S. 424 f., 429 f.; Gesammelte Schriften, Bd. 17, S. 250, 336; ferner *an Caroline*, Bd. 6, S. 438.
[447] Vgl. Gesammelte Schriften, Bd. 12, S. 319 f., 329 f.; Gesammelte Schriften, Bd. 17, S. 336.
[448] Vgl. Gesammelte Schriften, Bd. 12, S. 317, 320, 326, 330.
[449] Vgl. Gesammelte Schriften, Bd. 12, S. 302; Gesammelte Schriften, Bd. 17, S. 279.
[450] Vgl. Gesammelte Schriften, Bd. 12, S. 320; ferner S. 147, 301, 330; Gesammelte Schriften, Bd. 17, S. 279.
[451] Vgl. an Niebuhr, Gesammelte Schriften, Bd. 17, S. 330 f.

"alle Gegenstände, welche ein allgemeines Interesse mit sich führen", in das Gesamtministerium zur Beratung zu bringen. Es sollte ihnen darüber hinaus auch freistehen, dies mit anderen Gegenständen zu tun, wenn ihnen dies angemessen erscheint. Schließlich sollten die Minister übereinkommen, dass jeder dem anderen über jeden seinen Geschäftskreis betreffenden Gegenstand, sofern dieser auch für den Geschäftskreis des anderen oder für das Ganze von Interesse ist, auf dessen Frage hin Auskunft erteilt beziehungsweise die Gründe, die er haben kann, keine Auskunft zu erteilen, freimütig erklärt.[453] Besonderen Wert legte Humboldt auch auf ein regelmäßiges und unmittelbares Arbeiten der Minister mit dem König, sei es durch persönlichen Vortrag in Gegenwart des Staatskanzlers, sei es durch unmittelbare Vorlegung der Sitzungsprotokolle des Gesamtministeriums. Denn der König war natürlich als Monarch der oberste Regierungschef. Er, nicht die Minister sollten regieren.[454] Das Gesamtministerium sollte "aus wenigen, ihrem Fache gewachsenen, von Ernst erfüllten und unter sich einigen Personen bestehen".[455]

Aus Humboldts Äußerungen und Vorschlägen zur Organisation der Regierung, die zwar im Einzelnen voneinander abweichen, zeigt sich, dass er in seinen Vorstellungen sehr beweglich ist und diese den jeweiligen Verhältnissen und Möglichkeiten anpasst. Ihnen liegt jedoch als gemeinsames Prinzip zugrunde, dass die Regierung ein kollegialisch beratendes und entscheidendes Organ des Staates sein und der Staatskanzler dieser angehören und ihr nicht übergeordnet sein sollte. So betont Humboldt noch am 1. Februar 1825 in seiner Denkschrift an Schön, dass die obersten Verwaltungschefs (Minister) ein Kollegium bilden müssen. "Denn da sie eine große Gewalt nach unten besitzen, und eine große Freiheit von oben her genießen müssen, so wird sich gegenseitig beschränkende Beratung ein fast notwendiges Korrektiv der Alleingewalt. Auch müssen alle Verwaltungszweige wieder in *einen* Verband gebracht werden. Daher sind Minister und Gesamtministerium im Grund Correlata, und Verwaltungen, die ministerartig und vom Ministerium unabhängig dastehen, Anomalien ..."[456] Zugleich ergibt sich aus Humboldts Äußerungen über die Organisation der Regierung, dass diese die Verwaltung nur im Allgemeinen leiten, jedoch weder sie noch der Staatskanzler in den Zuständigkeitsbereich der Minister unmittelbar eingreifen sollten.

---

[452] Vgl. hierzu das von Humboldt verfasste Antwortschreiben vom 26. August 1819 auf die Kabinettsorder vom 11. Januar 1819, Gesammelte Schriften, Bd. 12, S. 330 f.; ferner S. 320 f.

[453] Vgl. Gesammelte Schriften, Bd. 12, S. 331, 321, 318.

[454] Vgl. Gesammelte Schriften, Bd. 12, S. 302, 317, 322; Gesammelte Schriften, Bd. 17, S. 271, 279, 331 f., 336; *an Caroline,* Bd. 6, S. 413 f., 419, 435.

[455] Gesammelte Schriften, Bd. 17, S. 272; vgl. auch S. 274, 280, 341 f. sowie Bd. 11, S. 9 f.; Bd. 12, S. 173 f., 199, 303 bzw. Werke, Bd. 4, S. 429.

[456] Gesammelte Schriften, Bd. 12, S. 501 bzw. Werke, Bd. 4, S. 558.

5. Die Form des Staates

Wie wesentlich Humboldt eine solche Reform insbesondere der Stellung des Staatskanzlers war und wie mutig er dafür eintrat, geht aus Folgendem hervor: Als Humboldt seit Oktober 1817 als preußischer Gesandter in London weilte, strebte er im Laufe des Jahres 1818 nach Berlin zurück, vor allem deshalb, weil seine in Italien weilende Frau und seine älteste Tochter erkrankt waren und eine Übersiedlung nach London aus gesundheitlichen Gründen ausschied. Er wollte nur noch dem Staatsrat angehören und im Übrigen auf seinem Landsitz in Tegel leben und sich seinen wissenschaftlichen Arbeiten widmen. Einen Ministerposten wollte er nicht übernehmen, so lange er angesichts der Machtfülle des Staatskanzlers keine Möglichkeit sah, als Minister selbständig und selbstverantwortlich handeln zu können. Dies gab er Hardenberg auch mehr oder weniger deutlich zu verstehen. Von einer Mitwirkung im Staatsrat hingegen erhoffte er sich, dahin gehend wirken zu können, dass die übergeordnete Stellung des Staatskanzlers so geändert wird, dass er insbesondere nur noch den Vorsitz im Gesamtministerium innehat. Dabei ging es ihm nicht darum, wie Gebhardt mit Recht betont, Hardenberg persönlich zu bekämpfen oder gar dessen Nachfolge anzustreben, was Hardenberg jedoch offenbar befürchtete, indem er ihn zunächst von Berlin fernhielt.[457]

Als Humboldt dann im Januar 1819 wider Erwarten als Minister für ständische Angelegenheiten berufen wurde und Hardenberg ihm gleichzeitig mitteilte, dass er mit einer Arbeit über die Verfassung beschäftigt sei, bat Humboldt den König mit Schreiben vom 24. Januar 1819, seine Entscheidung über die Annahme bis zu seiner Ankunft in Berlin aufschieben zu dürfen. Aufgrund der Mitteilung von Hardenberg befürchtete er mit Recht, als zuständiger Minister nicht selbständig und eigenverantwortlich an dem Verfassungsentwurf arbeiten zu können. Dies teilte er Hardenberg gleichzeitig offen mit und sagte, dass er sich überhaupt nicht denken könne, dass ein Mensch allein die Konstitution und selbst nur ihre Basen allein ausarbeiten sollte. Vielmehr sei seine Idee, dass eine Kommission eingesetzt werde, der er einen Plan stückweise zur Beratung vorlegt und dass dann das Ergebnis mit Zuziehung des Staatsrats dem König zur Entscheidung vorgelegt wird. Hardenberg hatte jedoch offensichtlich den Ehrgeiz, selbst als Schöpfer der preußischen Verfassung in die Geschichte einzugehen, und arbeitete einen Verfassungsentwurf aus, den er noch vor der Ankunft Humboldts vom König genehmigen lassen wollte. Der König lehnte dies jedoch ab und befahl Hardenberg mit Kabinettsorder vom 3.7.1819, eine kleine Kommission unter Zuziehung von Humboldt zu bilden.[458]

---

[457] Wegen der Einzelheiten vgl. *Gebhardt* (1928), Bd. 2, S. 296 ff., 299 ff.

[458] Vgl. *Gebhardt* (1928), Bd. 2, S. 333 ff., insbesondere S. 335 f., 355, 359 f. – Gebhardts Meinung, dass auch Humboldt den Ehrgeiz hatte, als Schöpfer der preußischen Verfassung einen geschichtlichen Ruhmestitel zu erwerben, vermag ich nicht zu teilen angesichts der Tatsache, dass er eine kollegialische Erarbeitung der Verfassung anstrebte.

198   IV. Über das Wesen und die Bedeutung von Humboldts Staatsidee

Nachdem Humboldt am 8. August 1819 in Berlin eingetroffen war, verfasste er bereits am 26. August 1819 eine zusammenfassende Antwort des Staats-Ministeriums auf eine Kabinettsorder des Königs vom 11. Januar 1819. Darin spricht sich Humboldt mit Unterstützung der anwesenden Minister unter anderem deutlich für eine Änderung der Stellung des Staatskanzlers aus. Er betont, dass von einer Zentralisierung der Verwaltung im Staatsministerium mit gemeinsamer Verantwortlichkeit angesichts der Überordnung des Staatskanzlers kaum eine Spur zu erkennen sei. Er hält es deshalb für unumgänglich erforderlich, „dass der Staatskanzler die begonnene Vereinigung mit dem Staats-Ministerium vollende und sich mit demselben als eine und dieselbe Behörde betrachte, von der er das Haupt ist, welches ... die Ober-Aufsicht und Kontrolle jeder Verwaltung hat ..."[459] Es ist verständlich, dass dies zum Konflikt mit Hardenberg führen musste, was schließlich zur Entlassung Humboldts und seinem Ausscheiden aus dem Ministerium zum 31.12.1819 führte.[460] Aus diesem ganzen Verhalten Humboldts lässt sich deutlich erkennen, dass er unbeirrt und mutig an seinen Prinzipien festhielt, selbst auf die Gefahr hin, sich Missverständnissen auszusetzen und die Ungnade des Königs zuzuziehen.

cc) Die Organisation der obersten Staatsverwaltung

Das Prinzip, dass die obersten Verwaltungsbeamten beziehungsweise obersten Leiter der Verwaltung in ihren Verwaltungsentscheidungen im Hinblick auf ihre Verantwortlichkeit frei sein müssen von Eingriffen ihrer vorgesetzten Minister beziehungsweise der Regierung, geht noch deutlicher aus Humboldts Vorschlägen zur Organisation der Verwaltung hervor. So sieht er in seiner Denkschrift „Vorschläge zur Organisation der Behörden" vom Juni 1810 vor, dass die obersten Verwaltungsbeamten und im Verhältnis zu den Ministern wahren Administratoren die Leiter der verschiedenen Sektionen in den Ministerien sein sollten. Sie sollten unmittelbar dem Kabinett unterstellt und in der Verwaltung ihrer Sektion frei von ministerieller Einmischung im Einzelnen und unabhängig sein. Aufgabe der Sektionsleiter sollte sein, den Hauptverwaltungsplan und Hauptetat für ihre Sektion zu entwerfen sowie die spezielle Aufsicht über die Ausführung desselben und die allgemeine Aufsicht über den Geschäftsgang ihrer Sektion und über deren Unterbehörden zu führen. Nur dafür sollten sie verantwortlich sein, nicht jedoch für jede einzelne Angelegenheit ihrer Sektion. Vielmehr sollte es ihnen freistehen, so viel von dem einzelnen Geschäftsbetrieb ihrem ältesten Rat zu übertragen, als mit ihren allgemeinen Pflichten vereinbar ist. Sie sollten ferner sich mit anderen Sektionen in Verbindung setzen können, insbe-

---

[459] Vgl. Gesammelte Schriften, Bd. 12, S. 322 ff., insbesondere S. 327, 330.
[460] Vgl. zu den Einzelheiten Gebhardt (1928), Bd. 2, S. 360 ff., insbesondere S. 368, 371 ff., 412 ff.

sondere wenn sie glauben, dass in diesen den Bestrebungen ihrer eigenen Sektion entgegengehandelt wird. Wenn sie den gleichen Eindruck von allgemeinen Regierungsmaßregeln haben, sollten sie dies, sofern nicht eiligere Schritte nötig sind, in ihren vierteljährlichen Berichten an das Kabinett und in ihren jährlichen an den König erwähnen können. Die von den Sektionsleitern aufzustellenden Hauptverwaltungspläne und Hauptetats sollten ebenso wie die Sektionsberichte an den König dem gesamten Kabinett, nicht dem einzelnen Minister, vorgelegt und durch dieses an den König weitergeleitet werden. Die Sektionsleiter sollten das Recht haben, ihre Pläne und Berichte im Kabinett persönlich zu vertreten, den Beschluss des Kabinetts und seine Gründe, so weit sie ihre Sektion betreffen, zu erfahren und ihre Anträge danach noch zu modifizieren. Sobald der Verwaltungsplan des Sektionsleiters genehmigt ist, sollen das Kabinett und der Departementsminister nur Rechenschaft über die Ausführung des Plans in vierteljährlichen Berichten fordern können. Aufgabe des Ministers sollte es im Übrigen sein, die einzelnen Verwaltungen seines Departements in Harmonie zu bringen. Dies sollte in der Weise geschehen, dass er den Sektionschefs die sein Ministerium betreffenden Beschlüsse und Pläne mitteilt und sie auffordert, danach ihren Plan für die Verwaltung ihrer Sektion in Form eines Berichts an den König vorzulegen, dass er bei Meinungsverschiedenheiten zwischen den Sektionschefs entscheidet und die Sektionschefs mit seinen Departementsräten sooft er will versammelt, um die Einheit seines Departements zu erhalten. In die einzelnen Verwaltungsmaßregeln soll der Minister sich jedoch keinesfalls einmischen dürfen. Es sollen deshalb auch einzelne Sachen gar nicht bei den Sitzungen des Ministers mit seinen Sektionschefs und Departementsräten vorgetragen werden. Selbstverständlich soll es ihm aber freistehen, gegen die Verwaltungspläne der Sektionschefs auch im Einzelnen Einwendungen und hinsichtlich einzelner Verwaltungsmaßregeln Verbesserungsvorschläge zu machen. Die Freiheit der Sektionschefs darf jedoch nicht beschränkt werden. Diese sollen verantwortlich sein und müssen deshalb auch frei sein. Bei Meinungsverschiedenheiten zwischen dem Minister und einem Sektionschef soll dieser das Recht haben, die Angelegenheit ins Kabinett und durch dieses an den König zu bringen. Andererseits sollen die Sektionsleiter unter der vollen Aufsicht ihres Departementsministers stehen. Dieser soll jederzeit und in jedem einzelnen Fall nach den Gründen einer Verfügung fragen, sich Akten nach Willkür vorlegen lassen und bei den Vorträgen beim Sektionsleiter zugegen sein können, ohne jedoch den Ort des Vortrags ändern, das Präsidium des Sektionsleiters stören oder selbst entscheiden zu dürfen. Auf diese Weise sollte sichergestellt werden, dass der Sektionschef einerseits in seiner Verwaltungstätigkeit frei ist, andererseits aber vom König abberufen werden kann, wenn er so verwaltet, dass ihm die Verwaltungstätigkeit nicht länger anvertraut werden kann.[461]

---

[461] Vgl. Gesammelte Schriften, Bd. 10, S. 294 ff. sowie S. 247 f. bzw. Werke, Bd. 4, S. 251 f.; ferner Gesammelte Schriften, Bd. 13, S. 229 ff. bzw. Werke, Bd. 4,

IV. Über das Wesen und die Bedeutung von Humboldts Staatsidee

In späteren Äußerungen tritt Humboldt nicht mehr dafür ein, dass die Sektionsleiter in den Ministerien die wahren Administratoren sein sollten. Dies hat seinen Grund wohl vor allem darin, dass der von Stein vorgesehene Staatsrat, in welchem die Sektionsleiter mit den Ministern gleiches Stimmrecht haben sollten[462], nicht gebildet worden und an seine Stelle das Gesamtministerium getreten war, das durch die Kabinettsorder vom 3. Juni 1814[463] begründet und dessen Zuständigkeit durch die Kabinettsorder vom 3. November 1817[464] neu geregelt worden war.[465] Dadurch war es nicht möglich, die Leitung der verschiedenen Verwaltungszweige in den Händen der Sektionsleiter zu belassen, weil dann die Einheit der Verwaltung nicht gewährleistet gewesen wäre. Wie bereits gezeigt wurde, hatte Humboldt schon 1809 in seinem Aufsatz über den Staatsrat betont, dass die Stellung der Sektionsleiter als selbständige Leiter der einzelnen Verwaltungszweige nur aufrechtzuerhalten sei, wenn der von Stein vorgesehene Staatsrat eingeführt wird.[466] Da nun anstelle eines solchen Staatsrats ein Gesamtministerium konstituiert worden war, mussten die verschiedenen Verwaltungszweige, um die Einheit der Verwaltung zu gewährleisten, von den Ministern selbst geleitet werden, denen einige Räte untergeordnet sein müssten. Demgemäß äußert Humboldt in seinem Antwortschreiben vom 26. August 1819 auf die Kabinettsorder vom 11. Januar 1819 über die Abgrenzung der Verantwortlichkeit zwischen dem Gesamtministerium und dem einzelnen Minister, dass „das gesamte Staatsministerium nur für die Regel, der einzelne Minister aber für die Art der Ausführung wird verantwortlich sein dürfen und können".[467] Die Leitung der einzelnen Ministerien soll nicht kollegialisch organisiert sein, sondern allein in den Händen des Ministers liegen. Hierüber schreibt Humboldt in seiner Denkschrift an Schön über Verwaltungsreformen vom 1. Februar 1825: „Die Entscheidung in der höchsten Verwaltungsinstanz muss, da das Verwalten, als ein Handeln, zuletzt Einheit der Verantwortlichkeit erfordert, in dem Willen des Ministers liegen, und kann nicht kollegialisch sein."[468] Allerdings will Humboldt sich damit nicht gegen ein kollegialisches *Beraten* des Ministers mit seinen Räten aussprechen. Nur die Entscheidung soll allein dem

---

S. 70 ff.; vgl. auch Gesammelte Schriften, Bd. 12, S. 229, 400 f. bzw. Werke, Bd. 4, S. 436 f.

[462] Vgl. oben S. 189 f.

[463] Vgl. Preußische Gesetzsammlung 1814, S. 40 ff.

[464] Vgl. Preußische Gesetzsammlung, 1817, S. 289 ff. sowie Gesammelte Schriften, Bd. 12, S. 326 f.

[465] Einen interessanten Übergang zwischen dem von Stein vorgesehenen Staatsrat und dem Gesamtministerium stellen die durch den königlichen Befehl vom 24. April 1812 (Preußische Gesetzsammlung 1812, S. 43 ff.) angeordneten wöchentlichen Versammlungen der Minister, Departementschefs und des Staats-Sekretärs unter dem Vorsitz des Staatskanzlers dar.

[466] Vgl. oben, S. 189 f.

[467] Gesammelte Schriften, Bd. 12, S. 331 f.

[468] Gesammelte Schriften, Bd. 12, S. 511 bzw. Werke, Bd. 4, S. 569.

Minister zustehen. „Will man aber darum ein Ministerium des Vorteils berauben, durch ein Kollegium intelligenter Räte, in denen sich Grundsätze und Maximen bilden, von dem Einfluss des Wechsels der Aufmerksamkeit und der Person seines Chefs unabhängiger zu sein? Wird nicht jeder tüchtige Minister lieber mit seinen Räten, als in seinem Kabinett arbeiten? Wird nicht sein Zweck bei seinen Vorträgen sein, sich und sie durch die fortlaufende Debatte gemeinschaftlich auf solche Grundsätze und Maximen zu bringen, dass nun der Fall, wo er sich gegen sie bestimmen müsste, selten oder gar nicht vorkommt? Es muss in einem gut verwalteten Staate eine Tradition der Verwaltungsintelligenz vorhanden sein oder geschaffen werden, und diese kann bei uns, wo die Verwaltungsangelegenheiten nicht, wie in England, öffentliche werden, nur auf den Kollegien der Räte beruhen."[469] Diese Gedanken beruhen sicher auf Humboldts Verwaltungspraxis und auf seinen Erfahrungen als Leiter der Sektion des Kultus und öffentlichen Unterrichts im preußischen Ministerium des Innern, wo er sich regelmäßig mit seinen Räten beraten hat.

dd) Das Verhältnis der Regierung zu den Provinzialbehörden

Die Minister sollten nach Humboldts Vorstellung innerhalb ihres jeweiligen Geschäftskreises den Staat im Ganzen und die Provinzen bloß als Teile des Ganzen regieren.[470] Er wendete sich deshalb gegen die Einrichtung so genannter Provinzialminister, wie sie in Preußen vor 1806 bestanden[471] und wie sie später gelegentlich wieder vorgeschlagen wurden. Auch lehnte er im Jahre 1818 ein Angebot Hardenbergs ab, Minister für die Rheinprovinzen, also Provinzialminister zu werden.[472] Die Provinzialminister hatten zwar den Rang von Ministern, waren jedoch nur für die Verwaltung jeweils einer Provinz zuständig. Humboldt hat sich in zwei längeren Schreiben an den Oberpräsidenten von Vincke vom 29. November 1821 und an den Oberpräsidenten von Schön vom 1. Februar 1825 zu der Einrichtung von Provinzialministern ausführlich geäußert.[473] Humboldt hält diese Einrichtung für durchaus unzweckmäßig und gefährlich und befürchtet bei ihr vor allem, dass die Einheit des Staates dadurch gestört wird, dass der Provinzialgesichtspunkt ein vollkommenes Übergewicht erhält und die Stellung des Teiles zum Ganzen umgekehrt wird, zumal die Provinz sich als einen eigenen, in sich vollendeten Staat ansehen kann und es in ihr erst des Nachdenkens und des Patriotismus bedarf, um sich immer gegenwärtig

---

[469] Gesammelte Schriften, Bd. 12, S. 511 bzw. Werke, Bd. 4, S. 569 f.; vgl. auch *an Caroline,* Bd. 4, S. 185 f.
[470] Vgl. Gesammelte Schriften, Bd. 12, S. 172, 190 bzw. Werke, Bd. 4, S. 419.
[471] Vgl. Gesammelte Schriften, Bd. 12, S. 510 bzw. Werke, Bd. 4, S. 568 f.
[472] Vgl. *an Caroline,* Bd. 6, S. 368, 392 f., 396.
[473] Über die Einzelheiten vgl. Gesammelte Schriften, Bd. 12, S. 477 ff., 492 ff. bzw. Werke, Bd. 4, S. 530 ff., 548 ff.

zu erhalten, dass sie nur ein dem Ganzen untergeordneter Teil ist.[474] Noch größer erscheint ihm die Gefahr, wenn man Provinzialstände, jedoch keine allgemeinen Stände einrichtet.[475] Er möchte deshalb daran festhalten, dass die Minister als oberste Regierungschefs „Sachminister" bzw. „Realminister" sind. Den Ausdruck „Provinzialminister" hält er für einen Widerspruch in sich selbst, weil man einen für den ganzen Staat bestimmten Beamten auf einen Teil des Staates beschränkt.[476] Er möchte nicht davon abgehen, „dass die Abteilung der Verwaltung nach den verschiedenen Zweigen die herrschende wäre, und dass ihr Typus von oben bis unten, so viel als möglich ist, durchginge".[477] Gegenüber der Gefahr, dass durch die Einrichtung von Provinzialministern die Einheit des Staates gestört wird, betont Humboldt die Notwendigkeit, diese Einheit durch ein zentrales Gesamtministerium, bestehend aus „Sachministern", die den ganzen Staat im Auge haben, zu gewährleisten. Nach seiner Überzeugung muss „die Regierung eines Staats von der Gesamtheit einer Zentralbehörde ausgehen, welche, ohne dass ihre Aufmerksamkeit oder ihr Interesse unrichtig geteilt sei, den ganzen unzertrennten Staat vor Augen behält. Wie verschieden die Rechte, Gesetze, Verfassungen und Lokalitäten in den einzelnen Teilen sein mögen: so ist der Zweck des Staates nur *einer* und jene Verschiedenheit kann nur auf die Mittel einwirken, deren er sich bedient. Denn sein Wesen besteht in der Verknüpfung der einzelnen Kräfte zur Gesamtkraft. Das Regieren verlangt daher zuerst Einheit in allen Maßregeln.[478] Bei einer konsequenten Organisation des Gesamtministeriums hält Humboldt es für ausreichend, wenn dieses aus fünf Ministern besteht, nämlich aus dem Innenminister, dem Justizminister, dem Finanzminister, dem Minister der auswärtigen Angelegenheiten und dem Kriegsminister.[479]

Man hat in der Betonung der Staatseinheit durch Humboldt einen Widerspruch zu seinen Ideen von den Grenzen der Wirksamkeit des Staates gesehen und über sein Schreiben an Schön von 1825 geurteilt, dass man sich „keine schärfere und keine tiefere Widerlegung seiner eigenen Jugendtheorie" denken könne.[480] Wer so urteilt, verkennt, dass es Humboldt bei der Betonung der

---

[474] Vgl. Gesammelte Schriften, Bd. 12, S. 501 f. sowie 482 ff., 504 f. bzw. Werke, Bd. 4, S. 558 f., 535 ff., 561 ff., 567.

[475] Vgl. Gesammelte Schriften, Bd. 12, S. 488 ff. bzw. Werke, Bd. 4, S. 543 ff.; ferner Gesammelte Schriften, Bd. 12, S. 292 f. bzw. Werke, Bd. 4, S. 495 ff. sowie Gesammelte Schriften, Bd. 17, S. 356 f., 365 f.

[476] Vgl. Gesammelte Schriften, Bd. 12, S. 484 bzw. Werke, Bd. 4, S. 538.

[477] Gesammelte Schriften, Bd. 12, S. 510 bzw. Werke, Bd. 4, S. 569.

[478] Gesammelte Schriften, Bd. 12, S. 482 bzw. Werke, Bd. 4, S. 536; vgl. auch Gesammelte Schriften, Bd. 12, S. 480, 500, 502, 507 bzw. Werke, Bd. 4, S. 533 f., 557, 559, 565 f.

[479] Vgl. Gesammelte Schriften, Bd. 12, S. 481, 478 f. bzw. Werke, Bd. 4, S. 534 f., 531 f.

[480] So *Kaehler* (1922), S. 49, 53 f.

Staatseinheit in seinen Schreiben an Vincke und Schön auf etwas ganz anderes ankam, als bei der Betonung der Grenzen der Wirksamkeit des Staates in seinen staatstheoretischen Jugendschriften; dass es sich um grundverschiedene Probleme handelt, die gar nicht in einem Gegensatz zueinander stehen. Die Betonung der Einheit bezieht sich auf die Einheit der Staatsverwaltung. Humboldt tritt damit Bestrebungen entgegen, durch eine bestimmte Organisation der Staatsverwaltung die Besonderheiten der Provinzen gegenüber der Einheit des Gesamtstaates in der Staatsverwaltung zu stark in den Vordergrund zu stellen. Die Betonung der Grenzen der Wirksamkeit des Staates bezieht sich dagegen nicht auf die formale Organisation der staatlichen Verwaltungsbehörden, sondern vielmehr auf ihre inhaltliche Aufgabenbegrenzung und auf ihr Verhältnis zu den außerhalb der Staatsverwaltung bestehenden „Nationalanstalten" beziehungsweise zum einzelnen Menschen. An die Stelle der „Nationalanstalten", von denen Humboldt vor allem in seiner Schrift über die Grenzen der Wirksamkeit des Staates spricht, traten dann in seinen politischen Schriften, insbesondere in den großen Verfassungsdenkschriften von 1819 die „ständischen Behörden" als „vom Volke bestellte Behörden". Diese sind als Selbstverwaltungsbehörden *außerhalb* der Staatsverwaltung gedacht, wenn sie auch unter der Aufsicht der Staatsbehörden stehen. Dass dieser Unterscheidung zwischen Selbstverwaltungsbehörden des Volkes und Staatsbehörden Humboldt Ideen über die Grenzen der Wirksamkeit des Staates zugrunde liegen, geht daraus hervor, dass er diesen Selbstverwaltungsbehörden des Volkes Aufgaben übertragen sehen will, die nach seiner „Jugendtheorie" außerhalb der Grenzen der Wirksamkeit des Staates liegen und die er später „Angelegenheiten der Nation" nannte.[481] Es kann deshalb von einem Widerspruch zwischen der Betonung der Staatseinheit in Humboldts Schreiben an Vincke und Schön und der Betonung der Grenzen der Wirksamkeit des Staates in seinen staatstheoretischen Jugendschriften keine Rede sein.

Wenn Humboldt betont, dass Einheit in der Regierung und Verwaltung des Staates herrschen muss, so bedeutet dies nicht, dass er die Besonderheiten der Provinzen nicht berücksichtigt sehen möchte. So schreibt er an Vincke: „Die Erhaltung der Einheit steht der vernünftigen Rücksicht auf die bestehende Verschiedenheit keineswegs entgegen, beide müssen vielmehr miteinander unzertrennlich verbunden werden. Denn ohne diese Rücksicht kann die Kraft, die nur so lange real wirkt, als man sie in ihrer Individualität behandelt, nicht leisten, was man von ihr verlangt, und die Einheit kann ja doch nur eine Einheit der Kräfte sein. Sie muss also, ihrer eigenen Natur nach, erhaltend und steigernd, nicht schwächend und zerstörend auf die Kräfte einwirken."[482] Die gleiche Einstellung findet sich bereits in seiner „Disposition zum einleitenden Vortrag in

---

[481] Vgl. Gesammelte Schriften, Bd. 12, S. 227, 233, 243, 246 f., 383, 390 f., 404, 426 bzw. Werke, Bd. 4, S. 434 f., 440 f., 451, 453 sowie oben S. 93 f., 185; vgl. auch Gesammelte Schriften, Bd. 10, S. 297 bzw. *Gebhardt* (1928), Bd. 2, S. 258.

der Steuerkommission" vom 5. April 1817: „Die Einheit ist unumgänglich notwendig. Die erworbenen Provinzen können nicht als Ausland behandelt werden. Einheit der Verfassung ist das wichtigste Mittel der Verschmelzung von Provinzen. Die Wichtigkeit hiervon erstreckt sich über das finanzielle Interesse hinaus. Dagegen schließt die Einheit nicht Einförmigkeit in sich. Nachteil allgemeiner die Provinzialverschiedenheiten nicht beachtender Veränderungen und Einrichtungen vom Mittelpunkte aus."[483] Von diesem Gesichtspunkt aus rügt er in seinem „Gutachten beim Schluss der Beratungen der Steuerkommission" vom 20. Juni 1817 an dem vom Finanzminister von Bülow vorgelegten Entwurf eines neuen Steuergesetzes, „dass es gar keine Rücksicht auf die so ausnehmend verschiedenen, und selbst in ihrer auch bei diesem Gesetz stehen bleibenden Belastung so ungleichen Provinzen des Staats nimmt".[484] Und in Bezug auf die ständische Verfassung schreibt er am 7. Juni 1818 an den Freiherrn vom Stein: „Sollte das Verfassungswerk bei uns gedeihen, so müsste man noch die nachfolgenden Fragen auflösen und richtig beantworten:

1. Welche Rechte hat wirklich schon jede einzelne Provinz?

2. Wie kann man diese Rechte fortbestehen lassen, ohne sie für einige Volksklassen zu Ungerechtigkeiten werden zu lassen, und ohne die Einheit der Monarchie, als Ganzes, zu stören?

3. Wenn es Provinzen gibt, die gar keine Rechte zur Landstandschaft hatten, wie muss man sie den Berechtigten gleichstellen?

4. Wie muss man die einzelnen Stände zu einem Ganzen verbinden?"[485]

Aber nicht nur in der Gesetzgebung, die damals noch nicht in der gleichen Weise von der Verwaltung abgesondert war, wie das heute der Fall ist, sondern auch in der Verwaltung selbst wollte Humboldt die Verschiedenheiten der Provinzen berücksichtigt sehen. So führt er in seinem Schreiben an Vincke vom 21. November 1821 aus: „Die Gesamtregierung muss im Ganzen und für das Ganze bestimmen, welche Maßregeln gerecht, nützlich und ausführlich sind. Sie muss dies aber allerdings nicht aus luftiger Theorie prüfen wollen, sondern dabei von allgemeiner Menschen- und Staaten- und vor allem von besonderer Landeskenntnis geleitet sein. Die allgemeinen Maßregeln müssen ferner nach den Lokalverschiedenheiten modifiziert werden. Die allgemeine Maxime der Behandlung der Lokalverschiedenheiten muss die sein, die Verschiedenheit nie da zu verletzen, wo sie individuelle Kraft (physische), Wohlstand oder morali-

---

[482] Gesammelte Schriften, Bd. 12, S. 483 bzw. Werke, Bd. 4, S. 537; vgl. auch an Schön (1.2.1825), Gesammelte Schriften, Bd. 12, S. 508 f. bzw. Werke, Bd. 4, S. 566 f.

[483] Gesammelte Schriften, Bd. 12, S. 156.

[484] Gesammelte Schriften, Bd. 12, S. 176; vgl. auch S. 177.

[485] Gesammelte Schriften, Bd. 17, S. 236.

sche (Charakter) befördert, allein sie nie da zu dulden, wo sie, ohne dies zu tun, dem Ganzen ein Hindernis ist. Dass bestehende Rechte nicht vernichtet oder geschmälert werden dürfen, versteht sich ohnehin. Die Provinzialbehörden müssen wahre Provinzialbehörden sein, nicht mit gleicher Autorität als die Gesamtbehörden in das Ganze eingreifen wollen. Sie müssen jedoch diesen den zwiefachen Dienst leisten, ihnen in der Sach- und Personenkenntnis der Provinz zu Hilfe zu kommen und auf Modifikationen der allgemeinen Maßregeln oder auch auf Unterlassung derselben dringen, wenn die Lokalverhältnisse jene fordern oder mit diesen unvereinbar sind."[486] Und in seinem Schreiben an Schön vom 1. Februar 1825 betont Humboldt, „dass man Vorkehrungen treffen muss, dass die den Staat als Einheit behandelnde Verwaltung nicht die Provinzialeigentümlichkeit vernichte oder übersehe. Die Regel muss Regel bleiben, aber dasjenige, dem sie verderblich werden könnte, muss beschränkend auf sie einwirken."[487] Das Bestreben Humboldts, in Gesetzgebung und Verwaltung die Eigentümlichkeiten der Provinzen so weit wie möglich zu berücksichtigen und zu erhalten, hängt innerlich zusammen mit seiner tiefen Achtung vor menschlicher Individualität und Eigentümlichkeit.[488] Er wollte deshalb auch die Provinzen als historisch gewachsene Einheiten in der Verwaltung erhalten sehen. In diesem Sinne schrieb er am 16. Januar 1818 an den Regierungsrat Türk: „... eine gewisse Einheit der Provinzen zu erhalten, wie sie ihrer Natur nach sind, ist gut, und tief im Sinn deutscher Verfassung".[489] Und in seiner Denkschrift über ständische Verfassung in Preußen vom Oktober 1819 will er die Provinzen verstanden wissen als „Einteilungen des Volks und des Landes", „die eine reelle Grundlage in Gewohnheiten, ehemaliger Verfassung, Statuten, geschichtlichen Erinnerungen haben".[490]

Als Voraussetzung für die Berücksichtigung der Besonderheiten der Provinzen sah Humboldt an, dass die Zentralbehörde sich nicht in die Einzelheiten der Verwaltung der Provinzen einmischt, vielmehr den Provinzialbehörden ihr eigener freier Wirkungskreis gesichert wird. Er rügte deshalb in einer Denkschrift vom 4. Juni 1817 „Über die Stellung und die Befugnisse der Oberpräsidenten" an der bestehenden preußischen Verwaltung, dass die Verwaltung der Provinzen bis in ein großes Detail hin von dem Ministerium und dessen Generalverwaltungen aus geschieht. „Die Regierungen berichten über die speziellsten Gegenstände, die Ministerien geben ihnen gleiche Befehle und gehen durchaus in dieses Detail ein."[491] Nach seiner Überzeugung sollten die Ministerien sich grund-

---

[486] Gesammelte Schriften, Bd. 12, S. 486 bzw. Werke, Bd. 4, S. 540 f.
[487] Gesammelte Schriften, Bd. 12, S. 500 bzw. Werke, Bd. 4, S. 557.
[488] Vgl. Gesammelte Schriften, Bd. 12, S. 485 bzw. Werke, Bd. 4, S. 539.
[489] Gesammelte Schriften, Bd. 17, S. 212.
[490] Gesammelte Schriften, Bd. 12, S. 428.
[491] Gesammelte Schriften, Bd. 12, S. 190 bzw. Werke, Bd. 4, S. 419; vgl. auch Gesammelte Schriften, Bd. 12, S. 313.

sätzlich nur mit allgemeinen Gegenständen befassen. So schrieb er am 20. Juli 1816 an den Oberpräsidenten von Vincke: „Wenn den Provinzen einsichtsvolle und gutgesinnte Männer in freier Wirksamkeit vorständen, das Ministerium in Berlin sich nur mit allgemeinen Gegenständen beschäftigte, und zwischen diesem Mittelpunkt und den Teilen liberale und angemessene Wechselwirkung herrschte, würde bald ein unendlich frischeres Leben überall aufblühen."[492] In der Beilage zu einem Kommissionsbericht von Mitte Juni 1817 betonte er, dass „den Regierungen ihr fester und innerhalb seiner Grenzen freier Wirkungskreis" verbleiben müsse.[493] Und noch in seinem Schreiben an Schön vom 1. Februar 1825 brachte er zum Ausdruck, dass die Regierungen in ihrem Wirkungskreis selbständig gelassen werden und die Ministerien leiten, nicht speziell ausführend verwalten sollen.[494] Allerdings soll es „ihrer Beurteilung und ihrem Takt überlassen sein, ob und auf welchem Punkt sie auch einmal ins Spezielle übergehen wollen".[495]

Über das Verhältnis der Ministerien beziehungsweise der Sektionen in den Ministerien zu den Regierungen hat sich Humboldt im Einzelnen erstmals in seinen „Vorschlägen zur Organisation der Behörden" vom Juni 1810 ausgesprochen. Er schreibt darin: „Die Regierungen blieben in ihren einzelnen Deputationen bloß die Unterbehörden der Sektionen. Sie erhielten von ihnen die allgemeinen Pläne, legten ihnen die besonderen über die Ausführung in ihrer Provinz vor, müssten sich in allen allgemeinen Maßregeln den Verfügungen der Sektion unterwerfen, hätten aber überall da ein Widerspruchsrecht, wo sie Modifikationen der allgemeinen Maßregeln nach der Lokalität ihrer Provinzen verlangten. Alsdann entschiede zwischen ihnen und den Sektionschefs das Kabinett, oder, wenn sich ein Teil dabei nicht beruhigt, der König. Sie statteten den Sektionschefs gleichfalls vierteljährliche Berichte ab, und könnten in diesen auch unaufgefordert Verbesserungsvorschläge machen. Als ganze und ungeteilte Kollegien wären die Regierungen lediglich nur dem Kabinett, als Gesamtkollegio, unterworfen."[496] In ähnlicher Weise spricht sich Humboldt in der Denkschrift über die Oberpräsidenten vom 4. Juni 1817 aus: „Das Ministerium regiert im eigentlichen Sinne des Worts, im Namen des Königs, das Ganze des Staats. Die Minister sollten sich daher auch nur mit dem Ganzen beschäftigen, und mit den Teilen nur insofern, als sie zum Ganzen gehören, nicht insofern sie abgesondert sind. Die Verwaltung der Teile, als solcher, der Provinzen, muss in den Provinzen selbst durch die Provinzialbehörden geschehen. Hieraus ergibt sich das richtige Verhältnis sehr natürlich und einfach: Das Ministerium bestimmt nicht nur die allgemeinen Grundsätze der Verwaltung, sondern auch die

---

[492] Gesammelte Schriften, Bd. 17, S. 144.
[493] Gesammelte Schriften, Bd. 12, S. 172.
[494] Vgl. Gesammelte Schriften, Bd. 12, S. 510 f. bzw. Werke, Bd. 4, S. 569.
[495] Gesammelte Schriften, Bd. 10, S. 499.
[496] Gesammelte Schriften, Bd. 10, S. 296.

für die einzelnen Provinzen daraus herfließenden besonderen Maßregeln, und zwar letztere, soviel es geschehen kann, im Voraus in jährlichen Festsetzungen oder, jedoch nur da, wo eintretende Umstände es nötig machen, augenblicklich. Die Provinzialbehörde verwaltet die Provinzen nach diesen Grundsätzen und mit genauer Ausführung dieser Maßregeln. Sie legt darüber dem Ministerium Rechenschaft ab, und dieses führt die Kontrolle über sie, aber nur dergestalt im Ganzen und Großen, dass es bloß bei offenbaren oder vermuteten Mängeln oder Fehlern ins Einzelne eingeht. Bei der Verwaltung ist die Provinzialbehörde, wenn sie nur den ihr vorgesehenen Zweck erfüllt, durchaus frei, und lässt eben so wieder dem Ministerium die nötige Muße, seinen noch wichtigeren Geschäften nachzugehen. Wenn die Provinzialbehörde zu verwalten bestimmt ist, so heißt das aber nicht, dass sie bloß die ihr ein für alle Mal oder einzeln zukommenden Weisungen befolgen, und die einzelnen Geschäfte, wie sie entstehen, abwickeln soll, sondern Verwalten, als Behörde einer Provinz, hat einen ganz andern Begriff. Es heißt unablässig mit Gedanken und Tat bemüht sein, von der genauen Kenntnis der natürlichen und Kulturkräfte ausgehend, dieselbe in beständiger Beziehung auf den ganzen Staat dergestalt zu erhalten und zu verbessern, dass ihr Zustand mehr befriedigend und der Zusammenhang mit dem Ganzen fester und enger werde. Von dieser Seite tritt die Provinzialbehörde mit der Zentralbehörde, dem Ministerium in die genaueste Berührung, indem sie derselben Vorschläge macht, und durch sie die Bedürfnisse und Zwecke des Ganzen, welchem sie den Teil anpassen soll, kennen lernt. Beide Behörden kommen in dem gleichen Bestreben, nur von verschiedenen Punkten aus, zusammen, und das Resultat wird dadurch vollständig, dass nur die Provinzialbehörde den Teil gründlich und genau kennen, nur die Zentralbehörde die Übersicht des Ganzen besitzen kann."[497]

In der preußischen Verwaltungsorganisation gab es nun als Provinzialbehörden einerseits die Regierungen, die jeweils einem Regierungsdepartement vorstanden, andererseits die Oberpräsidenten, die für eine ganze Provinz zuständig waren. Die Einrichtung der Oberpräsidenten war unter dem Ministerium Altenstein-Dohna durch das „Publikandum, betreffend die veränderte Verfassung der obersten Staatsbehörden der preußischen Monarchie, in Beziehung auf die innere Landes- und Finanzverwaltung" vom 16. Dezember 1808[498] als eine bereits vom Freiherrn vom Stein in seinem „Organisationsplan der obern Behörden des preußischen Staats" vom 23. November 1807[499] vorgesehene Einrichtung geschaffen worden. Nach dem Publikandum sollten die Oberpräsidenten den Regierungen zwar vorgesetzt, aber keine Zwischeninstanz zwischen ihnen und dem Ministerium bilden, sondern als beständige Kommissarien des Letzte-

---

[497] Gesammelte Schriften, Bd. 12, S. 190 f. bzw. Werke, Bd. 4, S. 419 f.

[498] Vgl. Novum Corpus Constitutionum Prussico-Brandenburgensium praecipue Marchicarum, Bd. 12, Berlin 1822, Sp. 527 ff.

[499] Vgl. *Pertz,* Bd. 2, S. 657 ff.

ren in den Provinzen zu betrachten sein. Sie sollten an der Detailverwaltung keinen Anteil nehmen, sondern „an Ort und Stelle eine genaue und lebendige, nicht bloß formale Kontrolle sowohl über die öffentliche Verwaltung an sich, als die Treue und Dexterität der Beamten" führen. Nur diejenigen Verwaltungsgegenstände sollten zu ihrem Geschäftskreis gehören, „bei denen es von Wichtigkeit ist, einen größeren Vereinigungspunkt in Absicht der Ausführung, als von einem einzelnen Kammerdepartement zu haben".[500] Humboldt hielt die Oberpräsidenten zunächst für unnütz und trat deshalb im Oktober 1809 in einem Gespräch mit dem König und dann wieder in seinen „Vorschlägen zur Organisation der Behörden" vom Juni 1810 dafür ein, diese Einrichtung abzuschaffen. Zumindest sollten sie als kontrollierende Behörden wegfallen und nur „als beständige Kommissarien des Kabinetts für alle sich über mehr als *ein* Regierungsdepartement erstreckende Gegenstände und als besondere in einzelnen außerordentlichen Fällen" bestehen bleiben.[501] Durch die „Verordnung wegen verbesserter Einrichtung der Provinzialbehörden" vom 30. April 1815 war dann den Oberpräsidenten die obere Leitung der Angelegenheiten des Kultus, des öffentlichen Unterrichts und des Medizinalwesens in ihrer Provinz sowie die Regierungspräsidentenstelle an ihrem Wohnsitz zusätzlich übertragen worden, wobei für die Angelegenheiten des Kultus und öffentlichen Unterrichts und für die des Medizinalwesens besondere Behörden unter dem Vorsitz des Oberpräsidenten, nämlich die Provinzialkonsistorien und die Provinzial-Medizinalkollegien, geschaffen wurden.[502] In seiner Denkschrift vom 4. Juni 1817 „Über die Stellung und die Befugnisse der Oberpräsidenten" kritisiert Humboldt an der bestehenden Regelung, dass ihr kein fester und bestimmter Begriff zugrunde liegt. „Die Oberpräsidenten besitzen nicht das gehörige Ansehen und den gehörigen Wirkungskreis, um der Provinz im Ganzen und wahrhaft nützlich zu sein, und doch können die Provinzen dagegen auch nicht in den Regierungen oder den Ministerien ihren wahren Schutz und ihre Zuflucht erkennen, da die Oberpräsidenten sich zwischen beiden befinden. So leidet offenbar zugleich die Einheit der Geschäfte, die Verantwortlichkeit der Behörden und das Vertrauen des Volks. Kein Verhältnis ist recht geschieden, welches unstreitig der größte Vorwurf ist, den man einer Verwaltungsform machen kann."[503] Und er fährt fort: „Die Provinzialbehörde muss eine sein und in unmittelbarer Berührung mit der Zentralbehörde stehen. Sobald dies Verhältnis verletzt wird, sobald man zwischen die Regierungen und das Ministerium eine andere Behörde hineinschiebt,

---

[500] Über die Einzelheiten vgl. Novum Corpus Constitutionum Prussico-Brandenburgensium praecipue Marchicarum, Bd. 12, Sp. 543 f. sowie die „Instruktion für die Ober-Präsidenten in den Provinzen" vom 23. Dezember 1808, Sp. 545 ff.

[501] Vgl. an Schön (31.10.1809), Gesammelte Schriften, Bd. 16, S. 232 sowie Gesammelte Schriften, Bd. 10, S. 296 f.

[502] Vgl. Preußische Gesetzsammlung 1815, S. 85 ff.

[503] Gesammelte Schriften, Bd. 12, S. 190 bzw. Werke, Bd. 4, S. 418.

5. Die Form des Staates

welche in die erstere eingreift, ohne ihr ganz vorzustehen, und sie eigentlich als Haupt auszumachen, so ist es um reine Verantwortlichkeit und reines Vertrauen geschehen, so gibt es keine Einheit mehr in der Sorge für das Wohl der Provinz, und so ist auch ihr Zusammenhang mit dem ganzen Staat verletzt, weil auch die Einwirkung des Ministeriums auf sie sich in verschiedenen Richtungen teilt. Gerade aber dies, was sie nicht sein sollten, sind die Oberpräsidenten jetzt, Verwalter der gesamten Provinz für gewisse, gewaltsam von den übrigen abgerissene Gegenstände, Kommissarien der Minister für einzelne Aufträge, ohne dass ein einziger Grundsatz darüber feststeht, welche Aufträge allein die Minister den Provinzialbehörden geben sollten."[504] Humboldt tritt deshalb dafür ein, entweder mehrere Regierungen unter einem Oberpräsidenten in der Weise zu vereinigen, dass diesem „die obere Leitung der Gesamtverwaltung der Provinz" übertragen wird, oder aber die Einrichtung der Oberpräsidenten überhaupt aufzuheben und die Provinzen in den Regierungsbezirken von den Regierungen und ihren Präsidenten verwalten zu lassen.[505] Er selbst zieht die erste Lösung aus folgenden Gründen vor:

1. „ist der Präsident einer Regierung zu sehr in der Verwaltung befangen, um mit einer solchen Freiheit über ihr zu stehen, dass er das Wohl der Provinz und ihre Stellung zum Ganzen recht vollständig beurteilen und in Rücksicht auf beides recht zweckmäßige Vorschläge machen könnte. Er hat dazu selbst zu viele materielle Geschäfte, und sollte man einwenden, dass er sich diese nötige Freiheit durch Hilfe seiner Direktoren verschaffen kann, so ist er nicht mehr Präsident im jetzigen Sinne des Ausdrucks, und so streitet man nur um Worte. Es versteht sich daher auch von selbst, dass die Oberpräsidenten nicht mehr Präsidenten einzelner Regierungen sein dürfen;

2. der Regierungspräsident ist immer Chef eines Collegii und an kollegialische Formen gebunden. Das Geschäft eines Leiters der Gesamtverwaltung, der die Provinz einem höheren Ziele zuführen, außerdem aber bei besonderen Gelegenheiten vertreten, sie schützen und für sie sorgen soll, verträgt sich mit einer solchen Form nicht;

3. der Regierungspräsident kann nur selten und kurz von seiner Stelle abwesend sein. Wer aber an der Spitze einer Provinzialbehörde im oben festgesetzten Sinne des Worts steht, müsste notwendig in jedem Jahre eine bestimmte Zeit zur Seite des Ministeriums zubringen. In dieser Zeit müssten die Etats reguliert oder durchgesehen, die neu zu nehmenden Maßregeln verabredet und dahin gestrebt werden, dass die Ministerien im Laufes des übrigen Jahres, so wenig als möglich, einzelne Verfügungen machten ...

---

[504] Gesammelte Schriften, Bd. 12, S. 192 bzw. Werke, Bd. 4, S. 420 f.
[505] Vgl. Gesammelte Schriften, Bd. 12, S. 192, 195 bzw. Werke, Bd. 4, S. 421 f.

4. Es wird immer zweckmäßig sein, nur eine kleine Anzahl solcher obersten Provinzialbehörden zu haben, auf welche die Ministerien unmittelbar einwirken, und daher werden immer ihre Distrikte zu groß sein, um von *einer* und derselben Regierung verwaltet zu werden."[506]

Die Oberpräsidenten waren nicht Provinzialminister und somit nicht den Ministern gleichgestellt. Sie waren vielmehr dem Gesamtministerium und den einzelnen Ministern untergeordnet und stellten eine Zwischenbehörde zwischen diesen und den Regierungen dar. Allerdings möchte Humboldt sie weniger als eine eigentliche Behörde denn als eine Zwischenautorität verstanden sehen und hält deshalb auch für ausreichend, wenn jedem Oberpräsidenten ein vortragender Rat beigeordnet wird. Was das Verhältnis der Oberpräsidenten zu den Regierungen betrifft, so sollen sie „die Verwaltung leiten, allein nicht in sie eingreifen, nicht selbst verwalten". Falls ein Oberpräsident die in den Instruktionen gezogenen Grenzen überschreitet, soll der betreffenden Regierung die Beschwerde beim Ministerium freistehen. „Es ist hier schlechterdings kein anderer Fall und keine andere Gefahr, als bei jeder anderen Ober-Behörde, die nie die ihr untergeordnete unterdrücken, ihr immer in der untergeordneten Sphäre die nötige Freiheit lassen muss."[507] In seiner „Beilage zum Bericht des in der zur Bestimmung des Staatsbedarfs niedergesetzten Kommission angeordneten Ausschusses" von Mitte Juni 1817 hat Humboldt seine Gedanken über die Stellung der Oberpräsidenten folgendermaßen zusammengefasst: „Ich kann nicht von der Überzeugung abgehen, dass die Provinzen in den Provinzen verwaltet, und auch dort die Verwaltung geleitet werden muss, dass den Oberpräsidenten diese Leitung dergestalt anzuvertrauen ist, dass sie eine Zeit lang im Jahre in der Hauptstadt sind, um die erforderlichen Mitteilungen über die zu befolgenden Grundsätze und die für das Jahr zu treffenden Maßregeln zu erhalten, dass sie hernach nach diesen Grundsätzen unter bloß allgemeiner Kontrolle die Aufsicht über die Verwaltung, jedoch so führen müssen, dass auch den Regierungen ihr fester und innerhalb seiner Grenzen freier Wirkungskreis verbleibe."[508] Von der geschilderten Stellung der Oberpräsidenten verspricht sich Humboldt in seiner Denkschrift über die Oberpräsidenten folgende Vorteile: „Die Verantwortlichkeit, worauf bei der Verwaltung eines Staates alles ankommt, ist voll, rein und stufenweise geschieden, nicht wie jetzt bunt durcheinander greifend, da wirklich Minister, Oberpräsidenten und Regierungen jetzt nur immer für einzelne Maßregeln, nie für einen ganzen Wirkungskreis verantwortlich sein können. Der Zusammenhang der Provinzial- und Zentralverwaltung ist so eng, als er sein muss und sein kann, und die Sorge für den Teil und das Ganze ist den Händen anvertraut, welche sich derselben am besten unterziehen können. Die

---

[506] Gesammelte Schriften, Bd. 12, S. 193 bzw. Werke, Bd. 4, S. 421, 424.
[507] Gesammelte Schriften, Bd. 12, S. 195 bzw. Werke, Bd. 4, S. 424.
[508] Gesammelte Schriften, Bd. 12, S. 172.

Bewohner der Provinzen haben *einen* Mann, auf den sie sehen, der sie vertritt, und doch, auf der einen Seite von dem festen gesetzmäßigen Gange der Regierungen, in den er nicht eigenmächtig eingreifen darf, auf der anderen von der Gewalt der Minister gehalten, sie nie willkürlich behandeln kann."[509] Weitere Vorteile sieht Humboldt „in der vermehrten Kontrolle, der stufenweisen Beratung der Gegenstände und der Vereinfachung der Geschäfte gegen die Spitze hin". „Dass endlich durch diese Einrichtung des Schreibens unendlich weniger werden würde, und es nicht leicht bei der Zivilverwaltung ein wirksameres Mittel der Ersparung geben könnte, leuchtet von selbst ein."[510] Den letzten Gesichtspunkt hat Humboldt in seiner „Beilage zum Bericht des in der zur Bestimmung des Staatsbedarfs niedergesetzten Kommission angeordneten Ausschusses" von Mitte Juni 1817 noch deutlicher hervorgehoben. Er betont, dass bei der von ihm vorgeschlagenen Stellung der Oberpräsidenten finanziell sehr bedeutend gespart würde. „Denn die Regierungen und die Ministerien hätten ungleich weniger Arbeit, den Ministerien würde ein großer Teil ihrer Beamten entbehrlich und eine Menge von Geschäftskosten fielen hinweg. ... Es ist im eigentlichsten Verstande nicht vorauszusehen, wie weit das Schreiben, Bericht-Erfordern und -Erstatten u.s.f. zuletzt gehen wird, wenn man den bisherigen Weg verfolgt, und die Klage, die jetzt von allen Seiten über die Unmöglichkeit, die Menge der Geschäfte zu bemeistern, ertönt, beweist, dass von einer Zeit zur anderen das Beamten-Personal noch mehr wachsen wird. Dadurch vermehrt sich nun in der Nation der auch in anderer Hinsicht nachteilige Trieb, durch den Dienst vom Staate zu leben. Diejenigen, welche sich für diesen Dienst bestimmen, suchen natürlich ihren Zweck zu erreichen, und so vermehrt sich wechselseitig die Zahl der Dienste und Dienst Suchenden."[511] Zu dem Einwand, dass bei der von ihm vorgesehenen Verwaltungsorganisation die Ministerien und die Oberpräsidenten viel weniger zu tun haben werden, bemerkt Humboldt in seiner Denkschrift über die Oberpräsidenten: „Allein die höchsten Staatsbeamten müssen nicht in einer Last von einzelnen Geschäften untergehen; Freiheit von Einzelheiten und Muße sind unerlässliche Bedingungen einer Wirksamkeit, wie der Staat sie von ihnen mit Recht verlangen kann; und sie tun sehr wenig, wenn sie bloß ewig fort das Rad der Geschäfte umwälzen, wie ihnen dieselben von Tag zu Tag vorgelegt werden."[512] – Am 23. Oktober 1817 erging dann eine neue Instruktion für die Oberpräsidenten.[513] Diese war nicht unerheblich beeinflusst von Humboldts Vorschlägen. Sie übertrug den Oberpräsidenten die obere Leitung, Aufsicht und Kontrolle der gesamten Provinzialverwaltung und machte

---

[509] Gesammelte Schriften, Bd. 12, S. 193 f. bzw. Werke, Bd. 4, S. 422 f.
[510] Gesammelte Schriften, Bd. 12, S. 194 bzw. Werke, Bd. 4, S. 423.
[511] Gesammelte Schriften, Bd. 12, S. 172 f.; vgl. hierzu Gesammelte Schriften, Bd. 1, S. 124 f. bzw. Werke, Bd. 1, S. 85 f. sowie oben, S. 80.
[512] Gesammelte Schriften, Bd. 12, S. 195 bzw. Werke, Bd. 4, S. 424.
[513] Vgl. Preußische Gesetzsammlung 1817, S. 230 ff.

sie zu einer Zwischeninstanz zwischen den Ministerien und den Regierungen. Von der Regierungspräsidentenstelle an ihrem Wohnsitz wurden sie entbunden. Davon, dass sie „beständige Kommissarien der Minister in den Provinzen" sein sollten, ist keine Rede mehr. Vielmehr wurde ihnen die Befugnis erteilt, in einer Reihe von Fällen die Regierungen mit den nötigen Anweisungen und Genehmigungen zu versehen, ohne vorher bei den zuständigen Ministerien anfragen zu müssen. Sie mussten jedoch alle Gegenstände der ihnen übertragenen Provinzialverwaltung durch die Regierungen zur Ausführung bringen lassen und waren nicht befugt, die diesen durch die Regierungsinstruktion vom gleichen Tage beigelegte Selbständigkeit im Geringsten zu schmälern oder zu ändern. Sie waren aber verpflichtet, wenigstens einmal im Jahr die ganze Provinz zu bereisen, „die Verwaltung und den Geschäftsgang bei allen Regierungen und ihren Unterbehörden sowohl im Allgemeinen, als die erheblicheren Verwaltungsgegenstände an Ort und Stelle zu revidieren, den Sitzungen der Regierungen beizuwohnen und diejenigen Gegenstände zu bestimmen, welche alsdann in ihrer Gegenwart vorgetragen werden sollen."

Humboldt sah wohl, dass die neue Instruktion die Stellung der Oberpräsidenten wesentlich verbesserte, doch war diese noch nicht so, wie sie nach seiner Überzeugung sein sollte.[514] Was er an der neuen Instruktion bemängelte, war „nicht sowohl, dass ihr Buchstabe hinderlich wäre, als vielmehr, dass ihr der Geist der Sache fehlt".[515] Er glaubte deshalb auch, „dass man die schiefe Stellung der Oberpräsidenten durch die *Tat* besser, als durch einen neuen toten Buchstaben in die richtige verwandeln kann ..."[516] Die schiefe Stellung der Oberpräsidenten sah Humboldt vor allem darin, dass die Instruktion die Oberpräsidenten zu sehr mit Detailarbeiten überhäufte, indem sie ihnen die Kontrolle der einzelnen Verfügungen der Regierungen übertrug. Dies geht aus seinem Schreiben an Motz vom 18. März 1819 hervor, in dem er sagt: „Meiner Meinung nach sind die Oberpräsidenten von sehr hoher Wichtigkeit und selbst Notwendigkeit, allein der ihnen eigentlich gehörende Wirkungskreis ist von der Art, dass ihn Geschäftsmänner, die an das Detailarbeiten gewöhnt sind (was manchmal der Fall selbst bei den besten und einsichtsvollsten ist) schwer praktisch auffassen. Daher wird man wenig tüchtige Subjekte dazu finden, und daher ist es auch gekommen, dass die Verfasser der Instruktion selbst den wahren Gesichtspunkt nicht festzuhalten im Stande gewesen sind. So z. B. glaube ich auch, dass die Oberpräsidenten die Kontrolle der Verwaltungsbehörden in der Provinz sein sollen, allein der Behörden und ihrer Verwaltung im Ganzen, nicht, wozu es die Instruktion macht, der einzelnen Verfügungen, sodass nach

---

[514] Vgl. Humboldts Schreiben an Regierungsrat Türk, Gesammelte Schriften, Bd. 17, S. 212; an Niebuhr, Gesammelte Schriften, Bd. 17, S. 273; an Motz, Gesammelte Schriften, Bd. 12, S. 308; an Schön, Gesammelte Schriften, Bd. 17, S. 319, 346.
[515] An Schön, Gesammelte Schriften, Bd. 17, S. 319.
[516] An Schön, Gesammelte Schriften, Bd. 17, S. 346.

der Instruktion die Oberpräsidenten gewissermaßen Korreferenten der Regierungen sind."[517] Die eigentliche Kontrollaufgabe der Oberpräsidenten sah Humboldt darin, dass sie „wissen und beurteilen, wie die Verwaltungsart der Regierungen auf die Provinz wirkt, wenn sie Mängel hat, ob diese Mängel in dem eingeführten Geschäftsgange, in wegzuräumenden anderen Umständen oder in dem Personale liegen, und dass sie hiernach nur, mit Zuziehung der Präsidien, diesen Mängeln abhelfen oder dem Ministerium sie zusammenhängend darstellen".[518] Als „das eigentliche Geschäft" der Oberpräsidenten betrachtete Humboldt, „zu erforschen und zu beurteilen, wie einerseits die Gesetzgebung, und die verfügende Gewalt der Ministerien, andrerseits die Verwaltung der Regierungen sein müsste, um die Provinz zu dem höchsten inneren Wohlstand und zum größten Nutzen für das Ganze zu bringen, im Ganzen und im Speziellen zu ergründen, was der doppelten Tätigkeit aus dem Mittelpunkt und in der Provinz hiervon abgeht, und nach oben und unten hin bis auf die Abhülfe dieser Gebrechen zu wirken".[519] Als „zweites Hauptgeschäft" des Oberpräsidenten sah Humboldt den Umgang mit den Leuten in der Provinz an. „Er muss ihren gegründeten Beschwerden abhelfen, er muss aber auch ihre Vorurteile gegen Regierungsmaßregeln zu vertilgen suchen, er muss in den Gemütern der Menschen das Band zwischen ihnen und dem Ganzen knüpfen und machen, dass die gesamte Staatsregierung, deren Repräsentant er ist, ihnen Ehrfurcht und Vertrauen gebietend und verdienend erscheine."[520] Diese Aufgaben fordern nach Humboldts Vorstellung „einen wesentlich nicht verwaltenden, unparteiischen Mann". Die Regierungspräsidien sind dazu nicht in der Lage, „teils weil ihr Bezirk zu klein ist, teils weil sie mit dem Einzelnen zu beschäftigt sind". Auch die Minister können diese Aufgaben nicht vollkommen erfüllen. „Beide, Regierungen und Minister, verwalten selbst und sind daher parteiisch."[521] Damit die Oberpräsidenten die geschilderten Aufgaben erfüllen können, will Humboldt sie so stellen, dass „ihre Lage zu den Regierungen weniger gehorchend" ist. Sie sollen alles Wesentliche erfahren; deshalb wollte Humboldt auch die Berichte und Reskripte, so weit sie wesentliche Dinge enthalten, durch ihre Hände gehen lassen. „Eigentlich verfügen, da Verfügen immer einzelne Fälle betrifft, müssten sie aber so gut als gar nicht, dagegen oft mit den Präsidien sich beraten über das gemeinschaftliche Interesse, ihnen ihre Ansichten über ihre Verwaltung mitteilen und sie in Absicht des Ganzen ihrer Geschäftstätigkeit auch selbst ganz eigentlich leiten." Zum Aufgabenbereich der Oberpräsidenten rechnete Humboldt schließlich noch diejenigen Gegenstände, „welche über die Grenzen eines Regierungsbezirks hinausgehen". Allein auch von diesen sollten sie nichts über-

---

[517] Gesammelte Schriften, Bd. 12, S. 309.
[518] Gesammelte Schriften, Bd. 12, S. 309.
[519] Gesammelte Schriften, Bd. 12, S. 309.
[520] Gesammelte Schriften, Bd. 12, S. 310.
[521] Gesammelte Schriften, Bd. 12, S. 309.

IV. Über das Wesen und die Bedeutung von Humboldts Staatsidee

nehmen, „was ebenso leicht durch Kommunikation der Regierungen untereinander gemacht werden kann".[522] – Die gleiche Einstellung wie in seinem Schreiben an Motz vom 18. März 1819, dass die Oberpräsidenten sich nicht in die Verwaltungstätitgkeit der Regierungen im Einzelnen einmischen sollen, findet sich auch in Humboldts Schreiben an Schön vom 14. August 1819. Er betont darin, dass er sich bemühen wird, in seinem Wirkungskreis „die Oberpräsidenten immer als diejenigen anzusehen, welche ebenso, als die Minister, die Verwaltung vom Ganzen und Großen, und nur so, handhaben müssen, doch von dem Standpunkt ihrer Provinz aus. Wenn man (und ich halte dies für sehr heilsam) Provinzialverwaltungen, nicht bloß Zentralverwaltung, wie in Frankreich, hat, so muss sich notwendig der doppelte Gesichtspunkt vereinigen vom Ganzen zu den Teilen und von den Teilen zum Ganzen, und es muss eigene oberste Behörden geben, welche jede diesen Gesichtspunkt festhalten."[523] – Bei dem von ihm vorgesehenen Verhältnis einerseits zu den Ministerien, andererseits zu den Regierungen würden nach Humboldts Überzeugung „durch die Oberpräsidenten der Nachteil verhindert, den einseitig und allein sowohl Sach- als auch Provinzialministerien haben".[524] Ohne gehörige Stellung der Oberpräsidenten hält er die Einrichtung der Sachministerien für weit nachteiliger als die der ehemaligen Provinzialminister. Sie „erdrückt die Sachen mit Formen und lässt über der Wirklichkeit hohle Theorien ohne belebendes Eingreifen schweben."[525] Bei der von ihm vorgesehenen Stellung glaubt Humboldt, dass die Oberpräsidenten sehr nützlich sein könnten, indem sie „den Regierungen nicht nur nicht im Wege stehen, sondern ihnen ihr Geschäft dadurch erleichtern, dass sie im Sinne der Regierungen sowohl auf das Ministerium, als auf die Einwohner der Provinz einwirkten".[526] – Nach seinem Ausscheiden aus dem preußischen Staatsdienst am 31. Dezember 1819 ist Humboldt noch zweimal auf die Oberpräsidenten zu sprechen gekommen. Am 29. November 1821 schreibt er an Vincke, dass er sie „für äußerst heilbringend für die Provinzen" hält und glaubt, „dass es nur immer von der Gesamtbehörde abhängt, wie einflussreich und nützlich sie auch für das Ganze sein sollen".[527] Ausführlich hat er sich dann noch einmal in seinem Schreiben an Schön vom 1. Februar 1825 zu der Einrichtung der Oberpräsidenten geäußert.[528] Er wiederholt die Überzeugung, dass die Oberpräsidenten, einige ihnen übertragene allgemeine Provinzialangelegenheiten abgerechnet, nicht selbst verwalten sollen, weil sie sonst ihren wahren Standpunkt, den von Provinzialbehörden, aufgeben. Er will sie deshalb „(wesentlich) nicht

---
[522] Gesammelte Schriften, Bd. 12, S. 310.
[523] Gesammelte Schriften, Bd. 17, S. 319.
[524] An Motz, Gesammelte Schriften, Bd. 17, S. 310.
[525] An Schön, Gesammelte Schriften, Bd. 17, S. 319.
[526] An Motz, Gesammelte Schriften, Bd. 17, S. 310.
[527] Gesammelte Schriften, Bd. 12, S. 488 bzw. Werke, Bd. 4, S. 542.
[528] Vgl. Gesammelte Schriften, Bd. 12, S. 512 ff. bzw. Werke, Bd. 4, S. 570 ff.

in, sondern nur zur Seite den wahren Verwaltungsbehörden stellen". Aus dem gleichen Grund und „weil es ihren Gesichtskreis beschränkt und herabzieht", spricht er sich wieder dagegen aus, dass die Oberpräsidenten zugleich Chefs einer Regierung sind. Ihre eigentliche Bestimmung sieht Humboldt darin, „die ganze Verwaltung von dem Standpunkt ihrer Provinz aus zu betrachten und zu beurteilen und die Resultate dieser Beurteilung auf dem ihnen angewiesenen Weg zur Verbesserung der Mängel anzuwenden". Aus dieser ihrer Bestimmung ergeben sich für Humboldt folgende Aufgaben für die Oberpräsidenten:

1. „die ihnen übertragenen allgemeinen Provinzialangelegenheiten zu besorgen;
2. die Verwaltungsbedürfnisse und Mittel der Provinz mit der bestehenden Verwaltung zu vergleichen und nachzudenken, was darin zu ändern sein möchte;
3. die Behörden der Provinz ohne Ausnahme in ihrer Verwaltung zu kontrollieren, vorzüglich durch ihre oft wiederkehrende Gegenwart, nicht auf das Spezielle einwirkend, die einzelnen Verfügungen abändernd, aber aus dem Einzelnen die Art, das Ganze zu behandeln, beurteilend und auf sie einwirkend;
4. in jedem Jahre nach Berlin zu kommen, um, insofern es nicht schon durch Schriftwechsel geschehen ist, ihre Vorschläge, gegründet auf die Tätigkeit ad 2 und 3 mit den Ministern zu beratschlagen und die fernere Behandlung der Provinz zu verabreden."[529]

Nach Humboldts Überzeugung muss der Oberpräsident „mehr auf seine moralische Kraft selbst halten, als auf seine amtliche Wirksamkeit, weil jene sich weiter erstreckt". Darin sieht Humboldt die schöne Seite seiner Stellung: „Er ist der Mann des individuellen Vertrauens der Provinz, er ist sehr frei von mechanischen Geschäften, er hält die Maßregeln der Verwaltung gegen ihre letzten, unmittelbar anschaulichen Erfolge."[530] Andererseits muss er aber auch eine bedeutende Macht haben. So sollen ihm in der Provinz alle Wege der Kenntnisforderung offen stehen; er soll in Fällen, die keinen Verzug leiden, selbst Anordnungen treffen, Verfügungen der Provinzialbehörden suspendieren und annullieren und Beamte suspendieren können, allerdings augenblicklich an die Ministerien berichten müssen; ferner soll er das Recht haben, Verfügungen der Ministerien, die an ihn ergehen, nicht zu erfüllen und solche, die an die Regierungen ergehen, zu sistieren, bis er berichtet hat; er muss allerdings gehorchen, sowie sie auf seinen Bericht bei ihrer Maßregel beharren oder ihm im Voraus anzeigen, dass sie dieselbe auf jeden Fall ausgeführt wissen wollen, kann sich dann aber unmittelbar beim König beschweren; schließlich soll er bei seiner Anwesenheit in der Hauptstadt in vollkommener Gleichheit mit den Ministern beratschlagen; bei Meinungsverschiedenheiten zwischen ihnen soll der König

---

[529] Gesammelte Schriften, Bd. 12, S. 512 bzw. Werke, Bd. 4, S. 570 f.
[530] Gesammelte Schriften, Bd. 12, S. 513 bzw. Werke, Bd. 4, S. 571.

entscheiden. So schwebt Humboldt eine Stellung des Oberpräsidenten vor, in welcher er einerseits „nicht Chef, aber Oberbehörde aller Provinzialbehörden ohne Ausnahme" ist und in der er andererseits den Ministern subordiniert ist, aber „als amtlicher Repräsentant derselben in der Provinz" angesehen wird. Zu dem möglichen Einwand, dass zwischen der Subordination des Oberpräsidenten unter die Minister, seiner Gewalt in der Provinz und seiner Gleichstellung mit den Ministern bei der Beratschlagung ein Widerspruch bestehe, bemerkt Humboldt: „Die Subordination stammt aus der Ordnung der Verwaltung; die Gewalt ist nur augenblicklich und entsteht aus der Entfernung der Provinz von dem Orte des Ministeriums; die Gleichstellung gilt nur im Angesicht der königlichen Entscheidung."[531]

Das dargestellte Bild, das sich Humboldt von der herbeizuführenden Stellung der Oberpräsidenten machte, zeigt, dass er diesen eine außerordentlich wichtige Aufgabe in der Staatsverwaltung zugedacht hatte. Wie bereits erwähnt, trat er gegenüber Tendenzen, in Preußen wieder Provinzialminister einzuführen, für die einheitliche Verwaltung des gesamten Staates durch Sachminister ein, weil er bei Provinzialministern die Gefahr einer Zerreißung des Staates sah. Andererseits zeigte sich jedoch auch, dass er bei einer Zentralisierung der Staatsverwaltung in Sachministerien ebenfalls große Gefahren sah, indem diese dazu neigen, das vielgestaltige Leben in den Provinzen schematisch zu vereinheitlichen und leicht bestrebt sind, bestimmte Theorien zu verwirklichen, ohne dieses Leben immer genügend zu berücksichtigen. In den Oberpräsidenten sah Humboldt nun eine Einrichtung, durch die beiden Gefahren begegnet werden kann. Indem sie den Ministern untergeordnet sind, besteht keine Gefahr, dass die Provinzen sich in ihrer Verwaltung von der Verwaltung des gesamten Staates absondern; indem sie diesen andererseits in der geschilderten Weise gleichgestellt sind, können sie die Besonderheiten ihrer Provinzen gegenüber den Tendenzen zur abstrakten Vereinheitlichung der gesamten Verwaltung wirksam geltend machen und den Ministern die lebendige Wirklichkeit ihrer Provinzen nahe bringen. So sind die Oberpräsidenten für Humboldt das Organ der Staatsverwaltung, das es ermöglicht, dass die Staatsverwaltung den gesamten Staat einheitlich und zugleich in einer den Verschiedenheiten der Provinzen gerecht werdenden Weise durchdringt.

ee) Die Verwaltung der Regierungsbezirke

Wie bereits gezeigt wurde, sah Humboldt die wesentliche Aufgabe der Oberpräsidenten darin, die Verwaltung der Provinzen zu leiten. Die Verwaltung im Einzelnen sollte den Regierungen selbständig obliegen. Zur Frage der Organisation der Regierungen hat sich Humboldt in einem Schreiben an den Regierungs-

---

[531] Gesammelte Schriften, Bd. 12, S. 513 f. bzw. Werke, Bd. 4, S. 571 f.

5. Die Form des Staates 217

präsidenten von Motz vom 18. März 1819 ausführlicher geäußert.[532] Wie aus der „Verordnung wegen verbesserter Einrichtung der Provinzialbehörden" vom 30. April 1815[533] hervorgeht, waren die Regierungen in Preußen zu jener Zeit in zwei Hauptabteilungen gegliedert. Die eine war mit bestimmten Ausnahmen zuständig für die durch die Kabinettsorder vom 3. Juni 1814[534] der oberen Leitung der Minister der auswärtigen Angelegenheiten, des Innern, des Krieges und der Polizei übertragenen Angelegenheiten; die andere für alle Angelegenheiten, die durch die gleiche Kabinettsorder der oberen Leitung des Finanzministers übertragen war. Der Geschäftsbetrieb war in beiden Abteilungen grundsätzlich kollegialisch. Sie hatten in der Regel ihre Vorträge in getrennten Sitzungen. Nur in den Fällen, die eine gemeinschaftliche Beratung erforderten und vom Präsidenten bestimmt wurden, traten sie zu gemeinschaftlichen Sitzungen zusammen. Durch die „Instruktion zur Geschäftsführung der Regierungen in den königlich-preußischen Staaten" vom 23. Oktober 1817[535] wurde dann unter anderem die Geschäftsverteilung zwischen den beiden Hauptabteilungen noch etwas geändert beziehungsweise ausführlicher geregelt. – In dem oben genannten Schreiben spricht sich Humboldt nun gegen einen Plan von Motz aus, die Regierungen in sechs Abteilungen aufzuteilen, die jeweils von einem Direktor selbständig geleitet werden sollen.[536] Humboldt hält dies für bedenklich, weil „nichts bei der Verwaltung so wichtig ist, als das Bild der ganzen Einwirkung derselben auf den ganzen Zustand der Verwalteten vor Augen zu haben". Er selbst zieht die bestehende Einteilung in zwei Abteilungen vor, weil diese die einander nahe liegenden Verwaltungszweige in sich vereinigen. Das von Motz vorgesehene Plenum sieht Humboldt als nicht ausreichend an, weil die eigentliche Verwaltung darin nicht behandelt werden soll, und die einzelnen Verwaltungszweige daher isoliert bleiben würden. Selbst wenn aber die eigentliche Verwaltung im Plenum öfter behandelt würde, wäre eine „zu schwerfällige Behandlung in einem unbehülflichen Pleno vorhanden". Nach Humboldts Ansicht muss immer „*ein* Mann die ganze Verwaltung zusammenfassen". Er möchte jedoch an der „dreifachen Stufenfolge der Behandlung der Geschäfte", wie sie die Regierungsinstruktion vom 23. Oktober 1817 vorsah[537], festhalten, wenn er diese Stufenfolge auch mehr ausgebildet sehen möchte. So soll jeder Dezernent in seinem Verwaltungszweig menschlich seinen festen Geschäftskreis haben und ohne Vortrag abmachen können, was dessen fähig ist. Die Sachen, die zum Vortrag zu bringen sind, sollen zur zweiten Stufe in eine der beiden damals be-

---

[532] Vgl. Gesammelte Schriften, Bd. 12, S. 307 ff., insbesondere S. 311 ff.
[533] Vgl. Preußische Gesetzsammlung 1815, S. 85 ff.
[534] Vgl. Preußische Gesetzsammlung 1814, S. 40 ff.
[535] Vgl. Preußische Gesetzsammlung 1817, S. 248 ff.
[536] Über den Plan von Motz vgl. auch *Treitschke* (1897), S. 341.
[537] Vgl. die §§ 22 ff. der Regierungsinstruktion, Preußische Gesetzsammlung 1817, S. 265 ff.

stehenden Abteilungen gelangen. Von dort können sie dann die dritte Stufe, das Plenum, erreichen. Über die Bedeutung der Vorträge schreibt Humboldt: „Ich kann mir nicht nehmen, für die Erhaltung des gehörigen Geistes in der Verwaltung es gut zu finden, dass der für eine Partie bestimmte Rat bei jedem Vortrag die Geschäftstätigkeit in den andern Partien sieht, und mit gewissermaßen teilt, dass die Persönlichkeiten einander berühren und abschleifen, und die Ansichten ausgetauscht werden. Ein gut organisiertes Kollegium wird immer mehr die Provinz, auf die es wirkt, als den Regierungszweck in abstracto vor Augen haben." – Es zeigt sich so, dass es Humboldt bei seinen Gedanken über die Organisation der Regierungen auf das Gleiche ankommt wie bei seinen Vorschlägen zur Organisation der Gesamtregierung, nämlich einerseits auf ein kollegialisches Beraten, andererseits auf ein selbständiges und verantwortliches Handeln der einzelnen Verwaltungsbeamten in dem ihnen bestimmten Wirkungskreis. Allerdings kommt „bei der Ausführung alles auf die Menschen an, auf das, was sie an sich sind, und auf die Art, wie man sie behandelt." Wenn die Minister, Oberpräsidenten und Präsidenten als die leitenden Personen in der ganzen Staatsverwaltung bei der Auswahl und der Art der Behandlung der Beamten zweckmäßig wirken, so verspricht sich Humboldt davon, dass „unter ihren Händen unendlich mehr Gutes wächst, als sie selbst verwerten, und als sie mit aller Weisheit selbst anordnen könnten. Denn sie bilden und beleben alsdann die Tätigkeit aller unter ihnen Arbeitenden, von welchen jeder in seinem Kreise aus sich selbst, was nötig ist, tut, und von selbst, was bloß stört, unterlässt."[538]

ff) Die Stellung der Landräte und Bürgermeister

Unter den Regierungen standen bereits zu Humboldts Zeit als weitere Verwaltungsbehörden des Staates die Landräte. Wie aus der „Verordnung wegen verbesserter Einrichtung der Provinzialbehörden" vom 30. April 1815 hervorgeht[539], waren die Regierungsbezirke wie heute in Kreise eingeteilt, von denen jeder einen Landrat hatte. Alle Ortschaften innerhalb des Kreises waren der Aufsicht des Landrats unterstellt. Größere Städte sollten eigene Kreise bilden. Bei ihnen trat der Polizeidirigent an die Stelle des Landrats. – Humboldt hat sich über die Stellung der Landräte vor allem in seiner „Denkschrift über Preußens ständische Verfassung" vom 4. Februar 1819 sowie in der „Denkschrift über ständische Verfassung" vom Oktober 1819 ausgesprochen. In der erstgenannten Denkschrift[540] geht er davon aus, dass die Landräte ehemals in den östlichen Provinzen Preußens mehr als Behörden angesehen wurden, welche ihren Kreis, der sie selbst wählte, bei der Regierung vertreten sollten, was voraus-

---

[538] Gesammelte Schriften, Bd. 12, S. 314.
[539] Vgl. §§ 33 ff. der Verordnung, Preußische Gesetzsammlung 1815, S. 91 f.
[540] Vgl. § 55 der Denkschrift, Gesammelte Schriften, Bd. 12, S. 249.

5. Die Form des Staates

setzte, dass sie im Kreise angesessen waren, und was zur Folge hatte, dass sie fast keine Besoldung erhielten. In den westlichen Provinzen hingegen wurden die Landräte bloß noch als Delegierte der Regierungen angesehen, mit Arbeiten überhäuft usw. Sie mussten auch nicht mehr im Kreise angesessen sein. Humboldt gibt nun zu überlegen, ob nicht die landständische und die Regierungskreisbehörde in der Weise in der Person des Landrats vereinigt werden könnten, „dass derselbe hauptsächlich von dem Kreis, wenn auch unter Mitwirkung der Regierung durch Auswahl aus mehreren Vorgeschlagenen, gewählt würde, zugleich aber die Geschäfte der Regierung besorgte". Will man dies nicht, so müsste der Landrat bloß eine Staatsbehörde sein und ihm die ständische Selbstverwaltungsbehörde des Kreises zu- beziehungsweise untergeordnet werden. In diesem Falle hielte Humboldt es für eine nützliche Regierungsmaxime, dass der Landrat auch in dem Kreise angesessen sein müsste. – Dass Humboldt selbst eine enge Verbindung der staatlichen mit der landständischen Kreisbehörde in der Person des Landrats vorzieht, geht aus seiner „Denkschrift über ständische Verfassung" vom Oktober 1819 hervor[541], wo er schreibt, dass der Landrat „die zwiefache Eigenschaft einer Staats- und einer ständischen Behörde in sich vereinigt, indem er unter der unmittelbaren Leitung der Regierung steht, aber aus drei von dem Kreise vorgeschlagenen Individuen gewählt wird". Humboldt regt also an, dass der Kreistag drei Persönlichkeiten vorschlägt, aus deren Mitte die Regierung dann den Landrat bestimmt. Der Landrat sollte Beamter sein und den Kreistag leiten, der sich allerdings nur einmal im Jahr versammelt. In der Zwischenzeit sollte ihm ein Ausschuss von einem Deputierten aus jedem Stande zur Seite stehen, der seinen Einfluss und seine Macht über den Kreis mindert. Als staatliche Behörde sollte der Landrat einerseits die Aufgabe haben, die Angelegenheiten des Staates in seinem Kreise zu besorgen, andererseits den Kreistag und die Gemeinden bei der Besorgung ihrer Selbstverwaltungsangelegenheiten zu beaufsichtigen.[542] Die Aufsicht über die Gemeinden könnte allerdings auch durch die ständischen Kreisbehörden ausgeübt werden.[543]

Unterste Behörde des Staates waren in Preußen die Schulzen beziehungsweise die Bürgermeister der Städte, die keine eigenen Kreise bildeten. In seinem Fragment gebliebenen Entwurf einer „Gemeindeordnung für das platte Land" vom Frühjahr 1817[544] sah Humboldt vor, dass der Schulze ebenso wie die beiden Schöffen, die zusammen Vorsteher der Gemeinde sind, vom Gemeinderat gewählt werden, aber der Bestätigung durch die Kreisbehörde bedürfen. Die Bestätigung soll aber nicht ohne bestimmt erklärte und erhebliche Gründe

---

[541] Vgl. Ziffer 31 der Denkschrift, Gesammelte Schriften, Bd. 12, S. 422 ff. sowie oben, S. 178.
[542] Vgl. Gesammelte Schriften, Bd. 12, S. 383, 249, 254, 152 f.
[543] Vgl. Gesammelte Schriften, Bd. 12, S. 383 f. – Zu dem ganzen Absatz vgl. oben, S. 178.
[544] Vgl. Gesammelte Schriften, Bd. 12, S. 148 ff.

verweigert werden können. Die Kreisbehörde soll ferner befugt sein, Mitglieder des Schulzenamtes vom Dienst zu suspendieren. Von ihrem Amt sollen sie allerdings nicht ohne Untersuchung und nur mit Bestätigung der Regierung entfernt werden können. In seiner „Denkschrift über Preußens ständische Verfassung" vom 4. Februar 1819 wendet sich Humboldt gegen die Ernennung von Schulzen durch den Landrat, wie sie in einigen Orten Preußens der Fall war. Der gewählte Schulze soll lediglich der Bestätigung durch die ständische Kreisbehörde bedürfen, und dem Landrat soll als Aufsichtsbehörde nur das Recht zustehen, die Entfernung eines untüchtigen Schulzen zu verlangen.[545] In dem erwähnten Entwurf einer „Gemeindeordnung für das platte Land" sieht Humboldt vor, dass der Schulze als unterste Behörde des Staats verbunden sein soll, die Befehle der Regierung auszuführen. Selbstverständlich gilt für ihn jedoch auch der Satz aus Humboldts Schreiben an Schön vom 1. Februar 1825: „Jede Behörde muss in ihrem Wirkungskreis frei sein, und diese Selbständigkeit muss gehörig nach den einzelnen Geschäften und Fällen ausgesprochen sein."[546]

gg) Die Bedeutung einer richtigen Form der Staatsbehörden

Humboldt hat der Organisation der Staatsbehörden eine große Bedeutung beigemessen. Er war überzeugt, dass die Nachteile einer fehlerhaften Organisation nicht durch die Kraft der Persönlichkeit ausgeglichen werden könne. So schrieb er bereits am 17. Januar 1809 an Goltz, „dass in allem, was Geschäft und Dienst betrifft, nur die Einrichtungen, nicht die Personen Sicherheit gewähren können".[547] Und am 18. Juni 1816 schrieb er an Nicolovius: „Bei allem Regieren ist das Erste und Wichtigste die Form; das Zweite die Personen; das Dritte das einzelne Handeln."[548]

Man hat angesichts solcher Äußerungen gemeint, Humboldt überschätze die Bedeutung, die der Form des Staates zukommt.[549] Dies ist jedoch nicht der Fall. Worauf es Humboldt ankommt, ist, wie gezeigt wurde, die Form des Staates so einzurichten, dass in Regierung und Verwaltung jedes Organ und jeder Beamte seinen fest umrissenen und selbständigen Wirkungskreis hat, sodass die Fähigkeiten der einzelnen Persönlichkeiten sich frei entfalten können. Außerdem sollten dadurch die Regierung, die Ministerien und die Oberpräsidenten von aller Detailverwaltung entlastet werden, um sich ihren leitenden Aufgaben widmen zu können. Humboldt wusste aus seiner Tätigkeit als Leiter der Sektion für Kultus und öffentlichen Unterricht im preußischen Ministerium des Innern

---

[545] Vgl. § 66 der Denkschrift, Gesammelte Schriften, Bd. 12, S. 254.
[546] Gesammelte Schriften, Bd. 12, S. 511; vgl. hierzu oben, S. 177.
[547] Gesammelte Schriften, Bd. 16, S. 79.
[548] Gesammelte Schriften, Bd. 17, S. 135.
[549] So *Kaehler* (1963), S. 401, 416 ff.

und aus seiner späteren Tätigkeit als Minister unter Hardenberg aus eigener Erfahrung, wie lähmend sich eine unklare oder schlechte Organisationsform auf das persönliche Wirken innerhalb der Regierung oder der Verwaltung auswirken kann. Er hatte erkannt, dass nur bei einer klaren und zweckmäßigen Form die einzelne Persönlichkeit voll zur Entfaltung kommen und ihr Bestes hergeben kann. So schreibt Humboldt in seiner Denkschrift „Vorschläge zur Organisation der Behörden" vom Juni 1810: „Man hat geglaubt, den Mangel fester allgemeiner Formen durch Persönlichkeit ersetzen zu können. Daher ist wahre Verschwendung der Kräfte entstanden, und das traurige Phänomen, dass, ohne Schuld der höhern und niedrigen Arbeiter, der Erfolg doch nicht befriedigend ist. Fast jeder ist in eine Lage gegangen, die er nicht recht übersah; das Rad der täglichen Geschäfte musste umgetrieben werden, und so wurden die Chefs mit Detail überladen, mussten das Entwerfen allgemeiner Pläne – mit denen man hätte anfangen sollen – aufschieben, und durch einzeln abgenötigte Verfügungen unrichtigerweise antizipieren."[550] Im gleichen Sinne schreibt Humboldt am 8. Januar 1819 an Niebuhr: „Denn es ist ein fester Grundsatz in mir, dass beim Verwalten und Regieren kaum einmal so viel auf die Persönlichkeit, als auf die Stellung ankommt, dass eine richtige auch dem Mittelmäßigen die Haltung gibt, welche eine falsche sogar dem Besseren nimmt, und dass es eine nur in den Fällen der äußersten Not zu rechtfertigende Berechnung ist, wenn man glaubt, die Nachteile einer unangemessenen Stellung durch die Kraft der Persönlichkeit aufheben zu können. Woher kommt denn sonst der von Ihnen sehr richtig bemerkte Unverstand kluger und braver Menschen, als dass seit lange, aber recht eigentlich seit 1810, wenige in ihre wahre Stellung gekommen, noch wenigere darin geblieben, und keiner darin ungelähmt gelassen worden ist?"[551] Andererseits sah Humboldt natürlich auch, dass es nicht allein auf die Form ankommt, dass vielmehr die Persönlichkeiten und ihre Gesinnung ebenfalls wichtig sind. So führt er in seinem Schreiben an den Oberpräsidenten von Vincke vom 29. November 1812 aus: „Formen sind sehr wichtig, aber sie machen die Sache nicht aus. Es kommt sogar nicht einmal darauf so viel an, dass man die höchst vollkommenen besitzt, denn auch weniger gute lassen sich durch die Art, in ihnen zu handeln, verbessern, das Hochwichtige dagegen ist, dass man Respekt vor Formen überhaupt und vor den bestehenden habe, und nicht immerfort sie verändere, immer nur organisieren wolle. Die Form ist nichts ohne den Sinn, in welchem man sich in ihr bewegt. Nur aus beiden zusammen geht gutes Verwalten hervor. Durch keine Veränderung der Form lässt sich dieser Sinn schaffen. Dagegen ist, wenn der Sinn da ist, auch die unvollkommene Form unschädlich."[552] Und am 1. Februar 1825 schrieb er an Schön: „Auf die Wahl der Per-

---

[550] Gesammelte Schriften, Bd. 10, S. 290.
[551] Gesammelte Schriften, Bd. 17, S. 271; vgl. auch *an Caroline,* Bd. 4, S. 187 sowie Gesammelte Schriften, Bd. 17, S. 330.
[552] Gesammelte Schriften, Bd. 12, S. 487; vgl. auch Bd. 17, S. 327.

sönlichkeit kommt auch nach meiner Idee viel an, da, gottlob! das Verwalten nicht mechanisch ist, wie ein Rechenexempel. Allein ich glaube, dass in meiner Idee die Form die Persönlichkeit tragen, unterstützen und ergänzen würde. In politischen wie in mechanischen Dingen kommt alles auf den Punkt an, wo die hebende Kraft angebracht wird."[553] So sehen wir, wie Humboldt, obwohl er die Bedeutung der Persönlichkeit selbstverständlich sieht, letztlich doch der Form die größere Bedeutung beimisst. Die Bedeutung einer zweckmäßigen Form der Regierung und Verwaltung sieht er nicht nur darin, dass sie der Persönlichkeit erst die Möglichkeit gibt, ihre Kräfte richtig zu entfalten, sondern vor allem auch in ihrer moralischen Wirkung auf das Volk. Dies geht aus seinem Brief an Nicolovius vom 18. Juni 1816 hervor, in dem er schreibt: „Man müsste also eine dauernde moralische Macht organisieren, die nichts andres ist, als eine feste, systematische, zusammenhängende Administration in allen Teilen gemacht, die Stimmung der Nation zu erheben, indem sie sie beherrscht."[554]

hh) Humboldts Stellung zur Gewaltenteilung

Über das Problem der Gewaltenteilung hat sich Humboldt erstmals in seinem langen Schreiben an Gentz vom 9. Januar 1792[555] ausgesprochen, das zur Grundlage seiner Schrift über die Grenzen der Wirksamkeit des Staates wurde.[556] Er spricht darin von der Gewaltenteilung als der „Gegeneinanderstellung mehrerer, voneinander unabhängiger Mächte", die ein „oft und, weise angewandt, immer mit Glück versuchtes Mittel, die Staatsverfassung zu sichern", war. Nach seiner Überzeugung muss man die Gewaltenteilung „mehr als irgendwo in dem römischen Staate studieren". Humboldt selbst bringt folgendes Beispiel: „Die Römer wogen aufs Genaueste die Grenzen der Macht gegeneinander ab. Sobald *ein* Plebejer einen kurulischen Stuhl einnahm, erschienen auf dem Marktplatz drei andere patrizische, ein Verhältnis, das, wer die römische Verfassung wahrhaft studiert hat, nicht übertrieben finden wird." Diese Form der Gewaltenteilung, bei welcher sich Vertreter verschiedener Stände gegenüberstehen, hält Humboldt für die neuere Zeit nicht für geeignet: „Dies Mittel des Gleichgewichts – wenn ich so sagen darf – ist nur für alte Zeiten und alte Nationen. In jeder lassen sich verschiedene Stände mit wohl abgewogener Macht und mit gehörig gereizten Begierden einander entgegenstellen."[557] Grundsätzlich hält Humboldt es jedoch für möglich, den Staat auch in der neueren Zeit durch eine „Entgegenstellung der Gewalten" zu sichern.[558]

---

[553] Gesammelte Schriften, Bd. 12, S. 514.
[554] Gesammelte Schriften, Bd. 17, S. 136.
[555] Vgl. *an Gentz,* S. 52 ff., insbesondere S. 56 ff.
[556] Vgl. oben, S. 42.
[557] *An Gentz,* S. 56.
[558] Vgl. *an Gentz,* S. 87.

5. Die Form des Staates

Wie er sich diese denkt, geht aus seiner Kritik der französischen Konstitution von 1791 hervor. Er bemängelt an dieser, dass nichts der jedesmaligen Legislatur entgegensteht, dass es dieser „an allem Zaum" fehlt und dass der König und seine Minister ohne Macht sind. Er bemerkt zwar, dass die römischen Tribunen auch ohne Macht waren, dass sie auch sacrosancti wie der französische König und nur mit einem Veto versehen waren. Trotzdem war ihre Lage eine ganz andere als die des französischen Königs nach der Konstitution von 1791. Das Veto der Tribunen unterstützte das Volk. Zu den französischen Verfassungsverhältnissen hingegen bemerkt Humboldt: „Wehe dem Zeitpunkt, wo je das Volk sei's gegen die Legislatur oder gegen den König handelt. In jedem Fall ist's ein Eingriff in die Konstitution, und in die Verfassung sind nun beide Mächte gesetzt, dass sie auf das Mittel reduziert werden, eine dritte ungesetzmäßige zu Hilfe zu rufen. Aber eine solche Gegeneinanderstellung der Stände hat die NV.[559] auch nicht einführen wollen. Sie fürchtete nur den König, und dem hat sie Fesseln angelegt. Für die Legislatur und die Nation bürgt ihr Enthusiasmus für die neu eingeführte Freiheit."[560] Humboldt sieht also in der französischen Verfassung von 1791 das Gleichgewicht zwischen dem König und seinen Ministern, also der Regierung einerseits und der Legislative andererseits, zuungunsten der ersteren gestört. Mit aus diesem Grunde hält er diese Verfassung für unausführbar, womit er sagen will, dass sie, wenn sie auch ausgeführt würde, nicht von Dauer sein kann.[561]

Große Bedeutung hat Humboldt offensichtlich der Gewaltenteilung als einem Problem der Form des Staates zu jener Zeit nicht beigemessen. Interessanter und wichtiger war ihm die Frage nach den Grenzen der Wirksamkeit des Staates.[562] Dies geht auch daraus hervor, dass er in seiner Schrift von 1792 über die Grenzen der Wirksamkeit des Staates die Gewaltenteilung, das heißt die „Gegeneinanderstellung mehrerer einander entgegengesetzter Mächte", ohne näher darauf einzugehen nur kurz erwähnt als ein Mittel, „welches den beherrschenden und den beherrschten Teil der Nation miteinander verbindet, welches dem ersteren den Besitz der ihm anvertrauten Macht und dem letzteren den Genuss der ihm übrig gelassenen Freiheit sichert".[563] Zwei weitere Äußerungen über die Gewaltenteilung finden sich unter dem 24. August 1798 in Humboldts Tagebüchern. Er notierte sich darin aus der 1782 in Genf erschienenen Schrift

---

[559] Gemeint ist die französische Nationalversammlung, die die Konstitution von 1791 verfasst hatte.

[560] *An Gentz,* S. 56 f.

[561] Vgl. *an Gentz,* S. 58 sowie Humboldts „Ideen über Staatsverfassung, durch die neue französische Konstitution veranlasst" vom August 1791, Gesammelte Schriften, Bd. 1, S. 77 ff. bzw. Werke, Bd. 1, S. 33 ff.

[562] Vgl. *an Gentz,* S. 58.

[563] Gesammelte Schriften, Bd. 1, S. 234 bzw. Werke, Bd. 1, S. 209; vgl. für diese Zeit auch *an Schiller* (13.11.1795), S. 206, 395.

"Considérations sur le Gouvernement de Pologne et sur la réformation projettée" von Rousseau den Gedanken: „Legislation und Administration muss durchaus getrennt sein" und bemerkte dazu: „Wichtig und nicht genug in der französischen Konstitution".[564] Ferner kritisiert er an der gleichen Schrift: „Warum diese Vermischung der exekutiven und richterlichen Gewalt?" und urteilt über die von Rousseau gegebene Begründung „parceque les rois sont les juges nés de leurs peuples" (weil die Könige die geborenen Richter ihrer Völker sind): „Wie willkürlich!"[565] Diese beiden Äußerungen zeigen, dass Humboldt ebenso wie Montesquieu zu dieser Zeit eine Trennung der gesetzgebenden, der exekutiven und der richterlichen Gewalt für wichtig hält.

In ganz anderer Weise hat sich Humboldt dann in seinen Verfassungsarbeiten aus dem Jahren 1813 und 1819 wieder mit dem Problem der Gewaltenteilung befasst. In diesen Arbeiten ergänzt er den Grundgedanken der Gewaltenteilungslehre von Montesquieu, nämlich durch Gegenüberstellen voneinander unabhängiger staatlicher Gewalten ein Gleichgewicht der staatlichen Kräfte zu erreichen, durch den Gedanken einer engen, vertrauensvollen Zusammenarbeit zwischen diesen Gewalten. So schreibt er in der „Denkschrift über die deutsche Verfassung" vom Dezember 1813: „Gut eingerichtete Stände sind nicht bloß eine nötige Schutzwehr gegen die Eingriffe der Regierung in die Privatrechte, sondern erhöhen auch das Gefühl der Selbständigkeit in der Nation und verbinden sie fester mit der Regierung."[566] In seiner „Denkschrift über ständische Verfassung" vom Oktober 1819 kritisiert Humboldt an den Repräsentativverfassungen, die zu seiner Zeit entstanden waren: „Sie waren weit mehr auf einem Antagonismus gegen die Regierung, als auf ein Zusammenarbeiten mit ihr berechnet."[567] Und an anderer Stelle führt er in der gleichen Denkschrift aus: „Indem aber die Verfassung das monarchische Prinzip stützt und vervollständigt, muss sie vor allen Dingen ihm seine gehörige Freiheit lassen. Die Kraft und Gewalt der Regierung muss nicht durch sie verlieren, sondern gewinnen, indem sie in den Stand gesetzt wird, sicherer, mit allgemeinerer Zustimmung und in einem geregelteren Gange aufzutreten. Die Stände müssen also nicht ihr Wesen darin suchen, sich der Regierung entgegenzustemmen, ein Gegengewicht gegen sie zu bilden, sondern sich an sie anzuschließen, um vereint zum gemeinschaftlichen Zweck zu gelangen; die Notwendigkeit der Opposition muss nur aus diesem Bemühen entstehen und auf diesen Zweck hinarbeiten."[568] Die gleiche Einstellung Humboldts zum Problem der Gewaltenteilung kommt in seiner „Denkschrift über Preußens ständische Verfassung" vom 4. Februar 1819 zum

---

[564] Gesammelte Schriften, Bd. 14, S. 600.
[565] Gesammelte Schriften, Bd. 14, S. 599.
[566] Gesammelte Schriften, Bd. 11, S. 108; vgl. auch Bd. 12, S. 111.
[567] Gesammelte Schriften, Bd. 12, S. 394.
[568] Gesammelte Schriften, Bd. 12, S. 391.

5. Die Form des Staates

Ausdruck. Darin bezeichnet er als den Zweck ständischer Einrichtungen: „Erweckung und Unterhaltung richtig geleiteten Interesses an den Angelegenheiten des Ganzen vermittelst gehörig bestimmten Zusammenwirkens mit der Regierung und Begrenzens ihrer Gewalt".[569] Im gleichen Sinne schreibt er in dieser Denkschrift an anderer Stelle: „Es muss nicht einseitig bezweckt werden, Stände, als Gegengewicht gegen die Regierung, und diese letztere wieder, als den Einfluss jener beschränkend zu bilden, und so ein Gleichgewicht von Gewalten hervorzubringen, was oft vielmehr in ein unsicheres und schädliches Schwanken ausartet; sondern die gesetzgebende, beaufsichtigende und gewissermaßen auch die verwaltende Tätigkeit der Regierung muss dergestalt zwischen Behörden des Staats und Behörden des Volks, von ihnen selbst, in seinen verschiedenen politischen Abteilungen und aus seiner Mitte gewählt, verteilt sein, dass beide, immer unter der Oberaufsicht der Regierung, aber mit fest gesonderten Rechten, sich in allen Abstufungen ihres Ansehens zusammenwirkend begegnen, dass von jeder Seite zum höchsten Punkt der Beratung über die allgemeinen Angelegenheiten des Staats nur also gesichtete, einander schon näher getretene, aus dem Leben der Nation selbst gewonnene, und mithin wahrhaft praktische Vorschläge gebracht werden. Es kommt nicht bloß auf die Einrichtung von Wahlversammlungen und beratenden Kammern, es kommt auf die ganze politische Organisation des Volks selbst an."[570] In Humboldts Schreiben an den Oberpräsidenten von Vincke vom 29. November 1821 kommt schließlich zum Ausdruck, dass zwischen den Ständen und der Regierung „nur das höchste Vertrauen und die höchste Einigkeit herrschen sollte".[571] Voraussetzung dafür ist allerdings, dass die Staatsverwaltung den ständischen Behörden „ohne sich Blößen zu geben in vollkommener Einheit und Kraft gegenüberstehe" und dass „Einheit, Verantwortlichkeit und Schnelligkeit" in der Verwaltung herrschen.[572] Nur kurz erwähnt sei noch, dass Humboldt den Ausdruck „Gewaltenteilung" beziehungsweise „Verteilung der Gewalten" nicht nur im Sinne Montesquieus verwendet, sondern dass er ihn auch gelegentlich anwendet auf das Verhältnis der Provinzialbehörden zu den Zentralbehörden des Staates.[573]

Wie die politische Organisation des Volkes aussehen könnte und in welcher Weise die Behörden des Volkes mit denen des Staates zusammenarbeiten sollten, geht aus der vorangegangenen Darstellung des Humboldt vorschwebenden Aufbaus der ständischen Einrichtungen und der Organisation der Staatsbehörden hervor. Interessant ist in diesem Zusammenhang vor allem Humboldts Vorstellung von dem Zusammenwirken der Regierung mit den allgemeinen Ständen

---

[569] Gesammelte Schriften, Bd. 12, S. 256.
[570] Gesammelte Schriften, Bd. 12, S. 233 f.
[571] Gesammelte Schriften, Bd. 12, S. 490.
[572] Vgl. Gesammelte Schriften, Bd. 12, S. 302 f., 317.
[573] Vgl. Gesammelte Schriften, Bd. 12, S. 484, 504.

bei der Gesetzgebung und von den Behörden des Staates mit den Behörden des Volkes bei der Verwaltung. Humboldt will die Gesetzgebung nicht den allgemeinen Ständen allein übertragen, sie soll vielmehr von diesen nur gemeinsam mit der Regierung ausgeübt werden können[574]; und die Verwaltung kann Humboldt nicht nur als eine Angelegenheiten der Verwaltungsbehörden des Staates betrachten, weshalb er bestimmte Bereiche Verwaltungsbehörden des Volkes übertragen will.[575] Dass Humboldt die Gesetzgebung nicht den allgemeinen Ständen allein übertragen will, ist sicher darin begründet, dass er einen plötzlichen Übergang von der Regierungsform der Monarchie zu der der Demokratie bei der bestehenden Trennung zwischen Staat und Volk weder für möglich noch für wünschenswert ansah. Seine Vorstellung von einem Zusammenwirken der Regierung mit den allgemeinen Ständen bei der Gesetzgebung ist deshalb wohl als eine zeitbedingte anzusehen. Ganz anders aber verhält es sich mit seiner Idee einer Aufteilung der Verwaltungsaufgaben zwischen Behörden des Staates und Behörden des Volkes. Humboldt will, wie wir gesehen haben, den „Behörden des Volkes" Aufgaben übertragen, die nach seinen Ideen von den Grenzen der Wirksamkeit des Staates nicht zu den Aufgaben des Staates gehören. Da diese Ideen nicht zeitbedingt sind, kann man sagen, dass der Idee einer Aufteilung der Verwaltungsaufgaben zwischen Behörden des Staates und Behörden des Volkes eine in die Zukunft weisende Bedeutung zukommt, wobei man allerdings berücksichtigen muss, dass die „Behörden des Volkes", von denen Humboldt in seinen Verfassungsarbeiten aus dem Jahre 1819 spricht, im Gegensatz zu den „Nationalanstalten" seiner Schrift über die Grenzen der Wirksamkeit des Staates nicht nur Aufgaben wahrnehmen sollen, die außerhalb der Grenzen der Wirksamkeit des Staates liegen, sondern zugleich solche, die als staatliche Aufgaben zu betrachten sind. Ferner ist dabei zu berücksichtigen, dass die „Behörden des Volkes" auf Zwang beruhen und aufgrund von Mehrheitsentscheidungen handeln, während die „Nationalanstalten" auf Freiwilligkeit beruhen und einstimmig handeln sollten.[576] Humboldt unterscheidet hier nicht klar genug zwischen Selbstverwaltung innerhalb und Selbstverwaltung außerhalb der staatlichen Verwaltung.

Durch die Idee der Aufteilung der Verwaltungsaufgaben wird das Problem der Gewaltenteilung, das den inneren Bereich des Staates betrifft, ergänzt durch das bereits in dem Kapitel „Die Grenzen der Wirksamkeit des Staates" behandelte Problem: Welche Grenzen sind dem Staat bei seiner Gesetzgebung und Verwaltung zu ziehen, und welche Bereiche sind der Regelung und Verwaltung besonderer „Behörden des Volkes" vorzubehalten? Man kann dieses zweite Problem ebenfalls als ein Problem der Gewaltenteilung ansehen.[577] Doch da die

---

[574] Vgl. oben, S. 182 f.
[575] Vgl. oben, S. 180 f., 185, 202 f.
[576] Vgl. dazu oben, S. 100 f.

Bereiche, die von besonderen „Behörden des Volkes" beziehungsweise von „Nationalanstalten" verwaltet werden sollen, außerhalb des Bereichs der staatlichen Gewalten liegen, sollte man um der Klarheit der Begriffe willen das zweite Problem besser das der Grenzen der Wirksamkeit des Staates nennen.

ii) Die Bedeutung von Humboldts Vorstellungen über die Staatsform

Humboldts Vorstellungen über die Form des Staates dürfen nicht dogmatisch aufgefasst werden. Sie sind entwickelt aus der Anschauung der konkreten Situation des preußischen Staates, wie sie sich für Humboldt in seiner Zeit darstellte. Es ist deshalb, wie dies auch angestrebt wurde, mehr hinzublicken auf die Prinzipien, die diesen Vorstellungen zugrunde liegen. Diese ermöglichen es, auch zu anderen Zeiten und bei ganz anderen staatlichen Verhältnissen die jeweils möglichen und richtigen Formvorstellungen zu bilden. Humboldt kam es nicht darauf an, eine für alle Zeiten und für alle Nationen gültige Staatsform zu entwickeln. Ihm hatten sich aus seinem jahrzehntelangen Studium des Menschen gewisse Prinzipien ergeben, die bei allen Staatsformen, die ja Formen des Zusammenlebens und -arbeitens von Menschen sind, beachtet werden sollten. Die konkrete Form des jeweiligen Staates, wie seine Verfassung überhaupt, sollten sich jedoch aus dem Charakter der betreffenden Nation, das heißt ihrer besonderen Lage und Veranlagung ergeben. Dies bringt Humboldt mit Bezug auf die Stände in seiner „Denkschrift über die deutsche Verfassung" vom Dezember 1813 so zum Ausdruck: „Bei Bestimmung der Rechte der Stände müssen gewisse Grundsätze, als allgemein durch ganz Deutschland geltend, angenommen werden; im Übrigen aber muss die Verschiedenheit eintreten, welche die ehemalige Verfassung der einzelnen Länder mit sich bringt. Eine solche Verschiedenheit ist nicht allein durchaus unschädlich, sondern sie ist notwendig, um in jedem Lande die Verfassung genau an die Eigentümlichkeit des Nationalcharakters anzuschließen. Die der neuesten Zeit sehr eigne Methode, allgemeine, theoretisch gebildete Reglements ganzen Ländern vorzuschreiben und dadurch alle Mannigfaltigkeit und Eigentümlichkeit niederzuschlagen, gehört zu den gefährlichsten Missgriffen, die aus einem unrichtig verstandenen Verhältnis der Theorie zur Praxis entspringen können."[578]

Wenn die Verfassung Ausdruck ist der Eigentümlichkeit des Nationalcharakters, dann kann nach Humboldts Überzeugung Begeisterung für sie entstehen. So schreibt er am 9. Januar 1792 an Gentz: „Für eine bloße Idee haben sich

---

[577] Dies tut *v. Hippel* (1948), insbesondere S. 31 ff.; vgl. ferner *v. Hippel* (1958), S. 80 ff., insbesondere S. 86 f.
[578] Gesammelte Schriften, Bd. 11, S. 108; vgl. ferner S. 99, 140, 159 f.; Gesammelte Schriften, Bd. 12, S. 111 f., 392, Bd. 17, S. 72 f.; vgl. *Gebhardt* (1928), Bd. 2, S. 129 f.; *an Caroline,* Bd. 4, S 327, sowie oben S. 69, 70 ff.

wohl Philosophen, aber nie Nationen erwärmt. Bei diesen entsteht Begeisterung für die Konstitution nur dann, wenn diese Konstitution aus ihrem Nationalcharakter gleichsam hervorgeht, wenn sie aufhören müssten, die Menschen zu sein, die sie sind, wenn sie die Konstitution verlören."[579]

---

[579] *An Gentz*, S. 55.

V. Humboldts Gedanken zum Verhältnis der europäischen Staaten

1. Die Ausgangslage 1810 in Europa

Zu dem Problem, wie das Verhältnis der europäischen Staaten zueinander gestaltet werden sollte, hat sich Humboldt in seinen staatstheoretischen Jugendschriften kaum geäußert. In ihnen richtete er seinen Blick auf die Verfassung des einzelnen Staates. Es interessierte ihn die Frage, wie eine Verfassung entstehen muss, wenn sie dauerhaft sein soll, und welche Grenzen der Wirksamkeit dem einzelnen Staat gezogen werden müssen, damit die Bürger sich frei entwickeln und in Sicherheit entfalten können. Der Gesichtspunkt, von dem aus er seine Betrachtungen anstellte, war: Welches ist die für den einzelnen Menschen und seine individuelle Bildung günstigste Lage im Staat? Die darüber hinausgehende Frage, welche die für den einzelnen Staat günstigste Lage in der Staatengemeinschaft ist, war damals noch nicht in sein Blickfeld getreten, obwohl sie auch die Lage des einzelnen Menschen innerhalb seines Staates sowie sein Verhältnis zu anderen Staaten wesentlich mitbestimmt.

Erst während seiner diplomatischen und staatsmännischen Tätigkeit als preußischer Gesandter am Wiener Hofe sowie als Vertreter Preußens beim Wiener Kongress und bei anderen politischen Verhandlungen, insbesondere in den Jahren 1812 bis 1816, ergab sich für Humboldt die Notwendigkeit, zu dem Problem, in welchem Verhältnis die Staaten zueinander stehen sollten, Stellung zu nehmen. Anlass dazu war die Lage, in die Deutschland und Europa durch Napoleons ehrgeiziges Streben nach einer europäischen Universalmonarchie und die dabei bewirkte Auflösung des deutschen Kaiserreichs gekommen war. Von zwei Hauptgesichtspunkten aus hat sich Humboldt zu dieser Lage geäußert. Der eine betraf die Frage, wie das Verhältnis der europäischen Staaten zueinander nach dem Ende von Napoleons Herrschaft gestaltet werden sollte; der andere bezog sich auf das Problem, in welche Form das Verhältnis der nach dem Ende des Kaiserreichs souverän gewordenen deutschen Staaten gebracht werden sollte.

Die Frage nach dem künftigen Verhältnis der europäischen Staaten zueinander beschäftigte Humboldt in seiner Tätigkeit als preußischer Gesandter am Wiener Hof, die in die Jahre 1810 bis 1813 fällt. Als er seinen Gesandtschaftsposten Ende September 1810 antrat, hatte Napoleon die Vorherrschaft in Europa. Deutschland, Österreich und Italien waren von ihm abhängig. Österreich war ihm außerdem durch seine Heirat mit der Tochter von Kaiser Franz verbunden. Die Unterwerfung Spaniens schien bald bevorzustehen. Mit Zar Alexander hatte er einen Freundschaftsbund geschlossen; auch war Russland durch den Krieg gegen die Türkei daran gehindert, in die europäischen Verhältnisse einzugreifen. An eine Änderung dieser Verhältnisse war zunächst nicht zu denken.[1]

2. Prinzip der Unabhängigkeit der Staaten

Bei seinen Überlegungen ging Humboldt von dem Prinzip der Unabhängigkeit der einzelnen Staaten aus. Die von Napoleon angestrebte Universalmonarchie lehnte er ab, und zwar offensichtlich deshalb, weil durch diese die Unabhängigkeit und Freiheit der einzelnen Staaten und Völker beseitigt worden wäre. Aber auch gegen eine europäische Republik sprach er sich aus. Dies geht aus seiner Denkschrift über den Geschäftsgang des Wiener Kongresses vom September 1814 hervor.[2] Darin kommt er auf die Französische Revolution und die Herrschaft Napoleons zu sprechen, die fast das gesamte politische Antlitz Europas verändert hätten, und betont, dass die Einrichtung einer europäischen Republik immer und durch sich selbst unmöglich sei.[3] Diese Ansicht dürfte damit zusammenhängen, dass Humboldt schon seit seiner Jugend eine tiefe Abneigung gegen eine nach bloßen Prinzipien der Vernunft ausgedachte oder von anderen Staaten übernommene Verfassung hatte, wenn einer solchen die Grundlage in den bestehenden Verhältnissen fehlt. Er war überzeugt, dass eine Verfassung nur dann gedeihen kann, wenn sie aus der individuellen Beschaffenheit der Staaten und Völker hervorgeht.[4] Auch befürchtete er, dass bei einer europäischen Republik, zu der notwendigerweise eine gemeinsame Gesetzgebung und eine zentrale Exekutive gehört hätten, die Selbständigkeit und die individuelle Gestaltung der europäischen Staaten ebenfalls gefährdet gewesen wäre.

3. Prinzip des Gleichgewichts

Grundlage von Humboldt Idee einer politischen Neuordnung Europas war vielmehr das Prinzip eines völkerrechtlichen Verhältnisses zwischen selbständigen Staaten. Dieses ergänzte er durch das Prinzip des Gleichgewichts. Durch Napoleon war das Gleichgewicht in Europa empfindlich gestört worden, und es galt, dieses wiederherzustellen. Humboldts Gedanke lag dabei der politische Gegensatz zwischen dem napoleonischen Frankreich und dem zaristischen

---

[1] Vgl. *Gebhardt* (1928), Bd. 1, S. 369 f.
[2] Vgl. Gesammelte Schriften, Bd. 11, S. 163 f.
[3] Vgl. Gesammelte Schriften, Bd. 11, S. 165.
[4] Vgl. Gesammelte Schriften, Bd. 1, S. 78 ff. bzw. Werke, Bd. 1, S. 34 ff. sowie oben, S. 167.

Russland zugrunde, den man als den damaligen West-Ost-Gegensatz bezeichnen kann.

So beschäftigte Humboldt zunächst die Frage, wie das Gleichgewicht in Europa wiederhergestellt werden könnte und wie die Lage Preußens und Österreichs als den beiden damals größten mitteleuropäischen Mächten im Spannungsfeld zwischen den zwei mächtigen Staaten in West und Ost gestaltet werden sollte. Er erkannte von Anfang an, dass die Freundschaft zwischen Frankreich und Russland keine dauernde sein würde und stellte Überlegungen an, wie ein Gegengewicht gegen Napoleon geschaffen werden könnte. Eine Möglichkeit hierzu sah er nur unter der Voraussetzung, dass Russland mit der Türkei Frieden schließt und Österreich in bestimmten Dingen entgegenkommt, sodass die bestehende Abneigung zwischen Österreich und Russland überwunden und ein freundschaftliches Verhältnis zwischen ihnen hergestellt werden könnte. Wenn Preußen dann hinzutreten würde, könnte eine die Unabhängigkeit dieser Staaten gegenüber Frankreich garantierende Macht geschaffen werden.[5]

4. Die Stellung Österreichs und Preußens zwischen Frankreich und Russland

Da eine solche ziemlich unwahrscheinliche Entwicklung jedoch nicht eintrat, konzentrierte sich Humboldts Interesse auf die Frage, wie sich Österreich im Falle eines französisch-russischen Krieges verhalten würde. Er erkannte sehr bald, dass Österreich angesichts seiner inneren Schwäche danach streben würde, seine Neutralität möglichst zu wahren, dass es aber unter dem Druck Napoleons gezwungen sein würde, sich auf seine Seite zu stellen. Erst recht war ihm bewusst, dass Preußen im Falle eines solchen Krieges wegen seiner geografischen Lage nicht neutral bleiben könnte und sich notgedrungen auf ein Bündnis mit Frankreich einlassen müsste. Als ihm mit Schreiben vom 12. Januar 1811 aus Berlin mitgeteilt wurde, dass nichts übrig bleibe, als sich eng an Frankreich anzuschließen, wandte er sich allerdings dagegen, die noch vorhandene Unabhängigkeit ohne zwingenden Grund aufzugeben. Napoleon sei durch den Krieg in Spanien noch lange beschäftigt, Österreich sei noch nicht mit ihm alliiert und die Unabhängigkeit beider Kaiserreiche (Österreich und Russland) zeige Preußen noch die Möglichkeit einer anderen politischen Existenz. Im Übrigen solle Preußen in seinen Vorbereitungen für einen Umschwung der Dinge unermüdlich fortfahren, wie es dank Scharnhorst bereits geschah.[6] Als schließlich am 24. Februar 1812 das Bündnis zwischen Frankreich und Preußen abgeschlossen wurde, sah Humboldt dies dann angesichts der Übermacht Napoleons als den einzig möglichen Weg an.[7]

---

[5] Vgl. *Gebhardt* (1928), Bd. 1, S. 376.
[6] Vgl. *Gebhardt* (1928), Bd. 1, S. 382 f.

Die Möglichkeit eines Umschwungs ergab sich erst, als Napoleon im Sommer 1812 in Russland einmarschierte und er sich dann nach dem Brand Moskaus und der Weigerung Russlands, mit ihm Frieden zu schließen, mit großen Verlusten wieder zurückziehen musste. Als gegen Weihnachten 1812 in Wien Napoleons Durchmarsch durch Warschau bekannt wurde, vertrat Humboldt in einer Depesche vom Ausgang des Jahres 1812 die Ansicht, dass es jetzt nur einer energischen und wohlberechneten Haltung der anderen europäischen Mächte bedürfe, um das frühere System des Gleichgewichts und der Unabhängigkeit wiederherzustellen. Die napoleonfeindlichen Kabinette stünden jetzt vor der Frage, ob man an einer gänzlichen Zerstörung der gegenwärtigen französischen Regierung arbeiten müsse, oder ob man sich begnügen solle, einen Frieden zu schaffen, der für immer oder wenigstens für lange Zeit die Sicherheit gebe, dass Frankreich sein gegenwärtiges Übergewicht nicht wieder erlangt. An dem ersten Ziel werde Österreich mit Gewissheit nicht mitwirken und bei einem Friedensschluss werde es eher nachgiebiger gegen Frankreich sein, da es immer ein gewisses Misstrauen gegen Russland wegen der Türkei und Polen nähre. Schon in einem früheren Bericht hatte Humboldt bemerkt, dass man in Wien Frankreich gar nicht so sehr schwächen wolle, um Russland nicht zu mächtig werden zu lassen. Und in seinem Bericht von Ende 1812 warnte er selbst auch vor den russischen Expansionsgelüsten. Man meine in Russland allgemein, dass es seine Grenzen bis zur Weichsel ausdehnen werde. Das müsse Preußen verletzen, Österreichs Verdacht erregen und widerspreche den Prinzipien des europäischen Gleichgewichts.[8]

Für Preußen stellte sich jetzt das Problem, dass die russischen Truppen näher rückten und es vor die Alternative gestellt werden würde, sich entweder von Napoleon loszusagen und sich mit Russland gegen ihn zu verbünden oder als mit Frankreich verbündete Macht von Russland besetzt und verwüstet zu werden. Bei der Lösung dieses Problems spielte eine entscheidende Rolle, welche Haltung Österreich einnehmen würde. Um hierüber Klarheit zu gewinnen, wurde der Oberst von Knesebeck im Januar 1813 nach Wien geschickt. Dieser berichtete nach Berlin von einem Vorschlag Metternichs, Schlesien als preußische Provinz gegenüber Russland zu neutralisieren, wogegen sich Humboldt in einem Bericht an Hardenberg vom 12. Januar 1813 mit triftigen Gründen entschieden aussprach. Demgegenüber hielt er ein gemeinsames Neutralitätssystem von Österreich und Preußen für wünschenswert. Zugleich wies er jedoch darauf hin, dass jede Idee einer Neutralität oder Bildung einer Koalition inmitten Europas mit dem Ziel, die allgemeine Ordnung zu wahren und die verschiedenen Interessen zu vereinigen, zur unumgänglichen Vorbedingung die ausdrückliche Erklärung des Wiener Hofes habe, in keinem Fall Frankreich in einem zweiten

---

[7] Vgl. *Gebhardt* (1928), Bd. 1, S. 397.
[8] Vgl. *Gebhardt* (1928), Bd. 1, S. 404 f., 401.

Feldzug Hilfe zu gewähren und nicht mehr Verbündeter einer der beiden Krieg führenden Mächte zu sein.[9] Hier taucht zum ersten Mal bei Humboldt die Idee auf, das Gleichgewicht in Europa dadurch herzustellen, dass sich Österreich und Preußen als mitteleuropäische Mächte verbünden und die feindlichen Mächte Frankreich und Russland durch ihre Neutralität auseinander halten.

Ein solches Neutralitätssystem kam jedoch zunächst noch nicht in Betracht. Zunächst galt es, Österreich für eine bewaffnete Vermittlung und für die Unterstützung Preußens in seinem Bestreben zu gewinnen, Napoleon zum Frieden zu zwingen und das Gleichgewicht in Europa wiederherzustellen. Zu diesem Zweck richtete Humboldt gemeinsam mit Knesebeck am 18. Januar 1813 eine Note an Metternich, in welcher dem Wiener Hof die dringende Frage vorgelegt wurde, ob er entschlossen sei, wenn die Grundlagen für den Frieden verkündet sein werden und er diese angemessen finde, aktiv und energisch mit allen seinen militärischen Kräften zu handeln, um diese Grundlagen von Frankreich annehmen zu lassen, oder ob er sich nur mit einer passiven Rolle begnügen und auf dem Verhandlungswege versuchen werde zu erreichen, dass Frankreich diese Grundlagen akzeptiert. Hauptsorge Humboldts war offensichtlich, dass Österreich mit Frankreich verbündet bleiben könnte, wenn Preußen sich entschließen würde, sich mit Russland zu verbünden, sodass sich dann Österreich und Preußen in feindlichen Lagern gegenüberstünden. Angesichts dieser realen Gefahr betonte er die Übereinstimmung der Interesse beider Staaten, deren geografische Lage sie dazu berufe, das Schicksal von ganz Deutschland zu bestimmen. Deutschland sei das einzige Land, dem die Vorsehung die schöne Aufgabe (rôle) zugewiesen zu haben scheine, das Gleichgewicht zwischen den europäischen Mächten aufrechterhalten zu müssen. Ein solches Gleichgewicht aber sei nur dann wahrhaft gesichert, wenn es auf der Unabhängigkeit von ganz Deutschland und einer vollkommenen Übereinstimmung der deutschen Fürsten beruhe. So bezeichnete er als das wesentliche Ziel des Friedens, Deutschland seine völlige Unabhängigkeit wiederzugeben, das Unrecht zu beseitigen, das die Ereignisse der letzten Jahre mehreren Mächten zugefügt hat und durch eine enge Verbindung von Österreich mit Preußen mit Unterstützung der übrigen deutschen Fürsten eine Streitmacht zu bilden, die fähig ist, ein gerechtes Gleichgewicht zwischen den Mächten im Westen, im Norden und im Osten aufrechtzuerhalten.[10] Hier tritt bei Humboldt bereits mit großer Klarheit die Idee auf, die dann sein späteres Wirken für die Neuordnung Deutschlands und Europas bestimmte: dass Deutschland inmitten Europas die Aufgabe zufällt, das Gleichgewicht insbesondere zwischen West und Ost herzustellen und aufrechtzuerhalten, und dass Voraussetzung dafür seine Unabhängigkeit und seine Verbindung zu einem politischen und militärischen Ganzen ist.

---

[9] Vgl. *Gebhardt* (1928), Bd. 1, S. 408 f.
[10] Gesammelte Schriften, Bd. 11, S. 40, 41 sowie *Gebhardt* (1928), Bd. 1, S. 410 f.

5. Der Allianzvertrag zwischen Russland und Preußen

Humboldt war sich darüber im Klaren, dass mit einem energischen militärischen Eingreifen Österreichs, um Napoleon zu einem solchen Frieden zu zwingen, zunächst nicht zu rechnen war. Trotzdem trat er in seinen weiteren Berichten für eine Abwendung Preußens von Frankreich und für ein Bündnis mit Russland ein, sobald die Russen die Oder erreicht hätten. Er vertraute darauf, dass es Russland und Schweden mit Unterstützung Preußens und Norddeutschlands gelingen werde, den Kriegsschauplatz hinter die Elbe zurückzuverlegen. Hierbei spielte sicher auch der moralische Gesichtspunkt eine Rolle, dass bei einem solchen Bündnis die Alliierten für die gerechte Sache der Wiederherstellung der Ruhe und des Gleichgewichts in Europa eintraten, Napoleon hingegen nur für seine persönlichen ehrgeizigen Pläne kämpfte. Metternich riet seinerseits Preußen zum Bündnis mit Russland, nachdem er erfahren hatte, dass Napoleon jeden Frieden ablehnte, der ihm ein Opfer an Land und Leuten abfordere. Sobald die Russen die Oderfestungen eingenommen hätten und der schwedische Einfall erfolgt sei, werde er Österreich für neutral erklären und zugleich Preußen und Russland versichern, dass die Bewaffnung Österreichs nicht gegen sie gerichtet sei.[11]

So wurde am 28. Februar 1813 der Allianzvertrag von Kalisch zwischen Russland und Preußen abgeschlossen, zu welchem Humboldt bemerkte, dass er die Grundlage für ein neues politisches System in Europa lege. Er drängte nun darauf, den Anschluss der kleineren deutschen Staaten zu betreiben und sich mit Österreich und Russland über die Grundsätze zu einigen, die diesen Staaten gegenüber eingehalten werden sollen. Als ihm Metternich den Inhalt der Instruktion vom 28. März 1813 für den Fürsten Schwarzenberg mitteilte, der nach Paris entsandt wurde, war Humboldt tief befriedigt über die darin dargelegte Interessengemeinschaft zwischen Österreich und Preußen, die als zentrale Mächte auf allen Seiten den Angriffen ihrer Nachbarn ausgesetzt seien. Als Hauptsache der Instruktion sah er das in ihr dargelegte neue System des europäischen Gleichgewichts an, in welchem die beiden Mittelmächte zwischen Frankreich und Russland mit den kleineren zusammen in einem geschlossenen System stark und unabhängig sein müssten, um das Gleichgewicht Europas aufrechtzuerhalten. Der Mittelpfeiler dieses Systems sei Deutschland, und in Deutschland selbst sei Preußen mit Österreich vollkommen gleichgestellt.[12] Gebhardt bemerkt hierzu mit Recht, dass diese Auffassung des mitteleuropäischen Systems für Humboldt immer maßgebend blieb und dass er seine Verwirklichung erstrebte.[13]

---

[11] Vgl. *Gebhardt* (1928), Bd. 1, S. 412 ff., 433.
[12] Vgl. *Gebhardt* (1928), Bd. 1, S. 418 ff.
[13] Vgl. *Gebhardt* (1928), Bd. 1, S. 422, Anm. 2.

6. Verschiedene selbständige politische Systeme

In seiner Stellungnahme zu der Instruktion für Schwarzenberg stellte Humboldt dieses europäische Gleichgewichtssystem noch in einen größeren Zusammenhang hinein. Er bemängelte, dass Metternich die Pforte (Türkei) und Spanien ausschließe. Ihm scheine es, dass England angesichts seiner Beziehungen zu Frankreich und seiner überseeischen Besitzungen ein anderes System bilde, zu dem Spanien hervorragend gehöre. Russland würde ein drittes System gegenüber den asiatischen Staaten bilden, wenn diese zivilisiert genug wären, um die Anwendung politischer Grundsätze auf ihre Beziehungen zuzulassen. Hierzu äußerte Humboldt die bedeutsame Idee, dass man diese verschiedenen politischen Systeme am besten dadurch miteinander verbinde, dass man sie als jeweils in sich geschlossene Systeme sich selbständig entfalten lässt: „Das einzig wahre Mittel, diese politischen Systeme, die einander nicht fremd bleiben können, zu vereinigen, ist, dass man sie trennt und die unmittelbare Tätigkeit eines jeden auf die natürlichen Grenzen seiner individuellen Lage beschränkt."[14] Humboldt hielt es also nicht für richtig, alle Staaten in ein einziges politisches System einzuspannen; vielmehr wollte er diese nach ihren gegebenen politischen Zusammenhängen in verschiedene selbständige Systeme gliedern.

7. Der Kriegseintritt Österreichs

In den folgenden Monaten des Jahres 1813 konzentrierte sich Humboldts Streben darauf, dass die gegenüber Napoleon geltend zu machenden Friedensbedingungen im Einvernehmen mit Österreich so aufgestellt werden, dass durch sie die Unabhängigkeit Preußens und Österreichs und damit das Gleichgewicht und die Ruhe in Europa wiederhergestellt und gewährleistet werden. Dabei hatte er auch die Interessen Englands im Auge und trat für die Wiederherstellung des freien Handelsverkehrs zwischen England und dem Kontinent ein, den Napoleon durch die Kontinentalsperre unterbunden hatte. Humboldt rechnete mit dem Scheitern der Vermittlungs- und Friedensbemühungen Österreichs und mit dessen Kriegseintritt gegen Frankreich, der dann auch nach dem ergebnislosen Verlauf des Prager Kongresses und nach dem Auslaufen des Waffenstillstands am 10. August 1813 erfolgte.[15] An diesem Kriegseintritt durfte sich Humboldt mit Recht eine entscheidende Mitwirkung zusprechen.[16]

---

[14] Vgl. *Gebhardt* (1928), Bd. 1, S. 421.
[15] Zu den Einzelheiten vgl. man *Gebhardt* (1928), Bd. 1, S. 432 ff. sowie in Bezug auf England S. 444 f., 447 f. und 455.
[16] Vgl. *Gebhardt* (1928), Bd. 1, S. 438 sowie *Schaffstein*, S. 245.

8. Macht als Voraussetzung für Unabhängigkeit

In dieser Zeit wies Humboldt auch darauf hin, dass die Unabhängigkeit Preußens und Österreichs eine entsprechende Macht erfordere. Staatsrat Ancillon hatte dem preußischen König am 7. Juli 1813 unter anderem eine Denkschrift übergeben, in welcher die Verbindung der Verhandlungen über den Kontinentalfrieden mit solchen über den Seefrieden mit England sowie die Annahme der österreichischen Friedensbedingungen empfohlen wurde, die Humboldt für völlig ungenügend hielt. In einer Stellungnahme „Réflexions sur un mémoire de M. le Conseiller d'État Ancillon ..." vom 10. Juli 1813 wandte er sich mit überzeugenden Gründen gegen diese Empfehlungen und betonte, dass es schwierig sei, bei Staaten die Unabhängigkeit von der Macht zu trennen: „Es ist evident, dass ein schwacher Staat nur insoweit unabhängig sein kann, wie er durch andere Staaten verteidigt wird. Nun hätte aber Preußen (bei Annahme der österreichischen Friedensbedingungen) den Feind nur wenige Märsche von Berlin entfernt und seine Verteidiger, die Russen, in weiter Entfernung. Österreich würde durch diesen Frieden mehr an Ausdehnung gewinnen, aber wenig an Verteidigungskraft für sich und seine Nachbarn, da es weder Tirol, noch eine starke Grenze in Italien hätte. Man kann deshalb mit sehr viel mehr Wahrheit wie mir scheint sagen, dass die nicht wiedererlangte Macht in kurzem die Unabhängigkeit zerstören und bald auch die Existenz der Monarchie bedrohen würde."[17] Er tritt deshalb für weitergehende Friedensbedingungen ein, die Preußen einen größeren Gebietsumfang wiedergeben und seine Unabhängigkeit besser garantieren sollten. Er betonte jedoch, dass es sich nicht so sehr um eine materielle Ausdehnung des Staates handle als vielmehr um die Mittel, die vorhandene zu bewahren. Der Umstand, dass Preußen durch seine eigenen Anstrengungen die Provinzen wieder erobert habe, deren Einwohner sich nach ihm zurücksehnten, würde ihm eine moralische Kraft geben, mit der sich die materielle verbinden würde, die ihm die dann wahrhaft gesicherte Freiheit des Handels verschaffen würde. „Wenn man zu diesem auch während des Friedens eine starke und dem nationalen Geiste angepasste militärische Organisation hinzufügen würde sowie ein enges Bündnis zwischen Preußen, Österreich und Russland, so würde das (gegenüber 1806) kleiner gewordene Preußen ohne Zweifel eine größere Verteidigungskraft besitzen, als es sie jemals bis jetzt gehabt hat."[18] Wie daraus hervorgeht, ging es Humboldt nicht um einen Machtzuwachs Preußens, um damit seinen Staatsumfang und seinen Machtbereich auszudehnen. Vielmehr strebte er lediglich nach einer solchen Gebietsgröße und militärischen Stärke, welche Preußen in die Lage versetzen sollten, seine Unab-

---

[17] Gesammelte Schriften, Bd. 11, S. 73 ff., 79 sowie *Gebhardt* (1928), Bd. 1, S. 460 ff., 464.
[18] Vgl. Gesammelte Schriften, Bd. 11, S. 81 f., sowie *Gebhardt* (1928), Bd. 1, S. 456 f.

hängigkeit und Existenz gegen auswärtige Feinde zu verteidigen. Es ging ihm also darum, eine Verteidigungsmacht, nicht eine Angriffsmacht aufzubauen. Dies hat er später in seiner Denkschrift „Über die Behandlung der Angelegenheiten des Deutschen Bundes durch Preußen" vom 30. September 1816 wiederum deutlich ausgesprochen, indem er sagte, dass kein echter Deutscher wollen könne, dass Deutschland als Deutschland auch ein erobernder Staat würde.[19] Die gleiche Einstellung kommt in einer Note zum Ausdruck, die Humboldt während des Prager Kongresses am 30. Juli 1813 entwarf und die dazu bestimmt war, Metternich als Vermittler das preußische Friedensprogramm darzulegen. Darin betonte er, dass die vier darin genannten Friedensbedingungen ausschließlich darauf abzielen, Preußen und Österreich in ihren früheren Stärke- und Gebietsverhältnissen wiederherzustellen und ihre Unabhängigkeit zu gewährleisten, und dass sie gänzlich auf der Idee beruhen, „dass der Friede zwischen den zwei großen Mächten, die an den entgegengesetzten Enden von Europa gelegen sind, durch die Macht und Unabhängigkeit der in der Mitte befindlichen Staaten gesichert werden muss".[20]

9. Berücksichtigung der Interessen anderer Staaten

In diesem Entwurf vom 30. Juli 1813 taucht noch ein zusätzlicher Gedanke auf, der für ein vertrauensvolles und friedliches Verhältnis zwischen Staaten von größter Bedeutung ist, nämlich dass „ein allgemeines System des Gleichgewichts und der Unabhängigkeit ausnahmslos die Interessen aller Regierungen vereinigen muss".[21] Humboldt war sich also darüber im Klaren, dass die Verfolgung und Durchsetzung einseitiger Interessen einzelner Staaten mithilfe entsprechender Machtmittel auf Kosten der Interessen anderer Staaten auf Dauer nicht zu einem gesunden Verhältnis zwischen diesen Staaten führen kann; dass es somit gerade auch im wohlverstandenen Interesse der mächtigeren Staaten liegt, bei Interessengegensätzen und Konflikten auch die Interessen der weniger mächtigen Staaten mitzuberücksichtigen. Einen eng damit verwandten Gedanken hatte Humboldt bereits in seiner Schrift über die Grenzen der Wirksamkeit des Staates in dem Kapitel „Sicherheit gegen auswärtige Feinde" ausgesprochen, indem er in Bezug auf den einzelnen Staat sagte: „Er gebe Freiheit und dieselbe Freiheit genieße ein benachbarter Staat."[22] Er trat also schon damals dafür ein, dass das Prinzip der größtmöglichen Freiheit nicht nur im Verhältnis des einzelnen Staates zu seinen Bürgern, sondern auch für das Verhältnis zwischen den Staaten maßgebend sein sollte; dass also nicht einseitige Interessen

---

[19] Vgl. Gesammelte Schriften, Bd. 12, S. 77 bzw. Werke, Bd. 4, S. 374.
[20] Vgl. Gesammelte Schriften, Bd. 11, S. 84 ff., 88 sowie *Gebhardt* (1928), Bd. 1, S. 478 ff.
[21] Gesammelte Schriften, Bd. 11, S. 89.
[22] Gesammelte Schriften, Bd. 1, S. 139 bzw. Werke, Bd. 1, S. 101.

mit Hilfe von Macht durch politischen Druck oder durch Krieg durchgesetzt werden sollten.

10. Humboldts Stellung zum Krieg gegen Napoleon

Humboldt lehnte jedoch nicht jeglichen Krieg ab. Vielmehr hielt er einen Verteidigungskrieg sowie einen aus sonstigen Gründen notwendigen Krieg schon in seiner Jugendschrift für voll gerechtfertigt. So sagte er, dass „der Staat den Krieg auf keinerlei Weise befördern, allein auch ebenso wenig, wenn die Notwendigkeit ihn fordert, gewaltsam verhindern" muss.[23] Sein Ideal war der Friede, und zwar sowohl zwischen den Individuen als auch zwischen den Nationen und Staaten, aber nicht ein durch Gewalt oder künstliche Lähmung hervorgebrachter, sondern ein aus den inneren Kräften freier Menschen hervorgehender Friede.[24] – Ganz im Sinne dieser Ideen hatte sich Humboldt später tatkräftig dafür eingesetzt, dass Preußen sich am Krieg gegen Napoleon beteiligt, um die Freiheit und Unabhängigkeit von Preußen und Österreich sowie das Gleichgewicht in Europa wiederherzustellen. Auch wandte er sich vor und während dem Prager Kongress gegen eine Verlängerung des Waffenstillstandes mit Napoleon und trat für eine energische Fortsetzung der militärischen Operationen gegen ihn ein – notfalls auch ohne Österreich –, wenn eine befriedigende Vereinbarung nicht zustande kommt.[25]

Nach dem Scheitern des Prager Kongresses nahm Humboldt eifrig teil an den Verhandlungen, durch die die Einzelheiten der Allianz mit Österreich geregelt wurden und die zu den drei Teplitzer Verträgen vom 9. September 1813 führten. In den geheimen Artikeln wurde als Kriegsziel unter anderem bezeichnet die Wiederherstellung der österreichischen und preußischen Monarchie, so viel als möglich nach dem Bestande vor 1805, die Auflösung des Rheinbundes und die volle und unbedingte Unabhängigkeit der Staaten, die zwischen Österreich und Preußen und dem Rhein und den Alpen liegen.[26] Nach dem Einzug mit dem österreichischen und russischen Kaiser in Frankfurt am 6. November 1813 war Humboldt dort einerseits mit dem Abschluss der Beitrittsverträge mit den kleinen deutschen Fürsten beschäftigt, die erst Anfang Dezember alle abgeschlossen werden konnten. In diesen Accessionsverträgen war den Fürsten zwar die Fortdauer ihrer Souveränität zugestanden worden, jedoch mit der Einschränkung, dass „sie sich alle die Modifikationen gefallen lassen müssten, welche die künftige Verfassung Deutschlands nötig machen werde", was sicher auf Betrei-

---

[23] Vgl. Gesammelte Schriften, Bd. 1, S. 138, 140 bzw. Werke, Bd. 1, S. 100, 102.
[24] Vgl. Gesammelte Schriften, Bd. 1, S. 139 f. bzw. Werke, Bd. 1, S. 101 f. sowie oben, S. 118.
[25] Vgl. *Gebhardt* (1928), Bd. 1, S. 453, 474 f.
[26] Vgl. *Gebhardt* (1928), Bd. 2, S. 5 f.

10. Humboldts Stellung zum Krieg gegen Napoleon

ben Humboldts in die Verträge hineinkam.²⁷ Andererseits verfolgte er mit großer Aufmerksamkeit die von Metternich wieder aufgenommenen Verhandlungen mit den Franzosen, an denen er selbst nicht teilnehmen konnte, weil Hardenberg zunächst noch abwesend war und Metternich bei diesem gegen ihn mit Verleumdungen intrigiert hatte, um ihn – wohl vor allem wegen seiner gegensätzlichen Auffassungen in allen zentralen Fragen – von den weiteren Verhandlungen möglichst fern zu halten, was zunächst auch gelang.²⁸ Humboldt folgte diesen Verhandlungen mit gemischten Gefühlen. Im Grunde seines Herzens war er für die Fortsetzung des Krieges gegen Napoleon und wünschte seinen Sturz, weil nach seiner Überzeugung nur dann der Friede und die Sicherheit für Preußen und Österreich in Zukunft gewährleistet erschienen. Er musste aber die Tatsache berücksichtigen, dass nicht nur Österreich und England, sondern auch der preußische König und Hardenberg zu dieser Zeit Frieden mit Napoleon schließen wollten. Nur Zar Alexander von Russland wollte erst nach dem Sturz Napoleons Frieden mit Frankreich schließen.²⁹ So beschränkte sich Humboldt darauf, die Methode der Unterhandlung sowie eine von Metternich entworfene Proklamation an das französische Volk gegenüber Hardenberg zu kritisieren. An der Methode tadelte er, dass man dem französischen Unterhändler St. Aignan mündlich Bedingungen für Unterhandlungen mitgeteilt hatte, statt ihm die Friedensbedingungen klar und offen schriftlich zu übergeben. Als Bedingungen für Friedensverhandlungen waren mündlich genannt worden, dass diese auf der Grundlage stattfinden, dass Rhein, Alpen und Pyrenäen die natürlichen Grenzen Frankreichs seien und dass die militärischen Operationen nicht unterbrochen werden. Bei diesem Vorgehen befürchtete Humboldt, dass es nur zu erfolglosen Unterhandlungen führen könne und dadurch die kriegerischen Operationen paralysiert würden. An der Proklamation kritisierte er die leeren Phrasen, die nichts Positives sagen. Statt nur im Allgemeinen die Intentionen der verbündeten Mächte auszudrücken, hätte man die Friedensbedingungen aufzählen müssen mit dem Zusatz, dass Napoleon sie zurückgewiesen habe. So entsprach es offensichtlich Humboldts Wünschen und Hoffnungen, dass noch während der Unterhandlungen mit Napoleon und vor der schließlichen Annahme der St. Aignan genannten Grundlagen für Friedensverhandlungen beschlossen wurde, die militärischen Operationen gegen Napoleon fortzusetzen, und dass daraufhin das Hauptheer am 20. Dezember 1813 den Rhein überschritt.³⁰

---

²⁷ Vgl. *Schmidt,* S. 222 f., *Klüber,* Bd. 1, S. 98.
²⁸ Vgl. *Gebhardt* (1928), Bd. 2, S. 13 ff., 37.
²⁹ Vgl. *Gebhardt* (1928), Bd. 2, S. 17, 34.
³⁰ Vgl. *Gebhardt* (1928), Bd. 2, S. 17 ff.

11. Die Friedensverhandlungen mit Frankreich

An den anschließenden Friedensverhandlungen in Chatillon, die am 4. Februar 1814 begannen, war Humboldt als Vertreter Preußens wieder beteiligt. Bei diesen Verhandlungen war die Hauptforderung der Alliierten, die als Gesamtheit im Namen Europas auftraten, die Rückkehr Frankreichs in die Grenzen vor der Revolution. Humboldt war überzeugt, dass allein die militärischen Ereignisse über das Schicksal der Verhandlungen entscheiden würden. Offensichtlich ging es ihm ebenso wie dem Vertreter Russlands gar nicht um einen Friedensschluss mit Napoleon, sondern um dessen Sturz. So warf er in einem Bericht an Hardenberg vom 5. Februar 1814 die Frage auf, ob denn die Verbündeten durch einen selbst sehr vorteilhaften Frieden Napoleon den Thron retten wollen. Dieser werde nur im Notfall Frieden schließen und wolle nur einen Waffenstillstand erlangen, die Fortschritte des Heeres aufhalten und seine politische Existenz retten. Wie Recht Humboldt damit hatte, zeigte der Fortgang der Ereignisse, insbesondere das bald darauf erfolgte französische Waffenstillstandsangebot, das jedoch am Widerstand Russlands scheiterte.[31] In einem Schreiben an Hardenberg vom 19. Februar 1814 sprach Humboldt, offensichtlich im Hinblick auf den möglichen Sturz Napoleons, von der herrlichen Gelegenheit, die das Schicksal ihnen in die Hände gegeben habe, und findet es unendlich traurig, wenn diese versäumt würde. Er nennt Napoleon einen halsstarrigen und von allen seinen Dienern gefürchteten Herrn und wiederholt, dass allein die militärischen Operationen das Schicksal der Unterhandlungen lenken. Das Friedensanerbieten (der Alliierten) sei zwar den wahren Interessen Frankreichs nicht zuwider, aber es raube doch Napoleon den ganzen Ruhm, den er erworben zu haben glaube. Deshalb werde es nur im Notfall von ihm angenommen werden.[32]

Dieses Schreiben an Hardenberg zeigt, dass Humboldt bei den Friedensverhandlungen mit Frankreich auch dessen Interessen im Auge hatte, was ganz im Einklang mit seinem schon am 3. Juli 1813 ausgesprochenen Gedanken war, dass ein allgemeines System des Gleichgewichts und der Unabhängigkeit ausnahmslos die Interessen *aller* Regierungen vereinigen müsse.[33] Es zeigt aber zugleich, dass für ihn im Vordergrund die Wiederherstellung des europäischen Gleichgewichts stand und dass er dazu die Beseitigung des napoleonischen Regimes für notwendig hielt.

Nach dem Einmarsch in Paris und der Absetzung Napoleons nahm Humboldt an den Ministerkonferenzen teil, die zum Abschluss der vorläufigen Konvention mit Frankreich vom 23. April 1814 führten, durch welche diesem die Grenzen

---

[31] Vgl. *Gebhardt* (1928), Bd. 2, S. 38 ff., 42.
[32] Vgl. *Gebhardt* (1928), Bd. 2, S. 45 f.
[33] Vgl. oben, S. 237 f.

vom 1. Januar 1792 zugesichert wurden.[34] Es wurde also nur ein Verzicht auf die von Napoleon eroberten Gebiete gefordert, nicht jedoch eine Abtretung von Gebieten, die Frankreich schon davor besessen hatte, was z. B. für das Elsass denkbar gewesen wäre und was später durch Bismarck erfolgte. Eine solche Rücksichtnahme auf die Interessen Frankreichs war im vollen Einklang mit Humboldts erwähnter Einstellung; sonst hätte er sich gewiss tatkräftig für andere Friedensbedingungen eingesetzt.

Andererseits wandte er sich aber energisch auf der am 9. Mai begonnenen Pariser Friedenskonferenz gegen Forderungen Frankreichs auf beträchtliche Erweiterungen seines Staatsgebiets an der Ostgrenze. Auch empörte er sich darüber, dass Preußen – von den Aliiierten im Stich gelassen – auf finanzielle Kriegsentschädigungen gänzlich verzichten musste. So kam der für Frankreich sehr günstige Friedensschluss von Paris am 30. Mai 1814 zustande, der aber dennoch von Humboldt positiv beurteilt wurde.[35] Dies dürfte damit zusammenhängen, dass dieser Vertrag im Einklang mit seiner Idee stand, ein System des Gleichgewichts zwischen den polaren Mächten Frankreich und Russland zu schaffen, welches voraussetzte, dass Frankreich nach dem Sturz Napoleons nicht zu sehr geschwächt wurde.

12. Prinzipien einer europäischen Friedensordnung

Zu diesem System des Gleichgewichts gehörte aber auch die Stärkung Preußens als Mittelmacht; und so setzte sich Humboldt in der folgenden Zeit in Übereinstimmung mit Hardenberg dafür ein, dass Preußen, da es nicht alle seine polnischen Provinzen wiedererlangen könne, das Gebiet von Sachsen erhält und dass Mainz mit seiner Festung preußisch oder zumindest Bundesfestung wird.[36] Auch wandte er sich gegen die von Zar Alexander geplante Wiederherstellung Polens, d.h. des Herzogtums Warschau, das eng mit Russland verbunden werden sollte, weil er wie Metternich darin offensichtlich eine Gefahr für das Gleichgewicht und die Ruhe in Europa sah. So bedauerte er in einem Bericht an Hardenberg vom 20. August 1814 zwar, dass Polen überhaupt geteilt worden sei; aber nun bleibe die Einverleibung, d.h. die Aufteilung Polens zwischen Preußen, Österreich und Russland, das einzige Mittel, Europa von dieser Seite zu sichern.[37]

Aus all diesen verschiedenen Äußerungen Humboldts lässt sich erkennen, dass ihnen eine einheitliche Idee für die Neugestaltung der europäischen Staa-

---

[34] Vgl. *Gebhardt* (1928), Bd. 2, S. 50.
[35] Vgl. *Gebhardt* (1928), Bd. 2, S. 50 ff.
[36] Vgl. *Gebhardt* (1928), Bd. 2, S. 53 ff., 62 ff.; ferner Gesammelte Schriften, Bd. 11, S. 233.
[37] Vgl. Gesammelte Schriften, Bd. 11, S. 145 ff., 149 sowie *Gebhardt* (1928), Bd. 2, S. 60 ff.

tenordnung nach der Überwindung Napoleons zugrunde lag. Diese kann zusammenfassend so charakterisiert werden: Eine den Frieden und die Sicherheit gewährleistende Ordnung der zwischenstaatlichen Verhältnisse in Europa kann nur auf dem Prinzip der Freiheit und Unabhängigkeit der europäischen Staaten begründet werden. Die von Napoleon angestrebte Universalmonarchie lehnte Humboldt als despotisch und die Freiheit erdrückend ab. Auch den Gedanken an eine europäische Republik mit einheitlicher Gesetzgebung und gemeinsamer Exekutive wies er zurück, weil sie theoretisch ausgedacht war und keine Grundlage in den bestehenden Verhältnissen hatte. Sicher lag dieser Ablehnung auch die Besorgnis zugrunde, dass dadurch die individuelle Mannigfaltigkeit der europäischen Völker und Staaten, die nicht zuletzt auch auf ihren unterschiedlichen Verfassungen und Rechtsordnungen beruht, beeinträchtigt würde.

Demgegenüber strebte Humboldt eine europäische Friedensordnung an, die auf der Grundlage eines völkerrechtlichen Verhältnisses selbständiger Staaten beruht und die Interessen aller beteiligten Staaten berücksichtigt. Innerhalb dieser Ordnung sollte der Frieden dadurch gewährleistet werden, dass eine Übermacht einzelner Staaten vermieden und ein System des Gleichgewichts zwischen den europäischen Staaten hergestellt wird. Insbesondere sollte ein Gleichgewicht zwischen den damals polar entgegengesetzten Mächten in West und Ost, nämlich Frankreich und Russland, dadurch bewirkt werden, dass als vermittelndes Element in der europäischen Mitte ein selbständiges Staatensystem unter der gemeinsamen Führung Österreichs und Preußens geschaffen wird, das ausreichende Macht erhalten sollte, um seine Unabhängigkeit gegenüber Frankreich und Russland bewahren und das Gleichgewicht zwischen den europäischen Staaten aufrechterhalten zu können.

VI. Humboldts Idee des Deutschen Bundes

1. Überlegungen zur Neuordnung Deutschlands seit 1813

Stellt man sich nun die Frage, welche Ideen Wilhelm von Humboldt bei seinem Wirken für die Bildung eines neuen mitteleuropäischen Staatensystems leiteten, so muss man berücksichtigen, dass das alte deutsche Kaiserreich mit der Abdankung des letzten Habsburger Kaisers 1806 aufgehört hatte zu bestehen, und dass es seither keine deutsche Einheit mehr gab. Deutschland bestand damals aus einer Vielfalt größerer, mittlerer und kleinerer Fürstentümer, die alle mehr oder weniger von Napoleon abhängig, aber – abgesehen vom Rheinbund – unter sich nicht miteinander verbunden gewesen waren. In dem Maße, in welchen Napoleons Vorherrschaft zurückgedrängt und schließlich beseitigt werden konnte, wurden alle deutschen Staaten souverän und erlangten eine weitgehende Selbständigkeit.

Das Problem, wie nun das Verhältnis dieser mitteleuropäischen Staaten zueinander künftig gestaltet werden sollte, hat Humboldt schon im Februar 1813 beschäftigt. Er sprach zu dieser Zeit darüber mit Metternich, worüber er Hardenberg am 27. Februar 1813 berichtete.[1] Metternich neigte dazu, die Fürsten, die damals noch den Rheinbund bildeten, nach dessen Auflösung unabhängig zu lassen. Humboldt fand dies bedenklich und meinte, dass irgendein Band zwischen den Staaten und Fürsten Deutschlands, wenn nicht absolut notwendig, doch sehr heilsam sein werde. Schon damals trat er für die Einheit Deutschlands unter Einschluss Österreichs ein: „Wenn, wie ich positiv glaube, Deutschland ein Ganzes bilden muss, wie wird man darin den Einfluss Preußens und Österreichs gestalten? Die Teilung in Süd- und Norddeutschland, wie sie in Knesebecks Instruktion vorgeschlagen ist, hat die große Inkonvenienz, in eine schädliche Gegnerschaft ausarten zu können." Gleichzeitig berichtete er, dass der österreichische Kaiser die Kaiserkrone wohl nicht wieder annehmen werde.[2] Ende September 1813 entwarf Humboldt zusammen mit Hardenberg einen Vertragsartikel, der von ihnen als Gegenstand einer besonderen Abmachung zwischen Preußen, Österreich und Bayern gedacht war oder dem gegen Napoleon gerichteten Vertrag mit Bayern eingefügt werden sollte, der dann als Vertrag zu Ried am 8. Oktober 1813 abgeschlossen wurde. Durch diesen Artikel, der allerdings bei Metternich und Zar Alexander keine Zustimmung fand, sollte festge-

---

[1] Vgl. *Gebhardt* (1928), Bd. 1, S. 417 f., Bd. 2, S. 6 f.
[2] Vgl. *Gebhardt* (1928), Bd. 1, S. 98.

legt werden, dass die deutschen Staaten entweder eine ständige Allianz oder einen ständigen Bund begründen mit dem Ziel der gemeinsamen Verteidigung und einer wechselseitigen Garantie.[3] – Um diese Zeit fand auf Anregung des Freiherrn vom Stein – wahrscheinlich in der zweiten Septemberhälfte, als Stein in Teplitz weilte[4] – eine Besprechung der deutschen Verfassungsfrage zwischen ihm, Hardenberg und Humboldt statt. Dabei hat Stein sicher seine Gedanken vorgetragen, die er in seiner Denkschrift über eine deutsche Verfassung von Ende August 1813 niedergelegt und Hardenberg am 4. September 1813 zugesandt hatte.[5] Humboldt hat dem Freiherrn vom Stein dann offensichtlich versprochen, ihm seine Gedanken, die er bei dieser Besprechung entwickelte, schriftlich mitzuteilen. So entstand im Dezember 1813 in Frankfurt Humboldts an Stein gerichtete grundlegende „Denkschrift über die deutsche Verfassung".[6]

Bis dahin waren im Wesentlichen vier Vorschläge für die künftige Gestaltung der politischen Verhältnisse in Deutschland gemacht worden. Der Freiherr vom Stein trat in erster Linie für die Wiederherstellung des erblichen österreichischen Kaisertums in einem deutschen Bundesstaat ein.[7] Hardenberg dachte, wie aus der erwähnten Instruktion für Knesebeck hervorgeht, an eine Aufteilung Deutschlands zwischen Österreich und Preußen in zwei Machtsphären (Protektorate) mit der Mainlinie als Grenze. Graf Münster schlug von seinem englisch-hannoveranischen Standpunkt aus vor, die deutschen Kleinstaaten in fünf größere souveräne Staaten zusammenzufassen, die als lockerer Bund ein Deutsches Reich mit einem Reichstag und einem Reichsheer, jedoch möglichst ohne gemeinsames Oberhaupt (Kaiser) bilden sollten.[8] Metternich und Gentz schließlich wollten lediglich freie Allianztraktate zwischen den souveränen Fürsten Deutschlands zum Schutz nach außen und zur gegenseitigen Garantie ihrer Souveränität und ihrer Staaten im Innern.[9]

2. Allgemeine Gesichtspunkte Humboldts

Will man Humboldts Einstellung zu diesen Vorschlägen und seine eigenen Gedanken richtig verstehen, muss man berücksichtigen, dass er bestrebt war, eine solche Lösung vorzuschlagen, die aus der gegebenen Situation heraus Aus-

---

[3] Vgl. *Gebhardt* (1928), Bd. 2, S. 7 sowie dort Anm. 4; ferner *Stein,* Bd. 4, S. 428.
[4] Vgl. *Stein,* Bd. 4, S. XXVI.
[5] Vgl. *Stein,* Bd. 4, S. 404 ff., 411.
[6] Vgl. *Gebhardt* (1928), Bd. 2, S. 11; Gesammelte Schriften, Bd. 11, S. 95 ff. bzw. Werke, Bd. 4, S. 302 ff.
[7] Vgl. *Schmidt,* S. 5 ff., 58 ff. bzw. *Stein,* Bd. 4, S. 92 ff., 98 ff., 404 ff., vgl. ferner *Gebhardt* (1898), S. 257 ff.
[8] Vgl. *Schmidt,* S. 43 ff., 86 ff.
[9] Gesammelte Schriften, Bd. 11, S. 114 f. bzw. Werke, Bd. 4, S. 324 ff. sowie *Gebhardt* (1928), Bd. 2, S. 20 ff., 35 f.

sicht hatte verwirklicht zu werden. Es widerspricht wie bereits dargelegt seinem Wesen, irgendeine abstrakte „Ideallösung" auszudenken, für die in der Wirklichkeit keine Anknüpfungspunkte – sei es in den bisherigen Einrichtungen, sei es in den Gesinnungen – vorhanden waren und die nur durch Zwang oder Gewalt hätte verwirklicht werden können. Er strebte vielmehr danach, aus der damals gegebenen Situation heraus eine den konkreten Verhältnissen entsprechende, möglichst ideale Lösung zu finden und zu verwirklichen. Dabei war er sich bewusst, dass es keine sicheren Dauerlösungen gibt und dass deshalb veränderte Umstände auch zu einer Änderung der Einrichtungen führen müssen. In seiner „Denkschrift über die deutsche Verfassung" spricht er sich hierüber folgendermaßen aus: „Der erste Vorwurf den meine Vorschläge erfahren werden, ist vermutlich der, dass man sie auf wandelbare Voraussetzungen gegründet finden wird. Allein dieser Vorwurf trifft weniger mich, als die Sache. Eine wahrhaft sichere Verbindung kann nur durch physischen Zwang oder moralische Nötigung zustande gebracht werden. Die Politik ist aber gerade so angetan, dass sie auf die Letztere wenig rechnen kann, wenn sie nicht den Ersteren im Hintergrunde zeigt, und wie nötig und wirksam dieses Zeigen sei, hängt immer gar sehr zugleich von der zufälligen Verknüpfung der Umstände ab. Sie darf also nie auf Mittel denken, die gleichsam absolut sichernd sein sollen, sondern nur auf solche, welche sich jener Verknüpfung, so wie sie in sich wahrscheinlich ist, am besten anschmiegen und sie am natürlichsten beherrschen. In die Möglichkeit einer Ungewissheit des Erfolges muss man sich immer ergeben und nicht vergessen, dass der Geist, welcher eine Einrichtung gründet, immerfort notwendig ist, sie zu erhalten."[10] Schon in seiner ersten staatstheoretischen Arbeit „Ideen über Staatsverfassung" aus dem Jahre 1791 hatte Humboldt zum Ausdruck gebracht, dass nur eine solche Verfassung dauerhaft sein kann, die an die individuelle Beschaffenheit der jeweiligen Gegenwart anknüpft.[11] Ganz in diesem Sinne spricht er sich auch jetzt über die deutsche Verfassung aus: „Jede Verfassung, auch als ein bloß theoretisches Gewebe betrachtet, muss einen materiellen Keim ihrer Lebenskraft in der Zeit, den Umständen, dem Nationalcharakter vorfinden, der nur der Entwicklung bedarf. Sie rein nach Prinzipien der Vernunft und Erfahrung gründen zu wollen, ist im hohen Grade misslich, und so gewiss alle wirklich dauerhaften Verfassungen einen unförmlichen, und keine strenge Prüfung ertragenden Anfang gehabt haben, so gewiss würde es einer von Anfang herein folgerechten an Bestand und Dauer mangeln."[12]

---

[10] Gesammelte Schriften, Bd. 11, S. 96 bzw. Werke, Bd. 4, S. 302.
[11] Vgl. Gesammelte Schriften, Bd. 1, S. 78 ff. bzw. Werke, Bd. 1, S. 34 ff. sowie oben, S. 70 f.
[12] Gesammelte Schriften, Bd. 11, S. 99 bzw. Werke, Bd. 4, S. 305 f.

3. Humboldts Gründe gegen die Wiederherstellung des österreichischen Kaisertums

Von diesen Gesichtspunkten aus hielt Humboldt die Wiederherstellung des alten Reiches mit einem Kaiser als Oberhaupt nicht für möglich.[13] Er war zwar nicht grundsätzlich gegen eine solche Verfassung eingestellt, indem er sagte: „Könnte die alte Verfassung wiederhergestellt werden, so wäre nichts so wünschenswert, als dies; und hätte nur fremde Gewalt ihre in sich rüstige Kraft unterdrückt, so würde sie sich wieder wie mit Federkraft erheben."[14] Dies war aber nach Humboldts Überzeugung bei der Reichsverfassung nicht der Fall: „... leider war ihr eignes langsames Ersterben selbst hauptsächlich Ursache ihrer Zerstörung durch äußere Gewalt, und jetzt, wo diese Gewalt verschwindet, strebt keiner ihrer Teile anders, als durch ohnmächtige Wünsche, nach ihrer Wiedererweckung. Von enger Verbindung, von strenger Unterordnung der Glieder unter dem Oberhaupt war durch das Losreißen dieses und jenes Teils ein lockres zusammenhängendes Ganzes geworden, in dem, ungefähr, seit der Reformation, alle Teile auseinander strebten. Wie soll daraus das entgegengesetzte Streben hervorgehen, dessen wir so dringend bedürfen?"[15] So sah er bei den einzelnen Problemen, die bei einer Erneuerung der alten Verfassung gelöst werden müssten, wie z. B. bei der Wiederherstellung der Kaiserwürde, der Beschränkung der Wahlfürsten auf eine kleine Zahl oder der Regelung der Wahlbedingungen, unendliche Hindernisse voraus. Aber selbst wenn diese überwunden werden könnten, würde und müsste doch etwas Neues geschaffen werden: „Denn niemand wird wohl an der Unzulänglichkeit des ehemaligen Reichsverbandes zu der jetzt nötigen Sicherung unserer Selbständigkeit zweifeln. Selbst unter den alten Namen müsste man also neue Gestalten schaffen."[16] Wenn man dem Deutschen Reich ein wahres Oberhaupt geben könnte, was nach Humboldts Überzeugung unmöglich war, so müsste dieses, „um nicht viel größere Nachteile herbeizuführen, genug Macht besitzen, um sich des Gehorsams zu versichern, und genug Achtung, um nicht zur Eifersucht und zum Widerstande zu reizen".[17] Humboldt war also nicht prinzipiell gegen eine Wiederherstellung des Kaiserreichs, hielt diese jedoch unter den veränderten Umständen nicht mehr für möglich. – Als der Freiherr vom Stein im Februar 1815 nochmals einen Vorstoß zur Wiedereinführung des österreichischen Kaisertums in

---

[13] Vgl. Gesammelte Schriften, Bd. 11, S. 115 f. bzw. Werke, Bd. 4, S. 325 f.; *an Caroline,* Bd. 4, S. 216.

[14] Gesammelte Schriften, Bd. 11, S. 98 bzw. Werke, Bd. 4, S. 304 f.; vgl. auch Gesammelte Schriften, Bd. 11, S. 99 bzw. Werke, Bd. 4, S. 306.

[15] Gesammelte Schriften, Bd. 11, S. 98 bzw. Werke, Bd. 4, S. 305; vgl. auch *an Caroline,* Bd. 4, S. 183.

[16] Gesammelte Schriften, Bd. 11, S. 98 bzw. Werke, Bd. 4, S. 305; vgl. auch *an Caroline,* Bd. 4, S. 201.

[17] Gesammelte Schriften, Bd. 11, S. 112 bzw. Werke, Bd. 4, S. 322.

Deutschland unternahm, sprach sich Humboldt in zwei Denkschriften vom 23. Februar und 3. März 1815 energisch dagegen aus.[18] Er war überzeugt, dass das Kaiserreich in Dekadenz verfallen und seine Zeit abgelaufen war: „Dieser Körper, dem der Nahrungssaft und der lebendige Geist seit langem fehlte, war tot und vernichtet, ehe man zu verkünden wagte, dass er aufgehört hatte zu existieren."[19] Weiter sagte er damals: „Die kaiserliche Würde war nur stark und hat zum Schutz des Kaiserreichs nur wahrhaft gedient zu der Zeit, als die übrigen deutschen Fürsten sich aufrichtig und ernsthaft als Vasallen und sogar als Untertanen des Kaisers fühlten, als das Verhältnis zu ihm genau dem entsprach, das in einem Land zwischen Souverän und Landständen besteht. Seitdem dieses Gefühl sich unmerklich verloren hat, hat die kaiserliche Würde an Autorität verloren und war nicht mehr in der Lage, Deutschland kraftvoll gegenüber dem Ausland zu verteidigen, noch im Innern willkürliche Akte der Fürsten zu verhindern."[20] Angesichts der Ansprüche auf Unabhängigkeit und Souveränität selbst bei den kleinsten Fürsten sah Humboldt keine Möglichkeit, das Gefühl der Vasallität gegenüber dem Kaiser zu erneuern. Nach seiner Ansicht hätte man diesem die erforderliche Macht nur geben können, indem man eine kaiserliche Armee von mindestens 100.000 Mann bildet, damit er sich ihrer bedienen kann, wenn die Gesetze des Reiches nach seiner Ansicht verletzt sind. Abgesehen davon, dass kein einziger deutscher Staat einer solchen Einrichtung zustimmen würde, fürchtete Humboldt bei ihr für die Unabhängigkeit der übrigen Fürsten und selbst für die Sicherheit Deutschlands. Ohne eine entsprechende Macht aber würde die kaiserliche Würde ein leerer Name sein. Außerdem sah Humboldt eine Gefahr darin, dass der Fürst, der die Kaiserkrone annimmt, in die Lage kommen kann, den Interessen seines eigenen Landes die des Reichs zu opfern.[21]

4. Humboldts Bedenken gegen eine Aufteilung Deutschlands

Auch die von Hardenberg vorgeschlagene Aufteilung Deutschlands in zwei von Österreich und Preußen beherrschte Machtsphären lehnte Humboldt wie bereits erwähnt ab, weil sie in eine schädliche Gegnerschaft ausarten könnte. Auch war ihm aufgrund des Schreibens von Graf Münster an Hardenberg vom 1. September 1813 sicher bekannt, dass Hannover einer solchen Lösung keinesfalls zustimmen würde.[22]

---

[18] Vgl. Gesammelte Schriften, Bd. 11, S. 293 f., 295 ff., 302 ff.; ferner *Gebhardt* (1928), Bd. 2, S. 154 ff.; *an Caroline,* Bd. 4, S. 485 f.
[19] Gesammelte Schriften, Bd. 11, S. 229; *Gebhardt* (1928), Bd. 2, S. 157.
[20] Gesammelte Schriften, Bd. 11, S. 296.
[21] Vgl. Gesammelte Schriften, Bd. 11, S. 296, 297, 302 f.
[22] Vgl. *Schmidt,* S. 86 ff.

Ebenso sprach sich Humboldt in seiner „Denkschrift über die deutsche Verfassung" gegen eine Zusammenfassung der deutschen Fürstentümer in vier oder fünf souveräne Staaten aus: „Die Nationen haben, wie die Individuen, ihre durch keine Politik abzuändernden Richtungen. Die Richtung Deutschlands ist, ein Staatenverein zu sein, und daher ist es weder, wie Frankreich und Spanien, in *eine* Masse zusammengeschmolzen, noch hat es, wie Italien, aus unverbundnen einzelnen Staaten bestanden. Dahin aber würde die Sache unfehlbar ausarten, wenn man nur vier, oder fünf große Staaten fortdauern ließe. Ein Staatenverein fordert eine größere Anzahl, und man hat nur zwischen der nun einmal unmöglichen (und meiner Meinung nach, keineswegs wünschenswürdigen) Einheit, und dieser Mehrheit die Wahl."[23] Humboldt wollte also auch die kleineren Staaten in Deutschland bestehen lassen, und zwar aus politischen Gründen, weil er nur dann die Bildung eines Staatenvereins, eine Garantie der inneren Rechte und einen gemeinschaftlichen Gerichtshof für möglich hielt[24]; vor allem aber aus kulturellen Gründen, weil nach seiner Überzeugung die Mannigfaltigkeit der Bildung in Deutschland und deren wohltätiger Einfluss auf Europa gerade auf der Vielfalt seiner Staaten beruhte: „... Deutschland hat, mehr als jedes andere Reich, offenbar eine doppelte Stelle in Europa eingenommen. Nicht gleich wichtig als politische Macht, ist es von dem wohltätigsten Einfluss durch seine Sprache, Literatur, Sitten und Denkungsart geworden; und man muss jetzt diesen letzteren Vorzug nicht aufopfern, sondern, wenn auch mit Überwindung einiger Schwierigkeit mehr, mit dem ersteren verbinden. Nun aber dankt man jenen ganz vorzüglich der Mannigfaltigkeit der Bildung, welche durch die große Zerstückelung entstand, und würde ihn, wenn sie ganz aufhörte, großenteils einbüßen."[25] Auch stellte Humboldt auf den individuellen Geist der Deutschen ab, die sich in erster Linie als Bürger ihres besonderen Landes empfinden und die man nicht abstrakt einem anderen unterordnen könne: „Der Deutsche ist sich nur bewusst, dass er ein Deutscher ist, indem er sich als Bewohner eines besonderen Landes in dem gemeinsamen Vaterlande fühlt, und seine Kraft und sein Streben werden gelähmt, wenn er, mit Aufopferung seiner Provinzial-Selbständigkeit, einem fremden, ihn durch nichts ansprechenden Ganzen beigeordnet wird. Auch auf den Patriotismus hat dies Einfluss, und sogar die Sicherheit der Staaten, für welche der Geist der Bürger die beste Gewährleistung ist, möchte am meisten bei dem Grundsatz gewinnen, jedem seine alten Untertanen zu lassen."[26]

---

[23] Gesammelte Schriften, Bd. 11, S. 101 bzw. Werke, Bd. 4, S. 308 f.
[24] Gesammelte Schriften, Bd. 11, S. 109 bzw. Werke, Bd. 4, S. 317 f.
[25] Gesammelte Schriften, Bd. 11, S. 101 bzw. Werke, Bd. 4, S. 308.
[26] Gesammelte Schriften, Bd. 11, S. 101 bzw. Werke, Bd. 4, S. 308.

5. Humboldts Streben nach einer Verbindung Deutschlands zu einem politischen Ganzen

Die Vielheit der deutschen Staaten wollte Humboldt aber nicht unverbunden nebeneinander fortbestehen lassen, wie es seit der Auflösung des Kaiserreichs der Fall war, weil dies für das europäische Gleichgewicht gefährlich gewesen wäre: „Das vereinzelte Dasein der sich selbst überlassenen deutschen Staaten (selbst wenn man die ganz kleineren größeren anfügte), würde die Masse der Staaten, die gar nicht oder schwer auf sich ruhen können, auf eine dem europäischen Gleichgewichte gefährliche Weise vermehren, die größeren deutschen Staaten, selbst Österreich und Preußen, in Gefahr bringen, und nach und nach alle deutsche Nationalität untergraben."[27] Humboldt hielt es also sowohl aus kulturellen als auch aus inneren und äußeren politischen Gründen für notwendig, dass die deutschen Staaten zu einer Ganzheit verbunden werden.

Die von Metternich und Gentz angestrebte Verbindung der souveränen deutschen Staaten durch freie Allianztraktate sah Humboldt jedoch nicht als ausreichend an. Nach seiner Anschauung bilden die deutschen Staaten und das deutsche Volk eine natürliche Einheit, und eine vernünftige Politik darf dem nicht entgegenhandeln: „Es liegt in der Art, wie die Natur Individuen in Nationen vereinigt, und das Menschengeschlecht in Nationen absondert, ein überaus tiefes und geheimnisvolles Mittel, den Einzelnen, der für sich nichts ist, und das Geschlecht, das nur im Einzelnen gilt, in dem wahren Wege verhältnismäßiger und allmählicher Kraftentwicklung zu erhalten; und obgleich die Politik nie auf solche Ansichten einzugehen braucht, so darf sie sich doch nicht vermessen, der natürlichen Beschaffenheit der Dinge entgegenzuhandeln. Nun aber wird Deutschland in seinen, nach den Zeitumständen erweiterten, oder verengerten Grenzen immer, im Gefühle seiner Bewohner, und vor den Augen der Fremden, *eine* Nation, *ein* Volk, *ein* Staat bleiben."[28]

Ein weiterer Grund, warum Humboldt gegen ein bloßes Allianzverhältnis der deutschen Staaten eingestellt war, bestand darin, dass dann keine Möglichkeit bestanden hätte, den inneren Rechtszustand in den deutschen Staaten zu verbessern bzw. wiederherzustellen. Dies geht aus einem Schreiben an Gentz vom 4. Januar 1814 über die deutsche Verfassung hervor, wo es heißt: „Die Rechte der Einzelnen waren in Deutschland durch Gesetze, die oft, wenn auch nicht immer Kraft hatten, gesichert; fremde Gewalt hat nicht bloß dies zerstört, sondern eine Menge von Fürsten selbst zu Untertanen gemacht. Die gebliebenen Fürsten und ihre Regierungen sind durch diesen gewaltsamen und ungesetzlichen Zustand selbst zu Prinzipien und Maximen gekommen, welche ihnen in dem alten ganz fremd waren. Wird diesem Zustand kein Ende gemacht, so entsteht daraus, wie

---
[27] Gesammelte Schriften, Bd. 11, S. 97 bzw. Werke, Bd. 4, S. 304.
[28] Gesammelte Schriften, Bd. 11, S. 97 f. bzw. Werke, Bd. 4, S. 304.

schon jetzt zum Teil entstanden ist, völlige Verderbnis desjenigen Charakters, welchen Regierungen und Untertanen haben sollten, und so geht auch der Geist verloren, auf welchem, wie die neuern Ereignisse genug gezeigt haben, die Erhaltung der Staaten wirklich beruht."[29]

Humboldt hielt es deshalb für notwendig, dass die verschiedenen deutschen Staaten ein gemeinschaftliches Ganzes bilden, was bei einem bloßen Verteidigungsbündnis durch freie Allianztraktate nicht der Fall gewesen wäre. Deutschland sollte als gemeinschaftliches Ganzes frei und stark sein, nicht nur damit es sich gegen äußere Feinde verteidigen kann, sondern damit sich der wahre Geist des deutschen Volkes in einer für das deutsche Volk selbst und für die europäischen Völker wohltätigen Weise ungestört erhalten, entwickeln und entfalten kann: „Deutschland muss frei und stark sein, nicht bloß, damit es sich gegen diesen oder jenen Nachbar, oder überhaupt gegen jeden Feind vereidigen könne, sondern deswegen, weil nur eine auch nach außen hin starke Nation den Geist in sich bewahrt, aus dem auch alle Segnungen im Innern strömen; es muss frei und stark sein, um das, auch wenn es nie einer Prüfung ausgesetzt würde, notwendige Selbstgefühl zu nähren, seiner Nationalentwicklung ruhig und ungestört nachzugehen, und die wohltätige Stelle, die es in der Mitte der europäischen Nationen für dieselben einnimmt, dauernd behaupten zu können."[30] Damit zielte Humboldt nicht auf einen deutschen Einheitsstaat. Auch wollte er keinen Nationalstaat errichten. Dies geht aus einer von Humboldt verfassten Note an Lord Castlereagh vom 30. Januar 1815 hervor, worin er versichert, dass Preußen den künftigen polnischen Untertanen gleiche Rechte wie allen übrigen preußischen Untertanen einräumen wird; dass er ihre nationale Besonderheit nicht antasten und ihnen eine dieser Besonderheit angepasste Verwaltung geben will.[31]. Humboldt erstrebte auch keine deutsche Macht- und Expansionspolitik, wie sie später von Bismarck, Wilhelm II. und Hitler zum Unheil Deutschlands und der Menschheit verwirklicht bzw. verfolgt wurde.[32]

In seiner „Denkschrift über die deutsche Verfassung" vom Dezember 1813 schlug Humboldt deshalb vor, dass die bestehenden deutschen Staaten ein politisches Ganzes in Form eines unkündbaren Staatenvereins unter der gemeinsamen Führung von Österreich und Preußen bilden. Wollte man Deutschland nicht, wie Hardenberg vorgeschlagen hatte, in eine nördliche Hälfte unter Führung Preußens und eine südliche unter Führung Österreichs aufteilen, sondern

---

[29] Gesammelte Schriften Bd. 11, S. 114 bzw. Werke, Bd. 4, S. 324.
[30] Gesammelte Schriften, Bd. 11, S. 97 bzw. Werke, Bd. 4, S. 303.
[31] Gesammelte Schriften, Bd. 11, S. 199 f.
[32] In diesen Gedanken Humboldts über die künftige Stellung Deutschlands nach der Besiegung Napoleons liegt auch nicht „Rankes Lehre vom Primat der Außenpolitik wie im Keime verborgen ...", wie *Kaehler* (1963), S. 276, meint. Es ging ihm vielmehr, wie aus seinen Worten hervorgeht, primär um die Erhaltung und Entwicklung des Geistes der deutschen Nation.

wollte man ganz Deutschland zu einem Ganzen verbinden, musste man der geschichtlichen Tatsache Rechnung tragen, dass zwischen den beiden größten deutschen Mächten weder eine Unterordnung noch eine Teilung der Gewalt möglich war. Vielmehr mussten beide gleichberechtigt an der Führung beteiligt werden. Humboldt war sich der Mängel und Gefahren einer solchen Lösung der Aufgabe, die deutschen Staaten zu einem Ganzen zu verbinden, durchaus bewusst. Aber er sah unter den gegebenen Umständen keine Möglichkeit einer anderen Lösung: „Die feste, durchgängige, nie unterbrochene Freundschaft Österreichs und Preußens ist allein der Schlussstein des ganzen Gebäudes. Diese Übereinstimmung kann ebenso wenig durch den Verein gesichert, als der Verein, wenn sie mangelte, erhalten werden."[33]

6. Verfassung oder Staatenverein?

In seiner Denkschrift unterschied Humboldt zwei Bindungsmittel für ein politisches Ganzes: eine wirkliche Verfassung und einen bloßen Verein. Den Unterschied zwischen beiden sah er – zwar nicht grundsätzlich, aber im Hinblick auf die vorliegende Aufgabe – darin, „dass in der Verfassung einigen Teilen die Zwangsrechte ausschließend beigelegt werden, welche bei dem Verein *allen* gegen den Übertreter zustehen."[34] Humboldt gab einer Verfassung gegenüber einem Verein prinzipiell den Vorzug. Doch war ihm bewusst, dass man eine Verfassung nicht einfach schaffen kann, wenn die Umstände es nicht ermöglichen: „Eine Verfassung ist unstreitig einem Verein vorzuziehen; sie ist feierlicher, bindender, dauernder; aber Verfassungen gehören zu den Dingen, deren es einige im Leben gibt, deren Dasein man sieht, aber deren Ursprung man nie ganz begreift, und daher noch weniger nachbilden kann."[35] Will man eine dauerhafte Verbindung schaffen, so muss man berücksichtigen, was die maßgebenden Kräfte im entscheidenden Augenblick wollen. „Auf die Frage: Soll Deutschland eine wahre Verfassung erhalten? lässt sich daher meines Erachtens nur so antworten: Sprechen zu der Zeit, wo die Frage entschieden werden muss, Haupt und Glieder aus, dass sie Haupt und Glieder sein wollen, so folge man der Anzeige, und leite nur, und beschränke. Ist das aber nicht, lautet nichts, als das kalte Verstandesurteil, dass ein Band für das Ganze da sein muss; so bleibe man bescheiden beim Geringeren stehen und bilde bloß einen Staaten*verein*, einen Bund."[36]

---

[33] Gesammelte Schriften, Bd. 11, S. 100 bzw. Werke, Bd. 4, S. 307.
[34] Gesammelte Schriften, Bd. 11, S. 98 bzw. Werke, Bd. 4, S. 305.
[35] Gesammelte Schriften, Bd. 11, S. 98 f. bzw. Werke, Bd. 4, S. 305; vgl. auch oben, S. 245.
[36] Vgl. Gesammelte Schriften, Bd. 11, S. 99 bzw. Werke, Bd. 4, S. 306.

Humboldt sah zu seiner Zeit keine Staatsverfassung, die auf die deutschen Verhältnisse hätte übertragen werden und einer deutschen Verfassung zum Vorbild hätte dienen können. Vor allem die im Anschluss an die Französische Revolution entstandenen Konstitutionen hielt er für völlig ungeeignet. Hingegen sah er einen charakteristischen Zug seiner Zeit in der Ausbildung verschiedener Formen von Staatenverbindungen und glaubte deshalb, dass eine politische Verbindung der deutschen Staaten am ehesten in dieser Form möglich wäre. Dies sprach er in der „Denkschrift über die deutsche Verfassung" mit folgenden Worten aus: „Alle Verfassungen, deren Dauerhaftigkeit sich bewährt hat, haben eine gewisse Form in ihrer Zeit vorgefunden, an welche sie sich bloß anschlossen, wie sich leicht historisch erweisen ließe. Nun aber gibt es in unserer Zeit gar keine Form, die einer Verfassung Deutschlands zur Grundlage dienen könnte; vielmehr sind alle so genannten Konstitutionen durch die Erbärmlichkeit und Zerbrechlichkeit der seit der Französischen Revolution bis zum Ekel wiederholten in gerechte Ungunst geraten. Dagegen ist die vollkommene Ausbildung aller politischen Formen der Verbindung der Staaten untereinander der neuesten Zeit eigentümlich, und ein jetzt zu gründender Staatenverein wird sich daher auch besser durch diese fest knüpfen lassen."[37]

Wenn wir nun den von Humboldt in seiner Denkschrift vom Dezember 1813 vorgeschlagenen deutschen Staatenverein näher betrachten, so zeigt sich, dass dieser nach seinen Vorstellungen einen Verfassungscharakter bekommen sollte, indem nach seiner Definition „einigen Teilen (nämlich Österreich und Preußen und in beschränktem Umfange Bayern und Hannover) die Zwangsrechte ausschließend beigelegt" werden sollten. Dies sprach er auch in einem Brief an seine Frau vom 12. Januar 1814 ausdrücklich aus: „Über Deutschland habe ich einen Plan gemacht. Ein Kaisertum ist nicht mehr möglich. Aber nach meiner Idee gäbe es doch eine Verfassung, einen Deutschen Bund mit gemeinschaftlichem Gerichtshof, und Preußen und Österreich hätten, aber ungeteilt, die Obergewalt, doch Bayern und Hannover auch Rechte und Anteil an der Führung. Die übrigen folgten, und dem Despotismus der Kleinen wären Grenzen gesetzt."[38] Auch in seinem Brief an Gentz vom 4. Januar 1814 sprach er im Hinblick auf seinen Plan von einem Staatenverein mit Verfassung. Er führt darin aus, dass sich nur drei Systeme denken lassen: „Entweder eine wirkliche Verfassung mit einem Oberhaupte; oder ein Staatenverein, dessen Verfassung ohne Oberhaupt durch ursprünglich freie, aber hernach auf immer bindende Traktate gegründet wird; oder endlich eine Verbindung, ohne alle Verfassung, durch bloß freie Allianz-Traktate, wie ganz unabhängige Mächte sie schließen, und deren Auflösung, wenn sie auch von der andern Seite rechtmäßigen Krieg hervorbringen könnte, doch nie gesetzwidrig heißen

---

[37] Gesammelte Schriften, Bd. 11, S. 99 bzw. Werke, Bd. 4, S. 306.
[38] *An Caroline*, Bd. 4, S. 216 f.

dürfte."[39] Seinen Plan bezeichnet Humboldt in diesem Brief als eine Ausführung des zweiten Systems.

7. Zweck und Charakter des Deutschen Bundes

In seiner „Denkschrift über die deutsche Verfassung" sah Humboldt vor, dass sich alle deutschen Fürsten durch ein gegenseitiges Verteidigungsbündnis zu einem politischen Ganzen verbinden.[40] Der Zweck der Verbindung sollte jedoch über den einer gegenseitigen Verteidigung hinausgehen, indem er außer der „Erhaltung der Ruhe und Unabhängigkeit Deutschlands" auch „die Sicherung eines auf Gesetze gegründeten rechtlichen Zustandes in den einzelnen deutschen Staaten" als Bündniszweck angab.

In einer wahrscheinlich Anfang April 1814 entstandenen Denkschrift „Bases qui pourrait servir de norme au comité que sera chargé de la rédaction de la Constitution Germanique" hat Humboldt die Sicherung des rechtlichen Zustandes in den einzelnen deutschen Staaten dann dahin gehend präzisiert, dass der Bund die Rechte der verschiedenen Klassen und Individuen der Nation in jedem deutschen Staat garantieren soll.[41]

Der Charakter des Bündnisses ergibt sich daraus, dass es grundsätzlich eine vollkommen freie und gleiche Verbindung sein sollte, wie sie von souveränen Fürsten geschlossen wird. Der Verfassungscharakter hingegen bestand einerseits darin, dass Humboldt eine Verschiedenheit der Rechte unter den Mitgliedern vorsah, allerdings nur insoweit, als diese sie selbst durch das Bündnis unter sich eintreten lassen, andererseits in der schon erwähnten Sicherung eines rechtlichen Zustandes in den einzelnen deutschen Staaten. Der Verfassungscharakter ergibt sich auch daraus, dass das Bündnis auf ewige Zeiten geschlossen werden und jedes Mitglied auf sein Austrittsrecht verzichten sollte. Zu dieser letzteren Bestimmung bemerkte Humboldt: „Hierdurch würde sich dies Bündnis von gewöhnlichen Bündnissen unterscheiden, deren Dauer von der Willkür jedes Teils abhängt. Jeder, auch noch so feierlich vorher angekündigte Austritt würde als ein Bruch angesehen werden und berechtigen, dem Austretenden feindlich zu begegnen. Diese Bestimmung ist durchaus notwendig und auf keine Weise ungerecht. Denn das Ausscheiden eines deutschen Fürsten aus einem auf die Sicherung der Unabhängigkeit Deutschlands abzweckenden Bundes ist eine an sich widernatürliche, kaum denkbare, allein nie zu duldende Sache."[42]

---

[39] Gesammelte Schriften, Bd. 11, S. 115 bzw. Werke, Bd. 4, S. 325 f.

[40] Vgl. zu dem Folgenden Gesammelte Schriften, Bd. 11, S. 102 ff. bzw. Werke, Bd. 4, S. 310 ff.

[41] Vgl. Gesammelte Schriften, Bd. 11, S. 212 bzw. Werke, Bd. 4, S. 328 sowie unten, S. 258 f.

[42] Gesammelte Schriften, Bd. 11, S. 104 bzw. Werke, Bd. 4, S. 311 f.

8. Vorrechte für Österreich und Preußen

Hinsichtlich der Verschiedenheit der Rechte sah Humboldt vor, dass allein Österreich und Preußen gemeinschaftlich das Recht der Kriegserklärung, d. h. die Erklärung zustehen sollte, ob und wann der Fall eines vaterländischen Krieges vorhanden ist. Dem Bündnis Bestimmungen für den Fall einzufügen, wo diese beiden Mächte miteinander über diesen wichtigen Punkt uneins sind, hielt Humboldt für durchaus zwecklos: „Ihre Übereinstimmung kann ... weder durch das Bündnis erzwungen, noch bei demselben entbehrt werden."[43] Auch das Recht der Friedensschließung sollte bei einem gemeinschaftlichen Kriege nur Österreich und Preußen gemeinsam zustehen. Allerdings sollten diese versprechen, „nie einen Frieden oder andern Vertrag einzugehen, durch welchen der Besitzstand oder die Rechte eines in dem Bündnis begriffenen Fürsten geschmälert würden". Alle deutschen Fürsten sollten sich durch das Bündnis verpflichten, eine bestimmte Truppenzahl zu stellen, wobei größere Staaten berechtigt sein sollten, aus ihren Truppen eigene Armeecorps zu bilden, während die Truppen der übrigen Fürsten zu allgemeinen Armeecorps vereinigt werden sollten. Diejenigen Fürsten, welche bloß deutsche Länder besitzen, sollten dem Recht entsagen, „an auswärtigen Kriegen, und überhaupt an andern, als Deutschen Bundeskriegen teilzunehmen". Auch sollte es ihnen nicht erlaubt sein, fremden Truppen den Eintritt in ihre Staaten zu gestatten, oder die ihrigen in fremden Sold zu geben. Dies begründete Humboldt damit, dass die Streitkräfte Deutschlands für ein fremdes Interesse weder zersplittert, noch geschwächt werden dürfen; „und man muss jeden Vorwand entfernen, welcher Deutschland in Kriege verwickeln könnte, die nicht sein unmittelbares Wohl angehen".[44] Im Laufe der späteren Verhandlungen, die im nächsten Kapitel dargestellt werden, musste auf die ursprünglich vorgesehenen Vorrechte für Österreich und Preußen weitgehend verzichtet und vorgesehen werden, andere Bundesländer an wichtigen Entscheidungen zu beteiligen.

9. Die Beilegung von Streitigkeiten unter den deutschen Fürsten

Streitigkeiten unter den deutschen Fürsten sollten durch gütlichen Vergleich beigelegt werden. Wenn ein solcher nicht zustande gebracht werden kann, sollten sich diese dem schiedsrichterlichen Ausspruch der die innere Ruhe Deutschlands garantierenden Mächte, nämlich Österreichs, Preußens, Bayerns und Hannovers unterwerfen. Dabei hielt es Humboldt für am besten, einen eigenen Gerichtshof unter ihrer Aufsicht zu bestellen, bei welchem die anderen Fürsten auch Mitglieder haben könnten. Die Aussprüche des Gerichtshofs sollten jedoch immer von den vier größeren Mächten vollzogen werden. In den Fällen, wo von

---

[43] Vgl. Gesammelte Schriften, Bd. 11, S. 104 f. bzw. Werke, Bd. 4, S. 312 f.
[44] Vgl. Gesammelte Schriften, Bd. 11, S. 107 bzw. Werke, Bd. 4, S. 315.

10. Die Errichtung von Ständen und deren Kompetenzen

den Rechten einer oder mehrerer dieser Mächte selbst die Rede ist, sollten die aus der Garantie fließenden Rechte ruhen und an ihre Stelle andere deutsche Staaten treten. Auf diese Weise sollte „selbst die entfernteste Möglichkeit zu jeder inneren Fehde abgeschnitten sein". [45]

10. Die Errichtung von Ständen und deren Kompetenzen

Großen Wert legte Humboldt in seiner „Denkschrift über die deutsche Verfassung" ebenso wie der Freiherr vom Stein darauf, dass in jedem deutschen Staat Stände errichtet bzw. wiederhergestellt werden. In einem Auszug aus seinen Entwürfen mit und ohne Kreiseinteilung sah Humboldt zusätzlich vor, die Landstände so einzurichten, „dass alle Klassen der Staatsbürger daran teilnehmen".[46] Im Übrigen sollte es jedem Staat freistehen, die ständische Verfassung nach den örtlichen Verhältnissen und der bisherigen Verfassung jedes Landes einzurichten. Die eingerichtete ständische Verfassung sollte unter dem Schutz des Bundes stehen und nur mit Zustimmung der Stände abgeändert oder aufgehoben werden können. In diesem Zusammenhang setzte sich Humboldt auch dafür ein, die Rechte der mediatisierten Reichsstände zu erhalten und zu verbessern, ohne allerdings ihre frühere Selbständigkeit wiederherstellen zu wollen.[47] Die Kompetenzen der Stände ließ er in seiner Denkschrift zunächst weitgehend offen.[48] Doch sollten diese auf jeden Fall das Recht haben, vor dem erwähnten Gerichtshof, der dem heutigen Bundesverfassungsgericht entsprochen hätte, Klagen über Eingriffe der Regierungen in ihre Rechte zu erheben. Ferner sollte auf Klagen der Stände über verschwenderische Regierungen von diesem Bundesgericht ein temporäres Sequester ihrer Länder angeordnet werden können.[49]

In seinen schon erwähnten „Bases" für das Komitee zur Redaktion der Deutschen Verfassung hat Humboldt dann für die Provinzialstände einige Mindestrechte vorgesehen. So sollten Steuern und Staatsanleihen ihrer Zustimmung unterliegen. Die Regierung sollte ihnen jährlich Rechenschaft geben über die Verwendung der öffentlichen Mittel. Auch sollten die Stände ein Beschwerderecht gegenüber ihren Regierungen haben bei Missbräuchen in der Gesetzgebung oder Verwaltung ihres Landes. Falls ihre Beschwerden nicht gehört werden soll-

---

[45] Vgl. Gesammelte Schriften, Bd. 11, S. 107 f., 103 f. bzw. Werke, Bd. 4, S. 316 und 311; an Caroline, Bd. 4, S. 216.
[46] Vgl. *Gebhardt* (1928), Bd. 2, S. 159 f. sowie unten, S. 283.
[47] Vgl. Gesammelte Schriften, Bd. 11, S. 251 ff. und Humboldts Schreiben an Hardenberg über die Mediatisierten vom 12.8.1815, Gesammelte Schriften, Band 11, S. 306 ff.
[48] Vgl. Gesammelte Schriften, Bd. 11, S. 108 bzw. Werke, Bd. 4, S. 316 f. sowie *Stein,* Bd. 4, S. 408.
[49] Vgl. Gesammelte Schriften, Bd. 11, S. 109 f. bzw. Werke, Bd. 4, S. 332 f. sowie unten, S. 264.

ten und diese entweder die Verwendung der öffentlichen Mittel oder die Ausübung der Justiz betreffen, sollten sich die Stände auch an die Bundesversammlung wenden können. Diese sollte im ersten Fall das Land unter Sequester stellen, im zweiten eine allgemeine Revision der Gerichte anordnen können.[50]

In seinen Entwürfen zur Bundesverfassung mit und ohne Kreiseinteilung vom November 1814 sah Humboldt darüber hinaus vor, den Ständen auch das Recht der Mitberatung bei Erteilung neuer, allgemeiner, die persönlichen und Eigentumsrechte der Staatsbürger betreffenden Gesetze einzuräumen.[51] Er wäre grundsätzlich auch bereit gewesen, einem Vorschlag des Freiherrn vom Stein zu folgen und den Ständen nicht nur das Recht der Mitberatung, sondern ohne Einschränkung das Recht „der Einwilligung bei Erteilung neuer allgemeiner Landesgesetze" zuzugestehen.[52] Auch schlug Humboldt in seinen Entwürfen zur Bundesverfassung vor, dass nicht nur die Einführung neuer Steuern, sondern auch die Erhöhung der schon vorhandenen der Bewilligung durch die Stände unterliegen soll. Auch sollten sie das Recht der Schützung und Vertretung der eingeführten Verfassung und der durch dieselbe und durch den Bundesvertrag gesicherten Rechte der Einzelnen bei den Landesherrn und bei dem Bunde haben.[53]

11. Die Zuständigkeit des Bundesgerichts

In seinen „Bases" für das Komitee zur Redaktion der deutschen Verfassung hat Humboldt auch vorgesehen, dass das Bundesgericht nicht nur für Beschwerden der Stände, sondern auch für Beschwerden der Bürger gegen ihre Regierungen zuständig sein sollte.[54] In einer Denkschrift über das Bundesgericht vom September 1814 hat Humboldt dann die Zuständigkeit des Bundesgerichts genauer bestimmt. Dieses soll in allen Fällen zuständig sein, „in welchen die Stände eines Bundesstaats gegen ihren Landesherrn Beschwerde zu führen genötigt sind". Dazu sollte das Grundgesetz des Bundes das Minimum der ständischen Rechte festlegen und außerdem die in jedem Lande bereits bestehenden bestätigen. Auch sollten zur Zuständigkeit des Bundesgerichts alle Fälle gehören, „wo ein einzelner Untertan eines Bundesstaats in Rechtshändeln gegen seinen Landesherrn über Verweigerung der Gerechtigkeit, der Hemmung oder Unregelmäßigkeit im Rechtsgange Beschwerde zu führen hat". In solchen Fällen sollte das Bundesgericht allerdings nicht über den Sachverhalt („das Materiale des Prozesses"), sondern nur über die Rechtmäßigkeit des Verfahrens („über die

---

[50] Vgl. Gesammelte Schriften, Bd. 11, S. 216 bzw. Werke, Bd. 4, S. 332 f.
[51] Vgl. Gesammelte Schriften, Bd. 11, S. 258 f.
[52] Vgl. *Schmidt,* S. 334 f. sowie unten, S. 279 f.
[53] Vgl. Gesammelte Schriften, Bd. 11, S. 258 f.
[54] Vgl. Gesammelte Schriften, Bd. 11, S. 214 bzw. Werke, Bd. 4, S. 331.

Form") entscheiden und im Falle der Verletzung der Form ein neues Verfahren anordnen. Obwohl in solchen Fällen auch eine Verletzung der Bundesverfassung vorläge und die Stände ein Beschwerderecht hätten, hielt Humboldt es für zweckmäßiger, solche Fälle direkt an das Bundesgericht zu verweisen, „um die Stände nicht zu oft in Händel mit dem Landesherrn zu verwickeln". Das Bundesgericht sollte ferner zuständig sein für Streitigkeiten der regierenden Fürsten untereinander. Da solche Fälle mehr oder weniger einer staatsrechtlichen Beurteilung bedürfen und eine größere oder geringere politische Wichtigkeit haben, schlug Humboldt dafür ein besonderes Gericht vor, das aus einer gleichen Anzahl von Gesandten der Kreisobersten und Mitgliedern des Bundesgerichts bestehen sollte. Die Parteien sollten jedoch selbst entscheiden können, ob sie ihre Streitigkeit dem Bundesgericht oder dem gemischtem Gericht zur Entscheidung vorlegen wollen. Besonders beachtenswert ist, dass Humboldt die Zuständigkeit des Bundesgerichts auch vorsah für solche Fälle, für welche verfassungsmäßig kein anderer Richter vorhanden sein würde.[55]

In seinen Entwürfen zur Bundesversammlung mit und ohne Kreiseinteilung sah Humboldt zusätzlich vor, dass das Bundesgericht auch für die Entscheidung über Klagen von mittelbar gewordenen ehemaligen Reichsständen (Mediatisierten) wegen Verletzung verfassungsmäßiger Rechte zuständig sein sollte. Interessant ist auch sein Vorschlag, dass das Bundesgericht sein Gerichtsverfahren in einer Bundesgerichtsordnung selbst bestimmen und auch die Grundsätze für die Rechtsanwendung bei Streitigkeiten der Bundesglieder untereinander festsetzen sollte. Doch sollten beide Entwürfe als künftige Bundesgesetze der Zustimmung durch den Bundesrat bedürfen.[56]

12. Die Gerichtsverfassung

Für die Zivilgerichtsbarkeit schlug Humboldt in seiner „Denkschrift über die deutsche Verfassung" vor, dass die kleineren deutschen Staaten, die nicht imstande sind, drei Gerichtsinstanzen gehörig zu besetzen und zu unterhalten, hinsichtlich der höchsten Instanz nach ihrer geografischen Lage einer der vier größeren Mächte zugeteilt werden. Entsprechendes sollte auch für die Strafgerichtsbarkeit gelten, sobald die erkannte Strafe einen zu bestimmenden Grad erreichte. Für noch besser hätte Humboldt die Einrichtung eines eigenen gemeinsamen obersten Gerichtshofes für alle diejenigen Staaten gehalten, von denen aus an andere appelliert werden müsste, wobei er an die frühere Einrichtung des Reichskammergerichts erinnerte. Allerdings sah er auch die große Schwierigkeit, einem solchen Gerichtshof die gehörige Konsistenz, Unabhängigkeit und Einheit zu sichern, wenn kein Reichsoberhaupt vorhanden ist. Die klei-

---

[55] Vgl. Gesammelte Schriften, Bd. 11, S. 224 f.
[56] Vgl. Gesammelte Schriften, Bd. 11, S. 263, 265 ff., 267.

neren Staaten ohne eigene oberste Gerichtsinstanz sollten auch ihr Zivil- und Strafrecht nur mit Genehmigung des Staates ändern können, dessen oberster Gerichtshof für sie zuständig wäre. Falls jedoch ein gemeinsamer oberster Gerichtshof für die kleineren Staaten gebildet werden könnte, wollte Humboldt mit diesem einen besonderen gesetzgebenden Rat für ganz Deutschland verbunden sehen, dessen Aussprüche für die kleineren Staaten verbindlich sein sollten und dessen Gutachten auch die größeren Staaten einholen könnten. Auf diesem Wege hoffte Humboldt, dass vielleicht nach und nach eine allgemeine deutsche Gesetzgebung zustande kommen könnte.[57] Sein Ideal war also nicht nur eine einheitliche oberste Rechtsprechung, sondern auch eine einheitliche Gesetzgebung für alle deutschen Staaten, zumindest auf dem Gebiet des Privatrechts und des Strafrechts, auch wenn er dieses Ziel unter den gegebenen politischen Verhältnissen nicht für unmittelbar erreichbar hielt, weil er keine Möglichkeit sah, dass die größeren deutschen Staaten, wie Österreich, Bayern und Hannover insoweit auf ihre Souveränität verzichten würden.

13. Sicherung von Grundrechten in allen deutschen Staaten

Schließlich sah Humboldt in seiner „Denkschrift über die deutsche Verfassung" noch vor, dass in dieser gewisse Grundrechte der Bürger in allen deutschen Staaten garantiert werden. So sollte es jedem Untertanen eines deutschen Staates freistehen, in einen anderen deutschen Staat auszuwandern: „Diese Freiheit ist die Grundlage aller Vorzüge, welche der Deutsche für seine individuelle Existenz aus der Verbindung Deutschlands zu einem Ganzen zu ziehen vermag." Auch sollte die Freiheit, auf fremden deutschen Universitäten zu studieren, in keiner Weise beschränkt werden, auch nicht durch die Bestimmung, wenigstens eine gewisse Zeit auf einer inländischen gewesen zu sein. Humboldt bemerkte dazu, dass die Gleichmäßigkeit der Fortschritte der Geistesbildung in dem gesamten Deutschland vorzüglich von dieser Freiheit abhänge, und dass diese auch in politischer Rücksicht wesentlich notwendig sei.[58]

In einem wahrscheinlich Anfang April 1814 entstandenen „Exposé des droits de tout sujet Allemand en général et des Princes et Comtes médiatisés en particulier" (Exposé über die Rechte jedes deutschen Untertanen und der Mediatisierten) sah Humboldt dann für die Bundesverfassung weitere Grundrechte vor: so das Recht, in jedem deutschen Staat und auch in ausländischen Staaten, die sich mit Deutschland nicht im Kriege befinden, in den zivilen oder militärischen Dienst zu treten. Auch sollte keinem Deutschen seine Freiheit oder sein Eigentum ohne eine Entscheidung des zuständigen Gerichts aufgrund der be-

---

[57] Vgl. Gesammelte Schriften, Bd. 11, S. 110 f. bzw. Werke, Bd. 4, S. 318 ff.; vgl. auch Gesammelte Schriften, Bd. 11, S. 215 bzw. Werke, Bd. 4, S. 331 f.
[58] Vgl. Gesammelte Schriften, Bd. 11, S. 111 f. bzw. Werke, Bd. 4, S. 320 f.

stehenden Gesetze genommen werden können. Auch sollte jeder Verhaftung binnen 24 Stunden ein Verfahren vor dem zuständigen Richter folgen. Ferner sollte die Unabhängigkeit der Justiz gegenüber jeglicher Autorität, auch der des Königs und seines Ministeriums, gewahrt werden. Die Freiheit der Presse sollte nur durch eine gerechte und vernünftige Zensur beschränkt werden können. Auch sollte jedem Deutschen gestattet werden, seine Werke in jedem deutschen Staat drucken zu lassen, und kein Autor sollte verfolgt und bestraft werden können, außer wenn er die bestehenden Zensurgesetze verletzt hat.[59]

Dass ein solches Fortbestehen der Zensur nicht Humboldts Ideal entsprach, geht daraus hervor, dass er bereits im Dezember 1809 in einem Bericht der Sektion des Kultus und öffentlichen Unterrichts an den König vorgeschlagen hatte, das Zensuredikt in Preußen ganz abzuschaffen, die Zensur über wissenschaftliche Werke und eigentliche Bücher aufzuheben und sie bloß auf Zeitungen und periodische Schriften zu beschränken, „die darauf berechnet sind, auf das Volk zu wirken".[60] Dass Humboldt sogar für völlige Abschaffung der Zensur eintrat, ergibt sich daraus, dass er in einer Denkschrift für Hardenberg vom 9. Januar 1816 „Über Preßfreiheit" konkrete Vorschläge gemacht hat, wie die Zensur durch Verantwortlichkeit vor Gericht ersetzt und dadurch wahre Pressefreiheit verwirklicht werden kann. Darin bezeichnet er diese Idee als „die einzige haltbare" und begründet, inwiefern diese außerdem eine den Missbrauch der Pressefreiheit durch sich selbst verhindernde moralische Kraft in sich trage.[61]

In seinen Entwürfen zur Bundesverfassung hat Humboldt dann die oben genannten Grundrechte noch präzisiert und darüber hinaus ein Grundrecht auf Schutz des Urhebers einer Schrift gegen Nachdruck während seiner Lebenszeit und bis 30 Jahre nach seinem Tode sowie die Abschaffung der Leibeigenschaft vorgesehen.[62]

14. Wirtschaftliches Zusammenwirken der deutschen Staaten

In seiner „Denkschrift über die deutsche Verfassung" schlug Humboldt für das Wirtschaftsleben vor, dass die deutschen Staaten einen Handelsvertrag abschließen, der allen ihren gegenseitigen Verkehr umfasst und in welchem „wenigstens das Maximum aller Eingangs- und Ausgangszölle im Innern von einem deutschen Staat in den andern bestimmt wird". Änderungen dieses Vertrages sollten nur gemeinschaftlich möglich sein. Darüber hinaus hielt Humboldt auch

---

[59] Vgl. Gesammelte Schriften, Bd. 11, S. , S. 217 f. bzw. Werke, Bd. 4, S. 335 f. sowie *Schmidt*, S. 133.
[60] Vgl. Gesammelte Schriften, Bd. 10, S. 221 f. bzw. Werke, Bd. 4, S. 236.
[61] Vgl. Gesammelte Schriften, Bd. 12, S. 40 ff. bzw. Werke, Bd. 4, S. 338 ff.
[62] Vgl. Gesammelte Schriften, Bd. 11, S. 259 ff.

in anderer Hinsicht ein Zusammenwirken der deutschen Staaten in Finanz- und Handelsangelegenheiten für möglich, wobei er auch an die Einrichtung einer gemeinschaftlichen deutschen Handels- und Finanzbehörde dachte.[63]

Humboldt wollte also im Sinne seiner Jugendschrift über die Grenzen der Wirksamkeit des Staates erreichen, dass sich das individuelle geistige und wirtschaftliche Leben innerhalb Deutschlands möglichst frei und ungehindert durch die Grenzen der einzelnen Staaten entfalten kann.

---

[63] Vgl. Gesammelte Schriften, Bd. 11, S. 112 bzw. Werke, Bd. 4, S. 321.

VII. Humboldts Mitwirkung bei der Gestaltung des Deutschen Bundes

1. Humboldts Überlegungen zur deutschen Verfassung

Verfolgt man Humboldts Wirken vor dem und während des Wiener Kongresses, so zeigt sich, dass er in den schwierigen Verhandlungen mit außerordentlicher Energie, mit Fleiß und Zähigkeit für die Verwirklichung seiner Ideen eintrat.[1] Dabei sieht man seine Fähigkeit, auf veränderte Umstände und Schwierigkeiten beweglich einzugehen, indem er immer wieder neue konkrete Vorschläge ausarbeitete und dabei versuchte, seine Grundprinzipien beizubehalten. Allerdings waren Hardenberg und er, vor allem gegen Ende des Kongresses, gezwungen, um überhaupt einen Deutschen Bund zustande zu bringen, wesentliche Zugeständnisse zu machen und auf eine Verwirklichung wichtiger Prinzipien zu verzichten.

Am 28. Januar 1814 war durch die gegen Napoleon verbündeten Mächte in Langres ohne unmittelbare Mitwirkung Humboldts die Entscheidung über die zukünftige politische Form Deutschlands gefallen.[2] Es wurde beschlossen, dass Deutschland aus unabhängigen Staaten bestehen soll, die durch einen Bund vereinigt werden, der Deutschlands Unabhängigkeit verbürgt. Dieser Beschluss wurde in den Vertragsentwurf für den Kongress von Chatillon und in die Konvention von Chaumont vom 1. März 1814 aufgenommen.[3] Am 23. März 1814 hatte eine Ministerkonferenz der gegen Napoleon verbündeten Mächte, anscheinend ebenfalls ohne Beisein Humboldts, in Bar-sur-Aube, offenbar auf Vorschlag Münsters, beschlossen, durch den Grafen Solms-Laubach eine Untersuchung darüber durchführen zu lassen, welche persönlichen Rechte einem deutschen Untertanen sowie den Mediatisierten künftig verfassungsmäßig zustehen sollten. Auch sollten die Rechte, die den Provinzialbehörden mindestens zustehen sollen, festgelegt werden. Beides sollte dann als eine von den alliierten Mächten provisorisch sanktionierte Regelung proklamiert werden, um dadurch den willkürlichen Maßregeln einzelner Fürsten gegen ihre Untertanen und gegen die Mediatisierten ein Ende zu setzen.[4] In einem „Mémoire préparatoire

---

[1] Vgl. *Schaffstein,* S. 267, 268 f.
[2] Vgl. *Schaffstein,* S. 259.
[3] Vgl. *Gebhardt* (1928), Bd. 2, S. 113 f.
[4] Vgl. *Gebhardt* (1928), Bd. 2, S. 116 sowie dort Anm. 1; ferner Gesammelte Schriften, Bd. 11, S. 201, 204 f.; *Schmidt,* S. 142 f., 139.

pour les conférences des cabinets alliés sur les affairs de l'Allemagne" sprach sich Humboldt dagegen aus, die Rechte der deutschen Untertanen gegenüber ihren Regierungen unabhängig von den Arbeiten für eine deutsche Verfassung festzulegen und schlug seinerseits vor, schon jetzt bestimmte Prinzipien zu vereinbaren, die als Grundlage für die Ausarbeitung einer Verfassung für Deutschland dienen würden. Diese Grundprinzipien sollten von den deutschen Fürsten, die mit Österreich und Preußen zusammen das Direktorium des Bundes bilden sollten, also von Bayern und Hannover, mit unterzeichnet werden. Dann sollte eine Kommission aus Vertretern dieser vier Staaten gebildet werden, die am 1. Juli 1814 zusammentreten und die Ausarbeitung der deutschen Verfassung sowie der Bundesakte bis zum 1. Dezember, ursprünglich sogar bis zum 1. Oktober 1814, abschließen sollte. Die übrigen deutschen Staaten wollte Humboldt ausdrücklich von der Ausarbeitung der Verfassung fern halten, wohl wissend, dass dann eine vernünftige Gestaltung der Verfassung und ein rascher Abschluss der Arbeiten an der Verfassung nicht zu erwarten war. Seinem „Mémoire" fügte Humboldt zwei Anlagen bei, nämlich „Bases qui pourrait servir de norme au comité que sera chargé de la rédaction de la Constitution Germanique" sowie ein „Exposé des droits de tout sujet Allemand en général et des Princes et Comtes médiatisés en particulier", in welchen er Vorschläge für die Grundprinzipien der deutschen Verfassung sowie für die Grundrechte machte, die den deutschen Untertanen und den Mediatisierten zustehen sollen.[5] Das Mémoire mit den beiden Anlagen ist offensichtlich in der Zeit zwischen Ende März und 8. April 1814 in Dijon entstanden.[6]

---

[5] Vgl. Gesammelte Schriften, Bd. 11, S. 204 ff., 211 ff., 217 ff. bzw. Werke, Bd. 4, S. 327 ff. und 335 ff. (das „Mémoire" ist hier nicht abgedruckt); vgl. ferner *Schmidt,* S. 142 ff., 147; *Gebhardt* (1928), Bd. 2, S. 116 ff.

[6] *Gebhardt* (1928), Bd. 2, S. 120 nimmt an, dass diese beiden Arbeiten im April in Paris entstanden seien. *Schmidt,* S. 142 f. begründet im Einzelnen, warum diese Arbeiten im April entstanden sein müssten. Die Begründung, dass der Anfang von Humboldts Mémoire zeige, dass ihm die münstersche Denkschrift vom 30. März 1814 voranging, ist nicht stichhaltig, da sich Humboldt nicht auf die Denkschrift, sondern auf die Beschlüsse der Ministerkonferenz vom 23. März 1814 bezieht. *Schmidt* weist Bezug nehmend auf Humboldts Schreiben vom 31. August 1814 an Hardenberg (Gesammelte Schriften, Bd. 11, S. 220 ff., 223) darauf hin, dass das Mémoire samt Anlagen zu den Originalen gehörte, die Humboldt dem Staatskanzler Hardenberg „teils in Dijon, teils in London mitteilte". Humboldt war unmittelbar im Anschluss an die Ministerkonferenz vom 23. März 1814 auf dem Weg nach Dijon. Dort traf er möglicherweise schon am 25., spätestens am 26. März 1814 ein und hielt sich dort bis zum 8. April 1814 auf (vgl. *an Caroline,* Bd. 4, S. 284, 286, 289, 299, 300). Da er am 31. März aus Dijon auf seine Frau schreibt, dass er gerade hier mit Arbeiten überhäuft sei (vgl. *an Caroline,* Bd. 4., S. 291 f.), ist anzunehmen, dass er hiermit insbesondere die Arbeit an dem Mémoire und den beiden Anlagen meint. Dafür spricht auch, dass Humboldt sicher sehr daran gelegen war, möglichst bald zu dem Beschluss der Ministerkonferenz Stellung zu nehmen, und dass er Hardenberg in dem Schreiben vom 31. August 1814 bittet, ihm die verschiedenen Mémoires zurückzuschicken, die er ihm in Dijon und London über den Gegenstand der deutschen Verfassung übergeben hat (vgl. Gesammelte Schriften, Bd. 11, S. 223). In London war Humboldt frühes-

1. Humboldts Überlegungen zur deutschen Verfassung

Vergleicht man das Mémoire von Dijon und die beiden Anlagen dazu mit der Verfassungsdenkschrift vom Dezember 1813, so zeigt sich, dass deren Vorschläge von Humboldt teils präzisiert, teils erweitert worden sind. Dabei ließ er sich auch von Gedanken aus einer Denkschrift Steins über die deutsche Bundesverfassung vom 10 März 1814 anregen, die dieser u. a. Hardenberg zur Verfügung gestellt hatte.[7] In seinen „Bases" schlug Humboldt ebenso wie Stein vor, dass alle deutschen Staaten einen föderativen politischen Körper bilden sollen, dem Humboldt den Namen „Deutscher Bund" gab. Die Mitglieder des Bundes sollten zwar souverän sein, wie dies durch den Beschluss der alliierten Mächte vom 28. Januar 1814 in Langres festgelegt worden war; jedoch wollte Humboldt wie Stein die Souveränität durch die Verfassung begrenzen. Als Zweck des Bundes gibt Humboldt ähnlich wie in seiner Verfassungsdenkschrift vom Dezember 1813 nicht nur die Verteidigung des gemeinsamen Vaterlandes gegen Angriffe von außen an; vielmehr soll dieser auch die Rechte der verschiedenen Klassen und Individuen der Nation in jedem einzelnen Staat garantieren. Insofern wollte er über den Beschluss vom 28. Januar 1814 hinausgehen. Neu aufgenommen hatte er in seine „Bases" den Vorschlag Steins, eine Bundesversammlung aus allen Mitgliedern des Bundes unter dem Vorsitz eines Bundesausschusses (Direktorium) einzurichten, der von den Vertretern Österreichs, Preußens, Bayerns und Hannovers gebildet werden sollte. Humboldt wollte jedoch dem Bundesausschuss wesentlich mehr Kompetenzen einräumen als Stein. So sollte dieser nicht nur die ausführende Gewalt des Bundes bilden und ohne Anhörung der Bundesversammlung über Krieg und Frieden, sondern auch über alles, was zu den auswärtigen Beziehungen gehört, über die Militärorganisation und über die Verteidigungsmittel des Bundes entscheiden. Auch sollte er allein zuständig sein für das Abschließen und Ratifizieren von Verträgen mit ausländischen Mächten, und nur die Mächte, die ihm angehören, sollen das Recht haben, Gesandte an ausländische Höfe zu entsenden und von ihnen solche zu empfangen.

---

tens am 7. Juni 1814 (vgl. *an Caroline,* Bd. 4, S. 345, 347). Dort hatte er Hardenberg mit Schreiben vom 26. Juni 1814 (vgl. Gesammelte Schriften, Bd. 11, S. 219 f.) „Bases" übersandt, die einem „Comité préparatoire de la Constitution Allemande" als Grundlage für die Ausarbeitung der deutschen Verfassung dienen sollten. Bei diesen „Bases" handelte es sich offensichtlich um das Mémoire „Bases pour servir de norme au travail du comité préparatoire", das bei *Schmidt,* S. 157 f. abgedruckt ist. Die Gründe, die Schmidt dafür angibt, dass diese „Bases" vor den Annexen A und B zu dem „Mémoire" vom April 1814 abgefasst worden seien, halte ich nicht für zutreffend. Vielmehr handelt es sich bei diesem Mémoire offenbar um eine kurze Zusammenfassung der umfänglichen Arbeiten von Dijon, die Humboldt in London angefertigt haben dürfte. Diese „Bases" sind somit wohl in der Zeit zwischen dem 8. und 26. Juni 1814 entstanden. Wären sie früher entstanden, hätte Humboldt sie Hardenberg sicher schon vor dem Besuch in London zur Verfügung gestellt.

[7] Vgl. *Schmidt,* S. 129 ff. bzw. *Stein,* Bd. 4, S. 598 ff.

Die Bundesversammlung hingegen sollte nur befasst werden mit allen übrigen Fragen, die das gemeinsame Interesse des Bundes betreffen und deren Entscheidung sich nicht unmittelbar aus der Verfassungsurkunde selbst ergibt. Auch sollte sie zuständig sein für Klagen der Stände über ihre Regierungen. Wie von Stein vorgeschlagen sollte sie nur einmal im Jahr für eine im Voraus festgesetzte Zeit zusammentreten. Der Bundesausschuss hingegen sollte eine ständige Einrichtung sein. In ihm sollten nach Humboldts Vorschlag Österreich und Preußen je zwei Stimmen besitzen, während Bayern und Hannover eine Stimme, aber einer von ihnen abwechselnd zwei Stimmen haben sollte. Die Bundesversammlung sollte einerseits aus den Mitgliedern des Bundesausschusses, andererseits aus den Vertretern aller übrigen Mitglieder des Bundes gebildet werden, deren Länder eine Bevölkerung von mehr als 100.000 Seelen umfassten. Dabei sollte die Bevölkerung der verschiedenen Zweige eines Fürstenhauses ebenso wie die der Hansestädte zusammengezählt werden und diese ihr Stimmrecht jeweils nur gemeinsam ausüben können. So wollte Humboldt die Zahl der stimmberechtigten Mitglieder der Bundesversammlung insgesamt auf 17 begrenzen. Diese sollten entsprechend der Größe ihrer Länder eine unterschiedliche Zahl von Stimmen haben, wobei die Gesamtstimmenzahl der Mitglieder des Bundesausschusses die der übrigen Mitglieder der Bundesversammlung übersteigen sollte. Humboldt legte also mehr als Stein großen Wert darauf, dass der Bund eine starke Exekutive erhält und dass diese, sofern deren Mitglieder sich einig sind, auch in der Bundesversammlung die Mehrheit besitzt.[8]

In seinen „Bases" für die deutsche Verfassung hat Humboldt auch seinen Vorschlag für ein deutsches Bundesgericht, den Stein nicht aufgegriffen hatte, präzisiert und dahin gehend modifiziert, dass dieses völlig unabhängig und nicht mehr der Aufsicht der Mitglieder des Bundesausschusses, sondern der gesamten Bundesversammlung unterstellt sein sollte. Auch sollten bei der Benennung der Richter alle Mitglieder des Bundes mitwirken. Das Bundesgericht sollte nicht mehr nur für Beschwerden der Stände über ihre Regierungen, sondern auch für solche einzelner Bürger zuständig sein. Bei Streitigkeiten von Mitgliedern des Bundes untereinander sollten diese die Wahl haben, ob das Bundesgericht oder der Bundesausschuss darüber entscheidet. Sollten diese sich darüber nicht verständigen können, sollte der Bundesausschuss die Angelegenheit entweder an das Bundesgericht zur Entscheidung verweisen oder in der Sache selbst entscheiden, je nachdem, ob die Sache mehr juristischer oder mehr politischer Natur ist. Aber auch dann, wenn der Bundesausschuss selbst entscheidet, sollte er sich mit Richtern des Bundesgerichts verbinden, von denen die Parteien eine bestimmte Anzahl ablehnen könnten.[9]

---

[8] Vgl. Gesammelte Schriften, Bd. 11, S. 213 ff. bzw. Werke, Bd. 4, S. 329 ff.
[9] Vgl. Gesammelte Schriften, Bd. 11, S. 214, 216 bzw. Werke, Bd. 4, S. 330 f., 333.

1. Humboldts Überlegungen zur deutschen Verfassung

Neu in den „Bases" ist der Vorschlag Humboldts, Deutschland in vier Kreise einzuteilen, denen jeweils einer der Fürsten, die gemeinsam den Bundesausschuss bilden, als Kreisoberster vorstehen sollte. Die Aufgabe dieser Kreise sollte darin bestehen, die Beschlüsse der Bundesversammlung und des Bundesausschusses in ihren Kreisen auszuführen sowie darin, die militärische und die Justizorganisation einzurichten.[10] Auch greift Humboldt im vollen Einklang mit Stein den in seiner Dezember-Denkschrift von 1813 bereits ausgesprochenen Grundsatz wieder auf, dass in allen deutschen Staaten Stände eingerichtet oder wiederhergestellt werden müssten. Dabei sollten die Provinzialstände, die erst mit der Auflösung des deutschen Kaiserreichs beseitigt worden waren, ihre alten Rechte wiedererhalten. Auch sah er für alle Provinzialstände gewisse Mindestrechte vor.[11] Nicht aufgegriffen hat Humboldt in seinen „Bases" den Vorschlag Steins, dass die Provinzialstände auch über die Gesetze ihrer Länder abstimmen sollten; dies wahrscheinlich deshalb, weil er eine solche Regelung insbesondere bei Metternich, aber auch in Preußen damals nicht für durchsetzbar hielt. Wie bereits in seiner Dezember-Denkschrift hielt Humboldt daran fest, dass die durch Napoleon vorgenommene Mediatisierung kleinerer Fürsten nicht rückgängig gemacht wird; doch wollte er diesen eine Reihe von Sonderrechten zugestehen, die er in seinen „Bases" im Einzelnen aufführt. Außerdem wollte er einige ihrer Rechte, die abgelöst oder beseitigt worden waren, wiederherstellen.[12]

In der zweiten Anlage zu seinem „Mémoire" von Anfang April 1814, seinem Exposé über die Rechte jedes deutschen Untertanen und der Mediatisierten, hat Humboldt, angeregt durch Stein, die Grundrechte, die jedem deutschen Staatsbürger zustehen sollten, erheblich erweitert. Darin stellt er – offenbar einen Gedanken Münsters in dessen Mémoire von Ende Oktober 1813 über den künftigen Zustand Deutschlands abwandelnd – fest, dass die Verfassungen der deutschen Staaten weder durch die Auflösung des Kaiserreichs noch durch den Rheinbund wirksam aufgehoben wurden und dass diese folglich auch nicht durch die Fürsten allein geändert werden könnten.[13]

Von Dijon aus, wo das „Mémoire" mit den beiden Anlagen offensichtlich entstanden ist, begab sich Humboldt nach Paris. Am 11. April 1814 hatte Napoleon abgedankt, nachdem Paris am 31. März von den alliierten Truppen besetzt worden war und der Senat am 2. April seine Absetzung beschlossen hatte.[14] In

---

[10] Vgl. Gesammelte Schriften, Bd. 11, S. 215 bzw. Werke, Bd. 4, S. 331.
[11] Vgl. Gesammelte Schriften, Bd. 11, S. 216 bzw. Werke, Bd. 4., S. 332 f. sowie oben, S. 255 f.
[12] Vgl. Gesammelte Schriften, Bd. 11, S. 216 f. sowie S. 218 f. bzw. Werke, Bd. 4, S. 333 f., 336 f.
[13] Vgl. Gesammelte Schriften, Bd. 11, S. 217 f. bzw. Werke, Bd. 4, S. 335 f. sowie *Schmidt*, S. 96, 45 sowie oben, S. 258 f.
[14] Vgl. *Schmidt*, S. 142 sowie *Thielen*, S. 300.

der zweiten April-Hälfte arbeitete Hardenberg in Paris einen großen Plan für die territoriale Neugestaltung Europas aus, der am 29. April 1814 als „Plan pour l'arrangement futur de l'Europe" abgeschlossen wurde.[15] Es ist anzunehmen, dass Humboldt an der Ausarbeitung dieses Planes beteiligt war. Jedenfalls sind Grundgedanken von ihm über die künftige Verfassung Deutschlands diesem Plan als allgemeine Prinzipien zugrunde gelegt worden. Interessant ist Hardenbergs Vorschlag, dass Holland und die Schweiz zu einer ständigen Allianz mit dem Bund eingeladen werden sollten.[16]

2. Humboldts Drängen auf baldigen Beginn der Verfassungsarbeit

Im Anschluss an die Pariser Friedensverhandlungen, an denen Humboldt beteiligt war und die am 30. Mai 1814 abgeschlossen wurden, nahm er an dem Staatsbesuch in London teil, zu dem der englische Prinzregent die Monarchen, Staatsmänner und Heerführer der gegen Napoleon verbündeten Mächte eingeladen hatte.[17] Als während des Aufenthalts in London beschlossen wurde, die Eröffnung des Kongresses in Wien auf den 1. Oktober zu verschieben, drängte Humboldt – wie schon zuvor in Dijon – den Staatskanzler Hardenberg mit Schreiben vom 26. Juni 1814, die deutsche Verfassungsfrage vorab in Angriff zu nehmen. Über die Grundlagen der Verfassungsakte sollte ein Übereinkommen der alliierten Kabinette herbeigeführt werden. Dann sollten ab 1. August oder möglichst schon ab 15. Juli Vertreter von Österreich, Preußen, Bayern, Hannover und jetzt zusätzlich von Württemberg als vorbereitendes Komitee für die deutsche Verfassung in Wien zusammentreten und die Verfassungsakte des Deutschen Bundes so ausarbeiten, dass sie schon bei Eröffnung des Kongresses angenommen und sanktioniert werden kann. Seinem Schreiben an Hardenberg fügte Humboldt die Kurzfassung seiner „Bases" von Dijon bei.[18] Diese enthielt alle wichtigen Vorschläge seiner „Bases" für die Grundlagen der deutschen Verfassung. Die Einzelheiten ließ er dabei weg, deren Ausarbeitung er offensichtlich dem vorgeschlagenen Komitee überlassen wollte. Dabei ging er sicher auch von dem Gesichtspunkt aus, dass eine rasche Verständigung über die Grundlagen der Verfassung umso schwerer gewesen wäre, je mehr er auf Einzelheiten eingegangen wäre. Bemerkenswert ist, dass Humboldt für das oberste Bundesgericht nur noch die Aufgabe vorsah, über Streitigkeiten der Bundesglieder untereinander zu entscheiden, nicht mehr über Beschwerden der Bürger und Stände. Offenbar sah er damals keine Möglichkeit mehr, damit durchzukommen. Bei den Grundrechten, die im Einzelnen festgelegt werden sollten, er-

---

[15] Veröffentlicht von *Griewank* (1942) S. 342 ff.
[16] Vgl. *Griewank* (1942) S. 348.
[17] Vgl. *Schaffstein*, S. 261 ff.
[18] Vgl. Gesammelte Schriften, Bd. 11, S. 219 f. sowie *Gebhardt* (1928), Bd. 2, S. 120 f.; ferner *an Caroline*, Bd. 4, S. 362 sowie oben, S. 262 Anm. 6.

wähnt er ausdrücklich nur das der Freizügigkeit innerhalb Deutschlands.[19] Darin spiegelt sich die pessimistische Überzeugung, zu der Humboldt um diese Zeit gekommen war, dass sich das Ideal, das er sich von der deutschen Verfassung gebildet hatte, nicht werde verwirklichen lassen. So schrieb er am 1. August 1814 an seine Frau, dass sich mit den Menschen und unter den gegebenen Umständen das eigentlich Gute nicht werde bewirken lassen. Ähnlich besorgt hatte er seiner Frau bereits am 18. und 21. Juni 1814 aus London geschrieben.[20]

3. Hardenbergs und Steins Verfassungsüberlegungen

Wohl veranlasst durch das Schreiben Humboldts vom 26. Juni 1814 und die beigefügten Vorschläge für die deutsche Verfassung arbeitete Hardenberg zehn Verfassungsartikel aus, die sich auf die Organisation des Deutschen Bundes bezogen. Darin übernahm er die von Humboldt vorgeschlagene Kreiseinteilung, erhöhte die Zahl der Kreise jedoch auf sieben, wobei Württemberg neu hinzukam und Österreich und Preußen je zwei Kreisen vorstehen sollten. Dem Rat der Kreisobersten sollte ein weiterer Rat der Fürsten und Stände zur Seite stehen, der aus den übrigen Fürsten und den ehemaligen Reichsständen, auch soweit sie mediatisiert wurden, gebildet werden sollte. Dieser Rat sollte mit dem der Kreisobersten gemeinsam die Bundesversammlung bilden; aber beide Räte sollten nach Hardenbergs Vorstellung getrennt tagen. Bei etwaigen Differenzen zwischen diesen sollte ein aus beiden Räten gebildeter Ausschuss entscheiden. Dieser Entwurf Hardenbergs stimmte im Grundprinzip mit Humboldts Idee der Gleichstellung Österreichs und Preußens und ihrer vorherrschenden Stellung überein, nahm aber auch Gedanken Steins auf.[21] Nach seiner Rückkehr von London arbeitete Hardenberg in der ersten Juli-Hälfte in Frankfurt auf der Grundlage der Humboldt'schen Vorschläge und der früheren Denkschriften Steins einen erweiterten Verfassungsentwurf mit 41 Artikeln aus, den er Stein nach dessen Ankunft dort am 15. Juli 1814 zur Prüfung übergab.[22] Zu diesem Entwurf nahm Stein bereits am 16. Juli 1814 schriftlich Stellung. In seiner Stellungnahme wandte sich Stein gegen Hardenbergs Vorschlag eines Rates der Kreisobersten mit wechselndem Präsidium und betonte, dass der Bund aus einem Direktorium oder Ausschuss bestehen muss, der leitet und ausführt, und aus einer Bundesversammlung, die beratschlagt und beschließt. Der Ausschuss sollte aus Österreich, Preußen, Bayern, Hannover, und, sofern nicht vermeidbar,

---

[19] Vgl. *Schmidt*, S. 157 f.
[20] Vgl. *an Caroline*, Bd. 4, S. 367 sowie S. 356, 358 f.
[21] Vgl. *Gebhardt* (1928), Bd. 2, S. 121 f. Dort sind auch weitere Einzelheiten von diesem Verfassungsplan Hardenbergs wiedergegeben, der meines Wissens bisher nicht veröffentlicht wurde.
[22] Dieser Entwurf ist mit Randbemerkungen Steins abgedruckt bei *Griewank* (1940), S. 269 ff. sowie mit Anmerkungen von Hardenberg bei *Botzenhardt*, S. 26 ff.

Württemberg bestehen. Österreich und Preußen sollten darin je zwei Stimmen, die übrigen Mitglieder je eine erhalten. Den Vorsitz in diesem Direktorium sowie in der Bundesversammlung (Bundestag) sollte Österreich übernehmen. Gegen die Kreiseinteilung als solche hatte Stein im Prinzip nichts einzuwenden, jedoch hielt er offensichtlich nichts von einem gesonderten Rat der Fürsten und Stände. Von besonders einschneidender Bedeutung war der Vorschlag Steins, die deutschen Provinzen Österreichs und Preußen nicht in den Bund einzubeziehen und beide Staaten nur zu Garanten der deutschen Verfassung zu machen.[23]

Seinen Entwurf und die Stellungnahme Steins dazu besprach Hardenberg am 17. Juli in einer Konferenz mit diesem sowie mit Graf Solms-Laubach, dem Vertrauensmann Steins in der deutschen Verfassungsfrage.[24] Anschließend arbeitete Hardenberg seinen Verfassungsentwurf um, wobei er einige Vorschläge von Stein und Solms-Laubach aufgriff, aber die Zahl von 41 Artikeln beibehielt.[25] Diesen offenbar am 23. Juli 1814 fertig gestellten Entwurf sandte Hardenberg wie in der Konferenz beschlossen an diesem Tage aus Leipzig an Solms-Laubach, der ihn nach Wien mitnehmen und Metternich für ihn gewinnen sollte. Wie aus dem Begleitbrief Hardenbergs an Solms vom 23. Juli 1814 hervorgeht, wünschte Hardenberg, dass Solms an der Vorbereitung der deutschen Verfassungsangelegenheit teilnehmen und an dieser mitwirken sollte.[26] Solms-Laubach, der erst am 28. August in Wien eintraf, begab sich am nächsten Tage zunächst zu Humboldt, der sehr überrascht war, dass er als zuständiger Gesandter von Hardenberg weder über den Zweck der Reise von Solms-Laubach noch über seinen Verfassungsentwurf unterrichtet worden war. Nachdem Humboldt den Entwurf Hardenbergs gelesen hatte, teilte er Solms-Laubach in einer weiteren Besprechung am 31. August mit, dass er Bedenken habe, den Plan Metternich offiziell mitzuteilen und Hardenberg um weitere Verhaltungsbefehle gebeten habe.

4. Humboldts Haltung gegenüber diesen Vorschlägen

Sein Hauptbedenken war offensichtlich, dass Hardenberg den Stein'schen Vorschlag aufgegriffen hatte, die preußischen Provinzen rechts der Elbe und das eigentliche Erzherzogtum Österreich sowie Böhmen und Schlesien aus dem Deutschen Bund auszuschließen.[27] Gegen diesen Vorschlag sprach sich Hum-

---

[23] Vgl. *Stein*, Bd. 5, S. 13 ff. sowie *Schmidt*, S. 159 ff.; *Pertz*, Bd. 4, S. 42 ff.

[24] Vgl. *Pertz*, Bd. 4, S. 48 sowie die Anmerkung von *Gebhardt* in Gesammelte Schriften, Bd. 11, S. 221; ferner *Stein*, Bd. 5, S. 48, Anm. 5 sowie *Lehmann*, S. 385 und dort Anm. 3.

[25] Vgl. *Gebhardt* (1928), Bd. 2, S. 121 ff.; *Stein*, Bd. 5, S. 25. Dieser „Entwurf der Grundlagen der deutschen Bundes-Verfassung" ist mit Randbemerkungen Steins u. a. abgedruckt bei *Pertz*, Bd. 4, S. 49 ff.; ferner bei *Schmidt*, S. 173 ff. sowie bei *Stein*, Bd. 5, S. 629 ff., 48 ff.

[26] Vgl. *Stein*, Bd. 5, S. 25 sowie *Baumgarten*, S. 549 ff.; ferner *Pertz*, Bd. 4, S. 49.

4. Humboldts Haltung gegenüber diesen Vorschlägen

boldt in einer Depesche an Hardenberg vom 31. August 1814 sehr deutlich aus: „Ich kann diese Idee keineswegs billigen. Es wäre peinlich und schmerzlich für diese Provinzen und für Deutschland selbst, sie davon zu trennen; ... Ich glaube, man hat vor dem deutschen Volke kein Recht dazu. Die Stadt, die seit Jahrhunderten die Residenz der deutschen Kaiser war, würde nicht mehr zum Reiche gehören, wenigstens politisch nicht, sondern wäre einfach eine österreichische Stadt. Die Hauptstadt, die mehr als eine andere dazu beigetragen hat, Aufklärung und Wissen zu verbreiten, wäre künftig eine preußische Stadt und Deutschland fremd. Ich wage zu sagen, dass diese Idee bei dem achtungswertesten Teil des Publikums in ganz Deutschland und besonders bei uns Anstoß erregen werde. Der ganze Bund verlöre an Ansehen und man würde ihn nur als Teilbund betrachten."[28] Humboldt setzte sich also energisch dafür ein, Österreich und Preußen mit ihren sämtlichen deutschen Provinzen in den Deutschen Bund einzubeziehen. Hardenberg sandte nun – vermutlich nach Erhalt der Depesche von Humboldt – seinen Verfassungsplan mit Schreiben vom 3. September 1814 direkt an Metternich.[29] Dass er hierbei Humboldt als den zuständigen Gesandten am österreichischen Hof umging, geschah sicher mit Absicht, weil er dessen Bedenken gegen seinen Plan wahrscheinlich kannte oder zumindest ahnte, andererseits aber wohl den Ehrgeiz hatte, als Hauptschöpfer der deutschen Bundesverfassung in die Geschichte einzugehen.

In der Zeit vom 5. bis 9. September 1814 beriet Humboldt den hardenbergschen Plan eingehend mit dem hannoverschen Gesandten Grafen Hardenberg, mit Solms-Laubach und dem Staatsrechtslehrer von Martens. Metternich ließ seinerseits am 8. September ein Komitee einsetzen, dem er den preußischen Entwurf zur Begutachtung überwies.[30] Bei seinen Beratungen setzte Humboldt gegen den Widerstand von Solms-Laubach eine Änderung des hardenbergschen Plans dahin gehend durch, dass der Bund sämtliche deutschen Länder Preußens und Österreichs umfasst. Auch betonte er die Notwendigkeit, dass die jetzt souveränen deutschen Fürsten von den eigenen Rechten so viel nachlassen und aufgeben, als der gemeinschaftliche Endzweck erfordert. Deutschland muss ein Ganzes werden, „um seine Unabhängigkeit und Würde gegen das Ausland zu erhalten und im Inneren seinen Bewohnern die Vorzüge wieder zu schaffen und zu sichern, welche jedem echten Deutschen sein Vaterland wahrhaft unschätzbar machten". Gleichzeitig wandte er hier seinen alten Grundsatz, der ihn schon in seiner Schrift über die Grenzen der Wirksamkeit des Staates geleitet hatte,

---

[27] Vgl. *Baumgarten*, S. 551 f.
[28] Vgl. *Gebhardt* (1928), Bd. 2, S. 125 f. sowie Gesammelte Schriften, Bd. 11, S. 22, 222 f.
[29] Entgegen der Auffassung von *Gebhardt* (1928), Bd. 2, S. 127 halte ich es für sehr wahrscheinlich, dass Hardenberg seinen Plan unmittelbar nach Erhalt der humboldtschen Depesche vom 31. August 1814 an Metternich abgesandt hat.
[30] Vgl. *Gebhardt* (1928), Bd. 2, S. 127 f. sowie *Schmidt,* S. 192 ff.

auf das Verhältnis der Bundesstaaten zum Bunde an, indem er von der Gesinnung spricht, „welche der individuellen Freiheit nur die notwendigsten Schranken setzt".[31] Humboldt ging es also darum, dass die damals souveränen deutschen Staaten sich freiwillig zu einem Bunde zusammenschließen und eine verfassungsmäßige Ordnung unter sich begründen; dass ihre Freiheit aber nur insoweit beschränkt wird, als es um der gemeinschaftlichen Ordnung willen notwendig ist. Zugleich sprach er sich gegenüber Solms dagegen aus, den Mediatisierten ihre alten Souveränitätsrechte wiederzugeben mit der Begründung, dass es untunlich sei, „durch ihre Rückkehr zur Unmittelbarkeit dem Ganzen eine so verwickelte und bunte Gestalt zu geben als diejenige, welche größtenteils die Quelle der ehemaligen Unglücksfälle war, und den einzelnen Ländern, welchen sie einverleibt sind, die Kräfte zu entziehen, welche ihnen durch diese Einverleibung zuwachsen".[32] Er hielt also den auf Napoleons Betreiben durch die Rheinbund-Akte vom 12. Juli 1806 erfolgten Anschluss zahlreicher deutscher Kleinstaaten an größere deutsche Staaten wie Bayern, Württemberg, Baden usw. durchaus für sinnvoll und wandte sich dagegen, den früheren Rechtszustand einfach wiederherstellen zu wollen.[33]

Während der Beratungen über den hardenbergschen Verfassungsplan schrieb Humboldt noch eine Denkschrift über das ihm sehr am Herzen liegende Bundesgericht, das als Verfassungsgericht dafür sorgen sollte, dass die verfassungsmäßigen Rechte der Stände und der einzelnen Bürger, wie sie sich aus dem künftigen Grundgesetz des Bundes und aus den Landesverfassungen ergeben, eingehalten werden. Auch sollte dieses oder ein aus den Gesandten der Kreisobersten und Mitgliedern des Bundesgerichts zusammengesetztes Gericht über Streitigkeiten zwischen einzelnen Bundesstaaten entscheiden.[34]

5. Humboldts Denkschrift über den Geschäftsgang des Wiener Kongresses

Bald nach Abschluss der Beratungen über den Verfassungsentwurf von Hardenberg traf dieser in Wien ein.[35] Am 16. September trafen sich die Vertreter der vier verbündeten Mächte Österreich, Preußen, Russland und England zu Vorberatungen über die Form des Kongresses, über die Gegenstände der Ver-

---

[31] Vgl. *Gebhardt* (1928), Bd. 2, S. 129.
[32] Vgl. *Gebhardt* (1928), Bd. 2, S. 130.
[33] Vgl. *Gebhardt* (1928), Bd. 2, S. 129 f. sowie die Rheinbunds-Akte, abgedruckt in: *Huber* (1961), Bd. 1, S. 26 ff.
[34] Vgl. Gesammelte Schriften, Bd. 11, S. 223 ff. und *Gebhardt* (1928), Bd. 2, S. 131 f. Die Denkschrift über das Bundesgericht fügte Humboldt dem Protokoll der Sitzung vom 9. September 1814 als Anlage bei. Sie ist also Anfang September 1814 entstanden.
[35] Vgl. *Gebhardt* (1928), Bd. 2, S. 132.

handlungen und die Art ihrer Behandlung. Dabei wurde – sicher auf starkes Betreiben Humboldts – beschlossen, die Vielzahl der Gegenstände zu teilen und sie getrennt zu behandeln; ferner, dass eine kleine Zahl der am Kongress teilnehmenden Höfe die Verhandlungen leitet und überwacht. Wohl im Auftrag dieser Konferenz verfasste Humboldt dann eine Denkschrift über den Geschäftsgang des Kongresses, die wahrscheinlich am 17./18. September 1814 entstanden sein dürfte, und die wichtige Bemerkungen über den Charakter und die Bedeutung des Wiener Kongresses für die Neuordnung Europas enthält. In dieser Denkschrift unterscheidet er drei Arten von Gegenständen: die Verteilung der durch den Krieg sowie den Pariser Frieden verfügbar gewordenen Länder, Abmachungen einiger Mächte unter sich, wie vor allem die unendlich wichtige Angelegenheit der inneren Organisation Deutschlands, und schließlich noch allgemeine Abmachungen zum Wohle Europas. Hierzu rechnete er unter anderem die inneren Streitigkeiten in der Schweiz, denn die verbündeten Mächte könnten keinen inneren Krieg im Zentrum Europas zulassen; ferner die Lage Neapels, denn die Mächte könnten nicht dulden, dass weiterhin in Europa ein Souverän existiert, den einige der bedeutendsten unter ihnen sich weigerten anzuerkennen, und dass Neapel und Sizilien sich weiterhin feindlich gegenüberstehen. Außerdem rechnete er hierzu die Abschaffung des Negerhandels und die freie Schifffahrt auf den großen Strömen. Schließlich schlägt Humboldt in dieser Denkschrift vor, ein leitendes Komitee für den Kongress aus den vier verbündeten Mächten zusammen mit Frankreich und Spanien zu bilden, das auch die eben angeführte dritte Gruppe von Gegenständen behandeln soll. Für die Verteilung der eroberten Länder sowie für die innere Organisation Deutschlands sollten zwei besondere Konferenzen aus den jeweils beteiligten Ländern gebildet werden.[36]

Humboldts Vorschläge wurden auf einer Sitzung der Verbündeten am 22. September 1814 im Wesentlichen angenommen und für die europäischen Fragen ein Komitee bestehend aus den Alliierten sowie Frankreich und Spanien und für die deutsche Verfassung ein weiteres Komitee gebildet, das sich aus den Vertretern von Österreich, Preußen, Bayern, Württemberg und Hannover zusammensetzte. Auf Betreiben Metternichs sollte dieses Komitee allerdings nur die Grundlagen für den Deutschen Bund feststellen, und „die organisatorischen Einzelheiten der deutschen Bundesverfassung" sollten einem deutschen Bundestage überwiesen werden.[37]

Den Protokollen über die Beratungen der vier verbündeten Mächte fügte Humboldt noch ein Votum bei, worin er sich dafür aussprach, die Beschlüsse über den Geschäftsgang des Kongresses nicht einer Versammlung der Vertreter aller am Kongress teilnehmenden Staaten vorzulegen, sondern sie diesen in ei-

---

[36] Vgl. Gesammelte Schriften, Bd. 11, S. 163 ff. sowie *Gebhardt* (1928), S. 69 ff.
[37] Vgl. *Gebhardt* (1928), Bd. 2, S. 74 ff., 132 f.

ner schriftlichen Erklärung der sechs Mächte, also unter Einbeziehung von Frankreich und Spanien, lediglich mitzuteilen. Zur Begründung der Legitimität des vorbereitenden Komitees führte er darin aus, dass Europa nur ein ideales Ganzes bilde und die Politik nicht an konstitutionelle Normen gebunden sei. Der einzig richtige Modus sei, dass die Großen untereinander übereinkommen und die anderen stillschweigend zustimmen; dass man jedem von diesen die Freiheit lasse, seine gegenteilige Meinung zu sagen, und auch mit ihm diskutiere. Da Humboldts Ansicht gebilligt wurde, entwarf er die entsprechende Erklärung.[38]

Am 30. September 1814 fand die erste Sitzung der Vertreter der sechs Mächte statt, an welcher der inzwischen eingetroffene Talleyrand für Frankreich teilnahm, und in welcher diesem die Erklärung zur Mitunterzeichnung vorgelegt wurde. Dieser forderte entgegen dem wohlüberlegten Vorschlag Humboldts, das leitende Komitee durch eine Versammlung des Gesamtkongresses legitimieren zu lassen, was jedoch abgelehnt wurde. Sonst hätte man befürchten müssen, dass eine Gesamtversammlung Talleyrand die Möglichkeit gegeben hätte, bei den Klein- und Mittelstaaten zu intrigieren, diese gegen die verbündeten Großmächte aufzuhetzen und bei diesen die Rolle ihres Protektors zu spielen.[39] Nach mehrfachem Notenwechsel und heftigen Diskussionen einigte man sich schließlich am 8. Oktober auf eine formelle Eröffnung des Kongresses am 1. November 1814 und auf die von Gentz verfasste Deklaration vom gleichen Tage.[40]

6. Humboldts Wirken im Komitee für die deutsche Verfassung

Am 14. Oktober 1814 sollte das Komitee zur Ausarbeitung der Grundsätze für die deutsche Bundesverfassung zum ersten Mal zusammentreten. Zur Vorbereitung dieser Sitzung fand am 7. Oktober eine Besprechung zwischen Metternich, Hardenberg, Humboldt und dem Hannoveraner Hardenberg statt, wobei der hardenbergsche Verfassungsentwurf zugrunde lag.[41] Dessen 41 Artikel wurden anschließend in mehreren Sitzungen – wohl auf Betreiben Metternichs, der möglichst wenig verfassungsmäßige Bindungen wollte – zunächst auf 10 Artikel zusammengezogen und dann auf 12 erweitert. Die Formulierung dieser Artikel wurde Humboldt übertragen, sodass er sie – natürlich unter Berücksichtigung der gefassten Beschlüsse – im Sinne seiner früheren Entwürfe ausgestalten konnte.[42] Sein Entwurf sah ausdrücklich vor, wofür er sich stark eingesetzt

---

[38] Vgl. *Gebhardt* (1928), Bd. 2, S. 76 f.; die Erklärung ist abgedruckt bei *Angeberg*, Bd. 1, S. 252 f.
[39] Vgl. *Gebhardt* (1928), Bd. 2, S. 77 ff.
[40] Vgl. *Gebhardt* (1928), Bd. 2, S. 79.
[41] Vgl. *Schmidt*, S. 199 ff.

6. Humboldts Wirken im Komitee für die deutsche Verfassung

hatte, dass Österreich und Preußen dem Deutschen Bund mit all ihren Ländern angehören, und dass sich kein Staat ohne Zustimmung der übrigen von ihm trennen darf. Außerdem fügte Humboldt eine frühere Bestimmung über den Bundeszweck wieder ein, wonach dieser nicht nur in der Erhaltung der äußeren Ruhe und Unabhängigkeit, sondern auch in der „inneren Sicherung der verfassungsmäßigen Rechte jeder Klasse der Nation" besteht. Von ihren Regierungsrechten sollten die Bundesglieder nur so viel aufgeben, wie der Zweck des Bundes erfordert und die Bundesurkunde vorsieht. Deutschland sollte entsprechend Hardenbergs Vorschlag in sieben Kreise eingeteilt werden, wobei je zwei unter der Leitung von Österreich und Preußen sowie je einer unter der Leitung von Bayern, Hannover und Württemberg stehen sollten. Diese fünf Staaten sollten einen Rat der Kreisobersten bilden, der seinerseits mit dem Rat der übrigen Stände (Bundesmitglieder) zur Bundesversammlung zusammentritt. Dem Rat der Kreisobersten sollte die Leitung sowie die ausübende Gewalt des Bundes, die Vertretung des Bundes nach außen, die Entscheidung über Krieg und Frieden sowie die Teilnahme an dem Wirkungskreis des Fürsten- und Ständerates obliegen. Dem Fürsten- und Ständerat sollten nicht, wie Stein vorgeschlagen hatte, Vertreter der Landstände, sondern nur Fürsten und freie Städte angehören. Die beiden Räte sollten, Hardenbergs Vorschlag entsprechend, gemeinsam die gesetzgebende Gewalt des Bundes ausüben, jedoch gesondert beratschlagen. Staaten mit weniger als 100.000 Einwohnern sollten nur Kuriat-Stimmen, d.h. beratende Stimmen haben. Im Rat der Kreisobersten sollten Österreich und Preußen je zwei Stimmen, die übrigen Staaten je eine Stimme besitzen. Abweichend von Humboldts und Hardenbergs Vorstellung eines starken Zweierdirektoriums sollte in beiden Räten Österreich allein das Geschäftsdirektorium übertragen werden, womit aber nur die formelle Leitung der Geschäfte gemeint war. Im Übrigen sollten die Kreisobersten gleichberechtigt sein. In ihren Kreisen sollten sie für die Aufrechterhaltung des Bundesvertrages und die Einhaltung der Bundesbeschlüsse sorgen, die Kreisverhandlungen leiten, die Aufsicht über das Kriegswesen führen und die höchste Instanz für die ihrem Kreis angehörenden kleineren Staaten (Kreisstände) bilden. Diese Rechte sollten ihnen nicht als Landesherren, sondern als Beauftragten des Bundes zustehen. Ferner enthielt dieser Entwurf das Verbot, dass die Staaten ohne außerdeutsche Besitzungen Kriege für sich führen, dass sie Bündnisverträge und Verträge über Subsidien sowie die Überlassung von Truppen eingehen. Streitigkeiten der deutschen Fürsten untereinander, die nicht durch Auströgalinstanz, d.h. durch eine vermittelnde Instanz zu lösen sind, sollten durch Urteil der Kreisobersten und eines Bundesgerichts entschieden werden. Dieses sollte, worauf Humboldt größten Wert legte, auch für Verletzungen des Bundesvertrages in den einzelnen Ländern zuständig sein. In jedem Bundesstaat sollte eine ständische Verfassung ein-

---

[42] Vgl. *Gebhardt* (1928), Bd. 2, S. 79, 133; ferner *Schmidt,* S. 203 ff. Die 12 Artikel sind abgedruckt bei *Schmidt,* S. 209 ff.

gerichtet werden, wobei für die Stände gewisse Mindestrechte festgelegt werden sollten. Im Übrigen sollte es den Ländern aber freistehen, die Verfassung ihren besonderen Verhältnissen entsprechend einzurichten. Schließlich wurde noch die Einführung von Individualrechten versprochen, wobei lediglich das Recht der Auswanderung und der Annahme von Kriegs- und bürgerlichen Diensten in anderen deutschen Staaten genannt wurden. Österreich und Preußen sollte die Bestimmung ihrer landständischen Verfassung und der Individualrechte wegen des Umfanges ihrer Staaten und des Besitzes nicht zum Bunde gehöriger Länder unter Berücksichtigung ihrer besonderen Verhältnisse vorbehalten bleiben.[43] Diesem mit ihm abgesprochenen Entwurf stimmte Metternich zu, obwohl das von ihm eingesetzte Komitee erklärt hatte, dass diese 12 Artikel im Grunde das erste preußische Projekt (nämlich den hardenbergschen Verfassungsplan mit 41 Artikeln) nur wiederholen und dass sie diese für weit gefährlicher und nachteiliger für Deutschland und für Österreich hielten als das ursprüngliche Projekt.[44]

7. Humboldts Reaktionen auf die ablehnende Haltung von Bayern und Württemberg

Der Verfassungsentwurf mit 12 Artikeln wurde der ersten Sitzung des Komitees für die deutschen Verfassungsangelegenheiten zugrunde gelegt. Es folgten dann bis zum 16. November zahlreiche weitere Sitzungen, wobei von dem Vertreter Bayerns sowie von den württembergischen Vertretern alle wesentlichen Bestimmungen des Verfassungsplans abgelehnt wurden. Dazu gehörte die Einrichtung eines zweiten Rates der Stände, das Verbot der auswärtigen Bündnisse und Kriege, die Festsetzung der Rechte der Untertanen sowie der Landstände, das vorgesehene Bundesgericht sowie überhaupt jegliche Einschränkung der Regierungsrechte ihrer Fürsten. Auch forderten sie Stimmengleichheit im Rat der Kreisobersten und wechselndes Direktorium. Lediglich die Einteilung Deutschlands in Kreise und der Rat der Kreisobersten wurden im Prinzip bejaht.[45]

Auf Vorschlag Humboldts fand am 21. Oktober eine gesonderte Beratung zwischen den Vertretern Österreichs, Preußens und Hannovers statt, wobei man übereinkam, mit einigen Modifikationen im Wesentlichen an den bisherigen Vorschlägen festzuhalten. Die Kreiseinteilung war man bei zu großen Schwierigkeiten bereit aufzugeben, aber zu Militär- und Justizzwecken sollte eine solche eingerichtet werden. Als Kompromiss sah man vor, dass im Rat der Kreisobersten bei Differenzen zwischen Österreich und Preußen einerseits sowie Hannover, Bayern und Württemberg andererseits Kurhessen und Baden zugezogen werden sollten.[46] Sicher auf Betreiben Humboldts, der das Protokoll dieser

---

[43] Vgl. *Gebhardt* (1928), Bd. 2, S. 133 ff. sowie *Schmidt,* S. 209 ff.
[44] Vgl. *Gebhardt* (1928), Bd. 2, S. 136.
[45] Vgl. *Schmidt,* S. 225 ff. und *Gebhardt* (1928), Bd. 2, S. 139 ff.

7. Reaktionen auf die ablehnende Haltung von Bayern und Württemberg

Sitzung schrieb, ging man sogar so weit, dass man es auf den Austritt von Bayern und Württemberg ankommen lassen und andere deutsche Staaten in den Rat der Kreisobersten nehmen wollte, „ehe man eine Verfassung bildete, welche die gerechten Erwartungen Deutschlands nur täuschen würde".[47] Auch wandte er sich in einer Denkschrift vom 25. Oktober 1814 gegen das von Bayern geforderte Recht, für sich Kriege zu führen und Bündnisse zu schließen.[48]

Da in den weiteren Beratungen im Verfassungskomitee nähere Erläuterungen hinsichtlich der Rechte der Kreisobersten gefordert wurden, arbeitete Humboldt zu Art. 5 der 12 Artikel 16 Paragraphen aus, in welchen er die Stellung und Kompetenzen der Kreisobersten im Einzelnen entwickelte.[49] Nachdem die preußisch-österreichischen Vorschläge zum Teil von Bayern, aber insbesondere von den Vertretern Württembergs weiterhin kritisiert und in wesentlichen Punkten abgelehnt wurden, forderte Humboldt diese auf, ihrerseits positive Vorschläge zu machen. Daraufhin überreichte Württemberg am 3. November eine eigene Fassung der 12 Artikel.[50] Am 12. November wurden dann von Humboldt und Wessenberg gemeinsam ausgearbeitete 8 Punkte über „Bildung und Wirkungskreis des zweiten Rats" als „Entwicklung" zu Art. 6 der 12 Artikel vorgelegt.[51] Am 16. November trugen die Bevollmächtigten von Württemberg eine Erklärung vor, dass sie sich fernerhin über einzelne Gegenstände nicht äußern oder angesonnene Verbindlichkeiten nicht übernehmen könnten, ohne vorher den Plan des Ganzen zu kennen, was zu einer Unterbrechung der Sitzungen führte.[52] Offenbar im Anschluss daran arbeitete Humboldt eine Zusammenfassung der Resultate aller bisherigen Sitzungen aus.[53] Wie daraus hervorgeht, wurden die wesentlichen Punkte der Vorschläge von Österreich, Preußen und Hannover vor allem von Württemberg, teilweise auch von Bayern abgelehnt. So widersprachen sie der zweifachen Stimme von Österreich und Preußen im ersten Rat, ferner der Zuziehung von zwei weiteren deutschen Staaten bei Differenzen zwischen Österreich und Preußen einerseits und den drei weiteren Mitgliedern des ersten Rats andererseits; weiter widersprach Württemberg der Mit-

---

[46] Die Einzelheiten sind bei *Gebhardt* (1928), Bd. 2, S. 138 ff. dargestellt. Das Protokoll Humboldts ist abgedruckt bei *Schmidt*, S. 231 f.
[47] Vgl. *Schmidt*, S. 232 sowie *Gebhardt* (1928), Bd. 2, S. 142.
[48] Vgl. Gesammelte Schriften, Bd. 11, S. 227 ff.
[49] Vgl. *Gebhardt* (1928), Bd. 2, S. 142. Diese Ausarbeitung Humboldts ist abgedruckt bei *Klüber*, Bd. 2, S. 132 ff., 142 ff.
[50] Vgl. *Gebhardt* (1928), Bd. 2, S. 142 f.; *Schmidt*, S. 236.
[51] Vgl. *Schmidt*, S. 237, 299.
[52] Vgl. *Gebhardt* (1928), Bd. 2, S. 144; *Schmidt*, S. 285 f., 287 ff.
[53] Eine Übersicht über Humboldts Zusammenfassung gibt *Schmidt*, S. 294 ff.; *Schmidt* meint (S. 299), dass sich nicht bestimmen lasse, ob diese Zusammenfassung vor oder nach dem 16. November 1814 entstanden ist. Da die Vorlage der Zusammenstellung jedoch von Österreich und Preußen erst in der Sitzung am 14. bzw. 16. November 1814 versprochen wurde (*Schmidt*, S. 292), ist anzunehmen, dass sie erst nach dem 16. November angefertigt wurde.

wirkung des zweiten Rats bei der Gesetzgebung und eines Ausschusses dieses Rats bei der Entscheidung über Krieg und Frieden; auch lehnte es das Bundesgericht sowie die vorgesehene Regelung ab, dass der Bund über Verträge mit auswärtigen Staaten unterrichtet werden sollte.[54]

Am 16. November 1814 hatten die Vertreter von 29 deutschen souveränen Fürsten und Städten auf Betreiben des nassauisch-niederländischen Vertreters von Gagern eine Note überreicht, in welcher sie ihre Erwartung aussprachen, gleichberechtigt an den Verhandlungen über die deutsche Verfassung beteiligt zu werden. Sie forderten Österreich und Preußen auf, „ihnen Vorschläge über die künftige Verfassung zur Beratung und Beschlussnahme" vorzulegen, die „auf der Basis gleicher Rechte und einer vollständigen Repräsentation aller Bundesglieder beruhen".[55] Offensichtlich in der Absicht, dieser in der Öffentlichkeit zirkulierenden Note entgegenzuwirken, verfasste Humboldt Ende November oder Anfang Dezember 1814 einen Zeitungsartikel, in welchem er in diplomatischer Weise die positiven Seiten der Note hervorhebt und zugleich über den Stand der Kongressangelegenheiten informiert. Von Österreich und Preußen sagt er, „dass beide Mächte von dem echt vaterländischen Sinne beseelt sind, die Unabhängigkeit Deutschlands gegen das Ausland zu sichern, und jeden Deutschen gegen Verletzung seiner verfassungsmäßigen Rechte im Innern zu schützen". Auch gingen beide Mächte mit dem Beispiel voran, sich jeder allgemeinen Einrichtung unterzuordnen.[56]

8. Humboldts Entwürfe zur Bundesverfassung mit und ohne Kreiseinteilung

Humboldt ließ sich durch die aufgetretenen Schwierigkeiten nicht beirren. Noch war er von der Hoffnung beseelt, dass die Dinge doch eine gute Wendung nehmen werden, auch wenn sie noch schroff genug gegeneinander stehen.[57] Er übersandte seine Zusammenfassung der bisherigen Ergebnisse sowie weiteres Material an die Vertreter Württembergs, die dazu am 28. November schriftlich Stellung nahmen. Humboldt teilte daraufhin dem Grafen Wintzigerode mit Schreiben vom 2. Dezember mit, dass er sich seine Kritik daran für die mündliche Erörterung in den weiteren Konferenzen vorbehalte.[58] Anschließend ging er an die Ausarbeitung von zwei umfangreichen Entwürfen zur Bundesverfassung mit und ohne Kreiseinteilung, womit er im Hinblick auf die Forderung der Württemberger nach einer Übersicht des Ganzen beauftragt worden war.[59]

---

[54] Vgl. *Gebhardt* (1928), Bd. 2, S. 143 f.
[55] Vgl. *Schmidt,* S. 275 f. Über die Vorgeschichte und den ganzen Komplex unterrichtet ausführlich *Schmidt,* S. 259 ff.
[56] Vgl. Gesammelte Schriften, Bd. 11, S. 230 ff., 231 f.
[57] Vgl. *an Caroline,* Bd. 4, S. 420.
[58] Vgl. *Gebhardt* (1928), Bd. 2, S. 144 f.

8. Entwürfe zur Bundesverfassung mit und ohne Kreiseinteilung

Diese Entwürfe sind offenbar in der kurzen Zeit zwischen dem 7. und 9. Dezember 1814 entstanden.[60] Grundlage dieser Verfassungsentwürfe waren die 12 Artikel in der Fassung, die sie in den bisherigen Komiteesitzungen erhalten hatten sowie die „Entwicklungen" zu deren Artikel 5 und 6.[61] Die Forderung der Württemberger, zuerst den ganzen Verfassungsplan vorgelegt zu bekommen, gab Humboldt offensichtlich die willkommene Gelegenheit, seine ursprünglichen, viel weitergehenden Vorschläge wieder aufzunehmen, zu erweitern und zu präzisieren. So fügte er seine früheren Vorschläge über die Rechte der Landstände sowie die Individualrechte wieder ein, erneuerte seine Vorschläge über das Bundesgericht und griff seine Vorschläge über die Justizorganisation sowie über die Rechte der Mediatisierten wieder auf.[62] Die gemeinschaftlichen Angelegenheiten sollten durch eine Bundesversammlung besorgt werden, in welcher alle Mitglieder des Bundes Sitz und Stimme haben, was über die von Humboldt in seinen „Bases" vom April 1814 vorgesehenen Einschränkungen hinsichtlich der Mitgliedschaft und des Stimmrechts in der Bundesversammlung hinausging. Die Bundesversammlung sollte aus einem ersten und zweiten Rat bestehen, wobei der erste Rat dem in seinen „Bases" vorgeschlagenen Bundesausschuss (Direktorium) entspricht, während der zweite Rat aus den übrigen Mitgliedern des Bundes zusammengesetzt sein sollte. In diesem sollten die kleineren Mitglieder nur Curiatstimmen ausüben können. Dem ersten Rat sollten Österreich und Preußen mit je zwei Stimmen sowie Bayern, Hannover und Württemberg mit je einer Stimme angehören. Ihm sollte die Leitung und ausübende Gewalt des Bundes sowie die Vertretung desselben gegenüber auswärtigen Mächten zustehen. Über Krieg und Frieden sollte er jedoch entgegen Humboldts früheren Vorschlägen nur mit Zuziehung eines Ausschusses des zweiten Rates beratschlagen und entscheiden können.

Der Wirkungskreis des zweiten Rats sollte sich auf alle Gegenstände erstrecken, „welche den Stoff zu einem allgemeinen, für ganz Deutschland geltenden Gesetze abgeben können." Die Gesetzgebung, als die eigentliche Aufgabe des zweiten Rats, sollte dieser jedoch nur zusammen mit dem ersten Rat ausüben können. Das Initiativrecht zu Gesetzesvorschlägen sollte in erster Linie dem ersten Rat zustehen. Jedoch sollte es auch jedem Mitglied des zweiten Rats zustehen, Vorschläge zu machen. Staatsverträge mit auswärtigen Staaten, zu deren Vollziehung Gesetze erforderlich sind, sollten auf jeden Fall der Genehmigung des zweiten Rats bedürfen.[63]

---

[59] Vgl. *Schmidt,* S. 293, 315.
[60] Vgl. *an Caroline,* Bd. 4, S. 434 f. und Gesammelte Schriften, Bd. 11, S. 268. Die Auffassung von *Schmidt,* S. 300, dass Humboldt schon in der zweiten Hälfte des Novembers mit der Ausarbeitung beschäftigt gewesen sei, dürfte danach unzutreffend sein.
[61] Vgl. *Schmidt,* S. 294 ff., 299 f.
[62] Vgl. Gesammelte Schriften, Bd. 11, S. 203 sowie *Gebhardt* (1928), Bd. 2, S. 145 f.

Hinsichtlich der Bündnispolitik sah Humboldt in seinen Entwürfen mit und ohne Kreiseinteilung Zugeständnisse vor, indem er den Mitgliedern des Bundes jetzt grundsätzlich das Recht zugestehen wollte, Verträge mit auswärtigen Mächten abzuschließen. Sie sollten jedoch verpflichtet sein, den Bund von solchen Verträgen zu unterrichten, die sich auf Krieg, Frieden, Subsidien oder jede andere Art von Hilfeleistung beziehen. Verträge mit auswärtigen Mächten, die gegen den Bund oder einzelne seiner Mitglieder gerichtet sind oder diesen unmittelbar oder mittelbar gefährlich werden könnten, sollten gänzlich ausgeschlossen sein, um die Sicherheit Deutschlands nicht zu gefährden.[64]

In seinem „Entwurf zur Bundesverfassung mit Kreiseinteilung" vom Dezember 1814 schlägt Humboldt, wie schon in seinen „Bases" vom April 1814, eine Einteilung Deutschlands in Kreise vor, in welchen die Fürsten der fünf im ersten Rat vereinigten Bundesmitglieder jeweils das Kreisvorsteheramt führen sollten. Die Kreisvorsteher sollten in ihrem Kreise im Namen des Bundes für die Aufrechterhaltung des Bundesvertrags und die Vollstreckung der Bundesschlüsse sorgen; sie sollten die oberste Aufsicht über das Kriegswesen aller ihrem Kreise angehörenden Staaten führen und einen gemeinschaftlichen obersten Gerichtshof für diejenigen Staaten ihres Kreises bilden, denen wegen ihrer geringen Größe das Recht der dritten Instanz nicht zustehen sollte. Sie sollten unter der Aufsicht des ersten Rates stehen und diesem bei der Ausübung ihres Amtes untergeordnet und verantwortlich sein.[65] Den Kreisversammlungen sollten alle mediatisierten ehemaligen Reichsstände mit Gesamtstimmen angehören. Die Kreisversammlungen sollten sich einerseits mit den Angelegenheiten befassen, welche die Wohlfahrt des einzelnen Kreises betreffen, andererseits Gesetzesvorschläge für ganz Deutschland zur Beratung im Bundesrate vorbereiten. Die Beschlüsse in den Kreisversammlungen sollten nach der Mehrheit der Stimmen gefasst werden und der Kreisvorsteher für ihre Ausführung – allerdings ohne eigene Zwangsgewalt – sorgen.[66]

Zu diesen Verfassungsentwürfen schrieb Humboldt am 9. Dezember 1814 noch ein Gutachten, in welchem er ausführlich auf die Vor- und Nachteile der beiden Entwürfe einging und sich seinerseits für den mit Kreiseinteilung aussprach. Er war überzeugt, dass die Kreiseinteilung dazu beiträgt, die Glieder des Bundes stärker zu einem Ganzen zu verbinden. In diesem Gutachten machte er den neuen Vorschlag, den Ausschuss des zweiten Rates, bestehend aus Kurhessen und Baden sowie drei gewählten wechselnden Mitgliedern, ständig in den ersten Rat aufzunehmen.[67] Durch seine neuen Vorschläge hoffte Humboldt die kleineren Staaten für die preußischen Verfassungspläne zu gewinnen.

---

[63] Vgl. Gesammelte Schriften, Bd. 11, S. 240 ff.
[64] Vgl. Gesammelte Schriften, Bd. 11, S. 248.
[65] Vgl. Gesammelte Schriften, Bd. 11, S. 244 ff.
[66] Vgl. Gesammelte Schriften, Bd. 11, S. 246 f., 250 f.

8. Entwürfe zur Bundesverfassung mit und ohne Kreiseinteilung 279

Die Entwürfe sowie das Gutachten überreichte er Hardenberg mit zwei Begleitschreiben vom 11. und 12. Dezember 1814.[68] In dem vom 11. Dezember begründete er die Notwendigkeit, den kleineren Staaten entgegenzukommen. Auch drängte er Hardenberg, sein Gutachten und die Entwürfe nach Durchsicht unverzüglich Österreich und Hannover mitzuteilen und sich mit diesen über die in seinem Gutachten aufgestellten Hauptfragen zu vereinigen, um danach in Konferenzen mit Bayern und Württemberg diejenigen Punkte seiner Entwürfe durchzugehen, die noch nicht gemeinschaftlich angenommen waren. So hoffte er, in ungefähr acht Tagen mit diesen Konferenzen wieder anfangen zu können.[69] In dem Begleitschreiben vom 12. Dezember drängte Humboldt noch mehr, weil am 11. Dezember die Note Metternichs in der polnisch-sächsischen Frage vom 10. Dezember eingegangen war, mit welcher er die preußischen Ansprüche auf Sachsen ablehnte.[70]

Im Zusammenhang mit dieser sich immer mehr zuspitzenden Frage hatte Österreich gegenüber der deutschen Verfassungsfrage zunächst eine abwartende, später sogar eine gegen Preußen gerichtete Haltung eingenommen.[71] Der Umschwung in der Haltung Österreichs hing damit zusammen, dass der preußische König Friedrich Wilhelm III. in einer Unterredung mit dem russischen Zaren Alexander am 5. November 1814 seinem Staatskanzler Hardenberg verboten hatte, sich mit Österreich und England den Plänen Russlands in Polen entgegenzustellen. Alexander wollte das Herzogtum Warschau mit Russisch-Polen zu einem konstitutionellen Königreich unter seiner Oberhoheit vereinigen, wodurch dieses von Russland abhängig gewesen wäre. Metternich war aber nur so lange bereit, Preußen in der Verfassungsfrage sowie bei seinem Plan, Sachsen zu annektieren, zu unterstützen, als er eine Unterstützung durch Preußen gegen die den österreichischen Interessen widerstreitenden russischen Absichten mit Polen erwarten konnte. Als Metternich am 7. November von der Unterredung erfuhr, fiel seine bisherige Rücksichtnahme auf Preußen weg, und er ließ dieses dann auch in der deutschen Verfassungsfrage im Stich.[72] Humboldt hatte noch mit einer Denkschrift vom 9. November den offensichtlich vergeblichen Versuch unternommen, den preußischen König zu einer anderen Haltung zu bewegen, wobei er auch darauf hinwies, das der Deutschen Bund dann vermutlich zustande komme, während er sich sonst höchstwahrscheinlich zerschlage.[73]

---

[67] Vgl. Gesammelte Schriften, Bd. 11, S. 268 ff., 273, 274 ff. sowie *Gebhardt* (1928), Bd. 2, S. 146 ff.
[68] Abgedruckt in Gesammelte Schriften, Bd. 11, S. 278 ff. bzw. bei *Schmidt*, S. 315 ff., 318.
[69] Vgl. Gesammelte Schriften, Bd. 11, S. 279.
[70] Vgl. *Schmidt*, S. 318 f.; *Gebhardt* (1928), Bd. 2, S. 109.
[71] Vgl. *Gebhardt* (1928), Bd. 2, S. 150.
[72] Vgl. *Gebhardt* (1928), Bd. 2, S. 80, 100 ff.; *Schmidt*, S. 338.
[73] Vgl. Gesammelte Schriften, Bd. 11, S. 189 ff., 194 f.; *Schmidt*, S. 357 ff., 362 f.; *an Caroline,* Bd. 4, S. 418.

280 VII. Humboldts Mitwirkung bei der Gestaltung des Deutschen Bundes

Im Laufe des Dezember 1814 hatte Humboldt seine beiden Entwürfe zur Bundesverfassung mit und ohne Kreiseinteilung dem Freiherrn vom Stein zur Begutachtung zur Verfügung gestellt. Dieser nahm in ausführlichen „Bemerkungen" vom 26./29. Dezember 1814 zu dem ohne Kreiseinteilung Stellung.[74] In diesen setzte sich Stein u.a. dafür ein, den Ständen bei der allgemeinen Gesetzgebung nicht nur ein Beratungsrecht, sondern das Recht der Einwilligung zu geben.[75] Humboldt war dazu bereit, wie eine handschriftliche Bemerkung von ihm zu § 70 des Entwurfs ohne Kreiseinteilung zeigt, wonach er den Ständen ohne Einschränkung das Recht „der Einwilligung bei Erteilung neuer allgemeiner Landesgesetze" zugestehen wollte. Hardenberg stimmte jedoch offenbar dieser Erweiterung der ständischen Rechte nicht zu, wahrscheinlich mit Rücksicht auf den preußischen König Friedrich Wilhelm III. Auch die weitere Anregung Steins, die gänzliche Aufhebung der Leibeigenschaft in die Bundesverfassung aufzunehmen, war Humboldt bereit aufzugreifen.[76]

9. Der österreichische Verfassungsentwurf für einen Deutschen Bund

In dieser Zeit hatten sich die Gegensätze in der sächsisch-polnischen Frage so zugespitzt, dass gegenseitige Kriegsvorbereitungen getroffen wurden. Am 3. Januar 1815 kam es sogar zwischen Österreich, Frankreich und England zu einem gegen Preußen und Russland gerichteten geheimen Kriegsbündnis, dem sich Bayern, Hannover und Hessen-Darmstadt sowie die Niederlande und Sardinien anschlossen.[77] Im Zusammenhang mit dieser Entwicklung ließ Metternich im Laufe des Dezember 1814 einen eigenen Verfassungsentwurf für einen Deutschen Bund ausarbeiten, der ohne Preußen und Württemberg abgeschlossen werden sollte und offensichtlich dazu dienen sollte, ein Bündnis von ganz Deutschland gegen Preußen zustande zu bringen. Dieser Entwurf sah die Mitgliedschaft und völlige Gleichstellung aller deutschen Staaten im Bundesrat unter österreichischem Vorsitz sowie Entscheidung nach Stimmenmehrheit vor. Nur für auswärtige Angelegenheiten sowie für eilige Sachen sollte ein dreigliedriger ständiger Ausschuss gebildet werden.[78] Damit war einer der wichtigsten Grundsätze der bisherigen Entwürfe aufgegeben. Der österreichische Entwurf enthielt außerdem noch Bestimmungen über die Einführung von Landständen, über die Mediatisierten sowie über einige Individualrechte.[79]

---

[74] Die „Bemerkungen" Steins sind abgedruckt bei *Schmidt,* S. 321 ff. und bei *Stein,* Bd. 5, S. 105 ff.
[75] Vgl. *Schmidt,* S. 324 f. bzw. *Stein,* Bd. 5, S. 107 f.
[76] Vgl. *Schmidt,* S. 334 f. Schmidt spricht von § 66 des Dezember-Entwurfs II (ohne Kreiseinteilung), was meines Erachtens falsch ist, da § 70 dem § 85 des Entwurfs mit Kreiseinteilung entspricht, vgl. Gesammelte Schriften, Bd. 11, S. 258 f.
[77] Vgl. *Schmidt,* S. 382.
[78] Der österreichische Entwurf ist abgedruckt bei *Klüber,* Bd. 2, Heft 5, S. 1 ff.

10. Humboldts Vorschläge einer abweichenden Organisation der Bundesversammlung

Der österreichische Verfassungsentwurf veranlasste Humboldt, seinerseits den „Entwurf einer von den bisherigen Vorschlägen abweichenden Organisation der Bundesversammlung" auszuarbeiten. Darin schlug er anstelle eines aus drei Mitgliedern bestehenden ständigen Ausschusses vor, die Bundesversammlung einerseits als engeren Ausschuss, andererseits als Versammlung des ganzen Bundes handeln zu lassen. In der Bundesversammlung sollten alle Mitglieder des Bundes durch Bevollmächtigte Sitz und Stimme haben, wobei in der Bundesversammlung als engerer Ausschuss die kleineren Staaten zu fünf Gruppen mit je einem Direktor und je einer Stimme zusammengefasst werden sollten, während er für die Bundesversammlung als Versammlung des ganzen Bundes vorsah, jedem Staat nach Maßgabe seiner Bevölkerungszahl eine verschiedene Anzahl von Stimmen zu geben. In beiden Bundesversammlungen sollte Österreich den Vorsitz führen. Als Versammlung des ganzen Bundes sollte die Bundesversammlung nur zuständig sein für die Abänderung des Bundesvertrages oder eines von ihr gefassten Bundesbeschlusses sowie „bei Vorschlägen sich auf ganz Deutschland erstreckender innerer Einrichtungen und die kraft allgemeiner Gesetze enthaltender Verfügungen". Alle übrigen Angelegenheiten sollten der Bundesversammlung als engerer Ausschuss obliegen. Außerdem sah Humboldt die Bildung von Kommissionen vor, darunter vier ständige für das Kriegswesen, die auswärtigen Verhältnisse, die Finanzen und die inneren Angelegenheiten des Bundes.[80]

Im Januar 1815 hatte sich der Konflikt wegen der sächsisch-polnischen Frage entspannt. Auch hatten sich die deutschen Kleinstaaten zu einem Verein mit 32 Mitgliedern zusammengeschlossen und in einer Note vom 2. Februar 1815 einen „teutschen Kongress, unter gehöriger Zuziehung aller Teile des künftigen Ganzen" gefordert.[81] Hardenberg und Humboldt erklärten sich bereit, eine Abordnung der Kleinstaaten bei den weiteren Verfassungsberatungen zuzuziehen, und auch Metternich stimmte dem zu. Erst jetzt übersandten die Vertreter Preußens mit einer Note vom 10. Februar 1815 Metternich die beiden Entwürfe zur Bundesverfassung mit und ohne Kreiseinteilung vom Dezember 1814. Die Note gibt den wesentlichen Teil von Humboldts „Gutachten zu den beiden Entwürfen mit und ohne Kreiseinteilung" vom 9. Dezember 1814 wieder, soweit dieses nicht durch den neueren Entwurf überholt war. Im Übrigen beruht sie auf einem Schreiben Humboldts an Hardenberg vom Januar 1815[82], in welchem er

---

[79] Vgl. *Gebhardt* (1928), Bd. 2, S. 151 f.
[80] Vgl. Gesammelte Schriften, Bd. 11, S. 279 ff. sowie *Gebhardt* (1928), Bd. 2, S. 152 f.
[81] Vgl. Gesammelte Schriften, Bd. 11, S. 289 sowie *Gebhardt* (1928), Bd. 2, S. 112 f., 153 f.; *Schmidt,* S. 388 ff.

seinen Vorschlag, nur eine Bundesversammlung in zwei Formen vorzusehen, begründet hatte.[83] In dieser Note betonte Humboldt, dass es bei der deutschen Verfassung drei Punkte gebe, von denen man nicht abgehen könne, ohne der Erreichung des gemeinschaftlichen Endzwecks den wesentlichsten Nachteil zuzufügen, nämlich eine kraftvolle Kriegsgewalt, ein Bundesgericht und landständische, durch den Bundesvertrag gesicherte Verfassungen. Zugleich wies er darauf hin, dass die Erreichung einer deutschen Verfassung „nicht bloß in Absicht auf die Verhältnisse der Höfe, sondern ebenso sehr zur Befriedigung der gerechten Ansprüche der Nation notwendig" sei, die von dem Gefühl durchdrungen sei, „dass ihre Sicherheit und Wohlfahrt und das Fortblühen echt vaterländischer Bildung größtenteils von ihrer Vereinigung in einen festen Staatskörper abhängt; die nicht in einzelne Teile zerfallen will, sondern überzeugt ist, dass die treffliche Mannigfaltigkeit der deutschen Völkerstämme nur dann wohltätig wirken kann, wenn sich dieselbe in einer allgemeinen Verbindung wieder ausgleicht". Er erklärte, dass die Vertreter Preußens bereit seien, in den übrigen Punkten der Verfassung und namentliche hinsichtlich der Bundesversammlung sowohl selbst neue Vorschläge zu machen als auch auf ihnen zu machende einzugehen, vorzüglich wenn dadurch der „Endzweck einer festen Übereinstimmung der deutschen Fürsten, und eines engern und vermehrten Eifers in der Teilnahme an der neuen Verfassung erreicht werden kann. Denn jede Verfassung hat ihr Gedeihen und Fortbestehen nur von dem Geiste zu erwarten, der ihre Mitglieder beseelt."[84] Aus der Tatsache, dass sich die Vertreter Preußens vorbehielten, zur Bundesversammlung neue Vorschläge zu machen, und dass in der Note noch vom ersten und zweiten Rat des Bundes die Rede ist, geht hervor, dass Metternich die „Vorschläge für eine abweichende Organisation der Bundesversammlung" zu diesem Zeitpunkt noch nicht mitgeteilt wurden.[85] Um die Behandlung der Verfassungsfrage bald wieder in Gang zu bringen, wurde Metternich in der Note noch darüber unterrichtet, dass die beiden Vertragsentwürfe mit und ohne Kreiseinteilung rechtzeitig auch den Vertretern von Bayern, Hannover und Württemberg mitgeteilt würden.

11. Humboldts erneute Ablehnung von Steins Kaiserplan

Um diese Zeit setzte sich der Freiherr vom Stein wieder für seinen alten Kaiserplan ein, indem er in einem Zeitungsartikel vom 17. Februar 1815 zu einer von ihm veranlassten Denkschrift des russischen Grafen Capodistria vom 9. Februar Stellung nahm. Auch schrieb er selbst am 17. Februar ein Mémoire, mit welchem er seine Gründe für diesen Plan erneut darlegte.[86] Humboldt schrieb

---

[82] Vgl. *Schmidt,* S. 395 ff.
[83] Vgl. *Gebhardt* (1928), Bd. 2, S. 153 f.
[84] Gesammelte Schriften, Bd. 11, S. 285, 287 f.
[85] Dies nimmt *Gebhardt* (1928), Bd. 2, S. 154 unzutreffenderweise an.

eine Erwiderung auf den Zeitungsartikel, die er dann allerdings unveröffentlicht ließ. Außerdem verfasste er am 23. Februar eine Widerlegung des steinschen Mémoires, die Hardenberg am 24. Februar Stein übergab.[87] Daraufhin verteidigte dieser erneut seinen Plan in einem Schreiben an Hardenberg vom 27. Februar 1815[88], was Humboldt zu einer erneuten Widerlegung mit Denkschrift vom 3. März veranlasste.[89] Darin weist er unter anderem auf die Gefahr hin, dass Österreich die Kaiserkrone als ein Mittel betrachten könne, „seine Einzelmacht als selbständiger Staat zu vergrößern – was nicht bloß für Deutschland, sondern auch für Europa gefährlich wäre". Bei einem Konflikt zwischen Österreich und Preußen würden die kleineren deutschen Staaten zur Kaisermacht in ein Verhältnis geraten, wie der Rheinbund zu Frankreich (Napoleon) gestanden habe, also in ein Verhältnis völliger Abhängigkeit. Auch hatte Humboldt offenbar Sorge für die Entwicklung des deutschen Geistes, wenn Deutschland einseitig unter die Vorherrschaft eines mehr konservativen österreichischen Kaisertums geraten würde: „Der Geist der deutschen Nation ist kein Geist der Unruhe oder der Widersetzlichkeit, aber er strebt vorwärts zu schreiten und die Aufklärung zu benützen, die sich jener Unbeweglichkeit widersetzt, für welche die Erfahrung nichts ist und an der die Jahrhunderte nutzlos vorübergehen."[90]

12. Humboldts Beitrag zum Zustandekommen des Deutschen Bundes

Nach diesem Intermezzo ging Humboldt wieder an die Arbeit an der deutschen Verfassung, die jetzt durch den wieder aufgenommenen Krieg gegen Napoleon sehr drängte. Er verfasste aus seinen Entwürfen einen Auszug mit 14 Artikeln, den er Ende April 1815 noch einmal umarbeitete.[91] Dieser sah eine Bundesversammlung und einen Vollziehungsausschuss vor, ließ aber offen, welche Staaten diesen bilden. Neu aufgenommen wurde das Versprechen einer Verfassung für die katholische Kirche in Deutschland. Hinsichtlich der Länderverfassungen wurde gesagt, dass die drei christlichen Religionsparteien gleiche Rechte und die Juden gegen Leistung aller Bürgerpflichten die entsprechenden Rechte genießen sollten. Auch sollten die Landstände so eingerichtet werden, „dass alle Klassen der Staatsbürger daran teilnehmen".[92] Dieser gekürzte Ent-

---

[86] Abgedruckt bei *Pertz,* Bd. 4, S. 329 ff.
[87] Vgl. *Gebhardt* (1928), Bd. 2, S. 154 ff. sowie Gesammelte Schriften, Bd. 11, S. 203 f., 295 ff.
[88] Abgedruckt bei *Pertz,* S. 342 ff.
[89] Vgl. Gesammelte Schriften, Bd. 11, S. 302; *Gebhardt* (1928), Bd. 2, S. 158 f. sowie oben, S. 246 ff.
[90] Gesammelte Schriften, Bd. 11, S. 305.
[91] Abgedruckt bei *Klüber,* Bd. 1, Heft 4, S. 104 ff. bzw. Bd. 2, Heft 7, S. 298 ff.; vgl. dazu *Schmidt,* S. 446 ff.
[92] Vgl. *Gebhardt* (1928), Bd. 2, S. 159 f.

wurf wurde Metternich am 1. Mai 1815 übergeben mit der Aufforderung zu Vorbesprechungen darüber. Stattdessen übergab dieser am 7. Mai einen von Wessenberg ausgearbeiteten österreichischen Gegenentwurf, der im Wesentlichen dem oben erwähnten österreichischen Entwurf entsprach. Zusätzlich sah dieser die Einführung eines Bundesgerichts vor, für das in Zukunft nähere Bestimmungen getroffen werden sollten. Auch regelte er die Stimmverteilung in der Bundesversammlung, ferner die von den Mitgliedern zu stellenden militärischen Kontingente und enthielt einen Abschnitt über die Religionsgesellschaften.[93]

Am 11. Mai 1815 begannen wieder die seit 16. November 1814 unterbrochenen Konferenzen des Komitees für die deutsche Verfassung, denen offenbar der österreichische Entwurf zugrunde lag. Dabei ergaben sich einschneidende Änderungen hinsichtlich der Länderverfassungen. Wessenberg arbeitete daraufhin den österreichischen Entwurf nochmals um, der dann am 13. Mai den Bevollmächtigten von Preußen und Hannover übergeben wurde. Noch am gleichen Tage arbeitete Humboldt eine kritische Stellungnahme dazu aus[94] und forderte, die Rechte der Landstände sowie die Individualrechte zu erweitern, die Artikel über die Religionsgesellschaften und die Mediatisierten anders zu fassen, die Militärverfassung und das Bundesgericht ausführlicher und in selbständigen Bestimmungen zu regeln und eine Bestimmung über die Justizverfassung aufzunehmen. Mit Recht warnte er davor, solche Regelungen der späteren Bundesversammlung zu überlassen, „denn sind einmal die Basen so wenig genügend gelegt, so werden diejenigen Stände (d.h. Mitglieder der Bundesversammlung), welche den Zwang der Verfassung fürchten, sich nie nachher zu mehr bequemen".[95]

In einer Besprechung mit den Vertretern von Preußen und Hannover am 21. Mai 1815 gestand Metternich neben einigen redaktionellen Änderungen nur wenige Ergänzungen zu; so hinsichtlich der Justizverfassung, dass kleinere Staaten für ein gemeinsames oberstes Gericht zusammengefasst werden; und dass an der Besetzung des Bundesgerichts alle Bundesglieder verhältnismäßig beteiligt werden. Die Regelung seiner Zuständigkeit blieb aber künftigen Beschlüssen vorbehalten. Über die landständischen Verfassungen wurde lediglich gesagt, dass eine solche in allen deutschen Staaten bestehen soll. Auch blieben die Bestimmungen über die Individualrechte ungenügend.[96]

In einer Sitzung des Verfassungskomitees am 26. Mai 1815 wurde der so ergänzte österreichische Entwurf vorgelegt, wobei zu jedem seiner 17 Artikel Änderungsvorschläge gemacht bzw. Abänderungsanträge gestellt wurden. Darauf-

---

[93] Vgl. *Gebhardt* (1928), Bd. 2, S. 160; *Klüber*, Bd. 2, S. 308 ff.
[94] Abgedruckt bei *Schmidt*, S. 461 ff.
[95] Vgl. *Gebhardt* (1928), Bd. 2, S. 160 f.; *Schmidt*, S. 461 ff., 464.
[96] Vgl. *Gebhardt* (1928), Bd. 2, S. 161; *Klüber*, Bd. 2, S. 314 ff.

12. Humboldts Beitrag zum Zustandekommen des Deutschen Bundes

hin verfasste Humboldt mit Hardenberg am 27. Mai eine Note an Metternich[97], in welcher der Vorschlag gemacht wurde, die beantragten Änderungen so viel als möglich in den Entwurf aufzunehmen, dann aber ein Ultimatum zu stellen und auf keine Diskussion mehr einzugehen. Der Bundesvertrag sollte dann mit denen abgeschlossen werden, die dazu aufgrund des Entwurfs bereit sind. Zugleich bringt Humboldt aber die Unzufriedenheit mit diesem Entwurf zum Ausdruck, indem er sagt, dass die Unterzeichneten „einzig und allein, um nicht jede allgemeine Vereinigung der Fürsten Deutschlands zu hindern oder aufzuschieben, aber übrigens mit sehr schmerzlichen Gefühlen, einen Entwurf mit vorgelegt zu haben, von dem sie nur zu sehr empfinden, wie wenig er dem wichtigen Zweck entspricht, den man sich unmittelbar nach der Befreiung Deutschlands von der fremden Oberherrschaft und noch bei dem Anfang des Kongresses vorgesetzt hatte, und wie ungünstig dies auch auf die allgemeine Stimmung einwirken wird".[98]

In einer Sitzung mit den Abgeordneten aller deutschen Mittel- und Kleinstaaten am 29. Mai wurde der aufgrund der Sitzung am 26. Mai überarbeitete österreichische Entwurf vorgelegt, wobei sich das gleiche Schauspiel mit starker Kritik und zahlreichen Änderungsanträgen wiederholte. Daraufhin beschlossen die Vertreter Preußens, dieses Drama zu beenden. Am 3. Juni 1815 verfasste Humboldt ein Memorandum[99], in welchem Metternich energisch gedrängt wurde, gemeinsam zu erklären, dass die Beratungen geschlossen sind und dass Österreich und Preußen den Entwurf angenommen haben. Wer dem Bund jetzt nicht beitreten wolle, könne dies in Zukunft tun. Am 5. Juni gab Metternich die gewünschte Erklärung ab, worauf die Vertreter der meisten deutschen Staaten folgten. In einer Sitzung am 8. Juni setzte der Vertreter Bayerns noch durch, dass die Bestimmungen über das Bundesgericht sowie über die evangelische und katholische Kirche gestrichen wurden und trat dann dem Bund ebenfalls bei. Württemberg, Baden und Hessen-Homburg schlossen sich erst nachträglich an. So kam der Deutsche Bund nach langem, mühevollem Ringen aufgrund der Bundesakte vom 8. Juni 1815 mit Unterzeichnung am 10. Juni zustande.[100]

---

[97] Abgedruckt in Gesammelte Schriften, Bd. 11, S. 314 ff.; *Schmidt,* S. 472 ff.
[98] Vgl. Gesammelte Schriften, Bd. 11, S. 315 f. sowie *Gebhardt* (1928), Bd. 2, S. 161 f.
[99] Abgedruckt bei *Schmidt,* S. 477.
[100] Vgl. *Gebhardt* (1928), Bd. 2, S. 162 f.; *Huber* (1957), Bd. 1, S. 560. Der Text der Deutschen Bundesakte ist abgedruckt bei *Huber* (1961), Bd. 1, S. 75 ff.

VIII. Humboldts Stellung zum Deutschen Bund nach dem Wiener Kongress

1. Humboldts Unzufriedenheit mit der Bundesakte

Keiner hatte mit mehr Einsatz für die Bildung eines Deutschen Bundes gewirkt als Wilhelm von Humboldt. Die Idee des Bundes stammte von ihm.[1] Ohne seine Initiative und sein ständiges Drängen wäre er wahrscheinlich überhaupt nicht, jedenfalls nicht bis zum Abschluss des Wiener Kongresses, zustande gekommen, der kurz nach der vorläufigen Unterzeichnung der Schlussakte am 9. Juni 1815 erfolgte. Die Deutsche Bundesakte enthielt wenig von dem, was Humboldt erstrebt hatte. Dies war nicht seine Schuld, sondern hing wesentlich mit dem unglücklichen Umfallen des preußischen Königs in der polnischen Frage und mit Metternichs unschlüssigem und hinhaltendem Verhalten während der Verhandlungen über die deutsche Verfassung zusammen.[2] Einige der von Humboldt angestrebten Regelungen wurden an die künftige Bundesversammlung in Frankfurt verwiesen und fanden später ohne sein unmittelbares Zutun Aufnahme in die Schlussakte der Wiener Ministerkonferenzen vom 15. Mai 1820.[3]

So ist es nicht verwunderlich, dass Humboldt mit der Bundesakte äußerst unzufrieden war. In Briefen an seine Frau nennt er diese Verfassung ein Schattenbild sowie ein erbärmliches Machwerk und wirft Bayern, Württemberg, Baden und Österreich vor, dass sie „alle keinen Begriff von einer Verfassung und keinen Funken Gefühl für Deutschland haben"; deshalb „konnte keine einzige wirklich gerechte, einer Verfassung würdige und liberale Idee darin aufgenommen werden". Auch schreibt er ihr, er hätte lieber gewollt, dass Preußen allein eine kräftige und gute Verfassung mit wenigen gut gesinnten Fürsten geschlossen hätte. Und als besten Erfolg, den die Bundesversammlung in Frankfurt und ihr Arbeiten haben könne, gibt er an, „dass wenn nun, da die ernsten Fragen wirklich zur Sprache kommen, die Sache sich wieder zerschlagen und dann vielleicht ein vernünftigerer, wenngleich kleinerer Bund zustande kommen wird".[4] Hierbei hatte er offensichtlich seinen im Hinblick auf die Einwendun-

---

[1] Vgl. *an Caroline,* Bd. 4, S. 554, 570; Bd. 5, S. 147.
[2] Vgl. *Gebhardt* (1928), Bd. 2, S. 163 f.; *an Caroline,* Bd. 4, S. 553, 570; ferner Gesammelte Schriften, Bd. 17, S. 232.
[3] Vgl. *Huber* (1961), S. 81 ff. sowie *Huber* (1957), S. 646 ff.
[4] Vgl. *an Caroline,* Bd. 4, S. 553, 557, 558.

gen Bayerns zuletzt noch am 7. Juni 1815 gemachten Vorschlag im Auge, den Bundesvertrag in zwei Teile, nämlich in einen Staaten- und einen Nationalbund zu trennen, und in den ersten alle deutschen Staaten aufzunehmen und in dem letzten mit denen zusammenzubleiben, die gleichstimmig sind, was aber Metternich und Hardenberg nicht wollten.[5] All dies zeigt, dass Humboldts große Enttäuschung darin bestand, dass es nicht gelungen war, in Wien eine wirkliche verfassungsmäßige Ordnung zwischen den deutschen Staaten zu begründen, und dass er keine Hoffnung hatte, dass dieser Zustand bei den Verhandlungen der Bundesversammlung wesentlich verbessert werden könnte. Indessen sah er es trotzdem als heilsam an, dass wenigstens ein föderatives Band zustande gekommen war, dass die Existenz der kleineren Staaten gesichert wurde und dass die Bundesversammlung trotz ihrer begrenzten Befugnisse auch Ungerechtigkeiten im Innern der einzelnen Länder sollte entgegenwirken können.[6]

2. Humboldts Denkschrift „Über die Behandlung der Angelegenheiten des Deutschen Bundes durch Preußen"

Im Jahre 1816 hat sich Humboldt noch einmal ausführlich über den Deutschen Bund in einer an Hardenberg gerichteten Denkschrift vom 30. September 1816 „Über die Behandlung der Angelegenheiten des Deutschen Bundes durch Preußen" geäußert.[7] Er weilte zu dieser Zeit in Frankfurt, wo er Preußen bei den umfangreichen und komplizierten Territorialverhandlungen zu vertreten hatte. Außerdem war er damals beauftragt, das Amt des preußischen Bundestagsgesandten provisorisch wahrzunehmen, bis der dazu bestimmte Graf von der Goltz dieses Amt übernehmen konnte.[8] Er selbst hatte dieses Amt nicht übernehmen wollen, vor allem deshalb, weil nach seiner Überzeugung in der Bundesversammlung selbst nicht viel zu erreichen war. So schrieb er noch am 7. Juni 1818 an Stein, der ihn gern als preußischen Gesandten in Frankfurt gesehen hätte: „Für den Bundestag kann man nur in Berlin und Wien nützlich sein, in Frankfurt ist man ein bloß abhängiges Werkzeug, und kommt gewiss in die Lage, tun und sagen zu müssen, was man nicht für angemessen hält."[9]

In seiner Denkschrift vom 30. September 1816 setzte sich Humboldt dafür ein, die in Wien nicht erreichten und auf Frankfurt verschobenen Verfassungsziele weiter zu verfolgen. Vor allem geht es ihm um die „Verbesserung und Erweiterung der Bundesakte in Absicht aller inneren Einrichtungen, welche das

---

[5] Vgl. *an Caroline,* Bd. 4, S. 568 f.
[6] Vgl. Gesammelte Schriften, Bd. 17, S. 77 (Brief an Caroline von Rudolstadt vom 11. Juni 1815).
[7] Gesammelte Schriften, Bd. 12, S. 53 ff. bzw. Werke, Bd. 4, S. 347 ff.
[8] Vgl. *Gebhardt* (1928), Bd. 2, S. 191 ff., 197.
[9] Gesammelte Schriften, Bd. 17, S. 237.

Recht zusichern und Willkür zu entfernen bezwecken, wohin festere Ständeverfassung, Bundesgericht, Garantie der Verhältnisse der Mediatisierten u. s. f. gehören". Es gehöre zu der moralischen Stärke, welche Preußen sich verschaffen müsse, der Beschützer und Wiederhersteller des verdunkelten Rechts zu sein; und er warnt vor den nicht vorauszusehenden Folgen, „wenn die Bundesversammlung mit Kälte Klagen dieser Art zurückwiese, und sich gewissermaßen gleichgültig hinter die Souveränität der Fürsten versteckte".[10]

a) Rechtsnatur des Bundes

Außerdem geht Humboldt in dieser Denkschrift ausführlich auf die Natur des Bundes und dessen Verhältnis zu den übrigen europäischen Staaten ein. Ausgehend von dem begrifflichen Gegensatz zwischen Staatenbund und Bundesstaat begründet er im Einzelnen, „dass der Deutsche Bund wirklich nicht mit einem, auch ewigen, und mit vielen andern sonst in Bündnissen nicht gewöhnlichen Bedingungen versehenen Allianzvertrag verwechselt werden kann, sondern wirklich die Natur eines Bundesstaates an sich trägt". Er warnt jedoch davor, aus dem Begriff des Bundesstaats zu argumentieren und dem Bunde alles beilegen zu wollen, was aus der allgemeinen Idee eines Staates fließt. Man müsse vielmehr auf die Sache und ihren Zweck sehen und danach die Grenzen der Wirksamkeit des Bundes bestimmen. „Der Zweck des Bundes nun ist ..., Ruhe, Sicherheit und Gleichgewicht durch gesetzmäßige positive Verpflichtung da zu erhalten, wo dieselben bei freiem Walten bloß völkerrechtlicher Befugnisse leicht gestört werden könnten, und das eigentlich Distinktive an ihm ist, dass dabei doch die einzelnen Glieder selbständig und unabhängig bleiben sollen, sowie, dass Staaten von ganz ungleichartiger Macht und Größe darin zusammentreten."[11] Hier macht Humboldt also auf die wesentliche Besonderheit des Deutschen Bundes und seiner Idee, die er von ihm hatte, aufmerksam. Diese bestand darin, dass in ihm sämtliche deutschen Staaten unabhängig von ihrer Größe durch eine gemeinsame Verfassung in einer Weise zusammengefasst sind, die einerseits bei Streitigkeiten zwischen diesen Staaten eine gerichtliche Entscheidung ermöglicht und andererseits die Staatsbürger gegen verfassungswidrige Eingriffe ihrer jeweiligen Staaten schützt, ohne deren Selbständigkeit und Unabhängigkeit sonst zu beeinträchtigen. Dies wäre bei einem bloß völkerrechtlichen Verhältnis zwischen den Staaten nicht möglich, weil im Völkerrecht die Behandlung der Staatsbürger als innere Angelegenheit der einzelnen Staaten angesehen wird, in welche sich andere nicht einmischen dürfen. Allerdings setzt ein solches verfassungsmäßiges Verhältnis zwischen Staaten eine entsprechend starke vollziehende Gewalt voraus, die in der Lage ist, Entscheidungen des Ver-

---
[10] Vgl. Gesammelte Schriften, Bd. 12, S. 60 f., 70, 72 bzw. Werke, Bd. 4, S. 355, 366, 368 f.
[11] Vgl. Gesammelte Schriften, Bd. 12, S. 73 ff. bzw. Werke, Bd. 4, S. 370 ff.

fassungsgerichts, sei es bei Streitigkeiten zwischen den Staaten, sei es bei Verletzung der verfassungsmäßigen Rechte der Stände oder einzelner Bürger, auch durchzusetzen. Eine solche verfassungsmäßige exekutive Gewalt kam beim Deutschen Bund trotz seiner intensiven Bemühungen nicht zustande, was Humboldt als radikalen Mangel ansah.[12]

b) Begrenzung der Wirksamkeit des Bundes

Dem deutschen Bundesstaat will Humboldt nun allerdings um der Freiheit und Unabhängigkeit der in ihm vereinigten Staaten willen sehr enge Grenzen gezogen sehen. Er hält es nicht für richtig, dass der Deutsche Bund als Gesamtstaat tätig wird, so weit dies nicht für die Erhaltung der äußeren oder inneren Sicherheit notwendig ist. „Die größeste Ausdehnung, welche man dem Ausdruck Bundesstaat geben kann, ist diese, wenn man dem Deutschen Bunde erlaubt, als wirklicher Staatskörper in Fällen zu handeln, wo er nicht für die äußere oder innere Sicherheit dazu gezwungen, und nicht durch bestimmte Verfügungen der Bundesakte dazu ermächtigt wird, sondern wo er, wie ein einzelner Staat, nach Rücksichten des gemeinen Wohls oder der Konvenienz aus eigener Bewegung Entschlüsse fasst." Dies erklärt Humboldt für durchaus unstatthaft, weil es „das natürliche Verhältnis verbündeter Staaten gänzlich verändern" würde.[13]

Deutlich wird hier erkennbar, wie Humboldt nach wie vor von seinen in den Jahren 1791 und 1792 entwickelten Ideen von den Grenzen der Wirksamkeit des Staates durchdrungen ist und diese nun auf das Verhältnis des Bundes zu seinen Gliedstaaten anwendet. So wie der einzelne Staat sich darauf beschränken soll, für die Erhaltung der inneren und äußeren Sicherheit seiner Bürger zu sorgen und die Sorgfalt für das physische und moralische Wohl dem freien Zusammenwirken seiner Bürger zu überlassen hat, so soll nun auch der Deutsche Bund im Verhältnis zu den ihn bildenden Einzelstaaten nur für deren äußere Sicherheit und für die innere Sicherheit, d. h. für ihre Sicherheit untereinander und für die Sicherheit der Bürger innerhalb der einzelnen Staaten sorgen. Alles Übrige soll dem freien Wirken der Einzelstaaten und ihrer Bürger überlassen bleiben. So betont Humboldt – ganz im Einklang mit seiner Jugendschrift über die Grenzen der Wirksamkeit des Staates –, dass das Bestreben des Bundestages immer dahin gehen müsse, „dass er für eine mehr abwehrende, negativ einwirkende, Unrecht verhindernde, als für eine zu vielem positiven Einwirken und aus ihm selbst hervorgehender Tätigkeit bestimmte Behörde gelte".[14]

---

[12] Vgl. Gesammelte Schriften, Bd. 12, S. 78, 79 ff. bzw. Werke, Bd. 4, S. 375 f., 377 ff.
[13] Vgl. Gesammelte Schriften, Bd. 12, S. 76 bzw. Werke, Bd. 4, S. 373 f.
[14] Gesammelte Schriften, Bd. 12, S. 77 bzw. Werke, Bd. 4, S. 375 sowie oben, S. 75 ff., 114 ff.

VIII. Humboldts Stellung zum Deutschen Bund nach dem Wiener Kongress

Noch aus zwei anderen Gründen spricht sich Humboldt dagegen aus, dass der Deutsche Bund als solcher über seine verfassungsmäßigen Sicherheitsaufgaben hinaus eine eigene selbständige Politik als Gesamtstaat verfolgt. Er befürchtet einerseits, dass dadurch das System des Gleichgewichts zwischen den europäischen Staaten gestört und der Bund über seine Aufgabe, für die äußere Sicherheit zu sorgen, hinausgehen und zu einem erobernden Staat werden könnte. Andererseits hält er es für bedenklich im Hinblick auf die geistige und wissenschaftliche Bildung der deutschen Nation, deren Vorzüge er gerade nicht in einer politischen Richtung nach außen, sondern in ihrer inneren geistigen Lebendigkeit und Mannigfaltigkeit sieht. So schreibt er in seiner Denkschrift vom 30. September 1816: „Man muss auf keine Weise den wahren und eigentlichen Zweck des Bundes vergessen, insofern er mit der europäischen Politik zusammenhängt. Dieser Zweck ist Sicherung der Ruhe; das ganze Dasein des Bundes ist mithin auf Erhaltung des Gleichgewichts durch inwohnende Schwerkraft berechnet; diesem würde nun durchaus entgegengearbeitet, wenn in die Reihe der europäischen Staaten, außer den größeren deutschen einzeln genommen, noch ein neuer kollektiver in einer, nicht durch gestörtes Gleichgewicht aufgeregten, sondern gleichsam willkürlichen Tätigkeit eingeführt würde, der bald für sich handelte, bald einer oder der andern größern Macht zur Hilfe oder zum Vorwande diente. Niemand könnte dann hindern, dass nicht Deutschland als Deutschland auch ein erobernder Staat würde, was kein echter Deutscher wollen kann; da man bis jetzt wohl weiß, welche bedeutende Vorzüge in geistiger und wissenschaftlicher Bildung die deutsche Nation, solange sie keine politische Richtung nach außen hatte, erreicht hat, aber es noch unausgemacht ist, wie eine solche Richtung auch in dieser Rücksicht wirken würde."[15] Hier ist deutlich erkennbar, wie ein Grundgedanke seiner Schrift über die Grenzen der Wirksamkeit des Staates weiterhin in Humboldt bestimmend ist, nämlich dass der wahre Zweck des Menschen die innere Bildung seines Wesens ist, und dass der Staat keine eigenen Zwecke zu verfolgen, sondern nur diesem Zweck des Menschen in dem notwendigen Umfang zu dienen hat.[16] Schaffstein hat mit Recht bemerkt, dass Humboldt mit den zitierten Sätzen die Reihe der großen Warner im 19. Jahrhundert eröffnet, die ähnlich wie Nietzsche und Burckhardt nach 1870 von dem äußeren machtpolitischen Aufschwung der Nation eine Verödung ihres geistigen Lebens befürchteten.[17]

Der Gesichtspunkt, dass der Deutsche Bund im Verhältnis zu den anderen europäischen Staaten nicht als Kollektiv-Staat mit eigener Gesamtpolitik auftreten sollte, kommt auch darin zum Ausdruck, dass Humboldt sich dagegen wendet, den Bundestag in Frankfurt als eine deutsche Nationalversammlung anzuse-

---

[15] *Gesammelte Schriften*, Bd. 12, S. 77 bzw. *Werke*, Bd. 4, S. 374.
[16] Vgl. oben, S. 65 ff.
[17] *Schaffstein*, S. 277 f.

hen und betont, dass „man notwendig bei ihm den Begriff einer Vereinigung von Gesandten verbündeter Staaten festhalten muss".[18] Es geht ferner daraus hervor, dass er ebenso, wie er sich gegen die Wiederherstellung des österreichischen Kaisertums gewendet hatte, nunmehr davor warnte und bis in Einzelheiten darüber wachte, dass der Österreich durch die Bundes-Akte zugestandene Vorsitz in der Bundesversammlung sich nicht zu einem Direktorium entwickelt. Dies geht sowohl aus der Denkschrift vom 30. September 1816 als auch aus einem besonderen Bericht „Über den Vorsitz Österreichs" vom 17. August 1816 hervor.[19] Aus diesem Grunde warnt er auch davor, dass der Papst den Bund nicht als einen katholischen Staat behandelt, bloß weil der österreichische Hof, dessen Gesandter den Vorsitz hat, katholischer Religion ist.[20] Aus dem gleichen Grunde bestand er ferner darauf, dass der Bundestag nicht nur mit einer katholischen Messe, sondern auch mit einem protestantischen Gottesdienst eröffnet wird, und dass die ganze Bundesversammlung beiden Gottesdiensten beiwohnt.[21] Auch hält er es für besser, dass der Deutsche Bund als solcher weder ständige Gesandte zu anderen Staaten entsendet noch seinerseits solche Gesandten auswärtiger Staaten bei sich akkreditiert. Doch sieht Humboldt selbstverständlich die Notwendigkeit, für bestimmte Unterhandlungen im Namen des Bundes außerordentliche Gesandte zu entsenden, wobei er als Beispiele Friedensschlüsse, Handelsverträge und die Regelung der Verhältnisse mit dem päpstlichen Hof angibt. Aber maßgebend ist für ihn, dass es bei der Natur des Bundes die wichtigsten Gründe gebe, „alle Tätigkeit des Bundes, als eigenen Gesamtstaats, so viel nur immer möglich, zu beschränken".[22]

All diesen politischen Gedanken Humboldts liegt offensichtlich die Idee zugrunde, dass die einzelnen deutschen Staaten im Verhältnis zum Bund wie Individuen im Verhältnis zum Einzelstaat anzusehen sind, und dass sie sich ausschließlich zu dem Zweck verbinden, ihr individuelles Dasein und ihre individuelle Entwicklung zu sichern. Jedes darüber hinausgehende *positive* Wirken des Bundes, sei es nach außen, sei es in Bezug auf die inneren Verhältnisse der einzelnen Staaten, wird ebenso abgelehnt wie schon früher das positive Wirken des Einzelstaates für das physische und moralische Wohl seiner Bürger. Auch der Bund soll so wie der Einzelstaat nicht Selbstzweck, sondern nur Mittel zu dem Zweck sein, rein negativ für die Sicherheit und damit für die freie Ent-

---

[18] Gesammelte Schriften, Bd. 12, S. 77 bzw. Werke, Bd. 4, S. 374.
[19] Vgl. Gesammelte Schriften, Bd. 12, S. 84 f. bzw. Werke, Bd. 4, S. 382; ferner Gesammelte Schriften, Bd. 12, S. 23 ff.
[20] Vgl. Gesammelte Schriften, Bd. 12, S. 95 f. bzw. Werke, Bd. 4, S. 395.
[21] Vgl. seine Berichte über den Gottesdienst zur Eröffnung des Bundestages vom 27. August und 1. November sowie sein Schreiben an den mecklenburgischen Minister von Plessen vom 28. Oktober 1816, Gesammelte Schriften, Bd. 12, S. 26 ff.
[22] Vgl. Gesammelte Schriften, Bd. 12, S. 91 ff., 94 bzw. Werke, Bd. 4, S. 390 ff., 393 f.

wicklung und Entfaltung aller Einzelstaaten und der in ihnen wirkenden Individuen und Nationen zu sorgen. Dies bringt Humboldt in seiner Denkschrift vom 30. September 1816 wie folgt zum Ausdruck: „Dass der Deutsche Bund, seiner ursprünglichen Bestimmung und seinem politischen Dasein nach, ein wirklicher Staatenbund ist, der sich aber zur Erreichung seines innern und äußern Zwecks in gewissen durch die Acte bestimmten Beziehungen eine Einheit und einen Zusammenhang gegeben hat, welche ihn in diesen Beziehungen zu einem Bundesstaate machen; dass also bei Bestimmung aller künftigen Verhältnisse der Begriff einer Verbindung selbständiger Staaten als die Grundidee und der Zweck, die den Bund zu einem kollektiven Staat machende Einheit als Mittel zu diesem Zweck, und als etwas nur immer aus wirklichen und bestimmten Bedingungen des Grundvertrags und der ihm gesetzmäßig gegebenen Erweiterungen Hervorgehendes angesehen werden muss."[23]

Ein Hauptzweck des Bundes, zu dessen Erfüllung dieser als Einheit handeln soll, war die Erhaltung der äußeren Sicherheit Deutschlands und damit der Unabhängigkeit und Unverletzbarkeit der einzelnen deutschen Staaten, wie es in Artikel 2 der Bundes-Akte heißt.[24] Zu diesem Zweck hatten sich die Mitglieder des Bundes in Artikel 11 verpflichtet, sowohl ganz Deutschland als auch jeden einzelnen Bundesstaat gegen jeden Angriff in Schutz zu nehmen. Auch garantieren sie sich gegenseitig ihre sämtlichen unter dem Bunde begriffenen Besitzungen. Der Bund war also in dieser Hinsicht ein reines Verteidigungsbündnis und schloss einen Angriffskrieg aus, was in vollem Einklang mit Humboldts Idee des Bundes war. Artikel 10 der Bundes-Akte sah vor, dass eine der ersten Aufgaben der Bundesversammlung nach ihrer Eröffnung die organische Einrichtung des Bundes in Rücksicht auf seine auswärtigen und militärischen Angelegenheiten sein sollte.

c) Behandlung der auswärtigen Angelegenheiten durch den Bund

Im Hinblick auf die Behandlung der auswärtigen Verhältnisse des Bundes erklärte Humboldt in seiner Denkschrift vom 30. September 1816 als das Erste und Wichtigste, auf keine Weise die Einmischung der fremden Mächte in innere Bundesverhältnisse zu gestatten.[25] Dies hatte er schon in seiner Denkschrift vom Dezember 1813 zum Ausdruck gebracht.[26] Im Verhältnis des Deutschen Bundes zu den anderen außerdeutschen Staaten ging Humboldt also von dem völkerrechtlichen Grundsatz der Unzulässigkeit fremder Einmischung in

---

[23] Gesammelte Schriften, Bd. 12, S. 77 f. bzw. Werke, Bd. 4, S. 375.
[24] *Huber* (1961), Bd. 1, S. 75, 76.
[25] Vgl. Gesammelte Schriften, Bd. 12, S. 101, 96, 102 bzw. Werke, Bd. 4, S. 401, 395 f., 402 f.
[26] Vgl. Gesammelte Schriften, Bd. 11, S. 103 bzw. Werke, Bd. 4, S. 310 f.

1. Humboldts Unzufriedenheit mit der Bundesakte

die inneren Verhältnisse anderer Staaten aus. Verhandlungen mit fremden Mächten sollten nur über solche Angelegenheiten zulässig sein, die auf der einen Seite deren eigenes, wirkliches und unbestreitbares Interesse, auf der anderen den ganzen Bund als Gesamtstaat angehen. Bei solchen Unterhandlungen sollte der Vorsitzende den Bund nicht allein vertreten, sondern ihm eine Deputation beigeordnet werden. Auf keinen Fall sollten die auswärtigen Gesandten in eine unmittelbare Verbindung mit der Bundesversammlung gebracht werden. Leitender Gesichtspunkt sollte sein, „dass man überhaupt alle diplomatischen Verhandlungen, so viel als immer möglich, vom Bunde entfernt". Aus diesem Grunde ist Humboldt auch nicht dafür, die auswärtigen Verhältnisse des Bundes einem fortdauernden diplomatischen Ausschuss zu übergeben.[27]

Diesen von Humboldt entwickelten Grundsätzen lag der Gedanke zugrunde, dass die europäische Politik nicht Sache des Bundes als Ganzem, sondern nur der ihm angehörenden deutschen Großmächte, also insbesondere Österreichs und Preußens sein sollte. So sagte er in seiner Denkschrift vom 30. September 1816: „Da jeder bedeutende deutsche Staat für sich und unabhängig vom Bunde Verbindungen mit auswärtigen unterhält, und da die größere europäische Politik sich, ihrer Natur nach, nur auf einige Kabinette beschränkt, so kann in politischer Hinsicht bei der Betreibung dieser Angelegenheiten am Bundestage schlechterdings kein Gewinn, sondern eher Gefahr und Unbequemlichkeit sein."[28]

d) Behandlung der militärischen Angelegenheiten durch den Bund

Im Hinblick auf die Behandlung der militärischen Angelegenheiten des Bundes hielt Humboldt für notwendig, dass die deutschen Staaten je nach ihrer Größe eine bestimmte Anzahl von Truppen stellen, dass die Truppen der kleineren Staaten zu Armeekorps zusammengefasst werden und dass allen Truppen eine gewisse gleichförmige Organisation gegeben wird. Dies hatte er bereits in seiner Denkschrift vom Dezember 1813 sowie in seinen „Bases" von Ende März/Anfang April 1814 zum Ausdruck gebracht.[29] In seiner Denkschrift vom 30. September 1816 hält Humboldt zusätzlich die Bildung eines Generalstabs bzw. Kriegsrats als allgemein leitende Kriegsbehörde für erforderlich. Diese sollte das in militärischer Rücksicht Notwendige dem Bunde zur Beratung vorlegen; sie sollte allen Kriegseinrichtungen des Bundes vorstehen und die Truppen beaufsichtigen.[30] Da der Zweck der Streitmacht des Bundes nur dessen

---

[27] Vgl. Gesammelte Schriften, Bd. 11, S. 102, 103 bzw. Werke, Bd. 4, S. 402 f., 403 f.
[28] Gesammelte Schriften, Bd. 11, S. 93 bzw. Werke, Bd. 4, S. 392.
[29] Vgl. Gesammelte Schriften, Bd. 11, S. 104 ff., 215 sowie Gesammelte Schriften, Bd. 12, S. 128 f. bzw. Werke, Bd. 4, S. 312 ff., 331 f. sowie oben S. 254.
[30] Vgl. Gesammelte Schriften, Bd. 12, S. 105 f. bzw. Werke, Bd. 4, S. 406 f.

Verteidigung sein sollte, hielt Humboldt auch eine Verminderung der Linientruppen, d. h. der stehenden Heere, durch kräftige Einrichtung und Ausbildung der Landwehr für möglich und im Interesse Preußens auch für wünschenswert.[31] In einem Schreiben an Hardenberg vom 13. März 1816 hatte sich Humboldt noch zu dem Problem der Beiträge zur Unterhaltung der Bundesfestungen geäußert und den Grundsatz aufgestellt, dass jeder deutsche Staat im gleichen Verhältnis zu den Bundesfestungen beiträgt; dass jedoch Preußen als derjenige Staat, welcher Deutschland zugleich mit eigenen Festungen verteidigt, auf seinen Beitrag den zur Unterhaltung dieser eigenen Festungen nötigen Aufwand in Anrechnung bringen kann.[32] Als leitenden Grundsatz für die Behandlung der militärischen Einrichtungen des Bundes gibt Humboldt in seiner Denkschrift vom 30. September 1816 an: „Das allgemeine Bestreben muss sein, die organischen Militäreinrichtungen und die militärischen Grundgesetze des Bundes so zu treffen, dass dabei der Zweck erreicht wird, sowie die Gelegenheit eintritt, dem auswärtigen Feinde eine den Kräften der Nation angemessene, geübte, in ihren Teilen wohl zusammengesetzte, mit den notwendigen Streitmitteln hinreichend versehene Heeresmacht in möglichst kurzer Zeit entgegenzustellen."[33]

e) Garantie oder Anerkennung des Bundes durch europäische Mächte?

Zum Schutz des Bundes gegen Angriffe von außen dachte Humboldt ursprünglich auch daran, wie aus seiner Denkschrift vom Dezember 1813 hervorgeht, den Deutschen Bund durch die großen europäischen Mächte, namentlich durch Russland und England, gewährleisten zu lassen. Diese Garantie sollte sich jedoch nur auf die Beschützung Deutschlands gegen auswärtige Angriffe beziehen und eine Einmischung in die inneren Angelegenheiten Deutschlands ausschließen. Eine solche Garantie des Bundes durch Russland und England war nahe liegend, weil diese Staaten bereits mit Österreich und Preußen durch Allianztraktate gegen Napoleon verbündet waren und die darin vereinbarte Hilfe bei einem Angriff auf Österreich oder Preußen nur auf Deutschland als Ganzes ausgedehnt zu werden brauchte.[34] Auch in seinen „Bases" von Ende März/Anfang April 1814 regte Humboldt eine solche Garantie des Deutschen Bundes durch Russland und England an.[35] Dass Humboldt eine weitergehende Garantie durch auswärtige Mächte ablehnte, ergibt sich aus seiner Denkschrift vom 30. September 1816. Darin wendet er sich mit eingehender Begründung gegen den möglichen Versuch fremder Mächte, aus der Einrückung der Bundesurkunde in

---

[31] Vgl. Gesammelte Schriften, Bd. 12, S. 107 bzw. Werke, Bd. 4, S. 407 f.
[32] Vgl. Gesammelte Schriften, Bd. 12, S. 48, 49.
[33] Gesammelte Schriften, Bd. 12, S. 106 bzw. Werke, Bd. 4, S. 407.
[34] Vgl. Gesammelte Schriften, Bd. 11, S. 103 bzw. Werke, Bd. 4, S. 310 f.
[35] Vgl. Gesammelte Schriften, Bd. 11, S. 212 bzw. Werke, Bd. 4, S. 328.

1. Humboldts Unzufriedenheit mit der Bundesakte

die Schlussakte des Wiener Kongresses eine wirkliche Garantie des Bundes herzuleiten, weil dies zum Vorwand für eine Einmischung in die inneren Angelegenheiten des Bundes genommen werden könnte. Eine solche Garantie würde zur Folge haben, dass die fremden Mächte „da, wo eine Verletzung der verfassungsmäßigen Rechte vorhanden zu sein schiene, in die inneren Verhältnisse eingehen und den Bund gleichsam zur Rechenschaft ziehen könnten, woraus für die Unabhängigkeit und selbst für die Würde Deutschlands die nachteiligsten Folgen erwachsen könnten." Humboldt sieht es jedoch im Hinblick auf vertrauensvolle zwischenstaatliche Beziehungen nicht nur als gerechtfertigt, sondern auch als notwendig an, den Deutschen Bund als neuen Staat innerhalb Europas durch die anderen europäischen Staaten anerkennen zu lassen, weil die Begründung eines solchen neuen Gesamtstaats in der Mitte Europas Auswirkungen auf die Verhältnisse der europäischen Staaten zueinander hat. Dies kommt in folgenden Worten zum Ausdruck: „Eine für ganz Europa so wichtige Angelegenheit, als die Einrichtung eines neuen und so mächtigen Bundesstaates, konnte[36] bei dem wohltätigen Zusammenhang, in dem alle europäischen Mächte miteinander stehen, der allgemeinen Anerkennung nicht entzogen werden. Die übrigen Mächte mussten wissen, von welchen Absichten und Grundsätzen der Bund ausginge, und mussten erklären, dass diese Grundsätze den allgemein angenommenen und auf die Ruhe des Ganzen berechneten angemessen wären." Und er betont, dass durch die Einrückung der Stiftungsurkunde des Deutschen Bundes in die Kongress-Akte nicht mehr als eine solche Anerkennung geschehen sei.[37] Den hauptsächlichsten Unterschied der Garantie von der Anerkennung sah Humboldt darin, dass die Garantie nicht bloß das Recht erteilt, sondern die Verpflichtung auferlegt, den garantierten Vertrag aufrechtzuerhalten, und dass die Garantie auch alle Punkte des Vertrags ohne Ausnahme umfasst. Wie wir sahen, lehnte Humboldt wegen der damit verbundenen Gefahr einer Einmischung der fremden Mächte in innere Bundesverhältnisse eine solche Garantie ab.[38]

Die allgemeine Anerkennung, welche der Deutsche Bund durch die Unterzeichnung der Schluss-Akte des Wiener Kongresses erfahren hatte, hinderte diesen und seine Mitglieder nach Humboldts Auffassung nicht, die innerhalb des Bundes getroffenen Regelungen zu ändern. Die Souveränität des Bundes gegenüber den anderen europäischen Mächten wurde also durch die Anerkennung der Bundes-Akte nicht eingeschränkt. So hätten z. B. Preußen und Hannover einen anderen Ländertausch vornehmen oder der Bund sich eine andere Verfassung geben können, indem seine Mitglieder sich beispielsweise einem Direktorium oder einem einzelnen Oberhaupte unterwerfen usw. Bei jeder solchen Verfas-

---

[36] In den Gesammelten Schriften, Bd. 12, S. 97 bzw. Werke, Bd. 4, S. 397 steht „könnte". Meines Erachtens handelt es sich hierbei um einen Druck- oder Schreibfehler, da die Anerkennung 1816 bereits vollzogen war.
[37] Vgl. Gesammelte Schriften, Bd. 12, S. 97 bzw. Werke, Bd. 4, S. 396 f.
[38] Vgl. Gesammelte Schriften, Bd. 12, S. 100 f. bzw. Werke, Bd. 4, S. 400 f.

sungsänderung hätte es den anerkennenden Mächten freigestanden zu erklären, dass dies nicht mehr das anerkannte Verhältnis sei, und aus dem Zustand des Vertrags herauszutreten. Die Beurteilung, ob es sich noch um das anerkannte Verhältnis handelt, könnte nur den Staaten selbst gebühren; aber Grundsatz der Beurteilung könnte nur sein, ob die Änderung der Verfassung von der Art ist, dass es zweifelhaft wird, ob die anerkennenden Mächte die so beschaffene Verfassung bei Abschließung der Kongress-Akte gleichfalls würden anerkannt haben. Die Folge einer Verfassungsänderung könnte demnach sein, „dass die vertragsmäßige Anerkennung der Verfassung zwischen den verschiedenen Teilen aufhört und der bloß völkerrechtliche Zustand wieder eintritt".[39]

3. Die Erweiterung von Humboldts Staatsidee durch sein politisches Wirken

Blicken wir nunmehr zurück auf die bisherige Darstellung der Staatsidee Wilhelm von Humboldts, so sehen wir, dass es ihm vor allem um die freie Bildung und Entfaltung des Menschen in größter Mannigfaltigkeit und in möglichst enger Verbindung mit anderen ging und dass der Staat als Mittel zu diesem Zweck des Menschen sich darauf beschränken soll, für die innere und äußere Sicherheit zu sorgen. Dieser Gesichtspunkt steht im Vordergrund in den staatstheoretischen Jugendschriften. Wir haben jedoch gesehen, wie diese Idee auch in der Zeit seines staatsmännischen Wirkens weiterhin in Humboldt wirksam war.

Während dieser praktischen Tätigkeit war Humboldt dann mit konkreten staatlichen Problemen konfrontiert, sodass er sich weitergehende Ideen über die Form und Gestaltung des Staates und die Beteiligung der Bürger am Staatsleben, ferner über die Neuordnung der deutschen und europäischen Staatenverhältnisse bildete. Dies führte zu einer wesentlichen Erweiterung seiner Staatsidee, die versucht wurde, anhand seiner politischen Schriften systematisch darzustellen. Aus der Schilderung seiner Mitwirkung bei der Gestaltung des Deutschen Bundes und seiner Stellung zum Deutschen Bund nach dem Wiener Kongress konnte ersehen werden, wie Humboldt einerseits klare Ideen über die Weiterentwicklung und Gestaltung der staatlichen Verhältnisse in Deutschland und Europa ausgebildet hat und wie er andererseits versuchte, diese Ideen so weit wie möglich und so zu verwirklichen, dass er dabei an die gegebene Situation und die inneren Entwicklungstendenzen seiner Zeit anknüpfte.

---

[39] Vgl. Gesammelte Schriften, Bd. 12, S. 98 f. bzw. Werke, Bd. 4, S. 398 f.

IX. Die Anwendung von Humboldts Staatsidee auf die Wirklichkeit

1. Zum Verhältnis von Theorie und Praxis in Humboldts Staatsdenken

Im Folgenden soll nun noch dargestellt werden, welche Gesichtspunkte Humboldt bei der Anwendung seiner Staatsidee auf die Wirklichkeit leiteten, und damit zugleich ein Beitrag zum Verhältnis von Theorie und Praxis im Bereich des politischen Handelns gegeben werden.

Bei der ersten Ausgestaltung seiner Staatsidee ging es Wilhelm von Humboldt zunächst nur darum, die für die Entwicklung und Entfaltung des Menschen günstigste Lage im Staate aufzusuchen und diese rein theoretisch ohne Berücksichtigung der nationalen und historischen Gegebenheiten darzustellen. Im vorletzten Kapitel seiner Schrift über die Grenzen der Wirksamkeit des Staates sagt er hierüber: „Ich habe mich bis hierher begnügt, die reine Theorie zu entwickeln. Überhaupt habe ich versucht, die vorteilhafteste Lage für den Menschen im Staat aufzusuchen. Diese scheint mir nun darin zu bestehen, dass die mannigfaltigste Individualität, die originellste Selbständigkeit mit der gleichfalls mannigfaltigsten und innigsten Vereinigung mehrerer Menschen nebeneinander aufgestellt würde – ein Problem, welches nur die höchste Freiheit zu lösen vermag. Die Möglichkeit einer Staatseinrichtung, welche diesem Endzweck so wenig als möglich Schranken setzte, darzutun, war eigentlich die Absicht dieser Bogen und ist schon seit längerer Zeit der Gegenstand alles meines Nachdenkens gewesen."[1]

Aus diesen Worten ergibt sich bereits, dass Humboldts Anliegen kein bloß theoretisches war, sondern dass es ihm auch darum ging, seine Ideen auf die staatliche Wirklichkeit angewendet zu sehen, und dass er eine solche Anwendung für möglich hielt. Es ist oben schon darauf hingewiesen worden, dass die Abfassung der Jugendschrift über die Grenzen der Wirksamkeit des Staates durch Dalberg veranlasst wurde und dass Humboldt hoffte, durch diese dessen Regierungsgrundsätze als Koadjutor des Bistums Mainz zu beeinflussen.[2] Entstanden waren seine Ideen in der Auseinandersetzung mit der Französischen Revolution, also aus aktuellem politischem Anlass, und ein zentrales Anliegen

---

[1] Gesammelte Schriften, Bd. 1, S. 235 bzw. Werke, Bd. 1, S. 211; vgl. auch *an Brinkmann*, S. 54, 59.

[2] Vgl. oben, S. 42 f., 75.

war ihm zu zeigen, dass die der Revolution zugrunde liegenden Gedanken unzureichend waren. Auch hatte er schon 1791 erkannt und in seinem an Gentz gerichteten Brief vom August 1791 „Ideen über Staatsverfassung, durch die neue französische Konstitution veranlasst" ausgesprochen, dass der Versuch, eine völlig neue Staatsverfassung theoretisch auszuarbeiten und diese ohne ausreichende Berücksichtigung des bestehenden Zustandes zu verwirklichen, zum Scheitern verurteilt sein musste.[3] Dies gab ihm Veranlassung, in diesem Brief grundlegende Gedanken über das Verhältnis von Theorie und Praxis zu entwickeln und seine Schrift über die Grenzen der Wirksamkeit des Staates mit einem Kapitel über die Anwendung seiner Staatstheorie auf die Wirklichkeit abzuschließen. Diese Schrift ist somit keine ausschließlich theoretische, und in ihr vertritt Humboldt auch nicht, wie Eduard Spranger meint, einseitig das Interesse einer individualistischen Bildung.[4] Vielmehr ist sie eine auf praktische Verwirklichung zielende Staatsschrift, deren Ideen dazu bestimmt und geeignet sind, auf die jeweilige staatlich-politische Wirklichkeit angewendet zu werden. Es konnte auch gezeigt werden, dass Humboldt während seiner späteren Tätigkeit als Leiter der preußischen Kultus- und Unterrichtsangelegenheiten sowie während des Wiener Kongresses im Sinne dieser Ideen zu wirken versuchte.[5] Auch die weitere Ausgestaltung seiner Staatsidee während seiner späteren diplomatischen und staatsmännischen Tätigkeit, die in der Auseinandersetzung mit den damaligen politischen Problemen erfolgte und zu deren Lösung beitragen sollte, zeigt, dass Humboldts Staatsdenken kein bloß theoretisches war, sondern zur unmittelbaren Anwendung auf die politische Wirklichkeit seiner Zeit bestimmt war.

2. Die Berücksichtigung der individuellen Kräfte beim politischen Handeln

Eine Grundanschauung Humboldts von dem Verhältnis von Theorie und Praxis war, dass durch die unmittelbare Verwirklichung einer Theorie, auch wenn diese noch so sehr aus der reinen Vernunft hervorgegangen sein sollte, nichts Heilsames und Dauerhaftes geschaffen werden kann. Diese Anschauung kommt bereits in seinem Brief „Ideen über Staatsverfassung, durch die neue französische Konstitution veranlasst" zum Ausdruck. Er geht darin davon aus, dass die konstituierende Nationalversammlung es unternommen hat, ein völlig neues Staatsgebäude nach bloßen Grundsätzen der Vernunft aufzuführen; er unterstellt auch, dass der französische Gesetzgeber den wirklichen Zustand Frankreichs und seiner Bewohner anschaulich vor Augen gehabt und die Grundsätze der Vernunft diesem Zustand so viel als möglich angepasst habe; und schließlich

---

[3] Vgl. Gesammelte Schriften, Bd. 1, S. 78 f. bzw. Werke, Bd. 1, S. 34 f.
[4] *Spranger* (1965), S. 51 f.
[5] Vgl. oben, S. 55 ff., insbesondere S. 58 ff.; vgl. ferner oben, S. 244 f., 258 ff.

2. Die Berücksichtigung der individuellen Kräfte beim politischen Handeln

geht er auch von der Ausführbarkeit dieser Staatsverfassung aus. Dennoch war er überzeugt, was die Geschichte dann auch sehr bald bestätigt hat, dass diese Staatsverfassung nicht gedeihen kann: „Eine neue Verfassung soll auf die bisherige folgen. An die Stelle eines Systems, das allein darauf berechnet war, so viel Mittel, als möglich, aus der Nation zur Befriedigung des Ehrgeizes und der Verschwendungssucht eines Einzigen zu ziehen, soll ein System treten, das nur die Freiheit, die Ruhe und das Glück jedes Einzelnen zum Zweck hat. Zwei ganz entgegengesetzte Zustände sollen also aufeinander folgen. Wo ist nun das Band, das beide verknüpft? Wer traut sich Erfindungskraft und Geschicklichkeit genug zu, es zu weben? Man studiere noch so genau den gegenwärtigen Zustand, man berechne noch so genau danach das, was man auf ihn folgen lässt, immer reicht es nicht hin. Alles unser Wissen und Erkennen beruht auf allgemeinen, d. i. wenn wir von Gegenständen der Erfahrung reden, unvollständigen und halbwahren Ideen, von dem Individuellen vermögen wir nur wenig aufzufassen, und doch kommt hier alles auf individuelle Kräfte, individuelles Wirken, Leiden und Genießen an ... Was im Menschen gedeihen soll, muss aus seinem Innren entspringen, nicht ihm von außen gegeben werden, und was ist ein Staat, als eine Summe menschlicher wirkender und leidender Kräfte? ... Staatsverfassungen lassen sich nicht auf Menschen, wie Schösslinge auf Bäume pfropfen. Wo Zeit und Natur nicht vorgearbeitet haben, da ist's, als bindet man Blüten mit Fäden an. Die erste Mittagssonne versengt sie."[6]

Demgegenüber hält Humboldt für notwendig und allein Erfolg versprechend, bei jedem praktischen Handeln von der individuellen Beschaffenheit der jeweiligen Situation auszugehen und nur danach zu streben, die in ihr wirksamen Kräfte, die er Zufall nennt, durch die Vernunft zu lenken. So sagt er, dass nur eine solche Staatsverfassung gelingen kann, „welche aus dem Kampfe des mächtigeren Zufalls mit der entgegenstrebenden Vernunft hervorgeht. Dieser Satz ist mir so evident, dass ich ihn nicht auf Staatsverfassungen allein einschränken möchte, sondern ihn gern auf jedes praktische Unternehmen überhaupt ausdehne."[7] Diesen Grundsatz, dass der Zufall wirken und die Vernunft ihn nur zu lenken streben soll, führt Humboldt dann wie folgt weiter aus: „Aus der ganzen, individuellen Beschaffenheit der Gegenwart – denn diese von uns unerkannten Kräfte heißen uns doch nur Zufall – geht dann die Folge hervor, die Entwürfe, welche die Vernunft dann durchzusetzen bemüht ist, erhalten, wenn auch ihre Bemühungen gelingen, von dem Gegenstande selbst noch, auf den sie angelegt sind, Form und Modifikation. So können sie Dauer gewinnen, so Nutzen stiften."[8]

Schon hieraus ergibt sich eine Grundanschauung Humboldts, dass nämlich die Geschichte auf einem inneren Entwicklungsprozess der Menschen beruht

---

[6] Vgl. Gesammelte Schriften, Bd. 1, S. 78 ff. bzw. Werke, Bd. 1, S. 34 ff.
[7] Gesammelte Schriften, Bd. 1, S. 78 bzw. Werke, Bd. 1, S. 34.
[8] Gesammelte Schriften, Bd. 1, S. 79 bzw. Werke, Bd. 1, S. 35.

und die jeweilige Gegenwart durch die in ihr wirksamen menschlichen Kräfte bestimmt und individualisiert wird. Diese individuelle Beschaffenheit der jeweiligen Gegenwart können wir nicht willkürlich nach theoretischen Vorstellungen umändern. Vielmehr kann es sich nur darum handeln, dasjenige, was sich im geschichtlichen Prozess in positiver Weise aus inneren Kräften heraus in die Zukunft hinein entwickeln will, so weit wie möglich mit der Vernunft zu erfassen und die politische Wirklichkeit ihren positiven inneren Kräften gemäß in vernünftigem Sinne zu gestalten und weiterzuentwickeln. Es ist nicht möglich, diese Kräfte durch die Vernunft hervorzubringen, sondern nur, sie anzuregen und bewusst zu machen und dadurch wirksam werden zu lassen. Dies kommt in folgenden Worten Humboldts zum Ausdruck: „Auch fordert jede Wirkung eine gleich starke Gegenwirkung, jedes Zeugen ein gleich tätiges Empfangen. Die Gegenwart muss daher schon auf die Zukunft vorbereitet sein. Darum wirkt der Zufall so mächtig. Die Gegenwart reißt da die Zukunft an sich. Wo diese ihr noch fremd ist, da ist alles tot und kalt. So, wo Absicht hervorbringen will. Die Vernunft hat wohl Fähigkeit, vorhandnen Stoff zu bilden, aber nicht Kraft, neuen zu erzeugen. Diese Kraft ruht allein im Wesen der Dinge, diese wirken, die wahrhaft weise Vernunft reizt sie nur zur Tätigkeit, und sucht sie zu lenken. Hierbei bleibt sie bescheiden stehen."[9]

Humboldt wendet sich also dagegen, eine ideale Staatsverfassung theoretisch auszudenken und diese denn der jeweiligen staatlichen Gemeinschaft ohne Rücksicht auf ihre individuelle Beschaffenheit überzustülpen. Vielmehr hält er es für notwendig, die in einer solchen Gemeinschaft wirksamen Tendenzen und Kräfte zu erkennen und aus diesen heraus die bestehende politische Verfassung schrittweise dem durch die Vernunft erkannten Ideale anzunähern. So sagt Humboldt in seinen „Ideen über Staatsverfassung": „Was tut nun der weise Gesetzgeber? Er studiert die gegenwärtige Richtung, dann, je nachdem er sie findet, befördert er sie, oder strebt ihr entgegen; so erhält sie eine andre Modifikation, und diese wieder eine andre, und so fort. So begnügt er sich, sie dem Ziele der Vollkommenheit zu nähern."[10] Dies setzt aber voraus, dass man das ideale Ziel der Vollkommenheit durch Vernunft erkannt hat, das heißt von einer festen Theorie ausgeht. So sagt Humboldt in einem Brief an Körner vom 19. November 1793: „ wenngleich die praktische Verbesserung immer, durch Zufall und Gefühl geleitet, ihren Weg fortgehet, so kann man doch kaum absichtlich an derselben arbeiten, ohne auf einer festen Theorie zu fußen. Mir wenigstens würde der Mangel einer solchen festen Theorie in mir selbst, wenn ich praktische Wirksamkeit hätte, alles Alte unantastbar heilig machen."[11]

---

[9] Gesammelte Schriften, Bd. 1, S. 80 bzw. Gesammelte Schriften, Bd. 1, S. 36.
[10] Gesammelte Schriften, Bd. 1, S. 81 bzw. Werke, Bd. 1, S. 37.
[11] Zitiert nach *Spranger* (1928), S. 52 f.

3. Hervorgehen der Staatsverfassungen aus den verschiedenen Nationalcharakteren

Dieser Auffassung Humboldts liegt die Erkenntnis zugrunde, dass die verschiedenen Nationen – wie der einzelne Mensch in seinen verschiedenen Lebensaltern – immer nur eine bestimmte Seite des Vollmenschlichen entwickeln. „Daher ihre Verschiedenheiten untereinander, daher ihre Verschiedenheiten in ihnen selbst in verschiedenen Epochen." Es kann sich deshalb nicht darum handeln, das Ideal einer Staatsverfassung vollständig verwirklichen zu wollen, denn nach Humboldts Überzeugung kann nie eine Nation „für eine nach bloßen Grundsätzen der Vernunft systematisch entworfene Staatsverfassung" reif genug sein.[12] Daraus ergibt sich zugleich seine weitere Erkenntnis, die er allerdings erst später klar ausgesprochen hat, dass die Staatsverfassung dem jeweiligen Nationalcharakter entsprechen und aus diesem hervorgehen muss. So schrieb er zum Beispiel am 19. Juni 1818 aus London über die englischen Volkswahlen, dass es kindisch sei, wenn Menschen sich einbilden, dass man so etwas nach Deutschland oder irgendwohin verpflanzen kann. „Der Geist, aus dem es entspringt, ... ist der Nation eigen, wie Nationen, ohne dass man einzelne bestimmte Rechenschaft davon geben kann, verschiedene Eigentümlichkeiten haben, und in keiner Zeit würden ganz dieselben Einrichtungen anderwärts zu derselben Sache werden. Eine andere Nation würde mit ihrer Eigentümlichkeit notwendig selbst etwas anderes daraus machen."[13]

Nach Humboldts Überzeugung war es auch bei den alten Staaten der Fall, dass die Staatsverfassung aus dem Nationalcharakter hervorging, denn bei diesen gingen die unterschiedlichen Staatseinrichtungen nicht aus theoretischen philosophischen oder politischen Überlegungen hervor, sondern entwickelten sich lebendig im geschichtlichen Prozess. So sagt er in seinen „Ideen über Staatsverfassung", dass die alten Staaten, „wenn man unter Systemen absichtliche Plane versteht, sie eigentlich gar kein politisches System hatten, und dass, wenn wir jetzt bei politischen Einrichtungen philosophische oder politische Gründe angeben, wir bei ihnen immer nur historische finden".[14] Dies darf man aber nicht so verstehen, als ob Humboldt im Sinne der späteren historischen Rechtsschule nur einer lebendigen Entwicklung der Staatsverfassung aus den in einem Volke unbewusst wirkenden Kräften des Volksgeistes heraus das Wort reden wollte. Denn aus dem bisher Gesagten geht deutlich hervor, dass für ihn die Vernunft eine wichtige Funktion bei der Entwicklung und Gestaltung der unterschiedlichen Staatsverfassungen hat, die sich aus den in den verschiedenen Nationen und Epochen wirksamen Kräften heraus gestalten wollen. Worauf es

---

[12] Vgl. Gesammelte Schriften, Bd. 1, S. 80 f., 84 f. bzw. Werke, Bd. 1, S. 36 f., 40 f.
[13] *An Caroline,* Bd. 6, S. 228 f. sowie oben, S. 170 f.
[14] Vgl. Gesammelte Schriften, Bd. 1, S. 82 bzw. Werke, Bd. 1, S. 38.

ihm ankommt ist, dass die Vernunft bei ihrer gestaltenden Aufgabe sich leiten lässt von den in einem Volke jeweils wirkenden positiven Kräften, wie sie sich geschichtlich herausentwickelt haben und in die Zukunft hinein weiterentwickeln wollen. Dabei ist ihm das Entscheidende nicht die äußere Form der Staatsverfassung; das Wesentliche sind ihm die inneren Kräfte der Menschen, die sich bei dem Ringen um eine Erneuerung oder Verbesserung der Staatsverfassung äußern und entwickeln und die aus der jeweiligen Staatsverfassung hervorgehen. So sagt er in den „Ideen über Staatsverfassung", „dass kein einzelner Zustand der Menschen und Dinge Aufmerksamkeit verdient an sich, sondern nur in Zusammenhang mit dem vorhergehenden und folgenden Dasein; dass die Resultate an sich nichts sind, alles nur die Kräfte, die sie hervorbringen, und die aus ihnen entspringen".[15]

4. Das Verhältnis von Humboldts Staatsidee zur Wirklichkeit

Diese Gedanken hat Humboldt ein Jahr später in seinen „Ideen zu einem Versuch, die Grenzen der Wirksamkeit des Staates zu bestimmen" aufgegriffen und weiterentwickelt. In dieser Schrift hat er seine Überzeugung, „dass das Prinzip, dass die Regierung für das Glück und Wohl, das physische und moralische, der Nation sorgen muss", der ärgste und drückendste Despotismus sei[16], weiter ausgeführt und gezeigt, dass der Staat nach der reinen Theorie sich jeder Wirksamkeit für das physische und moralische Wohl seiner Bürger enthalten und sich um ihrer Freiheit willen auf die Erhaltung der Sicherheit beschränken muss. Im Schlusskapitel dieser Schrift untersucht er nun die Frage, inwiefern und auf welche Weise diese theoretischen Grundsätze in die Wirklichkeit übertragen werden können. Er geht hierbei davon aus, dass der naturgemäße Wunsch, das theoretisch Erkannte zu verwirklichen, nicht selten schädliche Folgen hervorgebracht hat, und dass sich deshalb „auch bei der am mindesten bezweifelten, konsequentesten Theorie mehr als gewöhnliche Vorsicht in der Anwendung derselben" empfehle. Auch wiederholt er hier Gedanken, die er in verwandter Form schon in seinen „Ideen über Staatsverfassung" ausgesprochen hatte, dass nämlich „für die schönste, gereifteste Frucht des Geistes die Wirklichkeit nie, in keinem Zeitalter, reif genug" sei; „das Ideal muss der Seele des Bildners jeder Art nur immer als unerreichbares Muster vorschweben".[17] In ähnlichem Sinne hat sich Humboldt 1815 in einem Brief an seine Frau in bildhaft-realer Weise ausgesprochen, indem er sagte, dass Ideen wie Sterne seien. „Sie mengen sich auch nicht unmittelbar in die Dinge der Erde ..."[18]

---

[15] Gesammelte Schriften, Bd. 1, S. 85 bzw. Werke, Bd. 1, S. 41 f.
[16] Vgl. Gesammelte Schriften, Bd. 1, S. 83 bzw. Werke, Bd. 1, S. 40.
[17] Vgl. Gesammelte Schriften, Bd. 1, S. 237 bzw. Werke, Bd. 1, S. 213.
[18] Vgl. *an Caroline*, Bd. 5, S. 147.

4. Das Verhältnis von Humboldts Staatsidee zur Wirklichkeit

Wenn Scurla sagt: „... seine Staatsauffassung war utopisch, gehörte der ‚idealen', nicht der wirklichen Welt an" und dann feststellt, dass Humboldts Auffassung vom Staat irreal gewesen sei[19], so zeigt dies nur, dass er kein Organ für die Realität der Ideenwelt, d. h. der geistigen Welt hat, die in einem tieferen Sinne wirklich ist als die äußere, sinnliche Welt, welche aus jener hervorgegangen und durch sie bewirkt worden ist. Humboldt hatte dieses Organ, indem nach seiner Anschauung „die Sinnlichkeit Hülle des Geistigen, und das Geistige belebendes Prinzip der Sinnenwelt ist".[20] So ist sein Staatsideal zwar insofern „idealistisch-utopistisch", als es in der äußeren, sinnlichen Wirklichkeit nicht unmittelbar gefunden werden kann. Es ist jedoch insofern eine „reale Utopie", als es ausspricht, was in den Menschen der neueren Zeit an ideellen, geistigen Impulsen wirksam ist.

Diese drängen oft in revolutionären Bestrebungen zur Verwirklichung und können durch diese erkannt werden. In diesem Sinne weist Humboldt darauf hin, dass die revolutionären Veränderungen der Staatsverfassungen meistens durch die Entwicklung des menschlichen Geistes im Laufe der Geschichte bewirkt worden sind. „Wenn man die wichtigsten Revolutionen der Geschichte übersieht, so entdeckt man, ohne Mühe, dass die meisten derselben aus den periodischen Revolutionen des menschlichen Geistes entstanden sind." Humboldt macht darauf aufmerksam, dass die innere Kraft des Menschen im historischen Prozess einer Entwicklung unterliegt, indem in den verschiedenen Epochen der Geschichte immer nur eine Seite dieser Kraft ausgebildet wird, und erst ein Überblick über diese Epochen zeigt, in welch vielfältiger Weise sich die innere Kraft des Menschen entwickeln kann. „Die menschliche Kraft vermag sich in *einer* Periode nur auf *eine* Weise zu äußern, aber diese Weise unendlich mannigfaltig zu modifizieren; sie zeigt daher in jedem Moment eine Einseitigkeit, die aber in einer Folge von Perioden das Bild einer wunderbaren Vielseitigkeit gewährt." So kommt Humboldt auf die großartige Idee, „dass sich vielleicht die ganze Geschichte des menschlichen Geschlechts bloß als eine natürliche Folge der Revolutionen der menschlichen (inneren) Kraft darstellen ließe; welches nicht nur überhaupt vielleicht die lehrreichste Bearbeitung der Geschichte sein dürfte, sondern auch jeden, auf Menschen zu wirken Bemühten, belehren würde, welchen Weg er die menschliche Kraft mit Fortgang zu führen versuchen, und welchen er niemals derselben zumuten müsste?"[21] Somit wäre ein Studium der Geschichte vom Gesichtspunkt der Entwicklung der inneren Kraft der Menschen unter Berücksichtigung der nationalen Eigentümlichkeiten der einzelnen Völker eine wichtige Voraussetzung für ein erfolgreiches und

---

[19] Vgl. *Scurla,* S. 81, 83, 85; von Utopie spricht auch *Kaehler* (1922), S. 22.
[20] Vgl. Gesammelte Schriften, Bd. 1, S. 169 bzw. Werke, Bd. 1, S. 136.
[21] Vgl. Gesammelte Schriften, Bd. 1, S. 237 f. bzw. Werke, Bd. 1, S. 214 f.

heilsames politisches Wirken im Sinne einer Weiterentwicklung der staatlichen Verhältnisse.

Nun macht Humboldt weiter darauf aufmerksam, dass die jeweiligen politisch-staatlichen Verhältnisse auch auf das Innere des Menschen zurückwirken und in diesem eine bestimmte feste Form hervorbringen. Man kann deshalb die äußeren Verhältnisse nicht willkürlich verändern, sondern muss bei jeder Veränderung die innere Kraft und die Form des menschlichen Inneren, d. h. das Bewusstsein der Menschen, berücksichtigen. Andernfalls könnte man „zwar vielleicht die äußere Gestalt der Dinge, aber nie die innere Stimmung der Menschen umschaffen, und diese würde wiederum sich in alles Neue übertragen, was man gewaltsam ihr aufgedrungen hätte".[22]

Humboldt hält deshalb für notwendig, dass man zunächst die volle Wirkung der Gegenwart auf die Gemüter abwartet, d. h. dass man nicht unmittelbar etwas Neues zu verwirklichen versucht, sondern mit einer gewissen Geduld die Entwicklung verfolgt und abwartet. Er ist überzeugt, dass jeder bestehende Zustand in seiner Einseitigkeit mit der Zeit in den Menschen das Bedürfnis nach seiner Veränderung hervorruft. „Gerade in der Geschichte des Menschen sind die Extreme am nächsten miteinander verknüpft; und jeder äußre Zustand, wenn man ihn ungestört fortwirken lässt, arbeitet, statt sich zu befestigen, an seinem Untergange."[23]

5. Einwirken auf Geist und Charakter der Menschen

Nun meint Humboldt aber nicht, dass man dem Gang der Geschichte nur untätig zusehen sollte und müsste. Vielmehr weist er auf die Möglichkeit hin, ohne die gegenwärtige Gestalt der Dinge anzutasten, „auf den Geist und den Charakter der Menschen zu wirken, ... diesem eine Richtung zu geben, welche jener Gestalt nicht mehr angemessen ist." Er will deshalb „so viel möglich, jede Reform von den Ideen und den Köpfen der Menschen ausgehen" lassen. Dabei kann es sich allerdings nicht darum handeln, den Menschen durch Überredung oder sonstige Beeinflussung etwas aufzudrängen bzw. zu indoktrinieren, was sie im Grunde ihres Wesens gar nicht wollen. Vielmehr wird man anstreben müssen, die Richtung zu erkennen, welche die innere Kraft der Menschen selbst nehmen will. Nur in diese wird man sie auf Dauer mit Erfolg führen können. Andernfalls würde man Schaden anrichten, „den man allemal anrichtet, wenn man den natürlichen Gang der menschlichen Entwicklung stört".[24]

Nun ist es offensichtlich, dass die innere Kraft der Menschen in der neueren Zeit vor allem nach Freiheit strebt. Dieses Streben äußert sich zum Beispiel in

---

[22] Gesammelte Schriften Bd. 1, S. 238 bzw. Werke, Bd. 1, S. 215.
[23] Vgl. Gesammelte Schriften, Bd. 1, S. 238 f. bzw. Werke, Bd. 1, S. 215.
[24] Vgl. Gesammelte Schriften, Bd. 1, S. 239 bzw. Werke, Bd. 1, S. 215 f.

dem Kampf um Glaubens- und Gewissensfreiheit in der Reformationszeit. Es zeigt sich aber auch in politischen Revolutionen der Neuzeit, insbesondere in der Französischen Revolution, aber auch in der Revolution von 1848, in denen sich ein elementares Streben nach politischer Freiheit geltend machte. In den Bauernkriegen zeigte sich der Freiheitsimpuls in dem Kampf um die Befreiung von wirtschaftlicher Unterdrückung und Abhängigkeit. In engem Zusammenhang mit dem Streben nach Freiheit trat ein starker Impuls nach demokratischer Mitbestimmung auf, der sich vor allem in der Französischen Revolution und in der Revolution von 1848 geltend machte. In der Neuzeit kommt aber noch ein weiteres Streben der inneren Kraft der Menschen hinzu, das zum Beispiel in der russischen Oktoberrevolution von 1917, aber auch in der Novemberrevolution von 1918, wenn auch in pervertierter Form, zutage trat, nämlich das Streben nach sozialer Solidarität und Gerechtigkeit. Ihren deutlichsten Ausdruck fand dieses dreifache Streben der inneren Kraft der Menschen in den drei Idealen der Französischen Revolution: Freiheit, Gleichheit, Brüderlichkeit. Diese drei Ideale lassen sich allerdings nicht innerhalb des Staates verwirklichen, wenn dieser nicht nur für die Sicherheit, sondern auch für das geistige und wirtschaftliche Wohl seiner Bürger sorgt. Darauf hat erstmals Rudolf Steiner im Zusammenhang mit der von ihm entwickelten Idee der Dreigliederung des sozialen Organismus in ein freies, sich selbst verwaltendes Geistesleben, in ein auf Gleichheit und demokratischer Mitbestimmung beruhendes Staatsleben und in ein in assoziativer Selbstverwaltung brüderlich für die Bedürfnisse der Menschen sorgendes Wirtschaftsleben hingewiesen.[25] Wilhelm von Humboldt hat dies nicht so deutlich erkannt und ausgesprochen wie Steiner; doch geht aus seiner Schrift über die Grenzen der Wirksamkeit des Staates hervor, dass auch er von diesen Idealen durchdrungen und beseelt war. Der ganze Inhalt und Duktus dieser Schriften zeigt, dass er von dem Ideal der größtmöglichen Freiheit erfüllt war.[26] Dass Humboldt auch von dem Ideal der Gleichheit für das staatliche Leben durchdrungen war, kommt in folgenden Worten zum Ausdruck: „Diejenigen, deren Sicherheit erhalten werden muss, sind auf der einen Seite alle Bürger, *in völliger Gleichheit,* auf der andren der Staat selbst."[27] Und dass ihm auch das Ideal der Brüderlichkeit für die Zusammenarbeit im Wirtschaftsleben vorschwebte, ergibt sich daraus, wie er die Nachteile einer staatlichen Tätigkeit für das physische Wohl seiner Bürger schildert: „Wie jeder sich selbst auf die sorgende Hilfe des Staats verlässt, so und noch weit mehr übergibt er ihr das Schicksal seines Mitbürgers. Dies aber schwächt die *Teilnahme* und macht zu *gegenseitiger Hilfsleistung* träger. Wenigstens muss die *gemeinschaft-*

---

[25] Vgl. *Steiner* (1961), S. 87 ff. sowie *Steiner* (1985), S. 107 f., 257 f. mit zahlreichen Literaturhinweisen.
[26] Vgl. z.B. Gesammelte Schriften, Bd. 1, S. 107, 243 bzw. Werke, Bd. 1, S. 64, 223.
[27] Vgl. Gesammelte Schriften, Bd. 1, S. 180 bzw. Werke, Bd. 1, S. 148.

IX. Die Anwendung von Humboldts Staatsidee auf die Wirklichkeit

liche Hilfe da am tätigsten sein, wo das Gefühl am lebendigsten ist, dass auf ihm allein alles beruhe ..."[28]

Berücksichtigt man diese Tatsache, dass in unserer Zeit in der Menschheit die drei Ideale der Freiheit, Gleichheit und Brüderlichkeit als mehr oder weniger bewusste Impulse leben und verwirklicht werden wollen, so besteht die wichtigste Aufgabe darin, diese Impulse immer mehr zum Bewusstsein zu bringen und die Reife der Menschen zur Freiheit, das Empfinden der Gleichheit und die Fähigkeit zu brüderlichem Handeln zu entwickeln und zu fördern. Ein solches Einwirken auf Geist und Charakter der Menschen kann nun aber nicht Aufgabe des Staates sein. Das verbieten die bereits früher angeführten Gründe, die einer Tätigkeit des Staates für das intellektuelle und moralische Wohl seiner Bürger entgegenstehen.[29] So lehnt Humboldt jede öffentliche, d.h. „vom Staate angeordnete oder geleitete Erziehung" ab, „da immer der Geist der Regierung in ihr herrscht" und sie „dem Menschen eine gewisse bürgerliche Form" gibt. Sein Ideal ist, „die freieste, so wenig als möglich schon auf die bürgerlichen Verhältnisse gerichtete Bildung des Menschen ..." Der so gebildete Mensch soll dann „in den Staat treten und die Verfassung des Staats sich gleichsam an ihm prüfen". Selbst wenn die bürgerliche Einrichtung sehr fehlerhaft wäre, denkt Humboldt, „wie gerade durch ihre einengenden Fesseln die widerstrebende, oder, trotz derselben, sich in ihrer Größe erhaltende Energie des Menschen gewänne. Aber dies könnte nur sein, wenn dieselbe vorher sich in ihrer Freiheit entwickelt hätte. Denn welch ein ungewöhnlicher Grad gehörte dazu, sich auch da, wo jene Fesseln von der ersten Jugend an drückten, noch zu erheben und zu erhalten?"[30] So kann die Aufgabe, auf Geist und Charakter der Menschen in der Weise zu wirken, dass der Wille und die Fähigkeit entwickelt werden, die staatlichen und gesellschaftlichen Verhältnisse den Idealen der Freiheit, Gleichheit und Brüderlichkeit anzunähern, nur innerhalb eines freien, sich selbst verwaltenden Geisteslebens und Bildungswesens wahrhaft ergriffen und erfüllt werden. Humboldt hat im Laufe seines Lebens wichtige Anregungen für Erziehung und Unterricht gegeben, die dazu beitragen können, diese wichtige Aufgabe zu erfüllen. Dazu gehört vor allem seine Einsicht, dass es bei der Bildung des Menschen nicht nur auf die Entwicklung der intellektuellen, sondern auch seiner ästhetischen und praktisch-moralischen Fähigkeiten ankommt.[31]

---

[28] Vgl. Gesammelte Schriften, Bd. 1, S. 116 bzw. Werke, Bd. 1, S. 75; ferner das Nachwort von *Spitta* (1962), S. 170 ff.
[29] Vgl. oben, S. 94 f.
[30] Vgl. Gesammelte Schriften, Bd. 1, S. 143 f. bzw. Werke, Bd. 1, S. 105 ff.
[31] Vgl. *Spitta* (1985), S. 263 ff., insbesondere S. 265 f.; ferner *Spitta* (1961), S. 161 ff., insbesondere S. 163.

6. Freiheitsgewährung durch den Staat

Der Staat selbst hat nun aber auch eine wichtige Aufgabe, bei der Verwirklichung der drei Ideale, insbesondere des Ideals der Freiheit, mitzuwirken. Ausgehend von der theoretischen Erkenntnis, dass der Staat als notwendige Aufgabe nur hat, für die Sicherheit zu sorgen, und dass er die Sorgfalt für das moralische und physische Wohl dem freien Zusammenwirken seiner Bürger überlassen sollte, stellt Humboldt zunächst fest, dass das Missverhältnis zwischen der Theorie und der Wirklichkeit in diesem Punkte der Staatsverwaltung überall in einem Mangel an Freiheit bestehen wird. So könnte es scheinen, „als wäre die Befreiung von Fesseln in jeglichem Zeitpunkt möglich, und in jeglichem wohltätig". Doch ist sich Humboldt darüber im Klaren, dass äußere, politische Freiheit wahre innere, menschliche Freiheit erfordert. Diese sieht er dann als erreicht an, wenn der Mensch nicht um der äußeren Ergebnisse willen tätig wird, sondern wenn er seine Tätigkeit um ihrer selbst willen und der Kräfte wegen ausübt, die durch sie entwickelt werden. So sagt er: „... es ist ein höherer Grad von Kultur notwendig, sich mehr an der Tätigkeit zu erfreuen, welche nur Kräfte schafft, und ihnen selbst die Erzeugung der Resultate überlässt, als an derjenigen, welche unmittelbar diese selbst aufstellt. Dieser Grad der Kultur ist die wahre Reife der Freiheit. Allein diese Reife findet sich nirgends in ihrer Vollendung ..."[32]

So kann nach Humboldts Auffassung der Staatsmann, welcher bestrebt ist, größtmögliche Freiheit zu gewähren, dieses Ideal nicht sofort in vollem Umfang verwirklichen. Er wird zwar dieses Ideal der reinen Theorie folgend bei jeder politischen Veränderung immer als letztes Ziel im Auge haben. Doch wird er Freiheitsbeschränkungen so lange bestehen lassen, „bis die Menschen durch untrügliche Kennzeichen zu erkennen geben, dass sie dieselben als einengende Fesseln ansehen, dass sie ihren Druck fühlen, und also in diesem Stücke zur Freiheit reif sind; dann aber dieselben ungesäumt entfernen". Denn es heiße nicht Freiheit geben, „wenn man Fesseln löst, welche der noch nicht, als solche, fühlt, welcher sie trägt".[33]

Humboldt will aber noch einen Schritt weitergehen, da es Herrschende gibt, „welche sich so oft gerade dieses Mangels der Reife als eines Vorwandes bedient haben, die Unterdrückung fortdauern zu lassen". Er will „die Reife zur Freiheit durch jegliches Mittel befördern". Für den Staat kommt als Mittel hierfür allerdings nur in Betracht, diese Reife durch Freiheitsgewährung zu fördern. „Denn durch nichts wird diese Reife zur Freiheit in gleichem Grade befördert, als durch Freiheit selbst. ... Mangel an Reife zur Freiheit kann nur aus Mangel intellektueller und moralischer Kräfte entspringen; diesem Mangel wird allein

---

[32] Vgl. Gesammelte Schriften, Bd. 1, S. 240 bzw. Werke, Bd. 1, S. 216 f.
[33] Vgl. Gesammelte Schriften, Bd. 1, S. 241 bzw. Werke, Bd. 1, S. 217 f.

308   IX. Die Anwendung von Humboldts Staatsidee auf die Wirklichkeit

durch Erhöhung derselben entgegengearbeitet; diese Erhöhung aber fordert Übung, und die Übung Selbsttätigkeit erweckende Freiheit." So sieht Humboldt als notwendig und möglich an, dass der Staat die Freiheitsbeschränkungen nach und nach beseitigt, „gerade in eben der Folge, wie das Gefühl der Freiheit erwacht, und mit jedem neuen Schritt wird man den Fortschritt beschleunigen".[34] Konkret bedeutet dies, dass der Staat seine Wirksamkeit auf dem Gebiet des geistig-kulturellen Lebens, insbesondere auf dem Felde des Bildungswesens, sowie innerhalb des Wirtschaftslebens in dem Maße einzuschränken hat, in welchem seine Bürger bereit und willens sind, ihre Tätigkeit in diesen Bereichen in Selbstverwaltung auszuüben. So darf er in keiner Weise die Bildung freier Institutionen und ihre Zusammenarbeit auf dem Gebiet des geistigen und wirtschaftlichen Lebens erschweren oder verhindern. Vielmehr hat er die entgegenstehenden Hindernisse zu beseitigen, für völlige Gleichberechtigung der freien Einrichtungen mit seinen eigenen zu sorgen und letztere in dem Maße auf- oder freizugeben, in welchem freie Institutionen entstehen bzw. in staatlichen Einrichtungen Tätige nach Freiheit und Selbstverwaltung streben. So kann der Staat einerseits das Ideal der Gleichheit im Verhältnis zwischen staatlichen und freien Einrichtungen verwirklichen und andererseits fortschreitend das Ideal der Freiheit verwirklichen, indem er seinen eigenen Einrichtungen, den Staatsanstalten auf kulturellem und wirtschaftlichem Felde, mit der Zeit völlige Selbstverwaltung gewährt. Das Ideal der Brüderlichkeit im Wirtschaftsleben allerdings vermag der Staat selbst nicht unmittelbar zu erfüllen. Er kann nur die gesetzlichen Voraussetzungen dafür schaffen, dass Ausbeutung und Unterdrückung ausgeschlossen sind und dass ein freies, brüderliches Zusammenwirken innerhalb des Wirtschaftslebens nicht verhindert wird, was heute durch die staatlich erzwungene Konkurrenz der Fall ist. Bewirkt werden kann ein solches Zusammenwirken nur von allen Marktbeteiligten innerhalb des Wirtschaftslebens selbst aufgrund der moralischen Impulse, die in ihnen durch ein freies Bildungswesen entwickelt worden sind. Selbstverständlich bleibt es Aufgabe des Staates, sowohl im geistigen als auch im wirtschaftlichen Leben für Sicherheit zu sorgen.

7. Näherung der Wirklichkeit an das Staatsideal

Schließlich stellt Humboldt in dem Kapitel über die Anwendung seiner Staatsidee auf die Wirklichkeit noch eine methodische Betrachtung darüber an, wie seine dargelegten Prinzipien auf die jeweilige unterschiedliche Wirklichkeit angewendet werden können. Er weist auf die Notwendigkeit hin, dass der Gesetzgeber sich einerseits ausgehend von den Ideen der reinen Theorie konkrete Vorstellungen über ihre mögliche Verwirklichung bildet und sich andererseits

---

[34] Vgl. Gesammelte Schriften, Bd. 1, S. 214 bzw. Werke, Bd. 1. S. 218.

ein möglichst umfassendes und genaues Bild von der gegebenen Situation macht, die es zu verändern gilt. Beide Vorstellungsbilder oder „Gemälde", wie Humboldt sie auch nennt, muss er dann vergleichen, um zu prüfen, ob eine Verwirklichung der aus der Theorie gewonnenen Vorstellung möglich wäre und die vorgestellten positiven Wirkungen hervorbringen würde. So sagt er: „... der Zeitpunkt, einen Grundsatz der Theorie in die Wirklichkeit zu übertragen, wäre da, wenn in der Vergleichung (der Gemälde) sich fände, dass, auch nach der Übertragung, der Grundsatz unverändert bleiben und noch eben die Folgen hervorbringen würde, welche das erste Gemälde darstellte; oder, wenn dies nicht ganz der Fall wäre, sich doch voraussehen ließe, dass diesem Mangel alsdann, wenn die Wirklichkeit der Theorie noch mehr genähert wäre, abgeholfen werden würde".[35] Aus dem von Humboldt hier verwendeten Begriff der Näherung geht hervor, dass die Vorstellungsbildung aus den Ideen der reinen Theorie nicht unabhängig von dem Vorstellungsbild der jeweiligen Wirklichkeit erfolgen kann, sondern durch diese jeweils modifiziert und der möglichen Verwirklichung angepasst werden muss. Letztes Ziel des Gesetzgebers sollte jedoch die größtmögliche Näherung der Wirklichkeit an die Ideale der reinen Theorie sein.[36]

8. Bestimmung der staatlichen Tätigkeit durch das Prinzip der Notwendigkeit

Abschließend betont Humboldt, dass der Staat „seine Tätigkeit immer nur durch die Notwendigkeit bestimmen lassen" darf. „Denn die Theorie erlaubte ihm allein Sorgfalt für die Sicherheit, weil die Erreichung dieses Zwecks allein dem einzelnen Menschen unmöglich, und daher diese Sorgfalt allein notwendig ist; und die Regel des praktischen Benehmens bindet ihn streng an die Theorie, insofern nicht die Gegenwart ihn nötigt, davon abzugehn." So geht Humboldt für die Tätigkeit des Staates vom *Prinzip der Notwendigkeit* aus. Das Nützliche hingegen lehnt er als Prinzip für staatliche Wirksamkeit aus verschiedenen Gründen ab. Vor allem „macht das Nützliche, da die Grade des Nützlichen gleichsam unendlich sind, immer neue und neue Veranstaltungen erforderlich", was durch unsere Erfahrungen mit dem modernen Wohlfahrtsstaat zweifellos bestätigt wird. Hingegen ist, „was die Notwendigkeit befiehlt, immer nicht nur nützlich, sondern sogar unentbehrlich".[37] Auch später, als preußischer Minister für ständische Angelegenheiten, hat Humboldt den gleichen Gedanken ausgesprochen, indem er in seiner an den Freiherrn vom Stein gerichteten Denkschrift vom 4. Februar 1819 „Über Einrichtung landständischer Verfassungen in

---

[35] Vgl. Gesammelte Schriften, Bd. 1, S. 241 ff. bzw. Werke, Bd. 1, S. 218 ff.
[36] Vgl. Gesammelte Schriften, Bd. 1, S. 242 bzw. Werke, Bd. 1, S. 219.
[37] Vgl. Gesammelte Schriften, Bd. 1, S. 244 f. bzw. Werke, Bd. 1, S. 221 f.

den preußischen Staaten" sagte, dass die Notwendigkeit „überhaupt ein weit sicherer Leiter bei Staatsoperationen ist, als das bloß nützlich Erachtete".[38] So ist für Humboldt kein anderes Prinzip so vereinbar „mit der Ehrfurcht für die Individualität selbsttätiger Wesen und der aus dieser Ehrfurcht entspringenden Sorgfalt für die Freiheit ..." als das Prinzip der Notwendigkeit.[39]

9. Humboldts politisches Wirken im Sinne seiner praktischen Prinzipien

Werfen wir nochmals einen kurzen Blick auf Humboldts späteres staatsmännisches Wirken, so ergibt sich, dass er in dieser Zeit versucht hat, im Sinne der dargestellten praktischen Grundsätze zu wirken. Dass er auch in dieser Zeit davon durchdrungen war, dass bei politischen Veränderungen von den gegebenen Verhältnissen auszugehen ist, geht zum Beispiel aus Humboldts Denkschrift „Über die Mediatisierten" vom 12. Mai 1815 hervor, wo er sagt, dass man Reformen ihrer Rechtsstellung mit der möglichsten Schonung der in der Zwischenzeit entstandenen Verhältnisse versuchen müsste.[40] Und Humboldts Überzeugung, dass es beim politischen Handeln auf die inneren, in den Menschen wirksamen Kräfte und auf den in ihnen lebenden Geist ankommt, bringt er in seiner Note an den Fürsten Metternich vom 10. Februar 1815 zum Ausdruck, indem er im Hinblick auf die Verfassung des Deutschen Bundes sagt, dass jede Verfassung ihr Gedeihen und ihr Fortbestehen nur von dem Geiste zu erwarten hat, der ihre Mitglieder beseelt.[41]

Ein Beispiel dafür, dass Humboldt danach strebte, seine theoretischen Ideen zu verwirklichen, ist sein Versuch, bei der Reform des Königsberger und litauischen Schulwesens die „Nation", d.h. die Gemeinden stärker an der Verwaltung der Schulen und auch an deren Finanzierung durch die Bildung von Schulfonds zu beteiligen. Hier sehen wir deutlich Humboldts Bestreben, die damalige Schulwirklichkeit seinem Ideal eines freien, sich selbst verwaltenden Schulwesens anzunähern. Auch sein Versuch, die von ihm begründete Universität Berlin sowie die Akademien der Wissenschaften und der Künste durch die Übertragung staatlicher Domänen vom Staat wirtschaftlich unabhängig zu machen, gehört hierher.[42] Diese Versuche zeigen, wie Humboldt an die bestehenden Verhältnisse anknüpfte und mit seinen Vorschlägen nur so weit ging, wie er damals die Möglichkeit einer Verwirklichung des Prinzips der Freiheit ohne nachteilige Folgen zu großer Freiheitsgewährung mangels entsprechender Reife sah.

---

[38] Zitiert nach *Kaehler* (1963), S. 431.
[39] Gesammelte Schriften, Bd. 1, S. 245 bzw. Werke, Bd. 1, S. 222.
[40] Vgl. Gesammelte Schriften, Bd. 11, S. 311.
[41] Vgl. Gesammelte Schriften, Bd. 11, S. 288.
[42] Vgl. oben, S. 61 f.

9. Humboldts politisches Wirken im Sinne seiner praktischen Prinzipien

Ein anderes Beispiel, wie Humboldt später im Sinne der in seiner Jugendschrift entwickelten praktischen Prinzipien handelte, ist sein intensives Wirken für das Zustandekommen und die bestmögliche Ausgestaltung des Deutschen Bundes vor und während des Wiener Kongresses.[43] Wie dargestellt, hatte Humboldt damals die Idee eines solchen Bundes mit gemeinsamer Verfassung, mit Grundrechten und deren Sicherung durch ein oberstes Bundesgericht, mit einem gemeinsamen Bundesheer zur Sicherung gegen auswärtige Feinde, mit begrenzten Aufgaben und Kompetenzen des Bundes und mit ständischen Verfassungen in allen deutschen Bundesstaaten entwickelt. Sein ständiges Ringen um eine größtmögliche Verwirklichung dieses Ideals zeigt, wie er durch ein immer neues Anpassen seiner konkreten Vorstellungen an das politisch Machbare versuchte, die staatlichen Verhältnisse in Deutschland seinem Ideal so weit wie möglich anzunähern. Dass das Ergebnis seinen Vorstellungen nur wenig entsprach, ist nicht seine Schuld, sondern auf die Uneinsichtigkeit und fehlende Bereitschaft bei anderen beteiligten Staatsmännern, auf ihre vermeintlichen Souveränitätsrechte zu verzichten, zurückzuführen.

So sehen wir bei Wilhelm von Humboldt eine wunderbare Kontinuität in seinen staatstheoretischen und praktischen politischen Ideen und eine beispielgebende Folgerichtigkeit in seinem Streben, als Staatsmann im Sinne dieser Ideen zu wirken. Den geistig-moralischen Ursprung seiner Ideen hat er selbst am Ende seiner Schrift über die Grenzen der Wirksamkeit des Staates in schöner Weise ausgesprochen, indem er über deren Abfassung sagt: „Ich habe mich dabei von der tiefsten Achtung für die innere Würde des Menschen, und die Freiheit beseelt gefühlt, welche allein dieser Würde angemessen ist."[44]

---

[43] Vgl. oben, S. 62 ff., 243 ff., 261 ff.
[44] Vgl. Gesammelte Schriften, Bd. 1, S. 245 bzw. Werke, Bd. 1, S. 223.

Literaturverzeichnis

(In Klammern die Abkürzungen, mit denen die betreffenden Werke in den Anmerkungen zitiert werden)

1. Schriften von Wilhelm von Humboldt

Wilhelm von Humboldts gesammelte Schriften. Herausgegeben von der Preußischen Akademie der Wissenschaften, 17 Bände, Berlin 1903–1936. (*Gesammelte Schriften*)

Wilhelm von Humboldt, Werke in fünf Bänden. Herausgegeben von Andreas Flitner und Klaus Giel, Stuttgart bzw. Darmstadt, 1960–1981. (*Werke*)

Humboldt, Wilhelm von: Ideen zu einem Versuch, die Grenzen der Wirksamkeit des Staats zu bestimmen. Mit Einleitung von Eduard Cauer, Breslau 1851.

– Ideen zu einem Versuch, die Grenzen der Wirksamkeit des Staats zu bestimmen. Mit Einleitung von Alexander von Gleichen-Rußwurm, Berlin o. J. (1917).

– Ideen zu einem Versuch, die Grenzen der Wirksamkeit des Staats zu bestimmen. Mit Notiz von Wilhelm von Poseck, Potsdam 1920.

– Über die Grenzen der Wirksamkeit des Staates. Mit einer Einführung von Rudolf Pannwitz, Nürnberg 1946.

– Ideen zu einem Versuch, die Grenzen der Wirksamkeit des Staates zu bestimmen. Mit einer Einleitung von Hubert Tigges und einem Nachwort von Wilhelm Heitmüller, Wuppertal 1947.

– Grenzen des Staates. Mit einer Einführung von Hans Schumann, Frankfurt am Main 1947.

– Menschentum und Staatsgewalt. Schriften und Briefe, ausgewählt von Heinrich Merk, Augsburg 1948.

– Ideen zu einem Versuch, die Grenzen der Wirksamkeit des Staats zu bestimmen. Mit Nachwort von Dietrich Spitta, Stuttgart 1962.

– Individuum und Staatsgewalt. Sozialphilosophische Ideen. Herausgegeben und mit einem Anhang versehen von Hermann Klenner, Leipzig 1985.

– Ideen zu einem Versuch, die Grenzen der Wirksamkeit des Staats zu bestimmen. Mit Nachwort von Robert Haerdter, Stuttgart 1987.

Schwenke, Paul: Aus Wilhelm von Humboldts Studienjahren. Mit Briefen Humboldts an Caroline von Dacheröden, Karl von Laroche und Karoline von Beulwitz, Deutsche Rundschau, Band 66, 1891. (*An Beulwitz*)

Wilhelm von Humboldts Briefe an Karl Gustav von Brinkmann. Herausgegeben von Albert Leitzmann, Bibliothek des Literarischen Vereins in Stuttgart, Bd. 288, Leipzig 1939. (*An Brinkmann*)

Leyser, J.: Joachim Heinrich Campe. Bd. 2, Braunschweig 1877. (*An Campe*)

Wilhelm und Caroline von Humboldt in ihren Briefen. Herausgegeben von Anna von Sydow, 7 Bände, Berlin 1906–1916; 2., unveränderte Aufl. 1968. (*An Caroline)*

Wilhelm von Humboldts Briefe an eine Freundin. Herausgegeben von Albert Leitzmann, Leipzig 1909. (*An Charlotte Diede*)

Leitzmann, Albert: Georg und Therese Forster und die Brüder Humboldt, Bonn 1936. (*An Forster*)

Politische Jugendbriefe Wilhelm von Humboldts an Gentz. Herausgegeben von Albert Leitzmann, Historische Zeitschrift, Bd. 152, München und Berlin 1935, S. 52 ff. (*An Gentz*)

Goethes Briefwechsel mit Wilhelm und Alexander von Humboldt. Herausgegeben von Ludwig Geiger, Berlin 1909. (*An Goethe*)

Briefe von Wilhelm von Humboldt an Friedrich Heinrich Jakobi. Herausgegeben von Albert Leitzmann, Halle 1892. (*An Jakobi*)

Wilhelm von Humboldts Briefe an Christian Gottfried Körner. Herausgegeben von Albert Leitzmann, Historische Studien, Bd. 367, Berlin 1940. (*An Körner*)

Leitzmann, Albert: Wilhelm von Humboldt und sein Erzieher. Abhandlungen der Preußischen Akademie der Wissenschaften, philosophisch-historische Klasse, Jahrgang 1940, Nr. 5, Berlin 1940. (*An Kunth*)

Briefe von Wilhelm von Humboldt an Georg Heinrich Ludwig Nicolovius. Herausgegeben von Rudolf Haym. Quellenschriften zur neueren deutschen Literatur- und Geistesgeschichte, Bd. 1, Berlin 1894. (*An Nicolovius*)

Briefwechsel zwischen Schiller und Wilhelm von Humboldt. Herausgegeben von Albert Leitzmann, Berlin 1900. (*An Schiller*)

Briefe Wilhelm von Humboldts an Schiller. Herausgegeben von Albert Leitzmann, Preußische Jahrbücher, Bd. 239, Berlin 1935. (*Briefe an Schiller*)

Neue Briefe Wilhelm von Humboldts an Schiller. Herausgegeben von Friedrich Clemens Ebrard, Berlin 1911. (*Neue Briefe an Schiller*)

Briefwechsel zwischen Schiller und Wilhelm von Humboldt. 2 Bände, 1962.

Leitzmann, Albert: Wilhelm von Humboldt und Frau von Staël. Deutsche Rundschau, Bd. 169, Berlin 1916; Bd 170, 171, Berlin 1917. (*An Staël*)

Wilhelm von Humboldts gesammelte Werke. Herausgegeben von C. Brandes, Bd. 5, Berlin 1846. Mit Briefen Humboldts an F. A. Wolf. (*An Wolf*)

Wilhelm von Humboldt, Briefe an Friedrich August Wolf. Herausgegeben von Philip Matson, Berlin, New York 1990.

2. Biographien und andere Literatur

Altgeld, Erika: Das Verhältnis des Einzelmenschen zum Gemeinwesen in Wilhelm von Humboldts politischen Jugendschriften. Ein Beitrag zur individualistischen Gesellschaftslehre, Dissertation, Freiburg 1924.

Angeberg, Comte de (Pseudonym für Chodzko, Leonard), Congrès de Vienne et les traités de 1815, Bd. 1, Paris 1864.

Baumgarten, H.: Verhandlungen über die deutsche Bundesverfassung im Sommer 1814, in: Im neuen Reich, 9. Jahrgang, 2. Bd., Leipzig 1879, Seite 549 ff.

Beaulieu-Marconnay: Karl Freiherr von Dalberg und seine Zeit, Bd. 1, Weimar 1870.

Bellm, Agnes: Der deutsche Gedanke bei Wilhelm von Humboldt während der Befreiungskriege und auf dem Wiener Kongress. Dissertation, Heidelberg 1947.

Berglar, Peter: Wilhelm von Humboldt in Selbstzeugnissen und Bilddokumenten, Reinbek bei Hamburg, 1970.

Binswanger, Paul: Wilhelm von Humboldt. Frauenfeld und Leipzig 1937.

Botzenhardt, Manfred: Die deutsche Verfassungsfrage 1812–1815. Eingeleitet und zusammengestellt von Manfred Botzenhardt, Göttingen 1968.

Bouillon, Hardy: Freiheit, Liberalismus und Wohlfahrtsstaat. Eine analytische Untersuchung zur individuellen Freiheit im klassischen Liberalismus und im Wohlfahrtsstaat, Baden-Baden 1997.

Burchard, Otto: Der Staatsbegriff Wilhelm von Humboldts in seinen „Ideen zu einem Versuch, die Grenzen der Wirksamkeit des Staates zu bestimmen". Eine Untersuchung zum Problem Zwangsrechtsnormen und Individualverantwortlichkeit, Dissertation, Hamburg 1948.

Burke, Edmund: Betrachtungen über die französische Revolution. Übersetzt und herausgegeben von Friedrich Gentz, Berlin 1793.

Campe, Joachim Heinrich: Briefe aus Paris zur Zeit der Revolution geschrieben, Braunschweig 1790.

Dalberg, Karl von (anonym): Von den wahren Grenzen der Wirksamkeit des Staates in Beziehung auf seine Mitglieder, Leipzig 1793.

Dibelius, Otto: Grenzen des Staates, Tübingen 1949.

Dove, Alfred: Die Forsters und die Humboldts. Zwei Paar bunter Lebensläufe, Leipzig 1881.

Ellwein, Thomas: Wilhelm von Humboldt in der Politik der Gegenwart, in: Wilhelm von Humboldt. Abstand und Nähe. 3 Vorträge zum Gedenken seines 200. Geburtstages, Frankfurt/Main, Berlin, Bonn, München 1968.

Fichte, J. H.: Johann Gottlieb Fichte's sämmtliche Werke. Herausgegeben von J. H. Fichte, 3. Bd., Berlin 1845.

Fielitz, Wilhelm: Schiller und Lotte. 1788–1805. Dritte, den ganzen Briefwechsel umfassende Ausgabe, bearbeitet von Wilhelm Fielitz, 3. Buch, Stuttgart 1897.

Fischer, H. E.: Briefwechsel von Immanuel Kant in 3 Bänden. Herausgegeben von H. E. Fischer. 3. Bd., Bibliothek der Philosophen, Bd. 7, München 1913.

Forster, Georg: Georg Forster's sämmtliche Schriften, Bd. 5, 6 und 8, Leipzig 1843.

Fromm, Erich: Wege aus einer kranken Gesellschaft, 10. Aufl., Frankfurt am Main 1980.

Gebhardt, Bruno: Wilhelm von Humboldt als Staatsmann, 2 Bände, Stuttgart 1896/1899. 2., unveränderte Auflage, Berlin 1928.

– Zwei Denkschriften Stein's über deutsche Verfassung. Historische Zeitschrift, Neue Folge, Bd. 44, München und Leipzig 1898, S. 257 ff.

Gebhardt, Jürgen (Hrsg.): Die Revolution des Geistes. Politisches Denken in Deutschland 1770–1830. Goethe, Kant, Fichte, Hegel, Humboldt. München 1968.

Gesetz-Sammlung für die Königlichen Preußischen Staaten. (*Preußische Gesetzsammlung*)

Griewank, Karl: Der Wiener Kongreß und die europäische Restauration 1814/15, 2. Aufl., Leipzig 1954.

– Preußen und die Neuordnung Deutschlands 1813 bis 1815, in: Forschungen zur brandenburgischen und preußischen Geschichte, Bd. 52, 1940, S. 234 ff.

– Preußische Neuordnungspläne für Mitteleuropa aus dem Jahre 1814, in: Deutsches Archiv für Landes- und Volksforschung, Bd. 6, 1942, S. 342 ff.

Grütz, Reinhard: Erfurt im Schatten der französischen Revolution. Regierungspraxis und Staatstheorie Karl Theodor von Dalbergs (1744–1817), Leipzig 2000.

Haerdter, Robert: Der Mensch und der Staat. Über Wilhelm von Humboldt. Festgabe für Wilhelm Hausenstein, München 1952, S. 103 ff.

Harnack, Adolf: Geschichte der Königlich Preußischen Akademie der Wissenschaften, Bd. 1, 2. Hälfte, Berlin 1900.

Harnack, Otto: Wilhelm von Humboldt, Berlin 1913.

Haym, Rudolf: Wilhelm von Humboldt. Lebensbild und Charakteristik, Berlin 1856, 2., unveränderte Aufl., Bissendorf 1965.

Hellen, Eduard von der: Schillers sämtliche Werke. Säkular-Ausgabe in 16 Bänden. Herausgegeben von Eduard von der Hellen, Bd. 12, Stuttgart und Berlin 1905.

Henningsen, Manfred: Wilhelm von Humboldt, in: Die Revolution des Geistes. Goethe, Kant, Fichte, Hegel, Humboldt. Herausgegeben von Jürgen Gebhardt, München 1968.

Herkendell, H. J.: Die Persönlichkeitsidee Wilhelm von Humboldts und das völkisch-politische Menschenbild, Dissertation, Würzburg 1938.

Heydorn, Heinz-Joachim: Wilhelm von Humboldt. Abstand und Nähe, in: Wilhelm von Humboldt. Abstand und Nähe, Frankfurt/Main, Berlin, Bonn, München 1968.

Heyer, Karl: Sozialimpulse des deutschen Geistes im Goethe-Zeitalter, Kressbronn 1954; 2. Auflage, Stuttgart 1987.

Hintze, Otto: Das preußische Staatsministerium im 19. Jahrhundert. Festschrift zu Gustav Schmollers 70. Geburtstag. Beiträge zur brandenburgischen und preußischen Geschichte, Leipzig 1908.

Hippel, Ernst von: Geschichte der Staatsphilosophie, II. Bd., Meisenheim am Glan 1958.

– Gewaltenteilung im modernen Staat, Koblenz, o. J. (1948).

Howald, Ernst: Wilhelm von Humboldt, Erlenbach-Zürich 1944.

Huber, Ernst Rudolf: Deutsche Verfassungsgeschichte seit 1789, Bd. 1, Stuttgart 1957.

– Dokumente zur deutschen Verfassungsgeschichte. Herausgegeben von Ernst Rudolf Huber, Bd. 1, Stuttgart 1961.

Ibing, Arnold: Die Staatsauffassung Wilhelm von Humboldts und die Erweiterung ihrer Anregungen durch Rudolf Steiner, Dissertation, Berlin 1979.

Kaehler, S. A.: Beiträge zur Würdigung von Wilhelm von Humboldts Entwurf einer ständischen Verfassung für Preußen vom Jahre 1819, Dissertation, Freiburg 1914.

– Individualismus und Staatserlebnis. Die Neue Rundschau, 46. Jahrgang, Berlin 1935.

– Wilhelm von Humboldt. Eine Auswahl aus seinen politischen Schriften. Herausgegeben und mit einer Einleitung versehen von Siegfried Kaehler, Klassiker der Politik, Bd. 6, Berlin 1922.

– Wilhelm von Humboldt und der Staat. München und Berlin 1927, 2. Aufl., Göttingen 1963.

Kants Briefwechsel, Bd. 3, München 1913.

Kant's gesammelte Schriften. Herausgegeben von der Königlich Preußischen Akademie der Wissenschaften, Bd. 6, Berlin 1907.

Kawohl, Irmgard: Wilhelm von Humboldt in der Kritik des 20. Jahrhunderts, Ratingen 1969.

Kessel, Eberhard: Wilhelm v. Humboldt. Idee und Wirklichkeit, Stuttgart 1967.

Kinzel, Ulrich: Ethische Projekte. Literatur und Selbstgestaltung im Kontext des Regierungsdenkens. Humboldt, Goethe, Stifter, Raabe, Frankfurt am Main 2000.

Klüber, Johann Ludwig: Akten des Wiener Kongresses in den Jahren 1814 und 1815. Herausgegeben von Johann Ludwig Klüber, Bd. 1, Erlangen 1815; Bd. 2, Erlangen 1815.

Klüber-Welcker: Wichtige Urkunden über den Rechtszustand der Deutschen Nation, Mannheim 1844.

Knoll, Joachim H./*Siebert*, Horst: Wilhelm von Humboldt. Politik und Bildung, Heidelberg 1969.

Köpke, Rudolf: Die Gründung der Königlichen Friedrich-Wilhelms-Universität zu Berlin, Berlin 1860.

Krautkrämer, Ursula: Staat und Erziehung. Begründung öffentlicher Erziehung bei Humboldt, Kant, Fichte, Hegel und Schleiermacher, München 1979.

Krüger, Herbert: Allgemeine Staatslehre, Stuttgart, Berlin, Kiel, Mainz 1966.

Kuhn, Alfred: Wilhelm von Humboldt als Staatsmann, Die Westmark, 1. Jahrgang, Köln 1921.

Lange/Wulff/Lüdtke-Handjery: Höfeordnung für die Länder Hamburg, Niedersachsen, Nordrhein-Westfalen und Schleswig-Holstein. 8. Aufl., München und Berlin 1978.

Lassalle, Ferdinand: Gesammelte Reden und Schriften. Herausgegeben und eingeleitet von Eduard Bernstein, Berlin 1919 f.

Lechner, Georg: Bildung und Wirtschaft bei Pestlozzi, W. v. Humboldt und Fichte, Dissertation, Leipzig 1925.

Lecoq-Gellersen, Ingrid: Die poltische Persönlichkeit Wilhelm von Humboldts in der Geschichtsschreibung des deutschen Bildungsbürgertums, 1985.

Lehmann, Max: Freiherr vom Stein, Teil 3. Nach der Reform 1808–1831, Leipzig 1905.

Leitzmann, Albert: Wilhelm und Karoline von Humboldt in ihren Briefen. Erster Band, Rezension in: Euphorion, Bd. 14, Leipzig und Wien 1907.

– Wilhelm von Humboldt. Charakteristik und Lebensbild, Halle 1919.

Lekschas, John: Zur Staatslehre Wilhelm von Humboldts. Sitzungsberichte der Akademie der Wissenschaften der DDR, Berlin 1981.

Lenel, Paul: Wilhelm von Humboldt und die Anfänge der preußischen Verfassung, Deutschrechtliche Beiträge, Bd. 9, Heidelberg 1913.

Lenz, Max: Geschichte der Königlichen Friedrich-Wilhelms-Universität zu Berlin, Bd. 1, Halle 1910.

Leroux, Robert: Guillaume de Humboldt, Dissertation, Straßburg 1932.

Locke, John: Zwei Abhandlungen über die Regierung (Two Treatises of Government). Übersetzt von Hans Jörn Hoffmann. Herausgegeben und eingeleitet von Walter Euchner, Frankfurt am Main 1977.

Meier, Ernst von: Französische Einflüsse auf die Staats- und Rechtsentwicklung Preußens im 19. Jahrhundert. Bd. 2, Leipzig 1908.

Meinecke, Friedrich: Staat und Persönlichkeit, Berlin 1933.

– Weltbürgertum und Nationalstaat, 7. Aufl., München und Berlin 1928.

Menze, Clemens: Wilhelm von Humboldts Lehre und Bild vom Menschen, Ratingen 1965.

– Die Bildungsreform Wilhelm von Humboldts, Hannover 1975.

– Zu Wilhelm von Humboldts römischer Zeit, in: Mitteilungen der Humboldt-Gesellschaft, Folge 28, September 1991, S. 1014 ff.

Mühlack, U.: Das zeitgenössische Frankreich in der Politik Humboldts, 1967.

Müsebeck, Ernst: Das Preußische Kultusministerium vor 100 Jahren, Stuttgart und Berlin 1918.

Pertz, G. H.: Das Leben des Ministers Freiherrn vom Stein. Bd. 2, Berlin 1850; Bd. 4, Berlin 1851.

Rantzau, J. A. von: Wilhelm von Humboldt. Der Weg seiner geistigen Entwicklung, München 1939.

Ritter, Gerhard: Stein. Eine politische Biographie. 4. Aufl., Stuttgart 1981.

Schaffstein, Friedrich: Wilhelm von Humboldt. Ein Lebensbild, Frankfurt a. M. 1952.

Schaumkell, Ernst: Wilhelm von Humboldt und der Preußische Staatsgedanke. Forschungen zur brandenburgischen und preußischen Geschichte, Bd. 47, Berlin-Dahlem 1935.

Schelsky, Helmut: Einsamkeit und Freiheit. Idee und Gestalt der deutschen Universität und ihrer Reformen, 2., um einen „Nachtrag 1970" erweiterte Auflage, Düsseldorf 1971.

Schillers sämtliche Werke. Säkular-Ausgabe in 16 Bänden. Herausgegeben von Eduard von der Hellen. Bd. 12, Stuttgart und Berlin 1905.

Schmidt, Wilhelm Adolf: Geschichte der deutschen Verfassungsfrage während der Befreiungskriege und des Wiener Kongresses 1812 bis 1815, Stuttgart 1890.

Schnabel, Franz: Deutsche Geschichte im 19. Jahrhundert, Bd. 1, 5. Aufl., Freiburg 1959.

Schweppenhäuser, H. G.: Der reine Staat. Gedanken im Zusammenhang mit einer Studie von Kurt Wolzendorff, Institut für soziale Gegenwartsfragen, Berlin 1969.

Scurla, Herbert: Wilhelm von Humboldt. Werden und Wirken, 3., veränderte Auflage 1985.

Siegler, Wilhelm: Die Völkercharakterologie Wilhelm von Humboldts, Dissertation, Tübingen 1952.

Spitta, Dietrich: Grundzüge einer mitteleuropäischen Staatsidee. Die Bedeutung Wilhelm von Humboldts und Rudolf Steiners für ein neues Staatsverständnis, in: Sozialwissenschaftliches Forum, Bd. 4, Der Staat. Aufgaben und Grenzen, Stuttgart 1992.

– Die Bildung der Individualität als mitteleuropäische Aufgabe. Wilhelm von Humboldts Bildungsweg und sein Bildungsideal, in: Die Drei, 1985, S. 263 ff.

– Die Idee der differenzierten Einheitsschule bei Wilhelm von Humboldt, in: Erziehungskunst, 1961, S. 161 ff.

– Korporative Bürgerbeteiligung am Staatsleben. Die Idee einer mitteleuropäischen „ständischen Repräsentativverfassung" bei Wilhelm von Humboldt, in: Die Drei (1981), S. 673 ff.

– Wilhelm von Humboldts Ideen von den Grenzen der Wirksamkeit des Staates, Dissertation, München 1962.

Spranger, Eduard: Wilhelm von Humboldt und die Humanitätsidee, Berlin 1909, 2., unveränderte Auflage, Berlin 1928.

– Wilhelm von Humboldt und die Reform des Bildungswesens, Berlin 1910, 3., unveränderte Auflage mit Nachtrag, Tübingen 1965.

- Wilhelm von Humboldt und Kant, Kantstudien, Bd. 13, Berlin 1908.

Staniek, Margarete: Der deutsche Bund im Urteil Goethes, Humboldts, Steins und der Menschen ihres Umkreises, Dissertation, Jena 1949.

Stein, Freiherr vom: Briefwechsel, Denkschriften und Aufzeichnungen. Bearbeitet von Erich Botzenhardt, Bd. 3–5, Berlin, o. J. (1932–1934).

Steinberg, Heinz: Wilhelm von Humboldt, Berlin 2001.

Steiner, Rudolf: Grundlinien einer Erkenntnistheorie der Goetheschen Weltanschauung, 8. Aufl., Dornach 2002.

- Die Kernpunkte der sozialen Frage in den Lebensnotwendigkeiten der Gegenwart und Zukunft, 5. Aufl., Dornach 1961.
- Die soziale Frage, 1. Aufl., Dornach 1977.
- Geisteswissenschaftliche Behandlung sozialer und pädagogischer Fragen, 2. Aufl., Dornach 1991.
- Philosophie der Freiheit, 16. Aufl., Dornach 1995.
- Soziale Frage und Anthroposophie. Themen aus dem Gesamtwerk, Bd. 13. Ausgewählt und herausgegeben von Dietrich Spitta, Stuttgart 1985.
- Wahrheit und Wissenschaft, 5. Aufl., Dornach 1980.

Stolze, Wilhelm: Der junge Wilhelm von Humboldt und der preußische Staat. Eine Richtigstellung, in: Forschungen zur brandenburgischen und preußischen Geschichte, Bd. 47, Berlin-Dahlem 1935, S. 161 ff.

Stölzel, Adolf: Carl Gottlieb Svarez, Berlin 1885.

Sweet, Paul R.: Wilhelm von Humboldt, A Biography, Ohio State University Press, Bd. 1, Columbus 1978.

Thielen, Peter Gerrit: Karl August von Hardenberg 1750–1822, Köln und Berlin 1967.

Treitschke, Heinrich von: Deutsche Geschichte im Neunzehnten Jahrhundert. 5 Bände, Leipzig 1928.

- Historische und politische Aufsätze, Bd. 4, Leipzig 1897.

Vossler, Otto: Der Nationalgedanke von Rousseau bis Ranke, München und Berlin 1937.

- Humboldt und die deutsche Nation, Leipziger Universitätsreden, Heft 7, Leipzig 1941.

Wilhelm von Humboldt, 1767/1967. Erbe, Gegenwart, Zukunft. Herausgegeben im Auftrag des Rektors H. von Sanke, W. Hartke, H. Maskolet, 1967.

Wolzendorff, Kurt: Der reine Staat. Skizze zum Problem einer neuen Staatsepoche. Zeitschrift für die gesamte Staatswissenschaft, 75. Jahrgang, 1920 (Separatabdruck Tübingen 1920).

Namenverzeichnis

Altenstein 100, 207
Ancillon, Staatsrat 236

Biester 44, 47
Bismarck 62, 241, 250
Brinkmann 13, Anm., 18 Anm., 22, 23 Anm., 44, 45, 46, 47, 75, 169
Bülow, von 204
Burchard, Otto 137, 155 Anm.
Burckhardt 290
Burke 44, 45, 46

Campe 31, 36, 38
Capodistria, Graf 282
Castlereagh, Lord 250

Dacheröden, Caroline von, siehe Humboldt, Caroline von
Dalberg, Karl von 42, 43, 75, 103, 297
Diede, Charlotte 24
Dohm 35, 36, 38, 40
Dohna 189, 207
Dove 87 Anm.

Engel, Johann Jakob 14

Fichte 153
– Der geschlossene Handelsstaat 163
– Grundlage des Naturrechts nach Prinzipien der Wissenschaftslehre 157 ff.
Fink, Regierungsrat 205
Forster, Georg 11, 20, 23 Anm., 24, 25, 26, 27, 28, 41, 42, 43, 75, 168
Forster, Therese 25
Friedrich der Große 28
Friedrich Wilhelm II. 29

Friedrich Wilhelm III. 279, 280
Fromm, Erich
– Wege aus einer kranken Gesellschaft 176

Gagern, von 276
Gebhardt, Bruno 61, 197
Gentz, Friedrich von 9, 10, 39, 40, 41, 42, 44, 46, 150, 222, 227, 244, 249, 252, 272
– Denkschrift „Über landständische und Repräsentativverfassungen" 172
Göschen 43
Goethe, Johann Wolfgang von 23, 47, 59
Goltz, Graf von der 220, 287

Hardenberg, Graf, hannoveraner Gesandter 269, 272
Hardenberg, Karl August von (preuss. Staatskanzler) 52, 56, 105, 111, 191, 193, 194, 197, 198, 204, 232, 238, 239, 240, 241, 243, 244, 247, 250, 261, 266, 267, 268, 269, 270, 272, 273, 278, 279, 280, 281, 283, 285, 286, 287, 294
Haym 22 Anm., 42
Heinrich IV. 37
Hitler 62, 250
Humboldt, Alexander von 44, 46
Humboldt, Caroline von 23 Anm., 25, 41, 60, 62, 65, 104, 133, 193, 197, 252, 267, 286, 302

Ith 39

Jakobi, Friedrich Heinrich 17, 19, 20, 21, 22 Anm., 23, 25, 27, 36, 69

Namenverzeichnis

Kaehler, Siegfried 9, 10 Anm., 12, 46 Anm., 52, 55, 72
Kant, Immanuel 17, 18, 19, 20, 21, 22, 23, 27, 47, 153, 155, 156, 157, 158, 159, 160, 165
- Metaphysik des Rechts 153
- Metaphysik der Sitten 153
- Metaphysische Anfangsgründe der Rechtslehre 154, 155 f., 156 f.
- Zum ewigen Frieden 169
Kiesewetter 18
Klein, Ernst Ferdinand 14
Klewitz, Staatsrat von 59
Knesebeck, Oberst von 232, 233, 243, 244
Körner, Christian Gottfried 21, 22, 104, 300
Kotzebue 52
Kronprinz, preußischer 111
Kuhn 41 Anm.
Kunth, S.62

Lafayette 37
Lassale, Ferdinand 87
Leitzmann, Albert 42 Anm.
Linguet 37
Locke, John 40f., 42

Machiavelli 9
Martens, von, Staatsrechtslehrer 269
Meinecke, Friedrich 49, 50, 55, 64
Metternich 232, 233, 234, 235, 237, 238, 239, 241, 243, 244, 249, 265, 268, 269, 271, 272, 274, 279, 280, 281, 282, 284, 285, 286, 287, 310
Mirabeau 40
Montesquieu 135, 224
Motz 187, 212, 217
Münster, Graf 244, 247, 261, 265

Napoleon 53, 54, 62, 104, 169, 229, 230, 231, 232, 233, 234, 235, 238, 239, 240, 241, 242, 243, 261, 265, 266, 270, 283

Nicolovius 18 Anm., 60, 185, 194, 220, 222
Niebuhr 221
Nietzsche 290

Pestalozzi 59

Rousseau, Jean Jaques 9, 47, 85, 155, 174
- Contrât social 174
- Considérations sur le Gouvernement de Pologne et sur la réformation projettée 224

Schaffstein 41 Anm., 87 Anm., 290
Scharnhorst 231
Schaumkell 68
Schelski, Helmut 68
Schiller, Friedrich von 11, 18, 19, 43, 44, 45, 46, 47, 54, 66, 104, 118, 169
Schlosser 106, 107
Schmalz 111
Schön, von, Oberpräsident 186, 196, 200, 202 f., 205, 206, 214, 220, 221
Schuckmann 61
Schwarzenberg 234, 235
Scurla 303
Smith, Adam 41 Anm.
Solms-Laubach, Graf 261, 268, 269, 270
Sommer 185
Spranger, Eduard 17 Anm., 22 Anm., 298
Stael, Frau von
- Considérations sur la Révolution Francaise 41 Anm.
St. Aignan 239
Stein, Freiherr vom 51, 57, 90, 117, 144, 171, 188, 189, 190, 200, 204, 207, 246, 255, 264, 265, 267, 268, 279 f., 282, 283, 287, 309
- Denkschrift über die deutsche Bundesverfassung 263

– Denkschrift über eine deutsche Verfassung 244
Steiner, Rudolf 83, 155 Anm., 305
Stieglitz 25

Talleyrand 272

Uhden 59, 100

Vincke, von, Oberpräsident 201, 203, 204, 206, 214, 221, 225

Wessenberg 275, 284
Wilhelm II. 62, 250
Wintzigerode, Graf 276
Wöllner 28, 29
Wolf, F. A. 21, 46, 58, 75
Wolff, Christian 14, 20, 26

Zar Alexander 241, 243, 279

Sachverzeichnis

Adel 144, 145, 173, 179 f., 181
- Adelsgüter, Ausschluss der Teilbarkeit und Veräußerbarkeit von 143 f.
- Adelskorporation 180

Allgemeines Landrecht für die preußischen Staaten 57

Allianzvertrag von Kalisch 234

Anthropologie 23, 65, 153, 158

Aufklärung 14, 17, 18, 19, 26, 27, 28, 30 f., 33, 41 Anm., 70, 103, 105, 113, 169

Bildungswesen 57, 60, 61, 94, 95, 96, 113, 306, 308
- Akademien der Wissenschaften und der Künste 56, 57, 60, 310
- Bildung, innere geistige und wissenschaftliche 62, 63, 64, 290
- Bildung geistig Behinderter 142
- Bildungsideal 47, 65, 66 f., 69
- Bürgerschulen 57
- Erzieher 95, 96
- Erziehung 28, 56, 95, 97, 107, 141
- Erziehungswesen 57, 59, 60, 61, 95, 96, 113, 131
- Freiheit und Selbstverwaltung des Bildungswesens 94 ff.
- Humboldts Universitätsidee 67 f., 100, 110
- Öffentliche Erziehung 94, 95, 97, 100, 306
- Privaterziehung 100
- Wirtschaftliche Unabhängigkeit 61

Deutscher Bund
- Anerkennung oder Garantie 294 ff.
- Aufgabe des Bundes 53 f., 63 f.

- Auswärtige Angelegenheiten 292 f.
- Beschwerderecht der Bürger 256, 264
- Bundesakte 134, 262, 285, 286, 287 f., 289, 291, 294 f.
- Bundesgericht (Verfassungsgericht) 53 f., 134, 165, 248, 252, 254, 255. 256 f., 264, 266, 270, 273, 274, 275, 282, 284, 288, 289 f.
- Bundesrat 257, 278, 280
- Bundestag 56, 287, 289, 290 f., 293
- Bundesversammlung (Zweiter Rat) 263, 264, 265, 267, 268, 273, 276, 277, 280, 282, 283, 284, 286, 287, 288, 291, 293
- Direktorium des Bundes 263, 264, 265, 267, 268, 276, 291, 295
- Europäische Politik 292 f.
- Grenzen der Wirksamkeit des Bundes 288, 289
- Humboldts Idee des Deutschen Bundes 243 ff., 252 ff., 310, 311
- Humboldts Mitwirkung bei der Gestaltung des Deutschen Bundes 261 ff.
- Humboldts Stellung zum Deutschen Bund nach dem Wiener Kongress 286 ff.
- Kreiseinteilung Deutschlands 93, 94, 182, 186, 265, 267, 273, 274, 278
- Kreisstände 177, 178
- Militärische Angelegenheiten 293 f.
- Rechtsnatur des Bundes 288 ff.
- Souveränität des Bundes 295 f.
- Stellung der Mediatisierten 99, 181, 255, 257, 270, 278, 288
- Verfassung des Bundes 205, 288, 310
- Verhältnis zur Katholischen Kirche 105 ff.

- Wirtschaftliches Zusammenwirken der deutschen Staaten 259 f.
- Zweck des Bundes 253

Deutsche Nation, Charakter der 62 f., 290

Deutschland, Neuordnung 243 ff.
- Accessionsverträge 238
- Allianzverträge 244, 249 f., 288
- Aufteilung in zwei Machtsphären 244
- Bundesstaat 288, 289, 292
- Verfassung oder Staatenverein? 251 f.
- Wiederherstellung des Kaiserreichs 71, 184, 244, 246 f., 252, 282 f., 291

Dreigliederung des sozialen Organismus 305

Europa
- Friedensordnung, europäische 241
- Politische Neuordnung 54, 229 ff., 242, 271, 272
- Prinzip des Gleichgewichts 54, 63, 230 f., 232-235, 237, 238, 240, 242, 249, 288, 290
- Prinzip der Neutralität 231, 232 f.
- Prinzip der Unabhängigkeit 230, 232, 233, 235, 236 f., 240, 242, 288, 289, 292, 295
- Universalmonarchie, europäische 229, 230, 242

Französische Revolution 36, 39, 40, 76, 168, 169, 170, 252, 297 f., 298 f., 305

Freiheit
- äußere gesetzliche (politische) 156, 307, 308
- Formale und inhaltliche Bestimmung 156 f.
- Freiheitsbegriff 41, 41 Anm., 156
- innere menschliche 307, 308

Friedensschluss von Paris 240 f.

Geistesleben
- Freiheit des Geisteslebens 30 f., 33, 53, 59 f., 62 f., 69, 113, 306, 308
- Freiheit des wissenschaftlichen und künstlerischen Lebens 109 ff.
- Freiheit der Religionsausübung 101 ff.

Gemeinschaftsbildung 112 ff., 176

Gerichtsverfassung 257 f.
- Dorfgerichte 133 f.
- Öffentlichkeit der Gerichtsverfahren 133
- Patrimonialgerichte 133, 134
- Rechtsprechung durch Geschworene 133
- Rechtsprechung keine Staatsaufgabe 132 f.
- Richterbestellung 134, 135 f.
- Strafgerichtsbarkeit 257
- Unabhängigkeit der Richter 134, 135 f.
- Zivilgerichtsbarkeit 257

Gesetzgebung, allgemeine deutsche 258

Grundrechte (Individualrechte, Menschen- und Bürgerrechte) 39, 53, 101, 102, 103, 104, 105, 112, 121, 131, 151, 164, 258 f., 262, 266 f., 274, 276, 280, 284, 305

Historische Rechtsschule 155 Anm., 301

Humboldt, Wilhelm von
- Bases qui pourrait servir de norme au comité que sera chargé de la rédaction de la Constitution Germanique 253, 255, 262, 264, 265, 276, 278, 293, 294
- Beilage zum Bericht des in der zur Bestimmung des Staatsbedarfs niedergesetzten Kommission angeordneten Ausschusses 210, 211
- Bemerkungen über die Einrichtung des königlichen Museums 110 f.
- Bericht über den Vorsitz Österreichs 291
- Denkschrift über die Behandlung der Angelegenheiten des Deutschen Bundes durch Preußen 56, 63, 105, 170, 237, 287, 288, 290, 291, 292, 293, 294 f.
- Denkschrift über das Bundesgericht 256
- Denkschrift über den Geschäftsgang des Wiener Kongresses 230, 270, 271

Sachverzeichnis

- Denkschrift über die deutsche Verfassung 51, 62, 63, 64, 89, 151, 165, 181, 224, 227, 244, 245, 248, 250, 251, 252, 253, 255, 257, 258, 259, 263, 265, 292, 293, 294
- Denkschrift über die Mediatisierten 310
- Denkschrift über die Oberpräsidenten 211
- Denkschrift über Preßfreiheit 111, 146, 259
- Denkschrift über Einrichtung landständischer Verfassungen in den preussischen Staaten 51, 52, 93, 94, 99, 110, 150, 151, 152, 165, 174, 184, 185 f., 203, 205, 218, 220, 224, 226, 309 f.
- Denkschrift über ständische Verfassung 89 f., 93, 94, 99, 100, 110, 133 f., 135, 143, 144, 150 f., 151, 165, 171, 172, 175, 203, 218, 219, 224
- Disposition zum einleitenden Vortrag in der Steuerkommission 203 f.
- Entwurf einer Gemeindeordnung für das platte Land 99, 107, 177, 219, 220
- Entwurf einer von den bisherigen Vorschlägen abweichenden Organisation der Bundesversammlung 281, 282
- Entwürfe zur Bundesverfassung mit und ohne Kreiseinteilung 51, 88, 98 f., 134 f., 145, 146, 150, 151, 181, 255, 256, 257, 259, 276 ff.
- Exposé des droits de tout sujet Allemand ... 134, 151, 258, 262
- Gutachten beim Schluss der Beratungen der Steuer-Kommission 89, 204
- Gutachten über die Einrichtung des Staatsrats 192, 200
- Gutachten über die Organisation der Ober-Examinations-Kommission 73
- Ideen über Staatsverfassung, durch die neue Französiche Revolution veranlasst 9, 10, 41 f., 49 f., 64, 69, 70, 71, 72, 74, 167, 168, 169, 203, 245, 298 f., 300, 301, 302
- Ideen zu einem Versuch, die Grenzen der Wirksamkeit des Staates zu bestimmen 9, 11, 12, 13, 39, 41, 42, 43, 49, 50, 69, 70, 71, 72, 73, 75, 76, 77, 94, 96, 97, 100, 101, 103, 107, 108, 109, 112, 114, 115, 116, 119, 120, 137, 140, 142, 150, 152, 155, 157, 166, 167, 168 f., 202, 203, 222, 237, 238, 260, 269 f., 289, 290, 297, 298, 300, 302, 305, 311
- Mémoire préparatoire pour les conférences des cabinets alliés sur les affaires de L'Allemagne 106, 261 f.
- Mémoire préparatoire sur le travail de la Commission de navigation 88
- Réflections sur un mémoire de M. le Conseiller d'État Ancillon 236
- Schema zum Vortrag über die Arbeiten der Steuer-Kommission 89
- Über den Entwurf zu einer neuen Konstitution für die Juden 55
- Über den Zoll auf Salz 91
- Über die in Absicht der Städteordnung zu nehmenden Maßregeln 175 f.
- Über die innere und äussere Organisation der höheren wissenschaftlichen Anstalten in Berlin 67
- Über die Organisation der katholischen Kirche in Deutschland 105, 106
- Über Prüfungen für das höhere Schulamt 121
- Über Religion 31, 32, 35, 101
- Über die Stellung und die Befugnisse der Oberpräsidenten 205, 206, 208, 210
- Über Verwaltungsreformen 187, 200
- Vorschläge zur Organisation der Behörden 186, 191, 206, 208, 221
- Votum, den Magdeburgischen Elb-Schiffahrts-Assecuranz-Verein betreffend 83, 91

Karlsbader Beschlüsse 52, 137
Kirchen (Religionsgesellschaften) 99, 100, 107, 283, 284
- Dotierung des Klerus 103
- Gleichberechtigung 33, 106

- Katholische Kirche 105, 106, 107, 283
- Kirchenhoheit 102, 103
- Kirchenstaat 104
- Kirchenverwaltung 56, 57
- Papst 102, 104, 105, 125, 291
- Urkirche 104
- Verhältnis von Staat und Kirchen 102 ff.

Kongress von Chatillon 261
Kontinentalsperre 235
Konvention von Chaumont 261
Korporationen 52, 92, 134, 150 f., 171, 173, 174, 175 f., 177, 179, 182
Krieg, Humboldts Stellung zum 116, 117, 118, 158, 237, 238

Landrecht, allgemeines preußisches 144
Landständische Verfassungen 53, 152, 171 f., 174, 184 f., 204, 273 f., 282, 284, 288

Mensch und Menschheit
- Entwicklung des Menschen 95, 114, 155, 156
- Menschenbildung 25 f., 28, 32, 41, 47 f., 57, 58, 59, 65, 67, 68, 69, 74, 81, 90, 95, 96, 108, 113, 116, 117, 126, 137, 138, 139, 153, 155, 306
- Menschenstudium (Menschenerkenntnis) 24 f., 27 f., 47, 48, 65, 69, 153
- Menschenwesen 65 f., 71 f., 95, 113, 302, 303, 304
- Menschenwürde 114, 140, 311
- Menschheitsbegriff Fichtes 157 f.
- Menschheitsidee Humboldts 28, 50, 51, 66, 67, 68, 73, 78, 118, 158, 249, 250
- Zweck des menschlichen Daseins 66, 71, 73, 74, 130, 162, 290, 296

Methodische Gesichtspunkte 166, 204 f., 227, 297 ff., 300, 308 f.

Moralität (moralische Kraft) 29, 56, 78, 100, 108, 131, 138, 164, 174, 175, 307 f.
- Eigennützigkeit (Selbstsucht) 109, 113, 185
- Sittenverderbnis 108 f.
- Sittliche Kraft 184
- Sittlichkeit (Tugend) 94, 101 f., 108 f., 121, 138, 170
- Toleranz 31, 33, 37, 102, 103, 104

Nation, deutsche 64
Nationen, Wesen der 48 f., 63, 170 f., 249
Nationalanstalten 83 ff., 87, 88, 94, 97, 98, 100 f., 134, 136, 153, 164, 203, 226
Nationalcharakter 64, 227 f., 245, 301, 303 f.
Nationalverein 47, 49, 50, 84, 87, 155, 168
Naturrecht 15, 24, 26 ff., 155, 159

Philosophie
- Erkenntnistheorie 19, 20, 21, 22, 23, 24
- Metaphysik 47
- Moralphilosophie 14, 24, 26 ff.

Physiokraten 40, 149
Politik 75, 176 f., 297 f., 303 f.
Politische Systeme, selbständige 235
Prager Kongress 235, 238
Pressefreiheit 111, 146 f., 148, 151, 259
Preussische Verfassung
- Departements 191, 199
- Kreisverwaltung 178, 218 f.
- Oberpräsidenten 207 f., 208 f., 210 f., 211 ff., 218, 220
- Organisation der obersten Staatsverwaltung 198 ff.
- Organisation der Regierung 187 ff.
- Provinzialbehörden 186, 193, 201, 205, 206, 207, 208, 209, 225, 261

Sachverzeichnis

- Provinzialminister 201, 202, 210, 214, 216
- Provinzialversammlung 178 ff., 181 f.
- Regierungen (Regierungsbezirke, -departements) 207, 208, 209, 216 ff.
- Regierungspräsidenten 208, 209, 213, 218
- Sektionen (Sektionsleiter) 188, 189, 190, 206, 220 f.
- Staatskanzler 191,192, 193 ff.
- Staatsrat 133, 188 ff.
- Staatsregierung (Kabinett, Gesamtministerium, Regierung) 183, 187 ff., 191, 193, 196, 200, 202, 213, 214, 216, 218, 220, 224, 225 f.

Publikandum, betreffend die veränderte Verfassung der obersten Staatsbehörden der Preussischen Monarchie ... 57, 58, 188, 207

Rechtsstaatstheorie Kants 153 ff.
Rechtsstaatstheorie Fichtes 157 ff.
Reformation 305
Reformen 157, 304
Reichskammergericht 257
Religion 32, 101 f., 106 f.
Religionsausübung, freie 33, 57, 101 ff., 105, 107, 151
Religionsedikt 28 ff., 32, 101
Revolutionen 53, 157, 165, 167, 169, 303, 305
Rheinbund 238, 243, 265, 270, 283
Richter, Stellung der 131 f., 132 f., 134 f., 135 f., 146, 151

Schulwesen 55, 56, 57, 59, 60, 96, 97, 99, 100, 150 f., 310
- Aufsicht 99
- Elementarschulen 57
- Finanzierung und Unterhaltung 60, 97, 98, 107, 310
- Gymnasien (Gelehrte Schulen) 57, 121 f.
- Lehrerbesoldung 95

- Lehrerbildung 95
- Schulanstalten 110
- Schularten, -formen 96, 99 f.
- Schulbehörden 99
- Schulen 99, 100
- Schulkorporationen, -sozietäten, -vereine 97, 98, 100 f.
- Schulpatrone 57
- Schulstellen, Besetzungsrecht 99
- Schulvorstand 99
- Staatschulen 121
- Verwaltung des Schulwesens 95, 96, 99 ff., 107

Schweigeedikt 111 f.
Selbstverwaltung 110 f., 203, 308
Sicherheitsbegriff 119
Sicherheitstheorie 35 f., 39, 52, 54, 55, 153, 156, 160
Sozialistische Länder 81

Staat
- Despotismus 36, 38, 39, 69, 72, 150, 154, 156, 157, 165, 169, 252, 302
- Entscheidung von Rechtsstreitigkeiten 120
- Finanzierung der Staatsaufgaben 148 ff.
- Gewaltenteilung 222 ff.
- Prinzip der Freiheit 237 f., 242, 289, 291 f., 297, 304 f., 310, 311
- Prinzip der Gewaltenteilung 156, 160, 165, 166, 222 ff.
- Prinzip der Gleichheit 119, 305, 306, 308
- Prinzip der Notwendigkeit und der Nützlichkeit 309 f.
- Prinzip der Sicherheit 148 f., 160 f., 168, 288, 289, 290, 291
- Prinzip des Föderalismus 54, 263
- Regierungsform 36, 37, 38, 40, 51
- Repräsentativverfassung 52, 85, 156, 170, 171 f., 224
- Sicherung der Freiheit 156, 165
- Sorgfalt für die äußere Sicherheit 116 ff.

- Sorgfalt für die innere Sicherheit 82, 88, 93, 114 f., 119 ff., 136 ff., 140 ff., 142 ff., 146 ff., 152, 153, 166
- Staatsangelegenheiten und Angelegenheiten der Nation 185
- Staatsanstalten 83 f.
- Staatsaufgaben 56, 93, 94, 99, 101, 114 ff., 140 ff., 145 f., 163, 164
- Staatsaufsicht 177, 178, 180, 182, 185, 186, 203, 219
- Staatsbeamte (-diener) 51, 134 f., 146, 147, 173, 174
- Staatsbegriff 74, 115, 135, 299
- Staatsbehörden 93, 185, 225 f.
- Staatsbehörden, Organisation der 220 ff.
- Staatsbürgerlicher Sinn 185
- Staatseinheit 201, 202, 203, 204, 205
- Staatsentstehung 84, 85, 154, 155, 156, 159, 162, 168
- Staatskirchentum 107
- Staatsmacht und ihre Begrenzung 84, 115, 123, 135, 149 f., 236 f.
- Staatszweck 73, 74, 115, 152 f., 162, 202
- Wohlfahrtsstaat 309

Staat, Grenzen der Wirksamkeit
- Keine Sorgfalt für das geistig-moralische Wohl 39, 55 f., 69, 72, 77, 85, 94, 95, 109 f., 114, 138, 139, 140 f., 149, 150, 161, 164, 166, 289, 305, 307
- Keine Sorgfalt für das physische Wohl 38, 39, 55. 69, 72, 77 ff., 82 f., 85, 94, 93, 95, 113, 114, 137, 149, 150, 161, 162, 163, 164, 166, 289, 305, 307

Staatsbetrachtung
- anthropologische 65, 70 ff., 75, 76, 153
- historische 70 f.
- naturrechtliche 70 ff.

Staatsformen 227 f.
- Absolutismus 114
- Anarchismus 114
- Aristokratie 155, 160, 167 f.
- Begriff 166
- Bürokratie 80, 81
- Bundesstaat 288, 292
- Demokratie 155, 167 f., 168, 169, 170, 226, 305
- Demokratie, repräsentative 156
- Monarchie (Königtum) 36, 37 f., 52, 150, 155, 160, 167 f., 168, 169, 170, 226
- Nationalstaat 250
- Staatenbund 63, 288, 292
- Staatenverein 63, 248, 250 f., 252

Städteordnung, Steinsche 175

Ständeverfassung
- Allgemeine Stände 177, 179, 180, 181 ff., 202, 225 f.
- Bedeutung (Wirkung) der ständischen Verfassung 100, 174, 175 f., 184
- Beschwerderecht der Stände 183, 255, 256, 257, 264
- Erbstände 179, 180, 181
- Gemeindeselbstverwaltung 93, 94, 97 ff., 107, 141, 176, 177 f., 185 f., 219 f.
- Gesetzgebung, Mitwirkung der Stände, S.51 f., 183, 184 f., 225 f., 256, 280
- Kreisverwaltung 178
- Provinzialstände 177, 178 ff., 202, 255 f., 265
- Reichsstände 184
- Ständische Behörden 93, 176 f., 185, 186, 203
- Ständische Repräsentativverfassung 51 f., 170 ff., 184, 255
- Ständische Selbstverwaltungsbehörden 107, 178, 185, 186
- Ständische Verfassung 53, 176 f., 204, 255, 265
- Verhältnis der Stände zu der Regierung und zu den Staatsbehörden 165, 185 f., 224 ff.

Sachverzeichnis

Steuerfragen
- Abgaben, direkte und indirekte 149
- Steuererhebung, Mitwirkung des Staatsrats 192
- Steuergesetze, Mitwirkung der Stände 51, 204
- Steuerkommission 89

Strafrecht
- Anzeigepflicht bei Verbrechen 140
- Gerechte Strafe 131, 132
- Strafarten 111, 130, 131, 132, 148
- Strafbare Handlungen 39, 119, 129, 130, 131, 132, 133, 137, 139, 142, 148
- Straferlass 140
- Straflosigkeit 109
- Strafmaß, Bestimmung des 109, 119, 130 f., 132
- Strafrahmen 132
- Strafrecht, Regelung des 129 ff., 140, 258
- Strafzweck 130 f.
- Todesstrafe 130, 132
- Verbrechensaufklärung 109, 135, 136, 140
- Verbrechensverhütung 135, 136 ff., 139 f.

Strafprozessrecht 111, 132, 140
- Untersuchungs- (Ermittlungs-) verfahren 131

Strafvollzug 99, 139

Teplitzer Verträge 238

Verfassung, französische 69
Verfassungsbegriff Humboldts 64, 251 f.
Verordnung, die veränderte Verfassung der obersten Verwaltungs-Behörden der Preußischen Monarchie betreffend vom 24. November 1808 188
Verordnung über die veränderte Verfassung aller obersten Staatsbehörden in der preußischen Monarchie vom 27. Oktober 1810 194

Verordnung wegen verbesserter Einrichtung der Provinzialbehörden 208, 217, 218
Vertrag zu Ried 243
Verwaltungsrecht (Polizeigesetze) 120 ff.
- Enteignungen 123, 151
Völkerrecht 288, 292 f. 296

Wiener Kongress 53, 54, 88, 99, 152, 261, 266, 270 f., 276, 286, 294 f., 296, 298, 311

Wirtschaftsleben
- Arbeitgeberverbände und Gewerkschaften 86
- Arbeitseinkommen, Besteuerung 149
- Arbeitskraft als Ware 149
- Arbeitsteilung 113
- Berufsausübung, freie 121, 163
- Berufswahl, freie 121, 141
- Brüderlichkeit (Solidarität) 305 f., 308
- Ein- und Ausfuhrverbote 76
- Freiheit des Handels, 89, 236
- Freiheit des Wirtschaftslebens 34, 53, 69, 89, 90 f., 93, 164, 308
- Gegenseitige Hilfe 113, 123, 137
- Gewerbefreiheit 89, 90, 92, 93, 174
- Globalisierung 87
- Handelsverträge 89, 259, 291
- Industrie 76, 90, 144, 145 f.
- Kapitalismus 81. 86
- Kartellverbot 86 f., 93
- Landwirtschaft 145, 149
- Lohnverhältnis 145 f.
- Marktwirtschaft (Konkurrenzwirtschaft) 81, 86, 308
- Monopole 91, 92
- Vertragliche Ordnung des Wirtschaftslebens durch Assoziationen 83 f., 86, 87, 91 f.
- Wirtschaftslenkung, staatliche (Planwirtschaft) 81, 163 f.

– Wirtschaftsverbände 86, 87
– Wirtschaftsliberalismus 83, 86, 87 f., 89, 90, 91
– Zölle 89, 91
– Zünfte 34, 86, 89, 90, 163, 173, 174, 175

Zensur 57, 60, 111, 146, 148, 225, 259
Zivilprozessrecht 128, 135
Zivilrecht (Privatrecht)
– Anerbenrecht 144 f.
– Arbeits- und Dienstverträge 125
– Ausschluss der Teilbarkeit und Veräußerbarkeit von Bauerngütern 90, 143 ff.
– Ehe 125 f.
– Eigentum 91, 120, 161
– Elterliche Gewalt, Bestimmung der Grenzen der 140
– Entmündigung 142
– Erbrecht 126, 127
– Fideikommisse, Majorate 144
– Formvorschriften 129
– Geistiges Eigentum, Sicherung des 146
– Geschäftsfähigkeit 141 f.
– Juristische (moralische) Personen 124, 128
– Leibeigenschaft, Aufhebung der 88, 145, 259, 280
– Nießbrauch 127 f.
– Pfandrecht 127 f.
– Pflichtteil 127, 145
– Regelung des Zivilrechts 124 ff., 258
– Unerlaubte Handlungen 124
– Volljährigkeit, Bestimmung der 140
– Vormundschaft 130, 133, 141
– Willenserklärungen 125
Zusammenarbeit (-wirken), freie der Bürger 35, 113, 187, 188, 289, 307

Printed by Lihn Piureos GmbH
in Hamburg, Germany

Printed by Libri Plureos GmbH
in Hamburg, Germany